U0519964

清代卷

中国史研究历程

中国社会科学院《中国史研究动态》编辑部 编

商务印书馆
The Commercial Press

图书在版编目(CIP)数据

中国史研究历程·清代卷/中国社会科学院《中国史研究动态》编辑部编. — 北京：商务印书馆，2022
ISBN 978-7-100-17447-3

Ⅰ.①中… Ⅱ.①中… Ⅲ.①中国历史－研究－清代 Ⅳ.①K207

中国版本图书馆CIP数据核字（2019）第082785号

权利保留，侵权必究。

中国史研究历程
清代卷
中国社会科学院《中国史研究动态》编辑部　编

商　务　印　书　馆　出　版
（北京王府井大街36号　邮政编码 100710）
商　务　印　书　馆　发　行
三河市尚艺印装有限公司印刷
ISBN 978-7-100-17447-3

2022年4月第1版　　开本 680×960　1/16
2022年4月第1次印刷　印张 47 1/2

定价：238.00元

目　录

新中国七十年的史学发展道路（代总序）..................卜宪群　1

1981年清史研究概况..................林永匡　瑞林　50
1982年清史研究概况..................薛瑞录　62
1983年清史研究概况..................林永匡　王熹　74
1984年清史研究概况..................郭疆　90
1985年清史研究概况..................佟木　106
1986年清史研究概况..................定宜庄　122
1987年清史研究概况..................郭疆　135
1988年清史研究概况..................郭疆　150
1989年清史研究概况..................佟辉　166
1990年清史研究综述..................王华　186
1991年清史研究概况..................燕滨　208
1992年清史研究概况..................吉祥　224
1993年清史研究概况..................李世愉　李尚英　241
1994年清史研究概况..................李尚英　258
1995年清史研究概况..................杨珍　271

1996 年清史研究概况	林 海	287
1997 年清史研究综述	林 海	306
1998 年清史研究述评	高 翔	325
1999 年清史研究述评	杨海英	345
2000 年清史研究述评	陈连营	365
2001 年清史研究综述	林存阳	389
2002 年清史研究概述	李华川	408
2003 年清史研究综述	刘景莲	422
2004 年清史研究综述	鱼宏亮	441
2005 年清史研究综述	林存阳 杨朝亮	458
2006 年清史研究综述	朱昌荣	479
2007 年清史研究综述	李 娜	496
2008 年清史研究综述	熊英洁	522
2009 年清史研究综述	毕卫涛	543
2010 年清史研究综述	王士皓 李立民	565
2011 年清史研究综述	龙 武	596
2012 年清史研究综述	李立民	620
2013 年清史研究综述	林存阳 梁仁志 李立民 王士皓 李华川 鱼宏亮	646
2014 年清史研究综述	王士皓	668
2015 年清史研究综述	鱼宏亮	690
2016 年清史研究综述	李治亭	705
2017—2018 年清史研究述评	项 旋	717
2019 年清史研究综述	金 鑫	735

后　记　..753

新中国七十年的史学发展道路（代总序）

◎ 卜宪群

2019年10月1日，我们迎来新中国七十周年华诞。七十年来，在中国共产党的坚强领导下，中国人民创造了民族独立、国家富强、人民幸福的光辉历史，走上了中国特色社会主义道路，形成了习近平新时代中国特色社会主义思想，中华民族伟大复兴展现出从未有过的灿烂前景。这一切，不仅彻底改变了近代以来中国人民受压迫、受剥削的悲惨命运，也在中华五千多年的文明史上写下了最为浓墨重彩的一笔。历史发展道路与史学发展道路虽然不能完全等同，却有着不可分割的关系，二者是一个相互影响的过程。七十年来，波澜壮阔的社会主义事业，为史学研究理论提供了科学的思想引领，为史学研究领域开辟了广阔的前景，为史学研究学科建设、人才培养创造了越来越好的环境，这是七十年中国史学取得丰硕成果的根本所在。同时，史学研究也为丰富发展马克思主义唯物史观，为正确认识中国历史发展道路和规律，为新中国社会主义建设做出了自己应有的贡献。

"欲知大道，必先为史。"新中国成立七十周年之际，我们简要回顾这七十年史学发展的历程，目的是总结经验和教训，探寻史学发展与社会发展之间的关系，在新时代中国特色社会主义建设征程中，在中华民族伟大复兴的历史进程中，更好地发挥史学的功能。

一、新中国成立后三十年的史学研究

（一）马克思主义史学主导地位的确立及其标志

新中国成立之前，马克思主义唯物史观在中国的传播及其与史学的结合已经走过了相当长的历程。如果从1919年李大钊的《我的马克思主义观》一文发表算起，已经有三十年的历史。即便以1924年李大钊《史学要论》一书的出版为标志，也已有二十五年的历史。在这风雨如晦、鸡鸣不已的近三十年时间里，马克思主义史学在政治环境、社会环境、学术环境都十分艰难复杂的岁月里不断成长壮大。以郭沫若、吕振羽、翦伯赞、范文澜、侯外庐、胡绳等为代表的马克思主义史学家，不仅将马克思主义唯物史观与中国历史实际相结合，出版了一批马克思主义史学论著，在传播与阐述唯物史观上做出了重大贡献，而且与中国革命、中国历史实际相结合，为中国人民反帝反封建、争取民族独立与解放提供了学理上的支持。20世纪初马克思主义的传入并与史学研究的结合和十月革命、中国共产党的成立及其理论指导思想有不可分割的关系，也与中国先进的知识分子在当时纷繁复杂的各种思想、思潮涌入后，自觉接受马克思主义这一科学理论的主观选择有关。马克思主义唯物史观与中国史学的结合从此展现出强大的生命力和战斗力。

新中国成立前马克思主义史学尽管取得了很大成绩，但旧中国的社会性质、国民党反动派的排斥与迫害，都不可能容许马克思主义史学占据主流地位。1949年新中国的成立，翻开了马克思主义史学发展史上新的一页。马克思主义史学成为主流，其标志主要有如下几个方面：

第一，中国共产党执政地位的确立，使马克思主义成为占主流地位的意识形态。马列主义论著更多、更系统地被翻译介绍到国内[①]，马克思主义唯物史观在史学领域得到更加广泛而深入的运用。

第二，全国一大批史学教学、科研机构成立，刊物创立。如1951年中国史学会成立，1953年中央成立中国历史问题研究委员会，1954年中央决定在中国科学院下设历史研究一、二、三所，创办《历史研究》杂志。20世纪50年代，各地还有一批史学刊物相继创立，如《史学月刊》(《新史学通讯》)、《安徽史学》(《安徽史学通讯》)、《史学集刊》、《文史哲》、《历史教学》，以及《光明日报》、《人民日报》、《文汇报》上的相关栏目等，为马克思主义史学研究及其成果发表提供了重要平台。诸多熟悉马克思主义理论又兼具扎实史学功底的学者，也在50年代初的院系调整中被充实到高校历史系或科研机构中。

第三，学习马克思主义理论成为更多史学家的自觉意识，即便过去一些以实证史学方法为主的老一辈史学家，在新中国成立后也表达出学习马克思主义的真诚愿望。史学界掀起的马克思主义学习热潮，使唯物史观的基本原理成为史学界大多数学者的共识。[②]上述这些成就，使马克思主义史学学科体系、学术体系和话语体系在较短的时间里得以初步构建。

马克思主义史学主导地位的确立，当然与新中国的成立有着不可分割的关系，也是20世纪前半期马克思主义史学家们艰辛探索的内在逻辑发展使然，但究其根本，还是马克思主义理论自身的科学性被史学家所认同和接受的结果。

---

① 参见桂遵义：《马克思主义史学在中国》第11章第1节，山东人民出版社，1992年。
② 参见林甘泉：《二十世纪的中国历史学》，《历史研究》1996年第2期。

(二)"五朵金花"的讨论与评价

新中国成立初马克思主义史学取得的最重要成果,是广大史学工作者将马克思主义基本原理与中国历史实际相结合,探讨中国历史自身发展过程中的重大问题。"五朵金花"就是其中的典型代表。所谓"五朵金花"是指中国历史分期、中国资本主义萌芽、中国历史上的农民战争、中国封建社会土地所有制形式和汉民族形成问题。由于这五个问题的讨论在新中国成立后十七年的史学研究中占据着突出地位,故被称为"五朵金花"。关于这些问题讨论的具体内容我不再罗列[①],这里仅就如何看待"五朵金花"的历史地位问题谈一点看法。

第一,它关注了中国历史中的长时段和重大节点问题。如历史分期所讨论的殷周之际、春秋战国之际、秦汉之际、汉魏之际、隋唐之际、宋元之际、明清之际、鸦片战争之际,都是中国历史发展中的重大节点,牵涉到政治、经济、社会、思想文化上的一系列重大变化。历史分期讨论中的史学工作者以马克思主义社会形态学说为理论基础,依据诸多不同的划分标准与历史资料,以及对资料的不同理解与解释,对中国历史发展的阶段性提出了不同看法。需要看到的是,历史分期的讨论并非仅仅是奴隶社会、封建社会、中国近代史的开端等概念问题,而是广泛涉及周秦至明清、近代的社会经济、政治制度、阶级关系、民族关系等许多问题。尽管在这些问题上没有形成完全统一的认识,却大大深化了人们对中国历史的认识,推动了人们从宏观上、理论上把握中国历史发展的进程与变革。

第二,它运用了多学科的理论方法对历史进行解读和研究。在"五朵金花"讨论中,学者们广泛运用考古学、社会学、人类学、经

---

① 相关综述可以参见《历史研究》编辑部编:《建国以来史学理论问题讨论举要》,齐鲁书社,1983年。

济学、民族学的理论方法和成果剖析历史，并引导讨论向纵深发展。如历史分期讨论中，就使用了甲骨文、金文和其他许多考古资料。中国封建土地所有制形式和中国资本主义萌芽的讨论中，牵涉到了所有权、使用权、地租、雇佣关系、商品经济、行会、市民社会等经济学上的理论和概念。汉民族形成问题的讨论中，史学工作者不仅对"民族"一词的概念与民族理论进行了深入讨论，而且向历史上的中国疆域、历史上的民族融合、民族同化、民族政策、民族矛盾与斗争等问题扩展深化。

第三，它尤为注重社会经济史的研究。注重社会经济史研究是马克思主义史学的突出特征。如关于封建土地所有制形式的讨论，不仅探讨了国有、私有、领主、地主制等理论问题，而且对各历史时期相关土地制度的历史资料进行了深入挖掘。资本主义萌芽的讨论推动了区域经济史、产业史的资料发掘和研究，极大扩展深化了区域社会经济史的研究范围，特别是明清区域社会经济史的研究。

第四，它促进了从精英史研究向民众史研究的结构性转化。唯物史观重视人民群众在历史发展过程中的主体作用。如农民战争问题的讨论极大地激发了史学工作者收集整理基层民众史料的热情，并运用这些史料对农民战争这一中国历史上的重要现象进行了空前讨论。尽管这些讨论中的某些认识、话语今天很难再成为热点，但对认识中国历史发展中的某些规律性问题，对推动政治史、经济史、宗教史、思想史、社会史、文化史研究仍有重要意义。

"五朵金花"为新中国马克思主义史学繁荣发展与马克思主义中国化做出了巨大贡献，为深入认识中国历史上的许多重大问题发挥出积极引领作用，为新中国的社会主义建设提供了强有力的思想武器，也为此后中国历史学的学科建设提供了不少新的生长点。广大史学工作者在讨论中所表现出的政治性、思想性与严谨的学术性高度统一的精神,给我们留下了一笔宝贵的史学遗产,其历史地位不容抹杀。正因为此,"文革"以后的相当长时间里,这些问题仍然受到史学工作者的高度关注。当然,在讨论中的确存在着某些理论教条化和"左"的倾向,也存在着政治因素过多影响干预学术讨论的问题,留下了值得反思的历史教训。自20世纪80年代初至21世纪,关于"五朵金花"的评价又成为史学界的一个热点,其中有冷静的思索,也有过激的偏见,学者对此已有很好的总结评判[1],这里不再赘述。

(三) 若干历史理论问题的辩论

新中国成立后史学界关注的重大问题并不只是"五朵金花",还有与此相关的或其他的重大历史理论问题得到深入探索。

一是中国封建社会长期延续问题。以新中国成立前关于"中国社会长期停滞"问题的论战为基础,新中国成立后,马克思主义史学家继续对这一问题保持了高度热情。但与新中国成立前关于这一问题的讨论和当时中国现实命运紧紧相关不同的是,新中国成立后的讨论更突出的是从唯物史观基本原理出发,紧密结合中国历史实际,深挖历史材料,从政治制度、经济规律、民族关系、阶级压迫、思想学说等多方面分析中国封建社会长期延续的原因。[2]

二是亚细亚生产方式问题。与20世纪二三十年代关于这一问题的讨论主要是与中国社会性质和中国革命实践有关不同,新中国成立后亚细亚生产方式问题的讨论,主要是与历史分期(但不等同于历史分期)和中国古代社会的特征有关。学者对如何认识亚细亚生

---

[1] 参见张越:《"五朵金花"成就不容否定》,《中国社会科学报》2015年11月10日;《"五朵金花"问题再审视》,《中国史研究》2016年第2期。

[2] 白钢:《中国封建社会长期延续问题论战的由来与发展》,中国社会科学出版社,1984年,第181页。另可参见田居俭:《中国封建社会长期延续讨论的由来和发展》,载《历史研究》编辑部编:《建国以来史学理论问题讨论举要》,齐鲁书社,1983年。

产方式的概念，马克思、恩格斯是如何使用以及有没有放弃这一概念，亚细亚生产方式与马克思、恩格斯原始社会史的发现之间的关系，亚细亚生产方式与古代东方社会等问题进行了深入讨论。这一讨论大大丰富了史学界对马克思主义社会经济形态理论的认识，也提出了中国古代历史研究上的若干重大问题。①

三是历史主义与阶级观点问题。历史主义与阶级观点都不是马克思主义最早提出来的，但马克思主义批判吸收了其中的合理因素，使之成为辩证唯物主义和历史唯物主义的有机组成部分。历史主义与阶级观点是马克思主义分析历史问题的基本理论，也是马克思主义史学的重要研究方法。因此，马克思主义史学工作者一旦与具体历史研究实践相结合，就必然或多或少地遇到这个问题。新中国成立后，唯物史观中的阶级观点得到空前强化和史学研究中出现的偏离历史主义倾向，导致了历史主义和阶级观点的争论。从20世纪50年代初到60年代，不仅郭沫若、翦伯赞、范文澜、黎澍、吴晗、侯外庐、白寿彝、吴泽、刘大年、郭晓棠、漆侠等一大批史学家，对当时历史研究中出现的"宁左勿右"的非历史主义倾向进行了深刻反思甚至自我检讨，而且引发了当时还属于中青年的一大批史学工作者围绕历史主义和阶级观点究竟是何种关系的大争论。这场争论虽然没有形成定于一尊的看法，但深化了对马克思主义唯物史观的认识，为中国史学界后来的发展培养了大批人才。20世纪后半期至21世纪的许多著名史学家，如宁可、林甘泉、田昌五、李文海、陈旭麓、何芳川等都参与了当时的讨论。②需要说明的是，历史主义与

---

① 参见田人隆：《亚细亚生产方式讨论的回顾》，载《历史研究》编辑部编：《建国以来史学理论问题讨论举要》，齐鲁书社，1983年。

② 这一问题的基本情况可参见蒋大椿编著：《历史主义与阶级观点研究》，巴蜀书社，1992年。

阶级观点的争论还与历史人物评价，农民战争史研究，历史遗产如何继承，古为今用、厚今薄古，史论关系等理论问题的讨论紧密相连，这里不再展开。

（四）学科建设成就与史学研究的收获

新中国成立后至"文革"前的中国史学成就不仅限于"五朵金花"以及相关历史理论热点问题的讨论或争论，在学科建设与史学研究的其他方面同样取得了很大成绩。

1.中国古代史研究上，学者以马克思主义为指导，在通史、断代史和专门史研究上取得了一批成果。范文澜主编，自延安时期开始编写的《中国通史简编》修订本第一、二、三编出版。该书以马克思主义社会形态学说为统领，阐述中国历史发展进程，具有重要的学术价值和现实意义。翦伯赞主编的《中国史纲要》是全国高等学校文科教材编选计划会议的委托项目。教材集一时之人选，贯彻唯物史观，实事求是地分析中国历史的演进，是一部观点鲜明、资料翔实、文字凝练、结构严谨、简明扼要的中国通史。郭沫若主编的《中国史稿》自1958年开始编写，前后上百位学者参加。《中国史稿》重视社会形态学说，重视阶级斗争在历史发展中的作用，重视政治史在历史过程中的影响，重视各民族共同创造中国历史的过程，重视思想文化与社会政治、经济的关系，体现了马克思主义史学的鲜明特征。此外还有尚钺的《中国历史纲要》和吕振羽的《简明中国通史》（修订本）。侯外庐主编的多卷本《中国思想通史》也在1960年全部出版。这是一部以马克思主义理论和方法观察研究中国思想史演变的巨著，该书将思想史研究与社会史研究相结合，重视社会存在与社会意识间的辩证关系，重视历史上唯物思想的挖掘和人民群众思想的阐述，具有不朽的学术价值。在断代史、专门史与专集、论文、史料整理上，以马克思主义为指导或以实证史学见长的学者，在这一时期都取得众多成果。这些论著和史料整理不仅在当时有很高的学术价值，即使在今天看来很多也是经典之作，拥有广泛的影响。因此，有人说新中国成立后的十七年史学研究只有"五朵金花"是站不住脚的偏见。

2. 中国近代史是一门与现实联系密切的学科。民国时期，马克思主义和非马克思主义关于中国近代史的学派分野与叙述体系已开始形成，政治立场和学派主张已较明显。新中国成立后，马克思主义唯物史观成为近代史研究的指导思想，"厚今薄古"的倡导和社会发展的需求，都使中国近代史研究受到空前重视。1950年5月1日，经中央同意，在中国科学院下设近代史研究所，范文澜任所长。如同学者所言，新中国成立后至1965年的近代史学科尽管遭遇政治运动不断、学术潮流多变的状况，"但学术建树仍令人瞩目，主要是建立了马克思主义的史学体系，开展了系统规范的资料整理工作，若干专题研究成绩突出"[①]。1954年，胡绳发表《中国近代历史的分期问题》一文，就历史分期存在的问题，以及应当以什么标准进行历史分期提出了意见。胡绳主张中国近代史从时段上是从1840年的鸦片战争到1919年的五四运动。以三次革命运动高潮为主线，即太平天国、义和团运动和辛亥革命，又细分为七个时期或阶段。胡绳文章发表后引起热烈讨论，如孙守任《中国近代历史的分期问题的商榷》、金冲及《对于中国近代历史分期问题的意见》、戴逸《中国近代史的分期问题》、范文澜《略谈中国近代史的分期问题》、刘耀《试论中国近代史的分期问题》等文章，此外还有荣孟源、章开沅、李新等学者的文章，对此纷纷发表意见，对胡绳的观点或赞同或商榷，涉及中国近

---

① 徐秀丽：《中国近代史研究70年（1949—2019年）》，《经济社会史评论》2019年第2期。

代史的开端、中国近代史的下限以及近代史分期的标准等问题。① 通过这次分期问题的讨论，以胡绳意见为主体的中国近代史学科体系、学术体系、话语体系基本确立。

新中国成立后十七年的中国近代史研究成绩不限于历史分期问题，归纳起来还有如下几方面：一是资料编纂。由诸多机构或个人编纂的近代史资料得以出版，涵盖了政治、经济、思想文化、重大事件、个人资料等各方面；二是近代通史的出版。如林增平《中国近代史》和戴逸《中国近代史稿》（第1卷）等；三是围绕鸦片战争史、帝国主义侵华史、太平天国史、中法战争史、中日战争史、洋务运动史、戊戌变法史、义和团运动史、辛亥革命史，以及近代经济史、文化史和思想史，出版发表了一大批专著和论文。以革命史和党史为重点的中国现代史研究学科体系也在此期间开始构建。

3. 新中国成立前的中国世界史研究，无论在教学教材体系，还是研究队伍和研究成果上都很薄弱。新中国成立后，郭沫若、华岗等史学工作者都在呼吁要重视世界史研究，特别是批判和改变"欧美中心主义"历史观，加强亚非拉地区的历史研究。世界史研究工作者努力学习马克思主义理论，学习借鉴苏联史学成果，筚路蓝缕，开启了中国世界史研究的新征程。其成就主要表现在如下几个方面：

一是翻译世界史主要是苏联史学界的成果和编纂世界史史料。如苏联科学院历史研究所编《古代世界史大纲》和《近代史教程》、谢缅诺夫著《中世纪史》、叶菲莫夫著《近代世界史》等，以及中国人民大学世界通史教研室编《世界通史参考资料》（古代部分），耿淡如、黄瑞章译注《世界中世纪史原始资料选辑》，周一良、吴于廑《世界通史资料选辑》，王敦书译《李维〈罗马史〉选》，王绳祖、蒋

---

① 这次讨论的成果最后汇集成《中国近代史分期问题讨论集》，由生活·读书·新知三联书店于1957年出版。

孟引译《吉本〈罗马帝国衰亡史〉选》,杨人楩主编、日知选译《古代埃及与古代两河流域》,尚钺主编《奴隶社会历史译文集》《封建社会历史译文集》,《历史研究》编辑部编译《罗马奴隶占有制崩溃问题译文集》等。

二是出版了一批世界通史和断代史论著。如郭圣铭《世界古代史简编》、齐思和《世界中世纪史讲义》、沈炼之《简明世界近代史》、蒋孟引《第一次世界大战》、周一良与吴于廑主编《世界通史》等。突破以欧美为中心的亚非拉区域史、国别史、专题史研究也在此间逐步开展,取得了一批成果。

三是相关研究与教学机构的建立。1950 年成立的中国史学会下设亚洲史组。1959 年,中国科学院历史研究所下设世界历史研究组,1962 年扩建为世界历史研究室,1964 年 5 月经国务院批准成立世界历史研究所,对全世界主要国家和地区的历史开展综合性研究。同时,一些主要高校也相继成立了世界通史、区域史教学与研究的研究室或研究所。[①] 这些都为新中国世界史研究奠定了良好基础。

4. 新中国成立前的中国考古学虽然有了近三十年的历史,但主要局限在旧石器时代考古,且主要由外国学者把控和推动。新中国成立后,考古工作受到重视。1950 年 8 月,中国科学院设立考古研究所,随后北京大学、西北大学、四川大学等高校设立了考古专业。1960 年,中国科学院古脊椎动物与古人类研究所建立。这些都为新中国的考古学,特别是旧石器时代考古学学科建设打下了良好基础。归纳起来说,这一时期中国考古学的成绩主要反映在如下诸方面:

一是考古学领域马克思主义指导地位的确立。尹达《中国新石

---

① 以上参考桂遵义:《马克思主义史学在中国》第 12 章第 2 节,山东人民出版社,1992 年;罗志田主编:《20 世纪的中国:学术与社会·史学卷》(上)第 3 编第 3 章,山东人民出版社,2001 年。

器时代》一书，把考古学视作马克思主义社会形态学说的重要基础，是尝试运用生产力与生产关系理论来探讨社会经济形态的代表。

二是旧石器时代考古取得许多重要进展。云南开远小龙潭古猿牙齿化石、云南元谋人门齿化石、陕西蓝田猿人头盖骨化石和下颌骨化石的发现，为探讨中国境内远古人类的起源提供了重要材料。丁村、西侯度、匼河、小南海、许家窑、金牛山、大荔等遗址的发现，极大地扩展了中国旧石器遗址分布的范围，为探讨中国旧石器考古学文化的时空框架与理论体系创造了条件。贾兰坡等学者为此做出了重要贡献。

三是新石器时代考古收获与理论探索成绩斐然。至1979年，新石器时代遗址发现超过六七千处，主要分布在黄河流域，但也遍布全国各地。丰富多彩的新石器时代遗存，将建立中国考古学文化时空框架的任务摆在了学者面前。夏鼐《关于考古学上文化的定名问题》一文，阐释了考古学上"文化"一词的特殊含义，以及考古学文化定名的方法与科学态度，为中国考古学文化时空框架构建提供了理论指导。[①] 20世纪70年代，在碳十四测年技术应用于考古学并取得成绩的前提下，安志敏、夏鼐撰文[②]，初步建立起了中国新石器时代考古遗存的文化序列和史前考古学文化的时空框架。

四是夏商周考古工作的系统展开。玉村二里头文化、郑州二里冈和洛达庙等文化遗址、二里头遗址的发掘，为夏文化和先商文化研究提供了重要资料。安阳殷墟遗址及武官村大墓的科学发掘，为研究商代社会性质提供了宝贵资料。西安丰镐遗址及宝鸡周原遗址的发掘，为西周历史研究提供了新认识。由此，三代考古学文化区系

---

① 夏鼐：《关于考古学上文化的定名问题》，《考古》1959年第4期。
② 安志敏：《略论我国新石器时代文化的年代问题》，《考古》1972年第6期；夏鼐：《碳-14测定年代和中国史前考古学》，《考古》1977年第4期。

的类型体系构建也在此期间取得重要阶段性成果。

当然,新中国成立后的考古学,特别是前十七年的考古学成就无论是学科建设、人才培养和研究成绩上远不止此。如秦汉至明清的考古在都市城邑、陵寝墓葬、农业手工业遗迹遗物、宗教考古与中外文化交流考古等领域也都取得重要成绩①,不再一一展开。

(五)"文革"中的史学

1981年十一届六中全会通过的《关于建国以来党的若干历史问题的决议》(以下简称《决议》)指出:"一九六六年五月至一九七六年十月的'文化大革命',使党、国家和人民遭到建国以来最严重的挫折和损失。"

《决议》还指出,全面建设社会主义的十年里(1957—1966),党的工作在指导方针上有过严重失误,经历了曲折的发展过程。反右派斗争被严重地扩大化,意识形态上出现了严重的"左"的偏差。1957年以来意识形态上"左"的偏差与"文化大革命"发生有"导火线"的关系,在史学领域完全可以印证。"反右倾"运动中对雷海宗、向达、荣孟源的批判,1958年在高校和研究机构中掀起的资产阶级学术思想批判运动中,对一大批史学家的无端指责,1960年在批判"修正主义"运动中,给尚钺扣上修正主义的帽子,1963年在阶级斗争观点日益突出后对刘节的批判,1964年对周谷城阶级合作论的政治批判等,都是学术研究政治化、史学研究从属政治斗争的典型表现,不仅严重挫伤了史学工作者的积极性,也助长了史学研究和教学中的错误倾向,如"打破王朝体系"、"以论带史"口号的提出等。但是如《决议》所说"这些错误当时还没有达到支配全局

---

① 参见国家文物局主编:《中国考古60年(1949—2009)》,文物出版社,2009年。

的程度",还属于"偏差"的范围。

1966年开始的"文化大革命"是从史学领域发端的。1965—1966年对历史主义和阶级观点讨论的批判,将赞成历史主义观点的学者视为具有"反动的资产阶级思想",特别是戚本禹等一些人的文章直接点名道姓攻击翦伯赞同志。1965年姚文元在《评新编历史剧〈海瑞罢官〉》中,给吴晗扣上了反对阶级分析的罪名。1966年初对所谓"三家村反党集团"的诬陷,致使邓拓含冤离世。一大批史学工作者在这些批判、诬陷中受到牵连和迫害。十年浩劫中,除了若干考古和史料整理工作尚命悬一线外,其他正常的史学教学、研究和出版工作完全停顿,史学研究成果乏善可陈。而"四人帮"所炮制的"影射史学"、"批儒评法"等以篡党夺权为目的的"史学"话题,随意捏造和歪曲历史,致使史学完全沦为政治斗争的工具,令人扼腕。

(六) 三十年史学研究的评价

以改革开放前后为界,新中国史学大致可以划分为前三十年和后四十年两个时期。前一个时期又可划分为新中国成立后十七年和"文化大革命"十年两个阶段。这里分别就前一个时期的两个阶段谈一点看法。

新中国成立后十七年的史学评价是改革开放后,特别是新世纪以来大家感兴趣的一个话题。有些学者认为十七年的史学是"教条史学"、"战时史学"、"完全政治化的史学",是以农民战争史替代整个中国史,是以"部分学术色彩的命题而本质上不是学术命题"的方式来表达"非学术诉求",因而所讨论的不过是一些"假问题",甚至将十七年史学与"文革"史学划分在同一历史时期。[①] 但更多的

---

① 参见德朋等:《展望新世纪中国史学发展趋势》,《光明日报》2001年10月2日;黄广友:《改革开放以来"十七年史学"研究评估》,《中共党史研究》2014年第12期。

学者认为十七年的史学与"文革"时期的史学不能相提并论。十七年史学虽然存在着许多问题，但仍然取得了很大成绩，如果在十七年史学上失语，并不利于我们今天的史学创新和与国际接轨。①特别是林甘泉从马列经典著作出发，辨析了五种生产方式与中国历史分期问题，虽然没有直接过多涉及十七年史学评价，但实际从理论高度肯定了历史分期问题讨论的积极意义，同时指出只有史学工作者端正学风，提高马克思主义理论素养，才可能克服概念化、公式化的毛病。②

从前面四个方面的简要回顾和总结可以看到，十七年的史学尽管存在着对马克思主义教条化的理解、学术研究过度政治化的偏差，但总体上取得了很大成绩。

首先，将马克思主义唯物史观与中国历史实际相结合，提出并广泛讨论了一批重大历史问题。新中国成立后，以郭沫若、范文澜、翦伯赞、侯外庐、吕振羽等为代表的一批马克思主义史学工作者，继续不懈探索，运用唯物史观基本原理，广泛深入探讨了包括"五朵金花"在内的中国历史中具有普遍性和特殊性的问题，从历史理论和史学实践上大大深化了人们对中国历史的理解。这场讨论中的大多数问题都具有深厚的学术生命力，是解释中国历史绕不开的话题。其历史意义也将会随着时代的发展得到更加充分的认识。今

---

① 参见陈其泰：《建国后十七年史学"完全政治化"说的商榷》，《学术研究》2001年第12期；《正确评价新中国17年史学道路》，《史学理论研究》2013年第2期；《正确评价建国后十七年马克思主义史学的地位》，《天津社会科学》2007年第4期。罗志田：《文革前"十七年"中国史学的片断反思》，《四川大学学报》2009年第5期。张剑平：《中国马克思主义史学研究》下篇《新中国"十七年"历史学研究评价问题》，人民出版社，2009年。卜宪群、杨艳秋、高希中：《"五朵金花"的影响和地位不容抹杀》，《中国社会科学报》2014年3月31日。张越：《"五朵金花"问题再审视》，《中国史研究》2016年第2期。

② 参见林甘泉：《世纪之交中国古代史研究的几个热点问题》，载《林甘泉文集》，上海辞书出版社，2005年。

天，即使对这场讨论有不同意见的同志，也大都并不彻底否定其中的学术价值。

其次，奠定了新中国历史学的基础。新中国的成立为哲学社会科学建设创造了旧中国难以比拟的环境。科研机构和高校历史系的纷纷成立，学术刊物的创办，中国史学会的建立，使史学学科建设、人才培养、学术交流有了稳固的基础和平台。新中国的考古学、中国古代史、中国近现代史、世界史，以及通史、断代史、专门史、历史文献学等学科的基础，毋庸置疑都奠定在这个时期。

最后，广大史学工作者以饱满的热情和严谨的科学态度，在马克思主义唯物史观与中国历史实际相结合上、在中国历史与世界历史的实证研究以及历史文献的整理与研究上都做出了重要贡献，为改革开放时期的中国史学奠定了坚实的研究基础。这些都是难以否定的历史事实。

正确评价十七年史学还应当注意如下几个问题：第一，要把十七年马克思主义史学研究所取得的成就与教条化的马克思主义区分开来。新中国成立后，马克思主义史学研究中的确存在着教条主义倾向，郭沫若、翦伯赞等同志在20世纪50年代后期已经看到了这些问题的存在并力图纠正，由于客观政治因素干扰而被扼杀，但绝不能因此而完全否定马克思主义史学家所做的一切工作。第二，要把马克思主义史学家对历史与现实、学术与政治的关切与"左"的政治思潮影响区别开来。史学与现实、与政治的关系是一个古老的话题。马克思主义史学从不是脱离现实、脱离政治的科学，而是有自身鲜明的阶级性和意识形态属性，与中国共产党的理想信念和追求目标有着高度的统一性，是为最广大人民群众服务的一门科学。由于"左"的思潮影响，十七年史学中出现了我们不愿看到的一幕，留下了深刻的教训，但这绝不是马克思主义史学关注现实、关注政治自身的错误。有责任、有担当的史学工作者，总会把自己的研究与国家命运、人民利益紧紧结合在一起。第三，要把十七年史学与"文革"史学区分开来。如前所述，新中国十七年的史学成就奠定了中国马克思主义史学的学科体系、学术体系和话语体系的基础，但十七年史学的自身发展与"文革"史学之间并没有必然内在的逻辑关系。"文革"的错误发动以及"四人帮"利用史学作为其篡党夺权的工具而使史学蒙羞的这笔账，只能记在"四人帮"的身上。

二、改革开放四十年的史学研究

史学命运与国家命运是联系在一起的。1978年年底召开的十一届三中全会，重新确立了党的解放思想、实事求是思想路线，开启了改革开放新征程。经过拨乱反正，史学界肃清"四人帮"的流毒和"左"倾错误影响，摆脱教条主义束缚，思想空前解放，迎来了百花齐放、万紫千红的春天。党和国家对史学研究高度重视，史学工作者勤奋努力，史学在学科建设、学术成果、人才培养和对外交流上取得了前所未有的成就，史学步入了繁荣昌盛的新阶段。与此同时，马克思主义史学既焕发出新的活力、展现出强大的生命力，也经受着新的考验。以下从四个方面对四十年来史学研究做一简要回顾与总结。

（一）时代变迁与史学的新发展

史学与时代有着不可分割的关系。拨乱反正后，史学百废待兴，史学工作者以饱满的热情投入工作中，希望把失去的岁月夺回来。但史学客观存在的深层次问题也不容回避。首先，人才培养的断层和学科建设的停滞，致使史学研究后继乏人。其次，长期以来对马克思主义理论的简单化、教条化、公式化理解，以及对史学功能的片面性认识，制约、束缚着历史理论与史学理论的探索，致使史学研究方法单一、对象单调、话语陈旧、信息闭塞。再次，"四人帮"对历史学摧残所造成的社会对史学功能的错误认知、社会转型与史学自身不相适应等因素，致使史学发展面临重重困难。改革开放初期的史学研究就是在这样的基础上艰难起步的。经过四十年的大踏步发展，这些状况已得到根本的改变。

1. 史学研究的政治与社会环境根本改变。改革开放后，对马克思主义简单化、教条化、公式化的理解，把史学简单视为政治工具的做法被彻底否定。1980年4月8日，胡乔木同志在中国史学会代表大会上说："马克思主义的基本立场、观点、方法，应成为历史研究工作的向导……历史科学满足政治需要的正确理解应该是，历史向社会也向政治提供新的科学研究的成果，而社会和政治，则利用这种成果作为自己活动的向导。"[①] 胡乔木的讲话代表了史学工作者的心声，正确阐明了马克思主义与史学、史学与政治的关系。以科学的态度对待历史文化，取其精华，去其糟粕，使之与当代社会相适应、与现代文明相协调，保持民族性，体现时代性，发挥其在建设中国特色社会主义伟大进程中的应有作用，是改革开放后党和国家对史学的殷切期望。邓小平同志说："要懂得些中国历史，这是中国发展的一个精神动力。"[②] 江泽民同志说："一名领导干部不善于从历史中吸取营养，不可能成为高明的领导者；一个政党不善于从总结历史中认识和把握社会发展规律，不可能成为顺应历史潮流的自觉的政党；一个民族不

---

① 林永匡：《中国史学会代表大会在北京举行——胡乔木同志就发展我国历史科学问题作了重要讲话》，《历史教学》1980年第6期。
② 《振兴中华民族（一九九〇年四月七日）》，《邓小平文选》第3卷，人民出版社，1993年，第358页。

善于从历史中继承和发展本民族和世界其他民族创造的优秀文明成果,不可能屹立于世界民族之林。"①胡锦涛同志说:"浩瀚而宝贵的历史知识既是人类总结昨天的记录,又是人类把握今天、创造明天的向导……不仅要学习中国历史、还要学习世界历史,不仅要有深远的历史眼光,而且要有宽广的世界眼光。"②

党的十八大以来,习近平总书记更是对历史研究高度重视,对史学工作者寄予厚望。他多次指出"历史是最好的教科书,历史是人类最好的老师",指出"我们进行伟大斗争、建设伟大工程、推进伟大事业、实现伟大梦想,更需要重视、研究、借鉴历史。这对我们丰富头脑、开阔眼界、提高修养、增强本领具有重要意义"③。他强调"历史研究是一切社会科学的基础",希望史学工作者"加快构建中国特色历史学学科体系、学术体系、话语体系"④,在习近平总书记和党中央的关怀下,史学研究从来没有像今天这样受到全社会的重视,新时代史学工作者的历史使命更为崇高和艰巨。

2. 人才培养与组织机构建设成绩卓著。改革开放之初,20世纪初以来学贯中西的史学大家有的还健在,"文革"前受过系统训练的一批高校历史系毕业生虽然受到"文革"的很大干扰,但其中仍有很多同志努力学习马克思主义,具有良好的史学素养,很快在史学研究上发挥出引领作用。党和国家对教育与科研的重视,使史学人才培养和史学研究队伍建设很快走上了制度化的道路。1977年恢复了高等学校招生考试制度,1978年研究生招生得以恢复,1981年正

---

① 《高度重视学习中华民族发展史》,中国社会科学院历史研究所编:《简明中国历史读本》序,中国社会科学出版社,2012年。
② 《进一步认识把握社会历史发展规律 增强推进改革发展的自觉性主动性》,《人民日报》2003年11月26日。
③ 《努力造就一支忠诚干净担当的高素质干部队伍》,《求是》2019年第2期。
④ 《致中国社会科学院中国历史研究院成立的贺信》,《人民日报》2019年1月4日。

式确立了新中国自己的学位制度，这些都极大地推动了历史学人才队伍的培养。一大批历史研究机构和高校史学教学机构的设立，使学科建设有了稳固阵地。从20世纪90年代到21世纪，教育部人文社会科学重点研究基地、"211"工程大学、"985"工程大学、"2011协同创新"计划、"双一流"高校建设，以及考古学、中国史、世界史三个一级学科设置等，有力地促进了史学的建设发展。2019年1月3日，在习近平总书记的直接关怀下，中国社会科学院中国历史研究院成立，总书记亲自发来贺信，对中国历史研究院和全国史学工作者寄予殷切希望，中国史学发展迎来了新时代。

3. 研究方向与重大项目有了系统规划。1979年，中国社会科学院主持的中国历史学规划会议在成都召开。这是改革开放后史学界的一次盛会。会议回顾历史，总结经验教训，对若干历史专业研究中的问题进行了讨论，并重点讨论了中国历史学规划草案，落实了中国历史学的八年规划（1978—1985）。① 这次会议对改革开放后的史学建设具有重要意义。1980年中国史学会恢复活动，历史学（包括考古学）各专业学会、各地区史学会也纷纷成立，至今仍发挥着重要作用。此后，《中国历史大辞典》、《中国大百科全书》历史部分的编纂、历史资料的整理，以及诸多重点史学研究方向的确立，都与这次会议的规划有关。

1983年，中央新成立的全国哲学社会科学规划领导小组在长沙召开全国历史科学规划会议，首次将规划项目纳入国民经济和社会发展第六个五年计划。以中国史为例，白寿彝主编的《中国通史》，戴逸、王戎笙主编的《清代通史》和《清代人物传》，侯外庐、邱汉生、张岂之主编的《宋明理学史》，张政烺、周绍良负责的《敦煌文

---

① 参见《中国历史学规划会议在成都举行》，《历史教学》1979年第4期；周自强：《我国历史学界的一次盛会——记中国历史学规划会议》，《中国史研究动态》1979年第6期。

书整理研究》(汉文部分),唐长孺负责的《吐鲁番文书整理研究》和《1972—1974年出土居延汉简整理与研究》,林甘泉主编的《中国封建土地制度史》,以及《中国经济通史》等都在此时纳入规划或启动。这两次规划会议对新时期史学的指导思想、学科建设、人才培养、研究方向等方面都产生了深远影响。1991年6月,中央决定在全国哲学社会科学规划领导小组下设全国哲学社会科学规划办公室(现改为"全国哲学社会科学工作办公室"),负责制定全国哲学社会科学发展规划和年度计划,采取设置课题指南投标等多种方式资助史学课题研究,在引领和推进史学研究上产生了重大作用,具有很高的学术声誉。

改革开放四十年来,国家还重点投入组织实施了一批史学(含考古学)项目,扶持"绝学"、冷门学科等。如大家耳熟能详的夏商周断代工程、中华文明探源工程、《清史》纂修工程、《中华大典·历史典》编纂工程、《儒藏》工程、边疆历史与现状综合研究项目、抗战研究专项工程等。特别是在习近平总书记《在哲学社会科学工作座谈会上的讲话》(以下简称《讲话》)精神鼓舞下,以及中办、国办《关于实施中华优秀传统文化传承发展工程的意见》下发后,涵盖在"绝学"和冷门学科中的诸多史学学科受到党和国家的重视,史学学科建设更加丰富全面。

4. 开放的信息交流渠道逐渐形成。改革开放后的史学在理论方法、研究领域、交流空间上都不再是封闭式的。中国港台地区及国外史学研究信息被大量翻译、介绍进来。例如,1979年创刊的《中国史研究动态》几乎每期都有相关的内容,《中国史研究》更成为海内外中国史学者理论与实践探讨的精神家园。随着经济实力的增强,越来越多的学者走出国门,也有更多海外学者进入我国开展学术交流。众多重要的史学名著被翻译到中国,如"剑桥中国史"系列、

"中国近代史研究译丛"、"哈佛中国史"系列、"汉译世界学术名著丛书"、"海外中国研究丛书"、"中外关系史名著译丛"、"法国西域敦煌学名著译丛"、"日本学者研究中国史论著选译"、"世界汉学论丛"、"海外中国研究丛书"、"早期中国研究丛书"等都是代表。广泛的学术交流有力推进了学术发展，中外学者在很多历史问题的研究上拥有了更多相同相似的主题与话语。

（二）研究领域的深化与学科体系构建的完善

四十年来，中国史学呈现出繁荣昌盛、生机勃勃的局面，集中反映在研究领域的深化拓展与学科体系构建的进一步完善。中国古代史、中国近代史、世界史、边疆史地、考古学研究上都取得了瞩目的成绩。这里我们择其主要方面做一简要回顾。

1. 中国古代史。中国古代史在通史、断代史、专门史研究上都取得丰硕成果，并具体体现在政治史、经济史、社会史、思想史、文化史等各个领域。

（1）通史与断代史编纂琳琅满目。"文革"前范文澜在《中国通史简编》修订本基础上编纂的《中国通史》，范老去世后，由蔡美彪主持完成十卷本《中国通史》（后续补两卷至清代结束）。郭沫若主编的《中国史稿》在郭老去世后由尹达主持，七卷本《中国史稿》全部出齐。白寿彝主编的十二卷《中国通史》是20世纪末中国史学的扛鼎之作，吸收古今史书编纂体裁优长，不仅在写作方式上开拓创新，也提出了诸多创见。21世纪以来，中国社会科学院历史研究所编纂的五卷本《中国通史》，面向社会大众，以一百个专题的形式叙述了中国境内自远古人类起源，到清朝结束的历史，获得良好的社会反响。曹大为、商传、王和、赵世瑜总主编的《中国大通史》，是最新出版的一套自史前至民国的通史，在编纂理念和编纂方式上体现出自己的特色。上述通史就其内容说不全是古代史，但无疑是以古代史为主的。与通史并列的断代史编纂在这一时期也取得重要成果。如杨宽的《西周史》《战国史》，宋镇豪主编的十一卷本《商代史》，林剑鸣的《秦史稿》和《秦汉史》，王仲荦的《魏晋南北朝史》和《隋唐五代史》，韩国磐的《隋唐五代史纲》修订本，陈振的《宋史》，李锡厚、白滨的《辽金西夏史》，吴天墀的《西夏史稿》，周良霄、顾菊英的《元史》，韩儒林主编的《元朝史》，南炳文、汤纲的《明史》，顾诚的《南明史》，王戎笙、李洵的《清代全史》，李治亭主编的《清史》等。尽管上述通史或断代史的编纂还有缺憾和不足，但有不少都是学科奠基性的，至今尚不可替代。

（2）政治史研究向纵深发展。政治史是史学研究的核心领域之一，是解读历史发展变迁的重要方面。改革开放后，政治史研究突破了以前的狭隘范围，在理论方法和研究对象上都向纵深发展。白钢主编的十卷本《中国政治制度通史》，摆脱了职官史的局限，全面梳理了先秦至民国政治制度的发展历程。各时期政治制度的各个层面，如国体与政体、皇权、机构、职官、仕进、考课与监察、法制、军事、礼制、外交、阶级与阶层、政治人物评价、文书行政、政治运作形式、基层政治等，都有极大推进，大都有一部或数部专著出版，断代政治史和专题性的通史也有丰硕成果。政治文化与政治文明作为一种理论与方法开始进入研究者的视野。政治史研究不再是静态描述，而是将政治史与制度史、社会史、文化史有机结合起来，"活"的制度史研究受到重视。历代中原王朝政治史是重点，但少数民族政权政治史也受到关注。中外政治制度的比较研究在日知、刘家和、马克垚等推动下，围绕古代城邦制度、专制主义、封建制度等问题进行了热烈讨论。与政治史紧密相关的法制史研究取得骄人成绩。张晋藩总主编的十卷本《中国法制通史》，展现了20世纪中国法制史的研究水准,刘海年、杨一凡总主编的十四卷《中国珍稀法律典籍集成》及续编,是中国法律典籍整理的重要成果。各断代法制史、法律思想史及众多法律文献整理也取得丰硕成果。① 军事史研究不再单纯作为政治史的一部分,军事制度、军事后勤、军事思想、军事人物、军事文献等都有了深入研究和整理。需要特别指出的是,众多古文书、古文献的发现,地方政府档案的整理出版,为政治史、法制史、军事史研究提供了珍贵的资料。

(3)经济史研究迎来高潮。四十年来,经济史研究受到高度重视。一是一批研究机构建立和刊物创立。1977年,中国社会科学院经济研究所在原经济史组的基础上建立了中国经济史研究室,1980年历史研究所成立经济史研究组,近代史研究所成立经济史研究室,一批高校和科研机构也先后成立经济史研究所或教研室。和经济史研究相关的刊物、学会相继创办。1981年,《中国农史》创刊;1982年,《中国社会经济史》创刊;1986年,《中国经济史研究》创刊;1985年,中国商业史学会成立;1986年,中国经济史学会成立。这些都直接推动了中国古代经济史的研究与繁荣。二是一批中国古代经济史资料整理出版。如王永兴的《隋唐五代经济史料汇编校注》,郭厚安的《明实录经济资料选编》,谢国桢的《明代社会经济史料选编》,傅筑夫、王毓瑚等的《中国经济史资料·秦汉三国编》《先秦编》,历史研究所的《明清徽州经济资料丛编》(一、二辑)等,以及一大批行业、区域经济史料和传世文献、新出文献中的经济史料整理刊布。② 三是由于时代的变化、视角的转化和吸收新的经济学理论与模式,经济史的研究对象和方法都有了新的变化。传统经济史研

---

① 参见陈晓枫、柳正权:《中国法制史研究世纪回眸》,《法学评论》2001年第2期。
② 参见王嘉川:《20世纪后半期中国古代经济史资料的整理与出版》,《河北学刊》2012年第1期。

究中的若干问题继续得到关注,但研究重心的转移也十分明显。对中国古代经济的整体性、规律性问题认识,以及从历史与现实关联的角度探讨古代社会经济的特点趋势加强。中国封建经济结构的特点、中国封建社会为什么长期延续、商品经济与自然经济、生产力发展水平、土地制度与阶级关系、传统经济的现代化、城镇与市场、前近代经济结构与发展水平、"三农"问题等受到广泛关注。经济史研究中的思想史、财政史、城市史、商业史、货币史、人口史、工业史、贸易史等专门史,区域经济史,少数民族经济史,以及与经济史紧密相连的环境史等都有了开创性的研究。四是马克思主义经济理论与中国实际相结合,在社会经济形态、经济通史、断代经济史、专门经济史和区域经济史研究上均取得了丰硕成果。如胡如雷用马克思主义经济学原理分析中国封建社会经济撰写的《中国封建社会形态研究》,傅筑夫的《中国封建社会经济史》,中国社会科学院历史研究所、经济研究所、河北大学、郑州大学协作完成的《中国经济通史》,林甘泉主编的《中国封建土地制度史》第一卷,胡寄窗的《中国经济思想史》等都是代表。[1]

(4)社会史研究异军突起。改革开放之前,社会史研究还很难说是一门独立的学科,其研究领域比较狭窄,而且主要附属于社会经济史或政治史之中。改革开放后,人们逐渐认识到社会史研究的重要意义及其广阔前景,对社会史的关注空前高涨。四十年来,中国社会史学会的成立,南开大学中国社会史研究中心、中国社会科学院历史所与近代史所社会史研究室、中山大学历史人类学研究中心等机构的成立,以及《中国社会历史评论》、《历史人类学》的创刊,为社会史研究构建了良好的平台。尽管对社会史的学科定位以及概念理

---

[1] 参见李根蟠:《二十世纪的中国古代经济史研究》,《历史研究》1999年第3期;林甘泉:《二十世纪的中国历史学》,《历史研究》1996年第2期。

解还有不同意见，但其研究成绩是公认的。① 社会组织与结构、宗族与家族、家庭与人口、婚姻形态、社会生活、社会问题、社会势力、风俗信仰、民间宗教、地域或区域社会、日常生活、社会文化、市民社会、社会流动与社会控制等研究，以及民间文献整理等方面都有代表性的论著与成果出版。与社会史相关的疾疫史、医疗史、灾害史、性别史、乡村史，以及田野调查和口述史等都受到广泛重视。② 以"国家与社会"为分析框架的理论模式，开始渗透史学研究领域，影响有逐步扩大趋势。其所预设的历史解释模式和研究范式，在新的问题意识形成、话语体系建构上均有突破，直接推动了中国历史长时段重大问题的研究，以及基层社会、社会结构变迁等具体问题的探讨，其含义已不是狭义的社会史所能涵盖的。

（5）思想史、文化史研究成就斐然。改革开放后，思想史研究脱离了教条主义束缚，在理论方法、研究内容、资料整理上都取得了重要成就。简帛资料的出土，极大丰富了先秦文献和思想史的研究，中国古代思想探源取得诸多突破性进展。儒家思想的历史地位有了新的评价，当然它在中国历史发展中的作用认识还不一致，关于"国学"、"新儒学"的兴起与争论就反映了这一点。思想史的研究领域明显拓宽，关注的问题增多，研究方法与研究视角呈现多元化趋势。侯外庐、邱汉生、张岂之主编的《宋明理学史》，任继愈的《中国哲学史》和《中国佛教史》，卿希泰的《中国道教思想史纲》，李泽厚的《中国古代思想史论》，刘泽华主编的《中国古代政治思想史》，葛兆光的《中国思想史》，匡亚明主编的《中国思想家评传丛书》等

---

① 参见常建华：《改革开放 40 年以来的中国社会史研究》，《中国史研究动态》2018 年第 2 期。

② 参见郭松义：《中国社会史研究五十年》，《中国史研究》1999 年第 4 期；赵世瑜、邓庆平：《二十世纪中国社会史研究的回顾与思考》，《历史研究》2001 年第 6 期。

都是代表。思想史中的专题性研究、人物、思潮、流派研究走向纵深和细化。与思想史相关联的自先秦至明清的学术史研究也取得很多新成果，如李学勤的《周易经传溯源》，卢钟锋的《中国传统学术史》，陈祖武的《中国学案史》、《乾嘉学派研究》等。①

文化史研究是极富时代意义的一门学科，20世纪二三十年代就开始起步，但新中国成立后一度沉寂。改革开放后，伴随史学研究的复苏、对传统文化现代化的反思，以及对中国未来发展的文化选择思考等因素影响下，文化史研究很快成为热点。1978年和1979年，复旦大学和中国社会科学院近代史研究所分别设立了文化史研究室，1988年中国艺术研究院创办中国文化研究室，1991年中国社会科学院历史研究所成立文化史研究室。西北大学、清华大学、山东大学、湖南大学、湖北大学等高校也成立了中国思想文化研究机构。一批以研究文化史为主题的刊物、论著的出版，有力促进了文化史学科建设与学术繁荣。萧克任编委会主编的《中国文化通志》，冯天瑜、何晓明、周积明的《中国文化史》，郑师渠主编的《中华文化通史》，张岱年、方克立主编的《中国文化概论》，周一良的《中外文化交流史》，袁行霈主编的《中国地域文化通览》等均为代表。上海人民出版社、中华书局等出版机构出版的文化史丛书，推出了一批有分量的专著。文化专题史、断代文化史、民族文化史、区域文化史、中外文化交流史研究成绩斐然。物质文化、制度文化、精神文化研究向深入发展。文化史研究的发展带动了史学新的学科增长点建设。如中国社会科学院历史研究所文化史研究室编纂的《形象史学》，就是一个有益尝试。当然，文化史研究也存在着鱼龙混杂、对象不明的现象。

---

① 参见张海燕：《二十世纪的中国思想史研究》，《中国史研究动态》2002年第1期；卢钟锋：《回顾与总结：新中国历史学五十年》，《中国史研究》1999年第3期。

（6）其他学科。除上述外，中国古代史还有很多重要学科取得可喜进展。民族史在民族理论、民族起源、民族政权、民族人物、民族关系、民族社会、民族思想文化、民族史学等领域的研究取得丰硕成果，推进了中华民族多元一体共识的形成。民族文献整理和民族考古新发现是新时期民族史研究的亮点。中外关系史研究在新时期显著增强。新的文献和考古资料的发现，加强了学科基础建设。我国古代与域外的陆路、海路交通，与中亚、西亚、东南亚、东北亚、南亚的经济文化交流研究十分活跃。特别是习近平总书记"一带一路"的倡议，推动了从"丝绸之路"向"一带一路"为中心的中外关系史研究。史学史研究在史学文本、断代史学、史学家、史学思想、史学批评、史学与社会、少数民族史学、中外史学比较等方面取得丰硕成果。[①] 历史地理研究在新时期的突出成就反映在学科基础建设和研究领域的深化开拓上。谭其骧主编的《中国历史地图集》、国家历史地图集编纂委员会编《中华人民共和国国家历史地图集》（第1册）、史念海的《河山集》（2、3集）、侯仁之的《历史地理学的理论与实践》等都具有重要学科意义。传统沿革地理仍然成果众多，但人文地理、城市地理、人口地理、自然地理、军事地理、交通地理、医学地理、科技地理，以及地理信息系统等新的分支广泛拓展。[②] 改革开放后，历史文献学的学科体系也日益完善。文献学理论、版本目录学、校勘学、辨伪学、辑佚学、藏书学都取得很大成绩。与历史文献学有密切关系的甲骨学、简帛学、敦煌学、徽学等古文书学研究取得了重要成就。徽学成为国际性学科；敦煌在中国，敦煌学在国外的状况得以根本改变。

---

① 参见瞿林东：《中国史学史研究八十年（下）》，《淮阴师范学院学报》2007年第3期。
② 20世纪历史地理相关成就参见葛剑雄、华林甫：《二十世纪的中国历史地理研究》，《历史研究》2002年第3期。

2. 中国近代史。改革开放后,近代史研究在广度和深度上都大为拓展,出现了繁荣活跃的局面。

(1) 诸多重大问题的讨论。近代史分期是近代史学科建设的重要问题。在20世纪50年代后关于近代史分期问题讨论的基础上,李侃、陈旭麓、张海鹏等发表文章,提出应当按照社会性质来划分历史时期的看法,主张把近代史的下限划在1949年。① 这一看法渐成主流,对学科建设具有重要意义。近代史研究的视角也更为宽阔,对近代史的基本线索、近代社会性质、近代化进程等重大问题展开了热烈讨论。学者对胡绳用阶级斗争的表现来做划分时期的标志和三次革命高潮的概念进行了讨论,展开了所谓"革命史范式"和"现代化范式"之争。如李时岳的《从洋务、维新到资产阶级革命》、《中国近代史主要线索及其标志之我见》,以及与胡滨合写的《论洋务运动》等文认为,太平天国农民战争、洋务运动、维新运动、资产阶级革命"标志着近代中国历史前进的基本脉络"。而"洋务运动、维新运动和资产阶级革命,是近代中国前进的几段重要历程"。他们还认为:"中国近代处于过渡时代。从独立国家变为半殖民地(半独立)并向殖民地演化,这是个向下沉沦的过程;从封建社会变为半封建(半资本主义)并向资本主义演化,这是个向上发展的过程。"因此,近代中国"陷入半殖民地半封建深渊"的提法是不能成立的。② 李时岳等人的观点,引起了胡绳、苏双碧、荣孟源、张海鹏、苑书义、章开沅、戚其章等一大批学者的热烈讨论,也引起了两个"范式"主从关系的长期争论。尽管争论没有达成一致,但丰富了人们对中国近

---

① 张海鹏:《60年来中国近代史研究领域有关理论与方法问题的讨论》,《近代史研究》2009年第6期。
② 文章分别发表在《历史研究》1980年第1期、《历史研究》1984年第2期、《人民日报》1981年3月12日。

代史学科体系的认识。近代中国是半殖民地半封建的社会性质一直没有太多异议。新时期有学者对近代中国社会性质也提出了不同意见,认为"两半"论把中国近代社会的半殖民地过程与半封建过程视为不可分割的统一整体是不当的。辛亥革命之前的中国仍是封建社会,辛亥革命以后的中国是半封建或半资本主义社会(也有文章认为是资本主义社会),辛亥革命之前和之后,无论如何都不是半殖民地半封建社会。"'两半'论延误了我们反封建历史任务的完成。"①这个看法当然会引起争论。如汪敬虞认为:"近代中国由封建社会向半殖民地半封建社会的转变,这是历史的沉沦,不是时代的进步。半殖民地半封建,这是一个不可分割的整体。""用半殖民地半资本主义的提法取代半殖民地半封建的提法,以之为中国的近代社会定性,那既没有如实反映近代中国的历史现实,也不能正确指明中国未来的发展方向。"②也有学者认为:"究竟如何看待近代中国的半殖民地半封建问题,可以从学理上去分析,也可以从历史实践上去分析。但是任何学理的分析,都只能基于历史实践。"③这个看法我们认为是很中肯的。中国近代化的进程也是新时期讨论的重大问题,成果众多。但是在这场讨论中出现的只认同改良而否认革命的意义,竭力美化近代以来一些阻碍历史进步的人物,甚至反对将帝国主义与中华民族的矛盾视为近代中国社会的主要矛盾等看法,恐怕就不仅仅是学术意义上的争论了。

(2)学科体系的完善。新时期近代史的学科体系进一步完善,

---

① 参见林有能:《中国近代社会性质的再认识——广东史学界的一场争论》,《学术研究》1988年第6期;张海鹏:《60年来中国近代史研究领域有关理论与方法问题的讨论》,《近代史研究》2009年第6期。
② 汪敬虞:《中国近代社会、近代资产阶级和资产阶级革命》,《历史研究》1986年第6期。
③ 张海鹏:《60年来中国近代史研究领域有关理论与方法问题的讨论》,《近代史研究》2009年第6期。

对近代史的认识也更加完整。不单是研究革命者，统治阶级历史，如晚清、北洋、民国统治者及其活动也成为重要研究对象。近代社会史和文化史的学科属性日渐成熟，出版发表了一批论著，取得丰硕成果。中国社会科学院台湾史研究中心和近代史研究所台湾史研究室的成立，推动了台湾史研究，台湾史的学科框架和学术体系已经建立。口述史、影像史获得学界认可，为近代史的资料收集与学科建设做出了贡献。

（3）丰厚的研究成果。新时期近代史研究成果丰厚。一是通史编纂加强。如张海鹏主编的《中国近代通史》、李侃等主编的《中国近代史》等。二是晚清政治史研究深化。研究视角更广阔，讨论的问题更深入。尽管有不少意见分歧，但也取得很多共识。例如少数学者将鸦片战争视为中国传统朝贡贸易体系与近代条约通商体系之间的一场战争，但主流观点还是认为其性质是西方资本主义国家向中国发动的侵略战争。[①] 太平天国史在太平天国革命的性质、政权性质、政体性质，以及太平天国的宗教、军事、典章制度、人物评价等问题研究上都有深入讨论。虽然意见分歧还比较多，但太平天国是一场农民战争、农民革命性质的认识仍是主流。此外，还包括洋务运动的积极意义受到更多肯定等。三是民国史研究蔚为大观。李新主编的多卷本《中华民国史》、《中华民国史人物传》、《中华民国史大事记》，是民国史研究的代表作。辛亥革命的性质、意义与作用认识得到加深。南京临时政府的政治研究更为系统。北洋军阀研究较过去更全面，对其形成的历史原因、阶级属性、历史作用认识更丰富，个案研究增多。突破单纯的"革命史"框架后，南京国民政府的研究视野更开阔，对国民党政权在中国历史上的地位和作用，以及其最终

---

① 参见葛夫平：《新中国成立以来的鸦片战争史研究》，《史林》2016年第5期。

在大陆失败的原因认识与评价更丰富。四是革命史研究的学术性增强。李新、陈铁健主编的多卷本《中国新民主主义革命时期通史》，胡绳主编的《中国共产党的七十年》，中共中央党史研究室主持编写的《中国共产党历史》等都是这方面的代表作。中共建党和国民革命史研究、苏维埃革命史研究、抗战及解放战争史研究，不仅许多具体史实问题研究得到深化，而且理论认识与宏观问题的讨论也更深入。世纪之交围绕胡绳提出的社会主义和资本主义关系、新民主主义理论的大讨论也是代表。五是近代中外关系史在帝国主义侵华史、外交史，以及近代中外关系专题史研究上都取得重要进展。中国社会科学院近代史研究所编写的《日本侵华七十年》、《沙俄侵华史》，石源华著《中华民国外交史》是其代表。近代中国不平等条约、租界、港澳史等专题史研究或从无到有或大大推进。六是近代思想史在理论研究、通史研究、资料整理、近代思想家和思想进程、思潮、学术思想等领域成果丰硕且有新的拓展。七是近代经济史研究围绕近代经济史的中心线索、资本主义发展水平、商会史、现代化、区域经济、前近代生产总值等问题，都有很多拓荒式的研究。八是近代社会史在社会结构与社会群体、城市与近代城市化进程、乡村与区域社会、社会问题与社会治理、民众生活、性别史研究以及社会史研究范式上都有重要突破。九是近代文化史在文化转型，市民社会与公共空间，近代新词语，符号、仪式与节日纪念，历史记忆等问题研究上取得了丰硕成果。

3. 世界史。改革开放以来的现实需要有力促进了世界史研究的繁荣发展。世界史研究在组织机构、学科建设、人才培养、学术成果上都取得可观成绩。一是学科建设卓有成绩。1978年后，世界史的相关学会、研究和教学机构纷纷建立。对外开放促进了世界史的学术交流，世界史的人才培养途径更广阔。1978年，中国社会科学院世界史研究所《世界历史》,及其后各研究机构、高校相关刊物、集刊的创办,为世界史研究成果刊布创造了条件。西方世界史研究的重要理论与学术成果翻译众多,如"汉译世界学术名著丛书"、"年鉴学派"著作、西方马克思主义史学论著、剑桥世界史系列等,极大开阔了世界史研究者们的视野,为世界史的学科建设奠定了坚实基础。二是在通史、区域史、国别史、专门史研究上成果较多。吴于廑在《中国大百科全书·外国历史卷》"世界历史"条中关于整体的世界史一系列观点得到广泛认同,在通史与分期史撰写中得到体现。如吴于廑主编的《世界通史》,吴于廑、齐世荣主编的《世界史》,东北师范大学编写的《世界上古史纲》,刘家和主编的《世界上古史》,郭圣铭著的《世界文明史纲要(古代部分)》,朱寰主编的《世界上古中古史》,齐世荣主编的《人类文明的演进》,周一良等新编世界史系列,马克垚主编的《世界文明史》,武寅总主编的《世界历史》等都是代表。亚洲史、欧洲史、非洲史、拉丁美洲史研究,国别史研究,世界经济史、政治史、文化史研究,都成绩斐然,发表出版了大量的论著。[1]

4. 边疆史地研究。边疆史地是和国家边疆安全与稳定有重大关系的一门学科。边疆史地研究虽然有较长的历史,但新中国成立后的相当长时期,边疆史地研究包含在广义的历史学范畴之内,还处于相对停滞的局面。改革开放后,在现实需要和相关学科发展的推动下,中国边疆史地研究重新起步。1983年,中国社会科学院成立边疆史地研究中心(2014年更名为"中国边疆研究所"),这是新中国第一个以中国边疆为研究对象的专业机构。1991年,《中国边疆史地

---

[1] 参见罗志田主编:《20世纪的中国:学术与社会·史学卷》第3编;陈启能:《新世纪以来中国的世界史研究的进展》,载张海鹏主编:《中国历史学40年(1978—2018)》,中国社会科学出版社,2018年。

研究》创刊。几十年来，中国边疆研究所出版了"中国边疆史地研究丛书"、"边疆史地丛书"、"中国边疆史地文库"、"中国边疆史地研究资料丛书"等，为推动中国边疆史地研究做出了重要贡献。[①] 20世纪 80 年代以来，中国边疆史地研究成果丰硕，学者在对中国边疆研究的理论思考，历史上的中国疆域研究，中国封建王朝边疆政策、民族统治政策研究，近代中国边患与边界问题研究，近代中国边疆研究的思潮、群体、学者和著作研究等方面都取得重要成就。[②] 进入 20世纪 90 年代及 21 世纪后，中国边疆史地研究更进入了一个新的发展阶段。一是"中国边疆学"学科构建问题开始提出，在学科定位、学术体系上的讨论，学科机构建立与人才培养的深度和广度上都取得较大成绩，建立中国边疆学的共识越来越多。[③] 二是在北部边疆、东北边疆研究上成绩突出。如吕一燃的《中国北部边疆史研究》、孟广耀的《北部边疆民族史研究》、赵云田主编的《北疆通史》、林荣贵主编的《中国古代疆域史》、佟冬主编的《中国东北史》、程妮娜主编的《东北史》、张博泉的《中华一体的历史轨迹》等。三是海疆史的构建。在新中国成立后海疆史初创基础上，20 世纪 70 年代至 80年代初，海疆史开始了新的探索。20 世纪 80 年代初至 21 世纪，中国海疆史研究在学术机构、人才培养和学术成果上稳步发展。代表性的成果有安京的《中国古代海疆史纲》，张炜、方堃主编的《中国海疆通史》，杨金森、范中义的《中国海防史》，曲金良主编的《中国海洋文化史长编》，李金明的《中国南海疆域研究》，李国强的《南中国海：历史与现状》，鞠德渊的《钓鱼岛正名：钓鱼岛列屿的历史

[①] 部分内容参见马大正：《二十世纪的中国边疆史地研究》，《历史研究》1996 年第 4 期。
[②] 参见马大正、刘逖：《二十世纪的中国边疆研究——一门发展中边缘学科的演进历程》，黑龙江教育出版社，1995 年。
[③] 参见厉声、冯建勇：《四十年来中国边疆史地研究的繁荣与发展》，载张海鹏主编：《中国历史学 40 年（1978—2018）》，中国社会科学出版社，2018 年。

主权及国际法渊源》、刘江永的《钓鱼岛列岛归属考——事实与法理》等。海疆史的资料整理、研究路径与方法也都有所拓宽。

5. 考古学。新时期的考古学收获丰硕，不仅推动了考古学及其分支学科的快速发展，培养了大批考古学人才，更为推动中华文明探源和中国历史研究做出了重要贡献。这里只能择其要者做一鸟瞰式的介绍。一是在旧石器时代考古上，人类起源研究取得重大突破。泥河湾盆地遗址、蓝田遗址的新发现，百色盆地遗址群以及长江以南多地区早期人类活动线索的发现，为人类起源"多地区进化说"以及东亚也是人类起源的重要地区提供了证据。二是新石器时代考古揭示了中华文明起源与早期国家形成的历程，中国史前文化的时空框架进一步完善。20世纪80年代初苏秉琦提出的中国史前文化"六大区系类型"划分，到新世纪得到进一步验证完善，为古史重建和中华文明探源奠定了坚实基础。"多元一体"、"重瓣花朵"、"相互作用圈"等模式的提出，改变了过去单一中心论的认识，证明了统一多民族国家形成的史前基础。长江流域、黄河流域、淮河流域有关农业遗址的发现，如江西万年仙人洞、吊桶环，湖北道县玉蟾岩、内蒙古兴隆洼、甘肃大地湾、河南贾湖等，说明中国是远古农业的起源地之一。安徽凌家滩、辽西红山、浙江良渚、山西陶寺、陕北石峁等遗址，反映了远古中国从史前向文明的跨越。改革开放后，特别是新世纪关于中华文明的起源与早期国家的热烈讨论，及其所取得的许多重要理论与实践成果，与新石器时代考古工作是密不可分的。2001年开展的"中华文明探源工程"，综合运用多学科攻关方法，有力推动了中华文明起源问题的研究。三是建立起中国特色的夏商周考古学体系。1996年启动的"夏商周断代工程"，促进了三代年代学研究从单个分散遗址研究走向贯通、整合性研究，推动了三代考古学文化分期断代序列及其标尺的建立。三代考古学文化区系类型体系基本构建完成。

先夏文化、先商文化、先周文化、早期秦文化和楚文化研究，突破传世文献的限制，在考古成果基础上向前大大推进。四是秦汉至明清考古在地域范围、内容上呈现新的特色。新时期在都城、城址考古的精细化，帝陵和墓葬考古的全面化，陶瓷手工业考古的多面化，边疆民族和中外文化交流考古上都取得新成绩。五是科技考古的崛起。以中国社会科学院考古研究所科技考古中心为代表的科技考古研究和教学机构纷纷建立，中国科技考古学会筹建，科技考古出版物众多。科技考古在碳十四年代学、数字考古、环境考古、人骨考古、动物考古、植物考古、食性分析、古DNA分析、冶金考古、玉石器研究、化学成分分析等领域，展现出广阔的前景。六是考古遗产保护与研究得到加强。新时期考古遗产保护的理论构建与文保法规建设更加丰富完善，形成了多级考古文化遗产资源保护利用的框架结构。在考古所的推动下，实验室考古快速推广。考古遗产的学科建设与人才培养也较之前有很大进步。

（三）历史理论与史学理论的丰富发展

四十年来中国历史学发展的一个重要成绩，是关于历史理论与史学理论不同特点的认识深化。学者认识到，马克思主义唯物史观是历史研究的理论指导，但不能替代具体的历史研究，也不能替代史学理论；历史理论是关于人类客观历史进程研究的理论与方法，史学理论则是关于史学自身研究的理论与方法。两者是既有联系但更有区别的不同概念。正确区分这两个概念对于史学理论学科建设，以及更好地推动历史学的发展具有重要意义。[①] 今天，我们可以从广义上只使用史学理论这一概念，但实际上大家都知道其中包含了历

---

① 参见邹兆辰：《改革开放40年来的中国史学理论研究》，《史学史研究》2018年第3期。

史理论，反之亦然。四十年来，在历史理论与史学理论上的反思与探索，既艰难曲折，又有很多进展，甚至突破性的进展。北京师范大学史学理论与史学史研究中心、中国社会科学院史学片各所马克思主义史学理论研究室的建立，《史学理论》（1987—1989）、《史学史研究》、《史学理论研究》、《史学理论与史学史学刊》、《理论与史学》的创办，史学概论教材的编纂，教育部将史学理论列为二级学科，各地史学理论专业硕士、博士、博士后的招生与工作站的设立，全国史学理论研讨会的连续性召开，"马克思主义理论研究和建设工程"教材建设等，使史学理论研究与人才培养有了自己的阵地。特别是 2019 年 1 月 3 日中国历史研究院历史理论研究所的成立，充分反映了中央对历史理论的重视，历史理论研究所必将为新时代历史理论研究做出更大贡献。以下我对四十年来历史理论与史学理论的研究做一简要回顾。

1. 对史学发展道路的深刻反思。史学是"文革"的重灾区。改革开放之初，史学界很快开始深入批判"四人帮"在史学领域里的流毒。同时，也结合"真理标准"大讨论，对马克思主义史学的发展道路与本质属性进行反思。黎澍在《历史研究》先后发表了《中国社会科学三十年》、《马克思主义与中国历史学》、《马克思主义对历史学的要求》等文章，在回顾我国哲学社会科学曲折坎坷道路的基础上，强调必须汲取历史教训，改变对马克思主义肤浅、教条、简单、绝对、公式化的理解。深刻的反思解放了思想，促进了史学工作者以更加实事求是的态度理解马克思主义唯物史观。

2. 重大历史理论问题的深入探讨。在重新学习理解马克思主义唯物史观的基础上，史学工作者对诸多重大历史理论问题进行反思与讨论。在历史发展动力问题上，一些学者仍然坚持阶级斗争是阶级社会发展的真正动力，但更多的学者认为阶级斗争是阶级社会发展的动力,但不是唯一动力。生产斗争、民族斗争、科技发展乃至物质利益都是历史的内容,不能用阶级斗争替代一切。而在一切社会形态中始终推动历史发展的动力只能是生产力。在社会形态问题上,五种社会形态说受到质疑,一些学者认为与历史发展的实际不符,不是马克思而是斯大林提出的,最多只能追溯到恩格斯。还有学者提出了三形态、四形态、六形态以及一元多线说。林甘泉在《世纪之交中国古代史研究的几个热点问题》一文中再次强调,以社会经济形态的变动来划分历史发展阶段,是马克思主义史学家的一贯主张,这也就是人们所谓的"五种生产方式"论。他论证了五种生产方式就是马克思主义创始人的理论而不是斯大林制造的,但马克思、恩格斯并不认为所有的国家和民族都必须依次经历这几种社会经济形态。社会形态讨论上的另一个热点是"封建"名实问题。有学者认为,"封建"一词是指"封邦建国",将秦汉至明清称为封建社会是一种"泛封建观",与"封建"的本义、"西义"和马克思、恩格斯的封建社会"原论"相悖。但更多学者认为作为政治体制的"封建"与社会形态的"封建"二者是不同的,学者从无混淆。"封建地主制"符合马克思主义学说的"原论"。更不能因为中国封建社会和欧洲在特征上有些不一样,就不能叫作封建社会。"泛封建观"说无论在理论还是方法上都存在诸多问题。① 在历史创造者问题上,有学者提出历史是整个人类创造的,历史是人人的历史,所有人都参与了历史的创造,只提人民群众是历史的创造者有片面性,没有事实和理论根据。历史创造者与人人有自己的历史不是同一概念。在争论中,更多学者仍然坚持人民群众是历史创造者这一唯物史观的基本原理,当然对人民群众在马克思主义史学中的地位也不能做教条式的理解,历史上

---

① 参见中国社会科学院历史研究所、中国社会科学院经济研究所、中国社会科学院《历史研究》编辑部编:《"封建"名实问题讨论文集》,江苏人民出版社,2008年。

剥削阶级中的杰出人物也对历史发展有贡献。新时期讨论的重大历史理论问题还有亚细亚生产方式、中国封建社会长期延续原因、历史人物评价、文明起源理论、史论关系、民族关系、爱国主义、近代史的研究范式与核心概念等，不再一一列举。诸多历史理论问题的探讨与争鸣，推动了史学界对唯物史观更加深刻的理解。认真研读原著，全面完整理解唯物史观，发展马克思主义，并科学运用于史学研究，是大多数史学工作者的共识。

3. 史学理论和方法的活跃与创新。思想的活跃推动了历史认识的发展与研究方法的创新。新时期，史学理论、史学方法的探讨与实践百花齐放。历史认识问题上取得重要成绩。不能以历史唯物主义的认识论完全取代历史认识的看法，受到老一辈马克思主义史学家的重视。如白寿彝主编的《史学概论》就把历史唯物主义和史学概论在课程教学内容上做出一定区别，既讲历史唯物主义，也讲史学理论。宁可在《什么是历史科学理论——历史科学理论学科建设探讨之一》及《什么是历史？——历史科学理论学科建设探讨之二》两文中，也对历史唯物主义和历史科学理论的关系，特别是对历史认识的对象、特点，以及与其他认识的区分等做了开创性的探索。由此开展的关于历史认识的主体与客体、历史认识过程的特点及其检验、历史认识中的事实判断与价值判断等问题的大讨论，极大深化了史学理论的认识。[①] 历史认识论作为史学理论研究中的一个重要问题不仅取得共识，而且在史学研究实践中取得重要成果，影响至今。

史学研究方法是史学研究主体史学家认识和揭示历史客体的一种手段。马克思主义唯物史观有自身的历史研究方法，但长期以来在实际运用中，又存在着研究方法单一、理解教条化的问题。改革

---

① 参见张剑平：《中国马克思主义史学研究》下篇《新时期历史认识论研究的新成果》，人民出版社，2009年。

开放后,史学研究方法掀起热潮。揭示历史真相的史料搜集与整理方法受到重视,唯物史观中的历史主义、阶级分析、比较研究等方法较之前有了更加深入的探讨,自然科学和社会科学中的系统论、控制论、信息论、计量方法、心理方法、模糊方法、跨学科等方法异彩纷呈,历史编纂与历史表述方法也有不少有益的探讨。① 21世纪以来,由于计算机技术的发展和文献数据库的大量建设,运用大数据推动历史研究方法开启了新的尝试。

西方史学理论与方法的涌入是改革开放后史学理论建设的一个重要特点。中国社会科学院世界历史研究所外国史学理论研究室成立,以及相关高校西方史学理论与史学史学位点、刊物的创立,推动了西方史学理论研究的前进。诸多西方史学理论名著被翻译介绍到国内,如年鉴学派、兰克学派、西方马克思主义史学学派、西方历史哲学,特别是从思辨的历史哲学到分析的历史哲学,全球史以及其他具体的史学研究方法,如精神分析、心理分析、口述史、比较史学等。西方史学中的历史认识论、主要流派与史家、社会史等方面都有很多突破性研究。杨豫的《西方史学史》、郭小凌主编的《西方史学史》、何兆武、陈启能主编的《当代西方史学理论》、张广智的《现代西方史学》都是代表。进入21世纪,西方后现代主义史学、新文化史、环境史被国内学者更多关注,对史学理论研究与实践产生了重要影响。特别是后现代主义对历史研究的冲击与影响不容小觑。

(四)四十年史学的成就与不足

改革开放四十年,是中华民族波澜壮阔向前发展的四十年,在党的解放思想、实事求是方针指引下,中国史学工作者勤奋努力、

---

① 参见蒋大椿:《马克思、恩格斯著作中所见之历史研究方法》《我国新时期史学方法研究的主要内容、基本特点和发展趋势》,载《唯物史观与史学》,吉林教育出版社,1991年。

开拓进取，史学园地充满生机。以下仅从几个方面谈一点体会。

一是马克思主义史学展现出强大的生命力。思想上的拨乱反正，摆脱了过去对马克思主义寻章摘句式的僵化与片面理解。对马克思主义经典著作文本的深入研读，对马克思主义历史理论与史学理论的全面理解，使唯物史观以更加丰富的内涵展现给史学工作者。尽管在唯物史观基本原理的讨论，以及诸多历史理论问题理解上还存在着不同分歧，但在马克思主义史学理论及其与相关历史理论问题具体结合上的认识已较四十年前大大深化。我们从众多关于新时期史学回顾的文章中不难看出，脱离封闭教条、丰富发展后的唯物史观，在历史的宏观研究、微观分析，以及学科新的增长点上，都发挥了重要引领作用。正如有学者指出的那样："1978年以后形成的多元化史学传统既保存了前两个传统（指实证史学传统和马克思主义史学传统。——卜宪群注）中的许多重要内容，同时又吸收了20世纪后半期国际学术的许多新成就，是以前两个传统为基础的改进和发展，因此更与前两个传统可以互补。"[①] 1978年后是否形成了多元化的"传统"我们暂且不论，但作者认为新时期史学与马克思主义史学之间存在不可分割关系的看法无疑是正确的。开放的、发展的唯物史观，是推动新时期史学发展的主动力。

二是史学与现实的关系被进一步厘清。古往今来，现实社会是许多重大历史问题研究的出发点，是许多史学问题提出的原点、史学学科建设的土壤，是史学家历史观念、研究方法产生的基础。在总结历史教训基础上，新时期史学不再简单附属于现实政治的需要，更不会因从属错误政治而歪曲历史事实。但如同所有科学直接或间接都与现实有密切联系一样，史学与现实社会的关系也受到更多学者的

---

① 李伯重：《中国社会经济史研究的回顾与展望》，载张海鹏主编：《中国历史学40年（1978—2018）》，中国社会科学出版社，2018年。

认同，并开展了更深入思考。史学的现实功能既表现为对迫切需要的现实问题提出科学的意见建议，也表现为严谨、高水平的史学论著的撰写和出版，或为提高全民族文化素质的史学成果的大众化。瞿林东的《史学在社会中的位置》文集，从马克思主义立场出发，立足新时期，对古今史学的社会作用做了很好的探讨。

三是史学研究领域的拓宽与学科建设的发展。新时期史学研究领域百花争艳，学科建设更加完善。考古学中以史前考古成绩尤为突出。旧石器时代考古走向系统化、全面化，布局更完善，理论与方法不断发展；新石器时代考古重大发现不断涌现，古史重建的理论与方法层出不穷；夏商周重要遗址的考古发掘与分期断代的综合研究，已经建立起三代考古学体系。史前考古在揭示人类起源、中华文明起源的独特道路上做出了杰出贡献，为五千多年的文明史奠定了坚实的源头基础。中国古代史除了在通史、断代史研究力量配置上继续加强外，各专门史的研究领域大为扩展并朝着贯通性方向发展。新出材料带动的甲骨学、简帛学、敦煌吐鲁番学、徽学以及综合性的古文书学等，为学科建设提供了新的支撑。中国近代史学科概念的讨论，中国近代史的线索与"范式"的探讨，极大地丰富了近代史研究的内容。近代历史发展中的更多问题得到更加客观公正科学的分析。世界史学科体系建设快速发展，不仅国别史、区域史以及世界历史发展中的若干重大问题有了新的探索，研究视野也逐渐从分散走向整体。以现代化理论还是马克思主义社会形态理论，抑或二者相统一的理论方法构建世界近现代历史理论体系的争论，丰富了对世界历史的认识。

当然，四十年史学发展中也存在很多不足，甚至比较严重的问题。马克思主义在史学领域里的边缘化现象客观存在。唯物史观在史学的学科体系、学术体系、话语体系构建中的指导作用受到削弱。

一些学者对马克思主义史学研究成果的反思与否定，确实存在着理论指导与方法上的偏差，得出的结论很难令人信服，但却有一定的影响。年轻史学工作者较少在马克思主义理论学习上下功夫，能够并善于运用唯物史观者不多，史学研究中的"碎片化"倾向还比较普遍。尽管对史学研究的"碎片化"还存在不同看法，但这一现象引起不少史学工作者的关注和忧虑也是事实。盲目跟随西方话语体系，缺乏与中国历史实际相结合，史学研究脱离现实、回避现实而躲进象牙塔的现象也不罕见。上述现象虽是史学在客观发展过程中的认识问题，但也值得重视。至于历史虚无主义、"新清史"中的某些错误观点在史学领域里的传播与影响，则需要我们批判与警惕。

三、新时代史学研究的展望

新中国七十年波澜壮阔，风雨兼程。中国史学研究走过了一段艰难曲折，但又成绩辉煌的道路，为我们这个悠久的史学大国谱写了史学新篇章。党的十九大报告指出："经过长期努力，中国特色社会主义进入了新时代，这是我国发展新的历史方位。中国特色社会主义进入新时代，意味着近代以来久经磨难的中华民族迎来了从站起来、富起来到强起来的伟大飞跃，迎来了实现中华民族伟大复兴的光明前景。"在新时代中国特色社会主义建设的伟大进程中，在实现中华民族伟大复兴的征程中，史学应该也有能力承担起自身的历史使命。这里谈几点粗浅的认识。

（一）必须坚持以唯物史观指导史学研究

19世纪中叶左右，马克思、恩格斯在当时历史条件下，将唯物主义与辩证法相结合探讨人类历史，经过艰苦细致的研究，发现了唯物史观。正如恩格斯后来所回顾的那样:"马克思和我,可以说是唯一把自觉的辩证法从德国唯心主义哲学中拯救出来并运用于唯物主义的自然观和历史观的人。"① 马克思、恩格斯在《德意志意识形态》、《哲学的贫困》、《共产党宣言》、《〈政治经济学批判〉序言》、《卡尔·马克思〈政治经济学批判〉》、《社会主义从空想到科学的发展》英文版导言等论著中,对唯物史观的概念、内涵与命名不断丰富完善。② 而"自从《资本论》问世以来,唯物主义历史观已经不是假设,而是科学地证明了的原理"③。从哲学层面看,唯物史观包含着唯物主义和辩证法的本体论和认识论,从史学层面看,唯物史观包含着以唯物和辩证的方法分析观察人类历史的诸多原理。唯物史观的创立,为历史研究提供了科学的理论指导,使历史学成为一门科学。虽然改革开放后,人们对唯物史观与历史科学的关系作了更为深入的区别,对唯物史观基本原理的理解也有不同意见,但承认唯物史观的科学性,是史学研究的指南,仍是史学界的主流。

众所周知,史学是一门古老的学问。"前事不忘,后世之师",对历史经验的总结和对历史规律的探讨同样有着古老的渊源。《左传》庄公十一年鲁国大夫臧文仲就有"禹、汤罪己,其兴也悖焉;桀、纣罪人,其亡也忽焉"的历史规律总结。司马迁"究天人之际,通古今之变"的精神,更是中国古代史学家追求的崇高目标。当然,历史唯心主义与唯物主义相交织,天命观、五德终始观、三统观、朴素的唯物观都曾是古代解释历史发展规律的学说。但古往今来,在阐释人类社会历史发展一般规律的理论上,唯物史观是最有说服力的。

---

① 《反杜林论》第 2 版序言(1885 年 9 月 23 日),《马克思恩格斯文集》第 9 卷,人民出版社,2009 年。
② 参见蒋大椿:《唯物史观与历史研究》,载《唯物史观与史学》,吉林教育出版社,1991 年。
③ 列宁:《什么是"人民之友"以及他们如何攻击社会民主党人?》(1894 年春夏),《列宁专题文集:论辩证唯物主义和历史唯物主义》,人民出版社,2009 年,第 163 页。

新时代我们仍然要、也必须要坚持以唯物史观指导史学研究，其主要原因在于：第一，唯物史观是科学的理论。第二，社会主义国家性质的决定。我国《宪法》"总纲"明确规定"社会主义制度是中华人民共和国的根本制度"，"中国共产党领导是中国特色社会主义最本质的特征"，第二十四条指出，国家倡导"进行辩证唯物主义和历史唯物主义的教育"。中国共产党的领导和社会主义制度，决定了马克思主义在意识形态领域的主导地位。以马克思主义的重要组成部分唯物史观作为历史研究的指导思想，是国家性质所决定的。第三，史学研究的内在规律使然。20世纪初唯物史观传入中国并与史学研究相结合已经走过了百年历程。中国马克思主义史学在唯物史观指导下从无到有，从弱小到壮大，从异端到主流，走过了极不平凡的世纪之路。其所取得的重要成果，在推动史学研究的理论与实践上，在深化中国历史认识上，在为民族独立、国家富强的道路探索上所做出的贡献，是其他学派所无法比拟的。新时代，只有坚持以唯物史观为指导，我们的史学才能有强大的生命力，才能有光辉灿烂的前景。

（二）必须坚持唯物史观与中国历史实际相结合

唯物史观是关于人类社会历史发展一般规律的科学理论，它不能取代具体的史学研究，也不能包揽对一切国家和民族具体历史的解读。但是，唯物史观的魅力正在于它一旦与具体历史实际相结合，就能够为史学研究提供正确的方向。唯物史观与中国史学研究的关系也是如此。百年来，尽管在唯物史观与中国历史实际相结合上取得了巨大成绩，但不可否认，在中国马克思主义史学发展进程中，偏离唯物史观的"左"倾现象，违背实事求是原则、脱离实际的情况仍有发生。林甘泉曾总结出新中国成立后这方面的四个主要表现①，大家可以参考，这些看法都十分中肯。

处理好理论与实际的关系，对任何一个学派来说都十分重要。马克思主义史学研究中的理论和实际，就是要把唯物史观理论方法通过史学研究的主体史学家，与客体即具体的历史材料相结合，得出符合本国、本民族历史发展道路的科学结论。这里要处理好三个问题，一是要认真学习唯物史观，真正从文本、原理上全面掌握唯物史观的核心要义而不是一知半解。习近平总书记在《讲话》中指出，马克思主义理论体系和知识体系博大精深，"不下大气力、不下苦功夫是难以掌握真谛、融会贯通的"。二是要以发展的眼光来看待唯物史观。唯物史观是开放的科学理论体系，有着与时俱进的品格。如同《讲话》所指出的那样，"什么都用马克思主义经典作家的语录来说话，马克思主义经典作家没有说过的就不能说，这不是马克思主义的态度"。必须结合新的实践不断理论创新。对史学工作者来说，这个"实践"就是史学实践，就是要求史学工作者通过扎实的具体史料研究，不断揭示出科学真理。三是以正确的态度对待唯物史观与历史研究。既不能空谈唯物史观忽视历史材料，也不能置唯物史观于不顾，只陷入细碎的历史问题之中或唯西方史学流派是从。要继承中国马克思主义史学的优良传统，在马克思主义中国化的理论指导下，探索中国历史发展自身的特点。

（三）新时代史学研究工作者的责任与担当

党的十八大以来，中国特色社会主义进入新时代，史学研究也进入了新时代。新时代新使命。以习近平同志为核心的党中央对历史和历史科学高度重视。总书记发表了系列重要讲话，特别是《讲

---

① 《我仍然信仰唯物史观》，载《林甘泉文集》，上海辞书出版社，2005年。

话》和《致中国社会科学院中国历史研究院成立的贺信》(以下简称《贺信》),为新时代中国史学指明了前进方向,提供了根本遵循,是鼓舞全国史学工作者的强大力量。新时代史学工作者应当自觉担负起使命与责任。

一是史学研究要与新时代中国特色社会主义伟大事业联系起来。《贺信》指出:"历史是一面镜子","新时代坚持和发展中国特色社会主义,更加需要系统研究中国历史和文化,更加需要深刻把握人类发展历史规律,在对历史的深入思考中汲取智慧、走向未来"。史学作为党领导下的哲学社会科学的重要组成部分,其重要任务就是要从历史的角度,研究阐述好中国特色社会主义道路在中华大地上形成的必然,以马克思主义为指导,从对历史的深入研究中把握规律,汲取智慧。

二是史学研究要从继承弘扬中华优秀传统文化的高度为建设中国特色社会主义发挥独特优势。《讲话》指出:"世界上伟大的哲学社会科学成果都是在回答和解决人与社会面临的重大问题中创造出来的。"中华民族深厚的文化传统"形成了富有特色的思想体系,体现了中国人民几千年来积累的知识智慧和理性思辨。这是我国的独特优势"。史学是中华优秀传统文化最深厚的载体,史学研究应当深入系统研究中华优秀传统文化的思想体系、知识智慧、理性思辨及其当代价值,用"充分地掌握了的历史资料",分析它们在各历史时期的思想先导、求新变革、锐意进取中的历史作用,为回答现实重大问题提供史学支持。

三是史学研究要解决好为什么人的问题。《讲话》指出:"为什么人的问题是哲学社会科学研究的根本性、原则性的问题。我国哲学社会科学为谁著书、为谁立说,是为少数人服务还是为绝大多数人服务,是必须搞清楚的问题。"其实,历史学就其主流来说,从来都有一个为什么人的问题。人民群众是历史的创造者,是唯物史观的最基本原理,是马克思主义史学的灵魂,也是马克思主义史学的根本。坚持唯物史观与坚持为人民研究历史是相统一的,它达到了古往今来其他史学流派所没有达到的高度。史学工作者必须坚持这个导向。相反,如果我们的史学脱离了人民、脱离了时代,"就不会有吸引力、感染力、影响力、生命力"。

四是史学研究要为加快构建中国特色哲学社会科学的学科体系、学术体系、话语体系贡献力量。2004年,中共中央印发《关于进一步繁荣发展哲学社会科学的意见》,并实施马克思主义理论研究和建设工程,开启了中国特色的学术观点创新、学科体系创新和科研方法创新步伐,在史学界产生了广泛热烈的影响,十五年来取得丰硕成果。2016年习近平总书记在《讲话》中指出:"坚持以马克思主义为指导,是当代中国哲学社会科学区别于其他哲学社会科学的根本标志,必须旗帜鲜明加以坚持。""要按照立足中国、借鉴国外,挖掘历史、把握当代,关怀人类、面向未来的思路,着力构建中国特色哲学社会科学,在指导思想、学科体系、学术体系、话语体系等方面充分体现中国特色、中国风格、中国气派。"2019年1月3日,习近平总书记在《贺信》中更明确提出"加快构建中国特色历史学学科体系、学术体系、话语体系"的具体任务。构建中国特色历史学的"三个体系",是党和国家的要求,是时代赋予的使命。这份重任,史学工作者必须担当。

历史研究并不仅仅是史学工作者个人的事业,更是人民的事业、党和国家的事业。"历史研究是一切社会科学的基础",对历史的正确认识,代表着一个国家和民族哲学社会科学的水准,标志着一个国家和民族的认识高度,也反映出一个国家和民族的成熟度。正因为此,习近平总书记将历史思维列为领导干部必须具备的"六种思维"能力之一，对历史学寄予深厚的希望。总书记的历史观"是站在为人民谋幸福、为民族谋复兴、为世界谋大同的战略高度认识历史和历史科学，我们必须认真学习，深刻体会"①。我们是一个拥有数千年优秀史学传统的大国，是一个拥有深厚马克思主义史学基础的大国，只要全国广大史学工作者"坚持历史唯物主义立场、观点、方法，立足中国、放眼世界，立时代之潮头，通古今之变化，发思想之先声"，就一定能够"推出一批有思想穿透力的精品力作，培养一批学贯中西的历史学家，充分发挥知古鉴今、资政育人作用，为推动中国历史研究发展、加强中国史学研究国际交流合作做出贡献"②。

---

① 高翔：《今天，我们需要什么样的历史学》，《光明日报》2019 年 6 月 17 日。
② 《致中国社会科学院中国历史研究院成立的贺信》，《人民日报》2019 年 1 月 4 日。

1981年清史研究概况

◎ 林永匡　瑞　林

我国史学界对清史的研究，与其他断代史相比，历来比较薄弱。1981年的清史研究工作正趋向活跃。全年出版的有关专著、资料、论文，数量有所增加，质量也有提高。

在专著方面，主要有周远廉的《清朝开国史研究》、张德泽的《清代国家机关考略》（以下简称《考略》）和何龄修等六人著的《封建贵族大地主的典型——孔府研究》（以下简称《孔府研究》）等。《清朝开国史研究》主要研究清军入关前的历史，作者详细论证了满族社会性质的发展变化。《考略》是一本介绍清代中央地方机关职掌和沿革以及国家机关改革情况的著述。《孔府研究》则主要依据"孔府档案"，概括了孔府作为封建贵族大地主的特点。

在清史资料的出版方面，有《清史资料（第二辑）》、《清代档案史料丛编（第七辑）》。由中国第一、二历史档案馆共同编辑的《历史档案》杂志的出版，也是一件令人高兴的事。

此外，发表在报纸杂志上的有关论文达二百余篇之多，下面，我们分几个方面，予以简略介绍：

一、经济史研究

清代经济史的研究在整个清史研究中，始终是一个较为薄弱的环节。本年度在这方面略有加强。

在对清初的社会经济的研究方面，肖国亮的《论康熙的经济政策》(《社会科学》1981年第6期) 一文，根据康熙时安定封建秩序、发展农业生产、缓和社会矛盾、发展经济等四个方面分析，认为康熙制定了合理的经济政策。这些政策不但继承了历史上进步的经济政策，而且面对现实，敢于创新，在某些问题上跳出了传统的框框。郭蕴静的《清初恢复农业生产的措施》(《历史教学》1981年第6期) 一文认为，清朝建立后，首先抓住农业生产这一关键环节，积极采取措施，促进了生产的恢复和发展，并且进行了具体分析。伍丹戈的《论清初奏销案的历史意义》(《中国经济问题》1981年第1期) 一文，是一篇比较重要的文章。作者指出："发生在顺治、康熙两朝之间的江南奏销案，不仅是清代的一桩大事件，而且也是近古社会关系或阶级关系变动的一个重要标志。从社会经济结构来说，它的历史地位和历史意义，可能还比明清之间的改朝换代更加重要。"

此外，这方面的研究文章还有：孙占文的《清初、中期黑龙江省的土地开发》(《北方论丛》1981年第1期)、田培栋的《明清时代陕北的社会经济》(《理论研究》1981年第7期)、高王凌的《"滋生人丁永不加赋"颁行时间考》(《中国史研究》1981年第3期)、雷大受的《清初在北京地区的圈地》(《北京师院学报》1981年第4期)、钮仲勋的《明清时期郧阳山区的农业开发》(《武汉师范学院学报》1981年第4期) 等。

在关于清代封建土地所有制研究方面，杨生民在《关于中国封建土地所有制的一些问题——与胡如雷同志商榷》(《历史研究》

1981年第3期)一文中,对胡如雷在《中国封建社会形态研究》一书中提出的"购买土地是地主获得土地的基本手段"和"主要办法","占有赐田、赏田,强占豪夺民田等等方式,只不过是地主土地所有制形成和发展的补充手段而已"的论断,表示异议。作者认为,在中国封建社会,伴随改朝换代而来的土地所有权大规模转移,有时也不能认为"购买土地"是地主获得土地的"基本手段"和"主要"办法。例如清初满族皇室贵戚官僚地主的形成、发展就是靠暴力掠夺的。至于一般地主,当时主要是通过执行清朝的垦荒令而获得土地的,而非购买土地。杨国桢在《试论清代闽北民间的土地买卖——清代闽北土地买卖文书剖析》(《中国史研究》1981年第1期)一文中,则通过对清代闽北土地买卖文书的剖析,探讨了土地买卖对封建土地所有权的影响这一课题。

在对清代手工业史、商业史、海外贸易史研究方面,彭泽益在《清代前期手工业的发展》(《中国史研究》1981年第1期)一文中,考察了清代封建国家对手工业者和手工业的一些基本政策,论述了清代前期手工矿业的恢复和发展情况,以及清代社会生产力和生产关系发展中的巨大进步。作者还具体论证了清代民营手工业某些部门资本主义萌芽的情况,认为这些具有资本主义萌芽的企业,是一种新的经济成分。陈凯歌在《清代苏州的钟表制造》(《故宫博物院院刊》1981年第4期)一文中,指出苏州钟表制造历史悠久,钟表制造自成体系是在13世纪以后,我国首先制成钟表,后来才西传,在欧洲发展普及开来。在清代商业史研究论文中,值得注意的是王思治、金成基的《清代前期两淮盐商的盛衰》(《中国史研究》1981年第2期)一文中详细论述了两淮盐商与清王朝盐法政策的关系及其兴衰。作者认为,两淮盐商在清政府制定盐法的过程中,更为经常的是反映在有关口岸的独占、盐价的议定等方面。至于称雄一时的淮商的衰败，主要是由于无穷无尽的捐输、日益沉重的盐课负担和官吏的贪污勒索造成的。在清代对外贸易史研究方面，林祥瑞在《关于清朝闭关政策性质的商榷》（《福建论坛》1981年第1期）一文中，认为闭关政策不仅影响中国对外贸易发展，阻碍资本主义萌芽，且对中外文化思想交流也极不利，因此没有丝毫进步意义可言。对清初的"海禁"问题，杨余栋在《试论康熙从"开海"到"禁海"的政策演变》（《光明日报》1981年1月13日）一文中，认为康熙的"开海"令使我国的海外贸易迅猛发展，有利于社会生产，有利于商品经济和资本主义萌芽的成长，是一种顺应历史发展潮流的政策。但是，1717年重新实行"禁海"政策，这对于正在发展中的海外贸易以致整个社会经济又是个沉重的打击，并为清政府后来的闭关自守政策奠定了基础。此外，潘君祥的《试论清初"海禁"政策的实施及其社会后果——兼与陈柯云同志商榷》（《北京师院学报》1981年第4期）、林祥瑞的《论清初的"海禁"与资本主义萌芽——与陈柯云同志商榷》（《北京师院学报》1981年第4期）两文也论及了"海禁"的破坏作用。彭泽益的《广州十三行续探》（《历史研究》1981年第4期）一文经过详细考订，指出广州洋货行又叫十三行，并纠正了十三行"沿明之习"的谬误。

在清代人口史研究方面则有：刘敏的《明清时期的人口增长速度与人口的自然构成》（《福建论坛》1981年第5期），顾纪瑞、唐文起的《江苏省近三百年人口变化的分析》（《南京师院学报》1981年第4期），北京大学经济系的《清代历朝人口、土地、钱粮统计》（一）（《经济科学》1981年第1期）和蔡尚忠的《乾嘉丁口繁庶发微——兼考封建政权的户籍制度》（《人口与经济》1981年第3期）等论文。

清代经济史研究中，最为活跃的课题仍然是中国资本主义萌芽的问题。吴承明在《关于中国资本主义萌芽的几个问题》（《文史哲》

1981年第5期)一文中指出,资本主义萌芽指的是一种生产关系,而不是一厂一店,故不能用举例子来论证;这种新生产关系,一旦产生,除非有不可抗拒的原因,不会中途夭折,具有延续性和导向性。他并用清代已有萌芽的十几个手工行业的材料具体论证。段本洛在《明清之际苏州丝织业中的牙行》(《光明日报》1981年5月18日)一文中认为,在以往的讨论中,有的同志把牙行经纪和一般商业资本相混淆,从而对明清之际封建社会内孕育着的资本主义生产关系的萌芽,做出过高的估计。作者通过对最近在苏州发现清朝乾隆七年《宪恩便民息争定例禁碑》的分析,指出牙行对封建生产方式起着强化的作用,这说明中国封建制度盘根错节,渗透到丝织手工业的流通过程,扼制着资本主义生产关系萌芽的发展。这一研究,是值得注意的。在清代农业中是否有资本主义萌芽出现的问题,史学界也一直存在不同意见。李文治在《论中国地主经济制与农业资本主义萌芽》(《中国社会科学》1981年第1期)一文中认为,资本主义生产关系的基本标志是封建雇佣向自由雇佣的过渡。清代前期,伴随着庶民地主的发展,在这类经营中也出现了自由雇佣关系。由富裕农民到庶民类型经营地主的发展,正表明了中国农业资本主义萌芽发展的过程和道路。刘永成在《乾隆刑科题本与清代前期农村社会经济研究》(《历史档案》1981年第2期)一文中,则利用档案材料,论证在乾隆年间先后出现的经营地主经济和佃富农经济,是带有资本主义萌芽性质的经营方式。而尹进在《中国封建社会后期农业中已有资本主义萌芽吗?》(《武汉大学学报》1981年第5期)一文中则持不同看法,他认为明清时代农村中商业性农业有所增广,但仍属农户的自给自足中的副业生产;在农业劳动力社会形态和地租形式方面有些变化,但在农村封建剥削的汪洋大海中,毕竟只是一点微波。对资本主义萌芽发展迟缓的原因这一问题,方行在《中国封建社会的经济结构与资本主义萌芽》(《历史研究》1981年第4期)一文中从中国封建经济内部结构及其坚固性着手,对此进行了探讨。洪焕椿在《明清封建专制政权对资本主义萌芽的阻碍》(《历史研究》1981年第5期)一文中则具体阐述了明清封建专制政权及其一系列政策怎样阻碍封建生产方式向资本主义生产方式过渡。李文治也认为(同前文),中国农业资本主义的萌芽在发展上却异乎寻常的缓慢,其原因盖渊源于地主经济制。在地主经济制的制约下,已经发展起来的带有资本主义性质的经营地主,往往又向出租方面倒退。同时,在地主经济制基础上形成的中央集权制国家机器的残暴统治,对农业资本主义萌芽的发展也起着严重的阻碍作用。黄凌飞则在《略论封建主义对福建资本主义萌芽的束缚》(《福建论坛》1981年第2期)一文中,以福建为例,具体论述了明清时期封建社会的基础和上层建筑对资本主义关系的束缚和摧残的情况。

二、政治史研究

随着对封建专制制度批判的展开,人们对清代的政治史,特别是各项政治制度的研究愈来愈重视,发表的论著日益增多。值得注意的文章有:关于清初社会矛盾问题,孟昭信在《清初中国社会主要矛盾笔谈》(《社会科学辑刊》1981年第1期)一文中认为,清初顺治年间,满汉民族矛盾曾一度上升为社会主要矛盾,这是由于清政府强制推行民族高压政策引起的。张玉兴则认为,农民阶级与地主阶级的阶级矛盾就是这时中国社会的主要矛盾。而鄂世镛却认为,从清军进关至李自成农民军主力失败为止,这一段的社会主要矛盾,是满汉地主阶级和农民之间的阶级矛盾;从清军兵锋掉指江南至南明最后一个小朝廷覆灭为止,这一段的社会主要矛盾,是清朝与南明之间即地主阶级内部各统治集团之间的矛盾。

关于清朝统治阶级内部的矛盾和斗争问题，冯尔康的《康熙朝的储位之争和胤禛的胜利》(《故宫博物院院刊》1981 年第 3 期) 和王树卿的《清代的皇权斗争》(《故宫博物院院刊》1981 年第 4 期)，是两篇比较引人注目的文章。冯尔康分析了康熙年间诸皇子结党谋夺储位的情况，认为康熙准备在胤禛、允禵两人中选择一人当皇储，究竟是谁，未作最后确定，或者已有成算，但未公诸于世。只强调看中允禵是片面的，胤禛在康熙心目中及朝政中的特殊地位，不应当忽视。王文则指出，清代的皇权斗争是封建社会历史发展的必然规律。

对于南明史的研究方面，翦伯赞《论南明第三个政府的斗争》(《社会科学战线》1981 年第 3 期) 值得重视。文章分析了南明第三个政府坚持抗清十六年的主要原因，与此同时指出，它的失败并不是由于客观环境的恶化，而是由于主观上犯了不少的错误。

关于清代的政治制度方面，周远廉在《清代前期的八旗制度》(《社会科学辑刊》1981 年第 6 期) 一文中，分析了入关以后清代前期八旗制度的发展变化，指出了清帝为维持、改组、巩固和扩大八旗制度所采取的若干措施，论述了它对清代政治、经济、军事，特别是对满族的发展所带来的影响。同类的文章还有陈一石、王瑞玉的《清代成都的"满城"与旗汉分治》(《四川大学学报》1981 年第 3 期)。陈京陵的《清代中枢政制初探》(《光明日报》1981 年 3 月 24 日) 认为，清王朝的中枢政制经历了由具有某些氏族民主制残余而逐步演变为君主绝对专制制度的过程。在努尔哈赤统治时期，基本上实行了"八和硕贝勒共治国政"的体制，并非一切都由封建帝王独断。至顺、康年间又建立了内阁制度，这是加强皇权的重要步骤，但皇帝对于内阁的权力是尊重的。雍正帝设立的军机处是封建皇权恶性发展的产物,是皇帝得心应手的工具,它导致了"议政王会议"的取消。此外值得一提的还有吴仁安《清代的翰林院和翰林》(《历史教学》1981年第2期)、刘子扬的《清代的军机处》(《历史档案》1981年第2期)、吴丰培的《清代驻藏官员的设置和职权》(《中央民族学院学报》1981年第1期)等探讨具体政治机构设置的文章。孟昭信的《清初"逃人法"试探》(《河北大学学报》1981年第2期)一文,则系统地探讨了努尔哈赤、皇太极、顺治、康熙、雍正等历史时期逃人法的内容、性质、演变及其作用。

三、农民战争史研究

这依然是人们重视的一个课题。史松在《清初的社会矛盾和农民军的"联明抗清"》(《历史教学》1981年第6期)一文里,首先探讨了清初的三种政治力量和三组社会矛盾,进而认为,农民军的"联明抗清"局面之出现,正是当时社会矛盾发展的产物;大顺军和大西军先后实行"联明抗清",对全国抗清斗争的形势起了决定性的影响,使整个抗清斗争得以延续二十年之久。黄盛璋的《有关郑成功收复台湾的几个问题新证》(《中国史研究》1981年第1期)一文,依据荷兰的有关档案,对郑成功收复台湾的几个重要问题进行了分析与考证,认为郑成功自1646年起事之后,即逐渐产生了收复台湾的企图和行动,1652年郭怀一在台湾起义,系受郑成功及其部属指使;郑成功最早出师部署收复台湾的行动是在永历十三年十二月和永历十四年正月。徐明德的《白头军起义及其抗清斗争考》(《社会科学战线》1981年第2期)一文,则具有填补空白的意义。文章指出了这次起义对李自成顺利进军北京、阻截清军南下、支援西南地区农民军的抗清斗争和帮助郑成功收复台湾等方面所起的作用。杨怀中的《十八世纪哲赫忍耶穆斯林的起义》(《宁夏大学学报》1981年第1期)和关连吉的《也谈十八世纪哲赫林耶起义的性质》(《辽宁大学学报》1981年第4期),这两篇文章就西北地区哲赫林耶起义的原因和性质问题展开了争论。李尚英的《天理教新探》(《华南师范学院学报》1981年第4期)一文,着重考察了天理教的源流,认为天理教是林清、李文成、冯克善等将京畿地区的白阳教、坎卦教和直鲁豫三省交界地区的以震、离二卦为核心的八卦教联合之后成立的新组织,它有着本身的特点,因而对"天理教又名八卦教"的说法提出了质疑。魏忠策的《清代天理教起义的重要史料——〈靖逆记〉简述》(《中原文物》1981年第1期)一文,介绍了新发现的《靖逆记》一书的内容及其史料价值,认为该书史料可靠,对于天理教起义的全部内容及前人未曾论及的事件、人物之研究十分有用。

四、清代民族史研究

王锺翰的《关于满族形成中的几个问题》(《社会科学战线》1981年第1期)一文,就满族的族源问题、满洲与明代女真的关系问题、佛满洲与伊彻满洲的区别问题、汉军旗人的从属问题和内务府旗人的旗籍问题等,进行了新的探讨,并对某些错误的看法甚至反动的观点作了分析、批判。陈国干的《清代蒙古盟旗制度的来源和性质》(《内蒙古社会科学》1981年第1期)一文认为,清代的蒙古盟旗制度形成于清帝国建立以后,是清朝中央政府统治蒙古游牧部落的封建制度。它对加强和巩固清朝的统一,起到一定的积极作用。另一方面,也成为清朝统治阶级驾驭与压迫蒙古民族的工具。白振声的《清代维吾尔族封建农奴制经济的演变》(《中央民族学院学报》1981年第1期)一文,则专门探讨了新疆维吾尔族封建农奴制经济向封建地主经济演变的过程。作者认为，伯克制的废除标志着维吾尔族古老的农奴制经济终于随着政治上封建割据的消除而走上了瓦解的道路，地主经济取代了领主制经济。这是维吾尔族封建社会发展的一个进步。此外还有，蔡家艺的《试论准噶尔人民的历史贡献》(《中央民族学院学报》1981年第3期)，陈佳华、傅克东的《八旗建立前满洲牛录和人口初探》(《中央民族学院学报》1981年第1期)，蒋秀松的《清初的呼尔哈部》(《社会科学战线》1981年第1期)，宝日吉根的《清初科尔沁部与满洲的关系》(《民族研究》1981年第4期)等文章，也值得一读。

五、清朝历史人物的研究与评价

出现了比较活跃的趋势，取得了可喜的成果。周远廉在《简评努尔哈赤》(《历史档案》1981年第1期)一文中认为，努尔哈赤是雄才大略、很有作为的开国之主。他虽然做了某些蠢事，产生了不好的影响，但毕竟是瑕不掩瑜，功大于过。赵德贵的《努尔哈赤及其时代》(《社会科学战线》1981年第1期)一文则认为，努尔哈赤的历史功绩首先在于他完成了女真各部的统一；其次是在女真人中推行封建制改革，促进了女真社会的封建化；最后，在于他促进了满族共同体的形成。李鸿彬在《皇太极继嗣的几个问题》(《历史档案》1981年第3期)一文中，论证了皇太极继承后金汗位是由诸贝勒推举产生的，而并非从其幼弟多尔衮手中篡夺的。魏鉴勋、袁闾琨的《试论皇太极的改革及其智囊团》(《光明日报》1981年2月24日)一文则认为，皇太极是我国历史上颇有作为，然而却被人们忽略的改革家。商鸿逵在《康熙南巡与治理黄河》(《北京大学学报》1981年第4期)一文中，从康熙帝三十年的治黄活动及其成效分析了康熙的功绩和错误。林健的《康熙与外国传教士》(《北京师院学报》1981年第4期)一文认为,康熙作为一个封建帝王,能够同西方传教士进行长时间的接触,热心学习西方近代科学,对中国科学的发展,对中西文化的交流做出了一定的贡献,这在历代的中国封建皇帝中是无人可与之相比的。雍正帝是史学界有争议的历史人物,近年来研究雍正的文章越来越多,这无疑是件好事。姜相顺、冯佐哲的《略论雍正》(《辽宁师范学院学报》1981年第2期)一文认为,史学界对清朝的康熙、乾隆二帝评扬甚多,独于雍正有所避忌忽略,甚至多所指斥,实际上雍正有其不应抹煞之处。进而从澄清吏治、整顿财政、重视农业生产和加强中央集权等等方面论述了雍正的政绩。闻性真的《雍正轶事三则》(《历史档案》1981年第4期)一文,以反对不教而诛、"从俗从宜"的民族政策和太阳与灯烛各有其用等三件事,来说明雍正帝的某些思想方法,值得人们深思。张玉兴在《评摄政王多尔衮》(《社会科学辑刊》1981年第6期)一文中认为多尔衮加强集权、尊崇传统的封建文化、推行争取汉族地主阶级的措施,为清朝统一中国奠定了基础,客观上顺应了历史发展的趋势。同时,又指出他以征服者的面目出现,推行民族高压政策,维护了一些落后的东西,造成了社会长期动乱不宁。作者认为他功大于过,堪称一位杰出的政治家。仓修良的《章学诚与浙东史学》(《中国史研究》1981年第1期)一文认为,章学诚是名副其实的浙东史学之一员,他的主要史学思想与浙东诸大师都是一脉相承的。他以浙东史学的殿军而集浙东史学大成,把浙东史学诸大师的杰出思想和优良传统,都从理论上加以发扬光大。他在史学理论上的贡献,在中国封建社会里可与刘知幾相媲美。

六、思想文化史研究

　　重要文章不多，值得注意的有张晋藩的《浅论清初经世致用的思想》(《光明日报》1981年1月27日)，该文认为，清初思想家的经世致用思想，实际上是发自士大夫的"救世"呼声。也无疑起了开新风、辟蹊径的作用，他们关于社会改革的呐喊抗击了横溢于思想界的复古主义的逆流，其思想与学风的某些方面，在今天也仍有其值得借鉴的现实意义。华山《戴东原的反理学思想》(《文史哲》1981年第5期)论述了戴东原多方面的学术，进而对戴东原的主要著作《原善》和《孟子字义疏证》两书中所表述的反理学思想，进行了深入细致的分析和探讨。此外，王茂的《戴震哲学的结构与含义》(《哲学研究》1981年第1期)、张锡勤的《颜元思想简论》(《求是学刊》1981年第1期)、蒙晨的《浅析王夫之的历史观》(《广西大学学报》1981年第1期)、陈远宁等的《船山动静观略论》(《求索》1981年第3期)、丁山的《论曹雪芹的哲学思想》(《西南民族学院学报》1981年第2期)和胡思庸的《鸦片战争前夕的"汉宋之争"》(《史学月刊》1981年第4期)等，也都值得注意。关于文化史的研究方面，则有季永梅的《试论满文的创制和改进》(《中央民族学院学报》1981年第3期)等文。

　　综上所述，1981年在清史研究方面固然取得了很大成就，但也存在一些不足之处：某些论文题目重复，在文章内容、材料和观点方面，都使人有"似曾相识"之感。某些领域的薄弱环节尚待进一步加强，对清代盐、漕、财政金融等关系国计民生的大问题的研究就比较少，其他如清代财政史、城市史、交通史、河运史、科技史、邮驿史、行会史、中外关系史等亦多是如此，尚有待清史研究工作者进行新的研究和开拓。

1982年清史研究概况

◎ 薛瑞录

1982年,我国的清史研究进展较快。首先引人注目的是一批学术论著的问世,如谢国桢的《明末清初的学风》、傅衣凌的《明清社会经济史论文集》、韦庆远等人的《清代奴婢制度》、刘永成的《清代前期农业资本主义萌芽初探》,以及中国社会科学院历史所清史室编的《清史论丛》1982年号,中国人民大学清史所编的《清史研究集(第二辑)》和天津人民出版社出版的《明清史国际学术讨论会论文集》等。此外,据笔者初步统计,本年度发表在全国报刊上的有关论文达四百多篇(不包括档案、文物介绍和书评等),为往年所未见。

清史方面的学术交流也很频繁,如纪念郑成功收复台湾三百二十周年学术讨论会,第一次全国清史学术讨论会,王船山学术思想讨论会,这些活动有助于把清史研究引向深入。《清史研究通讯》(季刊),也于1982年9月正式出版发行。

1982年的清史论著不仅数量增加,而且质量也有提高。不少论著在前人研究的基础上有所升华,新开拓的研究领域也有所突破。

一、本年度讨论的几个重大问题

（一）关于王船山思想的评价问题

先后在武昌和衡阳召开的王船山学术思想讨论会，会上比较集中地讨论了王船山哲学的形态、王船山思想的性质及其与宋明理学的关系、王船山的民族思想和爱国主义等问题，出现了百家争鸣的局面。对于王船山思想的性质，主要围绕是不是启蒙思想的问题展开了争论。一种意见认为，王船山的思想具有启蒙性质，这就是王船山批判了绝对君权主义，反对"存天理，灭人欲"的禁欲主义，主张"珍生"，重视人的地位和作用，提倡理性主义，重视自然科学和实证知识等。另一种观点则认为，王船山的思想谈不上有什么启蒙性质。第一，王船山的反对封建专制主义"只是中世纪的异端思想"，"其性质属于封建文化中的民主性思想，和近代资产阶级的民主思想有本质的区别"；第二，王船山的哲学没有跳出伦理本位主义，他的理欲观并"没有突破封建思想的圈子"，而是"高度完善了封建的道德理论"；第三，要说理性主义，宋明理学就已经具有，但这"不是指近代资产阶级启蒙思想的理性主义，而是指一般哲学认识的理性主义"。对于王船山的民族思想和爱国主义问题，也存在两种不同的看法：一种观点认为，王的民族思想有一个发展过程，他早年坚决反清，晚年则有所缓和，甚至与清军将领有诗、赋酬答，赠刘都护的诗和《双鹤瑞舞赋》就是明证。另一种观点则认为，王的民族思想是一贯的，谈不到晚年有显著变化，并认为他不可能给清军将领写那样的诗和赋。

（二）关于郑成功的评价问题

在厦门大学召开的郑成功学术讨论会上，中外学者探讨了郑成功收复台湾、开发台湾、郑清关系、抗清活动、军政建设等问题。并对郑成功、郑芝龙、郑经、郑克塽、施琅等重要人物做了评价。过去对郑氏政权同清朝之间的关系缺乏研究，这次会上就郑成功对清廷的态度、抗清斗争、应否区分为前后两期予以不同评价和能否称郑成功为民族英雄等问题进行了讨论，间有分歧。有些论文还对郑氏集团的经济活动，如土地制度、屯垦政策、赋役制度和海上贸易等方面做了新的探索。有些文章则从阶级属性、政治思想、经济思想和军事才能等方面，对郑成功进行了广泛深入的评价。会上对施琅的评价存在分歧意见，表现在对施琅降清的看法、施琅与郑成功的比较上面。

（三）关于康雍乾时期的中国社会

在第一次全国清史学术会议上，讨论比较热烈的问题，一是清代农业经济关系的新变化，而永佃权和经营地主的出现则是这种变化的标志。有些同志认为，永佃权是佃农所拥有的部分土地所有权，它的产生与发展是对两千多年来封建土地所有制的冲击。二是对雍正帝及其政绩的评价，"夺嫡"问题依然是争论的焦点。有的同志认为，雍正的夺嫡是毋庸置疑的，所谓夺嫡，就是宫廷政变。有些同志则不同意这种看法，认为迄今为止，"夺嫡"之说尚缺乏确凿证据。至于对雍正帝即位后的政绩，大多予以肯定，并认为他是清朝史上有作为的君主之一。三是乾嘉学派的起因及其评价问题，一种观点认为，乾嘉学派的出现是由于清廷实行民族高压政策、大兴"文字狱"的结果。另一种观点则认为，乾嘉学派是康雍乾时期政治上稳定、经济上繁荣的产物。对于乾嘉学派的历史作用，有的同志认为，乾嘉学派实际上是清朝统治阶级的奴仆和工具。有的同志却认为，对乾嘉学派要一分为二地看，它不仅对我国古籍的整理、校勘、辑佚、训诂、注释、辨伪等都做出了贡献，它刻苦踏实的治学精神和方法也有可供借鉴之处。

（四）关于清代的人口问题

这是近年开辟的研究课题。由于顺康雍三朝的人口数同乾隆年间的人口数相差很大，如雍正末年才二千七百多万，而乾隆继位不久，就一跃而为一亿四五千万。经过考察，发现雍正以前的人口统计法和乾隆以后的人口统计法不同；前者只是统计负担丁银的人丁数，16岁至60岁为丁，后者才是全部的人口数。然而，顺康雍三朝的人口数究竟有多少呢？有的人采用以丁带口的计算方法，有的人则采用以平均增长率推算的计算方法，因此，得出了不同的结果。郭松义的《清初人口统计中的一些问题》（《清史研究集》第二辑），主张"从了解丁与口之间的比例入手"，将"当时丁口的比例，大致定为1：4"，从而算出顺治初的人口约为四千万左右，康熙初为八千万左右，雍正初为一亿左右。周源和的《清代人口研究》（《中国社会科学》1982年第2期），则依照"户与口常在一与五之比"的比例折算人口，故得出顺治初有五千万人，康熙初有一亿人左右，雍正初有一亿二千万人左右。程贤敏在《论清代人口增长率及"过剩"问题》（《中国史研究》1982年第3期）一文中，却以康熙五十二年到雍正十二年的年平均增长率（0.69%）作为顺康雍三朝的实际年增长率，据此来推算出顺治初的人口为七千余万，康熙初八九千万，康熙末为一亿二千多万。高王凌的《关于〈清代人口研究〉的几点质疑》（《中国社会科学》1982年第4期），对这种利用编审数字和以丁折口的计算方法提出了异议，并提出采取利用乾隆时期人口数字和人口增长率进行前推的方法，来计算出顺康雍时期的人口数。

二、本年度各专题研究的若干进展

（一）关于经济史

这方面的论文数量已跃居首位，约占本年度论文总数的四分之一。主要探讨的问题除上述人口问题外，尚有下列问题：

资本主义萌芽问题。这是个老问题，但近年的研究无论是深度还是广度，都有明显提高。研究的重点已从手工业、纺织业和商业方面，延伸到了农业、茶业和矿业等部门。刘永成的《清代前期农业资本主义萌芽初探》一书和吴量恺的《试论鸦片战争前清代农业资本主义萌芽缓慢发展的原因》(《清史论丛》1982年号)、柯建中的《明清农业经济关系的变化与资本主义因素的萌芽》(《社会科学研究》1982年第1期)等文，均着重探讨了清代农业资本主义萌芽的历史前提、雇佣劳动的发展、经营新方式的出现及其缓慢发展的原因。彭泽益的《清代前期茶业资本主义萌芽的特点》(《中国社会经济史研究》1982年第3期)认为，18世纪因国内外销售市场对茶叶的需求不断增长，大大刺激了各地茶叶的商品生产，在滇、湘、浙三省的产茶区都有茶商资本经营的茶厂或土庄茶栈，它所进行的加工生产，一般都具有手工业工场经营的特点；福建省茶业的资本主义萌芽最为突出和典型，一些茶商已成为租山种茶、雇工经营的资本家。韦庆远、鲁素的《论清初商办矿业中资本主义萌芽未能茁壮成长的原因》(《中国史研究》1982年第4期)指出，清代前期商办矿业生产一度繁荣，资本主义萌芽有一定程度的发展，但它受到了封建生产关系的桎梏，主要表现在：（1）违反价值规律的限价收购政策；（2）臃肿腐败的封建官僚政治管理体制；（3）各级贵族、官僚、缙绅等对商办矿业的讹诈掠夺。

对外贸易问题。郭蕴静的《清代对外贸易政策的变化——兼谈清代是否闭关锁国》（《天津社会科学》1982年第3期）论述了清朝对外贸易政策由禁海到开海、后又由开海到禁海这一政策变化的原因，认为清廷的对外贸易政策是随着形势的变化而改变；至中期以后，其变化的总趋势是日益严厉控制，但这并不能说是"闭关锁国"。林树惠的《康乾时期英船在中国沿海的活动》（《南开学报》1982年第5期）评述了从明万历二十八年到清道光二十年的二百多年间，英国商船在中国沿海的活动情况，认为英国同中国接触的开始，在葡萄牙、西班牙和荷兰之后，但是后来居上，此后所谓中西关系，实际上就是中英关系；英船在我国沿海的频繁活动，表面上是为了扩大贸易，其实不然，它从一开始就想夺取海南岛作为英国的属地。汪熙、邹明德的《鸦片战争前的中美贸易》（《复旦学报》1982年第4、5期）详细地探讨了美国建国不久就重视对华贸易的原因、中美贸易的特点及其对美国资本主义发展所起的作用。徐昌汉在《关于尼布楚商队贸易》（《学习与探索》1982年第3期）中指出，俄国人通过积极的、进攻型的经济活动，用商队把自己的影响带到了条约规定的边界之外——中国的领域之内，取得了超乎俄国人期望的效益。

　　商业问题。 这也是清代经济史研究中的薄弱环节，不过近年颇有起色，本年度特别加强了对地区性商业的研究。比较重要的文章有方行的《清代前期商人支配生产的形式及其历史作用》（《经济研究》1982年第9期）、李华的《清代前期广东的商业和商人》（《学术研究》1982年第2期）、范植清的《鸦片战争前汉口镇商业资本的发展》（《中央民族学院学报》1982年第2期）、李则纲的《徽商述略》、叶显恩的《徽商的衰落及其历史作用》（分见《江淮论坛》1982年第1、3期）、肖国亮的《清代两淮盐商的奢侈性消费及其经济影响》（《历史研究》1982年第4期）、张连生的《清代扬州盐商的兴衰与鸦片的输入》（《扬州师院学报》1982年第2期）、杜玛蕾的《康熙乾隆年间南翔诸镇布商字号经营方式的变革》(《经济学术资料》1982年第6期)、卢明辉的《清代蒙古地区与中原地区的经济贸易关系》(《内蒙古社会科学》1982年第5期)和蔡家艺的《准噶尔同中原地区的贸易交换——两份准噶尔的购货单试析》(《民族研究》1982年第6期)等,这些文章分别从各个不同的角度,比较深入地论述了清代前期商人支配生产的多种表现形式及其所起的作用,探讨了各地区商业的兴衰与生产关系的变化等。

盐政问题。清朝的榷盐制度发生了某些变革,盐商资本也获得了较大发展。因之,越来越多的文章对它进行了研究。周远廉、林永匡的《清代前期两淮运司的商亭和商池》(《清史研究集(第二辑)》)对两淮运司商亭和商池的产生原因、发展状况、经营方式和历史作用等方面,做了全面的考察和分析,认为两淮运司商亭、商池的建立扭转了两淮盐业生产的衰颓之势和停产危险,促进了盐业产量的继续增长,对保证全国的食盐供应起了重要作用;商亭商池的出现,也有利于清代资本主义萌芽的成长,与明代灶民充当灶丁、严格束缚、实行工役制的封建官营手工业相比,这种由场商置办设备、雇丁煎晒、进行商品生产的民营盐灶,是历史的进步。此外,张正明的《清代河东盐课摊归地丁试析》(《山西师院学报》1982年第3期)、朱宗庙的《清代道光年间两淮盐业中的改纲为票》(《扬州师院学报》1982年第3、4期)等文,也值得一读。

(二) 关于政治史

这方面的文章主要涉及了明清关系、政治制度、阶级构成、皇权斗争、秘密结社和农民起义等问题。

明清关系问题。滕绍箴在《谈皇太极的求和及其真意》(《求是》1982年第3期)一文中,通过对史实的分析,认为皇太极主动向明廷求和，是为内外形势所迫，也是为了获得喘息时机，积聚力量，巩固内部，以图入主中原，夺取全国。因而皇太极的"诚心"不过是一个手段而已。张国光、李悔吾的《重评杨嗣昌、卢象升等关于对清议和问题的政见之争——明清关系研究之一》（《社会科学辑刊》1982年第1期）认为，崇祯皇帝多次峻拒皇太极的和谈、互市的倡议，都是错误的；杨嗣昌主张对清主和是鉴于当时清强明弱的形势而提出的可行政策，如果他的建议实现，将使人民的负担减轻，有利于发展生产和缓和阶级矛盾，也将改善汉满关系，促进东北与内地的物资交流。

政治制度问题。 这一研究课题包括两个时期的内容，一是入关前的政治制度，二是清王朝建立后的政治制度。前者较重要的文章有郑天挺的《牛录·城守官·姓长——清初东北的地方行政机构》（《社会科学战线》1982年第3辑）和李鸿彬、郭成康的《清入关前八旗主旗贝勒的演变》（《社会科学战线》1982年第1期）等。郑文认为，牛录是清代八旗制度的基本组织，过去认为它只是户籍编制或军队编制，都不正确；牛录的组织性质和职责比较广泛，它是国家政权强制编成的基层单位，同各旗自愿组合的部落联盟不同。李文对八旗制度的演变过程做了深入探讨，并认为史学界通常把专主一旗的贝勒称为旗主的提法不妥，应改称为主旗贝勒，这不仅将旗内诸贝勒划清了界限，而且同各旗的管旗大臣——固山额真也有了明确的区别；还认为满族八旗并不是创立于辛丑年（1601年），而是创立于乙卯年（1615年）。后者较重要的文章有李燕光的《清朝的政治制度》（《明清史国际学术讨论会论文集》），他分析了清朝的官制、兵制、刑狱三方面的情况，认为"清朝定都北京，承袭了明朝的政治制度，并进行了某些改革，加强了封建国家的统治力量，发挥了阶级压迫阶级、抵抗外国侵略的功能"。

等级制度问题。 经君健的《试论清代等级制度》（《明清史国际学术讨论会论文集》）全面论述了清代等级结构的状况与特点。他指出，清代的社会成员分属下列七个等级：皇帝、宗室贵族、官僚缙绅、绅衿、凡人、雇工人和贱民。作者对"凡人"等级特加详尽论述，认为凡人是人数最多的一个等级，通常所谓百姓，包括旗人在内，主要都在凡人等级之内；凡人也是一个复杂的等级，包括了不同阶级的成员，如非缙绅和非绅衿的凡人地主、富裕农民、自耕农、佃户、不具雇工人身份的雇佣劳动者、手工业作坊主、手工业工人、其他个体劳动者、灶户、店铺老板、店伙、城镇居民、兵丁、民壮直至乞丐以及僧尼等统统在内。

秘密结社与农民起义问题。本年度发表了 20 多篇有关论文，涉及了天地会、白莲教等南北两大系统的秘密结社以及王伦起义、王聪儿起义、回民起义和苗民起义等。张兴伯的《天地会的起源》（《明清史国际学术讨论会论文集》）认为，天地会可能在清初起源于四川，然后扩大到广东、福建等省，是一个以破产农民和其他劳动者为主要成员的秘密结社。喻松青的《清茶门教考释》（《明清史国际学术讨论会论文集》）对清茶门教的源流、传教活动、宗教仪式、经卷、信仰以及同其他教派的关系等问题做了考察，认为清茶门是清代白莲教的一个重要教派，其源流可以追溯到明朝万历年间河北滦州白莲教闻香教主王森；他的子孙又将闻香之名，改为清茶门，代代传习，自称教主。爆发于乾嘉之际的蔡牵起义，过去论述很少，季士家的《略论蔡牵的反清斗争》（《南京大学学报》1982 年第 1 期）依据大量档案史料，对这次起义的原因、性质及其失败做了初步探讨，填补了这方面的空白。

（三）关于思想文化史

本年度对于清代的哲学、史学、文学、艺术、宗教、美术等方面的研究也取得了可观成绩。主要探讨了清代的各种学派和一些著名思想家、史学家、文学家和艺术家的学术成就,如王船山(前面已谈到)、黄宗羲、顾炎武、惠栋、戴震、颜元、汪中、傅山、章学诚、赵翼、邵晋涵、邢澍思、曹雪芹、蒲松龄、郑板桥、柳敬亭等。蔡尚思的《中国资本主义萌芽时期中的新思想——明清思想界的分野和创见》(《明清史国际学术讨论会论文集》)论述了明清时期出现的各个学派、教派和各种新思想,认为这个时期的思想界在中国古代思想史上占有很高地位。戴逸的《汉学探析》(《清史研究集(第二辑)》)评述了清代汉学的几个发展阶段,即黄宗羲、顾炎武的"汉宋兼采"之学,胡渭、阎若璩的向汉学转变阶段,惠栋和吴派学者的汉学形成阶段,戴震的汉学高峰阶段,段玉裁、王念孙等人的汉学延续阶段,俞越、孙诒让的汉学衰落阶段。商鸿逵的《论清代的尊孔和崇奉喇嘛教》(《社会科学辑刊》1982年第5期)认为,有清一代对孔子和达赖、班禅两大喇嘛,给予了极为崇高的地位,康熙及其后的皇帝均一贯奉行不怠,从而使广大汉族和藏族、蒙古族(当然主要是汉族地主及其知识分子和藏族、蒙古族上层分子)倾向清朝。何龄修在《关于柳敬亭的生年及其他——与陈汝衡先生商榷》(《清史论丛》1982年号)一文中,运用丰富史料,考证出柳生于明万历二十年,而不是生于万历十五年,卒年应在清康熙十年以后,康熙十五年前后,并对柳一生的活动及艺术成就进行了恰当的评价。

(四)关于人物评价

本年度对清代历史人物的评价也十分活跃,开阔了新视野,达到了新高度。其中,评价比较多的人物除了上述的郑成功之外,尚有努尔哈赤、皇太极、多尔衮、康熙、雍正、史可法、王聪儿等。王思治的《多尔衮评议》(《社会科学战线》1982年第4期)认为,多尔衮摄政时期正是明清变革、各种矛盾错综复杂的大动荡年代,多尔衮善于观察形势发展、演变,制定对策,表现了他的精明和才干,"多尔衮是满清帝国实际上的创立者",这话应是对他的定论。邢玉林在《康熙的法治思想概述》(《中央民族学院学报》1982年第4期)中,谈到了康熙法治思想的两个特点:一是鲜明的阶级性质,贯穿着公开的阶级不平等原则;二是重点镇压直接危害封建统治的行为。冯尔康的《论清世宗的思想和政治》(《明清史国际学术讨论会论文集》)认为,清世宗的政治思想和实践,在于解决或试图解决历久相沿的弊政,一定程度上适应了生产力发展的要求,促成吏治的相对澄清,带来了国力的强盛和政局的安定,促进多民族国家的巩固。金成基在《范文程简论》(《历史研究》1982年第5期)中指出,范文程是清王朝主要开国元勋之一,是在战乱中涌现出来的杰出政治家、谋略家。许曾重的《试论评价王聪儿的几个问题》(《清史论丛》1982年号)认为,迄今为止有关王聪儿的论述,都给她以极高的评价,把一些不属于她或不完全属于她的功绩,强加于她,甚至赋予她以超越时代和阶级的某些特色,这种评价不是实事求是的态度。

(五) 关于民族史

这一专题的研究,也比以往推进了一大步。本年度主要探研清朝的民族政策、统治机构、我国各少数民族的形成与发展以及各民族之间的关系等问题。王锺翰的《"国语骑射"与满族的发展》(《故宫博物院院刊》1982年第2期)分析了满族语言和骑射的发展过程,认为"国语骑射"作为清统治者的一项政策,随着满族由狩猎生活向封建农业经济迅速发展,在高度发展的汉族地区农业经济的长期影响、冲击下,逐渐衰退而流于形式,加之与广大的汉族人民杂居共处,满语也自然失去了它原有的重要性。陈国干的《清代对蒙古的喇嘛教政策》(《内蒙古社会科学》1982年第1期)认为，清廷不仅使喇嘛教盛行于蒙古地区，而且渗透到蒙古人民生活的各个领域，为巩固其统治起了支配作用。柳陞祺、邓锐龄在《清代在西藏实行金瓶掣签的经过》(《民族研究》1982年第4期)一文中说：金瓶掣签是清中央政府确认蒙藏黄教大活佛的继承人的法定制度，又是西藏政治事务中一项重要的改革措施；乾隆帝创立这个新制度的动机是要改变当时族属传袭活佛的积习，以及达赖、班禅等家族婚娅垄断政治宗教的统治地位的状况；金瓶掣签制实施后，大多数达赖出身于普通人家。张捷夫的《清代土司制度》(《清史论丛》1982年号)对清代土司制度的确立，土司职衔和承袭，土司的义务、奖惩和抚恤，土司总数和分布情况，清王朝对土司的限制政策，清代土司制度的危机等方面，都做了比较深入的探讨。赵云田的《清代理藩院初探》(《中央民族学院学报》1982年第1期)则对清朝这一管理民族事务的重要机构做了新的探索。

三、本年度清史研究中的不足之处

1982年的清史研究虽然取得了可喜成绩，但也存在一些问题。只要对全年的论文稍加钩稽，即可发现"两多两少"的缺陷：入关前和顺康雍时期的文章多，乾嘉道时期的文章太少。一般性论述的文章多，理论性探讨的文章太少。其次，那些关系到国计民生的重要课题，如财政、漕运、水利等，至今仍未得到应有的重视。在对外关系史的研究方面，除了中俄关系之外，中国同邻近各国、亚非各国和西欧各国的关系，都还缺乏深入研究，这是一个亟须解决的问题。

另外，本年度在对外关系史、科技史、军事史、法制史等方面，也发表了不少文章。限于篇幅，兹不赘述。

1983年清史研究概况

◎ 林永匡　王熹

1983年，我国的清史研究工作又有新的进展，并获得了一批丰硕的研究成果。

这一年，在学术成果方面，首先是一批质量较高的学术论著相继出版问世，如叶显恩的《明清徽州农村社会与佃仆制》（安徽人民出版社，1983年），阎崇年的《努尔哈赤传》（北京出版社，1983年），孙文良和李治亭合著的《清太宗全传》（吉林人民出版社，1983年），任道斌的《方以智年谱》（安徽教育出版社，1983年），李鹏年、朱先华、刘子扬、秦国经、陈锵仪等编著的《清代中央国家机关概述》（黑龙江人民出版社，1983年），以及中国社会科学院历史研究所清史研究室编的《清史论丛》1983年号、南京大学明清史研究室编辑的《中国资本主义萌芽问题论文集》（江苏人民出版社，1983年）等。其次，在清史资料的出版方面，则有《清代的矿业》（上下册）（中华书局，1983年）一书，这是由中国人民大学清史研究所和档案系合编的《清史资料丛刊》之一，书中选编了有关清代的矿业政策及各省矿业矿产情况的资料。同时出版了由中国第一历史档案馆编的《清代档案史料丛编（第九辑）》，其中选编了顺治朝朱笔谕旨、大学士李光地奏折、大学士王掞奏折、雍正朝朱笔引见单、乾隆末年白莲教秘密反清斗争等档案材料。1983年还出版了由中国社会科学院历史研究所清史研究室编的《清史资料（第四辑）》，书中选辑了《大义觉迷录》、《岳襄勤公行略》、《畏斋日记》等清史资料。此外，据笔者初步统计，本年度发表在全国报刊上的有关论文近五百篇（不包括档案、文物介绍和书评等）之多，较之往年，在数量上又有所增加。

在清史研究的重大学术活动方面，由中国社会科学院历史研究所、中国人民大学清史所、辽宁大学历史系、辽宁社会科学院历史所共同发起的第二次全国清史学术讨论会，于1983年9月20日至27日在沈阳召开。这是以评论清代人物为中心的专题讨论会。会上，与会学者对评价清代历史人物的理论问题及过去研究较少或疑难较多的重要清史人物，进行了深入的探讨和有益的争鸣。同年1月，广东历史学会还在广州召开了第一次"明清广东经济学术讨论会"。与会者就明清时期广东农村经济、城市经济、手工业经济问题，以及广东农业商品化问题、商业和商业资本等问题，进行了热烈的讨论。

现将本年度清史研究中的若干重要问题的研究概况介绍如下。

一、经济史研究

本年度这方面的论文数量仍居首位，约占论文总数的四分之一。

清代人口研究是近年发展较快的一个课题。高王凌的《清代人口研究述评》（《清史研究通讯》1983年第2期）一文介绍了近年来这方面研究的进展和存在的问题。文章指出，近年这方面文章涉及清代人口思想、人口增长及其数量的估计、人口问题及其对社会经济的影响及政府对策等许多方面。作者还分题介绍了关于清代人口思想家和人口思想、关于清初丁口统计对象、关于顺康雍三朝人口数字的估算、清代人口问题的发现及其对政府政策的影响、人口问题对清代社会经济的影响等课题的研究进展情况。对存在问题，该文认为，在人口理论上的进一步探讨、对基本史实史料的掌握、对前人和海外研究成果的利用等方面都有不少欠缺；至于对清代人口高速增长的经济成因等重大问题，则缺乏系统和有分量的研究。

资本主义萌芽问题的研究，本年度继续向深度和广度发展。长期以来，有的学者在研究中，把中国行会制度绝对化，将它同资本主义萌芽截然对立起来。而刘永成、赫治清在《论我国行会制度的形成和发展》（见《中国资本主义萌芽问题论文集》）一文中，对此则提出了不同见解，认为"清代苏州、南京、广州、佛山、景德镇、杭州等地的丝织、造纸、染织、陶瓷、金箔、蜡烛、冶炼等行业中，行会制度与资本主义萌芽二者并行不悖。资本主义萌芽的发展过程，也就是行会制度从发展逐步走向分解的过程"。杜黎的《鸦片战争前上海行会性质之嬗变》（同上书）一文则具体探讨上海布业行会的变化，产业资本家商船主的行业组织，同分行会经济关系中的新因素，钱业资本家的行业组织——钱业公所等，并提出了自己的新见解。韦庆远和鲁素的《清代前期的商办矿业和资本主义萌芽》（《清史论丛》1983年号）一文利用丰富的档案材料，从商品货币关系及雇佣劳动关系在商办矿业中的重大发展这两方面，论述了清代矿业中存在着明显的资本主义萌芽。此外，具体论述手工业中的资本主义萌芽的文章，值得一提的是彭泽益的《鸦片战争前广州新兴的轻纺工业》（《历史研究》1983年第3期）一文，作者认为当时在广州河南和佛山一带，为外贸出口加工而兴起的制瓷、制茶和织布业等轻纺工业，就其生产经营方式而论，具有资本主义萌芽性质。吴量恺的《清代前期农业经济中的短雇与资本主义萌芽》（《华中师院学报》

1983年第5期）一文则从较新的角度探讨农业资本主义萌芽。他认为，清前期农业经济中，较为"自由"的短工已和原始富农、经营地主结合起来，并形成了雇主对雇工进行剥削的雇佣关系，而这种类型的农业经济，是具有资本主义萌芽属性的。论述徽商与资本主义萌芽关系的文章，有叶显恩的《徽商利润的封建化与资本主义萌芽》（《中山大学学报》1983年第1期）一文，其中分析了徽商利润的流向及其原因，并认为利润中也已有少量的转入生产领域，其中有的已含有资本主义生产关系萌芽的性质。

对清代前期地主制经济研究的论文，本年度亦不少。其中方行的《论清代前期地主制经济的发展》（《中国史研究》1983年第2期）一文论述了地主制经济发展的具体表现及其影响。作者认为清代地主制经济发展表现为：庶民地主的发展、佃农经营独立性的发展、产品分配形式的发展、佃农经济的发展等四个方面。并指出到清代前期，地主制经济仍非常强大，资本主义萌芽虽有发展，但仍非常弱小，还只是作为为封建经济和封建阶级服务的一种补充而存在。张海瀛的《试论明清时期封建经济的长期延续》（《晋阳学刊》1983年第1期）则从分析地主制经济对交换经济依存性入手，探讨了明清时期封建经济长期延续的原因。文章指出这种依存性赋予地主制经济一种特有的"活力"。这种"活力"不仅使地主制经济在动乱后能再生和自我重建，并使资本主义萌芽中断和夭折。此外，樊树志的《明清的奴仆与奴仆化佃农》（《学术月刊》1983年第4期）与寒铂的《清代前期直隶封建地租形态考实》（《河北学刊》1983年第2期）两文，亦很有特色。樊文着重考察了明清时期江南地区奴仆化佃农的情况及其产生的历史原因。寒文则分析了清前期直隶地区农业租佃关系中，实物地租由分租向额租转化，以及货币地租缓慢滋长这一历史现象及其影响。

对商业史的研究，本年度亦有新的进展。来新夏的《清代前期的商业》(《社会科学战线》1983年第4期)一文利用清人笔记材料，力图勾画出清前期的商业与商人的历史轮廓。文中具体论述了当时"四聚"等商业中心的繁盛、商业资本的活跃和集市遍及全国的情况，并考察了商业兴盛后所引起的社会风尚的变化。李瑚的《关于清初商人和商业资本的几个问题》(《中华文史论丛》1983年第1期)从《聊斋志异》的商人故事中反映的若干历史真相中，收集史料，论述了清初山东商人的商业活动，商人资本的来源和利润，以及商业资本发展的情况。黄启臣的《试论明清时期商业资本流向土地的问题》(《中山大学学报》1983年第1期)对明清时期商业资本发展的具体规模和水平、商业资本主要流向土地并转化为土地资本的原因，以及这种历史倒退现象所带来的严重后果，进行了深入的剖析，值得一读。在论述商业市场方面，有吴承明的《论清代前期我国国内市场》(《历史研究》1983年第1期)一文。作者认为，鸦片战争前，国内市场虽较明代有显著扩大，但还是一种以粮食为基础、以布（以及盐）为主要对象的小生产者之间交换的市场结构。而这种市场模式，又必然导致市场的狭隘性和长距离贸易的局限性。这也是造成资本主义生产关系发展迟缓的原因之一。

对清代盐政史的研究，近年虽有所加强，但文章仍然不多。本年度这方面较重要的文章有：王方中的《清代前期的盐法、盐商和盐业生产》、薛宗正的《清代前期的盐商》（均见《清史论丛》1983年号）、林永匡的《清初的长芦运司盐政》(《河北学刊》1983年第3期)和《乾隆时期长芦运司的盐产与运销》(《河北师院学报》1983年第4期)等。王文根据有关文献材料对清代盐法和盐商的主要特点进行了论述，并特别指出，与海盐的情况相反，在川盐中商业资本已向产业资本转化。薛文则对清代盐商（包括运商、场商两大类）

的活动特点、性质与变化情况进行了分析。林文则根据有关档案材料，具体分析了清初和乾隆时期长芦运司的盐政措施和盐的产运销情况。此外，何珍如的《康熙时期的云南盐政》（《中国历史博物馆馆刊》1983年第5期）一文对清初滇盐生产和清政府的盐务管理情况进行了论述。

在对清代商业贸易的研究方面，特别值得一提的是郭松义的《清代国内的海运贸易》（《清史论丛》1983年号）一文。作者针对有人认为由于清政府实行海禁，因此国内海运贸易无足称道的看法，具体论述了海运贸易的情况。并指出，海运事业较前代不仅有了新发展，促进了城乡交流，活跃了国内市场，而且还有利于某些地区和部门中出现的资本主义萌芽。

特别应当指出的是，对地区性经济史研究的加强，是本年度清代经济史研究的一个重要特点。在这方面，本年度出版了一部富有特点的经济史专著，即叶显恩的《明清徽州农村社会与佃仆制》（安徽人民出版社，1983年）一书。这是作者根据丰富的历史档案和实地考察材料而写成的一部研究专著。全书分为徽州的历史地理、封建土地占有关系和乡绅阶层、徽州商业资本、徽州封建宗法制度、徽州封建文化、徽州的佃仆制度等六章及两个附录，共26万字。书中的内容翔实，史料丰富，在论述上颇有新意。论文方面，傅衣凌的《鸦片战争前后湖南洞庭湖流域商品生产的分析——读吴敏树〈桦湖文集〉中的经济史料》（《社会科学战线》1983年第4期）一文，亦有特色。作者根据清人吴敏树的《桦湖文集》中的经济史料，具体论述了该地区商品生产的发展和手工业发达的情况。通过此文，作者还呼吁在中国封建社会经济史的研究中，加强分区研究，以作为总体说明的基础。

二、政治史研究

本年度这方面的论文，内容涉及明清关系、政治制度、皇权斗争、秘密结社和农民起义问题。

明清关系问题。周远廉的《努尔哈赤与明朝政府的关系》（《清史论丛》1983年号）以《满文老档》为依据，并结合《明实录》等文献，论述了努尔哈赤与明王朝之间的君臣关系。而后金则不过是明朝中央政府管辖的地方政权而已。从而拨正了《清实录》中有关这方面论述的错误。李鸿彬在《皇太极时期明清（后金）关系初探》（《辽宁大学学报》1983年第1期）一文中，论述了皇太极上台后，在对明的关系上所做的重大调整和更动，以及这种更动的原因和影响。

此外，在论述清郑关系的文章中，值得一提的是陈在正的《评清政府与郑成功之间和战关系及其得失》（《中国史研究》1983年第4期）一文。作者分前后两个时期评述了双方的得失，并与台湾历史学者商榷。文章认为，在前期，清郑双方在和谈中各有得失，清朝是小失大得。战争的结局则对清朝更为有利。在后期，郑军的南京惨败，从军事上说虽不是致命打击，但当时政治上拥护全国统一已是大势所趋、人心所向。这注定了郑成功抗清前途必然黯淡无光。

政治制度问题。本年度出版的李鹏年等编著的《清代中央国家机关概述》（黑龙江人民出版社，1983年）一书，是这方面研究的一个收获。作者在编写过程中，不仅收集了中国第一历史档案馆的大量清代档案史料，而且还参阅了有关的官修书籍、私家著述。全书分上下两编。上编叙述清代中央国家机关的演变和沿革，下编具体叙述清代中央国家机关的设置情况。这不仅是一部工具书和资料书，亦是一本带有学术性的著述。在论文方面，李鸿的《明清科举制度与封建专制主义》（《内蒙古大学学报》1983年第2期）一文论述了明清时期，作为封建主义的一项重要政治和文化措施的科举制的新特点，它在政治上的特殊作用。并考察了明清科举制与封建专制主义的关系问题。刘敏在《清代胥吏与官僚政治》(《厦门大学学报》1983年第3期)一文中，考察了有清一代胥吏制度及其演变、胥吏对官僚政治的影响等问题。并认为胥吏的恶性发展是封建官僚政治的产物，同时它又促使官僚政治进一步腐败。此外，刘毓兰的《清代官员的罚俸制度》与王道瑞的《清代九卿小考》(均见《故宫博物院院刊》1983年第2期)两篇文章，也值得一读。刘文认为清前期由于吏治较清明，故罚俸制度能较好执行。这对打击贪官、整治官吏队伍有一定裨益。王文则具体考证出六部、都察院、通政使司、大理寺的主管官，才应为清代的九卿，而非指其他部门官员。

清代宗族制度是一个重要而又以往研究不多的问题，近年王思治进行了认真研究，写出长文《宗族制度浅论》(《清史论丛》1983年号)。文中对清代宗族制度的发展、族权、祠堂与义田、寨堡的性质、族人的反抗斗争等问题，进行了论述并提出了自己的见解。

皇权斗争问题。雍正帝继承皇位，是学术界长期保持浓厚兴趣并存在严重分歧的问题。许曾重的《清世宗胤禛继承皇位问题新探》(《清史论丛》1983年号)重新观察和研究了这个政治斗争的历史悬案，发现康熙第十四子、抚远大将军胤禵政治地位的急遽变化乃是问题的关键。并在这个基础上，作者进行了新的和有益的探讨。此外，值得注意的还有薛瑞录的《溥杰关于雍正杀弟的口碑资料》(《清史研究通讯》1983年第2期)一文，此文是作者亲访溥杰先生后写成的。作者在文中披露了雍正杀弟的密诏内容，以及康熙的亲笔遗诏问题。溥杰认为，康熙即便有遗诏，也是用满文写的。所谓雍正帝把"十"字改成"于"字的说法是靠不住的。

秘密结社和农民起义问题。本年度这方面研究代表性的论文，有喻松青的《关于明清时期民间秘密宗教研究的几点意见》(《清史研究通讯》1983年第1期)和赫治清的《天地会起源"乾隆说"质疑》(《中国史研究》1983年第3期)两篇。前文作者长期从事秘密结社的研究，在文中提出：1.名称问题，可以把明清时期的民间秘密宗教的各个教派，概称为白莲教。2.要重视经卷的研究，仅靠档案材料是不够全面的。3.对民间秘密宗教思想的研究，应是思想史研究中的一个重要方面。赫文根据档案材料，对史学界流行的天地会起源于乾隆年间的观点提出质疑。并指出，乾隆朝以前存在天地会是有充分根据的。

三、人物评价与研究

这是本年度最为活跃和研究成果较多的课题。

在第二次全国清史讨论会上，与会代表就评价清代人物的理论、标准和方法问题，进行了热烈的讨论。许多学者认为，在评价清代人物时，应坚持"严格的历史性"。我们必须借助于历史唯物主义这把解剖刀，对每一个人物进行全面的考察、辩证的分析，采取"阶段论"、"方面论"或"综合论"等方法，克服"简单化"和"片面化"等不良倾向，只有这样才能得出正确的结论。在提交大会的论文中，还分别就入关前、顺康雍时期、乾嘉道时期的几十个清代人物的功过作出了具体的评价。

本年度出版的清代人物传记达三种之多：即阎崇年的《努尔哈赤传》(北京出版社，1983年)，这是国内第一部关于清太祖努尔哈赤的长篇传记著作。在书中，作者年经事纬地对清太祖一生的重大政治、军事活动作了比较全面的阐述。孙文良、李治亭的《清太宗全传》(吉林人民出版社，1983年)一书则生动具体地勾勒了皇太极作为一代军事家、政治家和大清皇帝在明清兴亡史上的波澜壮阔的斗争历程，从而填补了清史研究领域中这方面的空白。任道斌的《方以智年谱》（安徽教育出版社，1983年），以较为翔实的史料向读者展示了方以智一生的主要活动情况，并对一些史事作了简略的考订。

论文方面，王思治的《关于明清之际历史人物的评价问题》（《清史研究通讯》1983年第4期）一文认为，肯定清的统一应作为评定明清之际历史人物的一个基本出发点。但不能就此便对降清者一律加以肯定，而对抗清者一律加以否定。对为抵制满洲贵族的民族压迫政策而奋起抗清者，同样应予肯定。何龄修在《〈清代人物传〉上编编写缘起》（《清史研究通讯》1983年第3期）一文中指出，清代人物传记既要求准确、真实，又要求形象、生动。某一时期的人物汇传，应表现出该时期统一的多民族国家的历史，又当表现出当时社会生活的各方面内容。

具体研究和评价清代人物的论文有：蒋秀松的《试论李满住》（《求是学刊》1983年第3期）认为，活动于建州女真形成时期的首领李满住，对建州女真的聚集和发展有开拓之功。对努尔哈赤的评价有陈涴的《努尔哈赤军事思想研究》（《辽宁大学学报》1983年第5期）、林中的《试论努尔哈赤的法律思想》（《学习与探索》1983年第6期）、阎崇年的《努尔哈赤入京进贡考》（《清史研究通讯》1983年第2期）等文。佟铮的《评代善》（《学术研究丛刊》1983年第4期）、李鸿彬的《济尔哈朗》（《清史研究通讯》1983年第3期）等文，均对代善和济尔哈朗的历史功绩给予肯定。陈作荣的《论多尔衮在建立清政权过程中的政策两重性》（《东北师大学学报》1983年第2期）、郑克晟的《试论清初摄政王多尔衮》（《文史知识》1983年第11期）、李景屏的《试论范文程在清王朝建立过程中的作用》（《社会科学辑刊》1983年第2期）、张家哲的《究竟该如何评价范文程——与金成基、林明同志商榷》（《社会科学》1983年第8期）；

傅樟绸的《谈康熙的用人政策》(《江淮论坛》1983年第4期)、袁森坡的《康熙的北部边防政策与措施》(《清史论丛》1983年号)、覃延欢等的《清康熙帝和知识分子》(《学术论坛》1983年第5期)、李燕光的《康熙皇帝》(《辽宁大学学报》1983年第6期)、邢玉林的《从平定"三藩"叛乱看康熙的军事思想》(《中南民族学院学报》1983年第4期)、王思治的《杰出的封建君主康熙》(《人物》1983年第1期)、闻性真的《康熙与农业》(《故宫博物院院刊》1983年第1期)、冯尔康的《雍正略论》(《文汇报》1983年6月6日)、鄂世镛的《浅谈雍正用人》(《辽宁大学学报》1983年第3期)、梁希哲的《试论清世宗的吏治思想》(《史学集刊》1983年第3期)、李正中的《乾隆让位》(《齐鲁学刊》1983年第2期)等文,立足于不同的角度,对清初的开国元勋多尔衮、功臣范文程和康熙帝、雍正帝、乾隆帝进行了评价和论述。冯佐哲和杨乃济在《有关和珅出身、旗籍问题的考察》(《清史论丛》1983年号)一文中,通过考订认为:和珅是满洲正红旗人,既不是内务府包衣正白旗人,也不是其他下五旗的包衣人。

四、民族史研究

1983年清代民族史研究成绩可喜,硕果累累。据不完全统计,发表的论文有六十余篇,兹综述如下:

民族关系。华立的《清代的满蒙联姻》(《民族研究》1983年第2期)一文把清代满蒙联姻划为四个阶段,并指出它已远远超出单纯的家族间通婚的含义,而成为清代民族政策中不可缺少的组成部分。郭成康的《试析清王朝入关前对汉族的政策》(《民族研究》1983年第3期)一文对清入关前对汉族政策在不同时期的特点及其总的规律进行了分析。陈一石在《印茶侵销西藏与清王朝的对策》(《民族研究》1983年第6期）中认为，印茶侵销西藏，迫使清王朝放弃了传统的以茶叶为经边之术的政策，并进行了某些改革。赵云田和成崇德的《略论清代前期的"因俗而治"》（《青海民族学院学报》1983年第2期）、顾效荣的《清代设置驻藏大臣简述》和吴健礼的《略论清朝对西藏地方的主权》（均见《西藏研究》1983年第4期）等文，则对清代不同历史时期的民族政策的各个方面进行了有益的探讨。

族源。满族的形成是学术界争论激烈的一个问题。于志耿、孙进己的《从民族与种族、语族的相互关系看黑龙江各民族的归属》（《北方论丛》1983年第5期）一文提出，搞清楚共同体种族、语族三者的区别和联系，并以之考察黑龙江民族史，才能对该区民族的源流、归属和民族关系有比较科学的认识。朱诚如的《满族共同体的形成与民族融合》（《辽宁师院学报》1983年第2期）认为，满族是与女真人杂居一处的汉族人民融合改造而逐渐形成的。郑天挺的《从〈清太祖武皇帝实录〉看满族族源》（《社会科学战线》1983年第3期）通过对《实录》资料的潜心研究，得出金朝应是努尔哈赤的先朝的结论。李治亭的《论清太宗对黑龙江流域的统一》（《北方论丛》1983年第4期）一文指出，清太祖和太宗基本上完成对黑龙江流域的统一，最终确定了有清一代在东北的疆域。丛佩远在《叶赫部族属试探》（《黑龙江文物丛刊》1983年第2期）一文中，则认为海西四部之一的叶赫始祖不是蒙古人，绝大部分来源于女真族。

社会与经济。清代各民族不同时期的社会形态和经济结构，是研究当时政治、军事、文化的基础，因而对此研究便显得尤为重要。吕光天的《清代布特哈打牲鄂温克人的八旗结构》（《民族研究》1983年第3期）论述了布特哈打牲鄂温克人在未编入八旗前，其社会发展阶段尚处于原始社会末期，八旗建立后则使它直接进入了封建制。傅克东的《八旗户籍制度初探》（《民族研究》1983年第

6期)、李新达的《关于满洲旗制和汉军旗制的始建时间问题》(《清史论丛》1983年号),郭成康、刘建新、刘景宪的《清入关前满洲八旗的固山额真》(同上)等文,则对八旗制度进行了新的探讨和研究。伍新福在《试论清代"屯政"对湘西苗族社会发展的影响》(《民族研究》1983年第3期)一文中,认为清王朝在镇压乾嘉苗民起义后,在湘西苗族地区实行筑碉、均田、屯丁、设苗官、兴苗义学等措施,客观上对加强苗汉人民文化交流有利,但也促使苗族社会内部的阶级分化和矛盾尖锐化。此外,郑玉英的《试论清初八旗蒙古问题》(《辽宁大学学报》1983年第1期)、郭燕顺的《赫哲族的父权制氏族——哈拉及哈拉制度》(《学术研究丛刊》1983年第3期)、刘忠波的《赫哲族从以物易物到商品经济的发展》(《北方论丛》1983年第6期)、李景兰的《从十五世纪建州女真阶级关系的变化看奴隶制生产关系之确立》(《清史研究通讯》1983年第4期)等论文,对各自论述的问题都有独到见解,颇值一阅。

民族贸易方面的论文,则有蔡家艺的《十八世纪中叶准噶尔同中原地区的贸易往来略述》(《清史论丛》1983年号)、林永匡的《明清时期的茶马贸易》(《青海社会科学》1983年第4期)和《从一件档案看新疆与内地的绸丝贸易》(《清史研究通讯》1983年第1期)等篇,亦值得注意。

人物和事件。马汝珩等的《顾实汗生平略述》(《民族研究》1983年第2期)对清初的蒙古族领袖顾实汗在发展统一多民族国家事业中的功绩,予以充分的肯定。任世江的《试析土尔扈特回归祖国的原因》(《社会科学》1983年第2期)一文详述了土尔扈特返归祖国的原因、性质和意义,并驳斥了对该问题的谬见。蔡家艺的《土尔扈特东返经由何路进入沙喇伯勒》(《西北史地》1983年第3期)、马大正的《土尔扈特东返人户数考析》(《历史档案》1983年第 1 期)、蒋其祥的《新发现的土尔扈特北右旗札萨克印》(《考古与文物》1983 年第 1 期)及陆莲蒂的《七辈班禅为九辈达赖请免金瓶掣签藏文奏摺——汉文奏摺补释》(《西藏民族学院学报》1983 年第 1 期)等文,对上述各自课题进行了详尽的叙述和考释。李凤珍的《试论罗卜藏丹津叛乱与西藏》(《西藏民族学院学报》1983 年第 2 期)一文则从不同的侧面阐述了雍正年间罗卜藏丹津叛乱的始末及其影响。陈权清的《明清改土归流述略》(《湖南师院学报》1983 年第 3 期)、范同寿的《西南各族土司制度的瓦解与清代前期的改土归流》(《贵州社会科学》1983 年第 2 期)、龚荫的《试论土司制度和"改土归流"》(《昆明师范学院学报》1983 年第 2 期)等文,均对明清改土归流政策的历史必然性和进步作用,予以充分肯定。张捷夫的《刘洪度事件的性质及其教训》(《清史研究通讯》1983 年第 3 期)一文认为,雍正初年云南发生的土目聚众杀死流官知府刘洪度的事件,不是什么农民起义,而是土司残余势力不愿改土归流而采取的报复行动。论及少数民族习俗、宗教的文章有李林的《建州女真风俗考略》(《辽宁大学学报》1983 年第 5 期)、张羽新的《努尔哈赤与喇嘛教》(《西藏民族学院学报》1983 年第 2 期)、滕绍箴的《概述满族对佛教的崇奉》(《黑龙江文物丛刊》1983 年第 3 期)等文章。此外,赵志强、吴元丰的《吉林乌拉锡伯世管佐领源流考》(《历史档案》1983 年第 4 期)一文,以翔实的档案史料为依据,论述了吉林乌拉锡伯世管佐领的来历及其变化情况,亦很有特色。

五、思想文化史研究

关于这方面的研究,向来是清史中较为薄弱的环节。本年度这方面的文章仍然不多,内容涉及明清文化、中西文化交流、清代思想家、乾嘉学派等方面。其中冯天瑜的《文化·文化史·明清文化史》（《武汉师范学院学报》1983 年第 1 期）认为，明清文化史具有"程朱理学"和"陆王心学"占据文化宗主地位；早期启蒙思潮应运而起；进入古典文化总结时期和"西学东渐，中西文化汇合"初级阶段等几个特点。何哲的《清代的中学西渐及其影响论略》（《暨南学报》1983 年第 3 期）及《清代的西方传教士与中国文化》（《故宫博物院院刊》1983 年第 2 期）两篇文章，对清代的中西文化交流问题进行了论述。作者在前文中指出，中西文化交流的影响是相互的，一方面是西方文化与思想的东来；一方面则是中国文化与思想的西传。同时，作者还认为，西方的先进的知识分子假手于中国古代，以反对西方的中世纪。从而使中国古代的文化思想对近代西方启蒙运动起了催化作用。因此那种在中西文化交流中，只片面强调西方对中国的作用而忽视其反作用的态度，是不足为训的。在后文中，作者则论述了清代的西方耶稣会传教士的活动情况，以及他们对清代学术思想产生的影响。论述顾炎武等清代思想家的文章则有多篇，陈祖武在《顾炎武与清代学风》（《清史论丛》1983 年号）一文中，不仅论述了顾炎武崇实致用的学风对整个清代的积极影响，并且认为，他的学风尽管存在着若干消极因素，但基本方面是值得肯定的。任道斌的《方以智简论》（《清史论丛》1983 年号）则对方以智的学术地位、政治活动评价等问题，进行了有益的探索。此外，李新达的《谷应泰与〈明史纪事本末〉》与陈祖武的《孙夏峰与黄梨洲》（均见《清史研究通讯》1983 年第 2 期）两文，亦很有特色。李文就谷应泰与《明史纪事本末》一书的关系进行论述，并认为谷应泰应是此书的主编者。陈文则将孙、黄两位思想家进行对比研究，并对清初的学术倾向做了有益的探讨。

值得注意的是，本年度论述乾嘉学派的文章中，对乾嘉学派产生的社会根源问题，展开了争鸣。来新夏在《清代考据学述论》（《南开学报》1983年第3期）一文中认为，乾嘉考据学之大盛，不仅有其怵于文网周密、大狱迭兴等政治方面原因，而且康雍乾以来安定繁荣的温床，也使学者能沉迷于故纸堆中。然而，李洵在《关于乾嘉学派的学术通信》（《清史研究通讯》1983年第3期）中则提出，乾嘉学派产生的社会根源，并不在于康雍乾的"盛世"的经济基础，而是产生于资本主义萌芽的历史阶段中。许多学者并非沉湎于故纸堆，而是为了社会改革才去考据的。周维衍《乾嘉学派的产生与文字狱并无因果关系》（《学术月刊》1983年第2期）更提出，乾嘉学派按其治学内容和方法，与兴"文字狱"并无必然联系。

此外，张政烺的《清代〈四库全书〉的编纂》（《清史研究通讯》1983年第1期）详述了《四库全书》编纂的经过、此书的特点及其影响等问题，并提出了自己独到的见解。鞠德源的《清代耶稣会士与西洋奇器》（《抖擞》1983年第53、54期）则系统地叙述了耶稣会士入华后，西洋奇器及其他西洋文物在中国流传、收藏和仿造的历史。曹月堂在《关于〈阅微草堂笔记〉的评价问题》（《清史研究通讯》1983年第3期）一文中，对《阅微草堂笔记》一书提出了应予基本肯定的见解。上述文章，均值得一读。

纵观1983年的清史研究，虽然取得了不小的成就，但仍存在一些明显的不足之处：其一，是论文多、专著少。即使在专著中，专史性的著作更少。这方面的工作亟待加强。如果没有一大批高质量的专史著作问世，那么，要写出一部真正有质量、有分量的清代通史是不可能的。其二，是研究课题发展不平衡。有的课题如人口问题、人物评价问题，近年成为研究的热门。而有的课题却成果寥寥，甚至某些课题至今无人问津。其三，在研究中对清代档案的重视不够，利用也很不充分。这就大大影响了某些论文和专著的力度和深度。这在今后的清史研究中亟待改进。

1984年清史研究概况

◎ 郭　疆

我国的清史研究工作，在1984年中，较前有了新的突破和进展。这一年，有关清史研究的论文和著述，不仅数量有所增加，而且质量亦有所提高。如果再就这些论文和著述探讨和研究的问题的广度与深度而言，均有新的开拓。

在清史研究学术成果方面，这一年中，首先是有一批较高质量的学术著作相继出版，其中有：戴逸主编的《简明清史》（二）（人民出版社，1984年），这是新中国成立以来，我国学术界首次编写的第一部材料较翔实、内容较丰富的清代通史性著作；郭蕴静的《清代经济史简编》（河南人民出版社，1984年），此书的出版问世，是清代社会经济史研究方面的一个重要收获。作者在书中对清初的社会经济、清代农业、手工业、科学与技术、对外贸易、资本主义萌芽、社会经济衰败的趋势和原因等课题进行了论述，并提出了自己的见解；秦佩珩的《明清社会经济史论稿》（中州古籍出版社，1984年），此书是作者多年来研究明清社会经济史的论文集，书中论文涉及明清社会性质、资本主义萌芽，明清时期的土地、农业、水利、手工业、商业、货币、物价、市镇、户口、赋役等方面的问题，在一些问题的论证上颇有见地;王思治主编的《清代人物传稿》(上编)第一卷(中华书局,1984年),这是清代大型人物传记史著《清代人物传稿》的上编首卷,本卷收入49篇人物传稿,入传人物包括清入关前后的一些政治、军事、思想、少数民族、农民军、外国传教士等方面的重要历史人物;来新夏的《近三百年人物年谱知见录》(上海人民出版社,1983年),这是一本带有工具书性质的学术著述;韦庆远的《档房论史文编》(福建人民出版社,1984年),此书汇集作者近年来有关清代社会经济史、近代史以及档案与史学研究关系等问题的论文和研究成果,书中文章对鸦片战争前的海关、康雍乾时期的高利贷、清代前期的矿业政策、矿业中的资本主义萌芽、皇商范氏的兴衰等问题,进行了研究和剖析;中国社会科学院历史研究所清史研究室编辑的《清史论丛》1984年号,本辑收入论文12篇,研究课题涉及清代的农业经济、地租形态、人口发展、政治斗争、典章制度、人物评论、秘密会社、改土归流等;中国人民大学清史研究所主编的《清史研究集(第三辑)》(四川人民出版社,1984年),收入清代社会经济史、历史人物、民族史研究方面的论文14篇。以上这些论著不仅是作者长期辛勤劳动的学术成果,更重要的是它们开始逐步填补清史研究中的一些空白区和空白点,一定意义上具有开拓性研究的价值。其次,在清史资料的出版方面,则有中国社会科学院历史研究所清史研究室编的《清史资料(第五辑)》(中华书局,1984年),本辑收录两种史料,其一是《黑图档》中有关庄园问题的满文档案文件汇编。其二是《张诚日记》中的第一、三、四次旅行日记的译文;中国第一历史档案馆编的《康熙朝汉文朱批奏折汇编》(第一册)(档案出版社,1984年影印本),本册收集有康熙二十八年二月至四十七年十二月,当时名臣王鸿绪、高士其、曹寅、李煦等二十余人的汉文朱批奏折338件;中国人民大学历史系和中国第一历史档案馆合编的《清代农民战争史资料选编》(第五册)(中国人民大学出版社,1984年),本册选辑了有关1796—1805年川陕楚白莲教农民起义的有关档案资料;潘喆、李鸿彬、孙方明编辑的《清入关前史料选辑》(一)(中国人民大学出版社,1984年),本辑选入史料13种,是研究满族兴起、后金建立和明金关系的重要参考资料;中国第一历史档案馆编的《清代档案史料丛编》(第十辑)(中华书局,1984年)等。至于在工具资料书方面,本年则出版有武新立的《明清稀见史籍叙录》(金陵书画社,1983年),书中共著录明清两代各种稀见史籍137种,均是具有较高史料价值而又不见于别家著录的珍贵善本;大型资料工具书《清史论文索引》(中华书局,1984年),此书是由中国社会科学院历史研究所清史研究室许曾重、赫治清、冯佐哲、林永匡,以及中国人民大学清史研究所杜文凯、鲁素、曹月堂、罗远道等共同编辑的,书中搜录了20世纪初至1981年约80年间有关清史论文(截至鸦片战争前后)篇目两万条左右,全书共144万余字。这些资料和工具书的出版,将给清史工作者在研究中带来极大的方便。此外,据我们的初步统计,本年度发表在全国报刊上的有关论文达500余篇(不包括档案、文物介绍和书评等)之多,较之历年,在数量上亦有新的增加。

在清史研究的学术活动方面,1984年度较重要的活动有:6月,由中国社会科学院历史所、广西历史学会、北京大学历史系、中国人民大学清史所、北京社会科学研究所和藤县人大常委会等单位联合发起的"袁崇焕学术讨论会",在广西藤县召开。会上,来自全国的明清史研究工作者,从不同角度就明清之际社会矛盾、明清(后金)关系、袁崇焕的历史地位与评价等问题,进行了讨论和交流。同月,由广东省史学会和广州市地方史研究会联合主办的第二次明清广东社会经济学术讨论会在广东肇庆举行,与会者分别就农业经济、商品经济和商业资本、市镇贸易三个问题，以及历史学与档案关系问题，进行了讨论。12月，在安徽徽州举行了纪念戴震诞辰二百六十周年学术讨论会，与会者就戴震的评价和学术成就等问题进行了学术交流。此外，在7月，中国人民大学清史研究所为了加强清史研究的信息工作，推动清史研究工作的开展，召开了清史学术交流会。

现将本年度清史研究中的若干重要问题和课题的研究概况，介绍如下。

一、经济史研究

本年度这方面的论文数量仍居首位，一些论文探讨的内容，亦有新的扩展。

清代人口研究在本年度继续向纵深发展，并着手进行清代分区人口研究。郭松义的《清代的人口增长和人口流迁》（《清史论丛》1984年号）利用大量的方志和文献材料，对清代人口增长及其所产生的矛盾，清代人口流迁的原因、动向和作用，清政府对流迁人户的政策，人户流迁的意义和影响等问题，进行了探讨，并提出了自己的见解。蒋德学在《试论清代人口编审的几个问题》（《贵州社会科学》1984年第4期）一文中，则对清代人口的编审制度及其演变进行了论述。在清代地区人口史研究方面，有彭雨新的《四川清初招徕人口和轻赋政策》和李炳东的《广西两千年来人口演变概述》（均见《中国社会经济史研究》1984年第2期）两文，彭文从清初川省人口大减及政府如何招徕，从土地开垦以至如何清丈，并从这两方面的内在联系探索轻赋的原因。从而对清初川省的人口状况与经济发展的关系问题进行了探讨。李文则对广西地区古代人口增长的特点、迅速增长的原因和人口过剩问题，进行了分析和论述。

在清代人口研究中，还应提及的是美籍学者李中清的《明清时期中国西南的经济发展和人口增长》(《清史论丛》1984年号) 一文，此文是作者根据他在1979年至1980年来华进修期间搜集的资料写成的，文中以丰富的资料论述了明清两代中国西南地区的经济发展和人口增长情况，并对二者之间的关系进行了探讨。为了配合问题的分析，文中还做了许多图表，不但简洁明了，也使内容更加充实。此文在研究方法方面，亦有许多可供国内学者借鉴之处。

资本主义萌芽问题的研究，本年度亦更趋深入。清代农业中是否存在资本主义萌芽，学术界正就此展开争论。景甦的《论清前期农业中的资本主义萌芽问题》(《山东大学文科论文集刊》1983年第1期)则对此持肯定态度。作者认为，摊丁入亩政策促进了我国资本主义萌芽的成长，为农业资本主义萌芽的发展创造了有利前提。而清前期出现的经营地主则是我国农业资本主义生产关系萌芽的主要形式。黄冕堂在《略论清代农业雇工的性质与农业资本主义的萌芽》(《清史论丛》1984年号)一文中，则从探讨清代农业雇工的产生、性质及其在生产中所占的地位、作用等问题入手，利用丰富的档案材料，具体论述了在农民小商品生产内部产生的处于萌芽状态的资本主义性质的集体农业的状况。论述清代手工业中的资本主义萌芽问题的文章，则有胡铁文《试论行帮》(《文史哲》1984年第1期)和彭雨新《清代前期云南铜矿业及其生产性质的探讨》(《武汉大学学报》1984年第5期)两篇，前文认为清前期出现手工业雇工组织的行帮，标明我国封建社会终于进入一个资本主义萌芽的新时期。作者在文中则着重探讨了手工业雇工行帮组织同资本主义萌芽的关系这一问题。后文则从剖析云南铜矿民营的性质问题入手，具体论述了清前期滇省铜矿业中的资本主义萌芽情况及所受到的封建束缚。

在清前期地主制经济研究领域，本年度不仅有新的进展，亦有新的突破。明清时期是中国封建社会的"末世",因此地主阶级内部结构及其社会职能的变化引人注目。柯建中的《略论明清时期封建地主阶级的变化》(《社会科学研究》1984年第3期)对这一问题进行了探讨,作者指出:首先,专制主义统治的高度加强和商品经济的空前活跃,是影响明清地主阶级发生变化的主要原因。其次,变化的主要表现是缙绅地主的衰落和经营地主的兴起。与此同时,方行则在《清代前期小农经济的再生产》(《历史研究》1984年第5期)一文中,以清前期的佃农和自耕农为考察对象,对小农经济扩大再生产的特征、表现和具体途径进行了论述。还应指出,本年度不少学者从分析清代的封建租佃关系入手,来具体揭示封建社会晚期土地所有制的基本特点。吴量恺在《清代的农民永佃权及其影响》(《江汉论坛》1984年第6期)一文中,便在论述农民永佃权具有的二重性的同时,指出它是符合历史发展趋势的租佃形态,在我国租佃关系史上占有重要地位。周远廉和谢肇华的《清代前期的实物分租制》(《清史论丛》1984年号)利用丰富的档案材料,对这一制度的流行地区、具体形态、性质等问题进行了专门论述,从而填补了这方面研究的空白。谢肇华的《清代实物定额租制的发展变化》(《文史哲》1984年第3期)则着重考察了实物定额租制在清代的传布及其呈现的诸种形态。此外,彭超的《试探庄仆、佃仆和火佃的区别》(《中国史研究》1984年第1期)根据明清时期徽州契约资料分析,认为火佃与佃仆有着性质不同的区别,它是佃户中的一部分。本年度对清代皇庄、官田的赋役制度和地租形态研究论文亦不少。其中魏鉴勋和关嘉录的《康熙朝盛京内务府皇庄的管理》(《故宫博物院院刊》1984年第2期)、《从〈黑图档〉看康熙朝盛京皇庄的赋役制度》(《中国史研究》1984年第2期)、《康熙朝盛京内务府皇庄简述》(《清史研究通讯》1984年第3期)等文,根据档案材料,对盛京皇庄的赋役制度、生产关系等问题，提出了颇有见地的见解。余也非的《明及清前期的官田地租形态》(《重庆师范学院学报》1984年第1、2期)着重分析了清前期官田地租形态的演变情况，认为它一般采取佃农制地租形态，以定租制为主、分租制居次，且展现出力役地租部分转化为实物地租，再转化为货币地租的历史前景。刘守诒则在《清初关内官庄建立情况和性质的探讨》(《清史研究集(第三辑)》)一文中，认为不管是清初建立的老圈庄还是带地投充庄内，其封建租佃制生产关系均占主导地位，而非农奴性质的庄园。在土地买卖和地丁制度研究方面，本年度则有周远廉的《清代前期的土地买卖》(《社会科学辑刊》1984年第6期)、樊树志的《"摊丁入地"的由来与发展》(《复旦学报》1984年第4期)、史志宏的《从获鹿县审册看清代前期的土地集中和摊丁入地改革》(《河北大学学报》1984年第1期)及《清代废除匠籍制度概述》(《清史研究通讯》1984年第2期)、潘喆和唐世儒的《获鹿县编审册初步研究》(《清史研究集(第三辑)》)等文。周文认为清代土地买卖较明代形式更为多样、交易更频繁，但仍属封建的土地买卖。其他各文则分别就清代摊丁入地的源流和发展，获鹿县摊丁入地改革情况，清代匠班银摊入地亩的经过和意义，获鹿审册反映的土地数额、丁银负担变化等问题，分别进行了剖析和论述。

在商业史和财政贸易史研究方面，本年度发表的论文所论述的问题亦更加深入和具体。萧国亮的《试论清代前期商业利润不能普遍地转化为产业资本的原因》(《中国史研究》1984年第4期)一文，试图从理论上着手对这一问题进行剖析，作者认为大多数生产部门中的产业资本利润率低于商业资本利润率的状况，是其主要原因所在。黄启臣在《明清珠江三角洲商业与商人资本的发展》(《中国社会经济史研究》1984年第3期)一文中，则立足于沿海地区资本主义萌芽和封建社会长期延续问题，对这一地区商业资本发展的原因、趋势和作用，进行了探讨。李华的《清代山西平阳大商人亢百万：清代地方商人研究之三》(《清史研究通讯》1984年第4期)和王廷元的《论明清时期的徽商与芜湖》(《安徽史学》1984年第4期)两文，则分别论述了晋商和徽商的经营特点、兴衰原因和作用等问题，具体而翔实，颇有特色。张海鹏与唐力行则在《论徽商"贾而好儒"的特色》(《中国史研究》1984年第4期)一文中认为，清代徽商"贾而好儒"有助于商业的发展，但却加强了这个商帮的封建性。在财政史研究方面，对清代榷关的研究，过去鲜有人涉及。吴建雍的《清前期榷关及其管理制度》(《中国史研究》1984年第1期)和何本方的《清代户部诸关初探》(《南开学报》1984年第3期)两文，根据档案材料，对榷关演变和作用、税课性质与意义，它与商品经济发展的关系等问题进行了论述。王光越的《乾隆初年钱价增昂问题初探》(《历史档案》1984年第2期)则对增昂的原因进行了探讨。胡春帆等的《试论清前期的蠲免政策》(《清史研究集(第三辑)》)对蠲免政策的实施及其影响，进行了探讨。此外，清代贸易史方面的论文，如黄启臣和邓开颂的《明清时期澳门对外贸易的兴衰》(《中国史研究》1984年第3期)、吴建雍的《1757年以后的广东十三行》(《清史研究集(第三辑)》)、熊元斌的《清代河运向海运的转变》(《江汉论坛》1984年第1期)、刘崑的《清代粮价折奏制度浅议》(《清史研究通讯》1984年第3期)等，亦很有特色，提出了一些有价值的见解。

盐政史研究方面，本年度亦有新进展与开拓。彭泽益的《自贡盐业的发展及井灶经营的特点》(《历史研究》1984年第5期)，作者利用清代前期四川自贡盐业契约档案，分析了盐产情况和规模，以及当时盛行的井灶经营形态。林永匡的《清初的两浙运司盐政》(《浙江学刊》1984年第1期)、《清初的山东运司盐政》(《山东师范大学学报》1984年第4期)、《清初的陕甘与宁夏盐政》(《宁夏社会科学》1984年第3期)、《清初的两广运司盐政》(《华南师范大学学报》1984年第4期)、《乾隆帝与官吏对盐商额外盘剥剖析》(《社会科学辑刊》1984年第3期)等文,则对清初各盐区清政府的各种整顿措施和影响,乾隆时期皇室与官吏对盐商的各种盘剥手段及后果,依据档案进行了论述。

地区经济史研究的进一步加强,是本年度经济史研究的一个显著特点。其中高王凌的《乾嘉时期四川的场市、场市网及其功能》和李华的《明清时代广东农村经济作物的发展》(均见《清史研究集(第三辑)》)、何荣昌的《明清时期江南市镇的发展》(《苏州大学学报》1984年第3期)、吕作燮的《明清时期苏州的会馆和公所》(《中国社会经济史研究》1984年第2期)、梁淼泰的《明清时期景德镇城市经济的特点》(《南开学报》1984年第5期)、朱宗宙的《清代前期扬州城市经济》(《扬州师院学报》1984年第2期)、彭雨新的《鸦片战争前清政府对苏松地区的减赋和治水》(《江汉论坛》1984年第6期)、傅衣凌的《福建农村的耕畜租佃契约及其买卖文书》(《中国社会经济史研究》1984年第4期)等文,均就该地区的经济特点和有关问题,进行了具体而深入的论述,值得注意。

二、政治史研究

本年度这方面的论文,内容涉及政治制度、皇权斗争和农民起义问题。

政治制度问题。清代是封建社会的末世,亦是专制主义中央集权制度发展到顶峰的时期,以往对这一制度进行宏观和中外比较研究较少。南炳文在《清代专制主义中央集权制度的发展阶段和特点》(《南开学报》1984年第3期)一文中,将这一制度分为三个发展阶段：1. 顺康时期发展水平低于明朝的阶段；2. 雍正到咸丰时期发展水平居历代之首的阶段；3. 同治至清末时期发展水平有所降低的阶段。并探讨了这些阶段的各自特点。许丽娟的《明清时期中国与英法专制政权的差异及其对资本主义萌芽的不同作用》（《学术研究》1984年第2期）一文则力图从中外对比研究出发，探讨国家政权对这种萌芽所起的截然相反的作用和结果。季士家的《浅论清军机处与极权政治》（《清史论丛》1984年号）则对军机处设立时间、发展过程、性质与作用，以及它与极权政治的关系进行论述，并提出了一些有价值的见解。许曾重在《曾静反清案与清世宗胤禛统治全国的大政方针》（《清史论丛》1984年号）一文中，通过这一大案对雍正一朝的政治、政治制度和措施的特点，进行了深入而具体的剖视。而周远廉和赵世瑜的《论鳌拜辅政》（《民族研究》1984年第6期）一文则通过对康熙朝初年的政治和政治制度分析入手，认为对鳌拜辅政不能一概否认，对他在整顿吏治、恢复经济、对郑氏行动等方面的政策应予肯定。清代的太监制度和养廉银制度，是政治制度的产物和组成部分。王树卿的《清朝太监制度》（《故宫博物院院刊》1984年第2、3期）、薛瑞录的《清代养廉银制度简论》（《清史论丛》1984年号）、王旭东的《清代雍乾时期文官养廉银制度初探》（《青海社会科学》1984年第4期）等文，则对这些制度进行了翔实而具体的论述。在宗法制度研究方面，徐扬杰的《明清以来家族制度对社会生产的阻滞》（《江汉论坛》1984年第7期）、屈六生的《清代王牒》（《历史档案》1984年第1期）等文，也值得一读。

天地会研究是清代农民起义研究中的重点之一，但对天地会起源问题，至今学术界众说纷纭。赫治清的《论天地会的起源》（《清史论丛》1984年号）一文利用档案材料，提出了天地会正式成立于康熙甲寅十三年的新见解，引人注目。

三、人物评价与研究

　　本年度这方面的研究仍保持活跃的势头。除出版王思治主编的《清代人物传稿（上编）》第一卷（中华书局，1984年）、来新夏的《近三百年人物年谱知见录》（中华书局，1983年）等专书外，论文亦不少。这些论文，按其内容，大体可分为三类：一类是对过去罕有人涉及的人物进行评价，如李景屏的《试论顺治与清初中国的统一》（《史学月刊》1984年第2期）、邓中绵的《论康熙的人才观》（《北方论丛》1984年第4期）、樊树志的《论清世宗》（《明清人物论集（下）》）、关文发的《评嘉庆帝》（《武汉大学学报》1984年第4期）、郑玉英的《宁完我简论》（《社会科学辑刊》1984年第2期）、王冬芳的《宁完我的进取精神及其变化》（《社会科学辑刊》1984年第2期）、何龄修的《关于王紫稼》（《清史研究通讯》1984年第3期）等文，便对所论人物提出了一些新的见解。一类则是对一些人物和事件进行重新评价，如李鸿彬的《试论洪承畴在清初统一过程中的历史作用》（《史学集刊》1984年第3期）则认为评价历史人物应坚持严格的历史性，因此，对洪承畴归清后，积极投身到统一全国的历史洪流中去，并做出一定历史贡献，应予充分肯定。又如前述的对鳌拜辅政功过的评价，亦属此类文章。第三类则是力图将历史人物与历史事件和时代结合起来，进行横断面式的剖析。如李洵的《孙嘉淦与雍乾政治》（《史学集刊》1984年第1期）、商鸿逵的《康熙平定三藩中的西北三汉将》（《北京大学学报》1984年第1期）、黄进德的《康熙与曹寅关系枝谈》（《吉林大学学报》1984年第4期）、张书才的《关于曹寅子侄的几个问题》（《江海学刊》1984年第6期）、杨乃济和冯佐哲的《雍正帝的祥瑞观与天人感应说辨析》（《清史论丛》1984年号）、李新达的《张岱与〈石匮书〉》（《河北大学学报》1984年第2期)、石彦陶与陶用舒的《陶澍改革述论》(《求索》1984年第3期)、李林的《清朝嘉道时期兴起的议政改革之风》(《辽宁大学学报》1984年第6期)等文,均值得一读。

四、民族史研究

1984年清代民族史研究较之往年又赋有新意,综合性的探讨有所加强,一些原不为人们注重的研究课题已引起广大民族史志工作者的广泛兴趣,并初见成效,兹分别综述如次:

民族关系。王锺翰的《试论理藩院与蒙古》(《清史研究集(第三辑)》)一文就清代理藩院和蒙古的几个方面这一问题,进行了较为详尽的研讨,颇有见地。叶志如在《康雍乾时期辛者库人的成分及人身关系》(《民族研究》1984年第1期)一文中,则对该时期辛者库人的变化、特点、人身依附关系及其政治前途做了全面的考察和论述。马汝珩与马大正在《渥巴锡承德之行与清政府的民族统治政策》(《新疆大学学报》1984年第1期)一文中,则认为通过渥巴锡入觐承德,清政府怀柔少数民族封建王公的收抚政策收到了良好的效果。杜江的《六世班禅朝觐乾隆事略》(《西藏研究》1984年第1期)对历代班禅朝觐清帝的制度进行了详细论述。此外,赵云田的《清代前期利用喇嘛教政策的形成和演变》(《西藏民族学院学报》1984年第1期)和《清代的"年班"制度》(《故宫博物院院刊》1984年第1期)、杨余练和关克笑的《清朝对东北边陲民族的联姻制度》(《黑龙江文物丛刊》1984年第2期)、李克域的《从须弥福寿之庙的两首御制诗匾看清朝在西藏的施政》(《西藏研究》1984年第1期)、王希隆的《乾嘉时期清政府对哈萨克族之关系与政策》(《新疆大学学报》1984年第1期)等文,则从不同方面,对清代实施的民族和宗教政策、施政方针进行了较为客观的评论。

族源。关于满族的渊源，学术界争论颇大。孙进己的《女真源流考》(《史学集刊》1984年第4期) 对女真源于肃慎说提出质疑。丛佩远的《扈伦四部形成概述》(《民族研究》1984年第2期) 和《扈伦四部世系考索》(《社会科学战线》1984年第2期) 两文，利用明清文献，对扈伦四部的形成与世系做了钩稽。蒋秀松的《毛怜卫的变迁》(《社会科学辑刊》1984年第1期) 一文认为此卫所部系建州女真主要组成部分，并就此寻踪满族共同体的形成过程。佟铮的《努尔哈赤的"部"》(《学术研究丛刊》1984年第4期) 则认为，建州不是五部，努尔哈赤自有其部。朱诚如的《明代辽东女真人与汉人杂居状况的历史考察》(《辽宁师大学报》1984年第1期) 强调，女真人向汉化前进一大步，而辽东汉人受女真人影响，则最先成为满族共同体的成员。

社会与经济。郭成康的《论早期满族社会的首告问题》(《历史档案》1984年第2期) 认为，首告是早期满族社会具有民族与时代特征的社会现象。李鸿彬的《明代女真铁业发展简述》(《民族研究》1984年第5期) 对女真铁业发展的原因、规模和特点进行了全面考察。魏鉴勋、袁闾琨的《试论努尔哈赤皇太极的经济政策》(《北方论丛》1984年第2期) 则剖析了政策的主要内容和影响。阎崇年的《清入关前满洲的社会经济形态》(《社会科学辑刊》1984年第4期) 则主张，16世纪末和17世纪初满族社会完成了由奴隶制向封建制的过渡。李景兰的《试论努尔哈赤推行的"计丁授田"与"分丁编庄"政策》(《社会科学辑刊》1984年第1期) 则指出，前者是具有保护汉民生产积极性的政策，后者则是阻碍历史前进的政策。陈国强的《康熙时期台湾高山族社会的发展状况》(《民族研究》1984年第3期) 与周力农的《清代台湾高山族社会的经济发展》(《学习与思考》1984年第4期）两文，均对清代高山族社会经济的发展和社会性质进行了分析和探讨，值得注意。此外，蒋其祥的《略论清代伊犁回屯——从"塔兰奇"谈起》（《新疆大学学报》1984年第3期）、赵雄的《关于清代打牲乌拉东珠采捕业的几个问题》（《历史档案》1984年第1期）等文，亦立论各异，自有见解。

人物和事件。 陈浣的《论代善的历史地位与作用》（《社会科学辑刊》1984年第5期）、张羽新的《乾隆对彻底平定准噶尔的指导作用》（《新疆社会科学》1984年第1期）、范同寿的《鄂尔泰及其经济活动浅析》（《贵州社会科学》1984年第3期）、李尚英的《康熙平定三藩及其善后措施》（《学习与思考》1984年第6期）等文，均对各自论述的人物和政策、活动予以充分肯定。李世愉的《试论清雍正朝改土归流的原因和目的》（《北京大学学报》1984年第3期）对改土归流的客观形势与这一改革的目的、结果进行了探讨。张杰夫的《关于雍正西南改土归流的几个问题》（《清史论丛》1984年号）则对改土归流的地区、过程等问题，提出了己见。此外，吴元丰与赵志强的《锡伯族由科尔沁蒙古旗编入满洲八旗始末》（《民族研究》1984年第5期）、《锡伯家庙碑文考》（《社会科学辑刊》1984年第4期），李新达的《济尔哈朗与宁远之战》和陈祖武的《清高宗与海成》（均见《清史研究通讯》1984年第2期）等文，亦值得研究者参考。

五、思想文化史研究

本年度这方面研究有所加强，论文数量亦有增加。论述清代思想家的文章，仍占首位。其中有：陈祖武的《黄宗羲、顾炎武合论》（《贵州社会科学》1984年第5期）、姜广辉的《颜李学派的功利论及其历史地位》（《中国社会科学》1984年第5期）、李季平的《王夫之的史学思想》(《史学史研究》1984 年第 1 期)、赵俪生的《顾炎武的家世与早年生活》(《学术月刊》1984 年第 8 期)、戴存仁和邱国坤的《魏禧教育思想初探》(《江西师范大学学报》1984 年第 4 期)、李向军的《全祖望治史述论》(《辽宁大学学报》1984 年第 5 期)、魏宗禹《论傅山哲学思想在自然观方面的贡献》(《山西大学学报》1984 年第 3 期)、姜国柱和朱葵菊的《傅山思想精华三论》、李元庆的《傅山的逻辑思想》(分见《晋阳学刊》1984 年第 1、2 期)、严清华的《评龚自珍的经济思想》(《武汉大学学报》1984 年第 2 期)、刘德华的《明末清初的早期启蒙教育思想》(《北京师范大学学报》1984 年第 3 期)等文,这些论文对有清一代的思想家的思想和著作,进行条分缕析,详加辩驳,然后肯定其精华所在,亦指出其时代所带来和造成的某些局限。

在论述"文字狱"方面,值得一提的是陈东林和徐怀宝的《乾隆朝一起特殊文字狱——"伪孙嘉淦奏稿案"考述》(《故宫博物院院刊》1984 年第 1 期)一文。此文对"伪孙嘉淦奏稿案"有关史料进行考辨,探索伪奏稿内容,剖析此案特点。然后指出,统治阶级内部矛盾与尖锐的阶级矛盾相交织,使此案表现出其他"文字狱"案所不多见的复杂性、广泛性,并具有一些新的意义和特点。

综上所述,1984 年清史研究虽较前取得了新的成绩和进步,但仍存在一些亟待加强之处。其一,是应加强对清史的宏观研究。本年度这方面的论文寥若晨星。只有在微观研究的基础上,加强宏观研究,才能使清史研究进入一个新的阶段和水平。其二,应加强对政治史、民族史、思想文化史的研究工作,特别是一些至今尚未有研究者涉足的领域,更亟待进行新的开拓。其三,应加强对乾嘉道三朝的研究,这一时期是清代历史急剧转折的关头,对这个转捩点必须下大功夫、大力气进行探索,方能使清史研究更加深入。其四,地区性的综合研究亦应大力加强。特别是对清代各地区、省区、流域区政治、经济、文化发展的各阶段的特点，原因和不平衡性的研究，更应当有目的、有计划地投入人力物力，予以加强。这项工作将对整个清史研究起到巨大的推动和促进作用。

1985年清史研究概况

◎ 佟　木

1985年，是清史研究取得不少重要成果的一年，亦是清史研究向新的广度和深度发展的一年。这一年中，首先是有一批质量较高的学术性论著相继出版问世，其中有：杨向奎教授新著《清儒学案新编（第一卷）》（齐鲁书社，1985年），本书收录清初思想家、理学家、经学家和其他学者二十余人。这是一部研究清代学术思想史的重要著作。全书计划出十卷。是一部卷帙浩繁、学术质量很高的专著。亦是本年度清史研究的一个重大收获。夏家馂的《清朝史话》（北京出版社，1985年），此书是中国历代史话丛书中的一种，内容生动、翔实，有一定的学术价值。作者在书中力求将学术性与通俗性二者有机地结合起来，进行论述，并在这方面进行了一些有益的尝试。冯尔康的《雍正传》（人民出版社，1985年），这是一本史料丰富、独具特色的清代历史人物评传。作者在对雍正帝及雍正朝历史长期研究的基础上，写成此书，因而具有较高学术价值。孙文良、李治亭合著的《清太宗全传》（吉林人民出版社，1983年），则对清太宗皇太极的一生与功过，进行了历史的、科学的论述和评价，亦是一本学术价值较高的著述。马汝珩、马大正合著的《厄鲁特蒙古史论集》(青海人民出版社，1984年)，集中收录论文15篇，是一部颇具特色的清代民族史研究学术著作，它的出版，则是本年度清代民族史研究方面的一个较大收获。李鹏年等编著的《中国第一历史档案馆馆藏档案概述》(档案出版社，1985年)一书，对中国第一历史档案馆馆藏的丰富的明清档案的内容和成分，进行了详尽的介绍。此书是一部学术性的工具资料书。何龄修与张捷夫等主编的《清代人物传稿（上编）》第二卷（中华书局，1986年)，这是清代大型人物传记史著《清代人物传稿》的上编第二卷，本卷入传人物包括清初和顺康时期的一些政治、军事、思想、文化、少数民族、抗清斗争等方面的重要历史人物。中国社会科学院历史研究所清史研究室编辑的《清史论丛》1985年号，本辑收入论文16篇，研究课题涉及清代的商业经济、租佃关系、养廉银制度、皇权斗争、清代吏治、农民起义、思想文化、人物评价等内容。朱金甫、俞玉储、任双燕编的《明清档案论文选编》（档案出版社，1985年），书中收录有关明清档案与明清史研究方面的论文和文章共86篇。以上这些专著和论文集的出版问世，将为推动清史研究工作的发展，作出独特的贡献。其次，在清史资料的出版方面有：中国社会科学院历史研究所清史研究室编的《清史资料（第六辑）》(中华书局，1985年)，中国第一历史档案馆编的《康熙朝汉文朱批奏折汇编》第二册至第十册（档案出版社，1985年），中国第一历史档案馆编的《清代档案史料丛编（第十一辑）》(中华书局，1984年)，中国第一历史档案馆编的《康熙起居注》(中华书局，1984年)。这些学术资料书籍的出版，将给研究清史的学者们带来极大的方便。此外，据我们的初步统计，本年度发表在全国报刊上的有关论文近四百篇（不包括档案、文物介绍和书评等），较之历年，在数量上虽有所下降，但在质量方面则有所提高。

在清史研究的学术活动方面，本年度较重要的活动有：9月，由中国社会科学院历史研究所等单位联合发起的"全国第二次清史讨论会"在长春召开。这次会议的中心议题是"明清之际历史的发展趋势"。10月，"庆祝中国第一历史档案馆成立六十周年暨明清档案与历史研究学术讨论会"在北京举行，来自亚洲、欧洲、美洲、澳洲的学者，共150余人，出席了这次学术讨论盛会。5月，湖南省史学会等单位，分别在湖南凤凰及贵州松桃，召开了"乾嘉苗民起义一百九十周年学术讨论暨纪念会"。与会学者共同就乾嘉时期苗族地区的阶级与经济结构的变化、清政府的民族政策、清代的民族关系等问题，进行了讨论。

现将本年度清史研究中的若干重要问题和课题的研究概况介绍如下。

一、经济史研究

本年度这方面的论文数量甚丰，一些论文从选题到内容，较之过去，均有新的开拓。

在清前期土地制度与租佃关系研究方面，文章不少。学术界对中国封建土地所有制形式问题的讨论，迄今意见纷纭。孔经纬与刘鲁亚在《略谈中国封建土地所有制的两种形式》（《吉林大学社会科学学报》1985年第1期）一文中，则持国有制与私有制并存论。他们指出，土地国有、官有、皇朝和王公贵族所有，都是指封建国家直接掌握的，是地主土地所有制的一种形式。土地私有，主要指私人地主所有，包括所谓豪强地主、官僚地主、商人地主、缙绅地主、庶民地主、占有土地的经营地主之类。农民拥有小块土地，即所谓自耕农所有。作者还通过清初圈地形成的皇室与王府庄田、一般旗地，以及汉族地主的土地兼并与土地集中等具体历史事例，加以论证。旗地是清代满族特有的土地占有形式，对旗地制度和经营方式的研究，则是清代土地制度研究的一项重要内容。刘景泉的《清代旗地制度始末》（《历史教学》1985年第5期）一文，论述了旗地制度的创立，旗地制度的基本情况（旗地分配、旗地制度下农民所受的剥削、庄头与旗人的政治特权及其对农民的压迫、旗地制度的性质），阶级的分化和旗地制度的衰落等问题，从而对这一制度进行了较为概括的论述。何溥滢的《清前期满族旗地经营方式的考察》（《社会科学辑刊》1985年第2期）一文，依据丰富的历史档案资料，具体考察和论述了清前期旗地的租佃形态（有货币地租、实物分成租制与实物定额租制），以及原始的富农经济关系和经营方式等问题。作者还对清前期满族的生产方式的迅速进步，地主经济得以高度发展的历史原因，进行了分析。此文是近年来清代旗地制度研究方面的一篇颇具见解的力作。李燕光的《清初的垦荒问题》（《社会科学辑刊》1985年第1期）一文，则对清初清政府的垦荒政策、垦荒令执行情况、垦荒效果等问题，进行了论证。族田，至清代发展到鼎盛阶段，从而成为封建社会末期一种不容忽视的土地所有制形式。张研在《试论清代建置族田的地主在宗族、义庄中的地位》（《清史研究通讯》1985年第3期）一文中，则从清代建掌族田的地主在宗族、义庄中所处地位的角度，探讨了族田的本质。作者认为，建代建置族田的地主将自己的土地捐为族田以后，并未从此与族人不分你我，同享天伦之乐，他们在宗族、义庄中处于十分特殊的地位。具体而言，即管理上的支配地位、经济上的优惠地位、政治上的有利地位。而一旦他们感到无利可图，则会借口"虑庄费无节"，随意将族田收回，重新作为私田。本年度发表的论述清代租佃关系的文章不多。其中，较为重要的有：谢肇华的《清前期永佃权的性质及其影响》（《社会科学辑刊》1985年第4期)、周力农的《清代台湾的"胎借银"》、戎笙的《明清租佃关系与佃农抗租斗争》(均见《清史论丛》1985年号)等三篇文章。谢文具体剖析和论证了清前期永佃权的具体内容、永佃权的封建属性、永佃权制的影响和意义。作者认为，永佃权制有利于佃农反抗地主阶级的斗争：它削弱了佃农对地主的封建依附关系；它亦促进了农业中的商品生产和资本主义萌芽。周文根据大量的胎借银契约文书，具体剖析了这一制度的基本情况、三种类型、影响及后果。文章指出，台湾胎借银制反映了封建后期农村中借贷关系的部分内容，胎借是高利贷兼并土地的形式之一，而且是兼并过程中的一个重要阶段。戎文则依据近年来已经发表和出版的"清代地租剥削形态"等档案材料和其他有关文献资料，论述了明清的租佃关系、佃农的抗租斗争等问题。此外，李映发的《清代重庆地区农田租佃关系中的几个问题》(《历史档案》1985年第1期)一文，对清前期和中期，重庆地区农田租佃关系中的押佃的作用、地租形态、"顶打"转租现象、当出佃转关系、争永佃权斗争等问题，进行了论述，亦值得一读。

在商业史和财政贸易史研究方面，本年度发表的论文所涉及的问题，在广度上较之往年亦有新的开拓。在明清商业史上，牙人和牙行占着极其重要的地位，对商业和商业资本的发展产生过重大的影响。因此，牙行制问题是商业史研究中的重要课题。过去的研究论著中，曾有学者对此有所涉及。但吴奇衍的《清代前期牙行制试述》(《清史论丛》1985年号)一文，则是就清代前期国内商品流通领域中的牙行制的内容、职能和作用等问题，进行较为系统而深入论述的文章。作者认为，牙行是产品交换关系发展的产物，对沟通商品流通曾经起过一定的积极作用。但在清代商业体制中，牙行实行居间垄断和把持，使得产品贸易不能循着本身固有的规律运行，反过来，又对商品生产起着抑制作用。所以，封建社会晚期的牙行制，从总的方面来说，是不利于商品经济发展的。榷关税务制度是我国封建社会后期重要的经济制度之一，何本方的《清代的榷关与内务府》（《故宫博物院院刊》1985年第2期）一文，利用丰富的档案材料，对清代皇室内务府司员竭力垄断榷关差缺，榷关不遗余力地为皇室提供"内帑"，以及二者的特殊关系，进行剖析和论述，从而为清代内务府研究提供了有益的启示。对清代典当业的研究，亦是清代商业史研究中的一个重要内容，但近年来国内学者尚无专文论述。宋秀元的《从档案史料的记载看清代典当业》（《故宫博物院院刊》1985年第2期）与叶志如的《乾隆时内府典当业概述》（《历史档案》1985年第2期）两文，则对此进行了专门的论证，实为可贵。宋文依据档案材料，对清政府的官款存放生息、官绅经营典当业、典当业与高利贷等几个方面的问题进行了剖析。叶文则通过对乾隆时期内府官当的产生、息银使用、经营情况等问题的浅析，探讨了乾隆皇室官当的性质和社会效果。在财政史研究方面，本年度发表的有关论文中，黄乘矩的《关于雍正年间养廉银制度的若干问题》（《清史论丛》1985年号）一文，是与日本学者佐伯富商榷的文章，作者对养廉银制度的作用、"规例养廉"、兼务官的养廉银等问题，进行了探讨，并提出了自己的见解。萧国亮的《雍正帝与耗羡归公的财政改革》（《社会科学辑刊》1985年第3期）一文，则对此改革持充分肯定态度。认为它在一定程度上保护了庶民地主和自耕农的经济利益。并使中央财政收入得到保障，地方官员贪污行为得到抑制。郭松义的《清代的量器和量法》（《清史研究通讯》1985年第1期）一文，以清代的仓斗和市斗、关东斗及其他各种量器、地主收租用租斗为例，从横向方面剖视了我国量器计量中的复杂情况。至于清代盐政史研究方面，本年度发表文章寥寥，其中王小荷的《清代两广盐务中的"帑息"》(《清史研究通讯》1985年第2期)与朱宗宙的《清代前期扬州盐商与地方文化事业》(《扬州师院学报》1985年第4期)两文,亦各有特色。

地区经济史研究的活跃与硕果累累,是本年度清代经济史研究中的一个突出特点。为了加强地方史的研究,《苏州大学学报》和《扬州师院学报》编辑部联合编辑,分别将该年这两本学报第4期,办为《苏州乡土文化研究专号》与《扬州乡土文化研究专号》。其中,《苏州大学学报》的专号上,刊登了段本洛的《论明清苏州丝织手工业》、林永匡与王熹的《清代乾嘉年间苏州与新疆的丝绸贸易》、吴筹中和朱肖鼎的《清代苏州的纸币发行和苏州学者王鎏的纸币说》(均见《苏州大学学报》1985年第4期)等文。其中,段文通过对明清时期苏州丝织手工业这一典型的剖析,探讨了资本主义萌芽产生的历史过程及其经验。林文与王文则根据作者在中国第一历史档案馆发现的有关档案材料,具体分析了清代乾嘉年间,内地与新疆各地的丝绸贸易中,苏州织造衙门每年为新疆织办和解送各色缎匹的情况,并进而论述这种贸易在当时所起的巨大历史作用和意义。吴文和朱文则对清代苏州裕苏官银钱局发行的钞币和道光年间苏州货币学者王鎏大力提倡通行纸币的学说,进行了论述和探讨。《扬州师院学报》专号上,则刊登了黄进德的《曹寅在扬治绩述略》、祝竹的《清代的扬州篆刻》等文,这些文章史料翔实,亦颇有地方特色。此外,萧国亮的《关于清前期松江府土布产量和商品量问题》(《清史研究通讯》1985年第2期)及赵德贵与王佩环的《清代三姓城的勃兴及其经济特点》(《东北亚研究动态》总第3期)等文,亦值得一读。而罗一星的《论明清时期佛山城市经济的发展》(《中国史研究》1985年第3期)、叶显恩与谭棣华的《关于清中叶后珠江三角洲豪族的赋役征收问题》(《清史研究通讯》1985年第2期)两文,则是研究广东城市经济史和珠江三角洲地区经济史的成果。罗文根据地方志中的散见资料，论述了明清时期佛山兴起的原因、城市经济发展的特点与阶段、佛山的历史地位等问题。并指出，明清时期佛山城市的发展史，打破了"先政治，后经济"的郡县城市的发展模式，体现了我国封建社会后期许多具有时代特征意义的变化。叶文和谭文具体列举了豪族征收赋役的方法，如由祠堂代为催征或出面征收，后汇解官府；或由祠堂用族产公款代为完纳钱粮等。而这些变化，则标志着宗法势力的日益强大与渗入基层政权。在新疆地区经济史研究方面，则有：林永匡与王熹的《乾隆时期内地与新疆哈萨克的贸易》（《历史档案》1985年第4期）、王希隆的《清代新疆的回屯》（《西北民族学院学报》1985年第1期）、徐伯夫的《清代前期新疆地区的民屯》（《中国史研究》1985年第2期）、郭志超的《清代汉族影响下高山族农业技术的变革》、周翔鹤的《清代台湾阄书研究》（均见《台湾研究集刊》1985年第1期）等文。这些文章分别对清代新疆地区与内地的商业贸易往来、屯垦，清代台湾的经济与租佃关系等问题，进行了论述。

对清代的对外贸易史、华侨史研究领域，近年来清史研究者虽偶有涉及，然成果甚寡。因此，李鹏年的《略论乾隆年间从暹罗运米进口》（《历史档案》1985年第3期）与徐艺圃的《清代华工出洋政策演变概述》（《清史研究通讯》1985年第1期）两文，使人甚为欣喜。李文依据珍贵的档案材料，对暹罗运米进口的源起、鼓励运米进口的措施、运米进口政策的意义等问题，进行了论析。并认为这一政策和措施，是清政府为解决闽粤山区粮食不足、不敷民食等困难所选择的较为明智和积极的办法；也是乾隆所实行的一系列内外政策中一项比较进步的对外贸易政策。徐文则论述了从清初严禁民人出洋，到鸦片战争前殖民主义者掳掠和贩卖华工的历史事实和清政府政策的演变过程。

二、政治史研究

本年度这方面的论文，内容涉及清史分期、政治制度、皇权斗争和秘密会社等问题。

清史分期问题。王思志和李鸿彬的《明清之际的历史必须置于世界范围来考察》(《史学集刊》1985年第3期)一文，力图从世界史的角度来考察明末清初这段历史，分析当时国内外各种矛盾，以及各种势力的错综复杂的关系。他们认为，由于西方资本殖民势力的到来，明清之际面临着前所未有的国际环境。多民族国家内部在封建时代一直存在的民族问题，在周边地区，也因外国势力的插手，改变了以往的性质。关于清史分期问题，史学界历来存在着不同的看法，许曾重在《论清史分期问题》(《中国社会科学院研究生院学报》1985年第2期)一文中，就这一问题提出了自己的见解，并对清史中一些重要问题做了评价。作者指出，清史可根据清朝从建立、巩固、发展、中衰到衰亡的过程，分成五个时期，如将清统治者入关前的历史计算在内，则是六个时期。许曾重还在《论康乾盛世的几个问题》(上、中、下)(分载《清史研究通讯》1985年第1、3、4期)等文中，就康乾盛世中的一些重大问题，如民族政策、统一和治理边疆的重大措施、中原与边疆地区的关系等，进行了论述和评价。

政治制度问题。在对清代的官制研究方面，张晓堂的《清代官制多元性浅论》(《松辽学刊》1985年第2期)一文，值得注意。此文着重论及清代官制多元性及其对中国社会所产生的影响。作者在具体论述清代国家机关的多元设置、官制多元性的起因、官制多元性的作用和影响等问题之后，认为它利少弊多，给中国社会背上了一个大包袱。捐纳，是我国封建王朝依靠卖官鬻爵的一项财政收入措施。清代的捐纳，分常例和暂行例两种。姜守鹏在《清代前期捐纳制度的社会影响》(《东北师大学报》1985 年第 4 期)一文中指出，清代捐纳的开设，主要是为了开辟财源、增加收入，以补国库之不足。但通过捐纳，却使地主、商人、高利贷者和封建政权结合更紧密，并不断强化着清政府的统治阶级基础。对于清代的宦官制度，周望森的《试论清朝宦官和专制主义皇权的关系》(《浙江师范大学学报》1985 年第 3 期)一文认为，清朝宦官与历史上许多朝代的宦官有不同之处，有它自己的特点，即宦官与皇帝的关系，始终是对立的。对清代监察制度，近年来，有关论著不多。邢早忠的《清代监察制度的特点》(《贵州社会科学》1985 年第 3 期)一文，则论述了清代监察制度有别于前代的特点，如实行"台谏合一"；加强对监察机关的控制；利用监察机构，加强民族统治等。对于康熙前后的议政王大臣会议的作用，史学界向有不同估价。杜家骥在《康熙以后的议政王大臣会议》(《南开学报》1985 年第 1 期)一文中提出，康熙后的议政王大臣会议它已并非皇权的对立物，其消亡似非皇权加强的直接结果，它的存在，亦有其历史必要性。而孟昭信的《试评康熙初年的四大臣辅政体制》(《史学集刊》1985 年第 3 期)一文，则认为，辅政体制是对摄政旧制的改革，而辅政期间制定的政策大多数是可取的。对清代吏治的研究，本年度则有刘桂林的《清世宗选贤任能述论》(《历史档案》1985 年第 2 期)、任道斌的《清代嘉兴地区胥吏衙蠹在经济方面的罪恶活动》(《清史论丛》1985 年号)等文，亦值得一读。而对清初阶级关系的研究，陈生玺的《清初剃发令的实施与汉族地主阶级的派系斗争》(《历史研究》1985 年第 4 期)一文，则提出了自己的见解。在对清初的对外关系史研究方面，胡又环的《康熙初年荷兰舰队来华目的》(《南京大学学报》1985 年第 2 期)一文，值得注意。

皇权斗争问题。对康熙朝储位之争与雍正继位问题,清史学界向有不同意见,且争论激烈。本年度《清史论丛》(1985年号)上又刊载了杨珍的《关于康熙朝储位之争及雍正继位的几个问题》一文,文中作者对这一问题发表了自己的见解。作者认为,在康熙并无遗诏、突然死亡的情况下,胤禛由于长期密谋夺位,早有充分准备,因而乘机假造遗诏继位。虽然他的继位不合封建常规标准,但在当时特殊的历史条件下却起到了稳定社会的积极作用,这是应当予以肯定的。此外,有关清代皇权斗争的其他论文,如岑大利的《清初满族贵族内部斗争概述》、陈金陵的《南书房》(均见《清史研究通讯》1985年第2期)、万依的《乾隆时期宫中政治经济措置》(《故宫博物院院刊》1985年第3期)等文,亦很有特色,并提出了一些有价值的见解。

本年度发表的有关清代秘密会社研究的论文不多,但陈旭麓的《秘密会党与中国社会》(《学术月刊》1985年第7期)一文,值得注意。作者从清代社会结构和社会史的角度,去探寻起源于康熙年间的天地会和以后的白莲教等会党兴起的原因。并特别强调,康乾时期人口的过分激增,以及大量剩余人口从土地游离出来,这为会党的发展提供了广泛的社会基础。对于清代的闻香教起义,学者们历来研究甚少,何龄修的《刘泽清之死的疑案以及他与闻香教的关系等问题》(《清史研究通讯》1985年第1期)一文,对刘泽清与闻香教的关系问题,进行了论述与探讨。而赫治清的《〈天地会盟书誓词〉辨正》(《清史研究通讯》1985年第1期)一文,则利用档案原件,将《誓词》重新考订和辨正,并论述了它的重要史料价值。此外,关于清代的械斗问题,谭棣华的《略论清代广东宗族械斗》(《清史研究通讯》1985年第3期)、孔立的《论台湾张丙起义与闽粤械斗》(《台湾研究集刊》1985年第1期)两文,对清代闽粤地区的民间械斗性质、根源、影响，以及它与农民起义的关系等问题，进行了探讨，立论新颖，亦很有学术参考价值。马西沙的《方荣升收圆教"逆案"再探》（《清史研究通讯》1985年第3期）一文，则对收圆教的反清事件的始末，根据档案原始材料，进行了探讨和论述，亦不失为一篇有价值的著作。

此外，赵德贵的《论明清战争之研究》（《东北师大学报》1985年第4期）、丛佩远的《清代东北的驿路交通》（《北方文物》1985年第1期）、郑川水的《论清朝的旗饷政策及其影响》（《辽宁大学学报》1985年第2期）、关克笑的《清代吉林地区卡伦概述》（《历史档案》1985年第4期）、李乔的《八旗生计问题述略》（《历史档案》1985年第1期）、朱先华的《朱批奏折之由来及其他》（《故宫博物院院刊》1985年第1期）等篇，分别对明清战争的性质和阶段、驿站制度、卡伦制度、八旗制度、朱批制度等问题，进行了探讨，并提出了一些新的见解。

三、人物评价与研究

本年度这方面的研究亦有新的进展。除专书外，论文亦不少。这些论文，按其内容，一类是对清代一些著名的历史人物的生卒年代、主要活动与事迹、功过等，进行重新评价和考订其详。如张玉兴的《范文程归清考辨》、薛瑞录的《清初赣西棚民起义领袖朱益吾的籍贯和反清活动》、陈汝衡的《试论柳敬亭的生年问题》、李新达的《关于孙可望降清问题》、李格的《许定国事迹研究》、王永谦的《靳辅治河述论》（以上均见《清史论丛》1985年号）等。另一类则是对清代一些历史人物进行综合性评述或比较研究的，如季镇淮的《龚自珍简论》（《北京大学学报》1985年第1期）、马振方的《蒲松龄生平述考》(《北京大学学报》1985年第5期)、伍贻业的《论范文程对清初历史的贡献》(《南京大学学报》1985年第2期)、赵俪生的《顾炎武与张尔岐》(《东岳论丛》1985年第5期)、林铁钧的《汤若望与顺治帝》(《清史研究通讯》1985年第1期)等。再一类则是对清代某些历史人物的事迹，展开争鸣的文章，如冯年臻的《舒尔哈齐死因新探》(《社会科学辑刊》1985年第3期)、冯佐哲的《略谈和珅出身、旗籍问题》(《故宫博物院院刊》1985年第2期)、薛瑞录的《张名振史事释疑》(《清史研究通讯》1985年第3期)、史松的《评吴三桂从投清到反清》(《清史研究通讯》1985年第2期)等文。上述各类文章，特色各异，均值得细读。

四、民族史研究

1985年清代民族史研究，取得了较大成绩。这一研究领域的某些空白，开始逐渐得到填补；而某些专史，如民族经济史研究，则成果较为突出。现综述如下：

民族关系。陈涛的《"改土归流"以来湘西黔东北的民族关系》(《贵州民族研究》1985年第1期)一文，较全面地综述和剖析了该地区自清代"改土归流"以来，民族关系的种种变化及原因。张羽新的《康熙在加强国家统一的过程中是如何对待喇嘛教的？》(《西藏民族学院学报》1985年第2期)一文，具体论述了康熙帝对待蒙藏地区喇嘛教的政策，以及这些政策所产生的积极和消极的影响。葛玉岗在《安徽史学》第6期上，发表的《乾隆帝与土尔扈特蒙古重返祖国》一文中，认为乾隆帝曾先后下达近三十道谕旨，从制定政策、委派要员、组织接待，到安排入觐、量地安插、赏赉赈济，乃至外交斗争等，都做了明确而具体的指示，不愧为一位精明强悍而又励精图治的皇帝。

社会与经济。清代民族经济史研究,向是清史研究中的薄弱环节,本年度这方面却取得了较为突出的成绩。其中,重要的论文有:林永匡和王熹的《清代档案与民族经济史研究》(《西北大学学报》1985年第4期)一文,论述了清代民族经济史研究的现状,以及档案材料的历史价值,并对二者的关系从历史人物与事件、民间贸易与官方贸易、地区间贸易、国内贸易与国外贸易、清政府的经济政策与实际贸易活动、民族间贸易、商业贸易与技术交流、商业贸易与城市经济等八个方面进行了宏观的考察和论述。此外,卢明辉的《从"走西口"、"闯关东"看清代内蒙古的农业、手工业发展》(《内蒙古社会科学》1985年第6期)、白文固的《明清以来青海喇嘛教寺院经济发展情况概述》(《青海社会科学》1985年第2期)、胡幼琼的《满族在努尔哈赤时代的社会经济形态及其历史作用》(《西北民族学院学报》1985年第1期)、潘洪钢的《清黔湘苗区屯政之比较》(《贵州社会科学》1985年第2期)、林永匡和王熹的《乾隆时期新疆哈萨克族的商业贸易》与《乾嘉时期内地与新疆的丝绸贸易》(分见《西北民族研究》1985年第1期及《新疆大学学报》1985年第4期)等文,则分别对清代内蒙古、青海、贵州、东北、新疆等地区的民族经济和商业贸易发展等问题,进行了论述。

人物和事件。这方面文章不多,其中较重要的有马占林的《关于第巴·桑结嘉措》(《青海社会科学》1985年第4期)、张羽新的《〈卫藏通志〉的著者是和宁》、曾文琼的《清代我国西南藏区的反洋教斗争及其特点》(均见《西藏研究》1985年第4期)、张克武的《福康安在处理西藏事务中的若干经济思想》、蒲文成的《试谈雍正"癸卯之乱"的历史渊源》(《西藏研究》1985年第1期)等文,这些文章对所论人物和历史事件,均力图将他们与时代结合起来,进行横断面式的割析和综合评价。

五、思想文化史研究

本年度这方面研究,除出版杨向奎教授主编的《清儒学案新编(第一卷)》这一重大收获外,有关论文亦不少。其中,论述清代学术思想家和学术流派的文章,数量甚丰。重要论文有:杨向奎的《论费密》、陈祖武的《从清初的反理学思潮看乾嘉学派的形成》和《王船山〈双鹤瑞舞赋〉为尚善而作说辨》、香港学者何冠彪的《书全祖望〈答诸生问'思复堂集'帖〉后》(均见《清史论丛》1985年号)、裴大洋的《试述龚自珍的社会历史观》(《天津师大学报(自然科学版)》1985年第1期)、黄绍海的《论阎若璩的经学思想》(《江汉论坛》1985年第4期)、赵德贵的《从点校〈八旗通志〉谈到古籍整理》(《古籍整理研究学刊(创刊号)》)等篇。

其次,在文化史研究方面的论文,数量虽少,但学术质量较高。如杨向奎与冒怀辛的《关于方以智和中国传统哲学思想的讨论》(《历史研究》1985年第1期)、冯天瑜的《从明清之际的早期启蒙文化到近代新学》(《历史研究》1985年第5期)、张弘的《纳兰词评价的几个问题》(《学术月刊》1985年第4期)、洪柏昭的《〈桃花扇〉的思想评价问题》(《暨南学报》1985年第3期)等篇即是。此外,谢兴尧与柯愈春的《清入关后傅山的活动与交游》(《晋阳学刊》1985年第1期)、欧多恒的《浅析清代贵州教育发展的原因》(《贵州社会科学》1985年第2期)、单士魁的《清代太医院》、杨伯达的《清代画院观》、王璞子的《清官式建筑方圆亭做法》、朱家溍的《雍正年的家具制造考》(均见《故宫博物院院刊》1985年第3期)、吕坚的《四库全书的编纂与"寓禁于征"》(《社会科学辑刊》1985年第

3期）等文，亦很有特色。

　　综上所述，1985年清史研究虽取得不小成绩，但仍存在不少薄弱环节和亟待加强之处。本年度某些论文选题重复、陈旧，与研究者不努力扩大研究视野和发掘新资料有关；某些研究领域长期处于空白，则需要清史研究者勇于进取和开拓新局面；至于传统的研究方法如何与新的研究方法有机地结合，则有待于我们清史研究者进行新的探索。

1986年清史研究概况

◎ 定宜庄

1986年的清史研究取得了可喜的成果。7月,在大连召开了"清史国际讨论会",来自全国各省、市、自治区和美国、日本、澳大利亚等国以及香港地区的120余名清史研究学者,围绕清王朝在中国历史上的地位和作用的中心议题,进行了交流和讨论。据不完全统计,1986年发表的各类论文达300余篇,并有近十种专著出版,研究的领域较以往更为广泛和深入。此外,还发现了如大连市图书馆藏清代内阁大库档案等许多颇有价值的档案史料。以下从几个主要方面作一扼要的评述。

一、经济

周远廉、谢肇华的《清代租佃制研究》(辽宁人民出版社,1986年)一书,以中国第一历史档案馆收藏的大量清代档案为主,结合清代实录、奏折、笔记、方志、文契等各种文献,对清代土地占有状况和封建租佃制的发展,做了总括性的分析,对清代的实物分成租制、实物定额机制、货币租制、押租制等重要问题进行了深入探讨，所引资料颇多新的挖掘。

本年讨论清代经济史的论文数量很多。一些文章对清前期的经济发展情况做了探讨。黄启臣认为，清前期农业生产超过了历史的最高水平，这不仅表现在耕地面积的扩大，更主要的是表现在农业生产结构的变化发展上。他从粮食作物种植空前扩大、"生态农业"雏形出现、集约化程度提高和商业性农业高度发展等几方面论证了自己的看法（《清代前期农业生产的发展》，《中国社会经济史研究》1986年第4期）。吴量恺在《清朝前期国内市场的发展》（《社会科学辑刊》1986年第2期）中认为，市场发展的水平是商品经济发展水平的标志，清前期不断发展的统一的历史趋势，是和我国从区域性的地方市场发展成为全国性市场的趋势相适应，并以此为基础的。方行把清前期农民商品生产的发展与宋代进行比较后指出，清朝的粮食作物区与经济作物区、手工业品产区之间的商品交流已大大发展，清前期农民的商品生产以至地区分工在社会生产力发展的推动下，已达到中国封建社会前所未有的高度。不过他也指出，专业化生产要向广度和深度发展，关键是要有一个坚实的粮食生产基础，清代还不具备这种条件，小农经济基本上还是半消费性的、出产商品很少的经济，只因人数众多，才能集涓滴之水而成江河，在社会产品总量中所占的比重并不大（《论清代前期农民商品生产的发展》，《中国经济史研究》1986年第1期）。吴建雍探讨了清前期的商品粮政策和历史效果，认为清前期的粮食流通主要是服务于手工业和商业的，反映了城乡间商品交换关系正逐渐排除偶然性，区域之间的经济分工在自然地形成并得到加强（《清前期的商品粮政策》，《历史档案》1986年第3期）。

在对清朝政府的经济政策的研究方面。陈支平从清初的所谓轻徭薄赋政策中发现了不少疑点。他认为顺治前期清朝的中央政府并未能有效掌握各地的人丁田地实在数额，对于地丁钱粮只能采用包丁包课办法，荒熟混淆，朦胧征收。以往人们认为的自康熙末年起"滋生人丁永不加赋"，倒不如说从顺治朝起便已无从加赋更为准确。他认为清初关于赋税蠲免的记载特多，实际上是在万难催征情况下的一种顺水推舟的做法，不能看成是轻徭薄赋的依据（《清初地丁钱粮征收新探》，《中国社会经济史研究》1986年第4期）。清代的摊丁入地，历来为研究者所注目，史志宏在《关于摊丁入地评价的几个问题》（《中国社会科学院研究生院学报》1986年第4期）中，强调了这一税制与以往税制的根本区别是由二元税制（人口、土地并征）变成了单一的土地税制，使封建国家对农民的控制前所未有地放松，人口在地域上的流动大大增加，这对落后地区的开发及手工业、商业和资本主义萌芽的发展都起了积极的促进作用。

解放以来，史学界一般都认为清代丁税制度的改革是乾隆以来人口大大增长的主因，方地则对这一说法提出质疑，认为此说无法解释某些重要史实。他根据康熙二十一年至道光十六年间人口增长的统计，提出摊丁入地实行期间，恰恰是人口递增速度最低的时期。他认为除影响中国封建社会人口消长的重要因素——赋役地租以外，康熙朝所奠定、经雍正朝至乾隆朝达一个半世纪连续执行的一系列具有重大意义的经济、政治政策，如蠲免、奖励垦荒、兴修水利等，也是清代经济发展、人口增长的很重要原因。而耐旱高产的玉米、番薯等作物的引进和传播，使广大山地丘陵得以开发，扩宽了人口生存的边际范围，也支持了人口的进一步增长（《清代丁税对人口作用我见——兼论清代人口大增长原因》，《中山大学学报》1986年第2期）。郭松义的《从宗谱资料看清代的人口迁徙》（《清史研究通讯》1986年第2期）就所接触到的几十部宗谱，对清代人口的迁徙问题进行了探讨，认为最能体现清代人口迁移特点的，是康熙末年到乾、嘉年间社会局面相对平稳期所出现的频繁的人口流迁。而从人口较密集地区向人口较稀少地区、进而向另一些人口稀少区扩展的迁移动向，反映出乾隆以后因人口激增所产生的种种矛盾以及人们为减轻压力所做的某种自发的调节行动。论及清代人口问题的，还有徐铭的《清代凉山地区民族人口的迁移》（《西南民族学院学报（历史研究专辑）》）、孔立的《清代台湾人口的几个问题》（《厦门大学学报》1986年第4期）等等。

清代的盐商在封建政权的支持下，曾获得很大发展，与山西的票号商、广东的出口商一起并称为我国封建社会晚期最大的商业资本，长期垄断盐的销售市场，干预和操纵盐业生产。左步青系统地论述了盐商在清代兴衰变化的过程，指出乾隆朝是盐商发展的极盛阶段，他们的巨额商业资本对全国的经济都有极大的影响。他们盛极而衰的原因，主要是封建朝廷和各级官府的额外勒索和盘剥，以及私盐贩运的不断增多所致（《清代盐商的盛衰述略》，《故宫博物院院刊》1986年第1期）。林永匡、王熹对清代长芦盐商与内务府的关系问题做了深入的剖析，论述了清代皇家高利贷对商人经营活动的严重破坏（《清代长芦盐商与内务府》，《故宫博物院院刊》1986年第2期）。王小荷则对清代盛行于两广的私盐贩卖情况以及这一贩私活动与社会经济状况的联系和影响等问题进行了探讨（《清代两广盐区私盐初探》，《历史档案》1986年第4期）。

清前期内地与新疆的丝绸贸易不仅规模巨大，且花色品种繁多，杭州织造衙门每年织办和运送的各种花色绸缎更是这种贸易的重要组成部分。林永匡、王熹根据中国第一历史馆的档案材料，具体分析了杭州织造衙门负责这一贸易的某些历史细节，从而论述了这种贸易在当时所起的历史作用和意义（《杭州织造与清代新疆的丝绸贸易》，《杭州大学学报》1986年第2期）。此外，还有人研究了清代中俄的贸易、广东的毛皮市场以及中日的商船贸易等问题（王少平的《买卖城》,《史学集刊》1986年第2期;蔡鸿生的《清代广州的毛皮贸易》,《学术研究》1986年第4期;魏能涛的《明清时期中日长崎商船贸易》,《中国史研究》1986年第2期)。

二、政治制度与政治史

对入关前后金政权的各种政策、皇室内部的斗争以及八旗制度的建立等问题,本年的研究又有新的进展。郭成康的《论文馆汉儒臣及其对清初政治的影响》(《东北地方史研究》1986年第1期)分析了皇太极时期的机要秘书班子——文馆中汉族儒臣的政治性格,认为这群出身微贱、遭遇坎坷、在早期的满族社会中备受歧视的小人物,身处满汉历史文化交流的漩涡,在满族社会急剧封建化的历史潮流中适时地与皇太极结合在一起,给予清初政治极为深刻的影响。该文肯定了皇太极对汉族文臣儒士实行的基本政策。张玉兴连续发表两篇文章论述皇太极留养被俘的明将张春一事,认为这是皇太极为采取与明和谈的政策、加强同明方面的联系而采用的手段,赞扬了皇太极高超的政治艺术(《沈阳三官庙与清初史实》,《清史研究通讯》1986年第1期;《皇太极留养张春史事考论》,《历史档案》1986年第4期)。后金的皇室斗争复杂而又残酷,李景兰探讨了努尔哈赤处死长子褚英的真实原因,认为这是努尔哈赤在政治上专权的独裁本质的暴露(《关于努尔哈赤长子褚英之死》,《故宫博物院院刊》1986年第1期)。周远廉的《太子之废——清初疑案之一》则对褚英之后被努尔哈赤立为太子的代善之最终被废,提出了自己的看法(《社会科学辑刊》1986年第1期)。清初八旗制度,模糊之处颇多,姜相顺针对初建时期两个重要的问题,提出新的见解:其一,1601年以前牛录组织即已成立,并成为满族军事、行政的基层组织,但牛录的构成当还是原来的十人，而不是后来的300人；其二，根据牛录在早期狩猎时的具体情况，五旗、十固山应早于四旗、八固山存在，沈阳故宫大政殿的十王亭，即是努尔哈赤军队原有编制的遗存（《有关清代前期佐领编设的两个问题》，《北方文物》1986年第1期）。郭成康则对清初蒙古的所谓"十一旗"、"旧蒙古固山"、"内喀喇沁壮丁"等进行了考释（《清初蒙古八旗考释》，《民族研究》1986年第3期）。研究八旗制度的文章，还有谢景芳的《清初八旗汉军的地位和作用——兼论清初政权性质》（《求是学刊》1986年第2期）、孟宪刚的《八旗旗主考实》（《丹东师专学报》1986年第1期）等等。

　　清军入关之初的社会矛盾、清初战争评价等，是清史界长期争论的课题之一，本年的论文仍然不少。首先，清政权取明而代之是历史的必然，还是偶然？李治亭肯定了清军入关是大势所趋的历史的必然，他认为，清军入关前与明朝即已形成新的南北对峙的局面，这是不容忽视的事实。以往论者只看到清政权在辽东一隅，忽视它领有东北及长城以北的大片疆域因而把清的力量估计过低。清政权的进关夺权是皇太极定下的基本国策，与吴三桂的开关迎降并无必然性联系，清迟早要入关，而且无论从素质、装备、物资供应及作战经验等一切方面，都具备了取胜的基本条件（《明清战争与清初历史发展趋势》，《清史研究通讯》1986年第1期）。关文发的看法则全然相反，认为皇太极时"固以悍夷自处，绝未有得天下之意识也"，入关时亦没有明确的统一全国的战略。他指出阶级社会中，民族关系的基本方面是不平等的，一切民族纷争，特别是作为最高形式的民族战争，都有正义与非正义之分，清最后确立了对全国的统治，并不等于清兵入关战争的性质是一场统一战争（《试论我国古代的民族关系和清兵入关战争的性质——兼评"统一战争"说》，《武汉大学学报》1986年第1期）。张正明分析了李自成农民军和满族统治者各自的条件后认为，这两股新的政治势力，当时都有统一全国的可能，李自成实行了错误的方针策略，给清军的取胜提供了机缘，而清军入关前后迅速采取的一系列有效措施，根本上消除了原来的不利因素（《论清朝统治在全国的建立》，《晋阳学刊》1986年第3期）。此外，赵轶峰在《论清统一的局限性》（《史学集刊》1986年第1期）中指出，清初与清末的统治政策是一贯的，是一个整体，清的统一使封建的中央专制制度极端强化，使封建的经济结构更趋稳定。中国迅速沦为半殖民地国家，不仅仅是中外力量对比的结果，它的另一个甚至更突出的推动力是清政府极端反动腐朽的政策。

朱金甫的《清代奏折制度考源及其他》（《故宫博物院院刊》1986年第2期）通过大量奏折实物和文献，对奏折制度的起源问题作了仔细的考释，指出被认为源于顺治朝的那些奏折，以及台北《官中档康熙朝奏折》内公布的两件康熙十六年奏折，其实都是奏本。他认为奏折出现于康熙二十年代，康熙三十年代以后发展到密折阶段，到康熙四十年代中后期，有资格具密折奏事的人员范围便逐渐扩大，又从密折发展到公开。吴仁安、李林均对清代的州县官进行了研究，吴文认为由于州县官不懂法制条例，重要事情必须依靠熟读清律又深知事例的吏胥和幕宾，这些人是掌握了理人治事的实权人物（《清代的州县官》，《历史教学》1986年第5期；《清代的县官职掌与作用》，《辽宁大学学报》1986年第5期）。胡建华则对清朝的皇位继承制进行了探讨，认为雍正所创立的秘密建储制度是对嫡长子继承制的一种否定，是实行立贤不立长的大胆改革，它的产生是满族社会高度封建化的结果（《略论清朝的皇位继承制》，《中南民族学院学报》1986年第4期）。

戴逸连续发表了两篇研究乾隆朝政治的文章。在《乾隆初政和"宽严相济"的统治方针》（《上海社会科学院学术季刊》1986年第1

期）一文中，指出"宽严相济"是乾隆总结康熙、雍正朝几十年统治经验得出的政治理论，也是他用以纠正雍正朝苛严作风的思想武器。他初期反复阐述、运用这一理论，逐步形成了有别于康、雍的统治格局和作风；中期以后，虽很少阐述，但仍坚持了自己的一贯的做法。另一篇《乾隆的家庭悲剧及有关的政治风波》（《清史研究通讯》1986年第1期）通过乾隆十三年的孝贤皇后丧葬案和金川失利案的剖析，论述了拥有至上权威的专制君主的意志和情绪对历史所产生的很大影响，并且从更深一层揭示了当时皇权和官僚机器间正在加剧的矛盾，指出这场政海风波展现了18世纪中叶清廷政策演变的趋势和当时政治舞台上崛起的一代新人，对理解清代政治史的发展有着重要的意义。程耀明认为《庸庵笔记》中所载的《查抄和珅住宅花园清单》有夸大不实之处，对和珅被抄家产做出了自己的估计（《清季权臣和珅被抄家产初探》，《暨南学报》1986年第1期）。

关于曹雪芹家世问题的探讨，本年的讨论集中于曹頫获罪的原因上。魏鉴勋在大连图书馆所藏的清代内阁大库档案中，找到一份有关曹頫骚扰驿站获罪的题本原件，认为这对张书才发现的雍正七年刑部移会是很好的补充和印证。他们都认为曹頫犯罪纯属"经济原因"，与雍正初年复杂的政争并无关系，参奏曹頫的塞楞额完全是出于恪尽职守的偶然发现（魏鉴勋《曹頫骚扰驿站获罪始末——从新发现的一份档案看》，《社会科学辑刊》1986年第3期；张书才的《再谈曹頫获罪之原因暨曹家之旗籍》，《历史档案》1986年第2期）。王若则认为张的证据仍嫌不足，不过是一种推论，认为曹頫的骚扰驿站与被抄家都有其政治背景（《曹頫被枷号的问题及其获罪原因之管见》，《社会科学辑刊》1986年第4期）。

明清间的战争，其规模之大、斗争之复杂、战局之多变，皆为亘古所少见，但国内外一直没有研究这场战争的专史。孙文良、李治亭和邱莲梅合著的《明清战争史略》（辽宁人民出版社，1986 年）填补了这项空白。此外，杨学琛、周远廉的《清代八旗王公贵族兴衰史》（辽宁人民出版社，1986 年）着重论述了满洲、蒙古和汉军八旗王公贵族的兴衰事迹，是第一部研究八旗贵族的专著。

三、民族关系

本年有关清朝政府的民族政策的讨论，仍以对蒙古的居多。王戎笙的《关于清初的战争问题》（《史学集刊》1986 年第 1 期）主要讨论的虽不是民族问题，但也强调了清军入关前的满蒙联合，使满族贵族集团增强了实力，也增强了北方民族的向心力，解决了几千年来民族关系中的一大难题。康右铭认为满蒙联盟是清代政治的特殊产物，是这个国家阶级统治的核心。他详细论述了满蒙贵族联盟的政治基础和清政府控制联盟的诸项政策（《满蒙贵族联盟与清帝国》，《南开学报》1986 年第 2 期）。金元山、戴鸿义专述了满洲贵族与科尔沁部的联姻关系，认为联姻是满蒙关系中取得成功的关键，是诸多政策中的精髓，认为满洲贵族以结亲政策结成的一座人为长城比土石筑成的长城更坚不可摧（《试论努尔哈赤、皇太极与科尔沁部的联姻关系》，《沈阳师范学院学报》1986 年第 1 期）。秦永洲则拿满蒙的联姻与汉唐的和亲做了比较（《满蒙联姻与汉唐和亲之比较》，《山东师大学报》1986 年第 2 期）。王湘云论述了内蒙古各部归服清朝以后，清王朝封授札萨克王公的过程，阐明了结盟的原委及其作用（《内札萨克的建立问题》，《社会科学辑刊》1986 年第 1 期）。

陈生玺和王佩环的文章，都是研究皇太极利用喇嘛教"怀柔蒙古"的政策的。皇太极利用喇嘛教笼络蒙古和联络青海、西藏的政策取得了很大效果，并为有清一代继承和发扬。王佩环认为皇太极统治前期对喇嘛教的认识不足，曾一度严禁僧人活动，后来由于形势变化，才来了一百八十度的转弯。陈文则认为皇太极本人的思想信仰和在后金内部都是反对和限制喇嘛教的，他的崇佛政策仅用于对蒙、藏的关系中（陈生玺《皇太极对喇嘛教的利用与限制》，《历史教学》1986年第11期；王佩环《皇太极与长宁寺——兼谈其"怀柔蒙古"的政策》，《北方文物》1986年第2期）。

清朝与准噶尔部的关系问题，本年也有文章进行探讨。叶志如的《从贸易熬茶看乾隆前期对准噶尔部的民族政策》（《新疆大学学报》1986年第1期）从档案记载的有关准噶尔部与内地的贸易和进藏熬茶等活动情况，对清政府的政策做了分析，说明了乾隆前期民族理藩政策的积极作用和两面性质。

贡貂赏乌林制度是清政府对东北边疆的少数民族实行有效管辖的重要措施，关嘉录、佟永功根据清代档案对这一制度的确立和演变过程作了勾稽，指出它虽是清朝强化封建统治、驾驭少数民族的一条国策，但客观上对巩固东北边疆和维护国家统一起过一定积极作用（《清朝贡貂赏乌林制度的确立及演变》，《历史档案》1986年第2期）。

清朝对南方少数民族的统治政策，以往学术界注意不多。伍新福专就此问题进行了探讨，指出清初南方各族往往站在抗清的一边，所以清政府完全承袭了元明的土司制度，采取"招抚"和羁縻政策。康熙中叶以后，政策有很大转变。他强调应把"改土归流"与"苗疆"的开辟区别开来，前者基本是以和平的、不流血的方式进行的，比较成功，而对后者则一开始就确立了"武力进剿"方针，导致矛盾迅速激化，是激起苗民起义的根本原因（《试论清朝前期对南方少数民族的统治政策》，《贵州文史丛刊》1986年第2期；《试论湘西苗区"改土归流"——兼析乾嘉苗民起义的原因》，《民族研究》1986年第1期）。

四、人物研究

本年出版了《清代人物传稿（上编）》的第二、三卷（中华书局出版）。第二卷主编为何龄修、张捷夫，第三卷由王思治主编。两卷共收入新撰写的明末清初传记 119 篇，入传人物 124 人（其中有合传或附传），范围颇广。多数传记都比以往的清人传记更为翔实，比较准确、完整地写出了传主一生的经历和事迹，有些传记行文流畅，引人入胜，反映出 80 年代清史研究的新水平。

滕绍箴研究了努尔哈赤的天命思想，认为他继承了中国古代天命思想的一切思想范畴，并在此基础上引申出汗道、治道、生道、孝道等道德观念，用于对女真各部的统一和对明朝的战争中，渐成为后金奴隶主阶级的统治思想（《从〈满文老档〉看努尔哈赤的天命思想》，《社会科学辑刊》1986 年第 1 期）。对康熙帝玄烨的研究涉及最广，如论他的天道观（宋德宣《论康熙的天道观的演变》，《社会科学辑刊》1986 年第 5 期）、法律思想（林中《论康熙的法律思想》，《学习与探索》1986 年第 2 期）、与西洋传教士的关系（高振田《康熙帝与西洋传教士》，《历史档案》1986 年第 1 期）等等。张玉芬则对嘉庆一朝的政务得失做出了评价（《嘉庆述评》，《辽宁大学学报》1986 年第 4 期）。

对吴三桂的评价，左书谔在《吴三桂"降清"考辨》（《北方论丛》1986 年第 2 期）一文中提出了新的看法。他认为吴三桂引清军入关，是要联合清军共击农民军，不是求降，而是求助；入关后追击农民军，是受复仇心理促使，也是军事上被清朝所控制和驱使的体现；而出兵缅甸，处死永历，是由于永历与李定国的联合使吴三桂难以容忍，而且永历并非贤君，也难以完成反清复明的任务，吴三桂不惜用永历的尸体来遮挡他正在进行的秘密活动。总之，吴三桂自与清联合、引清军入关之日起，直至再次举起反清复明大旗，始终未曾降清（《北方论丛》1986年第2期）。

评价孝庄文皇后的文章，有杨余练的《论孝庄文皇后的历史地位》（《史学集刊》1986年第3期）、姜相顺的《略论孝庄文皇后的地位及其作用》（《社会科学辑刊》1986年第1期）等，肯定她辅佐了顺治、康熙两位幼年皇帝坐镇中国一统江山，实行舒缓的统治政策，为康雍乾盛世奠定了基础的历史功绩。

此外，对石廷柱、赵良栋、范文程、全祖望、吕留良等，也都有人撰文进行了研究和评价。

五、天地会和农民起义

对天地会讨论焦点集中在天地会的起源和创立宗旨两个问题上。秦宝琦认为，最近发现的闽浙总督伍拉纳、福建巡抚徐嗣曾关于审讯提喜之子僧行义、嫡传弟子陈彪的奏折，为天地会起源于乾隆二十六年提供了有力的证据，明确了天地会确由提喜首倡，其创立的宗旨为互济互助、自卫抗暴，虽有与清朝相对抗的思想，但最初并无明确的口号（《天地会起源"乾隆说"——伍拉纳、徐嗣曾奏折的发现与天地会起源问题的研究》，《清史研究通讯》1986年第1期；《天地会起源"乾隆说"新证》，《历史档案》1986年第1期）。

赫治清对此提出异议，认为全面考察天地会文献、供词、清方档案，以及其他官书、方志、私家著述，天地会实起源于康熙十三年甲寅，而非乾隆中叶。天地会自创立起拥戴的领袖就是朱明后裔，且有一套严格的结会仪式，虽然天地会随着清朝社会主要矛盾和矛盾主要方面的发展变化而宗旨内涵有变，性质前后有别，但充满着强烈的反满意识，最初确立的"反清复明"宗旨代代相袭（《略论天地会的创立宗旨——兼与秦宝琦同志商榷》，《历史档案》1986 年第 2 期；《略论天地会的性质》，《学术研究》1986 年第 2 期）。何正清也认为天地会起源最迟不晚于清朝的顺治、康熙年间，宗旨为反清复明，朱一贵起义则是天地会创立以后，对清政府发动的第一次大规模的武装起义（《简论天地会的起源》，《贵州社会科学》1986 年第 4 期；《朱一贵起义与天地会》，《贵州大学学报》1986 年第 2 期）。

清代民间教派不下数百种，乾隆、嘉庆两朝屡办"邪教案"，八卦教案即为其中之一。马西沙的《清乾嘉时期八卦教案考》（《历史档案》1986 年第 4 期）为探索这个神秘王国再次做了尝试。叶志如的《试析蔡牵集团的成份及其反清斗争实质》（《学术研究》1986 年第 1 期）通过对蔡牵队伍成分构成的分析，肯定了蔡牵的海上抗清斗争具有正义性质，属于人民反抗封建统治的范畴，是清朝从鼎盛走向衰弱的主要历史转折时期社会阶级矛盾总爆发的显著标志。

六、思想文化

明末清初是中国文化史、思想史上值得深入研究的历史时期。陈寒鸣认为可以"早期启蒙思潮"命名之，是封建社会"自我批判"时期，是社会中正在成长的资本主义萌芽和已经爆发的封建社会总危机在意识形态领域里的曲折反映，但也表现出显明的"中国式"的特性（《中国早期启蒙思潮略论》，《晋阳学刊》1986 年第 3 期）。白新良在《清代前期的辑佚书活动》（《南开学报》1986 年第 2 期）中认为，清代前期的文献整理活动中，辑佚书是一个重要方面，尤其在乾、嘉时期，官私辑佚都出现了非常兴盛的局面，其投入人力之多、辑佚范围之广、辑佚方法之细密和辑佚成就之巨大都为前代所未有，对中国古典文献的整理做出了可贵的贡献。

1987年清史研究概况

◎ 郭　疆

1987年,是清史研究向纵深方向发展的一年。该年,见诸报刊的研究论文400余篇,虽在数量上与往年持平,但学术质量亦有所提高。此外,学术专著方面则涌现出一大批成果,如孟昭信的《康熙大帝全传》(吉林文史出版社,1987年),是继《雍正传》之后又一本清代皇帝传记,作者力图对康熙帝一生功过进行科学的评述,并遵循实事求是、瑕瑜互见的原则,尽可能总结出对后世可供借鉴的经验教训。又如林仁川著的《明末清初私人海上贸易》(华东师范大学出版社,1987年)一书,是作者历时20余年,经过实地考察,并广为搜集资料基础上写成的。它的出版,为明清经济史、古代海上贸易史的研究,做出了积极而有益的贡献。再如施联朱、许良国编的《台湾民族历史与文化》(中央民族学院出版社,1987年)、曹德本的《宋元明清政治思想研究》(辽宁大学出版社,1987年)、陆复初编著的《王船山学案》(湖北人民出版社,1987年)、黄复盛编译的《清代画论四篇语译》(江苏美术出版社,1987年)等,以及资料汇编——广东社科院历史所、中山大学历史系、佛山市博物馆编的《明清佛山碑刻文献经济资料》(广东人民出版社,1987年)、季永海译注清代曾寿著的《随军纪行译注》(中央民族学院出版社,1987年)的出版,对进一步推动清史研究工作向纵深发展,均产生了积极的影响。

在学术活动方面,较重要的活动有:7月19日至22日,"郑成功研究国际学术会议"在福建厦门举行。有国内外学者30余人参加,所提交的论文内容涉及明末清初政治、经济、军事、文化、人物评价等。12月,"国际清代区域社会经济史暨全国第四届清史学术讨论会"在广东深圳召开,有国内外学者近200人参加,并提交论文百余篇。

下面,将清史若干重要问题和课题的研究概况介绍如下。

一、经济史研究

论文数量甚多,一些论文从选题到内容,较之以往,均向纵深开拓。

清前期土地制度与租佃关系研究方面。近年来,由于大量档案资料的发掘,史学界加强了对清代租佃关系,特别是民田租佃关系的研究,取得不少重要成果。但目前对官田租佃关系的研究,有待深入。衣保中的《清代八项旗租地的租佃关系》(《洛阳师专学报》1987年第1期)一文,对清代的一项重要国有土地——八项旗租地租佃关系进行了考察。作者认为,八项旗租地由清政府派地方官直接经营,地租纳入国家财政体系。而一般旗地为旗人私有,地租归旗人自行消费。在主佃关系方面,它较一般旗地稳定,佃农的永佃仅更有保障。八项旗租额由清政府统一规定,而一般旗地的租额由旗人地主自行规定,租额差异甚大。在地租形式上,八项旗租地的地租,基本上是定额银租,且有租赋合一的特点。而一般旗地的地租,主要是定额租,也有分成租。定额租内又有钱租、银租和实物租等不同形式。陈碧笙对台湾在清代开垦土地过程中出现的大租、官大租、番大租的性质与作用，进行了论述。他认为，清代移台者，多为漳州与客家人，使用大小租制度，根源来自大陆。在形成过程上，台湾大租或由垦户出钱出力经营，或领有官府发给垦照，或两者兼有，比大陆通行者更为完备而集中；在业权分割上，两者的精神实质是完全一致的（《清代台湾大租的性质和作用——驳所谓"庄园说"》，《台湾研究集刊》1987年第3期）。刘淼在《明清时期徽州民田买卖制度》（《阜阳师范学院学报》1987年第1期）一文中提出，中国封建社会民间土地的自由买卖，明清两代进一步发展。在交易形态上，由最初的一次性断卖，逐渐出现所谓加、添、增、找、交等多次、反复的交易手续形式；更由于租佃关系方面田皮、田骨的出现，亦表明土地所有权、经营权和耕作权的分离，反映在土地买卖上，就相应地有大、小买田交易，以及交业、过割等方面区别的产生。他还对徽州民田买卖中的断卖、加价诸形态进行了考察。对清代的土地占有形态，究竟是趋于集中，还是趋于分散？论者往往各持一端，颇多歧异。关雨辰通过清人李调元《卖田说》的记述认为，清代的土地占有，既有集中的趋势，又有分散的趋势；由于两者相反相成，并行不悖，构成了周流不息的地权运动过程。但由于清代社会条件助长了土地兼并的过程，因而总体上显示了土地集中的趋势（《从〈卖田说〉看清代的土地集中过程》，《中国社会经济史研究》1987年第1期）。清代，由于历史的原因和土地肥瘠的不同，在田亩的实际计量中，曾出现繁杂纷纭的现象。对此，近年来学者已有不少论述。陈锋的《清代亩额初探——对省区"折亩"的考察》（《武汉大学学报》1987年第5期）一文认为，明清两代的地亩计量，均有大地、小地之别。实行折亩，不在于将小地折成大地，或将大地折成小地，以期使田亩计量划一。

它的直接动因在于赋税的繁杂,折亩是为了赋税的划一,将计量亩折成纳税亩。但清初亦有重复折亩及荒芜土地进行折亩起科的现象。通观明清两代的亩额,基本上没多大变化。

在财政贸易史和商业史研究方面,本年度发表的论文所论述的问题,其广度与深度较之往年亦有新的拓展。其中,对清初的赋税蠲免,陈支平提出新论,他将清初赋税"原额""实征"的情况与明末进行对比,认为清初并没有也不可能真正做到"轻徭薄赋",清初的"赋税蠲免"有名无实,不可能对清代社会经济的繁荣起重要作用(《清初赋税蠲免新论》,《厦门大学学报》1987年增刊)。清代的高利贷资本活动十分活跃,以往论述不多。王虹的《试论清代前期的高利贷资本》(《云南教育学院学报》1987年历史专辑)一文,根据文献资料论述了清代高利贷资本活跃的原因、高利贷的特点和作用。清代,在盛京地区,清政府运用"生息银两"以牟利,普遍采用开办钱、布、当、杂货、佐衣等官店的形式。韦庆远则对乾隆时期盛京地区的制度与官店兴衰的情况进行了剖析(《乾隆时期盛京地区的"生息银两"制和官店》,《社会科学辑刊》1987年第4期)。对清代的粮价,国外学者研究较多,国内学者近年来亦渐有成果。而清代的粮价奏报制度,是一项重要的财政制度。王道瑞的《清代粮价奏报制度的确立及其作用》(《历史档案》1987年第4期)一文,利用丰富的档案材料,对这一制度的始末进行了较为系统的阐释。他指出,清代各地官员向皇帝奏报本地区市场粮食价格,始于康熙朝,确立于乾隆朝,直至清亡。这一制度加强了中央对地方的政治、经济的控制和协调作用。

清代榷关税课是清代财政收入的第三大支柱。何本芳的《乾隆年间榷关的免税措施》(《历史档案》1987年第4期)一文,论述了免税的原因、措施、作用和影响,并充分肯定了此举有益于民生民食与商业的发展。此外，崔宪涛的《清代中期粮食价格发展趋势之分析》(《史学月刊》1987年第6期) 一文则提出，嘉庆以后，清代粮食贸易开始逆转，主要表现是国内粮食市场的萎缩和原有市场结构的变动。反映在粮食价格构成上是粮价地区差趋于接近和粮价持续性增长。在清代商业史的研究中，本年度不少学者对商业政策、市场结构、地区性贸易等问题进行了探讨，并涌现出一批有价值、有影响的学术论文。郭蕴静的《略论清代商业政策和商业发展》(《史学月刊》1987年第1期) 一文，较为系统地论述了有清一代推行的"恤商"、"扶商"政策，如减轻商税等。并对这些政策的作用，如由此导致商业的发展与繁荣，对原有生产方式所起的分解作用等，进行了估评。何本方的《清代商税制度刍议》(《社会科学研究》1987年第1期) 一文，对清代商税制度的缘起和发展做了概述。黄鉴晖在《文献》第1期上撰文，从具体分析徽州谢氏收藏康熙年间会票入手，并提出清初商用会票，是由于商品交换直接引起的商人之间款项的拨兑，是完全的商品经济发展的结果(《清初商用会票与商品经济的发展》)。明清时期，在西北地区活跃着许多内地商贾，他们以乡土地域关系为中心而结成各种商帮，如晋帮、津帮、湘帮、陕帮、蜀帮、豫帮、鄂帮等。魏丽英的《明清时期西北城市的"商帮"》(《兰州学刊》1987年第2期) 一文，对这些商帮的形成、发展、经营方式等进行了论述。地区性贸易史是清代商业史中的重要课题。林永匡与王熹的《清代山西与新疆的丝绸贸易》(《山西大学学报》1987年第1期) 一文，根据有关文献和珍贵的档案资料，对这种贸易的特点、规模和影响，进行了系统论述。他们另有《清代江宁织造与新疆的丝绸贸易》(《中央民族学院学报》1987年第3期) 一文，则论述了清代江宁织造与新疆官方民族贸易的具体规模、作用、影响，亦颇值得一读。对清代市场结构的探讨，本年度发表的方行的《清代前期农村市场的发展》(《历史研究》1987年第6期)、林绍明的《明清年间江南市镇的行政管理》(《华东师大学学报》1987年第2期)、陈忠平的《明清时期江南市镇手工业的发展》(《南京师大学报》1987年第4期)等文,均各具特色。方文着重从小农经济运行的角度探讨清代前期农村市场的发展。作者认为,清代前期,市镇贸易和墟集贸易已成为农村市场的主体。清前期,市镇作为经济中心的功能,依其本身的发展程度,大体有三种类型:第一种类型的市镇,主要是具有"保障供给"的经济功能。第二种是商品集散市场。第三种是多功能全面发展的市镇,是最发达的农村市镇,它除生产资料市场外,还出现了雇工市场和资金市场,形成了生产要素的市场系列和生产资料的市场系列。林文认为,明清年间江南市镇管理建制的变化正反映了市镇的繁荣和成长。但这种变化并没有促进市镇的发展,反而给它加上了更沉重的枷锁。陈文指出,在明清江南市镇内部,手工业生产获得了普遍发展,其生产技术水平有明显提高。随着市镇手工业生产商品化、专业化的发展,雇工生产的大型手工作坊与手工工场已经出现,资本主义生产关系在江南市镇内部开始萌芽和滋长。但就明清江南市镇经济的总体而论,其内部的商品生产意义仍逊于商品流通意义。

地区经济史研究本年度仍十分活跃。林纯业的《清代前期天津商品经济的发展》(《天津社会科学》1987年第4期)一文提出,随着商品经济的发展,清代天津的商业经营活动中,产生了资本主义的萌芽。但天津城市的发展,既没有按照中国古代中心城市的发展模式,也没有走西方城市的发展道路,而是走着一条既有中国古代中心城市某些特点,又带有西方城市某些色彩的特殊道路。郭蕴静认为,清代天津最初的发展并非自身区域经济发展的结果,是因其地理位置而成为军事据点,进而发展成为堡垒城镇。自康熙朝始,天津经济的发展推动了由堡垒城市向商业城市的演变。与其他沿海城市相比，天津城市和商业发展起步较晚，但同样受到封建制度的制约，依然具有明显的封建色彩（《清代天津商业城市的形成初探》，《天津社会科学》1987年第4期）。萧放的《宋至清前期景德镇的形成和发展概述》（《江西社会科学》1987年第3期）认为，清前期瓷业发展的特点是，以小型民营手工工场为主，出现了烧造联合的较大手工工场；瓷业年产大量增加，市场进一步拓展；镇市人口、规模也较快增长与扩大。遂与佛山、汉口、朱仙关列为全国四大镇。刘文智的《清代前期的山西商人》（《天津社会科学》1987年第3期）认为，晋商经营的商业是贩运性质的，他们与封建官府联系密切。其商业资本的归宿，一是放债和高利贷，二是票号业的出现，三是资财的大量储存和支付奢侈性生活消费。在台湾经济史上，合股经营是一种重要的经济组织形式，郑振满在《清代台湾的合股经营》（《台湾研究集刊》1987年第3期）文中指出，清代台湾草莱初辟，必须有效地组织各方面的人力和财力，才能顺利地进行规模空前而又富有冒险性的开发事业。这是清代台湾盛行合股经营的内在原因，也是合股经营在台湾历史上的主要作用。此外，谭棣华的《从〈佛山街略〉看明清时期佛山工商业的发展》（《清史研究通讯》1987年第1期）一文，亦对佛山的商业资本做了初步探讨。

对清代的海运史、对外贸易史研究，近年来有所加强。冯超、张义丰的《论元明清河漕与海运之变迁》（《安徽大学学报》1987年第3期）认为，从元明清三代河漕与海运的盛衰变化过程来看，海运自元代创始，经明王朝而至清中叶，由兴盛而衰退，于清晚期又重新复苏。河漕则由元代沟通，形成南北大运河之后，经明到清中叶，由低潮走向高潮，清晚期以后随着资本主义势力的侵入，海运畅行，河漕废序，延至今日。清代前期，海外贸易主要在粤海关控制下,由十三行商人具体经营。章深的《十三行与清代海外贸易的特点》(《中国社会经济史研究》1987年第1期)指出,清代由十三行经营的外贸是中国封建社会官营外贸中政治色彩最淡薄、官营程度最低、商品经济程度最高的外贸,达到中国封建社会官营海外贸易的最高峰。郦永庆、宿丰林的《乾隆年间恰克图贸易三次闭关辨析》(《历史档案》1987年第3期)认为,乾隆年间,恰克图曾三次闭关,这在一定程度上遏制了沙俄对华领土的图谋,稳定了边境局势,而且有助于维护和发展两国的平等贸易。但它也体现了清政府的封建专制主义和蒙昧主义,使中国失去了对外贸易的主动性,限制了中国商品进入世界市场。

二、政治史研究

本年度这方面的论文,涉及清入关前史、政治制度、皇权斗争和秘密会社等问题。

清入关前史。 杨旸的《清入关前史的历史地位——兼评李自成局限北京无意收复东北》(《黑河学刊》1987年第1期)提出,清入关前史在抵制沙俄入侵、完成明清东北疆土交替方面,均做出了贡献。而第三个历史性贡献在于,基本奠定了中国现代版图、民族、传统、共同民族意识、共同民族心理素质等的统一的多民族的东方大国。蔡美彪的《大清国建号前的国号、族名与纪年》(《历史研究》1987年第3期)认为,约自1619年前后努尔哈赤铸造满文"天命金国汗之印"行用,到1636年皇太极建号大清以前,一直沿用金国这一称号。汉文文献或称"大金",仍是习惯性的称颂。至于"后金"一名,既不是努尔哈赤自建的国号,也非出于后世史家的追称。它初见于朝鲜,又由朝鲜传到了明朝。金国草拟文书的汉人也不无可能偶用"后金"之称,但并非正式的国名。依据名从主人的通例,我们把努尔哈赤的国家称为金国,当更符合历史的实状。在明与后金关系方面,佟铮指出,女真族与汉族地区之间的经济联系和经济冲突同样都是不可避免的。当经济关系无法调节自身的矛盾时,就要谋求以政治方法来解决。努尔哈赤起兵反明,就是为了解决经济冲突,以求在新的基础上继续发展经济联系(《从努尔哈赤的经济要求看明与后金之间的关系》,《社会科学辑刊》1987年第6期)。关于清初统一的历史条件,陈作荣在《试论清初统一的历史条件与政策的两重性》(《社会科学辑刊》1987年第2期)中认为,它是当时各种势力角逐中,由于诸多偶然因素促成的。不是什么"事有必至,理有固然",更非什么"天予人归"。其政策亦有前进与落后的两重性。左步青的《满族入关和汉族文化的影响》(《故宫博物院院刊》1987年第3期)论述了满洲贵族吸取汉族传统文化的始末、渠道。此外,姜守鹏的《刘兴治的归明与叛明》、刘小萌的《八旗户籍中的旗下人诸名称考释》、谢景芳的《八旗汉军的建立及其历史作用》(均见《社会科学辑刊》1987年第3期)等文,亦值得一读。

政治制度。姜舜源的《清代的宗庙制度》(《故宫博物院院刊》1987年第3期)论述了清代宗庙的建置,主要祭祀活动,神主升祔、加谥与进册宝等问题,并认为清代宗庙制度的一个很大特点是合禘于祫。吴建华的《清初巡按制度》(《故宫博物院院刊》1987年第2期)概述了这一制度的兴废、职能、实迹后指出,它法明制而损益,收到了有巡方而污吏贪官不时参处的良效。朱金甫的《清康熙时期中央决策制度研究》(《历史档案》1987年第1期)依据《康熙起居注》一书,对这一制度做了探讨。作者认为,内阁大臣对皇帝的决策最有影响,而且可以直接参与决策,也只有内阁才是中枢机构。这样,皇权与官僚机构之间便形成了一种十分微妙的关系。伍贻业在《论清代文人入仕与吏治》(《南京大学学报》1987 年第 2 期)一文中分析,清代文人的出路大略有三条:进士、举贡和入幕充吏。科举的弊端主要在于八股取士、束缚人才,但它通过考试择优入仕却能导入新人,调节吏治,缓解社会矛盾。

皇权斗争与秘密会社。关于清世宗嗣位问题,王锺翰力主"夺嫡"说。他在《清圣祖遗诏考辨》(《社会科学辑刊》1987 年第 1 期)一文中,通过比勘,认为《遗诏》原从《面谕》增删、改写而成,表明它是伪造的,这为世宗篡位增添了一个历史文献物证。喻松青的《明清时期的民间秘密宗教》(《历史研究》1987 年第 2 期)一文,认为清代的民间秘密宗教,基本上可分为以下几大系统:1. 张保太无为教。2. 罗教。3. 清茶门教。4. 八卦教。5. 弘阳教。它已把佛教倾诉人世无边大劫海的哀叹,变为破坏旧世界建立理想王国的信号,变为反抗现有统治的批判的武器和武器的批判。这方面的论文还有刘伯涵的《从崔应阶等三件奏折看天地会的军事组织色彩》(《历史档案》1987 年第 2 期)、秦宝琦的《从档案史料看嘉道年间天地会组织与传会手段的演变》(《上海师范大学学报》1987 年第 1 期)等文。

三、人物评价与研究

本年度亦有新的进展。除专著外,论文亦不少。刘德鸿的《孝庄文皇后与多尔衮、鳌拜》(《黑河学刊》1987 年第 1 期)一文,分析了三者之间的关系,并认为拥立福临非孝庄文皇后之功;亦否定太后下嫁一事。而孝庄皇后、康熙帝与鳌拜的矛盾,是君权与相权之争。丁进军的《康熙与永定河》(《史学月刊》1987 年第 6 期)概述了康熙治理这条灾河的经验教训。潘向明的《雍正吏治思想探微》(《故宫博物院院刊》1987 年第 3 期)一文认为,注重实际,具有强烈的务实精神，是雍正吏治思想中最为明显的特色，对如何用人也有其独特的想法。左步青的《乾隆初政》（《故宫博物院院刊》1987年第4期）一文指出，弘历在做皇子期间，就表现出明理豁达、注重务实的作风。他既重视人才，又审慎用人。他大胆革除弊政，清明政治，改良习俗，约束宫监，力图在初政时表现出勤于政事、奋发有为的作风。明珠是康熙帝的权相，对他的评价向有争论。阎崇年的《明珠论》（《故宫博物院院刊》1987年第1期）则提出，他有辅君开拓一朝新政之功，旧史及前论多抑功扬过，不足为训。冯佐哲的《有关和珅家族与皇室联姻的几个问题》（《故宫博物院院刊》1987年第1期）一文指出，和珅之所以能在乾隆帝晚年时权势赫赫，与他同乾隆帝亲上加亲不无关系。

四、民族史研究

民族政治史与经济史研究，取得了较大成绩。

民族政治史。努尔哈赤时期是满族法制产生、发展的时期。刘世哲的《努尔哈赤时期刑罚类项及其特点》（《民族研究》1987年第6期）一文，论述了这一时期的刑罚类项、刑罚特点等问题。在八旗制度研究方面，郭成康的《清初牛录的数目》（《清史研究通讯》1987年第1期）指出，总计满、蒙、汉八旗在入关前共编设了约500个牛录。杜家骥的《清代八旗领属问题考察》（《民族研究》1987年第5期）一文，提出皇帝与宗室王公分别领有而分为上三旗和下五旗应包括八旗汉军、八旗蒙古在内，这亦是皇帝与诸王旗主权力斗争的产物。陈佳华通过考析，在《清初"白身人"析》（《民族研究》1987年第5期）中指出，满汉文中"白身"一词，包括从事各行各业的平民百姓。满族白身人为清王朝的建立和巩固，做出了不可磨灭的贡献。同时，在不同时期其生活与地位，亦有变化。刘忠的《试论清代驻藏大臣松筠对西藏的改革》（《中央民族学院学报》1987年第6期）具体论述了松筠对西藏差役赋税制度等方面变革的具体内容和作用。清雍正五年，在西藏发生的阿尔布巴事件，酿成了历时一年之久的卫藏战争。胡岩的《阿尔布巴事件的前前后后》（《民族研究》1987年第4期）探讨了这一事件的历史背景、清朝的措施、对西藏的善后处理等问题。并指出，动乱平息后，清政府废止了众噶伦联合执政的制度，改变了清初以来不在西藏派官、驻军的做法，这是清朝治理西藏的一个重大转折点。对清代土司制度及"改土归流"的研究，亦有专文：李玉成的《青海土司制度兴衰史略》、吴永章的《论清代鄂西的改土归流》（《中央民族学院学报》1987年第4、5期）。李文论述了这一制度的由来、明清青海各家土司情况、青海土司制度的衰落与废除。吴文则认为，鄂西改土归流从雍正十年始，十三年结束。它有利于国家的统一和鄂西人民的社会经济发展，如减轻了人民负担，为鄂西社会经济发展创造了有利条件；伴随土司制度的废除，过去"蛮不出境，汉不入洞"的封闭状况被打破，大批外地人不断迁入，垦荒种苞谷；手工业、商业有了长足的发展。在历史人物研究方面，程溯洛的《论大小和卓木》（《中央民族学院学报》1987年第1期）一文，论述了大小和卓木的名称由来及其世系；大小和卓木叛清的背景及其性质。他指出，大小和卓木是大封建领主，他们之所以反清搞独立，根本目的是为了永远保持并不断扩大其祖先世袭的中世纪的封建领主的特权。因此，他们丝毫不代表维吾尔族人民的利益，它的反动本质是毋庸置疑的。民族风尚既是不同历史阶段社会生活的反映，也是各民族不同民族特性的体现。近年来，随着社会生活史研究的逐步开展，这方面研究渐有加强。杨英杰的《满族婚姻习俗源流述略》（《民族研究》1987年第5期）一文则颇有特色。作者认为，清代满族的婚嫁，一方面承袭了其历代先世的某些习俗，另一方面由于社会历史阶段的发展及受特定因素民族战争的影响，特别是入主中原以后受汉族高度封建文化的影响而发生了变化，形成了以民族融合为特色的新的婚姻习俗。

民族经济史。乾隆年间，清政府统一新疆后，在伊犁大兴屯田，为开发我国西北边疆做出了不可灭磨的历史功绩。吴元丰的《清乾隆年间伊犁屯田述略》(《民族研究》1987年第5期)概述了伊犁屯田的背景、伊犁屯田的概况、伊犁屯田的措施、伊犁屯田的意义，值得一读。在民族贸易史方面，本年度的研究亦有新的收获。王熹、林永匡的《清乾隆年间新疆的"回布"贸易问题》(《新疆社会科学》1987年第5期)依据满文档案材料，论述了伊犁哈萨克贸易中，清政府与哈萨克商队的"回布"交易。文中指出，此种贸易的结果，确实满足了双方的需要，促进贸易双方生产的发展，人民生活的改善，同时，这一延续达百年之久的经济贸易活动，还导致了在政治上、军事上、文化上双方交往的加强与深化。他们另有《清代乌鲁木齐的哈萨克贸易》(《中亚研究》1987年第1期)一文，根据现存的有关满汉文档案与文献，对这一贸易的背景、贸易规模和历史作用，进行了条分缕析的论述。对清代新疆的官牧事业，徐伯夫的《18—19世纪新疆地区的官营畜牧业》(《新疆社会科学》1987年第5期)一文，则进行了专门论述，并对乾嘉道时期各类牧厂的建立、牧厂的规章制度、官牧业的历史作用及弊端，提出了自己的见解。

五、思想文化史

研究课题涉及面广，论文数量亦甚丰。其中，重要论文有：杨国荣的《黄宗羲与王学》(《中州学刊》1987年第5期)、李明友的

《主体意识的初步觉醒——黄宗羲民主启蒙思想新论》(《浙江学刊》1987年第2期)两文,杨文认为正是黄宗羲对王学的批评与清算,导致了王学的终结与实学思潮的兴起。李文则对黄宗羲的民主启蒙思想进行了探讨。赵汝泳的《明清山西俊秀之士何以"弃仕从商"》(《山西大学学报》1987年第4期)指出,山西文化教育在唐比较繁荣,明清一落千丈,从正数第三到倒数第三。究其原因,读书求仕,风险太大;弃仕从商,效益显著。这就是山西俊秀之士"弃仕从商"的重要原因。对清代的地方宗教,史学界研究不多。梁玉多的《清代黑龙江省宗教与祠祀的特色》(《黑河学刊》1987年第1期)则探讨了这一地区的某些独具特色,如不存在"邪教",原因是剥削程度相对内地轻得多;居民普遍信奉原始萨满教。又如孔子不得独尊,黑龙江人将孔子与老子、匠作、医、卜、杂技等行业的师祖并列起来,颇为独特。此外,来新夏的《清人笔记的史料价值——〈清人笔记随录〉代序》(《天津社会科学》1987年第1期)、缪志明的《清代津门诗人梅成栋》(《天津师大学报》1987年第3期)、张玉兴的《清代东北名诗人略考》(《辽宁大学学报》1987年第2期)、赵永纪的《清初遗民诗概观》(《复旦学报(社会科学版)》1987年第1期)、李春光的《论朱舜水对中日文化交流的贡献》(《社会科学辑刊》1987年第4期)等文,从不同侧面,对清代文化史中的一些问题,进行了论述,亦颇具特色。孙文良的《〈满洲源流考〉辨析》(《社会科学辑刊》1987年第3期)一文,则对这部满族史专著,给予较高估价。此外,陈祖武的《从〈避地赋〉看黄宗羲的东渡日本》(《中国史研究》1987年第1期)、《关于李颙研究中的几个问题》(《中国社会科学院研究生院学报》1987年第2期)两文,亦值得一读。前文否定了黄宗羲的"避仇亡命"说,确认为赴日乞师。后文则就李颙思想的实质澄清前人误解、论证,"明体适用"说才是李颙全部思想中最为成熟,从而也最有价值的部分。

通观本年度的清史研究,成绩虽然不小,但仍存在诸多不足。对清代的宏观研究仍感缺乏;社会生活史、文化史的研究中,许多领域至今仍还是空白。经济史研究中,许多课题也亟待深入。这些,都有待在新的一年中,清史研究者做出更大努力。

1988年清史研究概况

◎ 郭　疆

1988年的清史研究，颇富特色。其特点有三：首先，在课题的选择上，除传统课题外，亦有新的课题研究出现，如文化史和社会生活史、饮食文化史等。其次，在研究的深度与广度上，亦有新的进展与突破。再次，在研究的领域上，亦有新的拓展。因此，就某种意义上讲，这是清史研究工作"调整、充实、提高、开拓、进取"的一年，虽然，就"开拓、进取"而言，步伐还不大，有的甚至还处于"萌生"状态，但毕竟为新的起步，露出了希望的端倪。

该年，清史研究方面较重大的学术活动有：8月，在辽宁省兴城市召开的"兴城国际袁崇焕学术讨论会"，与会者中外学者、专家45人，提交论文20余篇。出版的学术论著则有：陈支平著的《清代赋役制度演变新探》(厦门大学出版社，1988年，18万字)，铁玉钦、王佩环、姜相顺、佟悦等编著的《盛京皇宫》(紫禁城出版社，1987年，30万字)，戴震研究会编的《戴震学术思想论稿》(安徽人民出版社，1987年，30万字)，张玉兴选注的《清代东北流人诗选注》(辽沈书社，1988年，52万字)，王戎笙编的《台港清史研究文摘》(辽宁人民出版社，1988年，62万字)，洪焕椿编纂的《明清苏州农村经济资料》(江苏古籍出版社,1988 年,50 万字)。此外,列有专章论述清史的研究著作亦有:孙晓著的《中国婚姻小史》(光明日报出版社,1988 年,20 万字),阎崇年等编的《中国历代都城宫苑》(紫禁城出版社,1987 年,21 万字)。工具书与译著有:吴枫主编的《续修四库全书提要》(中州古籍出版社,1988 年),赵展译、罗丽达校的《尼山萨满传》(辽宁人民出版社,1988 年),刘淼辑译的《徽州社会经济史研究译文集》(黄山书社,1988 年,42 万字)等。见诸报刊的清史研究论文,则达 500 篇之多。

下面,将清史若干重要问题的研究进展和概况,介绍如下。

一、政治史研究

这方面论文的数量较之经济史而言,相对较少;其研究课题,也多限于一些传统题目。

明末清初史研究方面。南明史研究仍是热门课题。李三谋的《顺治初年鲁王"监国"政权在浙江失败的内因》(《浙江师范大学学报》1988 年第 3 期)一文指出,鲁王受封于兖州,只徒食禄,而未曾从政,也未预军旅之事,对治国安邦之务十分生疏。在此乱世猝然让其主政,甚为不适。至于监国的文武百官更不图报国奋进,只求享乐,并谋及后世子孙,贪得无厌。总之,鲁王监国政权,政令不行,臣无一志,军各自卫,一盘散沙,终未能举大事,故有监国之名,无监国之实。这就是说,监国是外有强悍清兵攻杀,而内部又分崩离析、自我肢解,终于败亡。

清代的引见制度,既是政治制度的重要组成部分,亦是清代皇帝控制用人权的重要手段之一。黄十庆的《清代的引见制度》(《历史档案》1988 年第 1 期)认为,引见在一定程度上有考察高级官员的作用，也有明显的激励官员的作用。对清代的侍卫制度，常江则认为，这一制度为巩固清王朝统治，在政治、军事等方面发挥了较大作用：其一，维护了"首崇满洲"的特权；其二，在储存人才方面的作用；其三，有巩固边疆地区统治的作用；其四，加强了君主专制统治（《清代侍卫制度》，《社会科学辑刊》1988年第3期）。对清代的生监制度，王跃生《清代生监的社会功能初探》（《社会科学辑刊》1988年第4期）一文认为，清代生监是一个重要的社会阶层，遭遇曲折，但他们通过各种方式向社会下层渗透，控制民间权力；并利用自己的才识对官僚政治施加影响。

二、经济史研究

这方面论文数量最多，许多传统研究课题的论文，在深度与广度上，则有新的开拓。

土地所有制与赋税制度。 林甘泉的《〈中国封建土地制度史〉前言》（《中国史研究》1988年第4期）一文，从宏观的高度，分析了整个古代土地所有制的演变过程。他认为，封建国家土地所有制、封建地主土地所有制和自耕农土地所有制这三种封建土地所有制基本形式的消长和变化，反映出阶段性。从战国到西晋是第一阶段，十六国到隋唐是第二阶段，宋辽金元是第三阶段，明清是第四阶段。在四个阶段中，土地经营方式、产品分配方式及直接生产者的身份地位都有相应变化。在租佃形态研究方面，李英华对清代二地主的来源、特点进行了论析，《明清时期的二地主浅析》（《思想战线》1988年第2期）一文认为，土地所有权的分割为田面、田骨两部分，是产生的直接原因。它的作用是消极的，增强了地主经济、加重了佃农负担、阻碍了农业资本主义化，因此，二地主实则为封建剥削者。

张研的《清初佃农浅论》(《青海社会科学》1988年第4期)指出,在清初特定历史条件下的佃农经济中,都出现了一种奇特现象:部分佃农获得了,或部分获得了实际上的土地所有权。随此而来,在主佃关系方面也发生了很大变化:超经济强制削弱;佃农地位提高;主佃关系向着纯纳租关系发展。对清代的赋役制度,刘志伟的《明清珠江三角洲地区里甲制中"户"的衍变》(《中山大学学报》1988年第3期)指出,明代的里甲制(清代称为图甲制)在珠江三角洲及其他许多地区,不但保留下来,且人们在纳税、土地登记时,均用里甲系统中的"户"作为自己的户籍。刘志伟的《明清珠江三角洲地区里甲制中"户"的衍变》(《中山大学学报》1988年第3期)指出,图甲制中"户"类似今日银行账户的登记单位(即户头)。而对"户"拥有支配权并在其中承担纳税责任的,则是一定的社会群体及其成员。陈玉峰则论述了清代东北粮庄的破坏和丈放。其皇庄土地破坏途径一是被盗卖,二是"隐占",三是被侵吞,四为佃户抗租斗争。从而使粮庄土地所有权不断从皇室之手,经"非法"转入民间,并导致丈放(《清朝东北粮庄的破坏和丈放》,《北方文物》1988年第1期)。

农业生产与经济。 李三谋的《清代北方农地利用的特点》(《中国社会经济史研究》1988年第3期)一文,探讨了清代北方农地利用的特点,指出清代北方佃农常有被田主撤佃夺耕的危险,往往不愿改良土地,且以广种多佃为宗旨,结果土地变得日益贫瘠。从一定意义上说,广种薄收也是佃农与田主进行经济斗争的一种形式。它破坏了地主的生产资料,减少了其土地收入,故清朝官员主张全面推广"区田法",以期精耕细作,水肥并进,节用土地。在此状况下,北方不少地主往往改变旧的剥削方式,雇募劳力直接经营农业生产。此外,北方地主欲求得生存,不得不更多地干涉佃农的生产。

为不误农时、争取丰产，田主常常要自备耕牛、种籽、农具租借给佃户，使其有能力耕耘浇灌壅肥，有的还为佃农备置住房，以求完全控制佃户的生产活动。在清代农垦史研究方面，齐清顺的《试论清代新疆兵屯的发展和演变》(《新疆大学学报》1988年第2期)一文，通过论述清代新疆兵屯的发展和演变，认为兵屯有组织易、见效快、可随时增减等优点，起到了"足食"作用，带动了整个新疆农业的发展。然因其生产方式落后、生产成本过高，时间一久，经济上走入死胡同，而民屯(包括"回屯")则可解决此问题。兵屯向民屯演变则有兵屯土地发展为民屯土地、兵屯士兵逐渐演变为屯田农民这两种方式。清前期统治者对粮食的得当调剂是盛世的重要物质基础之一，对此，吴慧、葛贤惠在《清前期的粮食调剂》(《历史研究》1988年第4期)一文中指出，粜仓米，截漕粮，置常平，便商贩，禁遏余，开海运，顺粮价，戒囤积，则是其主要举措，在粮食这一重关国计民生的重要商品上，国家发挥了它最大可能的调节作用。对米价问题，陈支平探讨了清前期福建的非正常米价，并得出结论：自顺治至乾隆年间，福建的粮食价格经历了一个高—低—高的发展过程。而从清前期粮价的非正常趋势和季节性变动看，福建的粮食供应是十分紧张的(《清代前期福建的非正常米价》，《中国社会经济史研究》1988年第3期)。

城市与区域经济研究。在城市与市镇研究方面，陈忠平的《明清时期南京城市的发展与演变》(《中国社会经济史研究》1988年第1期)探讨了明清时期南京城市的发展与演变规律，认为它的发展可分为两个阶段：明洪武前期至正德以前；正德后至清鸦片战争前。后一阶段是它随内部经济的发展重新恢复并臻于鼎盛的阶段。这一过程反映了封建社会晚期商品经济发达地区一些城市的发展与演变规律：虽仍受封建政治、军事因素支配性影响，但经济因素却对城市发生着日益重要的作用。因之在不同程度上开始向经济职能为主的工商业城市转化。樊树志的《明清江南市镇的实态分析——以苏州府嘉定县为中心》(《学术研究》1988年第1期)一文,则以嘉定县为中心,对明清江南市镇进行实态分析,指出以棉布业及棉布交易为支柱的市镇经济,是导致该市镇兴盛的重要基础,在市镇经济结构运行中,客商、牙行与脚夫是不可或缺的三大要素。在区域经济史研究方面,陈良学、邹荣础的《清代前期客民移垦与陕南的开发》(《陕西师大学报》1988年第1期)认为,清初实行招徕移垦政策,大批南方客民移徙陕南,不但为陕南增添了劳动力,也带来了南方的生产技术。南北文化交融,促进了陕南开发,在荒地垦辟、水资源利用、作物种植改进、桑蚕饲养方面对陕南经济发展产生了深远影响。梁淼泰的《明清时期浮梁的农林商品》(《中国社会经济史研究》1988年第1期)一文,通过对明清浮梁的农村商品的论述,指出:景德镇瓷业繁荣,浮梁则自然经济稳定,城乡之间经济水平很不相称。由此可见,封建的山区农村,若无较高农业生产水平,城镇手工业又不足以使其改观,城镇虽能带动农村输出大量农村商品,却不可能引发农村经济起质的变化。清代,徽商是区域性经济发展中一股活跃的力量。曹国庆的《明清时期徽商在江西的活动》(《徽学通讯》1988年第1期)一文认为,明清时期,徽商在江西的活动,促进了该地区工商业市镇和农村商品经济的进一步发展,对江西居民的生活、社会秩序的安定及文化教育的发展均有重要影响。

清代的盐政和盐商。萧国亮的《论清代纲盐制度》(《历史研究》1988年第5期)一文,通过对清代纲盐制度的分析,揭示了纲盐制度的实质及它对经济发展的影响。林永匡、王熹的《清代盐商与皇室》(《史学月刊》1988年第3期)一文,在充分利用档案与文献材料的基础上,对清代盐商与皇室的关系进行了深入的剖视。他们认为，二者关系呈现如下特点：一方面，盐商以皇帝与皇室作为政治经济上的巨大靠山，获巨利有恃无恐；另一方面，清皇室又将盐商作为自己重点笼络与优渥的对象，更将其作为巨大财源之一，进行苛剥与分润。这种长期的相互勾结、互为依托的"共生"关系，既增加了盐商的封建性、垄断性，及皇室的寄生性；同时，二者亦成为封建社会"躯体"上巨大的"赘瘤"和"疽"。柴继光的《运城盐池资本主义萌芽初探》（《盐业史研究》1988年第1期）探讨了清代河东盐池的资本主义萌芽问题，指出在"畦归商种"后，盐池生产关系出现新的特点并产生两个对立的新兴阶级——盐商（资产者）、盐工（无产者阶级）。罗庆康的《浅论陶澍整顿两淮盐政》（《盐业史研究》1988年第2期）一文，对道光时陶澍整顿两淮盐政的措施，如裁撤浮费、降低成本、减少滞岸、推行票引、狠抓缉私等，指出对消除政盐弊端、促进两淮盐业发展，起了一定的作用。林永匡、王熹的《乾隆时期长芦运司的盐政措施》（《绵阳师专学报》1988年第1期）一文，则对乾隆时期长芦运司的盐政措施，即长芦引盐加斤免课，以行商力；通融代销，以疏盐引；对欠课商人实行惩处，"以示劝惩"；对盐政官员立定考成，"以儆怠弛之习"；提增盐价，以济商力；发放内帑，以济盐商周转之资等，进行论述。并认为措施实行后，收效甚微，且出现诸多新问题。王佩环的《清代前期盛京地区官盐生产供销概述》（《盐业史研究》1988年第3期）指出，清前期盛京地区官营盐业的生产是通过编设盐庄，由官府——盛京内务府和盛京户部直接管理，完成产供销过程。曾进平的《清代自贡盐场的经营管理组织》（《盐业史研究》1988年第2期）一文，结合清代自贡盐场管理的论述，对嘉庆中期出现的专门管理机构"柜房"予以剖析。林永匡、王熹的《清代两淮盐商与皇室》（《故宫博物院院刊》1988年第2期）一文，更依据丰富的档案与文献资料，对清代两淮盐商与皇室的特殊关系进行了论述，提出了诸多新的见解。

手工业经济。本年度发表的有关文章，重点探讨了如下课题：（1）手工业行会。清代，湖南的手工业行会十分发达，活动频繁。王继平的《论清代湖南的手工业和商业行会》（《中国社会经济史研究》1988年第3期）一文，经过探讨，认为这种行会既是小手工业者和商人为保护共同利益而设立的经济组织，又是民间进行社会活动和公益事业的组织，还具有协助官府维持城市统治秩序的职能。但由于它的保守与闭关性质，故对经济发展起了消极与阻碍作用。（2）手工业市镇。陈学文在《明清时期江南丝绸手工业重镇菱湖的社会经济结构》（《浙江师范大学学报》1988年第3期）一文中指出，明清时期江南市镇大量的勃兴和发展，表明商品经济发展到了一个新阶段。其中，丝绸手工业重镇菱湖的出现便是典型事例。它既是江南著名丝市，又是丝绸手工业生产的专业市镇。菱湖镇职能具有二重性，它是丝绸加工的专业市镇，又是蚕丝、丝织品销售的商业市镇。二者比较，生产是为了市场销售，即以商品交换为目的。因此，该镇在二重职能中属于以丝类商品交换与绸类的商品生产二者为重的丝绸的生产、销售的工业市镇性质，均是商品经济发展的产物。（3）丝织手工业。范金民的《清代前期江南织造缎匹产量考》（《历史档案》1988年第4期）、《明清苏杭官民营丝织业关系论》（《南京大学学报》1988年第2期）两文，则在利用档案材料的基础上，对清代前期江南织造缎匹产量进行了考订，他作出估计：自乾隆年间至咸丰初年，江南三织造每年平均织造各类缎匹共为13000匹左右。顺治到雍正年间，根据零星的缎匹记载和有关销银规定与实际做法，则平均年产量应该略高于此数，可能有14000匹—15000匹。对清代苏杭官民营丝织业的关系问题，范全民则认为，二者生产方式相互制约：在民间丝织业影响下，官营织造以局织雇募制这一官民营混合形式来往维持生产；在官营织造的影响下，民营丝织业则以包买主制的特殊形式结束了其资本主义史前期。

三、中外关系史研究

这方面的论文，主要涉及清代的中外关系与对外贸易等课题。

中外关系。清代闭关自守问题，是史学界长期探讨而又争论不休的一个问题。张之毅的《清代闭关自守问题辨析》（《历史研究》1988 年第 5 期）一文认为，中西关系是多方面的，包括政治、经济和文化。从西洋贸易这一方面来检验，清前期则并未实行闭关自守政策，但在政治上与文化上则奉行闭关自守政策，其原因有二：一是清朝统治者妄自尊大；二是清朝统治者的文化优越感。结果，清政府作出了几项错误抉择：一是不屑于掌握世界知识；二是忽视外交交涉；三是不向英国抗议助廓尔喀入侵西藏；四是将中外交往限制在繁文缛节渠道；五是疏忽海防；六是不重视吸收西洋科技。大清代的中缅关系方面，黄祖文的《清代乾隆年间中缅边境之役》（《四川大学学报》1988 年第 2 期）一文指出，乾隆年间中缅边境之役后，缅甸封建统治集团从此停止了对云南边境地区的扩展，边境遂出现长期和平，不仅有利于云南经济发展，且有利于两国关系逐步恢复正常。

对外贸易。陈东林的《康雍乾三帝对日本的认识及贸易政策比较》（《故宫博物院院刊》1988 年第 1 期）一文，分析了康雍乾三帝对日本的认识及一百余年对日贸易政策的变化，认为这一时期两国虽无官方关系，但由于民间贸易的促进和对日本铜斤的需求，致使三帝对赴日贸易始终持有保护和一定程度鼓励态度。朱雍的《论乾隆初政时期的对英温和政策》（《上海社会科学院学术季刊》1988 年第 1 期）一文更指出，乾隆初政，在中英关系问题上采取较克制和忍让的温和政策。从大局着眼，牺牲局部利益，放弃习惯做法，以保证中英贸易关系顺利发展。邓开颂的《论清代前中期广东对外贸易的若干特殊政策》（《中国社会经济史研究》1988年第3期）一文，论述了清代前中期广东对外贸易的若干特殊政策，认为它在一定程度上有利于这一地区外贸的发展，进而对社会经济产生了多方面的影响。戴和在《清代粤海关税收述论》（《中国社会经济史研究》1988年第1期）一文中，则对清代粤海关的税收结构、税收增长、关税分配与用途等问题进行了探讨，提出了自己的见解。

四、民族史研究

本年度发表的论文，探讨了清代民族关系和民族政策、清代民族贸易与经济等领域中的一些问题。

民族关系与民族政策。 清代，西藏地方与祖国内地的经济关系和政治关系进一步加强。黄万纶的《元明清以来西藏地方同祖国的经济关系纪略》（《西藏研究》1988年第3期）一文，论述了清政府的有关措施：首先，册封达赖、顾实汗、班禅；其次，清军几次入藏平定叛乱，打退廓尔喀入侵；最后，调整和改革西藏地方的政治和经济管理体制，制定"钦定章程"。在经济关系方面，则主要表现在进贡、回赐和贸易往来上。张晓虎在《鸦片战争前四十年间驻藏大臣情况及拒援廓尔喀事件》（《清史研究通讯》1988年第3期）一文中，历述了嘉道二朝政府在治藏问题中的种种失误，如消极保守治藏思想、驻藏大臣的腐败无能等，及其后果。张世明探讨了《钦定西藏章程》产生的历史背景，指出它以法律形式明文规定了驻藏大臣的职权及西藏、军事、财政、对外交涉制度，有力抵制了英国对西藏的侵略，标志着清朝在西藏的施政达到了最高阶段（《试论〈钦定西藏章程〉产生的历史背景》,《清史研究通讯》1988 年第 3 期)。清代新疆与祖国内地伊斯兰教的联系和交往,是民族关系的一个重要方面。对此,陈国光的《论清季新疆与祖国内地伊斯兰教的联系和交往》(《新疆社会科学》1988 年第 6 期)一文进行了具体论述,并认为这一交往具有重要作用和意义,如带动了学术与生活方面的交流、体现了我国伊斯兰教民族化过程、有利于我国伊斯兰教的发展变革等。清代,喇嘛教(亦作藏传佛教)在蒙古族地区长期传播,加上清政府的扶持,形成许多特权。陈育宁、汤晓芳的《清代喇嘛教在蒙古族地区的特权及其衰落》(《青海社会科学》1988 年第 5 期)一文则指出,鸦片战争前,不仅喇嘛人数和寺庙增加,寺庙经济亦有很大发展,形成独立的寺院经济,加之喇嘛生活日趋腐化,致使清政府对喇嘛教上层特权不得不加以限制,并最后加之其他原因,喇嘛教终于衰落。苗普生的《论清初维吾尔族地区伯克制度的改革》(《清史研究通讯》1988 年第 3 期)一文,则论述了清政府维吾尔地区伯克制度的改革。通过伯克制度改革,使伯克制度逐渐纳入清朝政府地方官制的轨道。

民族贸易与经济。"楚勒罕"是满语集市贸易的意思,清代"楚勒罕"制是东北民族贸易的特殊形式。乌力吉图的《论清代"楚勒罕"制的发展》(《内蒙古社会科学》1988 年第 6 期)一文认为,这一制度的发展与完善,与清政府的扶持与培植有关。它有如下特点:其一,利用民间原始的交换形式,加以完善改造,充实其内容;其二,楚勒罕不仅仅是官府的一年大计,也是民众的一年大计;其三,楚勒罕这一独特的交易形式,已成为清朝国计民生的重要一环。王熹的《清代中期的土尔扈特贸易》(《新疆社会科学》1988 年第 6 期)一文,通过大量满文历史档案材料,探讨了清中期在伊犁等地进行的土尔扈特贸易的具体内容。王熹认为,这一官方贸易,主要是土尔扈特各部以牲只、金币、银两、银币（俄国货币）来换取清政府官牧厂的牛羊。贸易的开展对土尔扈特部的生存发展、西北边防的巩固、边疆的开发，均产生了积极而深远的影响。蔡家艺探讨了清代蒙古进藏熬茶中的"赠礼"，认为它实际上是一种经济交流，蒙古封建主把自己生产的牲畜及在内地交换所得布帛带到西藏；西藏封建主则将当地人民生产的各种物品送给"香客"，通过他们带到蒙古各地，彼此互通有无（《蒙古进藏熬茶浅议》，《西北史地》1988年第1期）。

五、军事史研究

这方面发表的论文不多，主要则有：陈生玺的《论明清松锦之战的若干问题（下）》（《渤海学刊》1988年第2期）一文，对明清松锦之战的若干问题进行了探讨。他认为，明兵作战的失败，乃由于明廷屡次催战和粮饷不续，而洪承畴临战指挥上的失误也起了很大作用。那种洪承畴完全没有错误的说法是不符合事实的。至于洪承畴、祖大寿降清之真相，他亦指出，洪被俘时，皇太极正值宸妃死后，且健康状况恶化，根本没有可能去见洪承畴，而且他对洪身为明帅，兵败被俘未能死节的行为，认为并不可取。对于祖大寿亦是如此。郑成功北征南京，是他一生中致力于抗清斗争和收复台湾活动的重要事件。张玉在《郑成功北征南京概述》（《历史档案》1988年第2期）一文中，概述了进军南京、南京战役及退兵南下以及北征失败的原因。认为失败的根本原因在于全国战略形势已发生了根本变化，加之清政府"招抚"政策的瓦解作用；郑成功指挥不当，丧失战机；北伐军作战能力差等亦是主要原因。

六、思想文化史研究

本年度有关论文，探讨的问题有：

理学与实学。 魏鉴勋的《清代理学与反理学斗争辨析》(《社会科学辑刊》1988年第3期)一文提出，理学与反理学是清代思想斗争的特点这一流行结论，未能反映出清代社会主要矛盾变化及由此而在思想文化领域引起的一系列新矛盾；未能反映清代理学在清代思想斗争中所处历史地位，故不能成立。葛荣晋在《清代实学思潮的历史演变》(《文史哲》1988年第5期)一文中，探讨了清代实学思潮的历史演变规律：每当"治世"，它往往埋藏在纯学术外壳内，转向低潮；每当"乱世"，它却沿"修实政，施实惠"方向发展，进入高潮。

人物思想。 杨向奎以精当的见解，阐释了方苞经学与理学的特点，指出他在所有经学著作中，刘歆伪窜经书说最为引人注意，此说开一代学风，影响及于近现代，乃今古文学派争论之焦点。陈祖武探讨了康熙的儒学观的真实内容：即视理学为伦理道德学说，融理学于传统儒学之中、确认朱熹学说为官方哲学（杨向奎的《论方苞的经学与理学》，陈祖武的《论康熙的儒学观》，均见《孔子研究》1988年第3期）。

书院制度。 王迎喜的《简谈清代甘肃的书院》(《张掖师专学报》1988年第1期)一文，论述了清代甘肃书院的设立、发展和演变，经费来源与使用，书院管理和要求等问题，指出它在培养人才方面，与今日学校有颇多相似之处。

七、人物评价与研究

在本年度发表的人物评价与研究的论文中，不少学者对乾隆帝与吴三桂继续展开评价。

乾隆帝评价。 乾隆帝命国史馆编写《贰臣传》的真正目的何在？李新达在《乾隆帝与〈贰臣传〉》(《中国史研究》1988年第4期)一文中认为，一是为"万世臣子植纲常"；二是为文武官员树忠君榜样；三是告诫守成之君要善于用人；四是压制汉官，维护满洲贵族的特权利益。林永匡、王熹的《乾隆时期的贪污风与惩贪措施》(《中州学刊》1988年第1期)一文，则在充分利用档案、文献资料的基础上，对乾隆时期官员的贪污风、贪污手法、数额，以及乾隆帝所采取的惩贪措施（没产、抄家、治罪等）及其效应，进行了探讨，并认为乾隆帝及皇室在一定意义上说，是最大的"贪污集团"。

吴三桂评价。 对吴三桂降清问题的评价，近年来在史学界引起热烈争论。李治亭的《历史的回答——也辨吴三桂降清问题》(《北方论丛》1988年第1期)一文指出，吴降清是历史事实，不必讳言，重要的是如何看待他降清这件事。其实，吴三桂是被李自成逼迫，于危机之中投入清朝的。造成这种结果，李自成也负有责任。另外，从清朝方面来说，吴降清后为其统一全国所立下的功勋是不可磨灭的；再从国家统一这个意义上说，吴与千百个汉官汉将均不应斥为"汉奸"。

八、社会生活与宫廷史研究

本年度这方面研究十分活跃，所探索的新课题有：

饮食文化。 中国古代饮食文化史研究工作，长期被史学界所忽视。林永匡、王熹的《中国饮食文化史研究》(《中国文化报》1988年2月17日)一文指出，中国传统的饮食文化与烹饪技艺到了清代，已发展到了一个新的阶段，且更加绚丽多彩。它的内涵应包括民族与官府饮食文化、民间饮食文化、贵族与官府饮食文化、地方饮食文化等。并且形成许多新菜系，烹制出各具特色的新风味菜、名小吃和特味食品。在清朝，有七位皇帝曾到过避暑山庄消夏。李国梁的《避暑山庄御膳杂谈》(《故宫博物院院刊》1988年第1期)一文认为，研究他们在离宫别苑的饮食起居，是清代宫廷史的一部分。他根据档案与方志中记载，对乾隆帝在避暑山庄的御膳，进行了介绍。

建筑文化。 张十庆在《明清徽州传统村营初探》(《徽学通讯》1988年第1期)一文中，探讨了清代徽州传统村落的特点，认为它可分为三种类型：点状聚落、块状聚落、线状聚落；而用地狭窄、防御性、与山水关系密切，是徽州山村最典型的三个特征。

皇室宫妃殉葬制。 黄展岳的《明清皇室的宫妃殉葬制》(《故宫博物院院刊》1988年第1期)一文认为，满族皇室在入关前与入关后一段时期内，在皇帝及亲王贝勒等贵族中，广泛流行人殉。后来随着社会的进步和汉文化的影响，清统治者一面明令废除殉葬制，另一面却又在实际行动上大力表彰妻妾"自愿"殉死的举动。故终清之世，实际上人殉制并未彻底根除。

王府奴仆。 清代皇室、王府奴仆有着严格的人身依附关系，人数众多。叶志如的《从皇室王府奴仆下人人身地位看清代社会的腐朽没落》(《故宫博物院院刊》1988年第1期)一文指出，这个奴仆下人阶层的形成有几种形式：一是买进；二是投充；三是强占；四是打入辛者库的罪奴。

宫廷器物。 朱家溍在《清雍正年的漆器制造考》(《故宫博物院院刊》1988年第1期)一文中，通过对雍正年间皇宫漆器制造的考订，认为清代漆工艺继承明代传统，如黑漆、朱漆和金漆的家具，此外品种又有所发展与创新。康雍乾三朝漆器则各有风格、特点。

通观本年度的清史研究，论文数量虽多，一些论文亦有新意和深度；另一些则开始填补某些空白领域，应当说，成绩是客观存在的。但应当指出的是，不少论文从选题到内容，仍未脱离某些"窠臼"，亟须新的开拓。至于新课题、新领域，则更待深入。

1989年清史研究概况

◎ 佟　辉

1989年，重大的清史学术活动有：11月初，中国社会科学院历史所等单位在南京大学召开国际清史学术讨论会暨全国第五届清史学术讨论会；中旬在河北昌黎由故宫博物院发起召开了首届清代宫廷史学术讨论会。本年出版的清史专著有：已故郑天挺主编的《清史（上卷）》（天津人民出版社，1989年）、秦宝琦著《清前期天地会研究》（中国人民大学出版社，1988年）、黄爱平著《四库全书纂修研究》、郑昌淦著《明清农村商品经济》（中国人民大学出版社，1989年）、林永匡与王熹合著的《食道·官道·医道——中国古代饮食文化透视》（陕西人民教育出版社，1989年）以及刘子扬编著的学术性资料工具书《清代地方官制考》（紫禁城出版社，1988年）等书。配合清代区域经济史和专门史的研讨，《南京大学学报》第4期、《华中师范大学学报》第1期、《清史研究通讯》第3期、《满族研究》第2期，都刊出了研究专号，这无疑对进一步全面推动清史研究工作向纵深发展，产生了积极的作用和影响。本年度，见诸国内报刊的研究论文近200余篇，在数量上与往年基本持平。现将清史若干重要问题和课题的研究概况简叙如下：

一、经济史研究

论文数量较多，一些论文从选题到内容，较之以往，有深度也有广度，值得注意的是对区域经济史和城市经济史的研讨，在本年度得到加强，引人注目。

区域经济史研究。《华中师范大学学报》发表的"明清城市经济史研究"专辑，着重探讨了明清时期汉口、宜昌、沙市等城市经济体系形成与发展的过程。宋平安的《明清时期汉口城市经济体系的形成与发展》一文，认为汉口这座倚水背口的转口贸易型城市，自明后期开始走向了商业贸易的"黄金时代"，但是在农业经济制约下的汉口商业，单靠转口贸易无法使城市经济走向真正自主之路，因此，自清中后期开始，汉口商业中虚假的繁盛因素日见增长。陶建平则在《明清时期汉口商业网络的形成及其影响》一文中，提出了不同意见。他从汉口商业繁盛的经济、地理诸因素探求汉口商业繁荣的内在动力。认为汉口商业的繁盛对明清时期湖北地区乃至全国的经济文化、民俗民生有着重要影响。宜昌是长江口岸的重要城市，其真正发展是在清代。段超的《试论清代宜昌城市的发展》一文，通过考察宜昌城市在清代各个阶段的发展状况，认为宜昌是一个转口性极强的贸易城市，进一步阐述了转口贸易城市的发展和国内经济状况、社会环境、运输状况及地理位置的关系。陈关龙在《明清时期沙市商品市场探索》一文中认为，明清时期沙市商品经济在发达的航道、商业性农业的发展及封建政策的调节所创造的良好环境基础上呈现了新的繁荣景象。漕运是中国封建社会一项重要的经济制度，在封建社会晚期，具有广泛的社会功能。清代湖广是重要的漕运省区，吴琦的《清代湖广漕运与商品流通》一文指出，由于清政府实施相对宽松的漕运和商业政策，以及漕运人员的非法商业活动等,漕运促进了商品流通,并对清代城镇繁荣起了直接推动作用(以上均见《华中师范大学学报》1989年第1期)。《南京大学学报》刊出的"明清江南区域经济史研究"专辑,主要探讨了康乾南巡与江南社会经济发展之间的关系问题。夏维中的《康熙南巡时期的江南织造》一文,认为在南巡期间,作为皇室心腹的江南织造充当了远非织造一职本身所能担当的重要而又机密的角色,如积极迎接南巡、四出采办贡品、密报地方情报、笼络江南文人等。张华的《乾隆南巡与浙西海塘》(以上均见《南京大学学报》1989年第4期)一文,肯定了乾隆南巡的积极作用,认为乾隆南巡并非仅仅是游嬉江南,毫无所为;事实上,乾隆在南巡过程中,也曾有于国计民生有益之举,修筑浙西海塘即其一例。此外,范金民的《清前期南京经济略论》一文,对清代前期南京经济的发展阶段、特点及其原因等进行了探讨(《清史研究通讯》1989年第4期)。

土地制度与租佃关系研究。 旗地是清代一种特殊的土地制度,是八旗制度的基础,主要分布于京畿与东北地区,它包括皇庄、王庄、官庄、八旗官兵的土地(即一般旗地)。刁书仁的《试论康熙中叶后东北一般旗地的发展及其生产关系的变化》一文认为,康熙中叶以后,东北旗地的封建农奴制生产关系逐渐为封建租佃关系所代替;就生产者的地位而言,旗丁的封建依附关系则逐渐削弱;再就产品分配形式来讲,则旗地所有者向国家承担赋税,向租户征收地租(《中国史研究》1989年第2期)。魏鉴勋在《论清代庄头的社会地位及历史作用》(《中国史研究》1989年第2期)中指出,庄头本来既是劳动者又是管理者,可是,随着私财的增加、权力的扩大,具有双重身份的庄头,朝着官僚、地主一体化的方向发展,具有双重身份的庄头的社会地位,决定了它在历史上所起作用的两重性。王革生在《清代东北"王庄"》(《满族研究》1989年第1期)

中认为，清代东北王庄（宗室王公官庄、盛京王庄）的兴衰，同满族贵族的政治命运是密切相关的。畿辅皇庄是清代八旗土地的重要组成部分，李帆的《论清代畿辅皇庄的土地所有制形式与生产关系》（《史学集刊》1989年第1期）一文指出，清代畿辅皇庄的土地所有制形式是地主土地私有制与封建国家土地国有制的结合，因此，其剥削制度为农奴制与一般封建租佃制并存，后者起初所占比重就较大，乾隆后更占据了统治地位，成为主导的生产关系。对清代设立的八项旗租土地，王松龄等指出，八项旗租地的产生，是清朝在旗地向私有制转化的情况下，为了有效地控制旗地，把已经转变为民间私有土地的旗地重新收归国有，并强化了对存退地和入官旗地的管理，从而设立了一种新型的国有土地（《清代设立八项旗租地考略》，《清史研究通讯》1989年第1期）。宋国强的《清初圈地刍议》（《满族研究》1989年第4期）一文认为，对于清初的圈地，应该将圈占土地这一措施本身，同在圈地过程中的严重失误区别开来，圈占一定的土地，事关入关满族的生存和发展，不能一概否定。清代雍正年间，京畿部分地区曾实行过井田制。刘正刚认为，尽管其规模较小，且带有试验的性质，但目的在于企图通过试行井田制来解决无业八旗兵丁的生计问题，实际上也开垦了多余荒芜的闲田，收到了一定的成效，然而乾隆帝上台后，即宣布将井田改为屯田，遂宣告井田制失败（见《清代井田制初探》，《北京师范学院学报》1989年第4期）。李文治的《论清代鸦片战争前地价和购买年》（《中国社会经济史研究》1989年第2期）一文认为，鸦片战争前封建性地价和地租，购买年长主要是官、商追逐土地，促使地价高昂的结果。这种现象的产生，又是农业相对先进，而工商业尤其是工业未能相应发展而形成的。郭松义在《清代农村"伙种"关系试探》（《中国社会经济史研究》1989年第2期）一文中，对清代农村"伙种"的流行地区、其大体形式、形成原因、伙种人间的相互关系、产品的分配等问题进行了论述。刘淼的《清代徽州歙县棠樾鲍氏祠产土地关系》(《学术界》1989年第3期)一文认为,清代祠产的盛行,与徽州籍的两淮盐商有密切关系。富商巨贾以呈立祠户的方式,并以祠户去支配佃户的分散经营,从而为宗祠法人集团提供大量的地租收入,随着宗法制的削弱,祠产收入的大部分有可能转化为法人集团成员的私产;祠产以宗族或支派共同占有的名义出现,其剥削深度超过私人地主,这加速了农业经济的危机,促使农民的阶级分化,因而它是造成清代晚期社会经济总危机的重要原因之一。郑庆平却认为,清代土地制度出现了封建社会晚期所孕育的特征:地主土地所有制得到急速发展;封建宗法关系减弱,永佃制盛行(《明清时期的土地制度及其发展变化特征》,《中国农史》1989年第1期)。史志宏的《清代前期的耕地面积及粮食产量估计》(《中国经济史研究》1989年第2期)一文,对清代前期的全国耕地面积及粮食产量进行了估计。认为鸦片战争前用于粮食生产的耕地面积为10.57亿清亩或9.75亿市亩,粮食总产量为21.14亿石(清石),约合3022亿市斤。这就是当时粮食生产的总能力、农业发展的总水平。清代湖南农村经济作物的种植,品种繁多,种植面积广大。李华指出,清代湖南经济作物最为发达并作为商品生产的有棉花、棉布、苎麻、茶叶、烟草、油类作物及柑橘等。这种农村经济作物作为商品而大规模生产,是封建社会自然经济日趋瓦解,资本主义萌芽在该地区城乡逐步出现的前兆(《清代湖南农村经济作物的发展》,《清史研究通讯》1989年第3期)。罗仑在《论清代苏松嘉湖地区农业计量研究的发展趋势》(《中国社会经济史研究》1989年第1期)中认为,苏松嘉湖地区农业计量研究的特点是:计量项目日趋丰富、计量对象日趋扩展、计量数据日趋系列化。

商业和商品经济研究。 萧国亮的《清代封建国家干预商业经济的历史特点及后果》(《中国社会科学院研究生院学报》1989年第1期)一文认为,为了维护封建经济制度和统治阶级的利益,清代封建国家通过官营商业和专卖制度、榷关制度、牙行制度、行会制度对国内商业加以干预,又通过行商制度对对外贸易进行干预。这种干预在经济上抑制了商品经济的正常发展,阻碍了新生产方式的产生,维护了封建的生产关系,在政治上加强了中央集权的专制主义封建国家的力量。陈庆德在《清代商品经济的发展及其社会效应》(《云南民族学院学报》1989年第1期)一文中,指出中国在鸦片战争前已广泛发展起来的商品经济要素,无论就商品经济发展的总体规模,还是就这一经济形成对各种社会力量影响的幅度和作用的深度,都远远超过了世界各国在前工业化时期所达到的水平。明清时期,两广商业贸易往来十分频繁,黄启臣的《明清时期两广的商业贸易》(《中国社会经济史研究》1989年第4期)一文认为,其市场结构为一种以粮食为基础,以盐布为主要对象的小生产者之间交换的模式;而这种贸易的发展与市场结构的形成,则与当时两广经济发展、人口增长的差异、水运发达和广东海外贸易的高度发展密切相关。而徐晓望的《清代前期广东福建两省的粮食消费问题》(《中国社会经济史研究》1989年第2期)一文认为,清代前期闽粤的粮布消费在相当深的基础上卷入市场经济。这说明早在鸦片战争前,广东福建就已出现了自然经济分解的现象,并有一定的深度。吴量恺的《清代湖北沿江口岸城市的转运贸易》(《华中师范大学学报》1989年第1期)一文指出,清代湖北沿江口岸的转运贸易具有过渡性,既有追求取得使用价值为目的的商品经济,也存在着以取得交换价值(即利润)为目的的商品经济。石莹的《清代前期汉口的商品市场》一文,就清前期汉口商品市场的形成、规模及主要功能等问题做了探讨（《武汉大学学报》1989年第2期）。对于清代商人的研究，罗仑在《乾隆盛世江南坐商经营内幕初探》（《南京大学学报》1989年第4期）一文中，指出迎合顾客的消费心理，以达到谋取厚利的目的，是当时江南坐商普遍坚持的经营宗旨。此外，范金民的《明清时期活跃于苏州的外地商人》、李克毅的《清代盐商与帑银》、张正明的《清代晋商的股俸制》（均见《中国社会经济史研究》1989年第1、2、4期）等文，亦值得参考。

赋役与仓储制度研究。对明清时期的赋役改革，彭雨新在《明清赋役改革与官绅地主阶级的逆流》（《中国经济史研究》1989年第1期）中认为，这一改革是在削弱以致废除官绅阶级优免特权的进程中逐步向前发展的，改革的方向是徭役制由力役进到丁银，再由丁银归入田赋。从此人头税向苦难的平民告别，财产税的田赋成了封建土地所有制下最能适应纳税能力的广阔税制。清代的"漕运"，实际上是田赋转输的一种形式，它兼有赋役、运输的双重性质。张照东在《论清代水路漕运方式的演变及其社会经济影响》（《社会科学战线》1989年第2期）一文指出，清中叶以后，水路漕运发生重大变革，官办河运制度日趋衰落，雇商海运漕粮大规模施行。陈锋对清代三藩之乱期间的盐课岁入进行了辨析，提出有许多名目的加征；而这种高额盐课岁入的取得，又是以牺牲商民利益为前提的，亦是商民大困、盐价日高的根源（《清代三藩之乱期间盐课岁入辨析》，《历史档案》1989年第3期）。仓储为中国封建社会解决"民食"问题的重要制度，清前中期又以常平仓最为重要。陈春声在《论清代广东的常平仓》（《中国史研究》1989年第3期）中认为，仓储在更大程度上是一个社会问题，仓储运作实质上是一种社会控制形式。常平仓以捐纳监谷作为仓谷的主要来源，建立了一条新的社会流动渠道，使许多地主、商人进入统治阶层，扩大了政权的统治基础，有利于国家对农村基层社会的控制。同时，常平仓亦是国家政权为维护社会秩序而实行的一种积极的社会控制措施。

除上述之外，还有许多研究者对清代的科举人口、户口统计制度、老年人口政策以及资本主义萌芽等问题做了探讨。科举人口是封建时代科举制度的产物。清代，科举人口分布于城乡各地，这是一个成分复杂、社会参与广泛的阶层。王跃生的《清代科举人口研究》（《人口研究》1989年第3期）一文，研究了清代科举人口的构成、数量、经济状况以及社会活动等问题，并探讨了它的社会属性。陈桦则对清代四川的户口统计制度进行了探讨，认为四川在不同时期实行了三种户口统计措施，即顺治年间至雍正十年的"以粮载丁"法、雍正十年至乾隆五年的"按户核丁"法、乾隆六年以后的保甲统计法，从而为后世留下了三种翔实程度不同的户口统计数字。另外，王跃生的《清代老年人口政策》（《历史档案》1989年第4期）一文则论述了清代老年人口政策的具体表现与实质。朱诚如的《清前期关内外人口流动及其影响》（《辽宁师范大学学报》1989年第4期）一文也值得注意。关于清代资本主义萌芽问题的研究，王守稼在《明清时期上海地区资本主义萌芽及其历史命运》（《学术月刊》1989年第1期）一文中指出，农业和手工业中商品生产的发展，为明清时期上海地区出现资本主义萌芽提供了条件。但对此不能估计过高。因为它只是稀疏地出现在棉纺织业生产等个别部门中，且先天不足，好景不长。小农从事棉纺织手工业，没有足够的生产资金做后盾，只能维持简单再生产，资本主义生产关系自然不可能得到进一步发展。此外，涉及该问题的论文还有：陈庆德的《商业资本的历史认识》（《思想战线》1989年第1期）、张一中的《明清间松江地区棉纺织业中的资本主义萌芽》（《湘潭大学学报》1989年第2期）等文，亦可参阅。

二、政治史研究

本年度这方面的论著，涉及清代的政治制度、科举与官制、军事史研究、海禁与中外关系、天地会与秘密结社组织反清活动等问题。

政治制度研究。孙文良的《论清初统治的因革与变化》（《社会科学辑刊》1989年第2期）提出，清初的统治制度，除了因袭前明以外，还有来自后金以及关外早期清朝已有的制度，因此它与农民起义蜕变建立封建国家有所不同。但清朝建立的统治是中国封建社会的延续和停滞，不但清朝本身不是先进的社会势力，与其争夺统治权的明朝与农民军也不是先进的社会势力。冯元魁等的《略论清朝内阁的职掌与机制》（《上海师范大学学报》1989年第2期）一文，认为明清内阁有三方面的区别：1.明废宰相制而设内阁，然留下相权痕迹；清名义上内阁为一切衙门之首，实质上仅是协助皇帝处理内外臣题本的事务机关。2.明内阁制乃是初创阶段，而清内阁制得到进一步完备。3.明内阁权力不断扩大而大学士的品秩不予提格；清内阁权力日益削弱而品秩不断升格。对清代的文官制度，舒顺林等在《清代文官制度概论》（《内蒙古社会科学》1989年第3期）一文中指出，清代官员的封赠承荫、回避与休假致仕等方面均有一套细密的规定，这些内容是清代文官制度的重要方面，它对于激励文官、保障文官队伍的正常运行，乃至遏制官场上某些不合理现象起到了一定的作用，但它仅仅是也不过是维护封建统治秩序的一种辅助措施而已，因而它的局限性及其弊病是不可避免的。对清代的人事回避制度，韦庆远认为，它可分为地区回避、社会关系回避、特定职务回避等三个方面。它继承了历代封建王朝的有关规章而又有所发展，参详订正，既恪遵应贯彻执行回避的前提，而又一再去其宽滥，保持着一定的灵活和变通，以求与各该时期的政治形势和统治利益相吻合(《论清代人事回避制度》,《历史档案》1989年第2期)。清代流放制度,是清代刑罚制度的主要组成部分,张铁钢在《清代流放制度初探》(《历史档案》1989年第3期)一文中认为,它的主要功能,就是通过将犯人押解到荒僻或远离乡土的地方,以惩治犯人和维护封建统治。同时,流放制度还是清代产生奴婢的一个重要途径。对清代督抚的甄选,王雪华在《关于清代督抚甄选的考察》(《武汉大学学报》1989年第6期)一文中认为,除皇帝特旨补放、廷臣会推外,更主要是由吏部开列具题请旨。有清一代督抚,一半以上选自布政使,次为六部侍郎以及学士、都御史等职。而对清代胥吏的社会地位问题,赵世瑜在《两种不同的政治心态与明清胥吏的社会地位》(《政治学研究》1989年第1期)中,通过两种不同政治心态的研析后认为,由于充吏者大都为下层人民,甚至包括一些市井无赖,出身于官绅家庭者,自然不屑于加入他们的队伍,这就加重了重官轻吏的政治心态。然而,下层百姓大量投身于胥吏队伍,却反映了这一集体的另一种政治心态,即通过充吏这个手段,达到抓权拢钱的目的。在官绅的政治心态背后,功利心态与道德心态基本上是统一的;而在充任胥吏的下层人民那里,二者则大都是矛盾的,并且功利心态战胜了道德心态。

科举与官制研究。王跃生的《清代"生监"的人数计量及其社会构成》(《南开学报》1989年第1期),探讨了清代生监的人数计量及其社会构成,并强调指出,他们虽功名较低,却有着巨大的数量优势,其他任何功名阶层都无法与之相比。而生监总体上出身家庭等级的下移,使他们中不少人一经步入士人阶层,如不能及时中举、入仕,便被迫谋生,从而在民间社会中的地位也得以加强。他的《清代举人研究》(《南京大学学报》"社会史专辑",1989年)则对清代举人的社会地位、入官道路、活动特征以及社会关系等问题做了剖析。陈天倪阐述了清代科举制度的具体内容，以及这一制度中的舞弊行为与惩治，他指出这一制度既是封建王朝甄拔培训全国文官的制度，也是牢笼知识分子的一种工具（《清代科举制度》，《史学集刊》1989年第1期）。吴建化的《状元的命运》（《南京大学学报》"社会史专辑"，1989年）一文，选取1644—1911年清朝时期的状元群为研究对象，从状元的分布、寿命、中状年龄、家庭出身及环境、婚姻和生育、仕途诸方面揭示他们或顺或逆的命运，试图把剖析清代状元的命运作为剖析中国封建社会晚期士人命运的一把钥匙。王跃生的《清代离职官僚的社会活动述论》一文，则重点探析了清代离职官僚的社会活动及其特殊性（《求索》1989年第2期）。

军事史研究。对清代军事史的研究，八旗制度是侧重点，也是热门话题。徐凯在《清代八旗制度的变革与皇权集中》（《北京大学学报》1989年第5期）一文中认为，八旗制度的变革是围绕着集权与分权的问题逐渐展开的。在努尔哈赤过世后的百年中，八旗的改革历尽艰辛，大体可分为三个发展阶段：一是天聪、崇德时期。皇太极以变易旗帜，揭开了八旗改革的序幕。他渐将三旗，南面独坐，八和硕贝勒共议国政体制被肢解了。二是顺治、康熙时期。确立了上三旗和下五旗的体制，八旗分治的目的为了集权，这是八旗制度的重大变化，诸王旗权渐被剥夺，皇权得以巩固加强。三是雍正时期。胤禛从政治、组织、思想等方面采取断然措施，极力限制诸王举动，肃清下五旗原主对旗下人的潜在影响，及其对社会发展的障碍。这是君主集权发展的必然结果。八旗制度自身的这场深刻变革，就满族社会发展而言，应该说是历史的一大进步。潘景隆的《吉林八旗军的兴衰》（《历史档案》1989年第3期）一文，着重探讨了吉林八旗军的兴衰史，认为吉林八旗军的兴衰与清王朝相始终。它在抗击沙俄、修建城池、兴办驿站、保卫京师、平定"三藩之乱"、平定噶尔丹叛乱时均为清王朝做出了贡献。但是，吉林八旗军却随着清朝衰落而衰落，最后衰亡，究其原因，一是政治腐败，二是死伤颇重，三是武器落后，四是俸饷不足。潘洪钢在《清代四川驻防将军小考》(《清史研究通讯》1989年第4期)一文认为，乾隆时期所设成都将军，其职分、属员等均与一般内地将军迥异，有掌番夷之责，且兼管边外绿营。八旗生计问题也是八旗制度研究的一个重要方面，迟茗在《八旗生计与八旗制度》(《北方民族》1989年第2期)中，对八旗生计问题的产生、解决等来龙去脉进行分析后认为，要解决八旗生计问题，必须彻底废除八旗制度，让满洲八旗全部回到生产中去，谋自为生养之计。对清代绿营兵制的研究，陈锋的《绿营的低薪制与清军的腐败》一文，从俸饷制度入手探讨了绿营的盛衰。认为绿营在200余年的历史进程中扮演着十分重要的角色，其盛衰腐败的轨迹不但与清廷的兴衰与危机保持着惊人的同步振荡，而且牵动着政治、军事、经济和财政的每一个敏感神经(《武汉大学学报》1989年第2期)。刘世哲在《清太宗时期兵律类汇引议》(《民族研究》1989年第6期)一文中，将太宗时兵律与大明兵律内容比勘、详考后认为，太宗时兵律不严谨，不具备正式法律应有的简洁与扼要，往往是与其他事情搅在一起，鱼目混珠，甚至多所重复，而且兵律内容较狭窄、贫乏。但它大多是在太祖旧律基础上根据满族国情创制的，是满族社会政治、经济、军事、文化的混合产物，故具有鲜明的满族特色。

海禁与中外关系研究。韦庆远在《论康熙时期从禁海到开海的政策演变》(《中国人民大学学报》1989年第3期)中指出，康熙采取开海的决策反映了当时国内社会经济发展要求开拓中外贸易以及其他交往的现实，系明智之举。但随着开海政策的实施，加速了西方文化与中国传统文化、皇权统治之间的碰撞，反过来对开海政策产生了消极影响。叶志如却认为，康熙虽开放了海禁，但朝廷始终未彻底摒弃禁海政策。其直接恶果，使得边海地区人民陷入痛苦深渊，失地无业游民成为东南沿海地区"海盗"泛起的动乱之源（《乾隆年间广东海上武装活动概述》，《历史档案》1989年第2期）。林延清的《嘉庆帝借西方国家之力镇压广东"海盗"》(《南开学报》1989年第6期）一文，对嘉庆时期，清朝借用葡萄牙、英国之力镇压广东沿海地区渔民起义的原委做了详考。吴建雍在《清前期对外政策的性质及其对社会发展的影响》(《北京社会科学》1989年第1期）一文中认定，清前期的对外政策从本质上说是"闭关锁国"的，在此政策指导下，清政府对本土上进行的中外贸易的限制，也阻碍了中国经济的发展。此外，徐建新的《台湾郑氏商船降清始末》与薛瑞录的《魏耕和清初的"通海案"》两文，亦涉及有关问题，值得参阅（均见《中国史研究》1989年第1期）。对中俄贸易史的研究，有朱成国的《试论"恰克图条约"对中俄贸易的影响》(《西北史地》1989年第4期）与郭蕴深的《论中俄恰克图茶叶贸易》二文（《历史档案》1989年第2期）。朱文认为"恰克图条约"改变了中俄贸易的格局，对商队贸易的衰落和恰克图贸易的繁荣均产生了深刻影响，促进了中俄贸易的发展。郭蕴深指出，清代中俄恰克图茶叶贸易，是两个大国间进行的平等交易，没有任何超经济的强制，这在清代对外贸易中是不多见的。李鸿彬的《简论乾隆抗击廓尔喀两次入侵西藏》一文，认为乾隆末年，清廷两次派兵进藏抗击廓尔喀（今尼泊尔）入侵，虽然战争的规模不大，投入的兵力亦不多，但是它对我国反抗外国侵略，维护国家统一和领土完整，以及加强对西藏更有效的管理，皆具有重要意义。对清代藩属国的研究，则有潘志平等的《1832年清与浩罕议和考》与苏治光的《清朝与浩罕的宗主外藩关系》二文（均见《西北史地》1989年第1、2期）。前文澄清了1832年清与浩罕议和谈判的地点、主要内容、议和过程中有无成文的双边协定或条约、议和双方关系是否对等等一系列悬而未解的问题；后文简述了宗主外藩关系的建立与发展、破裂与重建以及最终结束的历史。

天地会与秘密结社研究。 是近年清史研究领域的一个热门专题。秦宝琦的《清前期天地会研究》一书根据清代官书与档案史料，对天地会的源流性质问题进行了新的探索，分析与叙述了天地会的阶级结构、组织发展、地区分布、政治思想、伦理道德及社会功能等方面的问题。他的《清代秘密结社中知识分子的地位与作用》(《南京大学学报》"社会史专辑"，1989年）一文，对清代秘密结社中知识分子的地位与作用做了探讨，认为他们虽人数不多，但却靠着自身掌握文化知识的优势，在秘密家教中占有重要作用，如制造舆论、编写经卷、出谋划策等。李尚英的《乾嘉时期的老官斋教和糍粑教及其反清活动》(《清史研究通讯》1989年第4期）一文，对乾嘉时期福建的老官斋教和四川的糍粑教的起源及其反清活动进行了勾勒。

三、人物评价与研究

对清代帝王将相以及重臣的评议，历来褒贬不一、评说纷纭，莫衷一是。本年研究者涉及的主要人物有努尔哈赤、康熙帝、乾隆帝、嘉庆帝和福康安等。薛虹的《努尔哈赤的姓氏和家世》(《清史研究通讯》1989年第4期）一文，对努尔哈赤的姓氏和家世问题作了详考，提出努尔哈赤既姓爱新觉罗，又姓佟佳氏。阎崇年的《清太祖肇纪条件与历史功过》(《故宫博物院院刊》1989年第4期）一文，据实而论，认为清太祖努尔哈赤一生十功四过，瑕不掩瑜，他是中华民族发展史上杰出的政治家、军事家和民族英雄。郭松义的《述康熙整饬吏治》(《故宫博物院院刊》1989年第4期）对康熙整饬吏治的目的、动机以及整饬的成效和缺失等问题作了阐释。王思治的《康熙对乌兰布通之战的检讨与多伦会盟》一文,详述了康熙在平准战争中所起的特殊作用以及多伦会盟的前因后果和意义。王俊义在《康乾南巡与"康乾盛世"》(均见《清史研究通讯》1989年第3期)一文中指出,康熙和乾隆都曾六次南巡,然而其目的、作用和影响却迥然有别。认为康熙南巡的目的是治理黄河、咨访吏治民情、团结笼络江南汉族士大夫,而且做到躬行节俭,因此,他的南巡是开创康乾盛世的具体历史实践。而乾隆南巡的目的就是"眺览山川之佳秀,民物之丰美",每次南巡都加重人民负担,致使民怨沸腾,故乾隆南巡是导致康乾盛世由盛转衰的重要因素。赵秉忠等的《简论乾隆帝在惩贪上的功与过》(《北方论丛》1989年第6期)一文,认为乾隆帝惩贪虽严,但他言行不一,严于治人,宽于律己,而且大肆聚敛、盘剥。而齐清顺、周轩在《乾隆查处新疆贪污大案述评》(《新疆社会科学》1989年第3期)一文中认为,乾隆帝对新疆贪污案件的查处,虽然震动一时,但不能解决全国吏治的腐败现象,也不能阻止新疆官员以权谋私、贪污受贿的问题。这是因为乾隆帝本人作风不正、用人不当、任人唯亲。袁森坡对乾隆时期进军西北的军事活动研究后,认为有一些严重的失误。如对待达瓦齐的失策、错用阿睦尔撒纳、急躁冒进、粮饷不足、自树敌国、黑水被围等即是(《河北学刊》1989年第1期)。对于嘉庆帝的研究,张玉芬的《嘉庆诛和珅成因议》(《辽宁师范大学学报》1989年第4期)一文,认为嘉庆帝惩办和珅有着深刻的政治原因,从维护皇权来说,嘉庆企图通过诛和珅来确立、巩固自己的统治,它是乾嘉两朝权力交替过程中皇权斗争的继续。从维护封建国家的长治久安、维持政局的稳定性来说,嘉庆帝力图通过诛和珅来整饬钢纪、整饬内政等,不失为明智之举。此外,戴逸的《论福康安》(《清史研究通讯》1989

年第 3 期）一文指出，作为乾隆朝重要历史人物的福康安，虽有骄横、婪索、挥霍的坏作风，但南征北战、戎马一生、驰骋疆场，尽管他多次镇压人民起义，但入藏之役，反击侵略，安定边疆，功绩甚大，他不失为中国军事史上的一位重要统帅。

四、民族史研究

民族政治史与经济史研究，成绩较为突出。

民族政治史。清代，清政府制定了大量的调整民族关系、处理少数民族地区事务的民族法规。刘广安的《简论清代民族立法》（《中国社会科学》1989 年第 6 期）一文认为，清代民族立法是中国历代民族立法发展的顶峰，它既有因族制宜的特色，又表现出内地化的趋势。清代民族立法重视继承前代民族立法的成果，又善于吸收不同民族法律文化的演进，具有进步作用。清朝统治者为了维持旗人的特殊法律地位，在国家法制统一的原则下，专门规定了旗人的司法审判制度。对之，郑秦指出，建立旗人的特别司法审判制度，有双重意义：一是维护满族少数民族在全国的统治地位，不使其融化在汉族的汪洋大海中；二是保持八旗作为国家专制权力的威慑和镇压力量。但清统治者在制定这一特权时，又小心地使之统一于国家法制，不使特权有害于国家大法（《清代旗人的司法审判制度》，《清史研究通讯》1989 年第 1 期）。在民族政策方面，陈安丽在《康熙对蒙古的政策和措施》（《内蒙古社会科学》1989 年第 2 期）一文中，探讨了康熙对蒙古的政策和措施，认为康熙对蒙古王公贵族进行封爵、年班、围班、赏赐、联姻、对喇嘛教既限制又推崇、利用，在蒙古地区实行盟旗、北巡、扶植畜牧业、农业、渔业生产和贸易等政策，均收到积极效果。此外，乌云毕力格的《拉藏汗与和硕特汗廷的命运》(《西北史地》1989年第2期)、钟福国的《试论清初和硕特蒙古进入青藏高原及其地位和作用》、杨生泉的《论清代前期的"平准保藏"斗争》(均见《甘肃民族研究》1989年第1期)等文,对有关的重大问题从不同的角度进行了论述。吴元丰、赵志强的《清代锡伯族对祖国的贡献》和何荣伟等的《锡伯索伦的形成及其历史作用》(均见《满族研究》1989年第2期)两文,对清代锡伯族的有关问题进行了有益的探讨。前文认为:清代锡伯族的贡献有:1.坐卡巡边,守卫疆土;2.抵御外侮,保家卫国;3.反对分裂,维护统一;4.开发边疆,建设边疆。后文则对清代分布于霍城和塔城的锡伯索伦的形成原因以及历史作用等问题作了简要论述。王彬对清初窝集部之来源、分布及其是否能构成一个部族等问题探讨后认为:所谓"窝集部"是散布于森林中的民族的通称,并非为某一女真部的名称(见《北方民族》1989年第1期)对清代土司制度和改土归流的研究,亦有专门论述。卓尼土司,是清代西北地区的重要土司之一,桑吉在《卓尼土司制度的特点及其历史作用》(《甘肃民族研究》1989年第4期)一文认为,卓尼土司制度作为封建国家的政权机构和地方少数民族政权,它首先为其统治区提供了具有共同的语言、地理环境和共同的经济生活和物质条件;政治上维护了中央政权的统一;经济上稳定了社会生产并发展了民族经济;民族关系上,较好地处理了藏汉的相互关系,成为它生存发展的基础。张捷夫通过探讨容美土司案发生的背景及其经过后指出,清政府在容美地区设置州县,宣告了土司头目田氏统治容美800多年历史的结束,容美纳入了全国统一的行政体制。这是鄂西土家族历史上的一个重要转折,对其政治、经济和文化的发展,产生了积极的影响(《容美土司案发生的背景及其经过》,《历史档案》1989年第4期)。民族风尚既是不同历史阶段社会生活的反映,也是各民族不同民族特性的体现。左步青在《满族贵族的尚武精神及其泯灭》(《故宫博物院院刊》1989年第3期)一文中认为：决定清王朝国运兴衰有诸多因素，但清王朝兴起时作为满族贵族发展动力的尚武精神的黯然消逝，至少是诸因素中的一个重要因素。杨英杰的《满洲的服饰发式风俗》(《辽宁师范大学学报》1989年第4期)一文指出：满洲的服饰、发式直接承袭了女真人喜尚皮裘，适于射猎、编发为辫的基本习俗，同时又融汇了汉族、蒙古族等服饰的某些形式。

民族经济史。郭孟良的《清初茶马制度述论》(《历史档案》1989年第3期)一文，通过对清初茶马制度的论述，认为茶马制度的整顿、变通及茶马互市的发展，对于刚刚入关、立足未稳的清政权起到了兼得政治、经济、军事三利的作用。赖存理的《清代回族商业经济初探》(《甘肃民族研究》1989年第1期)一文，高度概括了清代回族商业经济的特点。王熹、林永匡的《清代塔尔巴哈台的哈萨克族贸易》(《甘肃民族研究》1989年第4期)一文指出：这一官方贸易活动，是清政府经营开发新疆北部地区所采取的重大经济措施之一。在西南地区的民族贸易活动中，清代中后期青藏云贵的商业交通，则是维系这一贸易的重要纽带。刘秀生提出，云贵青藏四省区虽地处高原，交通险阻，但在清代的原始交通条件下，仍然同内地建立了广泛的商业渠道。西藏和青海通过甘肃，既可与新疆丝绸之路相通；又可向北，同京师—内蒙古—新疆商业干线相达。西藏和青海通过四川，可与汉口、上海相连，且可与云南贸易。云贵既可北缘进入长江上游，又可东缘进入长江中游；东南缘还可进入两广。从而使得四省区与全国商业网连在一起，成为多民族国家社会经济的有机组成部分(《中国社会经济史研究》1989年第4期)。而张世明的《1644—1840年西藏地区与祖国内地和国外之间的区域贸易初探》(《西北史地》1989年第4期)一文，则较为系统地对西藏与四川、云南和通过青海与内地的贸易情况,以及西藏与克什米尔、尼泊尔、不丹与印度的贸易源流进行了详论,颇有新意,值得参阅。

五、思想文化史研究

对乾嘉"扬州学派"这个群体,王俊义在《论乾嘉"扬州学派"》(《青海社会科学》1989年第3期)中认为,从乾嘉汉学分化出来的扬州学派,一方面继承发展了乾嘉汉学;同时又指出了汉学的局限和弊端,反对泥古墨守,主张发展创新,从而成为由乾嘉汉学演变到鸦片战争前后新的经世致用思潮的中间环节。清代,浙江的学术文化较之宋元明三朝更为蔚盛,与江苏同为清学的发祥地和根据地。徐吉军在《清代浙江的学术与学风》(《浙江学刊》1989年第1期)一文中指出:清代浙江学风的特点是注重实学,强调经世致用;富有民族精神和爱国思想;提倡新学,探索中西文化结合的道路等。对雍乾之际士大夫风气的转变问题,郭成康强调,此时他们已逐渐丧失了士大夫关怀国家与民族命运的优良传统,而沦为没有独立人格和独立思想的封建皇帝的附庸。认为这也是满汉两种文化传统冲突的结果(《清史研究通讯》1989年第3期)。乔治忠在《清代历史文献学的发展》(《清史研究通讯》1989年第1期)中指出,清代是历史文献学全面发展和繁荣的时期,乾嘉时期,大有喧宾夺主、成绩驾于历史著述之上的倾向。董广杰对道光时期史籍著述的变化做了研析后,认为出现了重大变化:1.由对古代史籍的校勘考订转向研究本朝掌故,撰述当代史、讥切时政,寻求经世之道;2.随着边患的加剧,着意于边疆地理的研究;3.伴随着西方殖民者的东来,人们对外国史地的研究顿感重要,翻译介绍西方书刊,以求"师夷长技以制夷"(《道光时期史籍著述的变化》,《郑州大学学报》1989年第4期）。《四库全书》的编纂，是中国文化史上的重大事件。黄爱平著的《四库全书纂修研究》一书，结合清前期的社会背景和学术状况，对《四库全书》编纂的过程及其影响做了较全面的研究，对其中所涉及的禁书、文字狱等有关问题也做了探讨。郭淑云的《雍正〈上谕内阁〉及其价值》（《北方民族》1989年第2期）与秦国经等《清代的实录》（《历史档案》1989年第4期）二文，分别就各自史料的历史价值做了客观公正的评价。此外，还有许多论文涉及中外思想文化史方面的杰出人物。冯尔康的《清代名臣阮元》（《故宫博物院院刊》1989年第1期）一文，评述了阮元的一生，并强调指出了他在清代思想文化方面的特殊贡献和成就。黄爱平的《从"畴人传"看阮元的西学思想》（《清史研究通讯》1989年第3期）一文，亦有新意，值得一读。

1990年清史研究综述

◎ 王　华

1990年的清史研究，继续保持近年来的发展势头，成绩斐然。据不完全统计，在各种刊物上公开发表的学术论文有百余篇；出版的学术专著和资料性的工具书有20余种；在吉林长春市召开了清史国际学术讨论会，在北京举行了清代社会经济发展问题学术讨论会等专题性学术会议多次。概括本年度清史研究情况，它有如下特点：1.政治制度史、经济史以及封建帝王等人物的研究仍旧是研究者较为关注的热点；2.研究的领域有所拓宽，涉及的问题较多，如一向不为研究者重视的清代社会生活史等方面的研讨，开始引起人们的注意和重视；3.研究方法有所改进，既注重历史事件的宏观、微观研究，也注意横向的比较研究以及引入一些新的研究手段与方法，从而打破了以往单一的简单的研究模式，使清史研究呈现出多维多元化的特征；4.清史研究队伍不断壮大、成熟，这为今后研究工作向纵深方面发展打下了较好的基础；5.清史研究的基础工作，如有关专题研究资料的搜集、整理与出版等，得到了应有的重视，成绩令人可喜。现扼要综述一年来的研究情况。

一、政治制度史研究

政治制度史是清史研究者一向较为关注的研究课题之一，每年倾注此项研讨的人力颇多，阵容较强，研究成果丰硕，而且随着探讨的不断纵深，许多疑难争议问题的解决趋于明朗化，人们的认识趋于一致。本年度清代政治制度史研究涉及大清建号前的国号、清初的政治机构演变、清对明末宗室的政策、清朝的江南政策、雍正朝军机处设立时间、清代官员的铨选回避制度以及清代皇族与满汉贵族联姻的制度等诸多方面。如1636年，清太宗皇太极建国号为大清。在此以前，清的国号，据清修官书，始见于《武皇帝实录》称"其国定号满洲"。此由于出自开国神话传说，难以凭信为据。薛虹、刘厚生的《〈旧满洲档〉所记大清建号前的国号》(《社会科学辑刊》1990年第2期)一文，则在综合研究的基础上认为：（1）女真族诸部争雄期间，互相以同一的族称来互相称呼，均名之曰女真国。（2）努尔哈赤兴起之初，征服统一女真各部，此时以藩属自居，承认明为其上国。因此理应在相当长的时间里，以明封的名号为号，称建州卫主，受建州左卫信印，凭敕书贡市。（3）努尔哈赤以金裔自诩，借以来抬高身价。待势力强盛起来，宣扬天命所归，以匡复完颜金为业，较为合乎历史的逻辑思维。清初顺治帝亲政后，改变太祖太宗旧制，仿效明朝宦官制度，设立十三衙门。他临终前，又下遗诏以此罪己，令罢撤之。如此反复更张，其因为何，确令人费解。李鸿彬在《简论清初十三衙门》(《史学集刊》1990年第2期)一文中，对十三衙门立废的前因后果、来龙去脉进行了探讨，认为它虽然只是参察宫内掌管宫廷事务的机构，但由于它直接为皇室及其家族服务的特殊地位，不仅反映了宫廷内部的生活和斗争，而且表明了国家政务受到一定的影响。清朝入关后，沿袭惯例，在宫廷之内，先后设过两个书房，一称上书房，一称南书房，前者是皇子们受师傅教读之所，后者是皇帝的文学侍从，即内廷翰林的值班办事之处。然而对南书房的职能作用，清史学界一直有不同的认识意见，对此，朱金甫的《论康熙时期的南书房》（《故宫博物院院刊》1990年第2期）一文的解释是：康熙时的南书房很可能负有一些笼络朝中儒臣及偶尔为皇帝充当监视京中官民动静、提供秘密情报的特殊任务，但由此也不能得出南书房曾起过中枢机构作用的结论，因为特务人员与决策官员之间毕竟是有重大区别的。因此对康熙时期南书房的政治作用及其历史地位，不能估计过高。对雍正朝中枢机构军机处的设立时间，官私著述众说歧异，归纳言之有"四年说"、"七年说"、"八年说"和"十年说"，各执一端，始终未能取得共识。赵志强的《军机处成立时间考订》（《历史档案》1990年第4期）一文，在前人研究的基础上，主要依据清代军机处的满档材料，对其成立时间做了精详的考证。指出目前问题的分歧在于如何看待军需房、军机房和军机处的关系。关于军机处的名称，从其满名上看，全称是"办理军机事务处"，简称"军机处"，即军机处自始至终只有一个名称。而其汉名在雍正时期相当混乱，有军需房、军机房、办理军需处、军需处、办理军务处等不同称谓。而军需房、军需处、办理军需处则袭用了户部军需房的名称。关于户部军需房的全称应是办理军需事务处。因此户部军需房与军机处是不同的两个机构，二者之间无任何简单的传承关系。

清朝政权对明朝宗室采取的政策，白新良、赵秉忠在《清兵入关与明朝宗室》（《辽宁大学学报》1990年第1期）一文中指出，清初由于受多种矛盾的制约和影响，清政权和明朝宗室之间的关系及其发展情况大致可分为从入关到顺治二年六月以前以招徕、恩养为主要内容，从顺治二年六月克南京后到顺治八年二月前在军事上统一全国而和明朝宗室发生正面冲突和从顺治八年二月至康熙初年清朝统治者确立后对明朝宗室剿抚并施等三个历史阶段。孟昭信在《试论清初的江南政策》(《吉林大学社会科学学报》1990年第3期)一文中,对清初的江南政策做了综合研究和考察,认为清初摄政王多尔衮重北抑南,对江南实行高压政策,烧杀抢掠,征剿屠戮,施行重赋,排斥打击江南士大夫,使满汉民族矛盾一度成为社会的主要矛盾。顺治帝亲政后试图改进江南政策,但因受多方掣肘而不得实施。康熙帝全面调整江南政策、在政治上广收江南士大夫参与国政;在经济上解决淮、扬水灾和苏松重赋为重点,钳制与利用相结合;在民族关系上秉公处理满汉官员矛盾,结果导致"盛世"出现,无不与江南政策改善及顺应民心有关。明珠是满洲大臣中公认的开明派,与江南士大夫的关系尤其密切,理应成为皇帝治理江南、争取江南士大夫的得力助手,但在康熙第一、二两次南巡中,却发生了罢黜首席内阁大学士明珠及其主要内阁同僚的重大政治事件。孟氏的《罢黜明珠与争取江南士大夫》(《史学集刊》1990年第1期)一文,对此事件的来龙去脉做了详尽阐述,认为康熙在罢黜明珠过程及以后,对待与明珠关系密切的江南士大夫,并不一概排斥、打击,而是尽力争取、团结以致维护。因为康熙帝治理江南的基本思想是天时不如地利,地利不如人和。以联姻来达到某种政治目的,是古代王朝、政权、部族之间或其内部时或采取的一种手段。杜家骥的《清代皇族与蒙汉贵族联姻的制度和作用》(《南开学报》1990年第4期)一文,则主要根据《玉牒》及相关资料,考察清代皇室联姻活动的政治性、概况及不同时期的发展变化,并对清代联姻的特点、目的和形式及其作用做了分析研究,较有新意。宽严相济,是乾隆初年提倡与实行的重要国策,在历史上曾产生重大影响。阎光亮对此研究后认为,乾隆初年的宽严相济政策从提出到最后形成是由各方面因素所促成的。其中弘历自身的"执中思想"和借鉴前两个皇帝统治政策的得失起了决定性的作用（《论乾隆初期宽严相济政策的形成》，《辽宁大学学报》1990年第4期）。此外袁昌顺的《试论清代铨选回避制度》（《华中师范大学学报》1990年第1期）与郭润涛的《试论清代州县衙门设置幕府的原因》（《学术研究》1990年第4期）二文，分别对清代铨选官员应回避的内容以及州县衙门设置幕府的原因进行深入分析。前文认为清代铨选回避制度的内容包括籍地回避、姻族回避、师生回避、拣选人员回避等方面。至于清代"自督抚以下司道府州县、衙门虽自不同，俱各廷幕宾"是清代社会政治的一大特色。对此，后文指出，清代州县行政机关设置幕府，就州县吏治来说，有下列原因：（1）清代社会政治的日益繁复，客观要求官僚政治体系作相应的调适。然而这一要求是通过扩大书吏机构来满足的。（2）州县衙署中官员配置不完备，仅有几名佐杂官员。尤其是佐贰官失去了"辅佐"的功能。（3）州县官的素质相对比较低，而且由于官场奉上、趋利的风习，也无法应付地方政务；然而，朝廷对州县官的考成，关系到它的仕途前程，因此，私聘"左右手"，专为本官计考成，也成为必要。

二、经济史研究

经济史研究是清史研究的一个重要方面，它的研究阵容强大，成绩突出，每年都有大批高质量水平的科研成果闻世，颇为世人关注。本年度清代经济史研究的特点是论著数量多，研究领域和范围较之往年更加广泛深入，涉及了土地关系、农业、商业、城市与市镇经济、人口、财政以及国家政策与经济思想等各个方面。

农业与农村商品经济。 这方面的文章较多涉及了农业经济的发展、农产品商品化、农业地区墟镇与农业经济结构变化的诸多问题。如黄冕堂在《清代农田的单位面积产量考辨》（《文史哲》1990年第3

期）一文中，通过对清代的江浙、川湖、闽广和华北等四个区域农业的多方考察后，认为江南少数地区尤其是岭南、闽南一年可以双种双收以至可以三收者，最高亩产量可达稻谷五六石或七八石，极少者仅能收一石左右，但通常年景可保收三至四石，即稻谷三百五六十斤至五百斤。华北地区系以生产小麦、高粱和谷子等杂粮为大宗，将粗细粮合并计算，个别年亩产量最高的有达四五石者，极少者也有一二斗、二三斗，但一般仍以亩收二石为准，即一年接茬两收，亩收小麦和杂粮约二百三十斤。至于长城沿线和东北、华北诸多地区，天气寒冷，作物生长期短，因而不能确保从头年冬到次年秋能有两季接茬种植，故此每年每亩粗粮产量仅有百数十斤，小麦产量则仅能有数十斤至百斤不等。程明在《清代环珠江三角洲地区农村商品经济发展探讨》（《华南师范大学学报》1990年第3期）一文中指出，环珠江三角洲地区农村经济明末清初曾遭受重大破坏。自康熙朝起，该地区的商品经济有了迅速的发展，表现为经济作物的广泛种植、商品性园艺作物的大量栽培、手工业生产部门的专业化趋势和墟市的普遍繁荣。其基本原因是清朝实行了有利于经济发展的政策。而徐晓望的《清代江西农村商品经济的发展》则对清代江西农村经济结构的嬗变以及商品消费市场和商品生产的销售等问题进行全面考察后认为，清代江西农村的商品经济有明显的发展，其发展的动因在于清代江西农村经济结构的变化，即自然经济向商品经济的转变。然而，这种新趋势的发展速度是缓慢的，并未导致江西农村自然经济的全面瓦解（《中国社会经济史研究》1990年第4期）。研究明清时期江南墟镇经济发展的文章则主要有王根泉的《明清时期一个典型农业地区的墟镇——江西抚州府墟镇试探》（《南昌大学学报》1990年第2期）和宾长初的《明清时期广西墟镇的发展》（《社会科学探索》1990年第5期）二文。前者的结论是：清代江西抚州的墟市无论其数量、规模、层次、水平及繁荣程度都超过了明代。这反映了清代抚州农村市场的活跃程度和商品经济的繁荣程度均超过明代，表明了抚州经济的继续发展。后者对明清时期广西墟镇的发展概况、原因和特点做了总体考察，认为其特点是：（1）广西墟镇多为"日中为市""交易而退"的地方性农村市场；（2）墟镇是封建势力的聚集之地；（3）墟镇除极少数富商大贾外，一般商人资本少、经营范围不大，商业利润的获得大多通过供求关系的逆差，囤积居奇，买空卖空，从中渔利。因此它带有封建社会晚期墟镇发展的时代特征。湖南具有丰富的农业自然资源的优越稻作农业的生产条件，素有"湖广熟，天下足"之谚。钟永宁的《试论十八世纪湘米输出的可行性问题》（《中国社会经济史》1990年第3期）一文，主要围绕18世纪湖南粮食的生产和需求关系来探究该省粮食输出的可行性问题，认为18世纪时所云的"湖南熟，天下足"并非虚誉。在清代以前的进出口贸易中，基本上不存在国外粮食输入问题，但进入清代以后，尤其是到康熙中后期，随着人口的高速增长和可耕荒地开垦殆尽（在当时的生产技术水平下），粮食问题愈益尖锐，表现在粮食市场供求关系上是粮食价格的剧烈波动和不断上涨，基于此，为解决国内粮食供应不足，特别是东南沿海城市地区的粮食短缺，清政府被迫松弛对外贸易的禁令，允许并鼓励从国外输入粮食，形成了南洋与中国东南沿海地区粮食区域市场。崔宪涛的《清代鸦片战争前国外粮食输入问题》（《中国社会经济史研究》1990年第4期）一文，就对这个问题进行了研究，他认为按照清代前期国内粮食市场的变动、清政府的外贸政策及国外粮食输入量大致可分为两个阶段：（1）康熙、雍正时期；（2）乾隆、嘉庆、道光时期。有的作者还从不同的侧面和角度，对清代棉布市场的变迁与江南棉布生产的衰落、湖南农村的采矿业、清代江汉平原水灾害与经济开发、农业中的资本主义萌芽、鸦片战争前农村封建人身依附关系的变化等诸多方面的问题作了有益的探讨。

商业。清代士商之间的关系，是经济史研究中极重要而研究者鲜有涉及的问题，对此，谭廷斌的《明清"士商相混"现象探析》(《湖北师范学院学报》1990年第1期)认为明清时期士商相混，对社会的影响是多方面的。(1)极大地提高了明清商人的素质。(2)加速了商业集团的儒化过程。儒化使明清商人缺乏西欧资本主义原始积累时期商人的那种残酷的掠夺意识，他们崇尚儒教伦理的重义轻利；他们的经商活动带有浓厚的家族色彩。(3)促进了明清之际异端思想的蓬勃兴起，改造了当时的社会风尚。此文颇引人瞩目。对清代的商业政策，郭蕴静的《谈谈清代的重商政策》(《社会科学辑刊》1990年第2期)提出了与众不同的看法，她认为清朝是采取了积极的鼓励和扶助商人的政策。所谓封建社会出现的"抑商"，只不过是调整商业和其他行业(如农业)一时出现的矛盾，即流通与生产、供与求矛盾的手段，而并非是贯彻始终的政策。有一种意见认为清代重农抑商，商税特别沉重，使得商业不得顺利发展。而许檀、经君健的《清代前期商税问题新探》(《中国经济史研究》1990年第2期)一文却持相反看法，认为清代各朝的立法者在主观上并没有企图抑制商品流通。相反，还采取了不少措施革除弊端，鼓励流通。清代前期财政收入中商税额的增长，尽管不能完全排除税率增长的因素，但主要的是流通扩大的结果。彭泽益的《清代财政管理体制与收支结构》(《中国社会科学院研究生院学报》1990年第2期)则依据丰富翔实的资料，较为系统地阐说了清朝政府的财政法规制度及其实践状况。其中，关于财政管理体制，考察了中央和地方的机构设置、管理权限、运转特点；关于财政收入和税制，考察了田赋、盐课、关税、杂赋四项；关于财政经常性支出，考察了皇室经费、宗室和官吏俸禄、兵饷、驿站经费、科场学校经费等等。作者还进一步对清代历朝财政的状况和变化趋势做了动态性考察，并提出了不同于传统观点的见解。

土地关系与货币地租。旗地私有化,是清代土地制度变化的重要内容,它反映了清代封建经济关系演进的基本规律。力耕等的《论清代旗地的私有化》(《吉林师院学报》1990年第2期)一文,认为清代旗地私有化,最早起因于旗地"份地制"本身的私有制因素。康熙中叶以后,民典旗地现象日益频仍,以致乾隆年间清朝不得不拿出巨款"回赎"民典旗地。但回赎政策并没有阻止旗地向民地转化的历史趋势。对乾隆年间清朝到底回赎了多少旗地,众说纷纭,无一致意见,王振科等的《清代乾隆时期回赎旗地数字考辨》(《吉林师院学报》1990年第2期)一文,综合诸家记载详考后认为,乾隆年间清朝在关内外回赎了370余万亩的旗地,花费数百万银两的估计,基本上符合当时的历史实际。东北旗地是清代八旗土地制度的重要组成部分,清朝中叶,由于流民出关,旗地买卖盛行,旗地逐渐向民地转化。而清廷为保护旗人的生计,采取了一系列旗地的补救措施。刁书仁的《略论乾嘉时期东北旗地的补救措施》(《东北师大学报》1990年第2期)一文指出,清代对旗地的补救,主要从两个方面着手,一是对旗人红册地继续进行强化,防止其崩溃;与此同时,多设官地,让旗人佃种,间接维持旗地,资助旗人生计。但这些补救措施却对东北经济的发展起着一种延缓作用。而衣保中则对清代中叶的八项旗租地进行了考察,他说清中叶以来,一方面旗地典卖现象日益普遍,旗地制度趋于破坏。另一方面,大量旗地被清朝收为"公产",对旗地的控制趋于强化。乾隆以后,随着旗地私有化的进一步发展,清朝把更多的旗地纳入"公产","公产制"逐渐成为旗地一种重要的土地占有形式。旗地"公产制"的产生和发展,是与旗地私有化过程互相交织,同行并进的。在畿辅地区,旗地由"份地制"向"公产制"演变,集中体现为八项旗租地形成与发展。八项旗租地包括存退、另案、庄头、屯庄、三次、四次、奴典、公产等八种旗地，是清朝所掌握的各类"公产"旗地的总称，是乾隆年间旗地破坏过程中形成的一种新型旗地（《清中叶八项旗租地研究》，《东北师大学报》1990年第2期）。该文立意较新，值得一读。清代前期已经出现了货币地租，在部分地区和农业经济领域且有一定程度的发展。其中黄冕堂的《论清代的货币地租》（《山东大学学报》1990年第2期）、杨仁飞的《清代宁绍地区货币地租浅论》（《宁波师院学报》1990年第4期）二文值得注意。黄文从清代货币地租发生和发展的原因、几种由实物地租演变为货币地租的过渡形式和途径、货币地租的发展过程、货币地租的发展水平和特点诸方面入手，对清代货币地租演进的历程做了考察概述。杨文刚对清代宁波地区货币地租产生的历史背景、特征以及影响制约它发展的因素等问题做了分析研讨，进而认为宁波地区货币地租的发展史充分证明了建立合理的经济结构的必要性，积极开展对外贸易，提高农业的商品化程度，建立合理的、符合宁波特点的工业体系，是发展宁波经济的关键。

人口。对人口问题的越来越多的研究表明了研究者对人口与经济之间密切关系的日益深刻的认识理解。韩光辉的《清代北京地区州县人口的增长》（《北京社会科学》1990年第2期）一文，认为清代北京地区州县人口增长的特点：一是前期的人丁增长率高于后期人口的增长率，且均低于同时期全国水平，属于人口发展的低增长型；二是各州县人口的增长存在着明显的差异。究其原因，影响该地人口增长的因素是多方面的，而以圈地为主的经济因素起着决定性作用。乔素玲的《清代广东人口增长与流迁》（《暨南学报》1990年第2期）一文，认为清代人口流向的重要目标是城市，这与康乾之际城市经济的发展有密切关系。清代广东人口流迁的方向是呈四周放射状，即以湖、惠、嘉为中心，向东流向台湾，向南流向高、雷、谦、海南及东南亚等地，向西流向广西、四川、云南，向北流向江西、湖南、湖北以至陕西等地。总的趋势是从人口密集、耕地紧张的地区流向偏僻的边疆海岛及人口稀少的内地山区。这加速了流往地区经济的开发。

三、人物研究

清代人物史的研究近年来一直处于较活跃的状态，从公开发表的学术成果看，它的研究对象以封建帝王家族和统治阶级中具有一定影响与作为的人物为主。尽管研究者对许多具体人物的认识评价有不同意见，衡量标准不统一，仁者见仁，智者见智，讨论激烈，但从它研究的发展趋势看问题的讨论不断深入统一是其显著特征，而且成果瞩目，本年在这一研究领域仍取得了不小成绩。如吴建华的《南巡纪程》（《清史研究通讯》1990年第1期）一文，对康熙、乾隆南巡的日程做了综合分析，认为以往对南巡褒康熙而贬乾隆的评价是不客观的，乾隆南巡治河、筑海塘均为有益之举，是促成康乾盛世的重要因素，康熙南巡的评价应该平衡，不能抬康熙而抑乾隆。袁森坡在《康熙与昭莫多之战》（《故宫博物院院刊》1990年第1期）一文中，对康熙的军事才能与指挥艺术等诸多问题进行了客观的评述。对雍正帝的研究评价，特别是夺嫡问题，一直为研究者关注。关于康熙在他晚年所属意的皇位继承人，清史学界历来有"允禵说"和"雍正说"两种不同意见。但由于有关原始资料的不足，使最终得出比较接近事实的结论面临困难，杨珍的《满文档案中所见允禵皇位继承人地位的新证据》（《中国史研究》1990年第3期）一文，为解开这个谜提供了必要的论据，值得注意。而杜家骥的《雍正帝继位前的封旗及其相关问题考析》（《中国史研究》1990年第4期）一文，则对雍正的封旗及其继位后的用人政策做了考察研究，认为皇四子胤禛在康熙朝分封于镶白旗，但雍正帝继位后，宠眷不衰、始终被重用的心膂股肱之臣，恰恰是非属下的鄂尔泰、田文镜、李卫等人。本年度研究乾隆帝的论著的出版可谓"丰收"，周远廉的《乾隆皇帝大传》（64万字）、白新良的《乾隆传》（41万字）先后由河南人民出版社和辽宁教育出版社出版。通览两书，作者均以相当的篇幅，详细论述乾隆皇帝的一生，包括乾隆初政、经济措施、整顿吏治、文化政策、南巡秋狝、十全武功、个人素养、家庭生活等方面，填补了有关乾隆研究的空白。对乾隆帝的经济政策思想，万依对此研究后认为，他在经济方面的基本思想仍然是传统的"崇本抑末"思想。但由于社会的发展，人民经济生活的改变，比如人口的大量增加、社会消费的不断增长、人均耕地相对减少，国家和宫廷支出不断加大等等，使得乾隆帝不得不对原来的"崇本抑末"做某些改变，特别是抑末方面，必然要做较多的调整。然而乾隆帝把手工业、矿业、商业只看作是一种对民生、对宫廷有用的一项末业，根本没有认识到它的财富价值和对社会发展的意义（《试论弘历的经济政策思想》，《故宫博物院院刊》1990年第1期）。徐凯、商全的《乾隆南巡与治河》（《北京大学学报》1990年第6期）一文对乾隆南巡予以肯定，认为他是这一时期河工的主要决策者。而赵秉忠等的《论乾隆出巡》（《北方论丛》1990年第4期）一文，则持相反的意见，他说综观乾隆六次南巡前后三十三年的全部施政内容，对其作用就不会估计过高。仅就思想统治而言，乾隆帝镇压汉族知识分子及汉族官员的60余起文字狱案，绝大部分都是在这一期间制造的；禁毁图书近3000种，也是在这段时间里进行的。乾隆一手缓和矛盾，一手制造矛盾，而且后者甚于前者。此外冯佐哲的《和珅略论》（《北京社会科学》1990年第3期）、何龄修的《平一统贺王盛复明案始末》（《历史档案》1990年第1期）诸文，分别对和珅的历史作用以及平一统、贺王盛等人的事迹与反清复明案的特点做了深入有益的研讨。

四、中外关系与对外贸易研究

明清两代，西方传教士纷纷来华，这是中西关系史上的一件大事。对此研究者共识的一点是：西方传教士在移植宗教的同时，也输入了西方科技，客观上促进了中西科学文化交流。然而，人们对于传播西方宗教和科技一些重要媒介：诸如西书的流传，特别是西方传教士的书库之兴衰等问题，则注意不够。施礼康等的《明清西方传教士的藏书楼及西书流传考述》（《史林》1990年第1期）一文，从利玛窦与早期的"传教书库"、7000余部西书的东来与译著的激增、传教书库之兴衰及西书之流佚等问题做了详尽统计与说明。而刘潞等的《清代宫中出现西方文化的原因探讨》（《故宫博物院院刊》1990年第4期）一文，却从另一个角度，探讨了西方文化渗透影响帝王生活的历史进程。认为明末清初进入宫廷中的西方文化产品（物质的和精神的）大致可分为科技、艺术和思想意识三个方面。而其在宫中依次占主导地位的时期，恰与清王朝历史发展相应：前期，清王朝兴起的时期，西方文化中的科技方面对清宫的影响最大；中期，清朝的鼎盛时期，西方文化中的艺术方面对清宫的影响最大；末期，清朝的衰落时期，西方文化中的思想意识方面对清宫的影响最大。这三个层面分别与这三个时期的三个有代表作用的皇帝即康熙、乾隆、光绪的性格和个人遭遇有密切的关系。浩罕汗国前后延续达167年之久，一度称雄整个锡尔河流域，为中亚当时最重要的汗国之一，但至今连它的王统世系还未弄清楚。潘志平在广泛研究清代汉文史料、中亚穆斯林和西方史料（包括俄国史料）的基础上，有其中的许多疑难不确定问题做了较为圆满的阐释，勾勒出可信的浩罕王统谱系表，将这一方面的研究推进了一步（《中亚浩罕王统考》，《西北民族研究》1990年第2期）。冯佐哲对清代前期中日两国人员往来、商船贸易和文化交流的问题做了综述(《清代前期中日民间交往与文化交流》,《史学集刊》1990年第2期)。研究清代对外贸易的文章主要有齐清顺的《清代新疆的官铺和对外贸易政策》(《新疆社会科学》1990年第3期)和王少平的《中俄恰克图贸易》(《社会科学战线》1990年第3期)二文。齐文认为官铺是清政府在新疆对内对外贸易中实行垄断政策的一部分。而且清朝控制、垄断对外贸易的政策,由于后来统治阶级日益腐败和外来侵略势力的冲击,先后都以失败告终。王文则认为中俄恰克图贸易是建立在恰克图条约基础上的平等互利的贸易,符合中俄两国人民的共同利益,无论是在政治上还是在经济上都有重大意义。从上述情况看,较之清史研究的其他方面,清代对外关系及贸易史的研究显得很薄弱,今后需要大力加强和充实。

五、民族史研究

近年来清代民族史的研究得到了应有的重视和发展,每年都有高质量的论著发表问世。本年度民族史研究的论著侧重于民族政策、民族关系以及边疆民族经济的发展等诸多方面和领域,成绩可观。如哈斯达赖的《清封禁蒙古的几个不同层次及其目的》(《内蒙古社会科学》1990年第4期)一文,认为清对蒙古的封禁,是按不同的封禁范围,分层次进行的。概而论之有:(1)在蒙古各旗之间的封禁;(2)在蒙古各部之间的封禁;(3)在蒙古与其他各族之间的封禁;(4)在蒙古与俄国之间的封禁诸层次,而且各有其用意及目的。苗普生的《略论清朝政府对布鲁特的统治》(《新疆社会科学》1990年第6期)和潘志平的《布鲁特各部落及其亲缘关系》(《新疆社会科学》1990年第2期)二文,分别对清朝统治布鲁特的变化过程及布鲁特诸部的亲缘关系做了详论。苗文认为清对布鲁特诸部统治变化的过程,大致可分为三个阶段。自乾隆二十三年至道光八年为第一阶段。道光八年至光绪三年为第二阶段。自光绪三年至清末为第三阶段。无论清朝统治布鲁特的形式有何变化,但统治始终是比较稳定的。潘文对布鲁特各部的亲缘关系进行了全面系统的探究,解决并澄清了前人的许多错误见解和认识,指出左右翼和内外部是对布鲁特各部亲缘关系纵横两个方向的基本划分,试图合理地解释布鲁特各部亲缘关系上的复杂现象。洛丹的《七世达赖喇嘛的确认、册封、坐床》(《西藏研究》1990年第2期)一文指出,他的确认、册封及入藏坐床等一系列活动是藏族历史上的重大事件之一。这一事件是清朝中央对西藏地区有力施政的重要转折,由此而使达赖喇嘛与清王朝中央之间的良好关系得到进一步的巩固和发展。王锺翰先生对清代八旗中的满汉民族成分问题进行了研究,提出清代汉军旗人的民族成分的标准,只能按当时是否出旗为民作为一条杠杠的看法。认为凡是既已出旗为民的大量汉军旗人,或因罚入旗后又改回民籍的,就应该算作汉族成分,否则都应该把他们当作满族成员看待才是。因为作为一个历史范畴的满族共同体,一部分成员从其他民族加入进来,另一部分成员从本民族中分离出去是正常现象,完全符合一个民族在长期不断形成发展过程中的民族特征(《清代八旗中的满汉民族成分问题(上、下)》,《民族研究》1990年第3、4期)。卢明辉认为,康雍乾时期出现的中国历史上前所未有的幅员广阔、多民族大一统的局面,增强了中华民族的凝聚力,这对于加强发展中原地区与北方边疆地区各民族间文化科技的交流起了巨大的推动作用(《康乾盛世:中原文化与北方民族文化间的交流发展》,《内蒙古社会科学》1990年第1期)。本年度发表的研究民族经济史的文章也为数不少,如穆渊的《略论清代前期南疆的普尔制》(《新疆大学学报》1990年第1期)一文,认为清朝在南疆铸行的新普尔铜币,虽然是一种封建剥削性质的货币制度，但在当时它符合与祖国内地统一的历史趋势，促进了南疆地区商品经济的发展，对其作用应予肯定。王熹、林永匡的《乾隆时期叶尔羌的官方丝绸贸易》（《新疆大学学报》1990年第1期）和《清代内地与新疆丝绸贸易研究》（《西域史论丛（第3辑）》）、《简论清代乌鲁木齐哈萨克贸易设立的原因与经过》（《民族研究》1990年第5期）等文，以文献和档案材料为依据，从不同的角度，对清代内地与新疆地区官办的丝绸贸易的规模、发展概况以及乌鲁木齐哈萨克贸易设立的原因与经过问题，做了详尽的论述考证，解决了一些问题。陈东升的《清代旅蒙商初探》（《内蒙古社会科学》1990年第3期）一文，则对清代旅蒙商的兴起、发展变化、经营方式及性质等做了全面论述。鲁子健的《清代藏汉边茶贸易新探》（《中国藏学》1990年第3期）一文，对清代藏汉边茶贸易的兴衰进行了论述，认为边茶贸易是清政府推行民族羁縻政策的重要政治经济手段。通过发展边茶贸易，清廷有效地加强了对康藏边区各土司的抚治，密切了西藏与祖国内地的联系，巩固了西南边防。

六、社会生活史研究

清代社会生活史的研究，近年来随着清史研究工作的全面展开和不断深入，也得到了相应的发展，每年都有很多人力在从事这方面的研讨，本年度当不例外。如张仁善的《清代礼制对本朝前期社会生活的影响》（《南开学报》1990年第1期）一文，认为清代礼制对社会生活的影响，主要通过它的政治功用和教化功用显示出来。经过礼制的规范，人们形成了崇尚权威的政治观念，崇拜祖先的伦理观念、封闭僵化的保守观念以及重本轻末的价值观念，行动上安于本分，不思进取等。至于清代宫廷帝王生活的研究，万依、王树卿、刘潞等著的《清代宫廷史》（辽宁人民出版社，1990年）一书，全书共分六章，比较全面地通过对宫廷有关的人物活动的研究，包括宫廷内部权力之争、重大事件、政治经济措施、典章制度、物质文化生活及风俗习惯等方面的研究，揭示了清代宫廷在封建社会中的作用及其兴亡的规律。而林永匡、王熹合著的《清代饮食文化研究——美食·美味·美器》（黑龙江教育出版社，1990年）一书，则是新中国成立以来第一部从断代史角度探讨和研究饮食文化发展规律、文化内涵的学术专著。该书38.5万字，利用宏富的清代文献、笔记、宫廷与官府档案文书、文物资料，分别对清代饮食文化的构成与特色、清人饮食文化心态与价值取向、清代中外饮食文化的交汇、清代民间和地方饮食文化、清代民族饮食文化、清人保健养生与食疗等专题进行了论述，提出了自己的构想与见解。李英华的《清代冠服制度的特点》（《故宫博物院院刊》1990年第1期）对清代冠服制度的指导思想和具体内容做了深入的分析与研究，认为具有鲜明的民族特征、继承历史传统是清代冠服制度最显著的两个特点。叶志如的《从人参专采专卖看清宫廷的特供保障》（《故宫博物院院刊》1990年第1期）则从另一方面对清代人参的专买专卖情况做了介绍，并认定人参的专买专卖是保障清代皇室内廷特供生活的重要经济来源之一，是清代宫廷经济生活中的特殊内容。此外，许多学者还立足于不同的角度、层次，对清代各地盛行的民间信仰以及宗族制的发展特点等问题做了有益的探讨。如陈在正的《台湾中部平埔族的汉化与妈祖信仰》（《台湾研究集刊》1990年第2、3期）一文，着重对台湾中部平埔族不断汉化、接受妈祖信仰，并倡建妈祖庙于埔里的文化现象及历史进程做了说明。而李祖基的《清代台湾边疆移垦社会之特点与妈祖信仰》（《台湾研究集刊》1990年第2、3期）一文，却从清政府的渡台禁令与妈祖信仰、移居地环境的恶劣、社会动乱、贸易的发展、郊商的兴起与妈祖信仰等方面入手，结合清代台湾移垦社会的若干特点，对该地妈祖信仰的传播发展进行了综合的研究，颇有新意新解，令人耳目一新。常建华的《试论乾隆朝治理宗族的政策与实践》(《学术界》1990 年第 2 期)一文，认为乾隆重视宗族问题，在他当政时期，宗族组织发达地区的福建、广东、江西等地健讼、械斗严重，影响了清代的统治秩序，他希望治理宗教以平息健讼械斗之风，维护正常的社会秩序。他对宗族的政策，总的看来以抑制为主，也有一定的支持和打击，但没有解决问题。

七、学术思想文化研究

关于学术思想文化，重视对清代著名思想家、史学家以及乾嘉时期的思想文化史的研究，是本年度论者所表现出的一个突出特点。赵向东的《略论黄宗羲的史学思想》(《兰州大学学报》1990 年第 3 期)一文认为，在历史上，黄宗羲并未跳出封建唯心史观的窠臼，他有着明显的历史循环论倾向和复古思想。在治史的目的和方法上，他仍然沿袭封建主义史学传统的"取鉴资治"的那一套，所经之世也是为了维护地主阶级的封建统治。王培华则在《王夫之史论的史学价值》(《史学史研究》1990 年第 1 期)中，指出王夫之在史论撰述上的特点有四：一是对编年体史书所载史事的评论，这不同于宋明史论；二是所涉及的范围广、篇幅大；三是文字表达通顺，大都可以独立成篇；四是以史资治的思想比前人深刻。而陈其泰在《朴学家的理性探求》(《历史研究》1990 年第 1 期)一文中，对王鸣盛的史学价值予以高度评价。认为他重视对历代重要制度、事件的探究，注重论述国计利害，同情人民病苦，并且大胆地摒弃封建顽固人物的偏见，肯定革新的历史作用；提倡直笔，反对曲笔，大力针砭宋明人主观蹈空学风的流弊，是王鸣盛史学中值得珍惜的积极内容的一个重要方面。在有关学术思想文化研究中，对乾嘉学派的评价一直是许多研究者注意的中心议题。长期以来，人们以考据学来概括乾嘉史学，考据学成了乾嘉史学的代名词，乾嘉史学被概括为两种特征：一是考据，二是不问经世。对此暴鸿昌在《乾嘉史学辨析》（《北方论丛》1990年第3期）一文中提出质疑，他指出乾嘉时期，不仅考据著述繁多，非考据史作也举不胜举，如果以考据学来概括乾嘉史学甚为不公。因为是时并非所有史家都从事考据，考据学多为经学家所为。黄爱平的《凌廷堪学术述论》（《清史研究通讯》1990年第3期）一文，对他的学术思想和成就进行了全面分析研究，肯定了凌廷堪在经史小学、天文乐律方面的贡献。清初的文学发展可谓盛极一时，作家众多、作品丰富、风格纷呈，从顺治初年到乾隆百余年间，著名者不下数十百家，遍布大江南北。陶应昌的《略论清初文运的兴盛》（《云南民族学院学报》1990年第4期）一文认为，清初文运兴盛的基础，实在明末酝酿已久；各种各样的文学于清初勃兴，这是文学本身发展的客观形势所然。而在主观上，清初统治者对知识分子的任用，对文学的爱好与提倡，在制度和利益上的保护与鼓励，也是一个相当重要的原因。

八、工具书与资料的整理出版

本年度出版的学术研究性工具书有李鹏年、刘子扬、陈锵仪编著的《清代六部成语词典》（天津人民出版社，1990年）一书，34万余字，专题性研究资料有《雍正朝汉文朱批奏折汇编》（第11—20册，江苏古籍出版社，1990年）、《清代档案史料丛编》（第13、14辑，中华书局，1990年）、中国社会经济史研究的增刊——《闽南契约文书综录》和专门研究清宫历史的《清宫述闻》（初续、续编合订本，紫禁城出版社，1990年）等书。清代吏、户、礼、兵、刑、工六部，是清朝中央国家机关的重要组成部分，是清代以满洲贵族为主体的封建专制国家机器的重要职能机构，它们秉承皇帝的旨意，承理国家政治、军事、经济、司法等各方面的事务，分别行使管理国家行政的职责。因此，其在本职业务范围内所产生的词汇用语，不仅数目繁多，而且内容广泛。它包含了清代国家许多重要方面的历史典故、典章制度、政策法令以及历史知识、清乾隆时编纂刊刻的《满汉六部成语》一书的目的和用途，主要是供官吏拟写、翻译满汉公文时参考；同时也是满洲旗人应乡会试考试翻译时，考官判卷的参考书；是满族人学习汉语、阅读汉文书籍的工具书。至光绪末年时，曾有一种《六部成语注解》出现，作者失考。但该《注解》质量较差，除文字讹错外，词目解释过于简单肤浅，有许多词目的注解是就词论意，纯属名词解释性质，其可信程度和资料价值是很低的；注解的行文文白夹杂、文体混乱，读来甚是蹩解；尤其严重的是，词目解释错误颇多，牵强附会、望文生义的现象经常可见，有些甚至荒唐无稽，令人啼笑皆非。鉴于此，为便于广大清史研究工作者和史学爱好者工作和学习查阅利用，切实有所助益，李鹏年等编著的《清代六部成语辞典》以《满汉六部成语》所收词目为基础，编成此书，对每个词目试作解释，标明其词性、含义和用途，使之作为一部工具资料书，帮助读者学习清史、清代历史典故、典章制度以及一般历史知识；亦为清史研究工作者提供一些可资利用和具有史料价值的参考资料，其重要性与现实意义是显而易见的。《雍正朝汉文朱批奏折汇编》一书，张书才主编，本书是由中国第一历史档案馆将其馆藏的雍正朝汉文奏折与台北故宫博物院所藏的宫中档雍正朝汉文奏折合纂而成的一部大型档案文献，共辑入雍正年间由外满汉文武官员1200余人的奏折25000

余件，以及文武官员履历折单近 7000 件，全书 40 册。1990 年出版的本书第 11—20 册共辑入雍正五年十一月十一日至九年八月初七日期间的汉文奏折 7573 件，全面具体地记录了雍正中期政治、经济、文化、军事、民族、边防、外交等中央和地方的机密要务，特别是记录了雍正帝在清除元禩集团及隆科多、年羹尧势力之后，继续打击朋党、澄清吏治、改进养廉制度、实行改土归流、筹备西北用兵以及曾静、吕留良之狱等重要历史事实，确是研究清朝前期历史尤其是雍正朝历史的至为宝贵的第一手史料。《清代档案史料丛编》第 13、14辑，出中国第一历史档案馆编辑，张书才主编。第 13 辑（33 万字）共辑录顺治初年笼络与控制汉族官绅史料、顺治亲政后汉官被劾案、乾隆初年准噶尔遣使进藏熬茶史料、乾隆十二年安邑万全聚众抗粮案等六个专题档案史料，并附有《清代历史档案名称简释（续四）》、《五国公使觐见同治帝交涉始末》两文。第 14 辑（近 30 万字）共辑录了七个题目的档案史料，其中盛京满文逃人档、盛京满文清军战报、盛京吏户礼兵四部文，原档均为满文，是研究清朝开国史及明清（后金）战争的难得史料；此外，还辑有康熙四十六年九月记注档册，乾隆年间治理湖南苗疆史料等，这些材料均系首次刊布于世，因而其史料价值弥足珍贵。《闽南契约文书综录》所收的闽南契约文书，上迄宋代，下至 20 世纪 50 年代初，大多数是清代、民国时期的遗物。这批颇有价值的原始资料，为厦门大学历史研究所收藏或抄藏，除少量为 60 年代的旧藏外，大半是 1983 年以来，由明清福建社会经济史研究组的杨国桢等同志先后到闽南各地农村调查时搜得的，还有一部分是从各部谱牒和先学论著等出版物钩沉汇录的。契约文书是民间社会的法律文件和私家档案，是私文书中的一个重要门类。它所记载的内容均为民间日常生活中发生的社会关系、经济关系、人身关系等等的个案事实，直接地反映了历代政治、经济、法律制度在基层社会的运作，可补政书、典章、史志和其他公私文献的缺阙，具有供史学、法学、文献学、经济学、社会学、民俗学等多学科研究利用的文献价值，对于中国社会经济史研究，尤为珍贵的第一手资料。闽南契约文书虽说是区域性的，但其学术价值毋宁说是全国性的，甚至是国际性的。《清宫述闻》的出版，为研究清代宫廷史及帝王文化史提供了极为难得的文献资料，其意义是深远的。

1991年清史研究概况

◎ 燕 滨

1991年度的清史研究,较之往前,出现一些好的发展势头,一是涌现了一批学术质量、水准较高的专著;二是学术论文的数量(百余篇)、质量方面,较前有新的提高;三是研究领域有新的拓展,老课题则有新的开掘。

有关清史、专史研究的学术专著,本年度出版的计有:蔡美彪等著的《中国通史》(第十册,人民出版社,1991年);王戎笙主编的《清代全史》(第1—6册,辽宁人民出版社,1991年);左步青主编的《清代皇帝传略》(紫禁城出版社,1991年);陈支平的《近500年来福建的家族社会与文化》(生活·读书·新知三联书店,1991年);杨英杰著的《清代满族风俗史》(辽宁人民出版社,1991年);林永匡、王熹编著的《清代西北民族贸易史》(中央民族学院出版社,1991年);王毓铨、刘重日、郭松义、林永匡著的《中国屯垦史》(下册,农业出版社,1991年)等。出版的学术论文集有:清代宫史研究会编的《清代宫史探微》(紫禁城出版社,1991年),收入论文34篇。出版的学术工具书和专题资料书有:陈生玺、杜家骥编的《清史研究概说》(天津教育出版社,1991年);张书才主编的《雍正朝汉文朱批奏折汇编》(第 21—30 册,江苏古籍出版社,1991 年);《中国地方志民俗资料汇编》(中南卷上下册、西南卷上下册,书目文献出版社,1991 年)。

国内的学术交流活动与学术会议计有:本年度先后召开了"第二届明清史国际学术讨论会"(南开大学);"第六届国际清史学术讨论会"(四川成都);"清代避暑山庄研讨会"(河北承德)等有众多学者参加的研讨会,且有一定收获。

在清史的专题研究领域,学术论文除拓展一些新领域外,对原有课题的研讨更加深入、作者的视野有所扩大、背景研究亦更广阔、论点更形坚实,致使论文均有一定的学术水平,研究分析有较大力度和深度。

一、政治史、政治制度史研究

政治史与政治制度史研究,是清史研究中一个既老又新的领域。对前者的研究,本年度多涉及清王朝对明末宗室的政策、雍正朝军机处设立时间、军机大臣的考证等课题;后者多着眼于对各时期政治机构的演变、八旗制度研究等方面。

为探寻满族开国初期的政统风貌和开基建制、立制的沿革,刘小萌写了《满族肇兴时期政治制度的演变》(《中国社会科学院研究生院学报》1991 年第 2 期)一文,认为努尔哈赤称汗建国,是满族历史上一件划时代的大事,它结束了漫长的氏族部落时代,开创了满族历史的新时期;并对满族从氏族部落时代向国家过渡中建立起来的政治制度特征、性质及其演变情况进行了探讨。对"都堂"这一满族开国时期的重要政治制度,以往研究者涉及甚少。姚念慈在本年度《清史研究》第 3 期上,则撰专文《天命年间都堂初探》探讨了天命年间都堂产生的背景、权限的发展及消失的原因；并认为都堂衙门虽为处理汉人事务而设，但不久其权限就扩大到八旗诸申，成为掌管后金全国财政的机构，同时都堂还是参与后金最高决策的议政会议大臣。对"议政王大臣会议"，研究者多认为它只是一种议政制度，而无衙署办公处，不属于国家机关。杜家骥则在《清代"议政处"考略》（《清史研究》1991年第3期）一文中提出不同见解，他认为议政王大臣会议确有衙署议政处，其主要职责是奉皇帝之命商议国家"机要"事务，包括军务、边疆民族事务、议处皇族王公及旗人要员和八旗中的重要旗务等内容，又尤以商讨军务为重。但它却带有非正规性的落后特征。

八旗制度研究，是清代政治制度研究的重要课题之一。赵秉忠、白新良在《关于乾隆时期八旗政策的考察》（《史学月刊》1991年第2期）一文中，认为乾隆帝为了促使八旗制度在国家政治生活中继续发挥重要作用和调动旗人在管理国家事务中的积极性，适时采取了加强旗务管理、严格八旗等级制度，扩大满洲八旗的入仕途径和处理八旗王公遗留的历史问题等八旗政策。实施后，取得了积极成效，并对康乾盛世的稳定和持续发展，起到了推动作用。安双成在《清代养育兵的初建》（《历史档案》1991年第4期）一文中，对雍正初年设置养育兵的前因后果进行了论述，认为清代养育兵是八旗人丁日增的情况下组建起来的军队，它不仅缓解了八旗人丁过剩的矛盾，同时对培养造就八旗子弟也有一定的作用。

对清代督察制度的研究，以往人们只注重御史、给事中对百官的纠劾作用，而忽视了对行政效率的督催作用。对此，吕美颐在《清代的督催与注销制度》（《中国史研究》1991年第3期）一文中，认为有清一代形成了一套完整的督催与注销制度，对承政机构和办事效率实行了较为严格的监督。督催与注销应是清代监察制度的重要组成部分。这一制度经历代斟酌损益、修改补充,日臻完善;从机构设置、办事程序,到督催内容、注销标准、惩治办法等,都实现了规范化、制度化。清代州县是地方行政的重要建制,为从宏观角度对此进行考察,毕建宏在《清代州县行政研究》(《中国史研究》1991年第3期)一文中,阐明了县级行政的发展过程、地位和作用、特点、行政组织的利弊等,指出清代州县衙门良好地完成了清统治者交给的职责,对清统治的稳定起了巨大作用。它说明,以满族为核心的清政权,之所以能在比前朝更严峻的国际形势面前长期延续,一个重要原因,就是清统治者对州县行政空前重视,从而对中国内地基层的控制空前牢固。然由于客观社会条件的限制,更由于剥削阶级的贪婪本性,以及行政制度存在的缺陷,县州衙门对清朝国家职能的良好执行,是以成倍地加重人民的负担为基础的。

对清代政治史的研究,本年度的论文多涉及历代一些重大的政策、机构设置、治道异同等问题。如,郑克晟的《试论多尔衮对明皇室态度之演变》(《社会科学战线》1991年第2期)认为,在清兵入关前后,多尔衮以摄政王身份,对明朝宗室一向采取笼络政策,以期为促成清朝早日统一起到作用,这种政策收效不小。但时隔不久,这种笼络明朝宗室的政策却为打击与镇压所替代。这一转变,并不是多尔衮个人好恶所使然,而是由于当时国内形势起着一种明显变化而造成的结果。清代的军机处究竟创设于何年,清史学界长期以来聚讼纷纭,莫衷一是。俞炳坤的《军机处初设时间新证——兼与七年说和八年说商榷》(《历史档案》1991年第3、4期)对各种观点进行了比较研究之后,认为四年说基本上是正确的,应当引起充分的重视。而赵志强的《雍正朝军机大臣考补》(《历史档案》1991年第3期)则依据清代满汉档案和文献资料,对雍正朝的军机大臣进行考察,为解决军机大臣的官称和军机大臣的担任者两个问题,做了有益的探讨。在治道研究上,韦庆远的《论雍乾交替与治道同异》(《史学集刊》1991年第1期)一文,认为高宗在许多重大政策上坚决继承了世宗的决定,乾隆政治不失为雍正政治的继续和发展。但也指出,在若干重要的方面,高宗确实对世宗制定的规章制度及其推广方法、用人政策等,毅然做了较大的更张、纠正和充实。两代君主的政治经历、素养、作风、心态、哲理倾向等确有不同,但却不能忽视,他们在御极前后的政治背景和政治格局也是截然不同的。高翔在《从"持盈保泰"到高压统治——论乾隆中期政治转变》(《清史研究》1991年第3期)一文中,从"持盈保泰"的提出及其内容、文治官僚的任用与政治形势的转变、乾隆的对策、高压统治的强化几个方面入手,对乾隆中期政治转变做了简要分析,认为所有这些变化无不与当时的国内形势、政治结构、文化传统、统治心理存在着密不可分的关系,反过来它还影响、支配,乃至规定了乾嘉之际中国历史的发展方向。此外,对乾隆后期的专制统治问题,赵秉忠、白新良在《论乾隆后期的专制统治》(《清史研究》1991年第1期)一文中,做了简要论述,指出乾隆后期将加强君主专制作为施政的首要任务,则产生了极为恶劣的影响。乾隆帝滥施君威,打击朝臣、官吏、士民,血腥镇压人民斗争,致使政治日趋腐败、思想文化窒息、社会动乱、经济凋敝,清朝由盛而衰。

二、社会经济史研究

清代社会经济史研究,一直是近年来清史研究中最为活跃、论著最多、涉及问题面最宽最广的领域。本年度亦是如此。

财政研究。它包括对清代国家财政、养廉银制度、常平仓与社仓的研究诸方面。其中,袁一堂的《清初财政问题初探》(《中州学刊》1991年第2期)一文,对清初财政暨清王朝有关稳定财政的政策,做了初步探讨。认为清初的财政危机是严重的,财政亏空几达财政收入的四分之一,以致影响到统一事业和政权的生存,但由于采取了圈地、加派练饷等解决财政危机的主要措施,才得以渡过了危机时期。而清朝的养廉银制度,始于雍正初年,它既是一项经济政策,也是清朝前期整顿封建制度的一项综合改革措施。冯元魁的《论清朝养廉银制度》(《复旦学报》1991年第2期)一文,认为清朝推行耗羡归公和养廉银制度,至少对雍乾二朝发生了三方面的积极作用:一是吏治稍得澄清;二是理足国帑;三是闾阎咸免扰累。所以,社会矛盾比较缓和,局势较为安定,为清王朝的强盛创造了条件。此外,牛敬忠的《清代常平仓、社仓制度初探》(《内蒙古师范大学学报》1991年第2期)和《清代常平仓、社仓的社会功能》(《内蒙古大学学报》1991年第1期)两文,则分别对清代常平仓和社仓在清代社会经济生活、财政中所占的重要位置以及社会功能做了探索。他认为,常平仓、社仓的社会功能主要表现在稳定社会秩序、维护农民最低程度的简单再生产及军事、社会福利、社会公益事业等方面。常平仓、社仓实质上是封建制度下的一种公共性实物积累,是封建政府对生产、分配过程施行的一种调节、控制措施,它是存在于封建小农经济基础之上的社会管理制度。

农业垦殖与租佃关系。 程墨秀在《清代山东移民开发东北农业述略》(《齐鲁学刊》1991年第4期)一文中,认为清代的山东移民东来,对开发东北农业的贡献表现在:一是荒地(旗地、官荒和蒙荒)的垦辟;二是传播先进的耕作技术;三是伴随农业经济的发展,引起了生产关系的变化,使清初的封建农奴制彻底瓦解。拓垦形态是台湾开发史研究中的重要课题。长期以来,清代台湾的拓垦形态一直被笼统地说成是"垦首制",但研究表明,台湾的开发过程中存在着各种各样的关系和形式,并非全是"垦首制"一词所能全部概括的。对此,周翔鹤的《清代台湾土地开发史上垦首、业主、佃首等名称的地理分布》(《台湾研究集刊》1991年第1期)一文,做了认真探讨,认为垦户、业户、业主这几个称呼是适用于全台湾各种地区的;佃首、佃户首则适用于屯地(保留地);而垦户首、垦首则适用于山地。清代前期,随着农业生产的发展,湖南、四川成为当时最重要的商品粮产地,属于小农经济的一个重要类型,方行的《清代前期湖南四川的小农经济》(《中国史研究》1991年第2期)一文认为,无论是佃农向地主缴纳押租,还是自耕农与佃农转变成为地主,都说明因农业生产和商品经济发展而形成的积累,不是流向生产,而是流向地产,这正是中国封建社会最沉痛的历史悲剧。屯田在清代社会经济活动中占有重要地位,李帆的《论清代屯田》(《辽宁师范大学学报》1991年第1期)一文,通过对清代屯田的产生与发展的过程、屯田内部的生产关系与屯田的破坏,以及屯田的作用等一系列问题的研究,展示清代屯田的全貌,反映清代经济和土地制度的一个侧面,从而揭示封建土地制度的本质和它必然灭亡的命运。崔永红在《清初青海东部的兴屯开荒和屯田民地化问题》(《青海社会科学》1991年第4期)一文中认为,清初承袭明卫所制度,虽然在青海的河湟地区继续实行屯田,但明中期以来屯田向民地转化的发展趋势仍在继续,其过程至雍正初年终于大体完成。中国封建地主阶级始终在政治身份和社会地位上,存在着缙绅与庶民的严格等级划分。所谓庶民地主系指地主阶级中非身份性的阶层,其中尤以中小地主居多。江太新的《从清代获鹿县档案看庶民地主的发展》(《中国社会经济史研究》1991年第1期)和韩小白的《清代前期保定地区庶民中小地主的发展》(《河北学刊》1991年第3期)两文,选定河北地区的庶民地主作为个案,对各自命题进行了深入分析研究。江文认为到乾隆年间时，庶民地主的发展改变了缙绅地主在农业经济中的垄断地位，而跃居主要地位，缙绅地主已从主要地位退居到次要地位。这无疑改变了土地占有关系，为具有资本主义性质的农业雇工经营提供了必要的前提。韩文则认为保定地区土地关系中各类中小地主的涌现，"隐藏着非常真实的经济内容"。从量上看，这些中小地主不但普遍存在又在不断滋长；从质上看，他们都是隶属于与豪绅权贵不同的庶民地主阶层。中小庶民地主的发展证实着"土地占有的非身份性是在增长着"，这正是封建土地关系已经松弛化的一个显著标志。谢肇华、何溥滢的《清代的佃农》（《社会科学辑刊》1991年第1期）一文指出，人身依附关系松弛、自身分化加快是清代佃农所表现出的特点。但它仍然受到沉重的封建剥削，是地主阶级的对立阶级，是反封建的主力，这个本质没有变化。而李三谋的《清代南方永佃制和额租制的关系问题》（《求是学刊》1991年第2期）一文，对定额地租制和永佃制的形成关系进行了说明，提出了较之以往不同的观点，认为各处永佃制的产生情况都因地而异，何止十种百种，但一般却以额租制为其根本前提。

人口研究。 清代人口研究，本年度仍十分活跃。陈权清在《清代人口的增长与危机》（《湖南师范大学社会科学学报》1991年第6期）一文中，考证了清代人口在编审统计中，存在人丁与人口混同不分的差错，造成雍正前与乾隆后的人口数目出现巨大差数，但这并不否定乾嘉以后人口突破四亿大关的事实。至于此期间人口之猛增，系由康雍乾盛世长达百余年，玉米、番薯的广泛种植，摊丁入亩和保甲户口册制的推行等四大因素所致。而随着人口的日益增多，清廷君臣一致认为出现了人口危机，并相继提出了缓解人口压力的办法。这说明以古为鉴，控制人口增长速度是忽视不得的。吴建新在《明清广东人口流动概观》（《广东社会科学》1991年第2期）一文中认为，广东的人口在明清时期经历了重大变动，不仅表现为数量上的增长，而且表现在分布上，越来越显示出地区之间的不平衡。人口从人多地少的地方流向地广人稀的地方，从艰于谋食的地方流向易于谋生的地方，是明清广大人口流动的一般趋势。但它与历史上以往时期相比，还表现出显著的时代特征。清朝是我国人口急剧增加的时代，社会矛盾尖锐，游民问题因而成为社会的突出问题。王跃生的《试论清代游民》（《中国史研究》1991年第3期）一文，对游民的概念、种类与职业特征、游民对社会的影响，以及官府对游民的态度、游民问题较突出的原因诸问题进行分析研究后，认为清代游民问题的出现与当时人口问题有密切关系。实际上，任何社会只要人口急剧增加，而社会又不能为他们提供适当的谋生途径，游民问题的出现是不可避免的。

商人、商业和城镇经济。 王廷元的《明清徽商与江南棉织业》（《安徽师大学报》1991年第1期）一文认为，明清数百年间，徽商一直是江南棉布收购、染色和运销的主要经营者，因此他们的活动既促进了江南棉织业中商品生产的发展、棉织技术的提高，也有助于棉布染踹业资本主义萌芽的滋长。李华的《清代湖南的外籍商人》（《清史研究》1991年第1期）和《清代湖南城乡商业的发达及其原因》（《中国社会经济史研究》1991年第8期）两文，对清代湖南城乡商业发达及外籍商人的情况做了详细研究论证。前文指出湖南城乡，除本籍商人外，集聚着江西、广东、山西等14个省的商人在进行着经商活动。湖南商帮之多，商人数量之大，为其他省份所少见。商帮、商人数量的多而大，意味着湖南商品经济的活跃和社会经济增长水平的高度发展。有清一代湖南的社会经济已发展到仅次于长江三角洲的地位。后文认为在商品经济的冲击下，湖南城乡商业的发展非常迅速，在商业当中，不但行商坐贾活动频繁，作为中介行业的"行户"、"牙行"也异常活跃，而且在有些地区人们的意识形态领域里还出现了"重商轻农"的思想。罗一星在《清代前期岭南市场的商品流通》（《学术研究》1991年第2期）一文中，对岭南市场的商品流通总额、商品结构、市场主要商品（如粮食、棉、布、粤盐、铁器、广糖等）的长距离远销等诸问题分析研究后，认为岭南市场的商品流通在清代前期有很大发展，它的网络已伸向四面八方。它生产的主要商品都不仅仅满足本地区的需要，而且满足各地区的需要，成为一个地跨两广、面向全国、联系海外的区域市场。

三、中外关系与对外贸易研究

这是近年来在清史研究中形成的一个热门课题，本年度亦是如此。何瑜的《康熙晚年清政府海疆政策变化原因探析》（《清史研究》1991年第2期）一文认为，康熙晚年清廷发布南洋禁航令、禁止设堂传教，以及在此前后对台湾澳门和沿海地区的强化治理等，并不是孤立的，它是海疆内外交相压迫的必然结果。从中俄《尼布楚条约》到《恰克图条约》，在将近半个世纪的时间里，两国基本上保持和平的相处状态。在双方频繁的交往中，俄国方面显得积极主动，清政府则表现得消极、迟滞。对此，周祚绍的《康熙后期中俄关系基本态势简析》（《文史哲》1991年第3期）一文指出，康熙帝采取谨慎保守的睦邻政策，既有军事斗争，借以打击沙俄的骚扰和扩张，也有不卑不亢的外交活动。与之同时，俄国彼得一世对外政策的基本出发点是扩张。但由于它忙于西略，无暇东顾，不敢贸然出兵南下。胡延新在《十八至十九世纪浩罕汗国同吉尔吉斯人关系初探》（《兰州大学学报》1991年第2期）一文中，对浩罕汗国同吉尔吉斯人的关系，对其的征服统治和吉尔吉斯人在浩罕汗国的历史地位等问题做了论述，认为 19 世纪 30 年代以后，吉尔吉斯贵族在浩罕汗国的政治生活中所起的作用愈来愈大，甚至超过了乌兹别克贵族，占据了首要地位。康熙中清朝宣布解除海禁后，相继在闽、粤、江、浙等省设立海关，管理东南沿海的海上贸易。厦门海关在众海关中占有独特而重要的地位，但它的早期历史依然扑朔迷离。陈希育的《清代前期的厦门海关与海外贸易》(《厦门大学学报》1991 年第 3 期) 一文，阐述了对闽海关地点的争论、关税收入、用人与管理制度诸问题的看法和意见。而蔡鸿生的《论清代瑞典纪事及广州瑞行商务》(《中山大学学报》1991 年第 2 期) 一文，则认为中瑞关系形成于瑞典帝国瓦解以后。1732 年瑞典东印度公司商船首航广州，开辟了中瑞通商的时期。广州的瑞行，长期贩运丝、茶、瓷三大名产，具有与西洋其他国家不同的通商风格。蔡美彪等著的《中国通史（第十册）》则认为清王朝的对外贸易，在鸦片战争前 200 年间，以禁海闭关为其政策的支柱。基本形势是：西方殖民主义国家以所谓"开放贸易"为其原始积累的手段，清王朝则以限制乃至停止贸易为防范外国侵略的武器。在防范外国商人的非法活动方面，定了严格的管理制度；在商品的进口方面，做了许多的限制措施。这时，中国的自给自足经济结构还很牢固，西方产业也不够发达，中外贸易虽然有一定增长，但只能维持比较小的速度和规模。中国对友邻国家，特别是对南洋群岛和东南亚国家的和平贸易，有悠久的历史传统。清王朝为防范西方的侵略，对这一部分民间的和平贸易，也加以限制。尽管如此，它在这 200 年中，仍然有所发展。中西文化的交流源远流长。黄启臣的《十六至十八世纪中西文化的交汇——兼论澳门是文化交汇的桥梁》(《社会科学战线》1991 年第 1 期) 一文认为，具有近代意义的中西文化交汇，则似是从葡萄牙人于 1553 年进入和租居澳门开始。以后西班牙、荷兰、英国等西方国家接踵而来，于是中西的经济、政治和文化发生了大规模的频繁的关系，互相激荡、互相渗透、互相影响、互相促进。而在 16 世纪中叶至 18 世纪末叶的历史时期，澳门作为中国的领土、葡萄牙人租居的特殊地区，不仅是东西方贸易的转运港，而且是中西文化交汇的一座桥梁。

四、民族史研究

本年度民族史的研究，主要侧重于对清代民族政策、民族关系以及边疆民族经济等问题的探讨。马汝珩、赵云田的《清代边疆民族政策简论》(《清史研究》1991 年第 2 期) 一文，对清代边疆民族政策的基本方针、内容及措施，形成与发展等问题做了客观的历史评价。马大正的《略论清代边疆政策的研究》(《清史研究》1991 年第 2 期) 一文则认为，清代的边疆政策具有历史的继承性、地域的广阔性、内涵的多样性和影响的现实性等四大特点。杨选第等的《清朝对蒙古地区实行法制统治的几个问题》(《内蒙古师范大学学报》1991 年第 2 期) 和陈光国等的《清朝蒙古民事法律规范试析》(《西北民族学院学报》1991 年第 1 期) 两文，对清政府对蒙古地区的法制问题进行了探讨。前文认为，清政府对蒙古地区立法及司法管辖是在借鉴历朝统治者成文法与各民族习惯法基础上形成的，它的实施与深入，体现了清廷已相当注重以法律形式调整民族间的关系，达到维护北部边疆的和平与安定目的；也反映出清廷用法律手段统治压迫羁绊蒙古民族的实质。后文则指出，清政府为了调整蒙古社会一定范围内的财产关系和与之相联系的人身关系，曾制定颁布民事法律规范。它的实施，对于巩固和发展封建社会的民族关系，维护边疆地区的社会秩序，曾起过重大作用。而苏钦的《试论清朝在"贵州苗疆"因俗而治的法制建设》(《中央民族学院学报》1991 年第3期)一文认为,清代在"贵州苗疆"的法制建设,取得了前所未有的成就。其特点是因俗、因地、因时而治,把中国传统的法律文化与苗族习惯法有机统一起来,这既维护了国家的统一,也促进了苗疆发展进步。此外,还有不少研究边疆开发与民族经济文化的文章,如华立的《清政府与新疆农业开发——兼谈国家政权在边疆开发中的地位和作用》(《清史研究》1991年第2期)一文认为,在开发活动中,作为行为主体的两大力量——国家政权力量(其人格代表为皇帝及各级官员)和民众自发群体力量,都对开发进程起着重要作用。就新疆而言,清政府对这一地区以农业为重点的开发方针和措施,与当地民众的开发实践相结合,取得了超越前代的显著成效。张世明的《从清代西藏地区的经济开发看文化因素的影响》(《清史研究》1991年第2期)一文,认为西藏民族性格属于宗教型众趋人格。受藏传佛教影响的价值取向及与之相适应的习惯化行为方式无疑对清代西藏地区的经济开发会产生明显的负面作用。潘向明在《清代滇桂地区开发概论》(《清史研究》1991年第2期)一文中认为,滇桂地区在乾嘉年间获得了成绩斐然的开发。之所以如此,根本一点是"康乾盛世"下安定统一的政治环境使内地充裕的人力资源得以用于这里的边远山区。而吴元丰的《清乾隆年间伊犁遣屯》和王熹的《清代乌鲁木齐哈萨克贸易的两个问题》(均见《西域研究》1991年第3期)两文,分别对伊犁遣屯的背景、原因、设置及规模、制度作用,以及清代乌鲁木齐哈萨克贸易的成交额及马价、丝绸价与贸易比值等问题,进行了探讨。

五、社会生活史研究

较之以往,本年度清代社会生活史的研究,得到了足够的重视,且有一定的加强。马涉湘在《满族入关前生活方式变化的历史思考》(《社会科学辑刊》1991年第1期)一文中,认为在明季阶级矛盾、民族矛盾白热化之际,满族奇迹般地崛起,挥麾全辽,驰骋中原,兴起之迅猛,定鼎之稳健,衰落之急速,都与满族入关前的生活方式的变化有直接深刻的联系。而急剧性、主动性、整体性和具有较强的模仿力,则是体现满族生活方式变化的鲜明特点。宋传银的《论清前期"奢靡"之风》(《华中师范大学学报》1991年第5期)一文指出,从整体来说,若将清代前期出现于民间衣食住行的奢靡之风,放在封建社会末期这个特定的历史阶段去考察,它无疑是在封建社会末期在社会生活领域所渗透出来的一股清新之风,它表现封建社会已经到了它的晚期,正向自己的坟墓走去。冯尔康在《道光朝存在的社会问题》(《南开学报》1991年第4期)一文中认为道光时期的四大社会问题是:(1)吏治严重败坏;(2)民众运动蓬勃兴起,盗贼、民变、民间秘密宗教和会党活动频繁;(3)国内民族矛盾和冲突严重;(4)中国人民进行反对西方殖民主义侵略势力的斗争。它的发生受着三种社会因素的影响:一是封建的社会制度,二是封建的官僚制度,三是西方殖民主义的入侵。这三种因素的结合,是道光朝社会问题发生的根源。而郑振满的《清代福建合同式宗族的发展》与郑德华的《清代广东宗族问题研究》(均见《中国社会经济史研究》1991年第4期)二文,从不同的角度对福建、广东地区宗族制产生发展的特点做了探讨。前文认为合同式宗族作为一种互利性组织,是继承式宗族与依附式宗族的必要补充。尤其是在商品化程度较高、社会流动性较大的环境中,血缘关系和地缘关系都不足以构成宗族组织的现实基础,合同式宗族也就势必得到更为普遍的发展,成为宗族组织的主要形式。后文则认为,清代广东平民宗族是一种以血缘为主体,夹杂有地缘因素的社会基层结构。它是中国传统宗族社会发展的一部分,对社会的影响也特别明显。

六、宫廷政治史与文化史研究

清代宫廷政治史与文化史研究,在本年度获得可喜的收获。涉及内容多在重大历史事件、各种宫廷典章制度、宫廷文化活动等诸方面。其中,重要的文章多在《故宫博物院院刊》上刊载。如郭松义的《明清两代诏选"淑女"引起的动乱——由日本史籍记载谈起》(《故宫博物院院刊》1991年第1期)一文,根据日本史籍《华夷变态》等书的记述,对清代江南地区因讹传点选秀女而发生的民间动乱,做了剖析论述,作者认为尤以顺治年间为最甚,达六七次之多。杨珍的《康熙晚年的秘密建储计划》(《故宫博物院院刊》1991年第1期)一文指出,康熙是秘密建储制度的开创者,而这一崭新的建储法又给中国古代的建储制度带来并开创出全新的局面。刘潞在《论后金与清初四帝婚姻的政治特点》(《故宫博物院院刊》1991年第4期)一文中,以努尔哈赤、皇太极、福临、玄烨四帝为例,对其婚姻的特色进行分析,认为他们婚姻状态的变化,是与政权的取得、巩固和发展相平行的。政权不同时期的政治目标,决定了后妃的出身和民族成分的来源;政权不同的发展阶段,又影响到皇帝的婚姻或是必须服从于政治需要,或是允许保留一定的个人情感。此外,王佩环的《清初宫廷礼仪琐谈》(《清代宫史探微》,紫禁城出版社,1991年)一文、对清初军礼、皇室相见礼仪及丧葬礼作了探讨。苑洪琪的《论乾隆时期清宫节庆活动》(紫禁城出版社,1991年)一文,认为宣扬纲常礼教、笼络少数民族、满汉合璧、关心农业,关心国计民生和炫耀盛世是乾隆朝节庆活动的特点。郎秀华的《清代宫廷戏曲发展浅谈》(《故宫博物院院刊》1991年第2期)一文,则对清初、乾隆、清末各时期宫中的戏曲种类、剧目、唱腔变化、剧本等问题,进行了沿革、流派论述和探讨。更有一些研究者立足于不同的侧面,对清代的卤簿仪制、祭陵礼仪、陵寝规制、宫苑的建筑风格、宫廷音乐等宫廷史问题,做了详尽的考述论证。

七、学术思想文化研究

在影响清初学术发展的诸因素中,清廷的文化政策是一个重要方面。陈祖武的《论清初文化政策》(《中国史研究》1991年第3期)一文,从清初文化政策的主要方面、清廷文化决策的思想依据诸方面立论,实事求是地对清初的文化政策做了客观的评说。漆永祥的《乾嘉学术成因新探》(《西北师大学报》1991年第2期)一文认为,乾嘉学术的发达是多种因素所致,是历史发展的必然。王俊义的《论乾嘉学派的学术成就与历史局限》(《社会科学辑刊》1991年第2期)一文,在肯定乾嘉学派的学术成就的同时,对其历史局限和弊端也进行了论述。暴鸿昌的《清代史学经世致用思潮的演变》(《中国社会科学院研究生院学报》1991年第1期)一文,则对清代初期、乾嘉时期及道咸以降史学的经世致用思潮进行了比较研究,并探讨了这一思潮演变的轨迹及其与时代变迁、社会发展的紧密关系。袁英光则在《略论清乾嘉时赵翼的史学》(《历史教学问题》1991年第4期)一文中,全面评析了赵翼史学的历史价值。清代,经学研究的风气在浙江达到极盛,出现了"汉学"思潮,推崇汉儒经说,反对宋明以义理说经。对此,叶建华在《论清代浙江的经学研究》(《浙江学刊》1991年第6期)一文中,对这一研究循时勾画出一个各有特色的发展脉络,即疑古与考辨(清初)、僵化与进步(乾嘉)、壁垒与冲突(近代今文经学派的发轫与传统经学研究的终结),随之进行了评析。

1992年清史研究概况

◎ 吉 祥

纵观1992年的清史研究情况，发表见诸报刊的论文约有百篇，出版的研究专著有蔡美彪等著的《中国通史（第十册）》（约36万字，人民出版社，1992年）和戴逸著的《乾隆帝及其时代》（约29万字，中国人民大学出版社，1992年）等；专题学术论集有北京市社会科学院满学研究所主办的《满学研究（第一辑）》（35万字，吉林文史出版社，1992年），孙文良的满学、清史论集《满族崛起与明清兴亡》（27万字，辽宁大学出版社，1992年）等。研究领域广及清代的政治、经济、文化、中外关系、民族史、社会史、社会生活史的各个方面，现将主要研究情况综述如下。

一、政治史研究

在政治史研究方面，本年虽然发表的论著数量不及往年多，但质量水平有所提高。李兴荣在《试论后金"八王共议"制度》（《四川师范学院学报》1992年第2期）一文中，对"八王共议"制出台的历史背景、共治的内涵以及共治的演示与皇太极南面独尊和共治的结束等重要问题进行考察后认为：从努尔哈赤解决皇储的历史过程看，八王共治，是满洲贵族巩固皇权的暂时性过渡性的措施，并非"氏族制度之遗风"；而八王共治的结束，则是实行君主专制的结果。在清朝开国始初，满族军事贵族集团对明的议和策略取得了相当的成功，李鸿彬的《清朝开国与对明议和策略》（《史学集刊》1992年第2期）一文认为，议和作为明清战争中一种重要的辅助斗争手段，是贯穿始终的，清太祖努尔哈赤、太宗皇太极，在很复杂的情况下，冷静地分析判断形势、适时地打出议和的旗号，以缓兵之计，麻痹敌人，取得萨尔浒大战的胜利，并打败朝鲜和毛文龙部，解除后顾之忧。以讲和为手段，争取时间，解决面临的种种问题，达到自固的目的。以军事斗争的胜利，逼迫明廷让步，接受议和谈判。从清明对议和策略的运用，进行横向比较，不难看出清胜明有一定的必然性，正因为清成功地推行议和策略，使军事斗争亦取得辉煌战绩，两者结合起来为清朝开国打开了胜利之门。对清前期官制的研究，也有多篇力作发表。如清代前期的决策系统前有议政处，后有军机处，赵志强的《论议政处与清代前期之决策》（《历史档案》1992年第4期）一文，从关外时期的议政处、入关以后的议政处、议政处与内阁、各部院、八旗等几个方面，对议政处在清决策系统中的地位及其作用进行详述，指出议政处是最高决策机构，其职掌虽不见于官修政书，但从实际决策过程中可以看出，凡部院、八旗、外省、军营稍微重大事务，无一不在其会议范围之内。议政处、内阁与九卿三者的关系，简而言之，议政处主于重大机密，六部主于一般庶政，而阁臣则以备顾问为主。他的《论清代的内翻书房》（《清史研究》1992年第2期）一文，则对研究者鲜有涉及的内翻书房的性质、设立时间、职掌以及与军机处的关系等问题做了探讨，指出内翻书房是属于皇帝的御用机构之一，并考证出其初设时间当在康熙初年，自从它设立至乾隆十五年六月，其管理大臣和翻译人员，既无固定编制，又无定额，皆系临时增减，兼职行走。其职掌：一是翻译谕旨；二是翻译起居注；三是翻译御论、讲事，以及册文、敕文、祝文、祭文、碑文和经史、御制诗文；四是从事满语文的造字、拟定音义工作。自从设立以来，它一直是完全独立的内廷机构，由钦命大臣管理其事。它与军机处二者既彼此联系密切，又互不统属，这种关系一直保持到清朝末年。

　　清代的督抚制度沿明而来，至乾隆始确立完整的地方管理形态。王雪华在《督抚与清代政治》(《武汉大学学报》1992年第1期)一文中认为，在督抚的选任上，顺治一朝出于稳固新政权的需要，各省督抚多用汉军八旗，康、雍两朝，开始以满人为督抚，但汉军仍占督抚的多数，乾隆以后，全国政局已稳，遂有大量任用满人督抚的局面。咸、同时期，地方汉人督抚势力鹊起，他们以自己的实力影响了晚清政治格局的进程，在一定程度上体现了督抚与中央血脉相通的共存关系。督抚是清代政治腐败的推波助澜者，而其贪腐加速了清政权的衰落。韦庆远在《江南三织造与清代前期政治》(《史学集刊》1992年第3期)一文中认为，在清代前期顺、康、雍、乾四朝统治的152年中，江南三织造的地位、机制和作用，大体上可以划分为不同阶段。终顺治一朝，江南三织造设而罢，罢而复初，初步厘定了有关规章，总算勉强维持住生产。真正扩充发展是进入康熙朝以后的事。到康熙二十九年，其规模与产量已超过了前此朝代的任何官织造业。康熙当政后不久，即陆续委用自己的亲信包衣为织造，官品不高，包衣身份"下贱"，但因为是奉敕执行职务，便具有钦差的资格；更因拥有关防印信，实际上成为可以与当地督抚平起平坐的特别衙门。特别是到了中晚期，康熙帝更赋予李煦、曹寅(含其后代曹颙、曹頫)等以特殊的政治任务，允准他们可以"专折密奏"，要求他们注意"打听、奏闻"江南地区的官风民情，密切监视"各行人等"的动向,"亲手写奏帖来"。这种种殊遇都已远远逾越出织造的本职本级。在第三阶段,雍正与乾隆帝统治时期,由于特殊政治需求的关系,三织造的政治功能开始萎缩,恢复了以本行业务为主的职能。赵云田在《清代东北的军府建置》(《清史研究》1992年第2期)和《清代新疆的军府建置》(《中国社会科学院研究生院学报》1992年第2期)两文中,分别对清代东北军府与新疆军府设置的原因、主要职掌及其历史作用等进行了探讨。王文明的《试论清代前期官制的几个主要特征》(《许昌师专学报》1992年第3期)一文认为:清前期官制确有一些突出的特征。如在中央设军机处一统皇权,在地方设督抚为皇帝亲信,满汉复职制体现了民族歧视并加强了中央集权,御史制度的改革反映了封建专制的强化,在边地实行特别行政区管理制度,亦为加强中央集权所必需,翰林院的设置和科举正途反映了对知识分子的重视,有关官吏管理的若干规定(致仕、回避、丁忧、补缺、处分、薪俸等)比较切实可行等,这些特征从一个侧面反映了清朝政权性质和统治阶级内部矛盾,也从正反两个方面为我们提供了借鉴。此外,王佩环在《试论康雍时期朋党之争及其危害》(《故宫博物院院刊》1992年第1期)一文中,则从另一角度对清初朋党产生的渊源及其主要集团、朋党危害等问题做了详考,认为康雍时期朋党之争虽然是统治阶级内部的权力之争,但它在一定程度上削弱了皇帝中央集权的统治,对经过长期战乱后刚刚恢复和发展起来的统一的多民族国家造成了新的威胁,对国家的政治、经济、思想文化乃至整个社会风气都产生了恶劣影响。

  对军政合一的八旗制度的研究有所加强,是本年政治史研讨表现出的一个显著特点。清太祖努尔哈赤于1615年组建满洲八旗之前,是否有过一个四旗的发展阶段?目前史学界见解不一。有的主张1615年八旗(即八固山)建立之前,并无黄、红、蓝、白四旗(即四固山),而有的认为八旗之前建过四旗。孟昭信的《八旗初创期旗制考略》(《史学集刊》1992年第4期)一文,同意后一种说法,并在前人研究的基础上,对四旗建立的时间、方式等做了详尽考述,认为满洲始建四固山的时间,当在17世纪的最初几年。四固山分别由努尔哈赤、褚英、代善和舒尔哈齐(己酉年后为阿敏)等四人专主,以黄、白、红、蓝四面画龙旗为标志。编设牛录,成立固山,建立军政合一的社会组织,体现满族社会的巨大变革,必然伴随极为复杂的矛盾和斗争。斗争的结果是八旗制度日臻完善,满族凝聚力得到加强,汗权进一步巩固和提高,从而为后金国家的诞生做了充分的准备。佟永功、关嘉录则在《盛京上三旗包衣佐领述略》(《历史档案》1992年第3期)一文中,对盛京上三旗包衣佐领的由来、职责以及清政府对其的控制和管理等官方文书与史籍或载记阙如,或语焉不详的问题,进行探讨,表述了自己的见解。李燕光和韩国的任桂淳在《满学研究(第一辑)》发表文章,分别对清代八旗汉军与八旗驻防财政的问题做了有益的研究,为这一研究的拓深提供了助证。蔡美彪等著的《中国通史(第十册)》,专列一节,对八旗满洲军兵的衰落与八旗生计问题,进行了深入研究。认为满洲八旗兵丁享有特权,养尊处优,不加训练,又不事生产,如此世代相传,不仅无力作战,而且家口生活也日益困窘。于是出现了所谓"八旗生计"问题,京师尤为严重。这显示着满族统治危机的日益加剧。

二、人物研究

在人物研究方面,本年又有佳作问世。彭云鹤的《康熙帝屡拒群臣奉上尊号评析》(《北京师范学院学报》1992年第6期)一文认为,康熙帝之所以能有如此正确而明智的见解和作为,主要有三方面的原因所决定：一是他始终把自己看作是一个真实而具体的人，从不愿被人们所圣化；二是康熙帝毕生勤奋好学，善于总结吸取前人经验教训，指导自己的行动；三是康熙帝始终注重实践，身体力行，讲求实效。对清史学界颇有争议的雍正帝继位问题，张羽新提出了新的认识，他认为《朝鲜李朝实录》景宗二年（清康熙六十一年，即1722年）十二月条所反映出的胤禛继位是康熙的本愿，康熙因为宠爱乾隆而传位于其父雍正的记载并非荒谬（见《康熙因宠爱乾隆而传位于雍正考——雍正夺嫡辨正》，《故宫博物院院刊》1992年第1期）。对乾隆帝的研究，本年有一些有分量的作品问世。戴逸的《论乾隆》（《清史研究》1992年第1期）及专著《乾隆帝及其时代》一书，就是他对乾隆帝及其时代的一个认识概况。蔡美彪在《中国通史（第十册）》中对乾隆的一生功过做了全面的分析。乔治忠在《论清高宗的史学思想》（《中国史研究》1992年第1期）一文认为，清高宗主持编辑的《四库全书》是官方对文化遗产的一次大的清理和总结，其中亦包括对史学遗产的清理。而清高宗本人的史学思想，就是对传统史学思想从官方角度的总结和提高，从而促使官方史学发展到历代以来的最繁荣时期。显而易见，对清高宗的史学思想给予很高的评价。与此观点相左，姚伟钧在题为《旷古虐政：乾隆禁毁历史文献论析》（《华中师范大学学报》1992年第2期）一文中，对乾隆帝屡兴文字狱、残酷迫害知识分子、禁毁历史文献的暴虐行为进行了笔伐。关于嘉庆帝的评述，李尚英的《嘉庆亲政》（《故宫博物院院刊》1992年第2期）和张玉芬的《论嘉庆初年的"咸与维新"》（《清史研究》1992年第4期）两文值得注意。李文认为：嘉庆勤于政事，广开言语；更迭要员，惩办贪吏；明理务实，体察民情；诏罢贡献，崇俭黜奢；悉行宽免，稍苏民困。以上是嘉庆帝颙琰亲政一年，涉及政治、经济、宫廷诸方面改革的最突出的政绩。张文指出，嘉庆帝在亲政之初，以"咸与维新"为旗号，对朝政多所更张，这对于遏止清王朝的衰败是必要的。但从总局看，此举未能解决各种社会弊端，清王朝也没有因嘉庆帝的"咸与维新"而重新显露生机。

对其他政治人物的研究，论者也有评述发表。王思治在《索额图其人——兼论助皇太子"潜谋大事"》(《清史研究》1992年第1期)一文中，对索额图由"辅弼重臣"嬗变为"本朝(清朝)第一罪人"的大起大落的政治生涯做了翔实论证，认为索额图因助康熙除鳌拜而发迹，因助太子"潜谋大事"而身败名裂，其始也因皇权，其终也因皇权，然则却始终不一。多铎是清太祖努尔哈赤第十五子，满洲正白旗主旗贝勒。周晓光在《多铎简论》(《社会科学辑刊》1992年第3期)一文中认为，在皇太极时代，多铎因与皇太极不和并卷入满洲贵族内部权力斗争的漩涡，政治上并不得意。皇太极去世后，多铎与多尔衮因血缘、实力相互依托以及内政外交思想基本一致而结成政治联盟，取得了顺治初年权力斗争的胜利。清军入关后，多尔衮制订了先平西安、后定东南的统一全国的战略方案。该方案包含三个阶段的部署，特点是虚中有实、真假并存，多铎是实际执行人。攻克南京，多铎采取建立新的统治秩序、肃清江南弘光政权的残余势力、收拢江南汉族士民人心、血腥的武力镇压等四方面措施，将平定江南由单纯的军事行动转为长久的政治统治。这些措施包含了积极和消极两个方面，多铎的作用是不容忽视的。黄炯然在《清代名臣李光地》(《清史研究》1992年第2期)一文中，将李光地的政绩概括为谟明弼谐、夙志澄清、夹辅高风十二字，对其在清代前期的地位和影响予以肯定。陈碧笙对郑成功与抗清友军及沿海人民群众的关系进行全面系统研究后，得出结论：总的说来，郑成功的抗清活动，在初期固然曾得到沿海人民，特别是漳泉一带人民一定程度的同情和支持。但时日一久，战火延长，一方面由于郑军扩展迅速，经常向民间勒派粮饷，另一方面也由于清王朝重用汉人，采取了一些缓和民族矛盾和安定人民生活的措施，情况就逐渐发生了变化。顺治八年以后，沿海起兵抗清事件所以日益减少以及郑成功始终未能迅速扩大并巩固其沿海占领区，都可以从中得到解释。杨友庭则在《论郑成功的军事思想》(《厦门大学学报》1992年第3期)一文中认为，尽管郑成功在治军打仗方面有许多欠妥之处，但总的来说，他的军事指导思想、战略方针、战略战术基本上是正确的。

三、经济史研究

在经济史研究方面，涉及的领域有农业生产与开发、农村的租佃关系、旗地、义仓、商人及其商业贸易、人口问题与漕运诸多方面。研究范围广泛，成果量大。清代吉林地区的农业开发，经顺康雍乾嘉道咸同八朝，历300年颇具特色。刁书仁在《清代吉林地区农业开发的特点》(《中国农史》1992年第1期)一文中指出，顺康时期设官庄旗地，由旗人、流人屯垦，是为吉林地区农业开发之先导，雍乾嘉道时期汉族流民冲破封禁开垦，显示了吉林地区开发的深入，咸同以后由局部开垦到全部放垦，标志吉林地区已进入全面的开发时期。吉林地区农业开发的历史证明，满洲旗人与汉族流人、流民是开发吉林的生力军。方行的《清代前期的封建地租率》(《中国经济史研究》1992年第2期)一文认为，清代前期，地主制经济的产品分配，由以分成租制为主发展成为以定额租制为主。均分地租率(均分、中分、对分等)不论在分成租制领域，还是在定额租制领域，均扩大了自己的覆盖面，进一步确立了自己的优势地位。谭天星在《清前期两湖农村的租佃关系与民风》(《中国农史》1992年第3期)一文中，通过对地租率与租佃期限的相对稳和、地租形态的新变化、押租的矛盾发展，以及主佃关系的松弛趋向等几方面的分析，认为清前期两湖地区农业经济的发展是与凡此种种变化密切相关的，而且这种变化又使两湖地区农村经济生活增添了新的内容。陈江在《清代前期农村阶级和阶层考察》(《云南社会科学》1992年第2期)一文中，对清代前期的地主、自耕农、佃农、雇工和新经营地主等阶级和阶层的基本状况做了详尽的考察。认为清代乾嘉时期，资本主义萌芽在一些部门和地方再次破土而出，这种变化对当时农村产生的影响是使农村中阶级和阶层的分化具有了动态的特征而与以往的分化有所不同，这便是新经营地主和资本主义雇佣关系的出现。刘小萌依据发现的满汉文契约文书，对乾嘉年间畿辅旗人的土地交易形式和特点做了分析。他指出旗人土地买卖的特点是：(1) 土地所有权的频繁转移；(2) 地权的集中；(3) 土地交易中暴力因素的削减。通过价买途径积累土地以及采用租佃制的土地经营方式，已成为清中叶畿辅旗地经济关系的基本形态(《乾、嘉年间畿辅旗人的土地交易——根据土地契书进行的考察》，《清史研究》1992年第4期)。对清代农村长工工价问题，黄冕堂在《清代农村长工工价纵横探》(《中国经济史研究》1992年第3期)一文中认为，从清兵入关至乾隆前中期，年工银多数为二至四两，仅比明末长工工价略有上升；嘉道二朝的年工价银平均比前此时期的价格上涨了纹银一两半多；从东北到西南，从闽广到陇右，虽然全国工价颇为悬殊，但基本状况是两头小、中间大；嘉道二朝，关内18省区中的13个省份的长工工价相差不大，其各省区间的平均价格仅有纹银二两半之差；甘肃、安徽、广西、贵州四省的年工银平均不足三两，反映出这类地区的经济发展水平与全国大多数省区相比还存在着很大的差距。

对商人及商业贸易的研究，本年也取得了较大的成绩，李华在《清代湖南商人的经商活动》(《中国经济史研究》1992年第1期)一文中，得出结论：湖南城乡虽有十多个地方帮商人在进行经商活动，但湖南籍商人因天时、地利、人和的优异条件，似乎最为强大。湖南商人不但在本县本省经商，而且在其邻近各省，如湖北、广西、广东、云南、四川、安徽、江苏等省城乡，无不有他们经商活动的踪迹。他的另一篇《清代广西的地方商人》（《历史档案》1992 年第 1 期）对活动于广西城乡进行商品交易活动的广东帮商人、江西帮商人、福建帮商人、湖南帮商人、广西本省商人及其他地方商帮的经商活动内容和这些商帮对广西社会经济的发展所产生的作用进行剖析，认为这些商帮，人数虽有多寡，资本有大有小，相差十分悬殊。但是，商业的发达、地方商人的活跃，反过来确实促进了广西社会经济的进一步发展。陈希育在《清代的海外贸易商人》（《海交史研究》1992 年第 2 期）一文中，就清代海商的构成、相互关系及其特点进行论述，认为清代海商可分为财东、出洋人和行商三个类别。尽管他们各自在经济和社会地位上存在差别，但是，他们自上而下依次存在着一种合伙人的关系，这是清代海商构成及相互关系的特点。以往的研究容易给人这样一个印象：清代江南丝绸的市场主要是在国外。范金民在《清代江南丝绸的国内贸易》（《清史研究》1992 年第 2 期）一文中，从销售范围及其交易盛况断定，清代以江南丝绸为主的中国丝绸的消费市场主要是在国内，而不是在国外，纠正了沿袭已久的陈说。而刘秀生则从另一角度，在《清代内河商业交通考略》（《清史研究》1992 年第 4 期）一文里，对内河水系进行论述后认为，清代全国商业交通，形成以内河航运为基干，按河流流向外连海港，内接边塞，覆盖全国各省区的完整的商业交通体系。

在人口问题研究方面，鞠德源的《清朝皇族的多妻制度与人口问题》（《满学研究（第一辑）》）一文称，纵观清朝皇族的户口登记资料和每十年一次编修的皇族宗谱（王牒），给人的基本印象是：前期人口滋生较快，寿命较长，婴幼儿死亡率不高，中老年人口较多，70 岁至 90 岁的人口比较多见，娶妻数量和生育子女的数量都比较多；而在后期，人口滋生相当缓慢，寿命大大缩短，婴幼儿死亡率很高，50 岁以上 70 岁以下的人相当罕见，娶妻的数量相对减少，生育子女的数量也明显减少。这除了与皇族的人口政策等因素有关外，还与下列原因密切相关，一是宗室王公之家，前期生活比较优越，人口较少，经济供给比较充裕；中期以后，宗室觉罗人口猛增，供给日趋减少。这种经济状况的变化和物质条件的下降，亦必然影响到皇族人口的身体素质。二是宗室王公之家，大都追求多妻、多育、多子，想方设法缩短生育间隔，其目的是为了传宗接代，永保爵秩和世袭罔替。这种婚姻制度和陋习，促使宗室男女纵欲而无节制，必然造成男女生育机能的普遍衰退，人体器官发育上的不平衡性，因而最容易染上各种疾病。三是婴儿死亡率高，它与前两项原因具有特别密切的关系。行龙在《人口压力与清中叶社会矛盾》(《中国史研究》1992 年第 4 期) 一文中指出，从清代以来人口与土地的比例关系以及田价、粮价上涨的趋势来看，清中叶人口再生产与物质资料再生产之间确实存在着严重的矛盾。人民反抗斗争的次数同人口数量的增长有着一种正比例的关系，而与人均土地面积却存在着一种反比例的关系。而土地兼并的加剧也是在清中叶以来人多地少的矛盾日益尖锐的社会背景下进行的。一定数量的人口既是清中叶社会繁荣的原因，也是国力强盛的标志，但当清中叶全国人口总数突破 3 亿、4 亿，而人均土地面积下降到 3 亩以下之时，人口因素对社会发展的推动作用就走向了它的反面。这不仅激化了当时的社会矛盾，成为导致大规模人民反抗斗争的酵母，而且一直是中国近代社会动荡不安的重要原因。萧正洪在《清代陕南的流民与人口地理分布的变迁》(《中国史研究》1992 年第 3 期) 一文中，对清代陕南的流民与人口增长、人口籍贯的构成与流民来源的多样性、流民入徙影响下的人口分布（密度、重心与离散趋势）、人口分布的高度特征及人口分布、变迁与经济发展的相互作用问题，做了全面详尽的论述，并提出了自己的见解。

以往几乎所有给"漕运"下有定义的文章著述，均认为漕粮在京城的作用只限于供给皇室及宗族的糜费，满足京城百官的俸禄，以及提供驻京部队的兵饷。吴琦在《清代漕粮在京城的社会功用》（《中国农史》1992年第2期）一文中，对此提出疑义，详论漕粮在京城的社会功用十分广泛，主要包括：（1）供应皇室及王公的日用食粮；（2）用于京籍百官和驻京部队的俸禄和兵饷；（3）赈济灾民；（4）平粜以稳定市场；（5）支付京城各衙门吏役、各部工匠等的食粮。较有新意。张照东则在《清代漕运与南北物资交流》（《清史研究》1992年第3期）一文中，对运河漕路在沟通南北物资过程中所发挥的作用予以全面论述。清代义仓是解决民食的重要储备机构之一，但在封建势力的控制下，大多数仓廪管理混乱，积谷溃散，成为贪污纳垢的场所。冼剑民在《清代佛山义仓》（《中国农史》1992年第2期）一文中认为，具有"天下四大镇"之一的佛山，其义仓是当时南方优秀仓储的典范，它能长久地担负起赈济灾民的任务，使佛山渡过多次的社会危机。在较为完善的管理制度下，它不断地发展储备规模，正常运作，它浓厚的商业经营色彩体现了资本主义萌芽给中国粮食仓储制度带来的新活力，这正是区别于传统封建仓储的重要特征。

四、中外关系与对外贸易研究

韦庆远对康熙时期澳门的特殊地位和作用做了全面详尽考察，认为澳门的特殊地位和作用在于：（1）它是引进西方科学技术及其人才的入口处；（2）是清朝对外贸易的特别渠道，又是"禁通南洋"

期间的缓冲区;(3)在"禁通南洋"期间,澳门成为被勒令归国华人的转运站;(4)在中西"礼仪之争"时期,它又是双方信使往来的交接点和取得情报讯息的来源地(《澳门在清代康熙时期的特殊地位和作用》,《中国史研究》1992年第1期)。清康熙初,杨光先控告西洋传教士汤若望的案件,是一起震动朝野、影响中外的大案。在此案中,有一大批在华的外国传教士受株连,又有很多清朝官员包括高级官员受到严厉处罚,顺治朝推行不久的新法又被否定。这一案件至今仍为史家所关注。安双成的《汤若望案始末》(《历史档案》1992年第3期)一文,依据清代满文档案文献和其他文献史料记载,对本案的前因后果以及经过做了较为全面的概述,为开展这一研究提供了一些条件。清朝与泰国阿瑜陀耶王朝之间的关系,以往鲜有涉及,余定邦在《清朝与泰国阿瑜陀耶王朝的关系》(《东南亚》1992年第1期)一文中,对阿瑜陀耶王朝与清朝建立密切关系的历史背景、官方的交往过程、在朝贡贸易中清朝给予阿瑜陀耶王朝优惠政策、非官方贸易的发展等诸多问题进行了研究。吴怀民在《清代中国对琉球的册封》(《福建师范大学学报》1992年第3期)一文中指出:有清一代,清政府一直奉行康熙提出的"怀柔远人"、"待以宽和"的外交政策,琉球国王一直受中国册封、奉中国王朔、遵中国典礼、用中国律例,琉球与朝鲜、安南一样成为中国文化圈内的一个忠诚属国。中国的册封使,既是外交使节,又是文化使者,他们和从客一起在琉球热心传播中国文化,对僻远的琉球岛国的开化、文明和进步,以及生产技术的发展,起了积极的促进作用,同时也提高了琉球的国际地位。秦国经在《清代外国使臣觐见礼节》(《故宫博物院院刊》1992年第2期)一文中,对清代藩属国贡使的觐见礼节、西洋使臣来朝觐见的礼节、各国公使觐见礼节、清末觐见礼节的变化等问题进行了论述。

在对外贸易研究方面,蔡美彪著的《中国通史(第十册)》有较全面的阐述。喀什噶尔、叶尔羌自古以来就是我国对外贸易的重镇。后来,海路交通兴起,通过中亚的陆路不再是中西贸易最重要的商路,然而喀什噶尔、叶尔羌作为亚洲腹地最大的贸易城市继续发挥着重要作用。潘志平、王熹的《清前期喀什噶尔及叶尔羌的对外贸易》(《历史档案》1992年第2期)一文,就清前期这一对外贸易对象、贸易道路、贸易内容以及清政府的有关政策进行了讨论。

五、社会史与生活史研究

许华安在《清代宗族势力的膨胀及其原因探析》(《清史研究》1992年第4期)一文中,认为清代宗族组织确实有很大的发展,这表现在宗族数量增多、族产扩充、族祠规制宏敞完善、族谱联宗久远深广诸方面。其发展、膨胀有多方面的原因,而最能体现清代时代特色的原因则是:政治上加强专制统治,经济上面临人多地少矛盾的尖锐使宗族发展成为必要,而宗族组织功能转化及由此来的观念转化又使宗族组织更具活力。郭润涛在《长随行政述论》(《清史研究》1992年第4期)一文中,对清代长随的组织构成、行政功能等进行了研究,认为沟通、协调和管理是长随组织在清代地方行政中具有的三种功能。研究秘密社会与宗教的文章则有秦宝琦的《清前期秘密社会简论》、李尚英的《八卦教的渊源、定名及其与天理教的关系》(《清史研究》1992年第1期)和栗建云的《略论清茶门教的两个问题》(《中国社会科学院研究生院学报》1992年第3期)三文。秦文对秘密社会研究的范畴、性质与社会功能、清前期秘密社会的历史分期与发展脉络等问题做了概述。李文对八卦教的渊源、八卦教的定名、天理教与八卦教的关系等许多问题正了名。而栗文则对清茶门教的源流、传教特点和方法、遗留的清茶门教经卷的主要内容进行了研究，解决了一些问题。在社会生活史方面，张仁善的《论清朝中期以后社会生活的反礼法趋势》(《中国史研究》1992年第2期)一文，认为清代社会生活的反礼法趋势表现出了普遍性、超越阶层性和并发性的诸多特点。其动因是社会生产力的发展，为社会生活冲击礼法准备了物质条件；礼法本身的松弛，为社会生活的演变敞开了方便之门；而上层统治者的生活方式，则对礼法的失控起了推波助澜的作用。

六、学术文化研究

黄爱平在《阮元学术述论》(《史学集刊》1992年第1期)一文，对阮元的学术文化活动做了全方位的概述，主为尊汉抑宋、实事求是、折中汉宋是阮元独具特色的学术主张和治学风格。在经学方面，阮元的突出贡献在于他努力通过声音文字训诂，来阐释经书原义原解，比较成功地实践了自惠栋、戴震以来汉学家始终倡导的由文字音训以明经达道的治学宗旨；在小学方面，阮元的主要成就体现在训诂；在金石方面，阮元的最大功绩是对古器古物的收集、整理和保存，进而加以研究，并利用这些实物资料来印证、解释经义和历史。同时他在提倡学术、奖掖人才、整理典籍、刊刻图书等方面所做的贡献也是他人不能企及的。全祖望是清代浙东学派巨擘。陈其泰的《全祖望与清代学术》(《中国社会科学院研究生院学报》1992年第2期)一文，通过对其编纂的《鲒埼亭集》和《宋元学案》体例、内容的分析，阐述了全祖望对清代学术所做的重要贡献及其与浙东学派的关系，作者着重指出：全祖望的著述所以具有生命力，在于他继承了黄宗羲的民族意识，大力激扬民族志节，指斥投降变节，从而为后人留下了宝贵的精神财富。周妤在《试论清代前期学术思想的精华及其历史地位》(《新疆大学学报》1992年第1期）一文，通过对清代前期的重实际、求变革的经世致用思潮、近代启蒙思潮以及创新、严谨、求真的治学精神的整理和评估，全面阐述了这一历史时期学术思想精华及其历史地位。此外，吴杰、黄爱平在《论清代目录学》(《清史研究》1992年第3期）一文中，对清代目录学的发展做了全面评述。

七、民族史研究

本年的民族史研究涉及清代的民族政策、宗教政策、民族立法、经济等诸多领域，有大量学术论文发表，现择要予以评述。清代的治黎政策可谓集历代之大成，何瑜在《论清代的治黎政策》(《民族研究》1992年第4期）一文中，认为其主要表现在：以黎治黎，强化封建统治；恩威并用，以抚为主；注重轻赋和缓解民族矛盾；尊儒重教，以汉代黎等四个方面，较之以往任何时期，它发展得更为周密和完善。黄建华在《论清朝对哈密吐鲁番回部的民族政策》(《新疆大学学报》1992年第4期）一文中，认为清朝对哈密、吐鲁番回部采取了有别于其他维吾尔族地区的民族政策，即政治上施行札萨克制为中心的笼络政策，经济上给予丰厚的利益，并充当额贝杜拉和额敏和卓两大家族在领地上的统治靠山。这一民族政策在清朝统一新疆和统一初期，颇具积极意义，但统一新疆后不因时予以变革，其民族政策愈益表现出消极性和落后性，因此是失败的。王锺翰认为清代满族统治者的民族宗教政策是成功的。（1）在东北满族发祥地，满族奠基人努尔哈齐对东北各族实行招纳、吸收、融合的民族政策及兼容并包、具有一定开放性的宗教政策；（2）在内外喀尔喀蒙古，推行分而治之并限制利用的政策，宗教上为政治目的而提倡信仰藏传佛教；（3）在天山南北路，采取旗治、民治分而治之及限制新疆与内地人员交往的政策，并尊重那里的伊斯兰教信仰；(4)在西藏、甘青地区，大力提倡、利用藏传佛教以为统治工具，三次出兵西藏，有效地维护了祖国统一和领土完整；(5)在西南诸省推行改土归流，改变了土司、土官割据一方的局面，变间接统治为直接统治(《清代民族宗教政策》,《中国社会科学》1992年第1期)。《理藩院则例》是清代众多民族法规中最具有代表性的一部。但是关于它的性质，目前学术界主要有四种说法，众说歧异，颇不统一。苏钦在《〈理藩院则例〉性质初探》(《民族研究》1992年第2期)一文中，认为它是理藩院机关内部的一部工作条例，具有行政法规的性质，同时它也是清朝国家制定的一部适用于蒙古、西藏、新疆等少数民族地区的民族法规。它之所以具有上述双重性质，是与清代司法与行政一体的组织体制密切相关的。史筠认为《西藏通制》是在自清朝开国管辖西藏以后一百多年的对藏工作经验的基础上制定的，是清王朝治藏一系列政策措施的制度化、法律化，也是清王朝封建统治者治理西藏的国家意志的集中体现(《清王朝治理西藏的基本法律——〈西藏通制〉》,《民族研究》1992年第2期)。徐晓光在《清朝民族立法原则初探》(《民族研究》第1期)一文中认为，清朝的民族立法是本着"修其教不易其俗，齐其政不易其宜"的立法指导思想制定的。潘志平在《和卓崇拜的兴衰》(《民族研究》1992年第2期)一文中，着重对中亚与新疆的和卓崇拜的兴衰历史进程做了考察，认为和卓崇拜是当时中亚和新疆苏菲主义理论和实践的产物，是与当时中亚和新疆政治、经济生活的发展相适应的。同时对和卓没落和消亡的基本原因作出了令人满意的阐释，较有新意与创新。此外郭松义的《清代湘西苗区屯田》(《民族研究》1992年第2期)和王熹的《论乾隆时期伊犁哈萨克贸易的马价、丝绸价与贸易比值问题》(《民族研究》1992年第4期)两文，也就各自的命题进行了研究探讨。

1993 年清史研究概况

◎ 李世愉　李尚英

1993 年是深入改革的一年。面对商品经济大潮的冲击,清史学界的同仁励志学术,潜心研究,在较为艰苦的条件下,仍取得了可喜的成绩。据不完全统计,发表的论文约有 150 篇,出版的学术专著、论文集约 20 余种。在香港,召开了京港清史学术讨论会;为祝贺著名清史、满族史专家王锺翰教授 80 华诞,辽宁大学出版社特出版了《庆祝王锺翰先生八十寿辰学术论文集》;此外,北京大学历史系还召开了纪念著名清史专家商鸿逵教授逝世 10 周年的座谈会。总之,一年来清史学界仍然是比较活跃的。从发表的论著看,研究领域比较广泛,涉及问题比较多,且有一定的深度。特别值得一提的是,在发表的论文、专著上,中青年学者的成果占了很大比重,这是可喜的现象。下面将一年的研究概况作一扼要的叙述。

一、政治史研究

政治史的研究一向为清史研究者所关注,并且在清史研究中占有较大比重。1993 年的清史研究仍然表现了这一特点。本年度清代政治史的研究涉及面较广，而且比较有特色。

关于18世纪的中国的专题讨论。18世纪的中国，即从康熙四十年至嘉庆五年，处于清朝的鼎盛时期。当时，国力空前强盛，四海升平，生产力水平超越元明，远胜汉唐；在对外关系上，马戛尔尼率领的英国使团访华，成为当时最为重要的事件之一。毫无疑问，18世纪的中国是值得史学界，特别是清史界深入研究的一个重要而有意义的课题。为此，中国人民大学清史研究所主办的《清史研究》特辟专栏，以笔谈"十八世纪中国与世界"和"中英通使200周年"为题，先后两次刊登了一些专家、学者的观点和看法（见《清史研究》1993年第1、3期。以下引用的一些言论，不另注）。

首先，一些专家、学者从总体上就这一问题发表了自己的看法。戴逸先生指出：18世纪的中国处于一个继承和总结的时代，中国历史发展到高峰的时代，孕育着转变和面临着选择的时代；"翻开十八世纪的历史，我们今天感受得最为深切的历史失误就是造成了闭关锁国形势的清王朝的对外政策，这一政策使中国与当时日益奔腾前进的世界历史潮流绝缘隔离，延误了社会的发展，我们的国家和民族为此付出了沉重的代价"。郭成康认为，"康、雍、乾三帝从满洲务实的传统出发，突破了儒家的某些金科玉律，在政治上做出了一些有益的贡献"。刘凤云在谈到马戛尔尼访华的礼节冲突时说，这次礼节冲突，反映了两种体制、两种文化的矛盾冲突，作为中国最高统治者的乾隆皇帝抱残守缺，固执于封建地主阶级的保守主义和封闭政策，拒绝同英国使臣进行认真的会晤，终于导致了这次外交活动上的失败。正是由于这种对世界无知的传统文化的影响，最终窒息了人们的思想，造成了近代中国的落后。高翔同志就史家历来盛赞的康乾盛世进行了分析。他首先指出，从历史演进的长河去看康乾盛世，"无论在繁荣的质上还是量上，它都远逾前代，具有集大成之势"。同时又明确指出,"如果把康乾盛世置于世界范围来考察,即会发现:当清朝正处于繁荣的高峰,当人们正陶醉于盛世的文治武功时,产业革命在欧洲爆发,科技发明与社会变革不断产生,传统社会的基础在分工、水力、机器的应用中被彻底摧毁。至此,中国和西方的差距完全拉开,近现代史上落后就要挨打的命运最终铸定。这种历史落后局面的形成,可以说是18世纪中国,尤其是康乾盛世的悲剧意义所在"。李华先生认为,鸦片战争之前,清朝统治阶级"政治上的腐败、生活上的腐朽这是事实;但在社会经济上,仍然是向前发展的"。对于资本主义萌芽,我们不能"老是人为地强调它的微弱",而应将其"限制在还没有达到资本主义社会的阶段"。陈桦在分析了18世纪中国社会经济的突出成就和许多局限后认为,封建主义社会制度是造成当时社会经济不可能发生质的飞跃的根本原因。"因此,在评价18世纪社会经济发展的时候,既要看到它重要的历史地位,它所给予中国社会经济发展的突出贡献,同时也必须估计其在沉重的封建主义桎梏之下,步履蹒跚,矛盾重重,仍未脱出旧生产模式的现状。"

此外,还有一些学者从某些具体问题入手,进行了探讨。高王凌认为,清代矿厂中有50%是在乾隆时期建立的,说明该时期的中国矿业有着一个很大的发展,因此,"恐怕是不应称之为'急遽地走向衰败萎缩'的"。华立在阐述18世纪中国人口流动的概况及其对边疆开发所产生的巨大推动作用后,指出,"从经济开发到文化、社会的进步,成为人口流动推动下边疆社会发展的历史道路"。成崇德在着重考察了北疆的开发情况后提出:稳定的、和平的政治环境是促进边疆与内地人口流动,政治、经济、文化交往,发展蒙古社会经济的重要保证。同样,以蒙古族为主的北方各族人民对蒙古地区的开发活动与其他边疆地区人民的经济建设共同构成了中华民族近300年来丰富多彩的边疆开发史。何瑜在论及清廷的海疆政策时认为，在传统的闭关自守基础上产生的海疆政策，其实施的结果是：虽然在一定程度上遏制和延缓了资本主义国家的入侵，但这种有利的一面是暂时的和有限的，而它在隔绝中外交往、自我封闭的不利方面，却是既久且深的。秦宝琦把18世纪中国农民起义与农民战争，放到当时世界历史的范围内加以考察后指出，农民起义和农民战争所提出的纲领口号和实际斗争，表明它们仍然"未超出旧式农民战争的范畴，其历史作用只能是'打击了封建统治'，而不可能是推翻封建统治，建立更高一级的社会形态"。黄爱平在论及18世纪的思想文化时说，"尽管在许多方面达到了发展的高峰，但它毕竟只是传统文化的终结，而非近代思想的开端，与同一时期西方出现的民主启蒙思想相比，它已经明显地落后于世界的潮流了。"黄兴涛详细探讨了马戛尔尼使华与传教士的关系，认为，这将"对人们更准确地认识此次英使访华的真正动机，和使团在华的历史际遇有所帮助"。

关于政治制度的研究。清代政治制度的研究，在1993年中有了新的突破。虽然发表的文章数目并不很多，但有些文章有一定深度。此外，郭松义、李新达、李尚英三人合著的《清朝典制》（吉林文史出版社，1993年）为清代典制史的研究填补了一项空白。该书较为系统地介绍了清代的皇帝、礼仪、国家机关、职官管理、学校与科举、财政、监察和法律、军事等各项制度。

满族国家以八旗制度为基础，已为人所共知。但其何以会以旗这一特殊形式出现，却未受到学术界的足够重视。姚念慈在《论满族八旗制国家的建立》（《清史论丛》1993年号）一文中深入探讨了这一问题。文章指出：（1）牛录应作为研究满族八旗制国家的起点；努尔哈齐起兵初期，牛录额真发生的某些质的变化，使满族各部落"成为正在形成中的新的民族共同体的一个下层基本单位"，进而迅速地形成了以建州女真为主体的部落联盟。(2)万历二十九年,努尔哈齐出于集中统辖管理的需要,采取了改编牛录和建立四旗这两项重大决策,标志着满族国家的诞生。(3)万历四十一年,努尔哈齐将一度代理国政的褚英囚禁,两年后处死,结束了四旗制,从而建立了八旗。"可以说,满族国家的专制集权政体正是设置八旗时才开始确立的。"他在另一篇文章《清入关前六部的特点及权力变化》(《庆祝王锺翰先生八十寿辰学术论文集》,以下简称《论文集》)中论述了清入关前中央机构的特点,指出:天聪五年七月,皇太极设立六部,这是满族国家发展中的一个重要转折,"六部的设立的确使满族国家从松弛混乱的状态逐步走向集权统一,其作用不容低估。但由于八旗制度构成当时的社会基础及其对六部的制约,我们绝不能将后金—大清六部与中国封建专制集权下的六部等量齐观"。

军机处是清代一项特殊的制度,它的建立,标志着封建专制主义中央集权制的发展达到了顶峰。对此,以往研究的人不少。但刘绍春的《军机章京职权责利的若干问题》(《史学集刊》1993年第4期)一文将这一制度的研究引向了深入。文章首先指出,军机章京的实际职任与会典所载大有出入,他们要负责草拟谕旨、参与司法审判、扈从、随大臣出差办事、纂修方略,以及仍兼原衙门的职任。进而论述了军机章京的工作要求、工作纪律,以及对他们失职、违纪的处分。最后探讨了军机章京的出路,指出他们的出路要比其他衙门的官员优越得多。

科举制度历来为清史学界所重视,本年度的研究又深入了一步,主要表现在,研究者的眼光已不是仅仅停留在制度的本身。如宋元强的《清代的科目选士与竞争机制》(《中国社会科学》1993年第2期)、《徽商与清代状元》(《中国社会科学院研究生院学报》1993年第3期)、《清代科举与士子宿命论思想》(《求是学刊》1993年第4

期）三篇文章各具特色。作者在这三篇文章中主要阐述的观点是：（1）清代的科举制度具有不拘门第、均等竞争、公开考试、优胜劣汰的基本特征，由此而言，有必要对古代的科举考试制度重新加以审视。（2）具有强劲经济实力的徽商，通过宗族组织的途径，推崇儒家文化并重视功名仕进，这是清代安徽多状元的一个独特而重要的原因。（3）在清代众多的读书应试者中，十分广泛地流行着宿命论、因果报应说等神学迷信思想。

清代的督抚体制，以及自督抚以下各府州县衙门所实行的幕友制度，也是近几年清史学界较为关注的一个问题。王跃生的《清代督抚体制特征探析》(《社会科学辑刊》1993 年第 4 期)、郭润涛的《汪辉祖与清代州县幕府》(《中国史研究》1993 年第 1 期)、吴爱明和夏宏图的《清代幕友制度与文书档案工作》(《历史档案》1993 年第 4 期）三篇文章，分别就各自的命题进行了分析和论述，较有新意。

关于政治事件的研究。在政治史的研究中，政治事件的研究占了一定的比重，同时还涉及了其他一些热点问题。徐凯在《明清之际社会变革浅析》(《论文集》) 一文中，对明清之际社会变革的特征进行了分析，认为：（1）明清易代的半个世纪内，社会上主要有五大势力，即明朝、农民军、清朝、西北厄鲁特蒙古及西方殖民主义列强，其中前三种势力的角逐起主导作用，而国家统一、民族团结的重任历史地落在清朝的肩上。（2）明清之际出现的新思想、新观念，只不过是民主思想的萌芽，是中国封建社会末期的一缕淡淡的彩霞，因而，对其作用不宜评价过高。（3）满族入关之后，阶级关系的调整和封建等级的重新确立，使清王朝的统治又纳入了封建社会正常运转的轨道。（4）清前期有两大发展，一是统一的多民族国家的空前发展，奠定了我国的疆域和版图，二是封建专制主义中央集权制的高度发展。清前期出现了"康乾盛世"，社会经济有了较大的发展，但与先进的欧洲资本主义国家相比，还是不可同日而语的。

在康熙储位之争的问题上，皇十四子允禵（胤祯）的储君地位究竟如何，一直是清史学界关注的一个饶有兴趣的问题。王锺翰先生在《胤祯与抚远大将军王奏档》（《历史研究》1993年第2期）一文中，对学者们十分重视的《抚远大将军王奏档》的版本、翻译、抚远大将军之特命、三个六世达赖喇嘛的真假及胤祯回京奔丧的时间等问题，进行了深入的研究和考辨，同时指出，胤祯回京奔丧过程中一系列问题的发生，"正足以启后人之疑窦，如果历史上无世宗夺嫡一公案之存在，则当时自不会发生如此之多不易解答的问题"。杨珍在《允禵储君地位问题研究》（《清史论丛》1993年号）一文中，依据满文档案，对允禵的储君地位及其保持不变的原因进行了研究、探讨。认为康熙五十七年以后，满文朱批奏折、朱谕中所体现的康熙与允禵之间真诚、深厚的感情，既说明这对父子相知甚深，也是康熙已将允禵暗定为储君的反映。

何龄修在《李长祥的复明活动——附论清初关于赦除前罪的政策》（《论文集》）一文中，详细地阐述了清初的一位"奇人"李长祥的复明活动。进而论述了清廷和满族贵族在明清之际复杂的政治斗争中，针对反清势力所采取的政策，这就是：严格分清主次，实行镇压与宽大相结合。具体说来，一方面要严厉镇压反清的首脑人物和现行活动；另一方面，是对其他一些人留有出路，不算老账，以利于把他们从对抗转为平和，从政治领域转向文化领域，从而对反清势力进行分化瓦解。文章最后指出，这种高明的统治术，加速了清统一全国的历史进程。可见，"入关时的满族贵族已有很高的政治智慧。他们的成功不是偶然侥幸"。

范同寿在《清代前期治黔述论》（《清史研究》1993年第1期）一文中，对清代前期治黔政策的得失利弊进行了探讨。文章首先分两个时期对清廷的治黔重点进行了阐述。从顺治十八年到康熙末年，主要是扫除割据势力，统一行政区划；推行"抚绥"政策，缓和社会矛盾。雍正、乾隆两朝，主要是实行改土归流，开辟苗疆六厅；适当轻徭薄赋，鼓励发展生产。作者认为，清初的治黔政策，促进了贵州的社会变化，有利于这一边疆落后地区的开发。主要表现在：（1）"在清初百余年中，贵州的封建地主经济得到了进一步发展，出现了在全省范围内取代封建领主经济的趋势。"（2）"随着地方割据局面的结束，清初的'抚绥'政策及有关恢复发展社会经济的措施，渐次产生效果。经过各族人民的艰辛努力，清代前期，贵州的社会生产有了较大发展。"同时指出："这决不等于说清初的治黔政策及其采取的各项措施都是积极的。尤其不可不看到，清初治黔政策的基点实际上是放在联合汉族地主阶级、笼络少数民族上层分子以加强对各族人民的控制、压迫和剥削上。这便是为什么整个清代前期贵州的阶级矛盾和民族矛盾不仅得不到缓和，反而表现得十分尖锐的主要原因。"

黄谷在《康熙朝中荷官方交往》（《清史论丛》1993年号）一文中，从康熙一朝中荷两国官方交往的过程、双方矛盾冲突的焦点出发，探讨了早期中西方关系的特点及其教训。作者认为，自康熙至道光不到两百年间，中西方力量的对比正是一个此消彼长的过程，然而清廷对此毫无知觉和意识，这个历史的遗憾，不能不归结为清初对外决策的失误。

关于康熙平定三藩，这已是一个多年陈旧的问题了，但吴伯娅在《关于康熙平定三藩的几个问题》和薛瑞录在《关于尚之信叛清的几个问题》（均见《清史论丛》1993年号）中均提出了一些新观点，仍值得一读。

二、经济史研究

本年度清代经济史研究的论文数量不如往年多,研究领域和范围也不如往年广泛,但在某些问题的研究上依然有所突破和发展,特别是某些专著的出版,为这一领域的研究增添了光彩。

值得一提的是刘秀生所著的《清代商品经济与商业资本》(中国商业出版社,1993年)一书。关于商业资本问题,早在20世纪二三十年代就已有人论及,数十年来有许多著述问世,但关于商业资本这一术语内涵每多含混。本书对此做了科学概括,给读者一个清晰的印象。此外,对商业资本增值问题,商业资本在流通领域的历史作用问题都进行了周详的论述,提出了新的见解。

关于清代的一条鞭法。以往史学界在谈到清代的赋役时,很少有人提及清代的一条鞭法。袁良义先生在《从明一条鞭法到清一条鞭法》(《中国社会科学院研究生院学报》1993年第3期)一文中,运用较为丰富的史料,对明清两代一条鞭法的内容进行了比较研究,认为清代不仅实行了一条鞭法,而且基本上获得了成功,即实现了一切征派出于田赋的目的。

关于清代的常平仓制度。张岩的《试论清代的常平仓制度》(《清史研究》1993年第4期)一文对这一问题进行了较为详细的论述。文章首先指出:随着社会经济的复苏,"常平仓与其他政治措施一起,历康、雍、乾三朝盛世,不断得到完善和发展,形成一套较为完整的制度,在一定程度上发挥了其应有的作用"。进而论述了常平仓三个主要来源:捐纳、截漕、采买。常平仓的分布:边疆重镇、偏远山区、商业繁荣地、产米地区、政治文化中心地区。作者认为:"这一特点显示出清代常平仓建设日趋成熟。"最后,文章还分析了清代常平仓的社会功能与管理中的弊端。其社会功能主要是:平抑粮价、出借于民、开仓赈济、供给军需。而管理上的弊端则表现为：（1）管理环节过多，中央统得过死，人浮于事，互相推诿，难以发挥"常平"职能。（2）科技落后。根本的一点，"在于政策与实施间难以协调的矛盾"。

关于畿辅地区水利营田。张芳在《清代雍正年间畿辅地区的水利营田》（《中国史研究》1993年第2期）一文中首先指出："雍正年间的畿辅水利营田活动由雍正帝亲自决策，派遣亲王大臣经营，可谓当时的一件盛事，对后世影响亦较大。"进而论述了水利营田的三个阶段，并根据《水利营田册》，按年份统计，雍正年间营稻田5813余顷，其中官营3287顷，民营2526顷。认为"与文献中称六千顷基本相符"，可谓成效显著。同时，总结了这次营田的特点：经营规模较大；治水与治田相结合；官营与民营相结合。归纳了值得借鉴的经验：（1）朝廷重视，用人得当。（2）政策措施较为合理。（3）全面规划水利，广辟灌溉水源。最后，文章指出，这次水利营田，在短期兴盛之后又急剧衰退，其原因除自然条件外，经营方针缺乏持久性，且因地制宜、确定合理的作物结构和布局上也有缺陷，作为历史的教训，值得今日汲取。

关于农民和农业问题。吴量恺在《清代前期"农民非农民化"趋向的探讨》（《中国农史》1993年第1期）一文中认为，清代自乾隆朝以后，社会发生的重要变化，是"农民非农民化"的趋向日益显著。农业人口的非农业化扩大了社会分工，扩大了流通范围，促进了全国市场的形成，为商品经济和资本主义经济提供了发展的基础。从一定意义上可以说，"农民的非农民化的趋向蕴含着我国近代化的曙光"。有的专家对粮食产量进行了"个案"研究，颇有意义。如，郭松义在《清代山东粮食产量的估算》（《论文集》）一文中首先指出："弄清当时的粮食生产水平，不仅仅属于经济史的范围，而且也与政治史和社会史有密切关连。"作者运用大量的档案资料,从粮食产量及定额租制两方面进行了统计、分析。认为:山东粮食的基本产量,"上等好地,又遇大有之年,亩产可达3石以上,一般1.5—2石,中等田地1.5石上下;单作制田地多的也能达到2石,一般1石上下,此外也有只收数斗的,如3—4斗,5—6斗"。此外,文章计算了山东的人均口粮,以及乾隆以后人均口粮大幅度下降的原因。彭雨新在《明清两代田地、人口、赋额的增长趋势》(《文史知识》1993年第7期)一文中考察了明清两代前三者之间的关系,进而得出结论:"清代前期社会经济发展的基础已超过明代。"

关于商人、商业和商业交通。徽商问题一直是明清史学界多年来的一个热门话题。李琳琦在《明清徽州粮商述论》(《江淮论坛》1993年第4期)一文中指出,明清时期粮食商品化的急剧发展,特别是沿江区域粮食供需市场的形成,是与徽商进行大规模的粮食贩运分不开的。陈柯云在《徽州的族山》(《清史论丛》1993年号)一文中,分析了阻碍徽商发展的一个重要原因,即"置买和争讼风水,吞噬了徽商的大量资本"。另外,王日根的《论明清时期的商业发展与文化发展》(《厦门大学学报》1993年第1期)和刘秀生的《清代国内商业交通考略》(《清史论丛》1993年号)两篇文章颇值得一读。前者着重论述了明清时期商人在社会曲折、迂回的前进道路上,在政治、经济、文化诸领域中所起到的作用。后者则是作者在研究清代商品经济时,按清代行政区域逐一检索清代地方志,在发现许多珍贵的商业交通资料基础上撰写而成的。该文把清代国内商业交通划分为十条交通干线,详细介绍了每条干线运转的情况。因此,呈现在读者面前的是一幅"覆盖清代全部版图的一个完整的商业交通网"。它的发表,填补了清代商业交通史研究的一个空白。关于海外贸易,有俞玉储的《清代中国和琉球贸易初论(上、下)》(《历史档案》1993年第3、4期）两篇文章。作者利用中国第一历史档案馆所藏清代有关中国与琉球关系的档案及资料，对两国之间的贸易往来进行了探讨。作者认为：无论从货物品种，还是从贸易形式上看，这是真正意义上的中琉贸易；清廷对来华贸易的琉球贡船，一直采取厚往薄来的优惠政策，保证了两国贸易的顺利发展。文章的结论是："清代中琉贸易已经成为联系中琉两国政府和人民之间友谊的一条重要纽带。"

关于城镇的发展和衰落。 邹逸麟、王振忠在《清代三大政与苏北城镇的盛衰变迁》（《论文集》）一文中，着重分析了清代河、漕、盐三大政的嬗变与苏北几个主要城镇兴衰的关系。文章指出："清代江南三大政在淮扬地区的集中，是苏北区域经济特别是城镇经济发展的背景。其中，盐业是苏北地区的主导产业部门，代表着该地区产业优势之所在。这一区域经济背景，深深地影响着大小盐业城镇的盛衰递嬗。""同时，漕船夹带的南北各式货物在此批销，又大大促进了苏北城镇经济的繁荣。""嘉道以后淮南盐业的萧条，直接导致了扬州城市地位的下降。而黄河的改道，漕运的停顿，又使淮安、清江浦等城镇日趋凋敝。""从苏北各主要城镇来看，许多城市都是地处水陆交通要冲而兴起，成为繁荣的商业城市。""所以，当漕运停止，运河淤废，南北交通由津浦铁路替代，客商四散，这些城镇就迅速衰落，这与明清时期有着发达农业和手工业为基础发展起来的江南市镇迥异其趣。"

三、文化史研究

本年度在清代文化史的研究方面，出现了一些有影响的著作和论文。

王俊义、黄爱平合著的《清代学术与文化》(辽宁教育出版社,1993年)一书,上起明清之际,下迄鸦片战争,对清代学术文化的发展与演变,清代学术文化领域的重要方面和重大事件,清代各个时期及各个流派的主要代表人物,特别是对乾嘉学派的萌生、发展、成就、特色、蜕变和衰落,乃至今文经学的兴起,都做了翔实而具有创造性的阐述。该书条理明晰,资料丰富,分析深刻,议论得当,被著名清史专家戴逸教授称之为"学术史上的一部力作"。

黄爱平在《钱大昕与乾嘉考据史学》(《清史研究》1993年第3期)一文中认为,在清代中叶的学术界,钱大昕以其博大精深的学术成就,特别是以其在史学领域的卓越贡献,成为乾嘉考据史学乃至清代汉学的杰出代表。他的学术主张和治学途径,也集中地反映了一代学术的基本特征。

陈祖武在《徐世昌与〈清儒学案〉》(《清史论丛》1993年号)一文中,对徐世昌主持纂修的《清儒学案》做了比较客观的评价。认为《清儒学案》既是对清代260余年间学术的一个总结,也是中国古代学案体史籍的一个集大成。同时指出:"至《清儒学案》,学案体史籍已经走到了它的尽头。"

暴鸿昌在《袁枚与乾嘉考据学》(《史学月刊》1993年第1期)一文中指出,袁枚是一生讨厌考据、不擅考据的诗人,但他又与考据结下了不解之缘,他是批评考据学最早、文字最多、内容最深刻的人,然而由于他全面否定考据学,又使他失之于偏激。

阎崇年在《清代宫廷与萨满文化》(《故宫博物院院刊》1993年第2期)一文中通过阐述萨满文化这一带有清代特色的文化现象,指出:清廷对各民族的宗教,在不同时期、不同民族、不同地域,采取了或扬或抑的动态倾斜政策,这是很高明的,是其"鼎定中原长达268年之久的重要因素之一"。

李治亭在《清入关前满族文化论》(《论文集》)一文中指出：满文化主要是在清太宗皇太极时期大力推进政治、军事改革中发展起来的，并使满民族的文化素质得到了空前提高。自此，满族才真正成为一个自立于中华民族之林的独立民族，而满文化则成为中华民族文化的有机组成部分。

王政尧在《清初实学思潮与晚清戏剧文化的改革》(《清史研究》1993 年第 3 期)一文中论述了清初实学思潮与晚清戏剧文化改革之间存在着的重要的、内在的联系。指出前者对后者有着不容忽视的影响。晚清的戏剧改革家们对清初实学思潮有继承和总结，并在新的形势下放射出耀眼的光芒，有力地推动和加深了晚清戏剧文化的改革。

刘国珺在《清乾、嘉、道间版本学的突出成就》(《南开学报》1993 年第 2 期)一文中指出，清朝的乾、嘉、道时期，我国版本目录学思想已明确树立，版本鉴定理论也初步建立，同时，版本鉴定方法也日臻完善。

四、社会史研究

本年度社会史的研究，无论从发表的论文数量上，还是涉及问题的广度上，均不如往年。但仍有一些较有深度的文章和可资借鉴的成果。

民间宗教和秘密结社问题在社会史的研究中仍然是一个重点课题。关于白莲教和天地会的研究，本年度又有了一些新的进展。马西沙在《白莲教辨证》(《世界宗教研究》1993 年第 4 期)一文中通过举例分析，指出明清时代的民间宗教不应该统称为白莲教。关于天地会，也有几篇考证文章。曾五岳在《天地会创始人及起会年代考证》(《东南文化》1993年第1期)一文中指出,天地会从起会到成熟有一个波浪式的逐步发展过程:天地会确实起于康熙初年,其上限似可定在康熙三年甲辰,下限定在康熙十三年甲寅稍后。甲寅年前后,它悄悄萌生,渐具雏形,逾雍至乾,其间时起时伏,生机躁动,潜流四野。大约在雍正年间,它可能一度出现低潮,到乾隆初年又走出了低谷。万提喜是乾隆中叶天地会崛起的关键人物。自乾隆二十六年以降,则是天地会的成熟阶段。邓孔昭的《从康熙前期福建会党活动的几条史料谈天地会起源》(《清史研究》1993年第1期)一文则认为,康熙十九年福建总督姚启圣的《忧畏轩文告》中几条有关"社党"活动的资料,"无疑对天地会创立于康熙甲寅年说是一个有力的佐证"。秦宝琦在《福建云霄高溪——天地会的发祥地》(《清史研究》1993年第3期)一文中指出,天地会是福建云霄高溪僧人万提喜即洪二和尚所立;天地会的发祥地是福建云霄高溪。另外,张莉的《论清前期会党的性质——兼论会党的起源》(《清史研究》1993年第4期)一文,专就清前期会党的性质问题进行了探讨。文章从五个方面入手进行研究。(1)结会目的:互助。(2)组织形式:比较简单。(3)组织规模:比较小。(4)会员结构:基本是本乡本土的民众。(5)活动特点:除个别会党向官府斗争外,多数无目的,一般只是遇事相帮而已。其结论是:清前期的会党是以乡村、城镇下层群众为主体,以遇事相帮为目的,利用传统歃血为盟形式而建立的,处于初级阶段的民间结社组织。

在社会生活史方面也有几篇文章。如赵建群在《清代"溺女之风"述论》(《福建师范大学学报》1993年第4期)一文中对清代一些地区普遍存在的"溺女之风"进行了分析与论述,认为人口增长与农业生产发展的非同步性矛盾,是导致清代盛行溺女恶习的根本原因。王卫平在《清代吴地赌风述论》(《苏州大学学报》1993年

3期）一文中，对江南吴地盛行的赌博风气进行了考察，认为清代地方官府，以及后来的太平天国政权，他们所采取的禁赌措施和行动是正确的，有助于安定社会生活和社会经济的正常发展。

五、人物研究

本年度的清代人物研究，也取得了一定的成绩。1992年9月，在康熙朝著名的政治家李光地的家乡福建省安溪县，举行了全国首次李光地学术讨论会。1993年第1期的《清史研究》发表了一组关于李光地的研究论文。王思治在《李光地简论》中的评价是："从历史的大局看，应该说李光地之于'康乾盛世'实为有功之臣。"杨国桢、张和平在《李光地与熙朝吏治》一文中谈到，李光地为康熙帝所信任，这使他在澄清熙朝吏治的过程中发挥了某些关键性的作用。陈梧桐在《论李光地对清初统一事业的贡献》一文中指出，在平定三藩之乱和统一台湾的斗争中，李光地"所表现出来的爱国主义精神和建立的历史功绩，是永远值得后人敬佩和怀念的"。陈祖武在《论李光地的历史地位》一文中，对这位既具有重要影响，又久存争议的人物进行了客观、历史的分析和评价。其结论是：李光地一生，早年为结束国内战争而建功立业，中年治理畿辅名垂史册，晚年则致力于国家的长治久安，大节彰显，无可非议。"一代创世功臣，这才是历史对他的公正评价"。

此外，张显清的《杰出教育家孙奇逢述论》、史松的《雍正研究论纲》（以上均见《清史研究》1993年第2期）、孙文良的《论唐英和唐窑》、冯尔康的《袁机评传》、郑克晟的《清初之苏松士绅与土国宝》（以上均见《论文集》）、季士家的《蔡牵述论》（《清史论丛》1993年号）、郑以灵的《论施琅在清统一台湾过程中的历史功绩》

(《史学集刊》1993年第4期)、关文发的《嘉庆吏治评议》(《华南师范大学学报》1993年第4期)、周轩的《清初远戍东北第一人》(《江海学刊》1993年第4期)等文章,均就各自所论的人物发表了自己的见解,值得重视。

本年度研究清代皇帝专著的出版,可谓是"丰收之年"。吉林文史出版社出版了一整套有清一代历朝皇帝传略的专著,各位作者均对各自传主的一生做了详细的论述,对他们的功过作出了评价。

1994年清史研究概况

◎ 李尚英

1994年,清史学界的同仁励志学术,潜心研究,取得了可喜的成绩。据粗略统计,发表的论文约有100篇,出版的学术专著、论文集约20余种。第七届全国暨国际清史讨论会8月在沈阳召开。总的来看,研究领域比较广泛,涉及问题比较多,且有一定的深度,但研究的问题不够集中。下面将一年的研究概况作一扼要的叙述。

一、政治史研究

政治史的研究向为学者们所关注,并在清史研究中占有较大比重。1994年的清史研究仍然体现了这一特点。

关于政治制度的研究。政治制度在政治史的研究中,一向占有突出地位。1994年,清代政治制度研究的论文,虽然数量不多,但却有一定的深度和广度。杨旸、徐清在《清代黑龙江下游地区的噶珊制度与虾夷锦》(《清史研究》1994年第1期)一文中,对清廷在黑龙江下游(包括库页岛)地区实行的噶珊制度,及其在此制度下形成的虾夷锦文化现象进行了考察。文章指出:虾夷锦文化现象首先说明了清政权对黑龙江下游行使有效的行政管辖，同时说明了"在意识形态方面也深刻地影响了这一地区"。刘融在《清王朝的朱批密折制述论》(《四川大学学报》1994年第3期)一文中指出，雍正朝以来密折成为国家正式文书；密折制度的设立与相关的军机处的设立，成为"康雍乾三朝盛世"不可忽视的重要条件之一。赵志强在《户部军需房述论》(《清史研究》1994年第1期)一文中对户部军需房的设立时间、机构名称、职掌及其同军机处的关系等问题进行了探讨，认为军需房作为户部的附属机构曾长期存在，与军机处实为各自不同的两个机构，二者之间不存在传承关系。秦富平的《清朝的县级政权》(《晋阳学刊》1994年第5期)对清代县级政权机构和职能进行了考察，认为县级的功能及知县一人独尊的地位，直至清末才有所改变。吴建华的《科举制下进士的社会结构和社会流动》(《苏州大学学报》1994年第1期)和陈国生等的《清代四川进士的地域分布及其规律》(《中国历史地理论丛》1994年第2辑)两文，分别从科举制下进士群体的整体性、具体性进行定量分析，探索其社会结构和社会流动状况，从而使科举制度的研究有所深化。孙海泉在《论清代从里甲到保甲的演变》(《中国史研究》1994年第2期)一文中，对清代州县以下地方基层制度从里甲制到保甲制的演变过程及其意义，进行了考察。文章认为，里甲制度自清初实施以来，就在各种矛盾中逐渐走向衰落与废弛；里甲制度的失败，是导致雍正初年摊丁入地等一系列赋役制度变革的原因之一。保甲组织则成为清代后期"统治者统治广大乡村，维护和加强封建专制主义中央集权的得力工具"。

关于政治事件的研究。1994年，清史界关于政治事件的研究，多集中在清初。近几年来，何龄修潜心研究清初复明运动。他认为清初复明运动，是清史研究中的重要事件，特别是在清初的江浙一带，大案、要案迭起，反清斗争山腾海沸，统治者严厉加以镇压，然而，由于统治阶级对此极力掩饰和淡化，加之实录、地方志纂修者各种卑劣的"书法"，使复明运动大事化小、复明诸人轰轰烈烈的生死大节一笔勾销。有鉴于此，何先生从文献中挖掘出大批有价值的史料，经过深入细致的整理和爬梳，连续写出了多篇有分量的论文。《杨鹗空敕案》（《清史论丛》1994年号）一文，对杨鹗空敕案及其延伸的方省吾案来龙去脉、案中主要士绅事迹均做了详细考订。他认为：作为地主阶级出色的政治、思想代表的一些士绅，"他们的斗争和牺牲，使明代士风的正气不绝如线"。复明运动中殉难诸人是明士大夫力图挽救这一传统的"最后一批代表"。而复明运动的首要任务，则是"配合北伐夺取南京，并以此沟通陆海"。

王思治和香港学者吕元骢的《甲申之变与清军入关》（《清史研究》1994年第2期）一文，概述了清军入关和清统一的历史过程，认为清军入关是多种政治军事力量相互作用、激烈冲突的结果。顾诚在《顺治十一年——明清相争关键的一年》（《清史论丛》1994年号）中，分析了顺治十一年全国各方势力面临的形势和采取的对策，认为明清之争决定胜负的因素，并不是简单的力量强弱异形，而是在相当大的程度上取决于双方的决策和内部凝聚力。刘凤云在《一次决定历史命运的抉择——论吴三桂降清》（《清史研究》1994年第2期）一文中认为，吴三桂的降清，在明亡清兴的历史变革中起了重要的作用。他指出，吴三桂的阶级利益，与农民政权的阶级本质之格格不入，是其降李自成而复叛的根本原因；陈圆圆被李自成部将刘宗敏掠走，是其中的偶然因素，但却起了决定的作用。总之，在明亡清兴的历史变革中，三股政治势力虽然目的不同，但却导致了一个结局：清朝在山海关之战中一举获胜，为其定都燕京完成一统基业奠定了坚实基础。

关文发在《清代中叶蔡牵海上武装集团性质辨析》（《中国史研

究》1994年第1期）一文中，对史学界中所持蔡牵集团的活动为"官逼民反"起义说提出了驳议，认为"其海盗性质是十分明显的"。

二、经济史研究

本年度清代经济史研究论文的数量不多，研究领域和范围也不如往年，但在某些问题的研究上依然有些深化和发展。其主要特点有三：一是注意点面的结合，即把微观分析的成果融合到宏观研究中去；二是注意某一个行业的专门研究；三是把经济发展与生态环境相联系。

郭松义在《清代地区经济发展的综合分类考察》（《中国社会科学院研究生院学报》1994年第2期）一文中，把全国划分出四种不同的经济类型，即发达地区、已发展地区、开发中地区、未发展地区。这种划分方法，说明了历史发展的复杂性和多层次性，对于全面考察清代的社会经济状况和总体水平是很有裨益的。徐建青在《清代前期的榨油业》（《中国农史》1994年第2期）一文中，利用零散而又简略的资料，对清代前期的榨油业进行了考察，认为油料作物种植面积的扩大，使作为农产品加工业的榨油业获得了发展，主要表现为地域扩大、商品量增加，这反过来又为农业的发展提供了有利的条件。衣保中的《论清代东北旗地的公产化》（《吉林大学学报》1994年第2期）一文，对东北旗地由"份地制"向"公产制"的演变、公产化的表现及类型做了考察，认为清代东北旗地的公产化，主要表现为清廷将部分私有旗地入官征租，设立各种公产旗地，推行八旗官兵职田制，实施京旗移屯政策。但这些措施，未能从根本上解决旗地私有化问题。梁四宝在《清代秦巴山地的开发与环境恶化》（《晋阳学刊》1994年第5期）一文中认为，清代秦巴山地的开发方式是以毁林开荒和巨大的木材消耗为前提的，代价极为沉重，联系到在我国大规模经济建设过程中，调整土地利用结构，整治资源环境，都是非常重要的。

三、中外关系史研究

随着我国改革开放的深入发展，清史界对中外关系史的研究也大大地加强了。据不完全统计，1994年清史界发表的有关中外关系史的论文在15篇左右，约占当年清史论文总数的六分之一至七分之一。它们阐述的主要问题是：

关于康乾盛世与西方文明。李治亭的《康乾盛世与西方文明》（《社会科学辑刊》1994年第1期）一文认为，作为中国封建社会发展鼎盛时期的"康乾盛世"，绝非资本主义化的历史进程，而是中国封建社会集大成的代表。它多次拒绝了西方文明，把中国隔离于世界潮流之外，使中国社会的转轨化为泡影。文章还认为："18世纪的中国没有实现同西方文明的对接，是有着深刻的社会根源的，并不是依哪个伟人的意志为转移的。"赵世瑜的《从利玛窦到马戛尔尼》（《北京师范大学学报》1994年第5期）、朱静的《康熙皇帝和他身边的法国耶稣会士》（《复旦学报》1994年第3期）、阮炜的《明末清初儒耶之争的历史脉络》（《深圳大学学报》1994年第1期）、倪学德的《论明末清初西方科技的输入》（《湖南师范大学学报》1994年第4期）、潘玉田和王固生的《明清时期西方科技文献在我国的传播与影响》（《固原师专学报》1994年第1期）五篇论文，从不同的角度谈了作者自己的看法，值得一读。

关于澳门的海外贸易。聂德宁在《明末清初澳门的海外贸易》（《厦门大学学报》1994年第3期）一文，对澳门在明末清初时期海外贸易中的地位和作用进行了考察。文章指出，自从清廷平定郑氏集团以后，澳门再度成为海外各国商舶的停泊避风之所，在清朝政府管辖之下发挥着应有的作用；而葡萄牙人只有靠着经常行贿的手段，才得以继续在澳门停留；鸦片战后，1887年葡萄牙虽骗取了对澳门的"永租权"，然而澳门一贯是中国领土这一历史事实却是客观存在的。

关于中日文化交流。 冯佐哲在《略述清代中日文献典籍交流》（《清史论丛》1994年号）一文中，论述了清代中日文献典籍交流的概况和特点，认为日本自应神天皇之后，就不断有汉籍文献传入，直到明治维新前一直占据着重要位置。其中清代的一批"警世之书"影响了日本幕末一代知识界，从而推动了日本倒幕维新运动的展开；日本人编著、翻刻乃至保存的一些中国早已失传的书籍，对中国学术界颇有影响。

关于中琉关系。 清代，中国和琉球亲密友好的宗藩关系维系了200余年。秦国经在《清代中琉关系文书研究》（《历史档案》1994年第4期）一文中，对中琉友好往来的真实记录，即文书的形成、种类、格式、特点及其价值进行了实际考察和研究。这对进一步推动中琉历史关系的研究很有裨益。戈斌在《清代琉球贡使居京馆舍研究》（《历史档案》1994年第3期）一文中，对琉球贡使下榻的馆舍管理机构、名称、地点、建筑规模及其内部的供给等情况进行了考察，认为清廷制定的一套行之有效的接待制度，是两国宗藩关系得以维系200余年的重要因素之一。杨冬荃在《中国招抚琉球史实考》（《海交史研究》1994年第1期）一文中，利用琉球私人家谱中的记载，揭示了一段一直为琉球官方讳莫如深、极力加以掩盖的事实真相，即清康熙时琉球向叛藩耿精忠进贡硫黄并遣使投咨之事，颇值一读。

关于中俄关系。米镇波、苏全有的《清代俄国来华留学生问题初探》(《清史研究》1994 年第 1 期)和米镇波的《清代北京俄罗斯东正教会图书馆的若干问题》(《故宫博物院院刊》1994 年第 3 期)两文,对中俄关系史,尤其是中俄文化交流史研究中的两个薄弱问题,即俄国留学生和东正教会图书馆在华的活动情况进行研讨,认为从留学生和教会图书馆中走出的一批又一批的汉学家和翻译家,使北京东正教会成为俄罗斯中国学的主要基地,促进了俄罗斯汉学的发展,但从本质上看维护了沙俄统治集团的利益,在某些历史时期严重地损害了中国的主权。

四、民族史研究

本年度发表的有关民族史的论文较少,但研究面有所扩展,且有新意。

赵云田在《清朝治理蒙藏地区的几个问题》(《中国社会科学》1994 年第 3 期)一文中,较为系统地论述了清朝中央政府对蒙藏地区的行政、军事管理措施及其历史作用,认为清政府在蒙藏地区统治的加强,对于维护国家统一和汉、蒙、藏民族的团结,抵御外来势力的侵略,促进蒙藏地区经济的发展,均起到了重要作用。

马大正在《清代西迁新疆之察哈尔蒙古的史料与历史》(《民族研究》1994 年第 4 期)一文中,利用满文档案资料,对清朝察哈尔蒙古西迁新疆的决策、西迁的经过和意义进行了研讨。他认为,在清代,随着统一多民族国家的进一步巩固和发展,为保卫边疆、开发边疆,有计划向边疆地区移民成为清政府的一项既定国策,而这批察哈尔蒙古的西进者在保卫、开发新疆的实践中建立了伟业。吴元丰在《清代察哈尔蒙古西迁新疆》(《清史研究》1994 年第 1 期)

一文中认为,察哈尔蒙古官兵携带家眷,从自己的故乡不辞辛劳,千里迢迢,西迁到新疆,驻守边陲,牧放牲畜,开垦种田,为巩固和繁荣祖国西北边疆做出了重大的贡献。

赵正明在《试论清代赫哲族的社会分化与进步》(《民族研究》1994年第4期)一文中,就清代至民国年间赫哲族的几次重大社会分化及其进步情况进行了探索,认为善于学习的赫哲人,在有限的时间内,终究重振了"昔日雄风",为屹立于现代民族行列,迈出了坚定的步伐。

张杰在《清初招抚新满洲述略》(《清史研究》1994年第1期)一文中,对迄今几无人研究的、事关东北国防的重大事件,即清初招抚新满洲的原因、新满洲成员的组成、新满洲的融合途径等问题进行了研讨,认为新满洲成员不仅成为骁勇善战的八旗兵,而且因其纳入满文化系统而成为满族共同体的重要组成部分。

五、文化史研究

本年度文化史的研究,无论是从发表的论文数量上,还是涉及问题的深度和广度上,在最近几年中都可说是成绩最好的一年。

清代浙东学派,是中国学术发展史上一个重要的学术流派,素来为学术界所称誉和重视。1994年第2期的《清史研究》发表了一组名为"浙东学术研究"的论文。其中:金林祥在《甬上证人书院与清代浙东学派》一文中认为,黄宗羲创立并长期主讲的甬上证人书院,培育了清代浙东学派的主要代表人物,孕育了这个学派以注重学术经世致用与擅长史学为基本特征的学术风格。何隽在《论〈明夷待访录〉的政治思想》一文中认为,黄宗羲确立的关于君主的概念,构成了《明夷待访录》的核心。他的根本贡献在于,要使儒学的政治思想成为现实政治真正的灵魂。黄爱平在《〈明史〉纂修与清初史学——兼论万斯同、王鸿绪在〈明史〉纂修中的作用》一文中认为，随着"钦定"明史的刊行，清初史苑中盛行一时的私家修史之风戛然而止，从此学者们纷纷转入考证历史文献一途。乾隆以后考据史学的兴起，与此是不无关系的。

王俊义、黄爱平在《清代学术思想特色简论》（《中国社会科学院研究生院学报》1994年第4期）一文中，简略论述了清代学术思想的特点：第一，早期启蒙思潮的兴起与发展；第二，对中国传统文化的总结和整理；第三，中西思想文化进一步交融与冲突。暴鸿昌在《论清代的边疆史地学》（《学习与探索》1994年第2期）一文中认为，史地学开风气于乾嘉间，大炽于道咸时，至清末仍不衰。其主要特征是：为时代而发，具有浓厚经世色彩及强烈实用价值，体现了学术与时代的密切关系。黄宣民在《清初的早期启蒙思潮》（《河北学刊》1994年第3期）一文中，对早期启蒙学派诸家的思想观念进行了研讨，认为这些新观念虽然是微弱的，不可能真正设计出社会的未来，但却蕴涵了一种新的时代精神，是中国封建社会的漫漫黑夜中呈露出来的一线曙光；早期启蒙思潮"成为近代启蒙思想的先行阶段"。陈祖武在《孔子仁学与阮元的〈论语论仁论〉》（《清史论丛》1994年号）一文中，对阮元撰写《论语论仁论》的缘由、阮元的仁学观进行了考察和研讨，认为阮元的《论语论仁论》是对孔子仁学的一次历史总结，阮元以朴学释仁，虽立异理学，心存门户，但原原本本，务实切己，与宋儒的以理学释仁，各尽其得，殊途同归，同样有功于仁学的发展。

王政尧在《满族入关与清前期戏剧文化》（《清史研究》1994年第2期）一文中，以顺治朝为始，以康乾时期宫廷与民间戏剧文化的发展为重点，论述了满族各阶级对清前期戏剧文化所做的贡献。文章认为，满族的开放性、包容性和可融性等特征，在推动清前期戏剧文化的发展方面表现得尤为突出，并使有清一代的戏剧文化一步步迈向了它的鼎盛时期。高翔在《清初满汉冲突与北方区域文化之变迁》（《清史研究》1994年第2期）一文中，探讨了1644年清廷入关建立的"大一统"专制王朝对我国北方区域文化的影响，认为大清帝国的建立，最终改变了中国北方游牧、采猎与农耕三大区域文化之间的传统关系，中原农耕文化全方位地推向传统的游牧区、采猎区，使满、蒙、汉三大民族更加紧密地联系在一起，使东北与内地出现了浑然一体的新趋势。

六、社会史研究

本年度社会史研究在天地会的起源上取得了令人高兴的进展。正如清史专家何龄修所说："这些成果无疑还会引起争论，但距获得一种多数学者的共识似乎已为期不远"（《清史论丛·编后记》1994年号）。

在天地会起源的时间问题上，虽有多种观点，但争执最为激烈的要数康熙十三年说和乾隆二十六年说两种了。康熙十三年说是史学界的传统说法，但还缺乏坚实的论据。乾隆二十六年说是根据档案史料得出的一种观点，似乎很有说服力。不过，仔细分析一下有关档案资料，乾隆二十六年应是福建天地会创立或重建的年代，远不是整个天地会创建的年代。胡珠生的《洪门会书的综合研究》、赫治清的《再论天地会起源》和罗炤的《天地会的两个源头》（均载于《清史论丛》1993年号）三文，依据大量坚实、可靠的文献和实地调查资料，从不同的侧面论述了天地会起源于康熙说，创始人为万云龙。正如何龄修所总结的："三文进一步证明，原来在虚无飘渺中，扑朔迷离、若明若暗的万云龙大哥，现在则已是一位实实在在的历史人物；天地会起源的各种历史要素（时间、地点、人物、背景等等）也都灿然具备。"

本年度啯噜问题的研究也向纵深发展。常建华在《清代啯噜新研——一部假借观音宣传民间秘密宗教教义的经卷》（《清史论丛》1993年号）一文中，利用档案及尚未充分利用的《清高宗实录》等，对啯噜的起源和发展、主要活动、性质和组织、啯噜与哥老会的关系等问题进行了研讨，认为啯噜基本上是一种游民组成的、以劫夺谋生的异姓结拜团体；啯噜具有分散性，各群之间没有联系，它们无政治目标和组织信仰，即或参加了白莲教起事等反清斗争，也不能把啯噜说成反清组织或农民起义军。

喻松青在《清代〈观音济度本愿真经〉研究——一部假借观音宣传民间秘密宗教教义的经卷》（《清史论丛》1993年号）一文中，对一部假借观音宣传民间秘密宗教教义的经卷《观音济度本愿真经》进行了深入研究，有助于民间秘密宗教研究的深入发展。

在社会生活史方面，近十年来，由于人们对现实人口问题给予极大关注，因而推动了历史人口学研究的顺利发展。美籍学者李中清和中国清史专家郭松义两先生主编《清代皇族人口行为和社会环境》的出版发行，为这一领域的研究增添了光彩。本书是一本论文集，从内容来看，大致可分成三种类型：一是主要依据"宗人府档案"电脑资料库提供的数据，分析清代皇家宗室人口行为的研究成果；二是为前类论文提供背景性的材料；三是主要介绍"宗人府档案"资料库和资料本身的情况。三种类型的论文有机地结合为一个整体，其中多有真知灼见，可资学者们借鉴。

许鲲在《清初皇室与痘疹防治》（《故宫博物院院刊》1994年第3期）一文中，对痘疹在北京的蔓延及其危害、康熙帝玄烨提倡种痘的情况进行了考察，认为清初中国北方一些地区流行的痘疹，由于玄烨的大力提倡，至康熙朝后期已被有效控制，这是我国古代医学史上的一件大事，它发生在英国医生真纳发明牛痘接种方法之前将近一个世纪，因而又具有重要意义。

七、人物研究

本年度的清代人物研究，也取得了一定的成绩。由郭成康和成崇德任主编，赵云田、王政尧、黄爱平等学者参加撰著的《乾隆皇帝全传》一书，共146万余字，以乾隆皇帝的一生活动为主线，再现了整个18世纪中国社会历史的全貌。该书的出版，有利于推动乾隆皇帝研究的深入发展。

张玉兴在《明末清初"九义士"述论》(《清史论丛》1993年号)一文中，对明末清初"九义士"为充当人质而留居中国的朝鲜质子服役，以及"九义士"随朝鲜质子归国后共谋抗清大计以图恢复故国的宏愿进行了考察和研究，认为"九义士"及其子孙300年来谱写的一曲忠贞爱国、激动人心的乐曲，"是中国传统道德的光大发扬，也是中韩（朝）文化交流与两国人民深厚的传统友谊的光辉结晶"。杨珍在《董鄂妃的来历及董鄂妃之死》(《故宫博物院院刊》1994年第1期)一文中，对董鄂妃的身世和死因进行了研讨，认为董鄂妃并非顺治帝弟博穆博果尔之妻，而是"一位满籍军人"的妻子；她的华年早逝，是包括宫闱之争在内的清廷政治斗争漩涡中，一个弱女子无法掌握自身命运的必然结局。周轩在《清代宗室觉罗流放人物述略》(《故宫博物院院刊》1994年第1期)一文中，对清代宗室觉罗中被流放的人员及其情况进行了考察，认为"清朝法律既对宗室觉罗给予特权，又对宗室觉罗给予制约"。吴伯娅在《傅弘烈与尚之信——兼论康熙的平藩策略》(《清史论丛》1993年号)一文中,对三藩之乱中岭南战场的两个关键人物尚之信和傅弘烈之间的关系及其发展,进行了探讨。文章认为,清广西巡抚傅弘烈是平定三藩之乱的功臣,应给其一定的历史地位;而尚之信既是一个参与三藩叛乱的罪人,又是康熙彻底解决三藩问题既定方针下的牺牲品。

1995 年清史研究概况

◎ 杨 珍

1995 年我国的清史研究，仍然保持着将近 20 年来的持续发展势头，研究领域广泛，成绩可观。下面分类作一简述。

一、政治史研究

清入关前史、清军入关及中国落后于西方的原因等问题，是本年度政治史的研究重点。由何龄修、郭松义等撰写的《中国史稿》第 7 册（清代部分），本年度由人民出版社出版。该书叙述 1644 年清军入关至 1840 年鸦片战争期间的清代史事（清入关前史载于《中国史稿》第 6 册），是继《清代全史》、《中国通史》（第 9、10 册）之后又一部清朝史。

论文方面，滕绍箴的《满洲满族名称辨析》（《满族研究》1995 年第 3、4 期）一文指出，满洲民族在其发展时期，已具有自己的语言文字、服饰、习俗等特点。清中叶始，"满洲文化融入汉文化之中"，"满洲名称始让位于满族名称"，清末民初是满族名称最后确立时期。张敬秀的《清代一元制与江户时代二元制比较》（《内蒙古大学学报》1995年第2期）一文认为，清代政治制度高度集权，严密控制各级官吏。江户时代的日本，天皇与握有实权的幕府并存。幕府对于世袭各藩的统治较为松弛，后者自我发展的积极性较高。日本社会的发展在不少方面超出了中国。周积明的《鸦片战争前中国现代化的三次延误》（《天津社会科学》1995年第1期）一文，研究了明初郑和七下西洋，乾隆末年英国使节马戛尔尼来华，以及道光初年陶澍财政改革等史事，认为这是中国走向早期现代化的三次机会，但均被统治者错过。

王锺翰的《清军入关与满族的政治思想文化》（《社会科学辑刊》1995年第1期）指出康雍乾三帝的统治思想，都是从儒家思想中所汲取。百余年中，满族的政治思想文化逐渐与汉文化融合。清代文化是满族文化与汉文化的化合物，与中华文化不可分割。邓天红的《试论清代满族文化发展的特点及历史地位》（《社会科学辑刊》1995年第3期）一文指出，满族随着时代环境的改变，在保留一定民族性的条件下，积极吸取中华各族文化，特别是汉文化中的先进内容，从而创造了满族新文化。张玉兴的《论清兵入关的文化背景》（《清史研究》1995年第4期）一文认为，1644年清统治者抓住农民军推翻明朝这一良机，打出"为故明臣民复君父仇"的旗号，使清军"成为忠义之师"，以此缩短满汉文化差距，形成一个崭新的文化背景，为清朝入关创造了良好思想环境。

阎崇年的《论宁远争局》（《故宫博物院院刊》1995年特刊）一文指出，明天启六年宁远之战，明清双方各有胜负。皇太极总结宁远之战的经验，改变战略，变革八旗军制，而明朝却对失利之处掩盖搪塞。这是明清兴衰之势的客观反映。魏鉴勋的《清入关前军功集团与智囊集团比较研究》（《社会科学辑刊》1995年第5期）一文，剖析了入关前清朝的军功集团和智囊集团，以及二者对后金政权、后金社会等方面的不同作用。清入关后，两个集团逐渐被满汉官僚集团所取代，不再以职能划分，而以旗籍为别了。王戎笙的《顺治遗诏与清初权力斗争》（《清史论丛》1994 年号）一文指出，顺治"遗诏"乃孝庄太后等人炮制。为集中皇权，孝庄决定由玄烨继位，"实行非宗室的四大臣辅政体制"。为防止诸王贝勒反对，她不得不以顺治"遗诏"的名义宣布这些重大决策，并"名正言顺地改变顺治帝亲政后的所作所为"。郭松义的《三藩事件后清朝的军制改革》（《商鸿逵教授逝世十周年纪念文集》，下简称《纪念文集》）一文，论证了平定三藩之乱后，清朝遣散三藩军队、整顿绿营军、调整绿营驻防格局、加强八旗驻防等问题，指出这对清代军制建设具有重要意义。

许鲲的《清初有关法令与太后下嫁传说》（《满族研究》1995 年第 1 期）一文，依据清入关前后有关婚姻法令的严格执行情况，否定了太后下嫁说，并对发现太后下嫁诏书一事提出质疑。姜相顺的《康熙帝晚年立储之谜》（《满族研究》1995 年第 1 期）一文认为，康熙帝"突然病情恶化而死去，未及留下传位遗诏，胤禛乘机夺取了皇位。他夺位的关键人物是（佟氏家族的）隆科多"。"佟氏家族为保持亲贵地位"，插手皇位问题。

王政尧的《简论清初收复台湾》（《清史研究》1995 年第 3 期）一文指出，郑成功驱逐荷兰侵略者，收复台湾；康熙帝挫败郑经的"将台湾分割于中国领土之外的企图"，完成统一台湾大业。二人"确都做出了各自的伟大贡献"。李鸿彬的《施琅与吴英——兼论澎湖海战》（《纪念文集》）一文，根据清同安总兵官吴英所著的《行间纪遇》（手抄本）一书，对吴英在施琅统一台湾之役中所起作用，如出谋划策、制订澎湖海战作战方案及争取郑氏的策略等做了论述。

李尚英的《雍正行政区域的变化》（《纪念文集》）一文，考察了雍正时期地方行政机构的调整和扩大，认为这是雍正帝加强中央集权的重要措施，进一步巩固了清朝的疆域，并开创了雍乾之际纂修方志的潮流。杜家骥在《清代官员选任制度述论》（《清史研究》1995年第2期）一文中指出，清代铨选制度"集唐宋以来历代铨选制度之大成"，并有所发展。它"基本沿袭明代"，又具有自己的特色，同时也反映了清代官僚制度的腐朽方面。朱金甫的《清代胥吏制度论略》（《清史论丛》1994年号）一文认为，清代胥吏制度在国家"行政管理方面，确实起到重要作用"。但胥吏利用职权敲诈勒索，与官员合作敛财，成为一大弊政，是"清王朝腐败黑暗和走向灭亡的重要因素之一"。周苏琴的《清代顺治康熙两帝最初的寝宫》（《故宫博物院院刊》1995年第3期）一文，分析了顺康二帝最初的寝宫在保和殿的原因，并指出顺康二帝其后相继移居乾清宫，表明满族的居住方式"最终为封建的宫廷制度所代替"，反映了清统治者的加速封建化。

本年6月，中国人民大学清史所召开"十八世纪中国与世界"国际学术讨论会，《清史研究》1995年第1期为此特出专号。戴逸的《十八世纪的中国与世界》（《人民日报》1995年9月20日）一文指出，"18世纪是人类历史上的分水岭"，西欧国家逐步从封建主义走向资本主义，中国却被"传统的政治、经济、文化结构严重地阻扰了近代因素的成长"，失去认识、追赶世界，发展自己的好时机。郝秉键在《18世纪中日政治思想的反差》（《清史研究》1995年第1期）一文中说，18世纪日本学术界等对朱子学世界观、华夷观和锁国观的认识，已出现不同程度的变化，开始了解、学习西方。而中国思想界"仍然死气沉沉"，延缓了近代化的步伐。

郭成康的《18世纪后期中国贪污问题研究》（《清史研究》1995年第1期）一文指出，乾隆在"完善惩贪立法的过程中，加大了执法力度"，却"对关系全局的京中权要营私玩法"采取纵容态度。"经济繁荣而道德沦丧的病态世相",是当时贪污大炽厉禁不能止的社会原因。高翔的《尹继善述论》(《清史研究》1995年第1期)一文认为,尹继善是"一代经世重臣"。他具有丰厚的汉文化素养,任两江总督期间政绩显著。陈桦的《论18世纪中国社会经济的区域特点》(《清史研究》1995年第1期)一文,依据自然条件、劳动者自身素质等因素,"将清代社会划分成为八个自然经济区",并对各区情况做了比较。成崇德的《18世纪中美边疆问题比较研究》(《清史研究》1995年第1期)一文,从"疆域形成,边疆的矛盾和冲突,边疆开发"三个方面,对中美边疆问题进行了比较研究,以通过总结经验和教训,"开拓我们对清代中国边疆研究的思路"。王思治、吕元骢(香港)的《18世纪前夜西北边疆局势述论》(《清史研究》1995年第1期)一文,叙述了康熙十六年后,康熙帝对噶尔丹与沙皇俄国勾结、妄图分裂祖国的行径所采取的政治、军事措施。

秦宝琦论述了《18世纪中国秘密社会与农民阶级的历史命运》(《清史研究》1995年第1期),指出18世纪秘密宗教开始复苏、兴盛。农民武装斗争不可能将中国历史发展推上更高阶段,这是18世纪中国农民阶级的悲剧。宋军的《早期天地会结盟仪式及其象征意义》(《清史研究》1995年第1期)一文认为,天地会结盟仪式增加结盟者的成员意识,有效整合了处于秘密状态的结社团体,它"具有文化人类学意义上的普遍性"。

黄爱平在《刘逢禄与清代今文经学》(《清史研究》1995年第1期)一文中说,清中叶今文经学成为"各种经世思潮中的一支生力军",刘逢禄则是今文经学复兴中的关键人物。在《18世纪的中西贸易》(《清史研究》1995年第1期)一文中,吴建雍认为,清朝"内部经济政策的相对开放,缓解了外部封闭造成的压力"。清朝的闭关锁国政策使中国失去发展良机。但是,不能认为"清朝是个停滞的帝国,并以此论证闭关锁国的经济基础"。

二、经济史研究

商业贸易及地区经济问题,是本年度经济史研究的主要关注点。王兴亚的《清初的经济政策与社会经济的缓慢恢复》(《郑州大学学报》1995年第5期)一文,剖析了清初社会经济的恢复长达70余年的原因,认为不应简单归结于清朝入关,或忽视清统治者在政策上的局限与失误。郭成康、郑宝凤的《论清代"不加赋"及其对社会经济的影响》(《社会科学辑刊》1995年第2期)一文,论述了"不加赋"政策在乾隆中期以后对经济、财政、国防等方面造成的恶果,以及对中国的严重束缚。直到晚清,有志之士才"跳出了传统治国理财思想的窠臼"。刘秀生的《清代地方官的商品经济思想》(《纪念文集》)一文指出,清代商品经济有较大发展,但各地经济发展不平衡。一些地方官开始探讨贫困原因,重视商品经济,提倡、推广商品生产。孙竞昊的《明清江南商品经济与消费结构关系探讨》(《齐鲁学刊》1995年第4期)一文指出,明清江南地区生产及商品经济不断发展,但消费结构的内部比例仍不合理,因而难以出现质的突破,没有自行走出中世纪。

姜守鹏的《明清时期的北方劳动力市场》(《东北师大学报》1995年第4期)一文,认为清代北方劳动力市场比明代更为广泛,明清两代劳动力市场上已形成市场价格,并随着市场上劳动力供求关系的变化而变化。刘永成的《明清时期永佃制的发展及其演变》(《清史论丛》1994年号)一文,论证了永佃制的性质及其进步作用,认为将永佃制看作封建性质,或是对永佃制的作用估价偏高,都是不符合实际的。董蔡时的《永佃制研究》(《苏州大学学报》1995年第 2 期) 一文，分析了苏州地区永佃制的起源、永佃制下土地产权的归属及租田是否永佃，租栈与永佃制的关系，永佃制剥削的残酷性等问题。

郭松义的《清代北方旱作区的粮食生产》(《中国经济史研究》1995 年第 1 期) 一文指出，北方粮食生产在清代有较明显提高，但北方农民生活水平及粮食自给率仍低于南方。除东北地区外，没有出现地宽量大的余粮区。在《清代粮食价格问题探轨》(《清史论丛》1994 年号) 一文中，黄冕堂论述了清朝各个时期各地区的粮价变化情况，指出其不断上涨趋势，认为清朝人口增长快、经济作物种植面积大和粮食贩运出洋，是粮价上涨的原因。邓亦兵的《清代前期粮食运销和市场》(《历史研究》1995 年第 4 期) 一文，分析了清代粮食运销和粮食市场，指出当时人们所需食粮的大部分，是靠市场调剂，从而使粮食贸易的规模超出前代。

李琳琦在《徽商的奢侈性消费及其心理探析》(《历史档案》1995 年第 4 期) 一文中，分析了徽商奢侈性消费的心理原因，它对于社会风气、徽商资本积累等方面的不良影响等问题。王廷元的《论徽州商帮的形成与发展》(《中国史研究》1995 年第 3 期) 一文，论证了徽州商帮形成的四个标志和四个发展阶段，指出这"恰与明清两朝的政治经济形势的演变相一致"。王世华的《论徽商与封建政治势力的关系》(《安徽师大学报》1995 年第 1 期) 一文认为，徽商为了自身的利益，对封建政治势力采取依附、逢迎与仰攀态度，为此耗去大量资本，同时又加强了对生产者和消费者的剥削。李华的《清代河南商品经济与商人》(《清史论丛》1994 年号) 一文指出，清代河南经济有明显进步，与鲁、晋、陕、直、皖等省处于同一水平线，略高于西北各省。在河南的外省商帮中，晋、陕商帮占绝对优势。

郭松义的《清前期内河航船考略》(《清史论丛》1994 年号) 一

文，考察了清代前期内河航运在当时交通运输中的主导地位，以及内河航程长度、船舶种类、船只数目和总运载量等问题。韩恒煜的《李卫开发玉环山岛述略》（《纪念文集》）一文指出，浙江玉环山岛是一座资源丰富的宝岛，清初被人为地抛荒禁垦。李卫最先认识到其开发价值并付诸实践，成绩斐然。

三、民族史研究

王缨的《鄂尔泰与西南地区的改土归流》（《清史研究》1995年第2期）一文，认为雍正年间的改土归流，"对我国这个多民族国家的巩固和统一具有深远意义"。鄂尔泰主持下的改土归流成效显著。在《清代金川改土为屯》（《首都师范大学学报》1995年第5期）一文中，徐怀宝研究了乾隆年间两次大小金川之役后，清政府于当地进行大规模屯田的情况及其历史作用。李世愉的《土舍考》（《纪念文集》）一文，探索了土舍的内涵及其演变，并将土舍与土目进行比较，认为文献中对土舍的用法十分复杂，阅读文献时，应把握土舍在不同情况下的不同含义。廖祖桂等的《论清朝金瓶掣签制度》（《中国社会科学》1995年第5期）一文指出，这一制度是清廷为革除活佛转世制度的积弊，振兴黄教，加强对西藏的行政管理而采取的重要措施，它有利于西藏的长期稳定，得到西藏各阶层人民的拥护和爱戴。邓锐龄的《关于1652年—1653年第五辈达赖喇嘛进京的两个问题》（《民族研究》1995年第3期）一文认为，顺治九年达赖喇嘛进京在民族关系史上有深远影响。该文还探讨了达赖喇嘛初次晋谒顺治帝的住所等问题。杜常顺的《清代丹噶尔民族贸易的兴起和发展》（《民族研究》1995年第1期）一文，探讨了丹噶尔（今青海省湟源县）自雍正二年后发展为黄河上游区域性商业重镇的历程，以及在该地区民族贸易活动中起有重要作用的"歇家"制度等问题。文言的《锡伯族共同体形成的浅见》(《满族研究》1995年第4期)一文认为，锡伯族源于明代史籍中所称的"熟女真"，并分析了锡伯族"为什么没有成为满族共同体的组成部分，而形成了锡伯族共同体"的原因。李之勤研究了18世纪中叶至19世纪中叶清代西北边疆的巡边制度和巡边路线，以及巡边制度所体现的清政府对西北边疆地区的管辖，它在保证边防安全、边疆稳定等方面发挥的作用(《18世纪中叶至19世纪中叶清代西北边疆的巡边制度和巡边路线》,《中国历史地理论丛》1995年第3辑)。

四、社会史研究

本年度社会史研究的重点，集中在宗族、婚姻家庭、妇女及秘密结社等方面。

王先明的《清代社会结构中绅士阶层的地位与角色》(《中国史研究》1995年第4期)一文指出，"绅士是一个居于地方领袖地位和享有特权"的社会集团。它"拥有卫护传统社会纲常伦纪的职责"，这"是无论皇权还是官府都难以改变的社会现实"。唐力行的《徽州方氏与社会变迁——兼论地域社会与传统中国》(《历史研究》1995年第1期)一文，叙述了徽州方氏宗族在历史上的几次迁徙及其与16世纪初社会转型的关系。陈柯云的《明清徽州宗族对乡村统治的加强》(《中国史研究》1995年第3期)一文，对这一时期宗族统治渗透到农村的各个领域及宗法大于国法的实际情况，予以详细分析，并就宗族的作用，提出自己的看法。范金民的《清代苏州宗族义田的发展》(《中国史研究》1995年第3期)一文，剖析了太平天国失败后，苏州义庄义田得以迅速发展的原因，认为"义田从本质上来说，是更为落后的封建土地关系"。邢铁的《明清时期孔府的继承制度》(《历史研究》1995 年第 6 期)一文指出，孔府的宗祧继承，"比其他任何家族都更为严格和完善，内容也更为丰富"。孔府所以历久不衰，这种特有的继承制度是一个重要因素。

刘潞的《清太宗时满蒙婚姻考》(《故宫博物院院刊》1995 年第 3 期)及《对清太祖太宗时期满蒙联姻的再认识》(《清史研究》1995 年第 3 期)二文，详细统计了这一时期满蒙联姻的人数和次数，并论述了满蒙联姻的社会功能，联姻与自然环境、家族分布等因素的关系。定宜庄的《清代满族妇女"殉节"浅识》(《纪念文集》)一文指出，清入关初期，满汉民族在妇女问题上的观念、习俗还有很大差异。康雍时期，八旗"烈女"中人殉与贞节的界限还不易区分。由于乾隆帝的激劝，八旗"烈女"人数迅速增加。许周鹣的《论明清吴地女性自强意识的初醒》(《学术月刊》1995 年第 5 期)一文指出，吴地社会的经济文化在明清时期发展较大，劳动妇女参与部分商品生产；上层女子中学诗作文蔚为风气。这触发了女子自强意识的觉醒。

《清代救灾的制度建设与社会效果》(《历史研究》1995 年第 5 期)一文中，李向军论述了清代救灾的程序、制度等问题，认为清代救灾制度"措施全面、立法完备、执行严格、效果显著，迥异于前代"。

谢景芳的《天花与清初史事评议》(《民族研究》1995 年第 1 期)一文，就顺治帝之死、康熙帝继位及避暑山庄建立与天花的关系进行剖析，指出天花对清初统治者的重大影响。宋抵的《清初满族预防天花史证》(《满族研究》1995 年第 1 期)一文，论证了清统治者入关前即已为天花所困扰，以及所采取的有关措施等问题。

何龄修的《明清的隔壁戏》(《清史论丛》1994 年号)一文认为，隔壁戏"是在口技艺术发展成熟的基础上形成的"，是令人喜闻乐见的艺术。隔壁戏传世约三百多年，因清末对口相声兴起而消亡。它的消亡也有其深刻的内部原因。王政尧的《论满族与清代戏剧文化的发展》（《纪念文集》）一文指出，清代的戏剧文化相继出现昆曲再度繁盛等辉煌篇章。其间，满族各阶层对戏剧文化由支持、提倡到直接热烈参与，促进了清代戏剧文化蓬勃发展。

任光伟的《谈东北汉军旗人及其"烧香"与云南流人之关系》（《民族艺术研究》1995年第3期）一文指出，东北汉军旗人的祖先，大都来自云南。"烧香"是明代东北汉人祭祀的延续和发展，也受到满族及云南一些习俗的影响。罗尔纲为赫治清的专著《天地会起源研究》所写序言——《〈天地会起源研究〉序》（《中国史研究》1995年第4期）认为，"这部集中阐述'康熙说'的专著，在天地会起源问题上取得了重要突破，揭开了多年困扰人们的起源之谜"。该书也是"全面地系统地对清前期天地会进行研究"的专著。何龄修为赫治清的专著《天地会起源研究》一书所作序言《〈天地会起源研究〉序》（《中国社会科学院研究生院学报》1995年第6期）指出："天地会起源，是天地会研究的一个根本问题"。它"涵盖了天地会前期历史的所有重要方面，并且与中、后期历史也有广泛和深刻的联系"。天地会起源康熙说，已为信史。何龄修在为胡珠生的专著《清代洪门史》所写序言——《读〈清代洪门史〉》（《中国史研究动态》1995年第3期）中，认为依据胡的论证，"天地会起源康熙说可以成立了"。何还说，他近日在《赵执信全集》中发现了反清首领万云龙的事迹，"这个万云龙的出现，增加了康熙说的分量"。罗炤的《试论天地会初期的性质——兼与戴逸、秦宝琦先生商榷》（《清史论丛》1994年号）一文认为，天地会自始即是一个政治色彩强烈的反清秘密组织，"天地会的'反清复明'纲领，有其深刻的阶级、民族和历史文化的根源，以及地域的特殊背景"，仅仅以华夏正统观念和忠君思想,来概括天地会的"反清复明"问题,是不够全面的,不能揭示问题的实质。秦宝琦在《洪门真史》(福建人民出版社,1995年)一书中指出,"清代秘密会党经历一个由简单到复杂、完备的逐步完善的过程",洪门是乾隆年间秘密会党发展到成熟、完备阶段的产物。洪门是下层群众为互济互助和自卫抗暴而自发结成的社会群体,是原始形式的民间秘密组织。他还在《福建日报》(1995年8月19日)发表了《天地会是万五道宗创立的吗:评万姓集团即天地会说》一文。连立昌在《天地会手诀歌诀的佛教痕迹——提喜创会新探》(《清史研究》1995年第2期)一文中指出,天地会的手诀、歌诀有着浓厚的佛教气息。西鲁故事中的达宗和尚万云龙,是高溪庙附近、建于明成化三年的长林寺开山祖达宗和尚。这位达宗和尚的墓"就在寺基后山坡上"。秦宝琦的《明清秘密社会史料新发现——浙闽黔三省实地考察的创获》(《清史研究》1995年第3期)一文,探索了浙江无为教祖师应继南,浙江、福建姚门教及其祖师姚文宇,青莲教第十二代祖师袁志谦的情况,"订正了以往史料及论著中的讹误"。

五、学术史研究

王俊义的《论清代学术思想特色与清初经学的复兴——兼评〈清初的群经辨伪学〉》(《哲学研究》1995年第5期)一文,研究了早期启蒙思想的兴起和发展等清代学术思想的特点。该文还对台湾学者林庆彰的《清初的群经辨伪学》一书进行了评论。杨国强的《儒学的演变和清代士风》(《史林》1995年第1期)一文指出,顾炎武等所倡导的明道知耻、通经致用,其后演变为"以考证为功夫的实证和博证",在经学、朴学等名目下,"蔚为一时显学",而"人物、学术、世风都在沉寂细碎之中日趋而委靡"。朱义禄的《古今与中西的会通——明清之际启蒙学者思维方式再探》(《学术月刊》1995年第5期) 一文指出,"会通,是指对各家学说融会贯通后,进而萌生出新观念的一种思维方式。"明清之际启蒙学者的思维方式,"均体现了古今中西的会通"。

陈祖武的《〈明儒学案〉杂识》(《纪念文集》) 一文,研究了《明儒学案》的主要内容及编纂体例,指出《明儒学案》在历史学、哲学和文献学等方面都具有重要的研究价值。该书寓求新于继承之中,又匠心独运,使中国学案体史籍臻于完善和定型。李学原的《黄宗羲佚文〈附议〉简介》(《清史研究》1995年第3期) 一文指出,《姚江书院志略》卷上载有黄宗羲的《附议》一文,属黄氏佚文。佚文有助于进一步认识蕺山学派与姚江学派的关系等问题。

钱茂伟的《〈姚江书院志略〉的编刊与史料价值》(《清史研究》1995年第2期) 一文,探讨了对于研究姚江学派具有重要价值的《姚江书院志略》增订本的刊刻时间、编者等问题,并指出它的史料价值。冒怀辛《论方以智的〈物理小识〉》(《清史论丛》1994年号) 一文指出,该书主要篇幅为"人身、饮食、器用等之记载",也"可以见到方以智的宇宙观、人生观、方法论以及对待历史和现实社会的态度"。后者是该书的"特点及主要价值所在"。陈祖武的《孙奇逢与〈理学宗传〉》(《清史论丛》1994年号) 一文认为,该书的撰写目的,不仅是"为阳明学争一席儒学正统地位",更在于孙奇逢从"宋明理学史的总结,寻找儒学发展的新途径"。该书在当时的学术界,特别在北方产生了深远影响。赵刚的《论阎若璩"虞廷十六字"辨伪的客观意义——与余英时先生商榷》(《哲学研究》1995年第4期) 一文,从"虞廷十六字"对程朱理学的意义等方面,对余英时提出质疑。该文还探讨了阎若璩论证"虞廷十六字"真伪的学术动机等问题。刘德鸿的《满汉学者通力合作的成果——〈通志堂经解〉述论》(《清史研究》1995年第2期)指出,《经解》是团结汉族知识分子、满汉合作进行传统文化总结的一个范例。

六、中外关系史研究

张云台的《明末清初西方科技输入中国之管见》(《科学学研究》1995年第2期)一文认为,明末清初欧洲传教士输入西方科技的总体效果并不理想,这与中国资本主义萌芽微弱,统治者及其政策的局限性以及传教士来华的政治、宗教目的等因素有关。冯佐哲的《康熙、乾隆二帝与传教士关系比评》(《清史论丛》1994年号)一文指出,康熙帝因罗马教廷掀起礼仪之争,才"由容教变成了禁教",维护了国家独立和尊严。乾隆帝对传教士实施的是一种"明松内紧""外宽内严"、广泛使用、严格控制的禁教政策。沈定平的《论卫匡国在中西文化交流史上的地位与作用》(《中国社会科学》1995年第3期)一文,对耶稣会士卫匡国在"进一步确定和发展利玛窦适应中国传统文化的策略"等方面所起的决定性作用,以及他对奠定早期欧洲汉学基础所做的贡献,进行了论述。

俞玉储的《再论清代中国和琉球的贸易——兼论中琉互救飘风难船的活动》(《历史档案》1995年第1期)一文指出,清代中琉两国长期互救飘风难船,加深了两国友好关系。琉球在护送中国难商之船时所进行的贸易活动,进一步促进中琉两国的贸易发展。

七、人物研究

王思治、李鸿彬主编的《清代人物传稿》上编第八卷,张捷夫主编的《清代人物传稿》上编第九卷，1995年由中华书局出版。二书各收入60篇传记，涉及康雍乾时期政治、军事、经济、宗教、学术、文化等方面的代表人物，以及来华耶稣会士等。郭长庚的《应当重新评价康熙帝》(《河北学刊》1995年第4期)一文认为，康熙帝继承了儒家思想中专制、静止、封闭的一面，继承重本抑末政策，拒绝重大变革，延长了衰亡中的封建社会，从而使中国失去向资本主义社会制度迈进的最佳时机。马里千的《李长祥遗事钩沉》(《清史论丛》1994年号)一文，根据"石井道士传"等材料，对这位还有不少地方有待进一步探索的著名复明志士生平事迹，做了补充。何龄修的《再谈关于柳敬亭的几个问题》(《纪念文集》)一文，探讨了有关柳敬亭的行踪、说书品种、艺术特点和成就等问题，并就继续深入研究柳敬亭一事阐述了看法。吴伯娅的《孔四贞研究》(《清史论丛》1994年号)一文，对孔四贞的生年与入宫始末，清廷以孔四贞控制定藩部队，又利用孙延龄、孔四贞夫妇的矛盾制约其权势，以及三藩之乱中孙、孔二人的表现等问题，做了探讨。王锺翰的《李光地生平研究中的问题》(《燕京学报》新1期)一文认为，"我们不能说光地没有学问，不是理学家；也不能说他在政治生涯中没有做出过贡献"，但是"其为人，一句话概之，不外'权术'二字"。应实事求是地给光地以合情合理、恰如其分的品评。赵秉忠的《桐城张氏父子并跻相位论》(《清史研究》1995年第4期)一文，从学习、入仕、"致君泽民"，"晚节"方面剖析了张英、张廷玉父子，认为他们对康雍乾三帝的成长和清朝大业的稳固发展有重大贡献。孙琰、孙文良的《论阿桂》(《纪念文集》)一文，认为阿桂是清代史上的关键人物，经历康雍乾嘉四朝，是目睹清朝走向鼎盛并由盛而衰的见证人，还是直接参与其事的"文武重臣"。李乔的《沈三白师爷生涯考略——〈浮生六记〉发隐》(《清史研究》1995年第3期)一文，根据《浮生六记》

探索了沈三白的游幕生涯,认为沈三白是个正直的穷困师爷,他多才多艺,是"园林、楼阁、盆景等艺术的行家"。

本年度还召开了"纪念满族命名360周年学术讨论会"、"海峡两岸传统社会与当代中国社会史学术研讨会"、"'十八世纪中国与世界'国际学术讨论会"、"第二届明清档案与历史研究学术讨论会"、"第四届清代宫廷史学术讨论会"等学术会议,讨论了有关清史诸问题。

1996 年清史研究概况

◎ 林 海

1996 年，国内的清史研究，成果丰硕，著述不少；在学术研究中，一些课题研究较为深入，且有突破，而另一些研究领域，则有所涉及。同时，学术争鸣日趋活跃。以下仅就此年度中，清史研究成果的基本统计、研究中的关注点与新进展、研究中的趋势与不足等问题，介绍与述评如后。

一、清史研究成果的基本统计

1996 年度中，在国内报刊上所发表的有关清史研究的学术论文，在各出版社出版的学术论著，据初步统计，量的情况如下：

在 1996 年度中，发表的明清史研究论文约 50 篇，清史（清前期）研究论文约 100 篇，二者累计 150 余篇。

较之学术论文的成果而言，有关明清史研究、清史研究的学术性专著的出版则要少得多。就数量而言，1996 年度中，清史（清前期）研究专著，累计也仅十余部左右。其中，具有代表性的著述是：南炳文的《明清史蠡测》（天津教育出版社，1996 年）、李治安主编的《唐宋元明清中央与地方关系研究》（南开大学出版社，1996年）、张正明的《晋商兴衰史》（山西古籍出版社，1995年）、张海鹏与王廷元的《徽商研究》（安徽人民出版社，1995年）、赫治清的《天地会起源研究》（社会科学文献出版社，1996年）、王振忠的《明清徽商与淮扬社会变迁》（生活·读书·新知三联书店，1996年）、郭润涛的《官府、幕友与书生——"绍兴师爷"研究》（中国社会科学出版社，1996年）、高翔的《康雍乾三帝统治思想研究》（中国人民大学出版社，1996年）、陈祖武的《中国学案史》（台湾文津出版社，1996年）、李学勤与徐吉军主编的《长江文化史（上、下册）》（第二版，江西教育出版社，1996年）、张碧波与董国尧主编的《中国古代北方民族文化史》（黑龙江人民出版社，1996年）、张捷夫主编的《清代人物传稿（上编）》（第九卷，中华书局，1995年）、王戎笙主编的《清史论丛》（1996年号）等。这些学术研究专著选题较新颖、材料翔实、论点鲜明独到，且颇具新意。

二、清史研究中的关注点与新进展

清史研究的"关注点"，一是指某些引起争论的学术问题；二是指学者关注并竞相进行研究的课题。所谓"新进展"，则是指学者在进行有关专题研究时，所取的新视角、新的科学分析手段，进而提出新的研究结论与见解而言的。这一切，均有利于研究的深入与拓展。

（一）清代政治史研究中的关注点与新进展

中央与地方关系研究的新角度。 对清代中央与地方关系的特征及利弊得失，李治安等人在《唐宋元明清中央与地方关系研究》（南开大学出版社，1996年）一书中认为，在清代中央与地方的各类权力分配中，总督、巡抚是关键，督抚分寄制中央集权应是清代中央与地方关系的基本特征。所谓督抚分寄制中央集权，是元代行省制中央集权、明代三司督抚制中央集权的进一步发展。主要指在传统的郡县制中央集权的基础上，朝廷将控制地方的职责和代表朝廷行使行政、财政、军事、司法等权力，委付给各省总督、巡抚，通过总督、巡抚的"分工性地方分权"，达到高度封建中央集权的目标。其特征有三：第一，总督、巡抚封疆而治。第二，直省督抚身份和权力的两重性。第三，朝廷对督抚的多方掣肘和严格控制。在弊端方面，著者则指出，恰是由于以上三种方式的控制，清代督抚对皇帝几乎都是一味承顺，唯命是从。像明代海瑞、李三才等上疏斥责皇帝的，完全绝迹。如两江总督尹继善遇皇帝南巡，"有意迎合"，奢侈挥霍，"伤耗三吴元气"，遂得以"四督江南"；江西巡抚布兰泰苛政虐民受弹劾，被雍正帝召回追问。布兰泰却以"臣在江西所办事件，往往从重从严，待皇上敕改，使恩出自上"。这种媚取上悦、阿谀逢迎的做法，可谓无以复加。不少督抚还学会揣摸皇帝喜好以行其政。田文镜深知雍正帝喜欢办事严厉干练，于是投其所好，在担任河南巡抚时"对豫民则苛刻搜求，务以严厉相尚"。"故宫河南山东总督最久，帝眷最宠。"

世爵世职制度研究的新论点。对清世爵世职的等级及形成过程、世爵世职的封授、世爵世职封授中的限制及爵位的承袭等问题，晏子友在《清朝世爵世职制度》（《清史论丛》1996年号）一文中，进行了探讨，并提出了自己的新见解。他指出，清王朝世爵世职，主要是用来奖励异姓立有军功人员及推恩皇后家族，前朝皇帝后裔和先圣先贤后代。其颁赏对象主要是八旗将士、绿营兵将、汉族文臣及皇亲国戚。而在这些人中，以八旗将士为最多。这是八旗制度在清王朝政权中的特殊地位所决定的。当然，同历代封建王朝一样，赏赐爵位，首先要依据受爵者与皇族之间血缘关系的远近。清王朝也是如此，爵位等级的高低，关键在于他与清帝之间关系的亲疏。但为了扩大王朝的统治基础，对一些异姓人员，尤其是八旗人员，则根据他们的功绩，授以相应的官职或封赠其世爵世职。作者认为，虽然从顺治时起，清帝就一再标榜"视满汉如一体"，但清朝的政治制度却自始至终存在着重满轻汉的现象，世爵世职制度也不例外。

皇权政治研究的新结论。 对清初皇权政治的研究，姚念慈在《多尔衮与皇权政治》（《清史论丛》1996年号）一文中，从剖析根基脆弱的崇德皇权、统治集团的矛盾与福临继位的实质、多尔衮与两黄旗的合作、清军入关与皇权政治的演变、"皇父摄政王"与皇权的归一等问题入手，提出了自己的新结论：综观满族开国以来的历史，统治集团内部的重大斗争无不对皇权与八旗的关系发生影响。入关之前，满族国家形态凡经三变。然太祖之后有八王共治，太宗骤逝复有宗王摄政，每朝终始，皇权亦随之兴衰。其往复循环，盖由八旗制国家本质所致。入关后，唯多尔衮摄政之局终于出现上三旗与下五旗之分，一变而成定制，皇权从此树立绝对权威。究其原因，主要在清军入关，皇权的基础已根本改变。而多尔衮与福临的斗争，或皇权二元化的冲突，虽然纷繁炫目，但就其实质而论，不过是八旗制国家固有矛盾的继续，本身并不具有新的历史价值。只是由于借助新的历史条件和社会基础，才使皇权取得了积极的成果。同样，皇权的巩固和发展，主要也不取决于皇权与八旗的斗争，而取决于与新的社会基础相结合，这才是清初历史发展的焦点。

清初奏折的新探析。 任青在《清初奏折探析》（《清史研究》1996年第3期）一文中指出，奏折制度为清帝所独创，且几乎与有清一代相始终，它的出现不仅标志着中国古代官文书制度的重大变革，而且与清代政治体制的演变息息相关。可以说，清初以来皇帝与内阁、督抚与部院权力分配的矛盾斗争最终孕育出了奏折制度。而折奏方式的广泛使用和规范化，又势必将皇权高度强化的象征——军机处推上历史舞台。文章在对清初各种奏折类型进行分析后认为，康熙朝时奏折制度已具雏形。而在顺康两朝八十年间，奏折作为政治生活中的崭新事物，从它问世的那一刻起，便显示出强大的政治生命力。对前明本章制度早已不惬于怀的清帝把它视为强化皇权的利器，内外臣工则出于不同的目的也急切地想取得以奏折"通天"的特权。奏折就是在君臣上下共同推动下，奋力地打破着昔日题奏本章的一统天下。机密而便捷的奏折替代或部分替代非壅即泄的题本和奏本只是时间问题了。

地方官铨选制度的新研究。 刘凤云在《清代督抚与地方官的选用》(《清史研究》1996年第3期) 一文中提出，有清一代，官吏的铨选和除授例归中央，为吏部之责，然而，总督与巡抚作为地方一级的最高长官亦参与铨政。他们以保举和题补的形式，向朝廷荐举人才，升调属吏。因而，清代的地方官有相当一部分是由督抚选用的。这是清代文官制度发展过程中的产物，也是清代官僚制度的一个特征。作者还认为，清代重视保举制，并将督抚题补纳入地方官吏的铨选系统，从而给清代的封建官僚制度带来新的生机，这是不容置疑的。然而，保举制与题补制，从根本上说仍然属于封建官僚政治的组成部分，所以，它不可避免地要产生官僚政治的流弊。而对地方官选举具有重要影响的督抚题补制，弊病更多：首先是督抚题缺选员条例不能如制实行。其次是督抚滥举滥题的现象十分严重。最后，督抚于题缺择员时重才轻守，致贪酷者多得升迁，等等。

康熙帝惩贪的新评述。 对于康熙一朝的惩治贪官污吏之举，何孝荣则在《康熙惩贪述论》(《清史研究》1996年第1期) 一文中，予以新的评述。该文认为，康熙前期宽处贪污，最大限度地团结了统治阶级的力量，为消泯尖锐激化的阶级矛盾和民族矛盾，打败分裂割据势力，建立清王朝对全国的稳定统治打下了良好的基础，值得肯定。在全国形势基本稳定以后，康熙帝开始了严惩贪污。而康熙中期的严惩贪污，使吏治大为清明，一定程度上防止了封建政权的迅速腐朽，广大人民的生活也有了一定程度的改善，所谓"治理蒸蒸，于斯为盛"，因而是有积极意义的。但康熙后期允许官吏有"些微"、"丝毫"的贪污行为，要求督抚等官放松对属下贪污的追究，从宽处理被揭发出来的贪污大案，简直与中期的惩贪有天壤之别。其原因，一是因为他认识到贪污确实难以禁绝，因而允许官吏有"些微"、"丝毫"的出格之处，以减少统治阶级内部矛盾，同心协力巩固封建统治。二是因为康熙帝晚年家务闹得不可开交，无暇顾及吏治问题。在康熙帝为何不能根治贪污的问题上，作者认为还有更深刻的社会原因：首先，是中国古代以人治代替法治，封建制度本身即是孳生贪风之源。其次，清代官员俸禄比较低，无以维持官吏本人和家属的生活。再次是受封建教育熏陶，登上仕途即要求取发财，贪污则是其主要途径。

民族统一观念的新剖视。对清代的民族统一观念，张羽新在《清代前期各民族统一观念的历史特征》（《清史研究》1996年第2期）一文中，提出了自己的新见解。文中指出，清代前期，即17—18世纪，中华民族大统一观念的历史新特征，主要表现在：历史地批判不利于各民族统一、融合的"华夷论"，进一步强化民族大统一意识；形成了近代领土、边界、主权观念，使全民族在政治上、心理上，筑起了一道坚固的新长城；以汉、满、蒙、维、藏五族一体，作为国家和民族统一的象征。这是在清代前期我国统一多民族国家空前巩固和发展、西方早期殖民主义者的武装侵略对国家和民族的统一造成严重威胁的特殊历史条件下，传统的中华各民族大统一观念的光辉升华，它当时对于加强中华民族的内聚力，进一步巩固和加强国家、民族的统一，抵御外来侵略，都起了重要的历史作用。

农战史研究的新争鸣。 为了揭示农战史的一些历史真相，余焕卿在《关于建国后农战史研究的评价问题——与黄敏兰同志商榷》（《史学理论研究》1996年第2期）一文中，分别从关于农战史研究的学术意义、关于理论误导的问题、关于若干具体问题的辨析、关于冷静平实的学风等问题入手，与黄敏兰的文章展开争鸣。文中对牵扯到清初人口的张献忠屠蜀问题，认为张一开始并未滥杀，出现滥杀是顺治二年以后的事，是形势变化造成的心理变态所致。清初四川人口锐减，张的滥杀绝非唯一原因，主要还由于连年战乱，人民大批死于饥饿、相食、虎害、瘟疫，还有大量逃亡外省者。

天地会研究的新成果。 在天地会起源研究中，一向有明代说、康熙说、乾隆说等。不少学者认为，天地会是由于乾隆年间商品经济发展、资本主义萌芽增长而出现的"互济互助"团体，它于乾隆二十六年由万提喜首倡创立的。赫治清经过长期深入研究，在《天地会起源研究》一书中，获得了新的研究成果：天地会是清初特定历史条件下民族矛盾与阶级矛盾互相作用的产物。它是作为"反清复明"的政治斗争工具而出现于中国历史舞台的。它于康熙十三年甲寅由长林寺开山住持僧万五道宗即达宗和尚等人创立。其诞生地点，是福建漳浦县云霄高溪乡高溪庙，创立宗旨为"反清复明"。天地会创立之初，是由部分汉族地主及其知识分子中的反满派和部分劳动人民群众组成的以"反清复明"为宗旨的秘密结社。后来，随着清朝中央政权的牢固确立，满汉地主阶级联合专政的实现，汉族地主及其知识分子作为一个阶级相继退出人民革命斗争历史舞台，它就逐渐变成了以农民、小手工业者、商贩、挑夫和其他下层游民无产者为主体的、借以进行反清阶级斗争的秘密结社。

闭关政策研究的新视角。对清代闭关政策的实质问题,以往研究甚少。向玉成的《清代华夷观念的变化与闭关政策的形成》(《四川师范大学学报》1996年第1期)一文指出,清代华夷观念的变化,大致完成于雍乾时期。此时的华夷(西方人,特别是西方殖民者)观念有两个新特点:其一,认为中国是"世界中心"。认为外国人为夷狄,自己为天朝上国。其二,认为外来文化一无是处,甚至有害而无利,采取"全盘否定"的态度。故《防范外夷规条》成为清政府实行一口通商体制和闭关政策的一个大纲。至于闭关政策的内容,则有:一是严禁中国人民出海贸易居住或定居;二是以一口通商和行商制度作为隔绝中外交往的手段;三是对中外商人在广州口岸的合法贸易严格限制;四是严禁本国所生产的许多商品输出;五是对外来文化采取全盘否定的态度。因此,闭关政策绝不仅仅是对外的防范和限制,另一个更为重要的内容,乃是防范中国人民接触外来文化和事物,这才是它的实质。

此外,董建中的《清乾隆朝王公大臣官员进贡问题初探》、高翔的《也论军机处、内阁和专制皇权——对传统说法之质疑,兼析奏折制之源起》、成崇德的《清代前期边疆通论》(上)(分见《清史研究》1996年第1、2、3期)等文,也提出了诸多有价值的新见解。

(二)清代经济史研究的关注点与新进展

江南人口增长率的新估算。李伯重在《清代前中期江南人口的低速增长及其原因》(《清史研究》1996年第2期)一文中提出,清代前中期江南人口增长速度不仅低于明代后期江南,而且也低于清代前中期中国其他地区。1680—1850年间江南的人口成长率(3‰)约为1700—1850年间全国成长率(6‰)的一半。其原因是该地区人民,更愿采取各种手段控制人口增长,以保持他们的生活水准不降低。因此，经济原因是导致清前中期江南人口低速增长的主因。

垦荒政策的新考察。对清代前期垦政的形成与变迁，江太新在《清前期的垦荒政策考察》(《清史论丛》1996年号)一文中进行了新的考察，并认为历届政府垦政有如下特点：一是采用剥笋式开垦方式，符合垦荒规律。二是注意随时调整政策，使其始终充满活力。三是给垦荒者以物质支持。四是及时纠正垦荒中出现的问题。五是惩治腐败。六是调动地方官吏积极性。然而在产权保护、考成办法上亦有不足。

徽商研究的新成果与新方法。在明清地方商人集团中，徽商是南方商人集团的重要代表之一。自明代中叶至清末民初的数百年间，徽商更是活跃于全国商界的一支劲旅。徽商的活动对于当时社会的政治、经济和文化无不产生重要影响，而徽商活动的方式及其势力的消长又无不受到当时社会条件多方面的制约，因而透过徽商兴衰演变之迹可以从一个侧面窥探当时整个社会的全貌。这即是近年来徽商研究受到国内外学者关注的重要原因之一。由张海鹏、王廷元主编，孙树霖任副主编的《徽商研究》一书，不仅是徽商研究的最新成果，而且在研究方法上有新的尝试。该书从徽州商帮的形成与发展、徽商的资本积累、徽商在长江流域的经营活动、徽商与两淮盐业、徽商在茶木粮典和棉布业中的经营活动、徽商与封建势力、徽商的"儒贾观"和商业道德、徽商资本的出路、徽商与徽州文化、徽商个案研究、徽商的衰落等专题入手，力图对明清时期徽商的全貌、活动方式、兴衰原因等，进行规律性的揭示和探讨。在资料的运用上，全书引用了许多新资料。其中，"徽商个案研究"专题中，征引的全是新搜集的材料；关于徽商经营方式研究，则是根据从几千份徽州契约文书中爬梳出来的材料加以整理研究撰写成的。而胡开文分家阄书则是首次公布，其资料价值远远超出了徽商研究这个范围；歙县芳坑江氏茶商的材料，也是从江氏几代茶商遗留下来的数百本账簿和数千封商业往来信件中第一次整理出来的，弥足珍贵。

值得注意的是，《徽商研究》一书在研究方法上，进行了一些新的尝试。研究者力求在该专题研究中，在马克思主义的指导下，做到宏观研究与微观研究相结合、综合研究与个案研究相结合；其次，是从实际需要出发，尝试着应用计量研究的方法、比较研究的方法以及社会学的、心理学的和文化学的研究方法。从而得出了一些有科学价值的新结论。

清代人口研究中的新进展。清代人口研究是近年来中外学者颇为关注的课题之一。如何在这一研究领域采用高科技手段、运用新方法并拓展新的课题，对此，由美国学者李中清与中国学者郭松义共同主编的《清代皇族人口行为和社会环境》（北京大学出版社，1994年）一书，进行了有益的尝试。该书所收论文，根据中国第一历史档案馆收藏的《玉牒》等皇族人口资料进行研究。在此之前，中外学者利用现代高科技手段，建立了"宗人府档案"电脑资料库，将《玉牒》（皇族宗谱）中的男女本人姓名、出生日期、婚嫁、爵职、死亡以及有关父母情况等内容，加以技术处理。再从论文内容看，可分为三种类型：第一类论著是主要根据资料库提供的数据分析后得出的研究成果。其中有王丰、李中清的《两种不同的节制性限制机制：皇族人口对婚内生育率的控制》，李中清、王丰、康文林的《两种不同的死亡限制机制——皇族人口中的婴儿和儿童死亡率》，赖忠文的《1840年后清宗室死亡率下降之真伪》，赖惠敏的《清代皇族的过继策略：传承子嗣抑或繁荣家族？》，刘素芬的《清代皇族婚姻与宗法制度》。这些论文主要是研讨清代皇家宗室人口行为的。第二类论文是研讨清代《玉牒》等人口册籍的内容、价值，皇族人口行为的社会原因等。其中有鞠德源的《清代皇族人口册籍》、郭松义的《清宗室的等级结构及经济地位》、赖惠敏的《清代皇族的封爵与任官研究》、杜家骥的《清代天花病之流行、防治及其对皇族人口之影响初探》。第三类文章主要是介绍资料本身和资料库的情况，属附录性质。

此外，刘小萌的《清代北京旗人的房屋买卖——根据契约文书进行的考察》、许檀的《明清时期山东的城镇与城镇人口》、高虹的《清代沈阳城发展的原因及其历史作用》、徐明德的《论清代乍浦国际贸易港的发展与繁荣》(均载《清史论丛》1996年号）；郭成康的《18世纪中国物价问题和政府对策》、何平的《论清代前期的赋税调整》、李琳琦的《徽商与明清时期的木材贸易》、苏全有的《中俄北京贸易初探》、香港麦劲生的《中英贸易与18世纪政治经济学者的自由贸易论争》、吴建雍的《清前期中国与巴达维亚的帆船贸易》（分载《清史研究》1996年第1、2、3期）等文，均提出了诸多有价值的学术新论点。

（三）清代社会史文化史研究中的关注点与新进展

文字狱研究的一种观点。 喻大华在《清代文字狱新论》(《辽宁师范大学学报》1996年第1期）一文中，对清代文字狱案的界定、文字狱的影响等问题，进行了新的认定和评估，从而提出了不少自己的见解。首先，该文认为对文字狱应严格认定，不宜失之宽泛。文章指出，搞文字狱是冒天下之大不韪的行为，即使在封建社会也不得人心，所以，在封建社会文字狱也不是普遍现象，清代文字狱搞得最多，也仅限于雍乾时期，即使是雍正、乾隆二帝，也多次强调"不为已甚"，既怕落下以文字罪人的恶谥，又怕助长挟嫌诬告之风，以扰乱社会秩序。因此，下面几种情况就不应认定为文字狱：一是以公开文字作品鼓吹推翻清政权而获罪者，就不可认定为文字狱。它不是文字问题，而是政治问题，如有人将曾静、张熙案定为"雍正朝最重要的文字狱"便属不妥。二是虽无推翻清政权的确实言行，但是，故意地、公开地在文字作品中触讳，并且是触的统治者讳莫如深的大讳而被系狱者，不应认定为文字狱。如史学界定论康熙朝文字狱大案的戴名世案，触的就是这样的讳。他犯的不是文字罪，至少是思想罪，他被处死，在清代从未有人为之鸣冤，反倒一致肯定康熙帝不事株连的宽大。三是表面上是文字触讳而实则是行为触讳者，不应认定为文字狱。四是个别大狱的认定不可"一刀切"，要具体分析。在怎样评估清代文字狱的影响问题上，文章认为，目前文字狱的研究还缺乏具体的量化分析，所以研究者还难以更精确地评估其影响。但是有一个原则可以肯定：文字狱的影响既没有使清王朝的统治强化到什么程度，也没有扼杀学术和思想。无论如何，其作用只是暂时的、局部的。对人民来说，这是封建专制的暴政；对统治者来说，是一无建树的"败政"。根据《清代文字狱档》归纳，打击对象有官员、平民、生员、名士、学者、卜筮、僧侣、工商业者、轿夫等，还有为数不少的精神患者。这其中官员、平民所占比重最大，生员等一般读书人次之，学者为数并不多，而且学者罹祸，背景都较复杂，如依附权贵、政治问题等。清代，士大夫不能保持独立的人格和凛然的气节，其根本原因在于他们无法把握自己在政治、经济上的命运。在政治上，臣下的升迁完全取决于皇帝的喜厌，于是士大夫必然丧失气节和人格去讨好皇帝，皇帝以犬马待臣下，臣下必然以犬马自居，皇帝宠信，于是大臣们就奔走于和珅之门，甚至有"大学士、七卿之长，且年长以倍，而求拜门生"，甚至"有交宰相之僮隶，并乐与抗礼者"。在经济上，士大夫的逐渐贫困化，使他们不得不丧失人格去向上司"昏夜乞怜"、"人前长跪"，以谋一个效益好的职位。乾隆时，京师某石匠去世，士大夫争去吊唁，为的不过是百十两银子的馈赠。由此可见，士风日下的局面形成原因是复杂的，文字狱只是其中的一个原因。文章作者指出，就加强专制统治的主观动机而言，文字狱的制造者是徒劳了。首先，雍乾之际，汉族中的反清意识已消磨殆尽，知识分子不仅接受了清朝统治，并且也从中受益，陷入文字狱者有的是卷入了统治集团的斗争，有的是因为写了献媚献策的文字，有的是因患精神病而触犯了文字之忌，有的充其量在诗文中发些牢骚。正如鲁迅先生所言："大家向来的意见，总以为文字之祸，是起于笑骂了清朝，然而，其实是不尽然的。"他们"有的是卤莽；有的是发疯；有的是乡曲迂儒，真的不识讳忌；有的则是草野愚民，实在关心皇家"（见孔立：《清代文字狱》，中华书局，1980年）。统治者把这些人硬冠以"谋反"、"大逆"的罪名，实在是夸大虚构了敌情，无的放矢。

学案史研究的新开拓。清代学案史研究是清代社会史、文化史研究的重要组成部分。近年来，由山东齐鲁书社相继出版问世的多卷本《清儒学案新编》，便是由著名学者杨向奎先生撰著，也是此一研究领域的重大成果。而陈祖武著的《中国学案史》（台湾文津出版社，1996年）一书，则是学案史研究中具有创新开拓意义的学术著作。作者在详细占有材料的基础上，对清代学案史、学术史研究中的一些问题，发表了自己独到的见解：如关于《明儒学案》的成书年代；关于耶稣会士在晚明学术风气下，输入西学的客观作用；关于汤斌与黄宗羲的关系；关于乾嘉学术的分野等问题的研究及其论断。同时，该书对徐世昌与《清儒学案》的关系这一崭新的课题，设专章进行研讨，具有学术开拓意义和价值。值得一提的是，此书对研究中某些一时难以解决的问题，如《学案序》的序文作者是何人等，则予以存疑。这充分表明了著者认真和求实的科学研究学风。

清代思想研究的新见解。对清代前期知识界的思想动向的评估，高翔在《论十八世纪中国知识界的反传统倾向》(《中国人民大学学报》1996年第2期)一文中，提出了新的见解。作者认为，18世纪的中国知识界并不像一般史书所描述的那样沉闷而无新意。正是在封建社会"全盛"的特殊环境中，知识阶层出现了以批判传统观念为特色的新的思想动向。其基本特点是：在生活方式上，主张人性自由，鼓吹妇女解放；在学术上，反对理学和汉学的垄断地位，推崇独立思考，重视西学的价值；在政治上，否定君主专制，强调臣僚的独立政治人格，甚至要求废除君权世袭，实现真正的"公天下"。18世纪的反传统观念和同时期欧洲的启蒙思想有相似之处，它预示着未来社会价值观的巨大变迁，也为这种变迁准备了最原始的文化土壤。

移民会馆职能的新探索。蓝勇在《清代西南移民会馆名实与职能研究》(《中国史研究》1996年第4期)一文中，对移民会馆的名实与基本情况考察后，认为它的文化宗教职能是移民联络乡谊，共祀乡土的神灵和乡贤、从事娱乐活动的重要场所。其政治职能则体现在，移民会馆是在移民客长率领下从事维护同乡利益，调解同乡经济和家庭纠纷，参与各种社会事务的重要场所。作者指出，西南地区移民会馆的建立，使乡土观念在一定时间内较久保存下来。而移民内部内聚力的强大，对于当时传统的封建宗法制度和建立在经济政治地位上的等级制度有所削弱，而对于广大平民和贫苦农民则在一定程度上得到照顾，特别是对于小生产者提高抗御自然灾害等意外打击有一定的积极作用。另外，移民会馆对今天川剧的形成和发展都有积极的作用。但同时应看到，同乡团体这种割裂社会的作用，对于社会的稳定、经济文化的交流和发展大规模集约生产，有一定的消极作用。

文化走向与学术史编修研究的新拓展。卢钟锋在《论道咸以来的文化走向与传统学术史的编修》(《中国史研究》1996年第3期)一文中,对该课题研究进行了新的拓展,并提出了新的学术论点。文章指出,道咸以来是中国社会由传统向近代转变的时期。1840年的中英鸦片战争是促成这一转变的契机。从此,中国社会性质发生了根本的变化,开始步入半殖民地半封建化的历史进程。伴随而来的是文化领域也发生了相应的变化,它同样经历着由传统向近代转变的过程:一方面,作为传统文化的主要形式而曾经盛行一时的汉学和宋学相继处于颓势,代之而起的是西汉的今文经学;另一方面,作为西方近代文化的西学乘势而入、应运而兴,"西学东渐"已成为一股文化潮流,冲击着古老的神州大地,从而引发了尔后的中西文化之争。接着,作者着重探讨了造成这种变化的原因及其对当时的传统学术史带来的影响。该文分为道咸之际的社会危机与"经世致用"思潮的再度兴起、道咸以来的文化走向、道咸以来编修的学术史三个部分。著者认为,面对道咸之际错综复杂的新旧矛盾和严重的社会危机,地主阶级的有识之士纷纷把目光转向现实,从政治、经济和学术文化等方面进行反思,试图从中寻找摆脱困境的出路。其思路与清初学者颇为相似。于是,清初学者的经世致用思想重又受到重视和提倡,蔚为一时风气,而开此风气的代表人物应首推龚自珍和魏源。文章还称,经世致用思潮的再度兴起直接影响到清代后期的文化走向。这是由思潮的性质特点及其所面对的历史文化环境决定的。当时,思潮代表人物都把挽救社会危机同文化批判和转变学术风气联系起来。他们的文化批判,其矛头所向是程朱理学和乾嘉汉学,而批判的重点是宋学"性命"之空谈和汉学考据之烦琐。而就历史文化环境而言,道咸之际经世致用思潮的再度兴起要求有与其相适应的文化形式来反映思潮代表人物的思想和愿望。这就涉及文化形式的选择问题。结果,他们的目光转向今文经学这一最后可供选择的传统文化形式。今文经学素有"通经致用"的传统，它与思潮代表人物经世致用的思路是一致的；今文经学的"微言大义"也便于思潮代表人物借经议政，搞托古改制；今文经学的"三统"、"三世"说更是思潮代表人物倡言变革的理论根据。作者提出，同（治）、光（绪）以来，"西学东渐"，中西文化互相撞击，但仍属于浅层次的性质。"中体西用"论的提出，是中国传统文化对"西学东渐"的最初回应。这一理论的实质仍然是坚持中国传统文化为本位。即使是19世纪末资产阶级维新派倡言变法维新，宣传西学，也不能不以中国传统文化——今文经学作为表达其思想的主要文化形式。反映到学术史领域，它表现为用传统学术史的理论和方法编修学术史仍居于主导地位。若综合考察这一时期编修问世的传统学术史，按其内容性质分，大体有两大类、三种情况：第一类，是为挽救汉学与宋学的颓势而作。一种情况是：重在为汉学修史，但又注意为今文经学家立传。再一种情况是：专门为理学修史。第三种情况是：修史兼综汉学与宋学。第二类，是为提倡实学而作。

此外，有关的研究成果尚有：李学勤、徐吉军主编的《长江文化史（上、下册）》一书中，设有"清代长江文化的鼎盛"一章，专门对清代的长江区域文明进行研讨和论述。该书的出版问世，既是区域文化研究的新尝试，也是清代区域文明研究的新成果。杨向奎、吴锐的《论曹雪芹的原籍与〈红楼梦〉的作者》（《清史论丛》1996年号）一文，则用丰富、翔实的史料，论述了两部曹谱与曹家家世的分歧，丰润曹、辽东曹与《红楼梦》中宁荣二府的来源，曹雪芹的原籍在丰润，《红楼梦》的原始作者与增删者等问题，并提出了曹雪芹原籍丰润，《红楼梦》一书的创始者为曹渊（方回）、增删者为曹沾（雪芹）的重要学术见解和观点。吴锐在《仪征刘氏春秋学研究》（《清史论丛》1996年号）一文中，则对仪征刘氏春秋学的开创者刘文淇、刘氏春秋学的滞伏期、刘氏春秋学的后劲——刘师培等专题进行了探讨，并提出了自己的新见解。汪学群的《试论顾炎武的经学思想》（《清史论丛》1996年号）一文，则认为顾的经学思想博大精深，对群经多有创获，并把考据与义理结合起来，归于通经致用，从而一扫理学末流空谈心性之弊，开清初学术务实之新风。这些新见解，亦有学术价值。

此外，法国詹嘉玲的《18世纪中国和法国的科学领域的接触》、张研的《清代家庭结构与基本功能》（分载《清史研究》1996年第2、3期）等文，也提出了颇多有学术价值的新观点。

（四）清代人物研究中的关注点与新进展

帝王研究的新见解。 近年来，有关清代帝王研究的论著已出版不少，但高翔著的《康雍乾三帝统治思想研究》一书却独具特色，作者在书中对康雍乾三帝统治思想、治术及其时代状况进行考察后，提出一些有价值的新见解。

降清人物研究的新观点。 多年来，学术界大多对明末清初的降清人物持否定态度。对此，《文汇报》1996年2月14日刊登的《王宏志教授谈评价洪承畴必须打破封建道德观》一文，却提出新的见解和观点。文章说，学术界有一种意见，将吴三桂、洪承畴等降清加入清政权的人，统统定为"汉奸"、十恶不赦的"刽子手"，其中最受批判的要数吴三桂。在新中国成立初，已对吴氏展开批判，至今还在继续，香港特别是台湾学术界对这些人物也持否定态度。而李治亭、王宏志却对吴三桂、洪承畴给予新的评价。他们完全不同意"汉奸论"，明确地说，满族是中国统一的多民族国家的一员，不是"异民族"，不可同西方等国外异民族同日而语。明清的斗争，是中国内部之争，有正确与错误或先进与腐败的区别，所谓"汉奸"

之说就不能成立。吴三桂等人降清各有原因，不能以降清与否作为评价的根据。至于吴氏反复无常，是个人品质问题，固然不足取，也须分清主次和功过。归根到底，还是如何看待清朝与满族的崛起。40多年过去了，尤其是在新时期，还坚持300多年前故明部分士大夫的观点，未免落后于时代。

有关论文还有：苏双碧的《关于洪承畴评价的几点思考》、王思治的《洪承畴降清评议》、王宏志的《评价洪承畴应以多民族国家为前提》（均载《清史研究》1996年第3期）等。

索额图研究与评价的新视角。 杨珍在《索额图研究》（《清史论丛》1996年号）一文中，依据丰富、翔实的史料，对索额图进行多方面研究分析后认为，索额图出生于显贵之家，生母却是罪人之女，罹罪被斩。这种特殊的家庭环境，使他自幼产生强烈的自尊心和权力欲望。他性格刚毅，才干出众，曾是康熙帝最得力的助手。但他后来居功自傲，企图利用皇储矛盾来满足个人私欲，这是封建社会晚期皇权高度集中的情况下，皇帝与满洲贵族间权力之争的具体表现，其失败结局，也就无从避免。

尹继善、袁枚研究的新论点。 吴伯娅在《尹继善与袁枚》（《清史论丛》1996年号）一文中，通过对尹、袁这两位满洲重臣与汉族名士生平、交往的剖析，提出了清中叶官僚士子精神风貌与满汉文化交融的新论点。文章指出，此时，经过上百年的文化熏陶，众多的八旗子弟已是斯文相尚、性好风雅。因此，满汉文化的交流与融合已是水到渠成。

此外，由张捷夫主编的《清代人物传稿（上编）》第九卷一书，对清代众多历史人物的生平、事迹、功过进行研讨和评价。该书具有体例严谨、选材精审、立论平实、文字流畅的特色，它的出版问世，既是清代人物研究的重要成果，亦是学术研究的求实佳作。

三、清史研究的趋势与不足

1996年度，清史研究呈活跃的趋势，且出现不少新的学术研究关注点，并就若干问题展开争鸣。在展示本年度诸多新的研究成果和成绩时，也应看到，尚存在一些不足之处：一是有的文章理论水平有待进一步提高。二是研究手段更须多元化、多样化。三是研究领域尚需进一步拓展。四是专题性研究有待深入。五是应大力倡导科学求实的学风。如有的文章，在研究中存在片面性，抓住一点，不及其余，貌似新论，但其结论却令人难以信服。故立论更应科学、公允、平实，方能使研究深入下去。

1997年清史研究综述

◎ 林　海

1997年，是国内清史研究重要的一年。回顾该年度的清史研究，不仅成果甚丰，著述不少，而且在某些专史领域（如清代社会史研究、文化史研究、军事史研究等）的研究中，较前又有新的推进。同时，一些新的研究领域也在逐步开拓之中。总的来看，呈现出良好态势，然亦存在诸多不足。

现仅就此年度中，清史研究成果的基本统计、研究中的新成果与争鸣点、研究中的态势与薄弱环节等问题，介绍与综述如下。

一、清史研究成果的基本统计

1997年度，在国内报刊上，所发表的有关清史研究的学术论文，各出版社出版的学术论著，据初步统计，量的情况如下：

在1997年，发表的明清史研究论文约为110篇，清史（清前期）研究论文约为240篇，二者累计约为350篇，较之上年，在量的方面有所增长。

较之学术论文的成果而言，有关学术性专著的出版则要少得多。

本年度清史（清前期）研究专著，累计也仅10余部。其中，具有代表性的著述是：由白寿彝教授担任总主编、周远廉和孙文良任主编的《中国通史（第十卷：清时期）》（上海人民出版社，1997年），姜广辉著的《走出理学》（辽宁教育出版社，1997年），熊文彬著的《中世纪藏传佛教艺术——白居寺壁画艺术研究》（中国藏学出版社，1997年），邓长风著的《明清戏曲家考略续编》（上海古籍出版社，1997年）等。

二、清史研究中的新成果与争鸣点

清史研究中的"新成果"，系指学者在进行有关专题研究时所取的新视角，进而提出的新的研究见解与结论。所谓"争鸣点"，则是指某些引起争论的学术问题。这些，均有助于清史研究的拓展与深入。

（一）经济史研究中的新成果

赋税制度研究的新进展。何平在《论清代定额化赋税制度的建立》（《中国人民大学学报》1997年第1期）一文，从"滋生人丁永不加赋"到"摊丁入地"两次重大的赋役改革措施实际内涵分析入手，指出丁银和地粮是清代赋税的基本内容，康熙朝的不加丁赋政策，首先使全国的丁银总额固定下来。雍正年间的摊丁入地，又利用地亩稳定性的特点，使得业已固定的丁银总额更易征足。从财政收入的组织功能上看，清代赋税制度呈现鲜明的定额化特点。

劳动力市场的新探索。孙竞昊的《明清江南劳动力市场结构与性能探析》（《江汉论坛》1997年第1期）一文认为，明清江南地区的劳动力市场发育得很不健全、很不成熟，不具备近代意义上的劳动力市场的结构与性能。社会产品大都为土地所产,而非资本所产;商品化的财富更多地表现为商人资本形态,而非产业资本形态。只有在社会分工、城乡对立、生产力突飞猛进的背景下,集中生产的、以追求市场利润、剩余价值的资本"合理性"经营得以吸引大多数农村人口离开土地转化为工商人口时,真正典型意义上的劳动力市场才会出现,经济结构、社会形态才会发生革命性的变革。

地区商品经济研究的新成果。清代西南边疆地区商品经济的发展,既是西南民族史研究中的一个重要课题,也是经济史中的重大课题。方慧、徐中起的《清代前期西南边疆地区商品经济的发展》(《民族研究》1997年第2期)一文,利用文献资料和调查材料进行综合研究,从边疆地区与内地贸易往来的频繁、各种贸易中心城镇的形成、农村集市的兴起、边贸的发展等几方面进行了探讨。作者特别强调,清代西南边疆地区的农村集市,提供了当地各民族之间互通有无的场所,促进了当地生产和经济的发展,有的集市已具有商品集散地的功能。而边贸的发展,更对加强与邻国之间的往来和交流、促进边疆经济的发展和政局的稳定,起到了积极作用。

资本主义萌芽研究的争鸣。明清时期内陆地区是否出现资本主义萌芽,历来观点不一。于少海的《试论明清赣南商品经济的发展》(《江西师范大学学报》1997年第1期)一文,通过对明清赣南地区商品经济发展及趋势的分析认为,明清时期,该地区商品经济获得了迅速发展,闽粤流民的进入进一步刺激了经济作物的种植。伴随着经济作物种植规模的扩大,经济作物的加工业也初步发展起来。在这一系列现象中孕育着资本主义生产方式的萌芽,出现了具有农业资本家性质的租地农和具有手工工场性质的瑞金烟草制造厂。前者多是一些流寓于赣南的福建人,他们的身份不再是传统意义上的"二地主"而是"骤拥雄资"含有资本主义性质的"租地农"。而后者的经营者则是一些富商，它的雇佣劳动者则是一些背井离乡、具有自由身份的劳动者。

中西部开发研究的启示。 陈然的《我国历史上开发中西部的成功典型——清初开发自流井盐业的历史启示》(《贵州社会科学》1997年第3期)一文，着重阐述了清初自流井盐业开发的启示：其一，清政府对四川盐业采取的宽松政策，有利于调整生产关系，促进了生产的发展，给凋零破败的四川井盐业带来了转机。其二，"帮井法"的出现，确系榷盐制度的一次重大改革，它导致了私井的大量出现并日益合法化，冲破了清朝政府在盐业运销中的固有模式，促进了井盐业中资本主义萌芽因素的增长。其三，清政府课税从轻的政策，造就了一个良好的投资环境。其四，清政府的政策，客观上促使封建生产关系樊篱开始松动，并向一种代表先进生产力的生产关系过渡。总之，清政府的"务从民便"政策，有利于西南边疆开发。

孔府土地形态研究的新视角。 李三谋在《清代孔府土地经济形态研究》(《山东师大学报》1997年第3期)一文中认为，该府农田由以5屯4厂18官庄为主体的公田和分布于鲁、冀、苏数省的私田两部分组成，由此而决定了孔府农业经济的两重性：不完全的（残余性的）领主制和封建地主制，表现为包括徭役内容的赋税活动与租佃活动的结合，即古典性与时代性并存。其经济形态，既具有传统的典型性，又具有区域的特殊性。

商人会馆研究的新探索。 商人是一个古老的社会阶层，但商人的社会组织——会馆直到明清时期才出现。张明富在《试论明清商人会馆出现的原因》(《东北师大学报》1997年第1期)一文中认为，它的出现，一是因为市场扩大、商人增多。二是因为士大夫对商人及所从事职业的认同。三是由于归属感的需要。四是协调商业利益，实现求利目的的推动。作者认为，恰是由此，将商人会馆的建立提上了议事日程。

漕运行帮的新探析。吴琦在《漕运与民间组织探析》(《华中师范大学学报》1997年第1期)一文中指出，漕运是封建集权政治的产物，自秦汉以来，一直被紧紧控制在封建王朝的铁钳之下，成为历代加强中央集权、维系封建政权的重要手段。然而，从明中叶开始，民间宗教力量渗入漕运行业，引发了水手罗教、水手行帮、早期青帮等民间秘密组织在明清时期的相继出现，构成了晚期封建社会中的又一社会力量。

此外，有关清代经济史的论文还有：张芳的《明清南方山区的水利发展与农业生产》、李映发的《清代州县储粮》、任重的《康熙治理黄、淮、运对农业发展的影响》(均见《中国农史》1997年第1期)，吴兴南的《清代前期的云南对外贸易》(《云南社会科学》1997年第2期)，孙德昌的《从老罕王钱看清朝货币的发展》(《社会科学辑刊》1997年第2期)，许周鹣的《论明清吴地儒士的商业意识》(《苏州大学学报》1997年第2期)，邓亦兵的《清代前期某些生产资料的运销》(《首都师范大学学报》1997年第1期)，杨仁飞的《清前期广州的中英茶叶贸易》(《学术研究》1997年第5期)等。

(二) 政治史研究中的进展

明清兴亡辨析。李治亭、王桂平的《努尔哈赤与皇太极亡明辨》(《社会科学战线》1997年第3期)一文，为辨明努尔哈赤与皇太极在亡明过程中所起的作用，分别从努尔哈赤是率先亡明的第一人、夺取辽东即是亡明的开始、"辽事"动摇了明朝统治的根基等角度进行阐释。文章认为，明清兴亡是一个漫长而复杂的历史过程，涉及很多问题。以往都把明亡归因于农民起义，这就把一个复杂的问题简单化了。从明清鼎革的全过程看，始终是明与清（后金）两大势力的生死较量，而李自成、张献忠各自领导的农民军，为明清兴亡起了催化与加速的作用。

八旗旗主考析。努尔哈赤在天命后期是否规划了由八个旗主共治国政的制度？若果如此，这八个旗主又是何人？由于没有明确记载，且史料缺乏，至今仍是个谜。杜家骥的《天命后期八旗旗主考析》（《史学集刊》1997年第2期）一文认为，天命后期已基本确定八个旗主，皇太极继位初年的八旗八个旗主，应是天命后期努尔哈赤安置的。具体而论，天命后期，努尔哈赤已确定八王共治国政体制下的八个旗主，他们是：正红旗主代善、镶蓝旗主阿敏、正蓝旗主莽古尔泰、正白旗主皇太极、正黄旗主阿济格、镶黄旗主多铎、镶红旗主岳托、镶白旗主杜度（后改为豪格）。

大凌河之战的新探究。天聪五年（明崇祯四年）七月，后金汗皇太极亲率大军，对明发动了大凌河之战。此战不仅从战略、战术多侧面反映了皇太极的军事思想和指挥才能，而且也是日后与明进行松锦决战的一次演习。李鸿彬在《试论皇太极与大凌河之战》（《史学集刊》1997年第1期）一文中指出，皇太极即位后，"参汉酌金"进行改革，大凌河之战中可见三点颇有意义的变化：第一，用人以策略为先。皇太极广泛任用汉官，这批汉官后来有的成为皇太极的谋士，有的成了汉军八旗的著名战将，起到了壮大自己、削弱敌人的作用。第二，开始进入冷热兵器并用时期。第三，首次围城打援战术演习成功，有利于八旗兵发挥野战优势。

禁南洋案的新探析。郭成康的《康乾之际禁南洋案探析——兼论地方利益对中央决策的影响》（《中国社会科学》1997年第1期）一文指出，在禁南洋案问题上，中央决策受到东南沿海封疆大吏的直接影响。清廷历次禁南洋案的中央决策所依据的原则依次为：帝国的长治久安，全国财政经济的正常运行和闽广等东南沿海地区社会稳定。对自己文明的优越感和视西洋诸国为夷狄的落后观念，也使清政府的决策者们把这种陌生的国际关系限制在祖宗"朝贡制度"的框架中。禁南洋案从一个侧面反映了旧的政治体制已丧失了活力，昭示出在专制主义中央集权制度下，仅仅采取一点应急式补偏救弊的政策措施是无出路的。

康熙年间县政研究的新视角。柏桦在《从〈令梅治状〉看康熙年间的县政》(《史学集刊》1997年第1期) 一文中，通过李成林的《令梅治状》一书（分为《纪略》，在任时的重大事件记述；《详文》，向上呈送文书两部分）的分析，剖视了康熙时的县政特点：其一，从地方政治来看，作为州县一级政权虽不能拥有独立自治的权力，但自我保护的地方意识是带有普遍意义的。其二，从地方官施政的动机来看，其施政的重点大致都放在考成和有关自身名利的项目上。其三，从文书运转形式来看，舞文弄墨，文牍风气甚重，这是一种官场习气。政务不在能干不能干，关键在于能说不能说，能干的不如会说的，这是官僚制度的主要弊病之一，且与官僚制度相始终。

财政与吏治关系的新探讨。陈锋的《清代的钱粮征解与吏治》(《社会科学辑刊》1997年第3期) 一文，通过论述钱粮催征过程中胥吏的盘剥及其限制，以及钱粮催科考成的制度与更改，来探讨财政与吏治的关系。作者认为，种种条文的不断颁布，意味着种种弊端的不断滋生。在封建制度之下当然不能指望几纸条文的限制就能弊绝风清，但也应该注意到，条文颁布的本身，也正是发现弊端、督抚题参、整饬吏治的结果。

江南进士地域分布的分析。范金民的《明清江南进士数量、地域分布及其特色分析》(《南京大学学报》1997年第2期) 一文指出，明清时期，江南进士在全国数量最多，比例高达15%，但江南进士在全国的突出比重是不断变化的，大致可划分为五个阶段。其中，明嘉靖到清嘉庆元年为第三阶段，嘉庆四年到道光二十七年为第四阶段，道光三十年到光绪三十年为第五阶段。江南进士在地域分布上，府与府、县与县之间极不平衡，尤其集中在苏州、松江、常州、杭州等府的附郭各县的一些世代仕宦的簪缨望族，显示了个别地区和少数家庭在科考中具有非同一般的竞争力。

区域人才变化的新探索。 冯尔康在《清朝前期与末季区域人才的变化——以引见官员、鼎甲、翰林为例》(《历史研究》1997年第1期)一文中，综合清代前期与末季各省籍、旗籍引见官员的异同和变化，认为：其一，各省籍、旗籍引见官员的比重，在不同时期变化是比较大的。其二，一些省籍、旗籍引见官员比重则处于比较稳定的地位。其三，引见官员大多为中级官员，少数为高官和微员。至于区域人才变化的原因，一是与战争有关，二是与科举相关，三是与民族政策、旗籍相关联。

中央权力分配体制研究的新论点。 长期以来，史学界常将清初内阁与专制皇权相对立，更认为军机处的设立在于强化皇权，故将二者等同。高翔在《略论清朝中央权力分配体制——对内阁、军机处和皇权关系的再认识》(《中国史研究》1997年第4期)一文中则对此提出异议，认为清初内阁的出现服务于皇权扩张的需要，在权力分配上，二者之间并不存在严重的对立关系。作为清朝中央决策机构，军机处的出现绝非针对内阁，而是试图将已经形成的皇帝"乾纲独断"局面制度化和规范化，然而，决策制度化在方便皇帝独裁的同时，在另一方面又因其改变了顺康以来传统统治方式和权力结构，逐渐给皇权带来了一些新的异己因素，则是其创始者始料不及的。

此外，有关清代政治史的论文尚有：祁美琴的《清初内务府及其与十三衙门的关系》、张杰的《〈四库全书〉与文字狱》、沈原的

《"阿其那"、"塞思黑"考释》、邱永君的《清代的拔贡》、李玉昆的《台湾大天后宫〈平台纪略碑记〉述论》(均见《清史研究》1997年第1期)、白新良的《萨尔浒之战与朝鲜出兵》、杜家骥的《清太宗嗣位与大妃殉葬及相关问题考辨》、陈尚胜的《清代的天后宫与会馆》、佟悦的《清入关前的爱新觉罗宗族》、王爱华的《满汉文化融合与"档案"词源》、赵珍的《那彦成整饬青海述略》、吴爱明与夏宏图的《清代的地方行政与幕友人事制度的形成》、华立的《"唐船风说书"与流传在日本的乾隆南巡史料》、傅波与张德玉的《满族谱书研究的几个问题》(均见《清史研究》1997年第3期);吴仁安的《明清庶吉士制度对比研究》(《社会科学战线》1997年第2期)、岑大利的《论明清时期的官员经商问题》(《社会科学辑刊》1997年第2期)、邹莉的《明清江南士子心态的变迁》(《华东师范大学学报》1997年第2期)、杨洪的《清代康雍乾三朝平定边疆叛乱之分期比较研究》(《四川师范大学学报》1997年第1期)、刘潞的《清代皇后册立与八旗大姓氏族》(《故宫博物院院刊》1997年第1期)、吴兆清的《清代回避制度》(《故宫博物院院刊》1997年第1期)、李志茗的《清代官俸制度与其特点》(《华中师范大学学报》1997年第2期)等。

(三) 民族史研究中的新拓展

厄鲁特盟史事的新探索。 佟佳江在《清雍正年间厄鲁特盟史事钩沉》(《内蒙古社会科学》1997年第2期)一文中指出,为了加强对游牧于推河地区厄鲁特各旗和各部封建主的管辖,为了适应战争的实际需要,清朝于雍正四年设置了厄鲁特盟。厄鲁特盟由厄鲁特蒙古各部组成,其中有准噶尔原部四旗、和硕特部一旗、辉特部一旗。地跨大漠南北,这在清代内外扎萨克各盟中是仅见的,是由厄鲁特蒙古各部活动的历史状况决定的。但《清实录》及《平定准噶尔方略》等官书,几乎没有关于厄鲁特盟活动的记载。截至雍正九年,先是茂海和巴济二旗叛投准噶尔,随后多尔济色布腾和色布腾旺布二旗东移,只有阿拉善旗仍然游牧于贺兰山下。因此,厄鲁特盟已经不复存在。

新普尔钱研究的新拓展。 清朝统一新疆后,在天山南部通用的铜币,史称新普尔钱,因系红铜所铸,亦称红钱。吴元丰的《清乾隆年间新疆新普尔钱的铸造流通及其作用》(《西域研究》1997年第1期)一文认为,天山南部向来白金稀少,驻防官兵的盐菜银无法就地解决,而要靠内地调拨,长途运送不便,且对中央财政压力大,难为永久之计。而利用当地生产的红铜铸钱,作为官兵的盐菜银搭放,减少从内地调拨银两,势成必然。此举为清政府在新疆地区为巩固统一和加强封建统治而进行的措施之一,不可避免地具有一定的封建剥削性质,但在客观上仍具有积极作用。

西藏甘丹颇章地方政权性质的探究。 1642年,蒙古准噶尔部的首领固始汗用强大的武力统一了全部藏区,支持黄教势力集团建立了以拉萨为中心的甘丹颇章地方政权。该政权是怎样建立的?性质如何?中外学者对此的观点向有很大分歧。苏发祥的《论西藏甘丹颇章地方政权的建立及性质》(《中国藏学》1997年第3期)一文认为,甘丹颇章地方政权既不是藏族本民族建立和组成的单一地方政权,也不是和硕特蒙古在青藏高原上建立的蒙古地方政权。它是一个在蒙古军事势力的直接护持下建立起来的蒙藏联合地方政权。和硕特蒙古需要生存的地盘,格鲁派需要依靠外族军事力量的强有力保护,这就是双方联合的基础,而共同的信仰则是他们联合的前提条件。

藏传佛教职衔的考释。 贺其叶勒图在《藏传佛教呼图克图职衔考释》(《中国藏学》1997 年第 3 期) 一文中, 考释了清代佛教高僧封号的特点, 认为清代册封蒙藏地区佛教高僧的封号名目繁多, 除达赖、班禅, 依次还有呼图克图、诺门汗、班第达、堪布、绰尔济以及国师、禅师等, 分为职衔、名号两大类。在蒙藏地区诸多呼图克图中, 地位最高的是达赖、班禅和喀尔喀的哲布尊丹巴呼图克图, 其次是历世驻京的呼图克图, 再次是驻扎各游牧处所的呼图克图。

驻藏大臣与达赖相见礼仪的新探讨。 刘丽楣的《关于驻藏大臣与达赖喇嘛相见礼仪问题》(《中国藏学》1997 年第 1 期) 一文指出, 在封建王朝中, 皇帝是唯一至高无上的权力的象征。因此, 在西藏地区达赖喇嘛虽为世俗领袖、一教之主, 但也无法与皇帝相提并论。当然, 在一定时期、一定条件下, 可以在礼仪方面"稍加优渥", 但前提必须是服从于维护国家统一、稳定社会秩序的政治策略的需要。一旦上述前提已经解决, 那么君臣之间、主仆之间的等级之分是没有任何商量余地的。

西藏丹书克研究。 在清代, 丹书克是西藏向皇上呈递的一种公文形式, 它为加强西藏地方政府与清中央政府之间的联系, 巩固清中央政府在西藏地区的统治起了很大作用。桑丁才仁在《略论清代西藏丹书克的有关问题》(《中国藏学》1997 年第 1 期) 一文中认为, 丹书克的内容有三种: 其一, 它是西藏上层为了表示向皇上和皇太后祝寿和遇有其他喜庆节日时, 专门呈递的一种公文。其二, 清代, 凡受封者每年定期赴京朝觐纳贡。西藏上层向皇上进献贡品时, 所献贡品的名称和数量等写在丹书克之中。其三, 它一般不做陈报政务之用, 但若驻藏大臣内"不公能有事情"者, 在丹书克中可据实陈奏。

维藏商业贸易关系研究的新视角。 尹伟光在《清代维吾尔族与藏族之间的商业贸易关系》(《中国藏学》1997 年第 2 期) 一文认为,维、藏民族之间的贸易形式有：以互通有无为目的的直接贸易、以赢利为目的的中方贸易、违反清政府规定的非法贸易、准噶尔的进藏熬茶贸易。维吾尔族与藏族之间的贸易税率，当西藏藏族到新疆贸易时，为三十分抽一（牲畜）、二十分抽一（缎布、皮张）；而维商赴西藏贸易时，一般货物为二十分抽一，缎布皮张则为十分抽一。贸易品既有土特产品，又有转手贸易来的"舶来品"。贸易通道有：由叶尔羌南下藏西北的通道，由和阗、于阗南下藏地的通道，经由色勒库尔的通道。

此外，有关清代民族史研究的论文尚有：周润年的《历代噶玛巴活佛与中央政府的关系》(《中国藏学》1997年第1期)、胡凡的《论满族形成时期的文化结构》、宝日吉根的《〈蒙古王公表传〉纂修再考——第一部〈表传〉由何种文字写成》(均见《清史研究》1997年第1期)、都兴智的《锡伯族源出女真部》(《吉林大学社会科学学报》1997年第2期)、吴元丰的《清政府对锡伯族的统治政策》(《黑龙江民族丛刊》1997年第1期)、祁杰的《历世哲布尊丹巴呼图克图与清政府对喀尔喀蒙古人政策》(《内蒙古社会科学》1997年第3期)、王希隆的《论哈密达尔汉伯克额贝都拉》(《民族研究》1997年第3期)、何峰的《〈番例〉——清王朝对青海藏区的特殊法律》(《青海社会科学》1997年第3期)、陈光国的《论清朝对藏区法制的立法思想和立法原则》(《青海社会科学》1997年第3期)、王献军的《甘丹颇章政权初期的政教合一制》、李凤珍的《试论清代西藏递丹书克制》(以上两文均见《西藏民族学院学报》1997年第1期)、苏晓云的《土家族地区"改土归流"之我见》(《江汉论坛》1997年第3期)、马肇曾的《明清怀宁回族马氏闻人考述》(《安徽史学》1999年第1期)、余宏模的《试论清朝前期贵州的土司制度》(《贵州民族研究》1997年第1期)、曹相的《清朝雍正年间滇西南地区的改土归流》(《云南师范大学学报》1997 年第 1 期）等。

(四) 社会史研究中的新探索

义庄研究的新成果。 余新忠在《清中后期乡绅的社会救济——苏州丰豫义庄研究》(《南开学报》1997 年第 3 期）一文中指出，苏州丰豫义庄是由绅宦家族捐建，面向邻里的综合性社会救济机构。乡绅以此为依托，试图通过平粜、赈济和推广农业生产技术等手段来维护地方社会的传统秩序及自身长远利益。同时，乡绅救济这种政府倡导的家族慈善行为，更是一种有效的社会控制手段。

明末清初善书研究的新视角。 善书，系指劝人实践道德、修善止恶的著述。明清时代，善书在民间广泛流行，流传较广的是《太上感应篇》、《文昌帝君阴骘文》、《关圣帝君觉世真经》及功过格等。游子安的《明末清初功过格的盛行及善书所反映的江南社会》(《中国史研究》1997 年第 4 期）一文，简述了明末清初功过格的流行：探讨善书抨击淫靡的风气和针对低假色银的现象，及功过格 "论钱记功" 的方法。明末以来抗租等事件使部分士绅做出反省，清初善书既告诫乡绅体恤佃仆，也劝谕他们积德行善。功过格强调救济援助贫苦无依者，实源于善书对财富聚散的看法，鼓励富者散财以积德。作者认为，功过格所揭示中国人注重道德内省、积善销恶以累积功德的观念，理当重视。

社会史研究。《清史研究》于 1997 年第 2 期，出版了 "清代社会史研究专号"，刊载诸多社会史研究的成果。张研在《试论清代的社区》一文中认为，多种形态的社区构成了清代社会。从生产力发展水平分类的纵向角度考察，清代社区仍属传统社区，但随生产方式与生活方式变化，其内容亦发生变化。从地域空间分类的横向考察，法定社区、自然社区、专能社区仍重叠交错，但随社会变迁，后二者的作用与功能日益突出。王日根在《明清基层社会管理组织系统论纲》一文中指出,在该系统中存在"官"与"民"的二元组织系统,后者包含了家族、乡族、乡约、会社、会馆等形式,成为封建统治的延长和补充。郝秉键在《试论绅权》一文中提出,清代绅权的生成,一是因为国家权力对基层社会的低度渗透为其提供了空间;二是绅士自身所占有的资源优势及乡里社会所需。它的确立,首先是标志着专制主义中央集权体制进一步强化;其次是将家族关系引向新阶段;再次是既将国家与社会、城市与乡村有机联系,又在官民之间建立了"缓冲"。秦宝琦在《中国传统社会中秘密教门与其他社会群体的关系》一文中认为,秘密教门是中国传统社会中一部分下层群众为了求得生存与发展而结成的民间秘密结社,人们常将它与秘密会党混为一谈。文章认为,既要看到它们的相似之处,更要注意它们的区别。秘密教门貌似宗教,但它仅从佛道两教汲取了可资利用的教义,撷拾其经典中某些词句,加以改造,服务于自己反传统、反社会的宗旨,虽然表面上带有浓厚的宗教色彩,而实质上却是民间秘密结社。宋军在《清代红阳教与乡土社会》一文中指出,该教活跃于以直隶近畿为中心的北方乡土社会,它以广大下层民众为载体,以乡土社会的流动人员为传播媒介,并通过其现实而有效的济世性及其和平、温顺、保守、松散的方式,长期而顽强地证明着其存在的合理性。这是他们改善自身生活条件的一种渴求与尝试。黄爱平的《乾嘉时期的社会变化与经世主张》一文认为,这些主张既是对盛行一时的汉学的反弹,也是对当时社会矛盾和社会危机的反映。但提出的解决办法,大多在传统的框架中徘徊,较少提出扶植先进经济成分,因势利导,推进社会改革的有效方案。李景屏在《清前期奢靡之风述论》一文中指出,由于奢靡之风的刺激,大量的社会财富用于享乐,用于吃、喝、嫖、赌、抽。奢靡之风的"流"

在于官民，而其"源"却在最高当权者，诚所谓上行下效。

此外，吴霓的《明清南方地区家族教育考察》、徐建青的《清代的造纸业》、王卫平的《清代苏州的慈善事业》（以上三文均见《中国史研究》1997年第3期）等文，均值得一读。

（五）学术史、人物研究中的新视角

汉学与宋学关系新辨析。 暴鸿昌在《清代汉学与宋学关系辨析》（《史学集刊》1997年第2期）一文中指出，长期以来，学界认为清代汉学宋学二方，各执门户，甚者彼此相訾，按剑操戈，党同伐异。其实，对此应作具体分析，清前期无汉学宋学之分，乾嘉时汉学鼎盛，但多数汉学家并不排挤宋学，此时宋学衰微，鲜有宋学家诋汉学，而诋讥汉学者多文士。道咸以降，虽有方东树等人讨伐汉学，但汉、宋二学调和已成主流。

屈大均史学思想剖视。 关汉华、冼剑民在《屈大均及其史学》（《暨南学报》1997年第2期）一文中提出，屈氏史著蕴含丰富的史学思想：其一，屈氏历史观实源于朴素唯物主义宇宙观。其二，立足现实、面向当代、弘扬民族大义，是屈氏著史准则。其三，经世致用，着眼于国计民生。其四，辩证地看待局部和全局，注重区域史研究。其五，以诗为史，诗史并举，相得益彰。

钱大昕学术思想研析。 王记录在《钱大昕的学术思想》（《史学史研究》1997年第1期）一文中认为，钱的学术见解与主张，既体现了乾嘉时代的学术特点，又在某些方面超过了那个时代。"实事求是"则是钱治学的核心。他以考据著称，但又不忽视经世致用的学术传统，主张"明道致用"，提倡学术关心社会，并对现实问题提出了自己的看法。在经史关系上，他继承清初顾黄尊经重史的思想，提出"经史无二学"，批判乾嘉学术界流行的"经精史粗"、"经正史杂"的观点，论述史学研究的社会意义，为学术发展纠偏。

章氏易学、史学探究。 吴怀祺在《章学诚的易学与史学》（《史学史研究》1997年第1期）一文中指出，章氏的史学理论与他的易学见解紧密相关。章氏在易学史上有相当重要的地位，他通过对《易》理的阐发，提出历史见解，认为人类出现与社会人事变化是道的体现；以《易》学的通变思想，提出史学更革的要求；提倡史学的"通"识，史学通识重在求"义"；《易》在六经中有其特殊地位，六经皆先王之政典，包括史学在内的学术须经世，切于民生日用。

人物研究中的新视角。 赵珍在《那彦成整饬青海述略》（《清史研究》1997年第3期）一文中认为，那彦成任陕甘总督时，政绩卓著。尤在处理青海民族事务期间，酌立章程，因地制宜，有利于社会稳定；而肃清流弊，整顿吏治，加强政府对民族经济贸易的管理，使青海民族经济贸易进入有清以来的繁荣时期。陈三弟的《徐枋研究》（《清史研究》1997年第1期）一文，对清初"海内三遗民"之一的徐枋的出身、经历、交游与思想渊源进行了探讨。关于施琅研究，则有苏双碧的《从多民族国家的角度评价爱国主义历史人物——为纪念施琅逝世300周年而写》、王思治与香港吕元骢的《施琅与清初统一台湾》、王宏志的《对立和统一——评施琅与郑成功之间的关系》（以上三文均见《清史研究》1997年第1期）诸文。苏文认为，施氏想法是为了祖国统一而出兵台湾，正因为如此，他才置康熙帝之议于不顾，力主在台湾置治设防。王与吕文则对施氏及统一台湾过程中一些重大问题，提出了独到的见解。王文认为，原处于一个统一体内的郑成功和施琅，后来成为对立面。然仍有统一之处，即他们都认为台湾是中国领土，因而都收复了台湾，都反对西方殖民者占据台湾，认为台湾应当由中国来管理、建设，故都成为杰出的正面人物。

此外，本专题研究中，乔治忠的《〈大清一统志〉的初修与方志学的兴起》(《齐鲁学刊》1997年第1期)、暴鸿昌的《论方苞与康雍时期的理学》(《中国史研究》1997年第2期)、盛邦和的《论颜元的新价值观》(《河北学刊》1997年第2期)、赵连稳的《黄宗羲史学初探》(《齐鲁学刊》1997年第1期)、赵秉忠的《论枢臣鄂尔泰》(《辽宁师范大学学报》1997年第3期)、卢佐诚的《戴名世死因新说》(《武陵学刊》1997年第1期)、吕友仁的《乾嘉朴学传黔省，西南大师第一人：郑珍学术成就表微》(《河南师范大学学报》1997年第2期)、李敏的《清代女科学家王贞仪》(《中国科技史料》1997年第2期)、华锡初的《乾隆家世新证》(《苏州大学学报》1997年第2期)等文，亦值得一读。

(六) 中外关系史研究中的新态势

对外政策与中外通商的分析。 潘鹏飞的《论清前期对外政策与中外通商——基于恰克图贸易实证分析》(《黑龙江财专学报》1997年第1期)一文指出，19世纪前期，由于受中国历代朝贡制度的影响，清政府推行"商务外交"，将贸易"开"与"停"作为"制夷"的有效武器。中俄恰克图贸易的开与停即是如此。此错误观念致使妄自尊大，逐渐沦为落后挨打的地位。

回族商帮与外贸研究新探。 申旭的《回族商帮与历史上的云南对外贸易》(《民族研究》1997年第3期)一文认为，清代回族商帮形成后，云南回族商业活动以外贸为主，路线达十余条：(1) 由通海至打洛，过江一路到缅甸，一路到泰国。(2) 由开远经广西到越南。(3) 由峨山经通关到泰、缅。(4) 从景东经思茅到泰国。(5) 从楚雄经腾冲到缅甸。(6) 由昌宁经耿马至缅甸。(7) 由大理经耿马至缅甸。(8) 由施甸经耿马至缅甸。(9) 由永宁经腾冲至缅甸。

（10）由德钦至印度。（11）由思茅经猛腊至老挝。

中朝文化交流研究新视角。 王政尧的《〈燕行录〉初探》（《清史研究》1997 年第 3 期）一文，认为在由朝鲜使节撰写的《燕行录》中，著录了清代不同时期的政治、经济、文化、艺术、人物、民俗、城市建筑、五行八作等，堪称全面。乾隆中期以后，一些朝鲜学者加入来华使团，通过考察，改变了"华夷"观念，主张学习当时中国的先进文化，改革朝鲜政治、经济、文化。"北学派"逐渐形成，并对"实学派"产生重要影响。

此外，有关此专题研究的论文尚有：白新良的《萨尔浒之战与朝鲜出兵》、徐明德的《论清代中国的东方明珠——浙江乍浦港》（以上两文均见《清史研究》1997 年第 3 期），王禹的《传教士在海南岛》（《清史研究》1997 年第 2 期），秦国经的《18 世纪西洋人在测绘清朝舆图中的活动与贡献》（《清史研究》1997 年第 1 期），徐凤媛的《康熙年间的海外贸易》（《黑龙江民族丛刊》1997 年第 2 期），陈潮的《明清之季中韩宗藩关系探索》（《学术论坛》1997 年第 1 期），徐方平的《东印度公司对华贸易垄断权废止的原因和影响》（《湖北大学学报》1997 年第 2 期），吴兴南的《清代前期的云南对外贸易》（《云南社会科学》1997 年第 2 期），苏全有的《论清代茶叶贸易》（《北京商学院学报》1997 年第 1 期），郝镇华与许明戈的《康熙皇帝的洋教师：南怀仁》（《国际人才交流》1997 年第 3 期），杨仁飞的《清前期广州的中英茶叶贸易》（《学术研究》1997 年第 5 期）等。

三、清史研究的态势与不足

态势之一：研究论著数量有所增加，某些领域研究有所增强。

态势之二：社会史研究成为关注热点，有关论著大为增加。人物评价仍成为研究热点，但中外关系史研究却仍薄弱，入关前研究似原地踏步，尚无新意。

1997年清史研究中的不足：

（1）用马克思主义史学理论作指导，进行清史总体性研究的文章仍感阙如，理论上有真知灼见的研究著述仍难得一见。（2）在选题、材料使用上，应努力辟新径，避免重复研究。在材料发掘上，应当下苦功夫，加强基本功训练。（3）在研究手段与方法上，应力求多元化，在经济史、人口史、区域史、商业史、社会史、文化史的研究中，对有关数据的处理、分析，发展态势的评估，应当采用现代技术手段，使之量化研究得以加强。

1998年清史研究述评

◎ 高 翔

1998年是清史学界比较活跃的一年。在这一年中,学术界举行了一系列学术讨论会,出版了一些有分量的学术著作。5月,由中国社会科学院历史研究所、中国社会科学院边疆史地中心、中国人民大学清史研究所、中央民族学院历史系等单位主办,厦门大学历史系承办,在福建召开了"第八届全国清史学术讨论会",会议主题是清代的边疆和经济;7月,中国社会科学院和瑞典Uppsala大学联合召开了"中瑞近代历史研讨会",两国学者对中国和欧洲15世纪以来政治、社会、民族、文化等诸多领域进行了广泛深入的学术交流;9月,中国十八世纪研究会和北京社会科学院历史研究所联合主办了"十八世纪北京与世界名城比较研究学术讨论会";10月,首都师范大学历史系与山西晋城市联合召开了"名相陈廷敬暨皇城古建学术研讨会",对清初大学士陈廷敬生平事迹以及陈廷敬故居文物价值进行了专门研讨。1998年出版的清史研究著作主要有:李世愉著《清代土司制度考论》(中国社会科学出版社,1998年),冯佐哲著《和珅评传》(中国青年出版社,1998年),李治亭著《清康乾盛世》(河南人民出版社,1998年),吴吉远著《清代地方政府司法职能研究》

（中国社会科学出版社，1998年）等。另外，顾诚的《南明史》（中国青年出版社，1998年）虽出版于1997年，但学术界见书较晚，在1998年仍受到了清史学界的高度重视，引发了对明清之际历史的新思考。此外，还有大量论文问世。本文拟对一年来清史学界比较关注的几个问题略作评述。

一、明清鼎革与清前期历史地位

不论治清史者专长在何种领域，不论他目前的兴趣集中在哪一个具体问题上，对明清鼎革，以及与之密切相关的清前期历史地位问题，他都应该有自己的看法。这是因为爆发于17世纪中叶的那场巨大的历史变革（时人所谓"天崩地解"、"天下陆沉"），深刻地影响到了此后近300年中国历史的每一个重要方面，如果研究者回避这场变革，或对这场变革缺乏起码的常识，就不可能真正理解清代历史。

20世纪人们对清朝历史的评价曾经历了数次变化。清末民初，革命党人曾提出了"驱除鞑虏，恢复中华"的口号，尽管这一口号的真正目的是通过唤醒广大民众的民族意识，以建立共和政权，但在客观上却不能不影响到人们对清朝统治的正确认识，故一时间，反满宣传甚嚣尘上，清史被简单化为民族征服与民族压迫的历史。新中国成立以后，特别是80年代以来，学术界对清朝历史的评价渐趋理性化，许多学者在承认民族矛盾的同时，也高度评价清朝政权在实现国家统一、促进民族融合、发展社会生产等领域所做出的重要贡献。但在认识的转变过程中，也出现了一些引人注目的新倾向，比较典型的如：因为清朝政权后来成为中央政权，实现了国家的统一，一些学者遂将顺治时期清朝争夺和巩固全国政权的战争一概视为国家统一战争，进而提出洪承畴等降清人物为清初统一大业做出了贡献。这就提出了一个如何辨别历史是非的问题。1998年，陈梧桐在《明史研究的若干问题》(《人民日报》1998年6月20日"学术动态"版)中提出：学术界将清军入关及其所进行的战争视为统一战争而予以肯定的做法，是"无视清朝残暴的民族压迫，根本否定广大汉族人民和南明抗清斗争的正义性及其历史功绩"，他指出：满族是中华民族的一员，汉人可以当皇帝，满族等少数民族也可以当皇帝，但"绝不能因此就认为满族可以对其他民族实行残暴的民族压迫，而不许被压迫的民族进行反抗。按照马克思主义观点，反对一切民族压迫是绝对正确的。闭口不谈清朝的民族压迫，进而否定南明抗清斗争的正义性及其历史功绩，显然并不符合马克思主义的观点"。张玉兴在《清史研究》1998年第2期上发表了《明清之际反民族压迫斗争中历史人物的褒善贬恶》一文，专门讨论明清之际历史人物评价问题。张玉兴认为：目前学术界研究明清之际历史人物，存在着"漠视事实、曲解历史，甚至混淆是非、肯定投降、回护变节"的情况，作者认为明清之际反民族压迫斗争中的正反面人物不容混淆，反民族压迫精神是一种伟大操守，体现了一种崇高的道德，对维系人心、稳定社会具有重要的意义。李永苏、洪承畴等人在清朝推行杀戮弊政时，投降清廷，绝非弃暗投明，而是助纣为虐，"无疑将永远被钉在历史耻辱柱上"。

顾诚的《南明史》在1998年仍受到清史学界的关注。该书根据大量翔实可靠的材料，对明清鼎革之际的一系列重要问题进行了深入考证，受到不少学者的推崇，认为它"代表着南明史迄今为止所达到的最高水平"(何龄修《读顾诚〈南明史〉》，《中国史研究》1998年第3期)。《南明史》所提出的一些带理论色彩的学术观点，受到了清史学界的高度重视。这些观点主要包括以下几个方面：

一是认为:"明清易代,是中华民族内部一个落后的人数不多却又是骠悍的满族上层人士,勾结汉族中最反动的官绅地主利用矛盾坐收渔翁之利,窃取了农民大起义的胜利果实。""满洲贵族推行的民族歧视政策引起了国内政局大动荡,打断了中国社会发展的正常进程,也是不容忽视的"(《南明史·序论》,第3页)。

二是否定清朝取代明朝是历史的必然,顾诚认为学术界将既成事实当成历史必然性,就本质而言和封建史学家的"天命眷顾"没有多大区别。在他看来,必然性只有一条,"就是社会要发展,要前进;其间可能出现短期的逆转和曲折。""明朝自万历中期以来,朝政日益腐败,内忧外患纷至沓来,覆亡不可避免,接替的可能是大顺王朝,可能是清王朝,甚至可能是孙可望掌握实权的朝廷,也不能排除在较长时间处于分裂的局面"(《南明史·序论》,第5页)。

三是对康乾盛世提出质疑。顾诚在《南明史·序论》中说:"清朝统治的建立,是以全国生产力大幅度破坏为代价的,稳定后的统治被一些人大加吹捧,称之为康雍乾盛世。正是中国处于这种'盛世'的一百多年里,同西方社会发展水平的距离拉得越来越大。'盛世'过后不到五十年(如果按某些学者吹捧康、雍、乾三帝的思路来看,乾隆之后在位二十五年的嘉庆,也应该算是个励精图治的好皇帝,至少不能说是无道昏君),爆发了中英鸦片战争,随之而来,一幕幕丧权辱国的悲剧,使大清帝国的腐朽落后暴露无遗"(《南明史·序论》,第3—4页)。

清史学界对顾诚上述观点的看法不尽相同。陈梧桐对顾诚关于历史必然性的观点十分欣赏,认为坚持了"历史发展必然性与偶然性的辩证观点",改变了那种把既成事实当着历史必然性的做法(参见陈梧桐《一部将南明史研究推向新水平的佳作——评顾诚著〈南明史〉》,《历史研究》1998年第1期)。纪程认为顾诚关于明清历史发展线索的论述"充分体现了是人创造历史的历史唯物主义观点，使南明史的研究从'天命论''宿命论'的阴影下摆脱出来，真正奠定在科学的基础之上"(《南明史研究的重大突破——顾诚〈南明史〉读后》，《史学集刊》1998年第1期)。但也有些学者对顾诚的观点提出尖锐批评。李治亭的《南明史辨——评〈南明史〉》(《史学集刊》1999年第1期)一文对顾诚《南明史》的基本体系和观点提出质疑。李治亭认为：顾诚的《南明史》有意抬高农民军余部在南明诸政权中的作用，甚至将他们取代南明诸政权的主导地位，变为南明历史的一条主线，是不恰当的。所谓《南明史》，实际上是《明末农民战争史》的续篇。李治亭指出，顾诚站在南明与农民军余部的立场看待明清兴亡，歪曲了南明史的真相，将研究引向歧途。李治亭指出，明清之际的动荡，其实质绝不是汉族各派与各民族抗清排满问题，而是各种政治力量争夺国家统治权的斗争，无论哪一方统一中国都不是一件坏事，而在西方殖民主义者正向东方逼近的情况下，结束动乱，实现国家统一乃是当务之急。《南明史》的失误，就在于它非要把当时中国所面临的统一与分裂这个最大的现实问题，按照民族矛盾的模式，改成以南明、农民军余部，进而扩大到满族以外的各民族为一方，以满族贵族为一方的民族斗争，并以此为政治分野，降南明者可以，降清不可以，必受谴责。顾诚虽然也承认满族是中华民族内部的一员，但全书是把满族置于外来的异民族地位的。此外，李治亭还对《南明史》的"民族征服论"、"窃取论"、"破坏论"、"打断社会进程论"进行了全面批驳，认为《南明史》"是为明朝覆亡唱出的一首挽歌，是对'汉族各派'联合'抗清'斗争写的长篇赞美诗，是对清朝统一中国发出的一道声讨的檄文。《南明史》除了肯定农民战争外，基本上是明末清初和清末民初两个时期'反清排满'思潮的集中反映"。

还有一些学者也认为顾诚对明清之际历史转变的基本理论具有明显的商榷余地。例如，在正视清朝民族歧视政策的同时，也应该看到清廷从顺治年间就已开始，特别是在康熙帝亲政后大力实施的政策调整，《南明史》对清廷民族压迫的论述十分充分，但对其政策调整的论述却异常薄弱，就连陈梧桐也认为这"是个很大的遗憾"（《一部将南明史研究推向新水平的佳作——评顾诚著〈南明史〉》）。然而，忽视清廷的政策调整，就不可能回答为什么清初民族矛盾最终走向缓和，清朝政权终能获得巩固，也不可能充分估计抗清斗争推动历史进步的重大意义。研究历史必然性问题，似乎也不宜简单化。确实，既成事实不等于历史必然性，但历史必然性从来都是，而且只能通过既成事实体现出来，它绝不可能通过后人的种种假设或未成事实的种种可能性体现出来。17世纪中叶，在明朝政权已经极其腐败、张献忠滥杀于西南、李自成战略决策频频失误、抗清力量四分五裂的情况下，充满朝气的清朝取代明朝恐怕不是简单的历史偶然。承认清朝取代明朝具有一定的历史必然性，并不等于肯定清廷民族压迫，相反，从历史的辩证与曲折运动中，人们会总结出有益的经验教训。

关于康乾盛世，李治亭新著《清康乾盛世》正好对顾诚的质疑给予了比较全面的回答。李治亭认为：清朝入关后的统治，诚然具有维护满族特殊利益、牺牲汉族百姓利益的内容，但同时它也在不断调整统治方针，努力实现民族关系的和谐，以达到稳定政权，恢复、发展社会生产的目的，并在实践中取得了巨大成就。作者通过对康乾时期中国社会状况的考察，指出：在这一百余年中，清朝具有国家统一、经济繁荣、武功强盛、学术集大成的鲜明特征，而盛世局面的出现，标志着中国以儒家价值观为核心的传统文化达到了光辉的顶点。我认为，李治亭对康乾盛世的分析是正确的。需要特别指出的是：将康乾时期的清朝称为"盛世"，并不是后人的发明，而是历史当事者对当时繁荣景象的普遍认可。毋庸讳言，清朝的盛世，只是相对以前各代而言，如果将其和同时期英法等国的发展水平相比，当时的中国确实落后了，这可以说是康乾盛世最大的悲剧所在。但落后的历史责任绝不应当仅仅由一代人承担。事实上，中国的落后至晚从明朝中叶就开始了，康乾时期中西差距的拉大，不过是对数百年落后历史的一次总结罢了。如果我们将近代中国的落后完全归罪于康雍乾三帝，因鸦片战争以后中国陷于落后挨打的局面而否定清朝繁荣局面的出现与存在，显然不符合历史的实际。

就学术界关于明清之际及清前期历史地位评价问题，出现不同观点的原因，主要在于人们对清朝，特别是清初主要社会矛盾及历史发展趋势的估计不一致。从学术发展趋势看，这种争论将长期存在下去，而这对清史研究的深入是十分有益的。

在专题研究上，何龄修的《史可法扬州督师期间的幕府人物》（《燕京学报》1998年第3、4期）是一篇比较重要的文章。作者旁征博引，对史可法扬州督师期间100名幕府人物的姓名、籍贯、生平事迹进行详尽考辨，基本理清了扬州幕府的组成和素质，为深入研究史可法其人及其抗清斗争奠定了重要基础。作者认为：史可法实际上是太平宰相人选，个人素质与他的时代和任务存在着严重矛盾，"这一矛盾导致他一事无成，连扬州也没有坚持几天，他的悲剧的根源在此"。

1998年明清之际历史研究的重要成果是"李自成结局问题"研究课题的结项。该课题由中国社会科学院历史研究所组织实施，研究报告——《李自成结局问题的由来和发展》由王戎笙主持完成（参见《李自成结局研究》，辽宁人民出版社，1998年）。李自成结局如何，近十年来史学界争论激烈，但主要有两派。一派主张李自成兵败后在湖北通山遇害；另一派主张李自成率领大军顺利转移至湖南，后来禅隐石门夹山寺，秘密指挥联明抗清20年。这两种观点针锋相对，争论不休，受到学术界广泛关注。《李自成结局问题的由来和发展》依据大量翔实可靠的材料，对这两种说法的源流、演变进行了深入考辨，明确指出：清初即有多种材料证明李自成兵败遇害，禅隐说产生于李自成死后100余年的乾隆年间，首倡者并未将其作为信史，而是作为传闻，"俾后之怪史传异辞者，亦有所参考"。此后，尽管有人宣扬禅隐说，但因其缺乏新的材料和见解，在清代和民国均未产生大的反响。研究报告对当代禅隐说倡导者大力推崇的湖南石门奉天玉和尚墓出土的文物，做了颇为详尽的辨析，认为：石门奉天玉和尚墓所出土的文物，刚好证明，奉天玉和尚不是李自成。当代禅隐说论证奉天玉和尚是李自成的关键文物是夹山寺出土的《圹符碑》。一些学者认为该碑含有"闯王陵"三字。经课题组组织有关宗教专家考证，比较彻底地否定了这一说法，他们指出：夹山寺的《圹符碑》，实际上系明代道符。类似石门的"圹符"，在许多地方都有发现，而且在李自成出生前就已经有了，将《圹符碑》解读为"闯王陵"系明显误读，据《圹符碑》断言奉天玉和尚是李自成显然有失轻率。目前，对李自成的结局，学术界一些同志仍有不同看法，这是正常的，有关讨论也将持续下去。

二、政治与经济

明清鼎革研究是涉及政治、军事、民族、经济和文化等多方面的综合性研究课题，而政治史则是相对单纯的专门化研究领域。1998年清代政治研究的显著特征是制度研究更加深入。吴吉远的《清代地方政府司法职能研究》一书是比较重要的学术著作。

《清代地方政府司法职能研究》对清朝专制与法制的关系，清代立法与司法的建设，进行了比较系统的论述。该书对清朝县（州）、府、省三级司法职能进行了立体的分层次的深入研究，并考察了幕友、书吏、差役、长随在地方司法中的特殊作用，比较清晰、完整地揭示了清代地方司法系统的基本状况。

关于清代中央政权，行人司很少为学者注意。阮明道在《关于清代行人司的考察》（《四川师范学院学报》1998 年第 1 期）一文中，对清代行人司的承袭、存废时间、衙门办事地点、行人的授予、职责、升迁、及其所起的作用，做了具体考察。郭成康的《雍正密谕浅析——兼及军机处设立的时间》（《清史研究》1998 年第 1 期）一文，从奏折制度，以及随之而来的密谕嬗变的角度，考察了军机处的形成及其性质。他认为：研究军机处的设立，似不宜局限于军事方面的需要之类的偶然性历史因素，"而应把它看成是以强化皇权为核心的明清政治体制变革过程的最后完成，用传统官文书（题奏本章和谕旨）制度演变所导致的国家权力中枢转移加以解释"。关于军机处设立的时间，作者认为是一个缓慢的渐进过程，"今天如果一定要确定时间界标的话，似乎用赵翼'雍正年间'之说，较为稳当"。

关于基层社会的控制与反控制，民间宗教结社一直是学术界非常关注的课题。宋军的《明清民间宗教结社〈护道榜文〉考析》（台湾《民间宗教》第 4 辑）一文，根据自己所掌握的珍贵传本，参照档案、官书记载，对比各版本之异同，论述其源流，考察其传播和刊印，力图揭示这一沉寂多年的宗教结社文献之原貌。

1998 年清代政治人物研究的重要成果是冯佐哲的新著《和珅评传》（中国青年出版社，1998 年）。该书根据清朝档案、文集、《实录》、野史等大量资料，坚持辩证唯物主义的观点，比较彻底地改变了以前将和珅漫画、丑化的传统做法，还和珅以历史本来面目，并予以公正客观的评价。该书对和珅旗籍问题、和珅与乾隆帝的关系、和珅的家产数额、和珅财富来源等学术界广泛关注的问题，进行了细致考证。对和珅的政治手段、与嘉庆皇帝的关系、生活与情趣等多方面都做了生动、详细的分析与叙述，比较全面地揭示了和珅细腻的感情、复杂的性格和贪鄙的行政作风。《和珅评传》的出版，有助于学术界改变将研究重点过多集中在皇帝身上的不合理现状。在历史上，皇帝确实代表着一个时代，但并不等于一个时代，史学家要真正把握时代发展的脉络，其首要前提是对该时代的一切重要方面，特别是对所有关键人物有一个清醒而准确的认识，通过人物研究认识时代变迁，这大概就是所谓"知人论世"吧。人物研究的片面性，必然影响到人们对时代性质判断的准确性。在这种情况下，《和珅评传》对促进清朝人物研究的全面和深入具有积极意义。

1998年清史学界展开了关于陈廷敬的学术讨论。陈廷敬系山西晋城人，康熙朝大学士，讲求理学，在推动清朝政权儒学化、建立清廉政治、改善百姓生活等方面颇有作为，在清代文学史上也占有重要地位。由于历史资料等方面的局限，长期以来，学术界对陈廷敬研究甚少。然陈廷敬故居保留比较完整，具有较高文物价值。1998年清史学界一些学者根据陈廷敬故里的愿望，加强了对陈廷敬生平事迹和历史地位的考察，而这一研究也深化了人们对清初历史，特别是政治历史的认识，产生了较好的学术效果和社会反响。

在指出1998年政治研究主要成绩的同时，也需看到，目前的研究也存在着片面性。这主要表现在：对政治文化，特别是政治观念的考察仍非常欠缺。人的任何政治活动都是在一定的观念和情感的支配下完成的，在清代"有治人无治法的"专制条件下，研究政治文化更成为准确了解一个时代政治本质的基本环节。除政治思想这一传统领域外，政治行为模式、官场风气、普通士民政治心态、教化与反教化等诸多方面，都值得人们深入研究，而在这些领域，清人留给我们的资料是极其丰富的。

在经济领域，尽管部门经济和区域经济是近年来经济史研究的重要趋势，但总的说来，清史学界对经济问题的考察还是比较全面的。何平的《论清代赋税征收工具及其变迁》（《清史研究》1998年第1期）一文，通过对清代向民众征取税粮时所使用赋税册籍的论述，阐明了各种赋税册籍发挥作用的条件，以及赋税册籍变迁的动因。何平在文中提出两点认识：第一，推动清朝赋税征收工具变迁的动因，是既有的赋税征收工具在使用过程中"法久弊生"，从而促使清廷寻找新的赋税征收工具。第二，无论赋税征收工具如何改进，都不能从根本上保证赋税政策的贯彻和赋税征收目标的实现，研究者要认识赋税政策的效果，除了要弄清赋税政策工具的内容及其变迁外，更为重要的是要探明与其直接关联的吏治状况和制度环境，因为一定程度上说，赋税政策工具的失效不过是封建社会吏治状况的反映而已。林仁川在《清初台湾郑氏政权与英国东印度公司的贸易》（《中国社会经济史研究》1998年第1期）一文中，考察了清初英国东印度公司在台湾和厦门设立商馆以及郑氏和英国贸易情况。作者提出：郑英贸易在台湾郑氏政权的对外贸易中不占主要地位，"学术界那种扩大郑英贸易作用的观点值得检讨"。学术界近年来谈资本主义萌芽的人少了，有人甚至对当年的讨论不屑一顾。事实上，当年对资本主义萌芽的考察曾有力地推动了人们对明清特殊历史时代，尤其是商品经济问题的认识，如果说我们今天对有关问题的认识有所前进的话，那么这种前进本身就站在前人研究的基础之上。张和平在全国清史讨论会上提交的论文《从韦伯的社会假说看资本主义萌芽与清代中国社会》（《中国社会经济史研究》1998年第1期），对清代资本主义萌芽问题做了新的探讨。张和平根据韦伯的理论提出，研究资本主义萌芽不能局限于纯经济领域，而要高度重视特定社会的文化背景与经济发展的某种内在渊源关系。就清代中国而言，整个社会除了在明末清初发生改朝换代这样大的变动之外，其在社会人文领域较诸中国历史上的其他朝代几乎没有发生实质性的变化，人们所发议论，他们的人生观、价值论都在最严格的意义上体现着中国传统文化的基调，"对于历来备受人们关注的所谓明清社会变迁，其实际意义或许跟我们所普遍估计的正好相反，即它不但不是资本主义萌芽的社会表征，恰恰说明了资本主义萌芽在这里碰到了一个十分不利的生存环境，因为这个环境不易产生资本主义精神，不能为资本主义的充分发展提供可计算性的社会运行机制"。张和平从社会文化的领域探索资本主义萌芽问题的视角，受到了一些学者的肯定，但也有人指出：张和平认为清朝中国社会人文领域未发生实质性变化的估计未必准确，用韦伯的理论考察中国社会也未必妥当。关于资本主义为什么没有在中国产生，有的学者提出：这是典型的韦伯提问方式，其实，我们不应当问资本主义为什么没有在中国产生，而应当问：资本主义为什么在欧洲产生了。在"中瑞近代历史研讨会"上，有的西方学者针对这一观点，提出：确实应当重视资本主义为什么在西方产生，然而，西方史学界对此已经进行了长期的研究，资本主义未在中国产生，这是历史事实，对此，中国学术界不应回避，应当进行深入考察。

三、边疆与民族

边疆民族问题始终是清史研究的一个重要热点，因为对该领域的考察，不但直接关系到对清朝历史地位的评价，而且还具有重要的现实意义。1998年清史研究的一个重要特点是学术界对清廷边疆民族政策的评价趋于客观。长期以来，学术界对清朝边疆民族政策的评价存在两种倾向：一种是偏高，只强调清朝边疆民族政策的合理一面，成功的一面，而忽略了它本身具有的民族征服性质，忽略了它不可避免的时代局限性；另一种又失之苛刻，甚至将清廷的治边策略斥责为欲使一些边疆民族"亡族灭种"。如何科学衡量清朝边疆经营之成败得失，成为许多学者所关心的课题。

成崇德在《清代前期边疆通论（下）》（《清史研究》1998年第1期）一文中，认为清朝的边疆政策，吸取了前代的经验，总的说来是成功的，"促进了国家统一"。但同时也指出："清政府边疆政策在鸦片战争以前最大的失误在于片面追求社会稳定而牺牲社会发展"，"清王朝统治者为了避免汉族人口流向边疆地区后与当地民族发生矛盾，往往采取了一个简单的办法，即禁止汉族人口流向边疆地区，其结果延宕了边疆地区的经济发展"。何瑜在《清代海疆政策的思想探源》（《清史研究》1998年第2期）中，对清廷海疆政策的目标及基本内容做了比较详尽的分析，他认为："整个清政府的海疆政策，既没有建立起一支强大的海防力量，保卫海疆的宁静；也没有积极地开发海疆，广泛地发展对外贸易与科技文化交流；其对外采取的一系列以禁、防为主的限制政策，不但没有限制住资本主义野蛮侵华的步伐，反而限制和封闭了自己，扩大了中国与当时先进国家的距离，造成了近代被动挨打的局面。"何瑜认为清廷海疆政策的思想根源主要包括三个方面：一是清朝历代君主与明中叶以后的历代统治者一样，都没有认识到世界形势的巨大变化，依然用传统的治边思想和治边政策去对付从海上来的西方殖民主义者；二是清代前期历朝统治者均重西北陆地边疆而轻视东南海疆；三是因对洋人和汉人的疑惧心理而愈加突出"天子守在四夷"的"守"字。清廷以禁、防为主的闭关自守政策，只能抵制和延缓西方资本主义势力于一时，但终究抵挡不住资本主义的滚滚大潮。

马大正在《清代边疆史研究刍议》(《清史研究》1998 年第 2 期)一文中,对如何在清代边疆史研究上实现新的突破,提出了自己的看法。他认为:研究要有突破,首先要下大力气发掘新的资料;其次,要调整研究视角,开拓新的研究领域;第三,要提倡研究方法的多样性。他指出:清代边疆史研究的主要任务之一,即是不仅要把开拓和丢失疆土的历史,同时还要把生活在边疆地区各族人民劳动、奋斗的历史昭示于世人。

关于清朝国家统一与边疆民族问题,李治亭、李炳清在"第八届全国清史学术讨论会"上提交的论文《论清代"大一统"与西北民族的"离心"运动》,提出了一些值得重视的新观点。该文认为:清代以前,历代并没有真正解决西北地区的民族管辖问题,因此其"大一统"是不完整的。清入关以后,坚持"大一统"的政治原则,同分离势力展开了数十年的艰苦卓绝的斗争,不仅将其逐一消灭,而且根除其产生离心的社会基础,这就是彻底把这一地区纳入清朝版图,如同内地,建立强有力的行政管辖系统,使之同中央形成一体,成为中国的牢不可分的一部分。"清代康雍乾三朝,特别是乾隆朝最后的解决办法,应予完全肯定,他们把'大一统'发展到了时代的极限,是对中国历史的巨大贡献。当然,他们为了实现国家统一的目标,曾使用过极端手段,造成西北游牧部落的无数牺牲。同样,清朝及满汉与归属的蒙古也付出了沉重的代价。总之双方各有付出,各有巨大的牺牲,但却换回国家的完全统一,这是值得的。一句话,这就是为中国历史的发展共同做出的奉献。基于这一认识,就不能因为清朝在西北的所谓屠杀而否定她的历史功绩。"一些学者对这篇文章的一些提法提出质疑,认为将分离行为称为"运动"不一定恰当,将西北地区视为"乱源"也未必妥当。其实,用何种词汇概括某种历史现象，关键取决于研究者对它的界定。我认为，李治亭、李炳清这篇文章最重要的价值在于它提醒我们，边疆研究、民族研究，既要重视统一势力的发展，也要充分重视各种分离势力的变化，通过对二者错综复杂关系的考察，总结出有益的经验教训。

高翔在清史讨论会上提交的论文《浅论清代国家统一》，对清朝国家统一做了比较全面的评析。作者提出：不能将顺治时期清朝争夺和巩固全国政权的战争视为国家统一战争，清朝真正意义上的统一战争开始于平定三藩，完成于乾隆二十四年统一新疆。清朝统一事业的完成，是追求大一统的文化传统、中原和边疆经济相互依存的客观趋势，以及清廷巩固统治的利益需要等多种因素共同作用的结果，将这一宏伟事业的完成，完全归功于两三个君主的雄才大略是不符合历史实际的。清朝的国家统一政策尽管总的说来是成功的，但也存在严重的历史局限性，这主要表现在：一是其统一战争具有明显的民族征服色彩，战争中的滥杀行为，破坏了国家统一的形象，其恶劣影响在未来相当长的时间内长期存在；二是其民族政策具有明显失误，如在"从俗从宜"，尊重少数民族宗教信仰的同时，忽视了对宗教活动的正当管理，限制各族之间自然自愿的民族融合，等等；三是在边疆经营上，特别是在制定边疆防卫战略上，具有明显的重陆疆轻海防的特色，这一战略失误导致了严重的历史后果。作者认为：学术界有必要全面、准确衡量清朝国家统一的成败得失，总结其经验教训。

关于清代土司制度，李世愉的《清代土司制度考论》一书比较全面地探索了土司制度的起源和形成，对雍正朝改土归流的原因和目的、实施过程、政策措施、成败得失做了全面而细致的论述，此外，作者还依据方志、档案、实录、文集等资料，对土目、土舍、雍正朝五省革除土司及新设流官等基本问题，做了严格考辨，对

《清史稿·土司传》之错误,做了订正。该书资料翔实,论证充分,是近年来清代土司制度研究的重要成果。

从总的情况看,清代边疆民族研究,还有进一步深入的必要。需要特别注意的是,研究边疆社会,既要重视对在历史发展中扮演重要角色的主要民族的考察,也要重视对那些相对弱小的、不太引人注目的民族的研究。清朝历史,属于中华民族共同体内部的所有成员,只有全面、准确考察清朝境内各民族社会结构、文化形态、经济发展、相互关系,我们才可能对清代国家统一、边疆开发、民族融合诸问题做出正确判断。

四、清代文化

对文化一词,学术界有各种各样的定义,本文所说的文化,主要是指人们的精神生活,包括风俗习惯、宗教信仰、学术发展等诸多方面。

关于清代礼俗,张捷夫在《清代满族汉化与丧葬礼俗》(《炎黄文化研究》第 4 期)一文中,对入关前后满族丧葬风俗的变化(如从火葬到土葬、人殉制度及其废除、丧葬礼制由简到繁的演变等),做了比较详尽的考察。作者指出,作为一种文化现象,在入关后,满族统治者在丧葬上,除废止人殉具有进步意义外,其他方面全盘吸收汉族丧葬文化,均不能肯定。"清朝统治者出于政治上的需要,强制满族人由火葬改为土葬,全盘吸收繁文缛节的丧礼,甚至比汉人有过之而无不及,虽然在某种程度上得到了心理的满足,也可能赢得某些汉族士大夫的拥护,但对当时社会的发展进步未必是有益的。因此不能认为满族所有的汉化现象都有进步意义。继承传统文化只有取其精华,弃其糟粕,才是正确可取的。"

明清之际的中国学术,有两个十分重要的群体,一是江南以刘宗周为宗师的蕺山南学,另一个是以河北孙奇逢为宗师的夏峰北学。陈祖武的《蕺山南学与夏峰北学》(《中国社会科学院研究生院学报》1998年第5期)比较详尽地分析了蕺山南学北传之途径,特别探讨了南学对孙奇逢学术思想所产生的重要影响;与此同时,该文对夏峰北学之南传,也进行了考辨,并探讨了《理学宗传》和《明儒学案》二者间先后相承的学术关系,从不同学术流派间相互影响的角度,展示了明清学术演进的脉络。汪学群的《王船山占学观试探》(《中国哲学史》1998年第3期)通过对王夫之占学观的考察,分析王夫之研究《周易》的学术特点:在指出汉易宋易占学偏颇的同时,吸收各家之长,汉宋兼采;治《易》主占学一理,经传兼顾;以学释占,援占入学;重视运用,体现出通经致用的精神。

嘉道学术和士风,历来是清史研究的薄弱环节。陈其泰在《嘉道学术的奇葩——龚自珍、魏源的学术风格》(《东方文化》1998年第2期)一文中,对嘉道之际两个重要思想家龚自珍和魏源的基本思想主张做了初步辨析,认为二人对关系国计民生的重大问题都提出了非凡的预见,他们关心民族团结的主张难能可贵,在学术上,二人改造了今文公羊学说,将其变为论证封建"衰世",批判专制黑暗统治,倡导变革的哲学思想武器。作者认为:"龚、魏的哲学思想和学术成就,无愧是嘉道时代精神的代表。我们民族的精神,也因此提高到新的高度。"

关于中外文化关系,明清之际传教士在中西文化交流中的特殊作用,一直是学术界比较关注的研究热点。对传教士,史学界的评价曾发生过多次变化。过去,传教士往往被视为西方殖民侵略的先遣队,近年来,有的学者对传教士在中西文化交流中的作用估计较高,有人甚至将传教士东来,以及由此而展开的西学东渐视为中国走向近代的重要契机。如何全面、客观估计明清之际中西文化交流，准确衡量传教士在中西文化交流中的地位和作用，是一个理论色彩很强，而且对研究者素质要求甚高的学术课题。在新加坡召开的"明末清初的文化变迁"国际学术研讨会上，何兆武对这一问题提出了自己的看法。他指出：在历史上，西学的实质有中世纪和近代之分，担任第一波西学东渐传播者的天主教传教士，所要传播的是中世纪的神学观和科学体系，以抗衡基督教（新教）的宗教改革运动和近代科学，而中国要从中世纪过渡到近代，所不可或缺的是近代科学和思想。"所谓近代科学是以哥白尼—开普勒—伽利略—牛顿的学说为体系，所谓近代思想是以培根和笛卡儿的学说为体系。由于这些学说从一开始就是反对神学权威，天主教传教士因此存心抗拒，也就没有将这些知识介绍到中国来。"何兆武指出，近代西学传入中国并非是通过西方传教士，而是中国学者，"如果中国不是迟至19世纪末，而是提早两个世纪就接触到近代科学的经典体系和思想方法论，中国历史步入近代的历史和面貌必定大为不同"（《重新审视西学东传的历史——明末清初文化变迁学术研讨会侧记》，新加坡《联合早报》1998年8月27日）。

沈定平的《传教士马国贤在清宫廷的绘画活动及其与康熙皇帝关系述论》（《清史研究》1998年第1期）一文，对马国贤在绘画领域为中西文化交流所做出的贡献进行了比较全面的分析，他认为：作为最早正式进入清朝宫廷的西洋画师，马国贤通过倡导、传扬和艺术实践，特别是"西洋画房"的设立，为使西洋画艺术在宫廷中占有一席之地，发挥了首要作用；马国贤是将西洋铜版画传入中国的第一人；在将西洋艺术引进中国宫廷的过程中，他也是为适应中国欣赏习惯和运用本地原材料进行创作，将西洋画法跟中国画风相结合的最早推动者。此外，沈定平还对马国贤在礼仪之争中的表现，以及他同康熙、雍正皇帝的关系，做了比较详细的考察。

在考察西学东渐的同时，一些学者对清代中国文化对欧洲的影响也进行了比较深入的研究，这主要集中在两个方面：一是中国饮食、文学、园林等艺术在西方的传播；二是中国思想传统、政治制度在启蒙运动中的独特作用。在学术讨论中，学者们经常争论的问题是：一些启蒙思想家所竭力鼓吹的中国制度和文化，究竟反映的是中国的真实，还是他们自己的理想？中国文化在启蒙运动中究竟扮演着什么样的角色？要解决这一问题，要求研究者不但要具有比较深厚的国学素养，同时，对启蒙运动、启蒙思想也要有比较全面而且深刻的了解。

关于清代中朝文化关系，近年来，王政尧一直在从事对清代来华朝鲜官员所著《燕行录》的研究。其《简论〈燕行录〉与清代中朝文化交流》（与赫晓林合作，《韩国学论文集（第7辑）》，新华出版社，1998年），以《燕行录》为基本材料，分析了清代中朝之间在学术思想、文学艺术等方面的密切关系，作者特别指出：乾隆中期以后，随着一些朝鲜学者加入使团，其有关《燕行录》的著作产生了很大的影响，"通过了解考察清代，他们逐渐改变了传统的'华夷'观念，主张学习当时中国的先进文化，进而改革朝鲜的政治、经济、文化。'北学派'正是在这中间逐渐形成的，并对朝鲜的'实学派'思想的形成产生了重要影响"。作者认为，《燕行录》作为反映清代中朝文化交流的重要文献，应该引起我们的进一步重视和研究。

目前对清代文化的研究还存在着较大的发展余地。如在对清代学术和思想的考察上，人们过多地将注意力集中于少数重要人物，而对普通士人，民众的价值观念和思想倾向往往重视不够。杰出人物确实是时代的精英，其观念和思想体现了一个时代文化发展的最高水平，但却未必能反映普通士人和民众的道德情感、生活情趣和精神追求。由于普遍社会观念直接决定着社会总的精神面貌，规定着当前文化的发展前景，故它应该成为我们衡量时代精神的基本坐标。过分将注意力集中到少数精英人物身上，忽视对普遍社会观念的考察，很可能会使我们对社会性质，以及与之密切相关的文化形态做出误判。此外，对清代区域文化、商业文化、观念变迁与生活方式的关系、宗教结社的文化内涵等诸多方面的研究，也有待深入和加强。

除了上面论述的几个方面外，学术界对清代社会、中外关系等方面的研究，也取得了不少成绩，因这些领域一般都有专门介绍，且篇幅有限，这里不作赘述。

纵观 1998 年的清史研究，我认为，专题研究愈加深入、学术空气愈加活跃是其主要特色。但也应该看到，目前的专题研究还远远不够，一些学术空白仍待填补，大量资料（特别是档案资料、外文资料）尚未整理和利用，如果不高度重视这些基本建设，我们对清史的了解就不可能全面和准确。另外，目前的研究学风尚须进一步严谨，尤其有必要加强学术批评，提倡学术争鸣。严谨的态度、理性的分析、勤奋的工作，心平气和，同时又是直言不讳的学术对话，必将从不同侧面推动清史研究走向科学，走向完善。

本文在写作过程中得到清史学界不少师友的热情支持，有的学者将自己即将发表的论文打印稿慷慨赠予，在此一并致谢。

1999年清史研究述评

◎ 杨海英

一

与1998年相比,1999年清史研究领域相对活跃,如《四库禁毁书丛刊》的编辑、出版,新的理论阵地《明清论丛》创刊,三次重要国际学术会议的举行等。

清代纂修《四库全书》时,曾因思想、政治、民族、地域等原因查禁、删改、销毁了3000余种图书,总数达10万卷以上,与收录之数几乎相埒。进入20世纪90年代以来,三部与《四库全书》有关的巨型图书先后上马、完成。继《续修四库全书》、《四库全书存目丛书》之后,《四库禁毁书丛刊》的编辑工作也于1999年11月杀青,交付北京出版社出版。本丛刊由王锺翰任主编,何龄修、朱宪、赵放等为副主编,专家学者共100多人任学术顾问和编纂委员,收录禁毁书600多种,分为310册,外《索引》1册。虽不是现存1500余种禁毁书的全部,但已是目前征集之最,而且对收录内容也做了初步鉴识和整理。在较短时间内完成一项如此浩大的学术工程,不尽如人意之处是难免的,但《四库禁毁书丛刊》以其所收典籍的原始性、丰富性、珍稀性、民族性等特点，无疑将成为明清史研究，尤其是清代学术文化史、政治社会史等专门研究必不可少的独特素材。

通鉴体是我国古代传统史学的三大体裁之一，《清通鉴》的出版，弥补了通鉴体史籍的一个缺憾。全书共有300卷，分为22册，前32卷为入关前历史，正编268卷是从入关至清亡的历史，以年、月、日为线索贯穿有清一代的系统史迹，继承通鉴体史籍的优点，并吸收今人学术成果，为清史研究提供了较为系统的资料。本书由戴逸、李文海主编，山西人民出版社出版。

戴逸主编的9卷本《十八世纪的中国与世界》系列著作，由辽海人民出版社出版。该书将中国放入世界发展背景中加以考察、比较，对康雍乾时期的政治、经济、军事、思想文化、社会、边疆民族、农民、对外关系等方面进行了较为全面的研究和阐述。其中，导言卷由戴逸撰写，其他各卷分别由对这些问题有专门研究的学者撰著。

世纪之交的1999年，俨然形成了清史研究阵地三峰并立的局面。除中国人民大学清史研究所主办的《清史研究》外，中国社会科学院历史研究所明清史室主办，张捷夫主编的《清史论丛》，1999年由河北教育出版社改为大32开本出版（此前，中华书局、辽宁人民出版社和辽宁古籍出版社已先后出版13辑），共收入11篇文章，其中重点文章是高翔执笔的11万字长文《五十年来的清史研究》，将1949年以来的清史研究划分为三个阶段（1966年以前、1966—1976年、1976年以后）进行审视与评估，文章内容丰富、涵盖面广、脉络清楚、评估审慎，对一些重大问题、热点问题有自己的论述。由故宫博物院、北京大学联合主办，朱诚如、王天有主编的《明清论丛》也正式面世，为国内外高水平明清史研究论文又提供了一个新的园地。第一辑已由紫禁城出版社出版，共收入论文28篇，其中

60%—70%为清史方面的文章，读后令人欣喜，祝它越办越好。

1999年是史学前辈郑天挺诞辰100周年。7月，北京大学出版社出版了《清史探微》，收录郑天挺《探微集》中有关清史研究的论文及《清代的幕府》等文章，作为北大名家名著文丛之一推出，不仅实现了郑天挺先生的遗愿，也是清史学界具有重要学术价值的宝贵遗产。继孟森、萧一山等第一代清史学科奠基者之后，郑天挺先生为清史学科的发展做出了诸多贡献，成就是有目共睹的。8月30日至9月3日，在天津南开大学召开了明清以来中国社会国际学术讨论会暨纪念郑天挺先生百年诞辰座谈会，与会学者缅怀了郑天挺先生的一生，《清史论丛》也专门发表陈生玺的《史学大师郑天挺的宏文卓识》、曹贵林的《为教学与科研奋进的一生》两篇文章以示纪念。

1999年还出版了3部与我国著名清史和满族史专家王锺翰先生有关的论著。一是《王锺翰学述》(浙江人民出版社，1999年)。作为当代人文社会科学名家学述之一，本书介绍了先生在清史和满族史领域半个多世纪的辛勤耕耘，全书分个人经历及几个专攻方向两部分，书末附有著述目录和研究评介资料。二是《王锺翰学术论著自选集》(中央民族大学出版社，1999年)，集中了先生《清史杂考》、《清史新考》和《清史续考》等著作中的精华部分。三是《庆祝王锺翰教授八十五暨韦庆远教授七十华诞学术论文合集》(黄山书社，1999年)，共收入中外史界同行、朋友、学生等所贺论文80余篇。作为清史学界第二代学者的代表人物之一，先生以86岁高龄，迄今笔耕不辍，可谓学界一棵常青树，也是清史学界的一大幸事。

1999年8月10日—12日，"第二届国际满学研讨会"在北京召开。由北京社会科学院、故宫博物院、沈阳故宫博物院及满学研究会主办，以纪念满文创立400周年为契机，来自美国、日本、俄罗斯、意大利等国家，以及我国台湾、香港的学者共100多人济济一堂，向大会提交论文80多篇，涉及历史、文化和语言文学等方面，将在《满学研究》陆续发表。

8月16日—19日，由北京档案馆承办的"档案与北京史国际学术讨论会"在北京召开，与会学者共提交论文99篇，与清史相关的10余篇文章，涉及步军统领衙门、圆明园八旗驻防、北京太庙、教堂等方面内容，冯佐哲的《档案与北京史国际学术讨论会在京举行》（《中国史研究动态》1999年第12期）有专文介绍，此不赘述。

8月底9月初，在天津南开大学召开的"明清以来中国社会国际学术讨论会"，共收到论文或摘要近80篇，分为4个专题。一是明清社会史，包括明清时期社会风俗、生活实态、人口、婚姻、文化思潮、大众心态、宗教祭祀等内容；二是清代经济史、文化史及相关内容；三是近代思想、文化、学术史及相关内容；四是现代史。

二

1999年的清史研究，在继承已有成果的基础上，有新的突破，主要表现在政治制度史、学术史和社会史等方面。出版专著有姜伯勤的《石濂大汕与澳门禅史》（学林出版社，1999年）、定宜庄的《满族妇女婚姻制度与社会生活》（北京大学出版社，1999年）、尚小明的《学人游幕的兴盛与清代学术的发达》（社会科学文献出版社，1999年）、陈祖武的《清代学术拾零》（湖南人民出版社，1999年）、李世愉的《清代科举制度考辨》（中央广播电视大学出版社，1999年）、苏发祥的《清代治理西藏政策》（民族出版社，1999年）、冯尔康的《清人生活漫步》（中国社会出版社，1999年）等；论文集有《四库禁毁书研究》（北京出版社，1999年）、《郑成功研究》（中国社会科学出版社，1999年）、《中西初识》（大象出版社，1999年）等。

论文 300 篇左右，分以下几个方面论述。

（一）政治制度与人物研究

政治史研究历来是清史研究中的重镇，成果极为丰硕。隋唐史专家姜伯勤 40 余万言的新作《石濂大汕与澳门禅史》，对石濂大汕的生平、政治表现、交游、宗教传承、禅学文学艺术成就等多方面做了深入研究，恢复禅史上一位"问题人物"的本来面目，"抉离六之真相，存澳门之信史"，"抉微阐幽，平停众说"，"发扬幽潜，功莫大焉"（饶宗颐序）。不仅如此，本书在追溯大汕、澹归、无可这些奇士的人文世界时，进一步分析了岭南文化与江南文化的互动，广府文化与越南文化的交流，为区域历史研究扩展了新的视野和思路。本书说明，明清以外断代史高水平的专家，部分移情于明清史，将更有利于创新和开拓，为提高明清史研究水平注入新的活力。

清初政治是政治史研究中发展势头强劲并持续保持的热点之一，这是由明末清初复杂、动荡并存在许多尚未明了的"黑洞"的时代特点决定的。李鸿彬的《试论清顺战争》考察了清顺战争中两军统帅多尔衮和李自成各自的谋略及战略制定、策略应用两方面的表现，分析了清胜顺败的原因。赵践的《清初奏销案发微——从清廷内阁中枢一个文件说起》通过对一份清廷内阁档案的分析，结合其他材料，对清初奏销案中的未发之覆进行了探讨（二文均载于《清史研究》1999 年第 1 期）。杨海英的《洪承畴长沙幕府与西南战局（上）》（《燕京学报》1999 年新 7 期）长文，通过对前人未曾涉及的顺治十年至十四年洪承畴经略西南期间长沙幕府的组成、变化、活动等方面的研究，对有关清初政局的几个问题提出了新的见解。谢正光的《就〈秋柳〉诗之唱和考论顾炎武与王士禛之交谊》（《明清论丛》）一文，考证了顾炎武与王士禛顺治末年的济南论交，指出两人虽年辈悬隔，观点歧异但未尝以政治分歧影响彼此情谊，这也是研究清初社会史应注意的一个现象。陈锋的《清初"轻徭薄赋"政策考论》(《武汉大学学报》1999年第2期)对所谓清初"轻徭薄赋"政策进行了研究，认为其对社会经济恢复所起的作用十分有限。杨珍近年来致力于清代帝王和皇权研究，其《清初权力之争中的特殊角色——汤若望与顺治帝关系研究之一》(《清史研究》1999年第3期)是有关顺治帝系列研究中的一个成果，对耶稣会传教士汤若望和顺治帝的关系进行了细致、可贵的探索；《盛世初叶（1683—1711年）的皇权政治》(《清史论丛》1999年号)则对清代盛世的皇权特点进行了提纲挈领的阐述。杜家骥的《清代两个明安家族及清史传记〈明安传〉辨误》(《民族研究》1999年第1期)对我们研究清代民族史和利用相关资料提供了相当的便利。

有关清前史的研究，朱诚如的《清入关前对辽东地区统治探微》、张玉兴的《朝鲜三学士与明末九义士的反清思想》、赵志强的《清入关前的烽燧制度》(均载于《明清论丛》)等文章，对清入关前的有关政策、人物和制度进行了探讨。清中叶以后的政治史研究也得到了加强，宋军的《嘉庆"癸酉之变"后京畿地区流言浅析》(《清史论丛》1999年号)，张玉芬的《嘉庆朝政述评》(《明清论丛》)，陈连营的《略论嘉庆帝的用人思想》(《史学月刊》1999年第2期)、《试论嘉庆帝守成思想的形成原因》(《河南大学学报》1999年第2期)等文章反映了这种倾向。关于嘉庆帝的守成思想，陈连营认为其根源有四：一是传统儒家思想的影响；二是康乾盛世的负面影响；三是皇帝本人缺乏开拓的素质；四是清朝祖传家法的戒律。嘉庆帝的守成，导致了一系列社会问题得不到及时解决，对当时社会发展产生了消极的作用。李尚英的《关于"康乾盛世"的历史分期问题》(《中国社会科学院研究生院学报》1999年第4期)对康乾盛世进行了阐述，将它分为四个阶段，即康熙二十三年至四十七年为盛世始成时期；康熙四十七年至乾隆十六年为盛世发展时期；乾隆十六年至乾隆六十年为盛世顶峰时期；乾隆六十年至嘉庆十八年为盛世始衰时期。并指出在世界形势发生急剧变化的盛世时期，清政府仍然坚持闭关自守政策，导致中国进入半殖民地半封建社会。

制度史方面有重要突破，代表作是李世愉的《清代科举制度考辨》。此书有两大特点：一是选题的角度十分有特色，作者选取了以往研究者忽视的一些问题进行深入研究，如廷试、审音制度、搜落卷制度、复试制度、明通榜等等，得出明确结论，不仅纠正了以往研究中的某些偏误（如对廷试的解释，许多辞书也有疏漏），而且填补了制度史研究中的许多空白，如审音制度、搜落卷制度、复试制度、明通榜等，都是前人没有或很少研究的。二是作者在研究过程中，注重制度的源流和演变，偏重释疑，颇多考证，在深入研究的基础上做出实事求是、准确可靠的结论，是研究制度史者不可不读的一部参考书。王戎笙的《清代前期科举取士的兴废之争》考察了从顺治到道光年间，朝野上下对科举取士制度的利弊之议和兴废之争，认为当时有些议论之深刻，可以和清末洋务派或维新派人士的议论相媲美，但在新式学堂出现之前，任何人也避免不了认识上的局限。刘风云的《清代督抚及其对地方官的监察》探索了清代督抚在清代监察体制中的地位、督抚察吏的权限与职责、督抚察吏的风格与地方吏治等问题；对督抚在清代监察体制中的地位探索尤见功力。对前人较少涉及的清代官印，任万平的《清代官印制度综论》可供参考（三文均载于《明清论丛》）。

过去有争议的问题继续得到探讨。1998年中国社会科学院历史研究所李自成结局研究课题组的结项报告《李自成结局研究》一书出版后，在社会各界引起较为强烈的反响。赞成的如纪实《评〈李自成结局研究)》(《光明日报》1999年4月2日)一文,认为《李自成结局研究》以严谨的学风,对李自成结局问题的由来和发展脉络进行了系统的清理,对争论各方的观点和论据进行了深入的分析,对李自成兵败以后的下落做了明确的回答和有力的论证。文章指出"这部论著最突出的成就,是对奉天玉和尚有关文物的鉴别与研究",即通过识读夹山寺遗址出土的阳圹灵符砖,使夹山"禅隐"说"失去主要依据而被彻底推倒了"。反对的如刘重日主编的《李自成终归何处》论文集(三秦出版社,1999年),集中了持李自成禅隐石门夹山说者的重要论文和部分发言,是禅隐说者对《李自成结局研究》最激烈的反应。

《郑成功研究》是1997年7月在泉州举办的郑成功学术讨论会的论文集,由中国社会科学出版社出版,体现了当前郑成功研究达到的深度和广度。陈东有的《郑氏集团在中国海洋社会经济发展史上的地位》一文,通过对中国内陆及东南沿海贸易带的研究,从海洋社会经济发展史的角度,指出郑氏集团在明清易代之际的表现,除了集团利益的考虑外,也有发展海洋社会经济的意识。胡沧泽的《郑成功与隐元禅师赴日的关系》一文,通过分析新发现的郑成功致隐元信件等材料,对隐元东渡负有郑成功向日本借兵使命的说法提出反诘。此外,伍天辉的《郑成功胞弟七左卫门家族在日本的衍派》、叶恩典的《何义与郑成功家族》等文章都介绍了一些新的材料和史实。

(二)经济与社会

区域经济是近年来经济史研究中发展迅速且成果丰硕的领域,尤其是明清时期江南地区的经济研究已成系统。李伯重在这方面做出了可贵的贡献,在有关明清时期江南地区农业资源、农民的经营规模、生产方式、蚕桑亩产、水稻生产和集约化程度等多方面专门研究的基础上，又推出《明清江南肥料需求的数量分析——明清江南肥料探讨之一》(《清史研究》1999年第1期)一文，在考察明清江南地区水稻、桑树、棉花、麦、油菜、豆等主要农作物亩施肥量的基础上，分析肥料需求变化的地域特点，以求对江南地区单位面积作物施肥数量和作物播种总面积的变化做出大致估价，使我们对明清时期江南地区的农业经济发展状况和特点有更加深入、具体的了解。许檀也是研究区域经济用力颇勤、成果可观的学者，其《明清时期区域经济的发展——江南、华北等若干区域的比较》(《中国经济史研究》1999年第2期)、《清代前期的九江关及其商品流通》(《历史档案》1999年第1期)、《清代前期流通格局的变化》(《清史研究》1999年第3期)等文章，分别通过对明清时期江南、华北、东北、台湾等若干个区域的经济发展及商品流通、清代前期江西九江关及商品流通、全国运河、沿海和长江等三条主要水道的商品流通格局变化等问题细致、深入的考察，在点、面结合研究的基础上，力图构筑一个能表现明清时期各地区域经济和商品流通发展面貌、表现特征的轮廓。王业建、黄莹珏的《清代中国气候变迁、自然灾害与粮价的初步考察》(《中国经济史研究》1999年第1期)通过对华东、华北地区气候冷暖周期与旱涝灾害关系、长江三角洲地区的粮价与自然灾害关系以及1641—1720年、1741—1830年、1831—1880年等几个时间段的粮价与旱涝关系等方面的研究，认为长期气候变迁与粮价并无明显关系，货币、人口、水利设施等对于粮价长期变动的影响比气候冷暖周期变迁的影响还来得大。周玉英着眼福建，其《从文契看明清福建农村经济的商品化趋势和资本主义萌芽》(《中国社会经济史研究》1999年第4期)、《从文契看明清福建土地典卖》(《中国史研究》1999年第2期)分别对当地的农村经济和土地典卖进行了研究。庄国土的《鸦片战争前福建外销茶叶生产和营销及对当地社会经济的影响》(《中国史研究》1999年第3期)也是研究福建当地的经济现象及其影响的文章。徐浩的《清代华北农民生活消费的考察》(《中国社会经济史研究》1999年第1期)、《论清代华北农田水利的失修问题》(《中国社会经济史研究》1999年第3期)、《清代华北农村人口和土地状况的考察》(《清史研究》1999年第2期)、《清代华北农村封建剥削和农户工副业生产状况分析》(《社会科学战线》1999年第4期)等文章对华北农村和农民进行了较为系统的考察。周翔鹤的《关于台湾一田二主制的一个分析模式》(《中国社会经济史研究》1999年第4期)用产权学派的一个分枝理论模式解释了清初台湾一田二主制的产生。卞利的《清代江西赣南地区的退契研究》(《中国史研究》1999年第2期)、王社教的《清代安徽农业生产的地区差异》(《中国农史》1999年第4期)、阎富东的《清代江汉平原普通农户收入状况分析》(《中国社会经济史研究》第1期)等文章分别对江西、安徽、江汉平原等地的经济活动和经济现象进行了专题研究。

有关清代商人组织及其功能探索趋于深入。范金民的研究着眼于江南,其《清代江南会馆公所的功能性质》(《清史研究》1999年第2期)、《清代徽州商帮的慈善设施——以江南为中心》(《中国史研究》1999年第4期)分别对清代江南会馆、公所的功能性质及徽州商帮在江南的慈善设施的设置、运作和管理进行了探讨。吴慧的《会馆、公所、行会:清代商人组织演变述要》(《中国经济史研究》1999年第3期)则对清代商人组织的演变进行了纵向论述。

其他方面。张研的《清代市镇管理初探》(《清史研究》1999年第1期)一文,探讨了分属官方和民间的市镇管理体制和多重管理机构。张岩的《对清代前中期人口发展的再认识》(《江汉论坛》1999

年第 1 期）通过对清代前、中期两个时期的人口、人口增长率的比较研究，认为明末清初的人口损益，不会导致清初人口在总量上的急速下降，清代前中期的人口增长率大体稳定在 0.7% 左右，乾隆朝人口激增的结论是不可信的。杜家骥的《清中期以前的铸钱量问题——兼析所谓清代"钱荒"现象》（《史学集刊》1999 年第 1 期）一文，认为当时的"银贱钱贵"与白银的扩大使用、不断内流有关，政府不断铸钱以追求人为的银钱比价，造成铜钱大量增加，成为制钱贬值的原因之一。朱根的《清代典当业的兴盛成因探析》（《淮阴师范学院学报》1999 年第 3 期）、晁中辰的《清前期高利贷猖獗及其影响》（《山东大学学报》1999 年第 4 期）分别对清代的典当业和高利贷进行了分析。

社会史研究是清史研究中最显生机、蓬勃发展的一个领域。冯尔康开始清代社会史研究起步较早，成果众多。其《清人生活漫步》一书，共收集作者有关社会结构与社会问题方面的研究文章 39 篇，从多角度、多层面对有清一代的个人生活与社会的关系问题进行了较为深入、细致的研究，涉及婚姻家庭、移民社会、名人生活、社会观念、政府指令与妇女行为方式关系等方面。

利用档案、文书结合其他官私材料进行实证研究是社会史研究中的新风尚，特别是在明清基层社会研究的实践中，尤为多见。郭松义近年来利用档案、方志等材料，对清代婚姻家庭制度进行了系统、全面、扎实的研究，《明代的寡妇转房》（《清史论丛》1999 年号）是其中的一项成果。王跃生的《清代中期童养婚的个案分析》（《清史研究》1999 年第 3 期）、《清代中期家庭规模分析》（《中国史研究》1999 年第 4 期）、《清代中期妇女再婚的个案分析》（《中国社会经济史研究》1999 年第 1 期）也是三篇利用档案对清代中期童养媳、家庭规模、妇女再婚等问题进行较为深入、具体研究的文章。

郭润涛的《清代的"家人"》利用大量的官私文书和幕学书对清代的"家人"进行了细致的研究。阿风的《试论明清徽州的"接脚夫"》则主要利用契约文书等材料对过去没有什么研究的"接脚夫"进行了可贵的探索（以上两篇均载于《明清论丛》）。

有关社会生活史的研究，何龄修的《清初京师吸烟风等几个问题》（《清史论丛》1999年号）揭露了清初北京盛行的吸烟风、吃喝风、人市、联宗等发人深省的社会现象。赵世瑜的《明清华北的社与社火——关于地缘组织、仪式表演以及二者的关系》（《中国史研究》1999年第3期）是作者有关华北庙会研究的延伸，从明清以来社火仪式表演判断其存在的功能意义，揭示社在基层社会中的重要位置。陈春声的《信仰空间与社区历史的演变——以樟林的神庙系统为例》（《清史研究》1999年第2期）则对广东东部一个村落的神庙系统进行了研究。刘大可的《〈年初一〉所反映的闽西乡村社会》（《福建论坛》1999年第1期）、徐晓望的《从〈闽都别记〉看中国古代东南区域的同性恋现象》（《寻根》1999年第1期）则对福建地区独特的社会现象进行了具体研究。

此外，赵全鹏的《清代老人的家庭赡养》（《中国社会历史评论（第一卷）》，天津古籍出版社，1999年）通过对儿子、嗣子、女儿、节妇等不同的赡养方式进行分析，为中国即将进入老龄化社会提供了历史参考。杜景珍的《浅谈清代民间秘密教门对信教农民的影响》（《中国农史》1999年第4期）阐述了中国民间教门发展的鼎盛时期——清代的秘密教门对农民的影响。华林甫的《清代以来三峡地区水旱灾害的初步研究》（《中国社会科学》1999年第1期）、魏露苓的《明清动植物谱录中的生物学知识》（《文献》1999年第2期）两文则体现了有关灾害史与科技史研究领域的新成果。

（三）学术和文化

清代学术史的研究方兴未艾。陈祖武的《清儒学术拾零》是作者研究清代学术史 20 年来的一个总结性文集。作者注意选取清代学术发展史上关键人物进行深入、细致的分析研讨，重在梳理清代学术发展的脉络，从而揭示学术演进的趋势。《双鹤瑞舞考》表现了作者考史证事的功力，结论言之成理，确乎可靠。《〈榕村语录〉发微》是作者在标点李光地《榕村语录》及《榕村续语录》的基础上作出的研究，认为李光地是康熙一朝大臣中最深通《易》学者，但他为了与康熙的学术好尚全然吻合，经过十余年苦心经营，在晚年完成了学术宗尚的根本改变，以恪守朱子学的面貌出现在朝野，这是一种以帝王好尚、政治得失为转移的学术投机，他从因"冒名道学"被逐出翰林院到以"才学俱优"荣登相位的演变，不仅典型地反映出清廷最高统治者的理学观，也折射出理学僵化、日暮途穷的深刻本质。这些结论均非泛泛而谈，是在潜心研究基础上的心得之言。书中类似之处，不一而足，晚清以前学术史的端倪已现，只是尚未连成一气，题名"拾零"，概即为此。

尚小明的《论清代游幕学人的撰著活动及其影响》(《北京大学学报》1999 年第 5 期) 揭示了学人游幕的兴盛与清代学术发达之间的关系，并对游幕学人在清代大规模清理以往学术成果活动中的作用进行了探讨。作者相关的专著《学人游幕的兴盛与清代学术的发达》也已被收入中国社会科学博士论文文库出版。作者将清代重要学人的幕府，分为三个时期（顺康雍时期、乾嘉时期、道咸同光时期），分析了每个时期的特点与转承关系，并将它与整个清代历史和学术文化发展史联系起来，史界前辈周一良为之作序，认为此书"材料扎实丰富，分析明快入微"，"是一部非常成功的好书"，并对出身李鸿章幕府的两江总督周馥（周一良曾祖）的为人行事进行了考辨(《燕京学报》新7期)。

乾嘉学术的研究是学术史中的一个重点。彭林的《阮元实学思想丛论》探讨了乾嘉时期著名学者阮元的为政为学,认为阮元继承顾炎武、戴震的实学思想,既深于考证,也不鄙薄义理,而且注重实地考察以确解经典,在会通中西、建立新的民族文化方面进行了有益的尝试;为政尤重视海疆防务,是林则徐以前就坚决禁烟的朝廷命官之一,体现了实学学者勇当国难的崇高境界。郭康松的《论清代考据学的学术规范》则认为"无征不信"、"孤证不立"的论证规范、"以经证经"、"去古未远"的用证原则、"袭用前人成说"征引文献资料必须引用原文、注明出处的引据规范等构成了乾嘉时期考据学的主要学术规范,在中国古代学术史上具有划时代的意义,改变了传统学术中重思辨轻资料的倾向,是传统学术向近代学术转变的标志(均载于《清史研究》1999年第3期)。汤仁泽的《论常州学派兴起的社会条件》(《史林》1999年第4期)从地域角度研究了乾嘉学派中重要的派别——常州学派,认为它的兴起,不仅有赖于当地教育程度与攻读儒家经典之深这两个社会条件,而且与文字狱所造成的严酷的政治风气不无关系。黄长义的《从考据到经世:嘉道之际的学术转向》(《武汉大学学报》1999年第3期)一文,对研究乾嘉学术的衰落有参考意义。

与乾嘉学术有关的另一重要问题即《四库全书》的纂修及研究。童庆松的《〈四库全书〉源流要略》(《古籍整理研究学刊》1999年第2期)对《四库全书》及其衍生之相关书籍做了梳理,厘清了其中学术发展的脉络。《四库禁毁书研究》一书共收录论文20余篇,涉及纂修《四库全书》时被禁毁的叶向高、茅元仪、钱谦益、屈大均、吴应箕、函可、金堡、石濂大汕、吕留良、鲁之裕、何乔远、陈济生等人的著作研究,从禁毁书角度对清代这场思想文化普查运动进行了具体考察。正如有的作者所指出的那样,《四库全书》及其编纂一开始就不是单纯的文化典籍整理和总结,而是一场全国范围的思想文化普查运动,特点是寓禁于修,统治者以儒家教主的身份出来裁断思想文化领域的是非,表现出清代皇帝积极干预思想文化领域的意图及倾向,其社会效果和对后世的影响都是深刻而持久的。由于四库选录书和禁毁书的数量几乎相垺,不研究禁毁书,不足以察照这场思想文化运动的底蕴,也难以弄清清代文网究竟具体延伸到何种范围,统治者的神经究竟敏感到何种地步,四库馆臣的心理被震慑到何种紧张程度。只有对全部禁毁书作出较为细致深入的分析研究之后,才有可能对重新认识《四库全书》和评价禁毁书上深入一步(王锺翰《四库禁毁书与清代思想文化普查运动》)。

其他方面。刘大年的绝笔《评近代经学》(《明清论丛(第一辑)》)长文,跳出经学谈经学,从意识形态对社会历史的作用与反作用角度,对儒学的特殊形态——经学进行了明朗畅快的分析。汪学群近年从事清代易学的梳理和研究,《王夫之易学中经世思想》(《清史论丛》1999年号)是其中的一个成果。江庆柏的《清代苏南望族与家族文献整理》(《清史研究》1999年第2期)、李世愉的《清代编录〈天一阁书目〉考》(《清史研究》1999年第3期)则对清代江、浙地区文化发展的两个问题进行了专门研究和考证。李海荣的《清代的青铜器研究》(《文物季刊》1999年第2期)、钱潮的《清代嘉道咸瓷器特征》(《东南文化》1999年第1期)分别考察了清代的青铜器、瓷器的特征,对文物整理和鉴别工作提供了相关准绳。单国强的《明清宫廷肖像画》、王家鹏的《故宫六品佛楼梵华楼考——清代宫廷佛堂典型模式》(均载于《明清论丛(第一辑)》)两文也是对清代宫廷史和文物史的专门研究。韩凝春的《清代江浙族学研究》(《中国社会历史评论(第一卷)》,天津古籍出版社,1999年)全面考察了清初至民初江浙族学的发展、演变情况和社会文化功能,作为宗族制度的有机组成部分的族学,为宗族的强、盛、善、稳起了积极作用,但对其消极作用注意不够。

此外,赵园的《明清之际士大夫研究》(北京大学出版社,1999年)一书,作为文学研究者渗透历史领域的尝试,也受到了关注。作者在明清之际"士人话题"和"明遗民"两个主题下展开研究,选取了易代之际士人经验反省、易代之际文化现象论说、作为话题的"建文"事件和关于"言论"的言论等角度,对易代之际士大夫的思想、文化现象进行探讨,构思巧妙,富有启发。但是社会大动荡、斗争极其尖锐时期,士大夫的内心世界和外部表现是十分复杂多样的,而且变化多端,作为研究基础的史料的不确定性也是突出的,把握士大夫表现的主流和本质,描绘它的丰富多样,其难度显而可见。在这些方面,作者是有偏颇的。如说士人的经验反省归于"戾气",说义军的混杂归于士人"与义"的尴尬,置明清易代之际同样存在的、可以表现士大夫壮怀激烈、百折不挠等心理特征的大量反证于不顾,虽然抓住了构成朝代更迭中广阔社会生活图景的某些片段或一些影像,但对读者形成明清之际士大夫集团的整体形象及掌握主流形态的帮助显然不够,从而也影响到人们对时代特点及人物群像的理解。此外,书中引文的处理、使用的某些词汇和表达方式也显得生硬,影响了文字的流畅性,使阅读过于艰涩。

(四)民族、边疆与中外文化交流

清朝是中国历史上第二个由少数民族建立的全国性统一政权,满族史与清史研究密不可分。定宜庄的《满族的妇女生活与婚姻制度研究》一书,是介于满族史和社会史之间的研究著作。全书分早期婚俗及其在清代的遗存、八旗制度下的妇女生活与婚姻、通婚与融合等既有内在联系又各有侧重点的三大专题,通过对收继婚、一夫多妻与一夫一妻多妾制、指婚、选秀女、满汉通婚、满蒙通婚等在满族社会发展史上存在和发生重大影响的系列婚姻形态变迁的研究,描述了满族在建立全国性统一政权并接受权族文化影响之后,妇女的生活实态及发生的变化。本书有个突出的特点,即站在"边缘"看"中心"。有两层含义:一是作者摒弃了以汉族为中心的传统历史研究视角,从无论是地域上还是传统政治上都处在边缘的少数民族本身发展史入手进行研究;二是离开传统的以男性及其活动构成历史主体的"中心"研究,选取以往极少受到注意的满族妇女生活和婚姻状态的"边缘"展开研究,选题上的创意和难度可见一斑。此外,厚实的研究基础、综合的研究方法在书中也有突出表现。作者对制度史有深刻把握,重视史源研究,小从语词的界定,大到对制度、名物的形成、演变,无不追根溯源,将研究对象完整而又流动地呈现在读者面前。作者还使用了大量的清代档案,并特别注重对满、蒙史料的收集、对比和运用,因而得出可靠结论。作者在民族学、社会学理论和研究方法方面的素养,也为传统史学研究注入了新的活力,开阔了视野。总之,严谨、细致的笔法,准确、独到的结论在书中随处可见,是1999年度不可多得的一部佳作。此外,《十六位旗人妇女的口述历史》(中国广播电视出版社,1999年),是作者对"口述史学"方法的一个新尝试,将"口述"纳入了历史研究的范畴。作者通过对现在仍然存世的旗人妇女后代(尽管在民族成分上有的是报汉族,有的是报蒙古族)的访问和附于各篇末的访谈者记等背景资料,使我们对清代八旗妇女的生活有了更加直观的感受和深切体会。

苏发祥的《清代治理西藏政策》(民族出版社,1999年)一书,结合民族学和历史学的研究方法,对清朝治理西藏的政策进行了全面系统的审视和研究,如噶伦制度、驻藏大臣制度、金瓶掣签制度,扶植格鲁派,通过达赖、班禅二活佛管理西藏等。正如序者所言:"这些举措不仅在当时产生过重要作用与影响,而且对今天的藏事工作和相关问题的处理也有重要的参考意义。"尤其是清朝治理西藏的宗教政策和经济政策,是清王朝管理西藏的重要环节,也是作者着力梳理、论述并颇有创意之处。

边疆、民族方面的专题论文,北疆所占的比重较大。王思治、吕元骢的《17世纪末西北边疆局势述论——噶尔丹分裂势力的兴亡》分十五部分对康熙年间噶尔丹的兴亡和康熙决策进行了论述。徐凯的《满洲八旗中高丽士大夫家族》研究的是八旗满洲中的朝鲜成分(均载于《明清论丛》)。达力扎布的《清初察哈尔设旗问题考略》(《内蒙古大学学报》1999年第1期)则探讨了清初蒙古察哈尔设立八旗的问题;杨选第的《清朝康雍乾时期内蒙古地区的税法述略》(《清史研究》1999年第3期)对清代前期内蒙古地区的税收原则和畜产税、农业税和工商杂税的征收与管理法进行了阐述;王东平的《清代回疆法律文化刍论》(《民族研究》1999年第3期)探索了清代回疆的法律文化;陆韧的《试论明清时期滇缅水路的兴起与发展》(《海上丝绸之路研究(第二辑)》,福建教育出版社,1999年)则研究了南疆交通史上滇缅水路的兴起与发展。晏子有的《清朝外藩封爵制度》(《社会科学阵线》1999年第3期)对清朝的外藩封爵制度进行了总结。

中外文化交流方面,西学与传教士一直是研究的重点。何兆武的《明末清初西学之再评价》(《学术月刊》1999年第1期),从文艺复兴以来世界历史的发展趋势、当时中国历史的当务之急、当时东渐西学的性质这三个方面,分析了明末清初西欧的天主教传教士传入的神学体系与中国时势要求的背离,认为对中国从中世纪转入近代起推动作用的还是深受19世纪末新教传教士影响的中国学者。李天纲的《早期天主教与明清多元社会文化》(《史林》1999年第4期)，对天主教与中国士大夫集团尤其是东南士大夫之间的关系进行了分析，认为耶稣会与东林党、教徒结社与复社的"文艺复兴"有内在联系，在明末清初的社会变革中，教会内外共赴国难，西方势力较深地卷入了中国的社会和政治中。朱庆征的《顺治朝上帝坛》(《故宫博物院院刊》1999年第4期)对顺治十四年开建、康熙朝即废弃、《乾隆京城图》上也不见踪影的上帝坛进行了考证，为探讨顺治帝与耶稣会士汤若望的关系及所受西方宗教的影响提供了实物证据。加拿大蒂尔贡与李晟文合作的《明末清初来华法国耶稣会士与"西洋奇器"——与北美传教活动相比较》一文，以法国传教士的书信、笔记与报告为基本史料，从文化史角度分析法国耶稣会士来华携入的西洋奇器的数量、种类及在传教布道中的作用，并与法国传教士携入北美的器物相比较，认为这些"西洋奇器"对中国传统科技的发展有进步意义，遗憾的是它们的作用没有被认识、研究和充分利用。李金明的《明清时期中国瓷器文化在欧洲的传播与影响》(《中国社会经济史研究》1999年第2期)则对中国瓷器西传史进行了研究。吴伯娅的《从康熙满文朱批奏折看耶稣会士与中西文化交流》(《清史论丛》1999年号)一文，也从特定角度出发，对康熙时期的中西文化交流提供了自己的见解。

1999年澳门回归，有关澳门的研究成为一个热点。万明的《清朝前期对澳门的治理》(《清史论丛》1999年号)介绍了鸦片战争前中央政府管辖澳门的情况，但面临葡萄牙越来越严峻的挑战。黄庆华的《澳门与中葡关系》(《中国边疆史地研究》1999年第2期)则就葡萄牙人入居澳门后中葡关系史上的几个重大问题——葡萄牙人东扩与居澳缘起、议事会与关闸门之设置、澳门的鸦片走私与苦力贸易、"澳门地位"与中葡立约等进行了分析和论述。龙心刚、彭学涛的《论清政府早期的澳葡政策》(《河北学刊》1999年第4期)重点考察清军入关至鸦片战争前的196年中清政府对澳葡政策的发展沿革、特点及对澳门的影响。王东峰的《清前期澳门地租沿革考》(《岭南文史》1999年第1期)结合中葡文献具体探讨了清代前期澳门地租的数额沿革和征收情况。

有关朝鲜燕行使团的研究,王政尧的《18世纪朝鲜"利用厚生"学说与清代中国——〈热河日记〉研究之一》(《清史研究》1999年第3期)一文,是作者对《燕行录》中《热河日记》系列研究的成果之一,主要介绍18世纪朝鲜"利用厚生"学说的起源、特点和内容。黄时鉴的《纪昀与西学》(《文史》1999年第1期)则通过对乾隆朝燕行使团成员洪良浩的《耳溪先生集》中收录的纪昀答洪书(新近出版的《纪晓岚文集》中未收录)的研究,描述了占支配地位的官方定论"西学中源"说的发展轨迹。

此外,1997年11月在广西东兴召开的中外关系史学会第六次学术讨论会论文集《中西初识》出版,主要论文有吴伯娅的《碰撞与裂变——清代前期中西关系刍议》、莫小也的《18世纪清宫廷"海西派"绘画的时代背景》、刘宝建的《传教士与清宫仪器制造》、吕一燃的《1861年中俄会勘东段边界研究》等。

管窥1999年度的清史研究,有个显著特点,这就是继承与发展并见,探索与求新尤显。在世界进入信息化、全球化社会的今天,清史研究队伍日趋庞大,理论阵地不断扩展,材料发掘增多、运用更趋便利,结合这些有利条件与扎扎实实的工作,清史学科在新的世纪获得长足进步是可望实现的。

2000年清史研究述评

◎ 陈连营

一

在世纪之交的2000年，清史研究仍然保持了比较活跃的局面。现就管见所及，略述如次。

从学术交流活动与理论动态来看，应当说相当活跃。1999年11月，由《历史研究》编辑部和南开大学历史系联合举办"中国社会形态及其相关理论问题学术研讨会"。2000年3月，由中国社会科学院历史所明清史研究室、《历史研究》编辑部联合举办"明清社会形态学术讨论会"，主要就明清社会形态研究的意义、方法、资本主义萌芽问题、清代的历史地位、历史分期等问题进行了讨论。

4月下旬，由中国史学会和中国人民大学清史所共同举办的"十八世纪中国与世界学术讨论会"举行，有70余位专家学者出席会议，分别就18世纪学术研究的意义、中外比较研究、已有成果及研究出路等问题进行了讨论。

8月下旬，由中国社会科学院历史研究所、故宫博物院、第一历史档案馆、北京大学历史系、人民大学清史所联合主办的"第九届国际清史研讨会暨故宫博物院建院七十五周年纪念"召开,参加者200多人,提交论文150多篇,可谓规模空前。

从学术著作的出版情况来看,研究更有深度。如商务印书馆出版的郭松义的《伦理与生活:清代的婚姻关系》、冯尔康的《清代人物传记史料研究》,社会科学文献出版社出版的高翔的《近代的初曙:18世纪中国观念变迁与社会发展》,以及中国社会科学院历史所明清史室负责的《清代政治史研究丛书》陆续撰成,都具有高层次、高品位的特点,可以说是本年度清史研究的重要成果。

二

从发表的论文来看,自1999年11月以来,中国内地共发表各类清史论著300余篇(部),其中政治史的研究论文有四十几篇,经济史的研究论文有80多篇,主要集中在市镇与市场经济、城市化、人口问题、商业史、农业生产关系问题的研究;社会史的研究论文有60多篇,主要集中在家庭与婚姻关系、风俗与民俗、秘密结社与会党史等几个方面;思想与学术文化史的研究论著近百篇,集中在学术人物、四库全书编纂、扬州学派与常州学派研究等几个方面;中外关系与文化交流的研究论著有30多篇,集中在澳门史、西学东渐几个方面。下面,就比较集中的几个问题略作概述。

(一)明清之际史研究

明清之际的历史向来是学界关注的领域,本年度清初的历史问题仍受到学者的关注,杨珍的《后金八王共治国政制研究》(《中国史研究》2000年第1期)研究了后金八王共治国政体制的形成情况,认为,后金进入辽沈地区后面临的全新局势及日益尖锐的内外矛盾,促使努尔哈赤在大力加强汗权的前提下，制定此制以遏制八旗分权趋向，解决汗位继承问题及维护其最高统治集团内部的团结与稳定。它的目的虽然基本达到，但却给皇太极的统治造成严重不利影响，故总体上说，它对后金的发展弊大于利。她的另一篇文章《明清皇权高度集中与强化的历程：以明内阁、清军机处为中心》（日本《中国史学》第9卷）一文，对从明代内阁制度到清代军机处的演变过程，及其异同进行了分析。民族出版社则出版了阎崇年的又一本论文集《满学论集》，汇集了作者近年来研究满族学的几篇论文。

清初旨在推翻清朝统治、恢复明朝的政治活动被称为"复明运动"，对其性质，学术界存在有不同的看法。顾诚的《南明史》认为它是"汉族统治集团中最腐朽的大地主、大官僚与军阀的垂死挣扎"，蔡克骄的《再论清初的"复明运动"》（《复旦学报》2000年第1期）对此进行了辩驳。

以往人们通常用满族汉化的模式来解释满族史和清史的基本走势和重大历史事件的发生，郭成康的《也谈满族汉化》（《清史研究》2000年第2期）一文，则把满族作为主动角色来考察，勾画了他们是如何重塑、支配汉文化，从而使满汉文化的交流和冲突最终达到一个新层次、新内涵的融合，并成功地维护了自己的民族个性，也给清代打上了醒目的烙印。

（二）18世纪政治史研究

18世纪是人类历史发展最耀眼的时期之一，也是中外关系发生根本性变化的关键时期，因而受到学术界的重视。本年度18世纪的中国问题，特别是清代康雍乾盛世问题再次引起人们的兴趣和关注。高翔的《康乾盛世：一个辉煌而悲剧的时代》（《学习时报》2000年6月12日）和《从全盛到衰微：18世纪中国的盛衰之变》（《光明日报》2000年6月30日）两篇文章，从盛世的形成及其成就、全球变局及中西差距等方面，对"康乾盛世"进行了认真反思。与此相呼应，《落日的辉煌——十七、十八世纪全球变局中的"康乾盛世"》（《光明日报》2000年6月19日）以《学习时报》编辑部的名义在《光明日报》上发表，也产生了重要影响。而王国华的《腐败导致清朝从盛世滑向衰落》（《光明日报》2000年8月4日）一文则专门对清朝从盛世滑向衰落的原因进行了探讨。这些文章的发表无疑再次将人们的注意力吸引到二百多年前那个深刻影响到中国近代命运的具有辉煌而悲剧色彩的年代，启发人们对盛衰之变作认真思考。

高翔所著的《近代的初曙：18世纪中国观念变迁与社会发展》一书，从18世纪中国知识界选取近百个人物，按照伦理观念与生活方式、学术观念、政治观念分门别类地进行考察，多层次、多角度地展示了18世纪中国的观念变迁与社会发展画卷，是一部史料翔实、内容丰富、逻辑严密、论证有力、创见迭出的开拓创新之作。

黄俊军的《论道光皇帝开放言路政策与内政改革》（《湖南社会科学》第1期）一文，探讨了道光朝进行的内政改革，对实行改革的背景和效果进行了评析。过去人们评价道光皇帝在鸦片战争期间的表现时，或者认为他是卖国的投降派，或者认为他是抵抗派，或者冠以动摇派，而杨华山的《道光帝在鸦片战争期间的心态探析》（《贵州社会科学》第3期）一文认为，在整个鸦片战争期间，道光帝的心态始终是主和的，并认为，他早期禁烟与主和态度并不矛盾，主和也并不等于投降卖国。余新忠、杭黎方的《道光前期江苏的荒政积弊及其整治》（《中国农史》1999年第4期）则对道光前期江苏荒政积弊问题进行了探讨。

（三）边疆与民族问题

郑元珧的《清朝平定新疆割据势力及其历史意义》(《福建师范大学学报》2000年第1期)，从世界史的范围对平定割据势力的历史意义进行了充分的肯定，其一是结束了元以来的割据局面，在疆域上实现了空前的大一统，真正达到"金瓯无缺"；其二，新疆纳入中国版图，使中亚地区有了一个多世纪的和平发展时期；其三，土尔扈特回归祖国，创造了世界民族迁徙的奇迹。邓锐龄的《1720年清军进入西藏的经过》(《民族研究》2000年第1期)一文，针对伯戴克的《十八世纪前期的中原和西藏》一书中"征服西藏"的错误观点，利用档案资料详细考证这次事件的经过，尤其指明，这场战事得以顺利达到目的，与藏族军民的响应、支持是分不开的，驱逐准噶尔部符合藏族人民的愿望。张永江的《论清代西藏行政体制的演变及其特点》(《清史研究》2000年第3期)一文，对清代西藏行政管理体制的演变进行了论述，认为其演变经历了三个时期：1720—1727年为政教合一，依靠达赖与噶伦体制施政时期；1728—1751年为政教分离时期，以藏王、噶厦体制为主，驻藏大臣监督；1751—1911年为恢复政教合一，以驻藏大臣钳制达赖、班禅—噶厦体制时期。

赵之恒的《清初内蒙古地区流民问题析论》(《内蒙古师大学报》2000年第6期)一文，对清初施行的禁止流民开垦蒙地政策进行了分析，认为其原因是保证"差赋有出"，出发点是巩固统治和宁边；虽不乏民族隔离因素，但更表明了中央政府对蒙古地区的关注。张世明的《清前期卫拉特蒙古社会历史谫论》(《清史研究》2000年第3期)一文，利用心态史学的方法，对清廷平准战争、藏传佛教在卫拉特蒙古中的传播、卫拉特蒙古的战争与崇佛的矛盾现象进行了尝试性探索。刘祥学的《明清时期桂东北地区回族的分布、迁徙及与其他各族的相互影响》(《广西民族研究》2000年第3期)一文，对明清时期广西东北地区回族的分布、迁徙及其他各族的相互影响等进行了探讨。

伴随着澳门的回归,台湾问题的日益急迫,不少学者关注历史上的台湾问题。林乾的《康熙统一台湾的战略决策》(《清史研究》2000年第3期)一文,论述了康熙统一台湾的战略转变及其过程,目的在于总结其经验教训。尤其强调了当郑氏坚持裂土分疆、和平统一受到威胁时坚决予以武力解决的经验教训;吕坚的《康熙帝统一台湾的决策及历史影响》(《中国档案报》2000年2月1日),张自成、许虹的《台湾历史上的三次回归》(《中国文物报》5月14日)和钟安西的《回望郑成功收复台湾》(《北京日报》2000年5月15日)、王文穆的《康熙帝统一台湾的艰难历程》(《统一战线》2000年第7期)和郭振的《清初两次对台斗争及其经验启示》(《南京社会科学》第6期)等文章都对这一问题进行了论述。

清代边疆开发是20世纪80年代以后学术界高度重视的问题。学者们对清代的开发政策、汉民向边疆的迁徙、边疆开发的成就与不足都做了颇为全面的探讨,特别是近年来,随着区域经济研究的发展,有关边疆开发的成果无论是在量上还是质上都有较大的提高。围绕党中央提出的西部开发战略的实施,戴逸的《清代开发西部的历史借鉴》(《人民日报》2000年4月13日)一文指出,清代200多年的开发,使西部人口增加、经济文化显著发展、东西部交流更加密切、东西部差距缩小,从而使民族凝聚力进一步加强,国家统一大大巩固,意义深远,而经验教训也比较大,主要是生态环境的破坏。

王玉海、李芬的《清代内蒙古东部农村的民族构成与民族关系》(《黑龙江民族丛刊》1999年第4期)及王玉海的《清代内蒙古东部阶级矛盾的多方位考察》(《蒙古学信息》1999年第4期),比较详细地探讨了清代内蒙古东部农村的民族构成与民族关系问题。

（四）经济史研究

近代化问题是近年学术界关注的热点问题。明清时期中国经济发展究竟达到了一个什么水平？中国的传统经济还有没有内在发展动力？这是近年来学术界着力探讨的重要问题，也是论争的焦点之一。

围绕此问题，许檀发表了《关于明清时期经济发展和中国近代化过程的再思考》（《光明日报·历史周刊》2000年3月3日）及《明清时期城乡市场网络体系的形成及意义》（《中国社会科学》2000年第3期）两篇文章。许檀认为，明清时期中国经济最具划时代意义和历史意义的发展就是向市场经济的转化，具体地说就是政府直接干预减弱，市场机制在经济发展中的作用不断加强。她认为，到清代中期，全国范围内已形成一个涵盖广阔、运作自如的城乡市场网络体系，使商品流通几乎可以覆盖全国每一个州县，甚至每一个村落，从而将自然条件、发展程度各异的各经济区域结成一个整体，使地区间分工互补、调和经济布局、优化资源配置成为可能。明清时期中国传统经济在生产力、生产关系没有重大突破的条件下，仍然保持内在的活力和动力，主要就是市场机制在起作用。近代化是个历史过程，中国的近代化无疑渗入了外来势力的影响，但不能因此忽视中国传统经济内在的发展动力。李绍强的《论清代主要手工业品与市场的关系》（《齐鲁学刊》2000年第3期）一文认为，清政府较为宽松的工商业政策使商品经济在明代的基础上有了进一步的发展，主要手工业产品与市场的联系更为密切，出现了许多区域性商品基地，商品流量有了很大增加，全国性统一市场初步形成。周正庆的《清代广东糖业国内营销网络试析》（《广东社会科学》2000年第4期）一文对清代广东糖业发展与国内营销网络的发展之间的关系进行了探讨。

经济史的研究继续关注地域差距问题。李刚、徐鲲的《明清时期陕西市镇的分布及其作用》(《华夏文化》2000 年第 1 期）一文探讨了过去不太注意的陕西市镇发展情况。黄滨的《明清时期广东城镇行业的发展与粤商对广西城镇行业的缔造——广西市镇行业成因的跨域探源》(《广西社会科学》2000 年第 2 期）一文，探讨了广西市镇行业成因、特色与广东城镇行业的发展、粤商入桂之间的关系。鲁西奇的《明清时期汉水流域农业经济的区域差异》(《中国社会经济史研究》2000 年第 1 期）和周荣的《略论明清时期长江流域商品经济发展的区域性特点》(《社会科学动态》2000 年第 3 期）则是对长江流域经济差异的有益尝试。

城市化是衡量社会发展水平的一个重要指数，因此受到学者的关注。王卫平的《明清江南地区的城市化及其局限》(《学术月刊》1999 年第 12 期）一文，从城市数量增加与城镇网络的形成、城市职能向经济化的转变等方面，对江南城市化程度及其局限进行了评估，认为，江南地区是全国城市化水平最高，为最早走上近代化铺平了道路，但因基础脆弱，缺乏进一步发展的动力。叶依能的《明清时期太湖地区的市镇经济》(《中国农史》2000 年第 3 期）一文，从人口增长和人口构成、经济结构、经济生产形态、货币经济、思想意识和价值观念五个方面，对太湖地区的市镇经济进行了考察。

王日根《元明清政府海洋政策与东南沿海港市的兴衰嬗变片论》(《中国社会经济史研究》2000 年第 2 期）对元明清三代政府对外政策变化与东南沿海港市的兴衰关系进行了研究。王蕾的《明清时期江汉平原水患与城镇发展》(《中南民族学院学报》2000 年第 2 期）对江汉平原水患对城镇发展的影响进行了论述。

清代的人口问题历来是一个众说纷纭的问题，不同的估计差距很大。钞晓鸿的《清代前中期陕西人口数字评析》(《清史研究》2000 年第 2 期）一文，利用方志等资料，对清代陕西人口数字真伪误漏做了具体评析。耿占军的《试析清代陕西的折丁折田问题》(《中国农史》2000 年第 1 期)对清代陕西的人口、土地数量进行了研究,认为上报丁数实际为折成下下丁之后的数量,并提出了一个相对比例值。赖悦的《清代移民与四川经济文化的变迁》(《西南民族学院学报》2000 年第 5 期)就移民对清代四川经济文化变迁的影响进行了探讨。张建军的《论清代新疆城市的人口规模》(《中国历史地理论丛》1999 年第 4 辑)一文则针对新疆地区的城市规模进行了研究,弥补了学术界对清代新疆地区城市状况研究的不足。

有关清代的财政制度问题,陈锋发表了两篇文章:《清代财政支出政策与支出结构的变动》(《江汉论坛》2000 年第 5 期)和《清代前期奏销制度与政策演变》(《历史研究》2000 年第 2 期)。前文在系统清理、辨析清代财政支出类别、数额的基础上,对各时期财政支出政策、结构加以重点探讨。后文则对奏销程序及其变化进行了梳理。董建中的《耗羡归公的制度化进程》(《清史研究》2000 年第 4 期)一文,则对清中期重要财政改革耗羡归公在雍正、乾隆年间的制度化过程进行了考察,指出了在乾隆十三年基本完成的事实,并对制度化进程的必然性进行了论述。

商业史的研究也是学者重视的领域。清政府奉行的是传统的重农抑商政策,但自明代后期商品经济发展的冲击,重商意识开始反映在县政管理上,不少地方官在奉行朝廷既定方针的同时也注意扶持商品经济的发展,有时甚至采取阳奉阴违的做法。李映发的《清代州县政权与商品经济的发展》(《四川大学学报》2000 年第 3 期)一文,注意到这一矛盾现象。封越健的《清代前期商人的社会构成分析》(《中国经济史研究》2000 年第 3 期)一文,从等级和职业两个方面考察了清代商人群体的社会构成。许敏的《试论清代前期铺商户籍问题——兼论清代"商籍"》(《中国史研究》第 3 期)一文,对清代商籍问题进行了考察,认为清初沿袭明制无专门户籍,康雍年间"摊丁入亩"制度推行后更无意义,但清代确实有商籍,而且为四大户籍之一。汪崇筼的《乾隆朝徽商在淮盐业经营中的获利估算》(《盐业史研究》2000年第1期)一文,在汪士信《乾隆时期徽商在两淮盐业经济中的应得、实得利润与流向试析》一文基础上,分别就口岸价、场价及场商利润、杂费及余息、流通费及运商暗利、盐商实得利润等,得出实得利润应为13%的结论。

商业经济方式的变化受到学者的关注。陈支平、卢增荣的《从契约文书看清代工商业合股委托经营方式的转变》(《中国社会经济史研究》2000年第2期)一文,利用所掌握的契约文书资料,探讨了清代工商业合股委托经营方式的变化情况。于运全的《明清商人经营活动趋向研究》(《学习与探索》2000年第5期)一文认为,由于商品经济的不断发展、商人组织的不断完善,商人经营活动呈现集团化、职业化、土著化、缙绅化等趋向,推动了明清城市经济的发展和商人阶层的不断壮大,为中国走向近代化积蓄了力量。沈炳尧的《清代浙江金衢严乡村借贷的借本研究》(《浙江学刊》2000年第1期)通过一村借贷关系的研究,来揭示生产关系的变化。

关于农业生产关系问题。赵冈的《从另一个角度看明清时期的土地租佃》(《中国农史》2000年第2期)对地主经济制理论所说"中国历史上的地主享有经济主导权及统治地位"提出质疑,认为租佃制度的实际运作中看不出地主真正享有这种权力,他们不仅无法选择对他们最有利的租制,也无法阻止永佃制的发展以避免土地产权被割裂。邹萍的《浅论清代福建地区的永佃制——17件清代福建地区永佃契的统计分析》(《福建论坛》2000年第2期)一文,通过对17件契约的分析,阐述了福建永佃制的产生途径、基本特征,揭示其盛行与商品经济繁荣之间的内在联系,它与传统租佃关系的异同，说明它与商品经济的发展是相适应的，有利于经济的发展。王玉海的《清代内蒙古东部农村的榜青与雇工》(《内蒙古社会科学》2000年第1期）则注意到了清代内蒙古东部农村的榜青与雇工问题。

张小也近年致力于盐业问题的研究，《清代盐政中的缉私问题》（《清史研究》2000年第1期）一文是篇"解剖麻雀"之作，她利用丰富的档案资料，对盐政管理中的缉私问题进行分析，有助于了解当时社会发展状况。《李卫与盐法改革》（《历史档案》2000年第2期）一文，则从雍正朝名臣李卫对地方盐政的改革入手，探讨了清代盐政弊端及其改革问题。

此外，马雪琴的《明清河南桑麻业的兴衰》（《中国农史》2000年第3期）一文考察了一向被人忽视的河南桑麻业兴衰状况。张剑的《外国银圆在嘉道年间的流通》（《内蒙古大学学报》2000年第1期）对外国银圆在嘉道年间的流通情况及其影响进行了探讨。魏光奇的《清代直隶的里社与乡地》（《中国史研究》2000年第1期）则对清代京畿地区的里社与乡地的占有情况进行了研究。王兴亚的《清代北方五省酿酒业的发展》（《郑州大学学报》2000年第1期）一文，对河南、山东、山西、陕西、直隶五省酿酒业的发展及其矛盾进行了探讨，并对清政府由禁止到限制政策进行了考察，认为其经验值得借鉴。黄国盛的《论清代前期的闽台对渡贸易政策》（《福州大学学报》2000年第2、3期）针对清代闽台之间的贸易状况以及地方政府的扶助政策、闽台对渡贸易的意义等问题进行了探讨。

（五）社会史

近年来，在社会史的研究中，学者比较重视社会变迁的研究。唐力行的《从碑刻看明清以来苏州社会的变迁——兼与徽州社会比较》（《历史研究》2000年第1期）一文，从家庭类型、社区保障体系,及大众社会心态三方面探讨了苏州和徽州两地社会变迁的不同道路。余新忠的《清前期浙西北基层社会精英的晋身途径与社会流动》(《南开学报》2000年第4期)一文,对清代前期浙西北地区基层士人的身份变化情况进行了考察,认为一个"平民色彩较为浓郁的社会已经在清代开埠前的江南出现"。里社保甲坊厢、家族宗教乡族、行业组织与乡族组织三大系列社会组织是清代基层社会的构成要素,张研的《清代中后期中国基层社会组织的纵横依赖与相互联系》(《清史研究》2000年第2期)一文,对其在清代中后期的变化进行了探讨。

婚姻状况历来是社会史研究的一个重要方面。研究清代婚姻关系最有成就的应是郭松义。本年度出版了他多年的研究成果《伦理与生活:清代的婚姻关系》(商务印书馆,2000年)一书,该书利用历史学、社会学的考订分析、个案研究、抽样统计等方法,借助伦理学、心理学的研究理论,使用统计学量化处理手段,汇集了过去很少利用的方志、族谱、年谱、档案等历史资料,对清代婚姻关系做了全面考察研究,内容涉及婚姻地域圈、婚姻社会圈、婚龄、童养媳、入赘婚、妾、节烈妇女和贞女、妇女再嫁、婚外性关系等问题。该书撰写历时九年,数易其稿,征引了四千余种资料,充分体现了作者严谨、信实的良好学术作风,可以说是一部论述全面、资料扎实、有创见的高质量学术专著。王跃生的《十八世纪中后期的中国家庭结构》(《中国社会科学》2000年第2期)一文,利用刑科题本等档案资料,对当时的家庭结构进行数量分析,通过分析认为,核心家庭已超过50%,直系家庭大约30%,复合家庭不及10%,表明小家庭已成为当时社会的主流家庭形态。卢增荣的《清代福建契约文书中的女性交易》(《东南学术》2000年第3期),通过对近年搜集到的若干珍贵文书档案及相关资料的分析,揭示了清代以来福建民间婚姻买卖及其相关问题，它与当时的经济发展水平及与此相连的伦理观念有密切关系。

关于风俗与民俗的研究。刘明新的《满族祭祖与萨满教的关系研究初探》(《中央民族大学学报》2000年第2期)一文，认为祭祖与萨满教之间既有种种联系，又有本质区别，不能混为一谈。赵世瑜、杜正贞的《太阳生日：东南沿海地区对崇祯之死的历史记忆》(《北京师范大学学报》1999年第6期)一文，通过对中外研究成果以及对当地风俗的调查资料的爬梳，对流传于东南沿海地区太阳生日及其信仰习俗进行了研究。与此相似的是赵世瑜、张宏艳的《黑山会的故事：明清宦官政治与民间社会》(《历史研究》2000年第4期)一文，也值得一读。

关于秘密结社与会党史的研究。过去人们往往把林爽文起义与天地会联系在一起，称为林爽文天地会起义或天地会领导的林爽文起义，刘平的《天地会与林爽文起义之关系辨正》(《南京大学学报》2000年第4期)一文认为此说法不确切，两者没有直接因果关系，林爽文起义是当时社会暴力发展的产物，是拜把结会传统裂变的结果，天地会在其中充当的是不自觉的角色。这一观点与加拿大学者王大为(David Ownby)《清代早中期会党与秘密社会》一书的观点不谋而合。青莲教是清代历史上一个重要秘密教门，颇受国内外学者的关注，但就其起源问题尚多有不同意见，大多认为源于江南罗教。秦宝琦的《清代青莲教源流考》(《清史研究》1999年第4期)利用档案和实地考察的资料，特别是国内学者较少使用的《川匪奏禀》，对此进行研究后认为，该教应有两个来源，其一是流传于江浙的无为教和姚门教即罗教，其二是康熙以后在江西流传的圆顿大乘教，两者在江西汇合后仍称大乘教，后发展为青莲教，关键人物就是吴子祥。清代哥老会起源问题历来众说纷纭，秦宝琦、孟超的《哥老会起源考》(《学术月刊》2000 年第 4 期) 一文,经过研究认为,哥老会确系由四川啯噜而来,但并非是所有的啯噜,而仅仅是其中活跃在川江重庆到夔州一段上,充当帆船水手、纤夫中的啯噜模仿天地会而结成的。

(六) 学术、文化与思想史

学术与思想史研究一直是近年来清史研究的一个热点领域。仅今年一年里就发表了七八十篇文章,涉及清中期的四库全书编纂以及常州学派等多个方面。

作为 18 世纪中国文化事业的最重大的事件,一直被清代学术界誉为"会诸家之大成,光稽古之圣治"的《四库全书》及《四库全书总目提要》的编纂,不仅是对古典文献的整理,也凝结了清代学者的文化精神,确实值得学界认真研究。周积明曾著《纪昀评传》(南京大学出版社,1994 年)、《文化视野下的〈四库全书总目〉》(中国青年出版社,2001 年) 等书,一直倡导四库学研究。他在《〈四库全书总目〉与十八世纪中国文化的流向》(《社会科学战线》2000 年第 3 期) 一文中对四库全书总目编纂的缘起、意义等进行了评析,认为作为中国古代最大、最完善也最出色的目录书,《四库全书总目》本质上是当时最重要的文化产品,客观化的精神,因而有鲜明的价值取向和特定的学术文化观念,包含着民族的时代的情绪、学术理想与时代精神,值得人们去关注。《"四库学":历史与思考》(《清史研究》2000 年第 3 期) 和《四库学通论》(台湾《故宫学术季刊》2000 年第 17 卷第 3 期) 两文,则以历史为线索,对四库学的源起、发生发展的历程进行了全面系统的评述,对四库学的研究范围和内容做了界定和总结,并对新中国成立以来两岸三地四库学的发展情况做了综合介绍,对其未来发展提出了自己的意见。王记录的《〈四库全书总目）史学批评的特点》(《史学史研究》1999 年第 4 期) 一文，总结了"四库全书总目"史学类书目的特点：区分类聚以示史法、重编年、重正史，寓经世思想于分类之中，重视历史演变；以历史考察以见褒贬；比较异同以论得失；论世知人以见批评用心；具体评析，折中至当；旁征博引以说史意。林申清的《四库书目家族》(《华东师范大学学报》2000 年第 5 期) 一文，则从应用目录学的角度出发，全面考察了《四库全书》书目的搜集、编辑及补修情形，并从版本学的角度对各类书目的形成过程做了客观的介绍。

罗炳良的《略论乾嘉史家的考史方法》(《求是学刊》2000 年第 1 期) 讨论了乾嘉学者的考史方法，认为当时史家运用归纳、演绎、比较、辩证、会通等多种形式，对历史记载和事实进行全面考证的方法，不仅有助于揭示历史普遍联系及其规律性，进而看到历史发展的特殊性及差异，而且有助于对历史的整体考察，为中国古代考史方法论的形成和总结奠定了基础。

对扬州学派的研究则是本年度学术史研究另一个比较集中的课题。20 世纪 60 年代张舜徽曾经有《清代扬州学记》(广陵书社，2004 年) 一书简要概括了扬州学派在清代学术史上的地位。祁龙威的《清乾嘉后期扬州三儒学术发微》(《扬州大学学报》2000 年第 2 期) 一文评析了焦循、阮元、凌廷堪三人的经学思想，并说明乾嘉经学乃是反对宋明理学空谈心性而创建的经世之学，先是以惠栋为代表的吴派，继之以戴震为代表的皖派，又继之以焦循、阮元、凌廷堪三人为代表的扬州学派。吴派以恢复汉人训诂为宗旨，皖派以训诂以明孔孟之道，扬州学派则提倡面向人事和实践，三者相继，构成了乾嘉学派的正统，其特征是崇尚朴学，即实学，而通称之为汉学或考据学，都是错误的。王成的《明清时期徽商对扬州文化发展的贡献》(《安庆师范学院学报》1999 年第 5 期) 则探讨了徽商与扬州学术发达之间的密切关系。许卫平的《清代扬州学者方志学成就简论》(《扬州大学学报》2000年第4期)一文,从实践、理论探讨及对旧志的整理三个方面,对王念孙、汪中、刘台拱、江藩、焦循、阮元、刘宝楠等扬州学者方志学成就进行了论述,弥补了对扬州学者方志学成就的研究不足。余新华的《阮元的经解》(《文史哲》2000年第1期)和章权才的《阮元与清代经学》(《学术研究》2000年第2期)两文,则对扬州学派最重要的代表人物阮元的经学思想进行了专门评析。

清代常州公羊学派也一直是研究者关注的领域,围绕对其评价一直存在争议。陆振岳的《常州公羊学派的萌生及演变》(《江苏社会科学》2000年第2期)一文,对清代公羊学的演变进行探讨。汤仁泽的《论常州学派兴起的社会条件》(《史林》1999年第4期)一文则从经济背景、人文文化环境等方面的因素,对常州学派兴起的社会条件进行了分析。田汉云的《试论庄存与的〈春秋正辞〉》(《清史研究》2000年第1期)则对清代常州学派的开山人物庄存与的代表作《春秋正辞》进行具体分析,对他的学术思想加以勾画。申屠炉明的《论刘逢禄春秋公羊学的特色》(《南京大学学报》2000年第2期)则对常州学派的传承人物刘逢禄春秋公羊学尊信公羊偏主东汉何休一家之说的特点进行了探索。

王先明注意到了清中期的"经世学"与近代"新学"之间的密切联系,他的《近代新学与社会文明转型的几点思考》(《天津社会科学》2000年第2期)、《"经世学"与近代"新学"的发端》(《社会科学战线》2000年第4期)认为,将近代"新学"等同于西学的认识既不符合近代社会与文化发展的历史实际,也无法揭示"新学"包含的丰富内涵与时代特征;近代"新学"既是社会文明转型的历史要求,也是社会文明转型的社会动力;近代"新学"是传统中学适应社会变迁的文化转型,它的形成和发展,不仅体现社会变动的力度和深度,同时也构成了推动社会变革进程的学理动力。

乾嘉时期的理学状况向来不为人所重视,好像是汉学一统天下,并无理学立足之地。而实际上,理学在清代一直具官方地位,只是在汉学兴起后,为其所掩而已。魏永生的《乾嘉时期理学概述》(《淮阴师范学院学报》2000年第1期)对此进行了勾画,颇具填补空白的意义。

历史建筑作为古老文明的象征,处处折射出传统文化的内涵,因而受到学者们的关注。刘凤云的《城墙文化与明清城市的发展》(《中国人民大学学报》1999年第6期)一文,对明清时期城墙的形态、城郭与都市发展的关系,进行了初步探讨。周允基、刘凤云的《清代房屋建筑的防火概况及研究》(《河南大学学报》2000年第6期)一文,从防火制度、组织设置及建筑本身设置等方面,对清代防火进行了论述。选题都颇有新意。

(七)人物研究

1999年3月,朱维铮发表的《清学史:学者与思想家》(《光明日报》1999年3月26日)一文,针对清代乾嘉年间学术研究与思想界相对沉闷的矛盾现象,探讨了对思想家的界定问题,提出"怀有根据某种观念系统从事政治实践意向的人物,在欧洲便称作思想家"。许苏民的《也谈清学史:思想与思想家——与朱维铮先生商榷》(《光明日报》2000年5月19日)一文提出不同看法:清廷在政治思想领域的高压达于极致,却不能证明一切思想领域的沉闷皆达于极致,尤其是从整个中国学术史来看,乾嘉思想界并不比实行开明专制的汉唐时代逊色。而且提出了自己的界定:只要学者们能在各自的领域中有独到的思想建树,就可以被称为思想者,其卓越者即为思想家。这实际上是对"思想家"这一概念的广义和狭义的不同理解,同时也是其他学科面临的一个问题,值得思考。

人物研究无疑依赖清代流传下来的传记资料,本年度人物研究深入的一个重要体现是冯尔康《清代人物传记史料研究》一书的出版。该书从人物研究的基础史料着手研究人物,有资料翔实的特点。韦庆远的《论雍正其人》(《史学集刊》2000年第3期)一文,则针对近年来文艺界演义清帝问题发表了自己的看法,认为在评价雍正等历史人物时既要客观地论其政绩,又要如实地揭露其缺点,不应像某些文艺作品那样不顾历史事实任意曲解虚构,如此才能还历史人物以本来面目。

在学术人物研究中,作为开一代学术风气的清初大儒顾炎武一直是学界研究的重点。本年研究顾炎武的主要成果是陈祖武等的《旷世大儒顾炎武》(河北人民出版社,2000年)一书。该书在吸收近人最新研究成果基础上,对顾炎武学术的社会背景、经历与学术发展、重要学术著作、礼学思想等进行了阐述,具有重要的参考价值。魏长宝的《顾炎武与乾嘉学派》(《江汉论坛》2000年第3期)一文,则从学术规模、治学门径、为学宗旨等三个方面,探讨了顾炎武与乾嘉学派之间的传承关系,并对"乾嘉学者只能算半个学者"的说法予以否定。林存阳的《顾炎武"明道救世"的礼学思想》(《中国社会科学院研究生院学报》2000年第3期)一文则对"明道求世"思想进行了阐述和肯定。

比较有影响的是蔡仲德的长篇文章《从顾炎武说到王国维——兼论中国文化的特质》(《浙江社会科学》第1、2期)。该文认为,顾炎武的核心思想是捍卫封建伦理纲常,他本人也根本不是什么启蒙者,而是一个不折不扣的封建卫道士;王国维自沉是为殉清,后期的王国维既是封建卫道士,又是亡清的忠臣烈士。他们所卫之道是封建政治与道德的统一，属于专制主义意识形态。文章认为，为了实现中国社会及其文化自前现代向现代化的转型，必须高举人文主义旗帜，彻底批判这种以礼为本位的专制主义意识形态。

吴怀祺的《王夫之的易学与史论》(《安徽大学学报》2000年第6期)一文认为，王夫之把《易》学研究与史学研究结合，用《易》学论说历史的盛衰之变，显示出其史学的哲理性，丰富了中国古代史学理论。只有对王夫之的易学与史论结合起来进行研究，才能获得比较全面的认识。汪学群的《从清初学术看王船山易学的特色》(《清史研究》2000年第4期)一文强调了王夫之《易》学与清初学术之间的关系，认为王夫之研究《易》学是在清初学术背景下进行的，批判理学、经世致用、回归经典诸特征在其《易》学中都有体现，因而可以说，清代学术诸特征大体决定了船山易学的特色。彭大成的《王船山治国思想略论》(《湖南师范大学学报》2000年第4期)一文，则对王夫之的治国主张进行了总结。

白兴华的《论赵翼评价历史人物》(《北京师范大学学报》2000年第2期)一文，对赵翼评价历史人物的特点进行了评述，认为他通过评价人物揭示时代特征，大量运用比较研究的方法，重视下层，因而给后人留下了宝贵的史学遗产。王树民的《〈陔余丛考〉述评》(《河北师范大学学报》2000年第2期)一文，对赵翼的史学名著《陔余丛考》的价值进行了评析，认为其成就表现在以经学考证治史，大胆立言，有独到见解，但也有粗疏之处。徐家骥的《试论赵翼对〈史记〉、〈汉书〉的研究》(《内蒙古师大学报》2000年第1期)一文通过对赵翼的《史记》、《汉书》研究，探讨了赵翼的史学方法和主张。

包世臣是清代中期一位有思想的实政专家，他历乾隆、嘉庆、道光、咸丰四朝，有独立而执着的学术观念，而以往对其思想产生背景及源流缺乏研究。张岩的《包世臣学术思想探源》（《江汉论坛》2000年第6期）一文对包世臣的学术成长过程、学术渊源及其学术地位进行了探讨；《包世臣盐法改革思想及其近代性》（《江海学刊》2000年第4期）一文则对包世臣最关注的盐法改革主张进行了评析。周邦君的《包世臣多种经营农业技术思想》（《中国农史》第1期）则对包世臣有关农业经济问题的主张进行了梳理。贺永泉的《姚莹的边疆史地研究》（《兰州学刊》2000年第1期）一文是对姚莹边疆史地研究的研究。姚莹既是鸦片战争期间一位爱国官员，更是一位知名学者，他和李兆洛、徐松、沈垚等人一起，是清代最早关注边疆问题的学者之一，颇具代表性，而过去学界研究较少，故此文在一定程度上弥补了空白。

陈寒鸣的《戴震与中国早期启蒙思想》（《中国社会科学院研究生院学报》2000年第5期）一文，针对某些否定戴震思想的倾向，比较详细地考察了戴震的哲学思想，认为尽管由于时代的局限性，戴震思想不及清初顾炎武、黄宗羲、王夫之、方以智等人的思想高度，但在清中期文化专制历史背景下，潜心义理之学，倡言反理学传统，使他成为明中期以后早期启蒙思想的继承者，他的不少理论主张也确实具有早期启蒙思想的性质。王俊义的《龚自珍与晚清思想解放》（《中国社会科学院研究生院学报》2000年第4期）一文，通过对龚自珍思想梳理认为，龚自珍是转折时期一位具有超前意识的启蒙思想家，他最大的历史功绩就在于开创一代风气，推动晚清思想解放。

吴伯娅的《乾隆帝和他的诗臣沈德潜》（《紫禁城》2000年第2期）对乾隆和诗人沈德潜之间的关系进行了探讨。赵秉忠的《李颙政治思想评估》、李春光的《阎若璩的治学精神及其学术成就》（《辽宁大学学报》第5期）分别对清前期两位重要学者李颙和阎若璩进行了研究。值得一提的是王英志的《袁枚家族考述》（《聊城师范学院学报》2000 年第 1 期）一文，该文是从家庭史的角度研究学术人物的尝试之作，有利于对人物研究的深入。曹度的《曹文埴曹振镛父子的政治文化形态略论》（《安徽史学》2000 年第 1 期）通过入仕、待人、家庭、处世等方面对此问题进行了探讨，揭示了"儒贾结合""儒政相通""读书入仕"的特点。对于从政治文化形态角度认识清中期的封建政治人士是一个很好的尝试。

（八）中外关系及交流史研究

中外关系及交流史研究相对沉寂。1999 年末，围绕澳门回归问题，各地发表了一大批有关澳门问题的研究文章。如彭顺生的《试论鸦片战争前 300 年澳门在中西文化交流中的地位与贡献》（《史学月刊》1999 年第 5 期），吕美颐、郑永福的《历史上澳门地方自治制度论略》（《中州学刊》1999 年第 4 期）和蒋贤斌的《论鸦片战争前清政府对澳门的经济政策》（《江西社会科学》2000 年第 3 期）等，表现出对现实问题的关注。陈文源的《明清政府立法治澳之探讨》（《暨南学报》2000 年第 1 期）一文通过对《澳夷禁约》、《海防七条》、《澳门约束章程》等法规的研究，指出中国政府对澳门的主权是延续的。卜奇文的《论鸦片战争前清政府对澳门的经济政策》（《广西师范大学学报》2000 年第 1 期）、汤开建的《嘉庆十三年澳门形势图研究》（《广西民族学院学报》2000 年第 2 期）等文章也值得一读。值得注意的是澳门《文化杂志》第 38 期发表了一组澳门与内地关系的文章，其中何建明的《略论清代澳门与内地的佛教文化关系：以普济禅院为主的个案研究》很有特色。

针对清代闭关锁国问题，黄国盛的《清代前期开海设关的历史地位与经验教训》（《东南学术》1999 年第 6 期）一文，利用方志、档案、中外学者的研究成果，对清前期的闭关自守政策再次进行了爬梳研究,该文的可贵之处在于他没有直接对这一复杂问题做出片面的肯定或否定,而是对其主、客观原因及其利弊得失都进行了客观分析。杨国强的《通商与禁烟:中英鸦片战争的历史因果》(《上海社会科学院学术季刊》2000年第1期)讨论通商与禁烟、中英鸦片战争之间的因果关系,认为它既体现了理与势的冲突,也体现了中世纪与近代的冲突,这种错杂预示了100年来历史的曲折和畸态。

有关中俄贸易纠纷问题,周湘的《夷务与商务——以广州口岸毛皮禁运事件为例》(《中山大学学报》2000年第2期)一文,通过对中外史料的整理指出,1791—1792年广州口岸毛皮禁运事件并不单纯是商务纠纷引发的,它涉及中俄间的政治冲突,表明清代外贸在很大程度上为政治所制约,夷务管理政策已逐渐与实际需要脱离。

王川的《西洋望远镜与阮元望月歌》(《学术研究》2000年第4期)一文是研究"西学东渐"问题的一篇很有意思的选题。学者型官员阮元在做两广总督时开始真正认识西洋物质文明,所作的《望远镜中望月歌》,表达了他使用望远镜观察月球后的感慨,发出了对传统月亮神话的质疑,很好地体现了西洋物质文明的传入对中国传统精神文化的深刻影响。陈占山的《清康熙初排教争执热点问题研究》(澳门《文化杂志》2000年第38期)也不错。

有关中朝关系研究近年集中在文化交流方面,特别是朝鲜燕行使团的研究。王政尧在《燕行录与宣南文化》(《北京文史》2000年第1期)一文中,以《湛轩燕记》等《燕行录》系列著作为例,从书肆、戏园等方面,为这一重要区域文化研究,提供了新的文献资料。他指出,《燕行录》以直笔、全面、完整、重要为其主要特点。吴建雍、赫晓琳的《宣南士乡》(北京出版社,2000年)一书,从交往、见闻、书市等方面,写出了洪大容等朝鲜学者与清代宣南士子的深情厚谊。有关燕行录的研究,还有黄时鉴的《朝鲜燕行录所记的北京天主堂》(《韩国学论文集(第八辑)》,民族出版社,2000年)等。

三

综合看来,本年度清代史的研究有一些进展,表现在一些研究领域的开拓,但从整个情况看,也存在明显的不足:

第一,缺乏理论创新。理论是学术研究的灵魂,理论创新是学术研究发展的翅膀,没有了这个灵魂和翅膀,学术研究也就失去了它的蓬勃活力。

近年来,由于学术界对理论创新的忽视,使清史研究一直存在创新乏力的问题。从本年度的清史研究来看,尽管文章数量不少,但整体上说,仍比较分散,研究某个具体的人或事的较多,重复选题、炒冷饭的问题仍然明显存在。所以,认真研究马列主义理论,及时吸收新的理论成果,并把它贯穿于自己的研究之中,仍是学界值得关注的问题。

第二,缺乏争鸣。学术争鸣既是学术研究繁荣的重要体现,也是学术研究深入最重要的催化剂。令人担心的是,目前学术界,无论是德高望重的老专家,还是怀情朝气的中青年学者,都不愿意卷入论争的是非之地,即使是有自己完全不能同意的观点,也是听之任之,唯作壁上观,这是极不正常的现象,也是值得学界关注的。

第三,学风浮躁的问题仍然存在。如果单纯从清史研究人员的数量、所发论文数量来看,我们对清史研究的现状确实应该乐观,因为相对众多的研究队伍,年发300多篇的论文数量,不能不说清史研究还比较繁荣。但若以新材料、新领域、新观点而论,则大打折扣,不少文章属于不用精读或者不用读的范围,这反映出在一些历史教学和研究机构，仍有不愿坐冷板凳，急功近利倾向，表现在学术成果上，就是不愿意做挖掘资料这样一个最艰苦也最基础的工作，而是利用前人现有的成果改头换面，大肆炮制所谓的学术论文，片面追求成果的速度和数量，甚至不顾学术规范和道德，出现抄袭、剽窃等丑恶现象。所有这些，都必须引起我们的高度重视。

第四，从研究方法来看，综合研究尚需加强。历史研究最根本的目的，不是对社会表象的简单复述，而是探寻历史演进的规律，通过对过去岁月的理性认识，把握人类自身发展的命运。从目前发表的论文看，仍然是专题研究一统天下，而从全局把握的文章，从综合性的角度研究历史源流，相对较少，学术界尚缺乏有见解、有影响的综合性的研究成果，而又恰恰是这样的研究能够真正把握一个时代发展的规律性。

第五，从选题来看，一些重大学术课题研究仍需要加强。历史研究，特别是清史研究，具有明显的现实性，绝不能仅仅停留在对具体史事的准确表述上，而是要通过研究，找出值得今人借鉴的经验教训，从而达到为现实服务的目的，自古以来，史学即有"通古今之变"以服务现实的传统，这也是这门古老学科能常盛不衰的根本原因，而要做到史学服务现实这一点，甚至仅对清史的整体认识上，研究者也必须对一些关系全局、与现实社会有密切联系的重大课题有一个明确而清醒的认识。

由于个人学识浅薄，了解得不够全面，理解也不够深刻，不当之处，还望大家批评。

2001年清史研究综述

◎ 林存阳

2001年的清史研究，在学术积累的演进中，无论就新的学术取向，还是论著的数量和深度等，皆取得了诸多新的成就，为清史研究新局面的展开拓宽了视野。兹将本年度清史研究进展状况略作梳理，以资省览。

一、清史研究的新思维

任何一门学科的发展与深化，无不和理论与方法的创新息息相关。对清史研究来说，此问题一直受到治清史者的极大关注，且已取得相当的成绩。本年度学者们又有了新的思索，其体现为：思想与社会的互动、乾嘉学术的新探索、社会史的理论总结，以及提出观念文化史、整体清史等观念。

乾嘉学术研究。关于乾嘉学术的探讨，很久以来便成为治清史者关注的一大焦点。章太炎、梁启超、钱穆、胡适等先生发其端绪，杨向奎、张舜徽、陈祖武及余英时、林庆彰等阐扬于后，更有中青年学者黄爱平、漆永祥、詹海云、张寿安等继起，于乾嘉学术之发扬，可谓颇具规模。而陈祖武和高翔研究员所主持的《乾嘉学派研究》课题的立项，则是对乾嘉学术研究的新思考、新探索。

观念文化史。高翔在其所著的《近代的初曙——18世纪中国观念变迁与社会发展》（社会科学文献出版社，2000年）一书中，提出了其研治清史的理论思考。宣称："摆在你面前的这部著作不是学术史，也不是思想史，而是一部关于观念文化史的著作"；而"观念史研究的基本使命是反映时代精神的变迁，从社会精神文化的角度，展现人类历史演变的轨迹。而要真正做到这一步，最重要的就是严格地将观念置于特定时代范围来考察，并高度重视二者之间的互动关系。对18世纪知识阶层社会观念及意识形态的研究，我们不妨也作如是观"。本此思路，他对18世纪知识界的发展趋向做了多角度、多层次的剖析。诚如李治亭先生所揭示的："作者的命题及其研究，独辟蹊径，开辟了清史研究的新领域，提出了新思路、新方法，为我国清史研究的深入启示了新方向。"（高翔《近代的永曙——18世纪中国观念变迁与社会发展》，"导论"，扉页评语）

整体清史观念。李文海的《论晚清史研究》（《光明日报》2001年5月31日）一文提出，"作为断代史的清史，应该是研究清王朝从兴起至灭亡全部政治时期的社会历史"，"从断代史的角度进一步加强晚清史的研究，是清史学科建设的一个重要课题"。而杨珍的《清朝皇位继承制度》（学苑出版社，2001年）则是整体清史观念具体运用的一部力作。本书充分利用满文等第一手文献并广泛参考相关史料，对有清一代的四种皇位继承形态（汗位推选、嫡长子皇位继承、秘密建储、懿旨确立嗣君）的曲折变化及相关问题，从历史、政治、文化、心理等视角，进行了全面、深入而富于理论性的综合探讨，得出了一些新的认识。

二、各领域研究概况

政治史。学者们对政治思想、制度、政策、事件、人物等专题，提出了诸多新的思考和检讨。黄爱平的《清代康雍乾三帝的统治思想与文化选择》(《中国社会科学院研究生院学报》2001年第4期)指出，以程朱理学作为官方哲学思想和统治思想，以及将"崇儒重道"作为基本文化国策，是康、雍、乾三帝的共同思想取向，它为康乾盛世奠定了深厚的思想文化根基。杜家骥的《清入关后与科尔沁蒙古联姻述论》(《明清论丛(第二辑)》，紫禁城出版社，2001年)对清入关后清朝与科尔沁蒙古是否继续保持联姻、其联姻的密度特点，以及对清朝统治的影响等问题，提出了一些新的认识。张玉兴的《论历史上的满洲与"贰臣"》(《明清论丛(第二辑)》)认为，"贰臣"说是满洲历史观的真实反映与确切概括，当年满洲统治者所提出之"贰臣"论，不仅表现了一种直面历史的恢宏魄力，在客观上也是对维护中华民族传统美德的一大贡献。

朱诚如、张力的《嘉庆朝整顿钱粮亏空述论》(《明清论丛(第二辑)》)对钱粮亏空的成因、加大力度整顿的成效和存在的问题等，进行了个案和综合分析，并揭示了嘉庆朝整理亏空收效甚微这一特点。常筑的《论清朝闭关锁国政策的历史根源及其教训》(《贵州大学学报》2001年第5期)指出，闭关锁国政策根源于长期以来落后的封建经济、重农抑商政策，是清政府政治上实行专制统治、肃清海疆、防范侵略的需要，但其负面影响亦相当明显。王超的《清代海外贸易政策的演变》(《辽宁师范大学学报》2001年第1期)则对有清一代闭关政策由禁海—开放—闭关的演变做了具体分析，认为谈海外贸易政策不能笼统地定为闭关政策，对其作用的评价也不应一概而论，而应视不同发展阶段给以恰当论断。

刘战、谢茉莉的《试论清代的监察制度》(《辽宁大学学报》2001年第3期)探讨了清代监察制度的机构及职掌、职权、保障制度等问题,且对其作用和不足加以评判。王丽的《清代翻译科述论》(《辽宁大学学报》2001年第4期)指出,翻译科是清统治者在"重满轻汉"思想下出于满人利益,专门为八旗士子构筑的进身之阶。但随着满人汉化程度的加深,虽然翻译科考试常因报考人数不足多次推迟或并届,考试水平也逐渐下降,但还是维持开科到了清末。

秦国经的《从清宫秘档看清廷招抚郑氏集团的历史真相》(《清史研究》2001年第1期)根据有关档案记载,指出清廷对郑氏集团两次大的招抚活动使得郑氏集团的力量逐渐分化和瓦解,而在平定三藩之后,清朝对施琅及其"因剿寓抚"建议的采纳,则对台湾本岛避免战争和实现国家统一产生了积极作用。王俊义的《雍正对曾静、吕留良案的"出奇料理"与吕留良研究——兼论文字狱对清代思想文化发展之影响》(《中国社会科学院研究生院学报》2001年第2期)探讨了雍正对曾静谋反罪与吕留良诗文案的"出奇料理"(如亲自审问曾静,编撰《大义觉迷录》颁发全国等),并指出此一"出奇料理",对吕留良思想研究乃至对清代思想文化的发展,则产生了很大的消极影响。李国荣的《清朝最大的科场夹带作弊案》(《历史档案》2001年第1期)对乾隆甲子科(1744年)乡试中顺天考场所发生的科场夹带作弊案之经过和乾隆帝对此事的处置做了专门探讨,指出了此案的严重性和典型性,以及由此所推出的一系列旨在禁防夹带作弊有力举措的积极作用。

高翔的《谢济世散论》(《清史论丛》2001年号),就谢济世之生平事迹及反对极端君主专制的政治立场、独特的理学思想等进行了颇具识见的考订分析,并对牵涉到谢济世的一些案件予以澄清。作者不无感慨地指出:雍乾之际谢济世以直言敢谏动天下,以独抒己见震学林，其意义非同寻常。2001年8月于海城召开的"尚可喜暨明清鼎革学术讨论会"，从方法论、历史人物评价、历史发展趋势、具体事件等方面，本着政治评判与道德评判相统一的思想，就尚可喜的功过是非，及在明清鼎革之际的历史意义和影响，进行了审慎而富于启发性的探讨，从而深化了对尚可喜的研究。

经济史。学者们围绕区域经济、粮食生产、市场、财政、商业等问题，展开了深入探讨。张海英的《明清江南与江西地区的经济联系》（《华东师范大学学报》2001年第3期）指出，明清时期江南与江西的经济因地利之便使其经济上的联系相当密切，具有很大的互补性；但由于清政府经济政策的限制，两地的市场联系和边境贸易的繁荣却是非经济的。杨国安的《浅析清代经济作物种植的区域特征》（《中国农史》2001年第2期）认为，清代经济作物呈现出区域性、商品化和专业化的趋势。张家炎的《清代江汉平原垸田农业经济特性分析》（《中国史研究》2001年第1期）从农业生产的角度，对江汉平原垸田形成的原因、种类、在总耕地中的具体比例、内部的水旱比例关系、内部的耕作制度以及经济地位等问题进行了个案研究，指出垸田在耕地中的高比例及垸内作物的相对高产使得它既系民食所赖，亦是赋税所出，从而在地方经济中占有很重要的地位。

郭松义的《明清时期的粮食生产与农民生活水平》（《中国社会科学院历史研究所学刊》第一集，社会科学文献出版社，2001年）对明清两代粮食生产平均亩产和总产做了大体匡算，在此基础上讨论了农业劳动生产率和农民生活水平问题，并指出粮食亩产量的上升趋势与劳动生产率的不断下滑体现出农业进步和后劲不足的困境。吴敌的《清前期长江流域粮食贸易的几个问题》（《四川师范学院学报》2001年第3期）通过对长江流域粮食贸易市场、经营形式等问题的考察，分析了粮食贸易的几种不同市场形态，以及流域内以粮食贸易为主的统一市场形成的原因。

郑学檬的《清前期企业与市场的互动分析》(《福建论坛》2001年第1期)通过对清前期官、民企业与市场联系史实的分析,揭示出市场是在商品生产、交换过程中形成的,商人、牙行是其媒介;而市场功能及其对企业生产导向作用的发挥,则使企业生产与市场呈现出互动状态。吴海光、金光的《略论明清苏北集市镇的发展》(《中国农史》2001年第3期)则集中对苏北地区集市镇的发展及其分布格局、类型、发展原因等加以探讨,指出随着漕运、盐运和海运业的发展,苏北地区的集市镇大量兴起并不断得到发展,其分布格局与周边地区的经济结构和地理条件有着密切的关系。

魏光奇的《清代州县财政探析》(《首都师范大学学报》2000年第6期、2001年第1期)对清代州县财政的实际收支构成和运作机制、制度设计、法外支出、收入等问题进行了探讨,并以此透视中国古代地方行政在科层化、程序化外衣之下的封建家长制和家产制特征。邓亦兵的《清代前期政府的货币政策——以京师为中心》(《北京社会科学》2001年第2期)对清代前期政府货币政策的内容、措施,推行政策的依据,政策的目的、特点及其作用,做了深入探讨。

李帆的《论清代畿辅皇庄》(《故宫博物院院刊》2001年第1期)就畿辅皇庄土地和劳动力的来源、规模与发展、经营管理和剥削关系等进行了探讨,指出畿辅皇庄上存在农奴制剥削方式和租佃制,乾隆年间租佃制在农奴制基本解体之后开始占据统治地位,直至皇庄这一特殊经济形态退出历史舞台。韦庆远的《〈庄头家谱〉与清代对旗地的管理》(《中国社会经济史研究》2001年第2期)依据清代内务府档案中收集来的资料——《庄头家谱》,对庄头的特殊身份地位,庄头与庄园主间,与亲丁、壮丁间的利害交错和矛盾斗争,与清代旗地制度兴衰的密切联系和影响,做了多角度考察。刘小萌的《清代北京旗人的茔地与祭田——依据碑刻进行的考察》(《清史论丛》2001年号)对旗人土地中探讨不足的茔地与祭田的来源、制度等进行了颇具深度的考察。赵令志的《清前期八旗土地制度研究》(民族出版社,2001年)一书,从研究满族史的角度出发,以旗地制度的发展、变化为主线,将旗地的产生、发展、衰落过程与八旗制国家的形成、发展相结合,对满族社会的历史发展问题进行了探讨,提出了一些新的认识。

李伯重的《明清江南的出版印刷业》(《中国经济史研究》2001年第3期)深入考察了明清江南的商业化出版印刷业,认为私营出版印刷业的绝对优势、技术上的(活字印刷的推广、彩色印刷技术的出现与改进)进步、商业化趋势成为主流、"外向化"趋势的出现等四个变化,表明江南的商业化出版印刷业在明清时期有了重大发展。王日根的《论清代商人经营方式转换的若干趋向》(《浙江学刊》2001年第1期)从清代商人由流寓转向土著、超越乡井以及由边缘走向中心等方面,考察了商人经营方式的一些变化趋向,认为在这些转换当中,会馆起了积极的作用。

文化史。藏书、教育、城市文化、科举、戏剧等问题,是学者们探讨清代文化有关问题的关注点。朱赛虹的《清代盛期皇家藏书:规模、类型及其职能》(《明清论丛(第二辑)》)通过一手档案文献资料,探讨了清代皇家盛期藏书的背景、来源、类型及其职能、地点与规模等问题。张健、汪慧兰的《清代徽籍藏书家鲍廷博》(《安徽师范大学学报》2001年第2期)对乾隆时期著名的藏书家鲍廷博进行了个案研究,指出其典藏之富、进献《四库全书》馆书籍之多之精,他人罕与其匹;而其所刊《知不足斋丛书》更是在数量和学术、资料价值上占有重要地位;徽州文化和家庭的影响、个人的兴趣是鲍廷博成为清代著名的古籍整理和藏书家的主要原因。

白新良的《论清代八旗教育在乾隆时期的转变》(《南开学报》2001年第4期)认为,以乾隆十七年为界,八旗教育分为前后两个阶段:前一阶段继续使用和新建了一些八旗教育机构,并利用八旗文化优势进一步开放八旗仕途;后一阶段则强调清语骑射,削减科举中式的八旗名额并停止翻译会试,限制和阻止八旗教育的发展及普及。这一变化,导致八旗教育呈现颇为萎缩的局面。李绪柏的《明清广东的社学》(《学术研究》2001年第3期)对明清广东社学的发展概况、建制规模、经费学田、教学内容、社师遴选等方面的特点,以及社学在广东社会文化生活中的作用和贡献等进行了详细梳理。

刘凤云的《明清城市的坊巷与社区——兼论传统文化在城市空间的折射》(《中国人民大学学报》2001年第2期)、《清代文人官僚与城市私家园林的兴衰》(《故宫博物院院刊》2001年第1期)等文,及《明清城市空间的文化探析》(中央民族大学出版社,2001年)一书,突破以往从经济史、社会史入手和点状式、区域式研究的模式,着眼于社会转型期的明清城市空间,以独特的文化视角对其物质内容(建筑组合与分布状态中的人文因素与文化内涵),进行了比较全面深入的探讨。

李琳琦的《略论徽商对家乡士子科举的扶持与资助》(《历史档案》2001年第2期)指出,徽商在大规模兴学立教的同时,又围绕科举考试对士子进行多方面的扶持与资助,从而为士子科考提供了极大的便利。他的《明清徽州进士数量、分布特点及其原因分析》(《安徽师范大学学报》2001年第1期)一文指出,明清时期徽州考中进士的人数之多为他郡所不及;就其内部而言,中进士者在地域分布上以歙、休宁两县尤其是歙县所占比例较大;而相对于地域上的不平衡,中进士者又主要集中在汪、程、吴及其他少数大姓大族之中,其原因在于这些大姓家族具有"崇儒重仕"的传统和雄厚的商业资本，这使其子弟具备了一定的优势。

王政尧的《清代民间"关戏"的不断发展》(《中国社会科学院研究生院学报》2001年第1期）探讨了清代民间"关戏"不断发展的状况，指出其具有剧种多、剧目多、名家多三个重要特点；而京剧诞生后，在继承、借鉴花、雅二部"关戏"的基础上，对于"剧目多、名家多"诸特点又有了进一步的发展，并将"关戏"在京剧中的演出推向了高潮。

2001年7月10日—13日，清东陵文物管理处为进一步挖掘清东陵的文化价值及其内涵，借其被列入《世界遗产名录》之际，举办了"清东陵文化研讨会"。与会学者本着多学科研究相结合的精神，从历史学、考古学、文化学、建筑学、堪舆学、地理学、水文学、民族民俗学及美学等视角，深入地探讨了清东陵各个层面的文化内涵和发展前景。

冯尔康的《清人"礼以义起"的宗法变革论》(《明清论丛（第二辑）》）从世道变异、家族理论和制度必须更新、小宗法主张者的立论与内涵、坚持小宗论中的大宗说、以小宗法为主的大小宗结合论、"聚百世于一堂"的"一本观"、各派家族观共同的思想成分、变革观念产生于社会实践和家族民众化等七个方面，对清人"礼以义起"的宗法变革论问题做了缜密的探讨。张仁善的《礼・法・社会——清代法律转型与社会变迁》(天津古籍出版社，2001年）一书，以法律与社会结构、社会生活关系为切入点，深入探讨了清代礼、法与社会互动的历史轨迹及其所产生的意义。定宜庄的《家族组织与八旗制度之间——清代盛京内务府户口册与旗人家谱的对比研究》(《清史论丛》2001年号）以辽宁省盖州市李氏家族的族谱为例，将其与盛京内务府户口册中对该家族的记载进行对比研究，并以此为出发点探讨清代辽东旗汉人的人口行为与迁移情况，以及他们与八旗制度之间的关系。

王世光的《明清奢靡论探微》(《社会科学辑刊》2001 年第 5 期)指出,明清时期思想家及学者一反崇尚节俭的传统观念,从不同视角对奢靡的正面价值予以肯定,这反映出明清时期社会结构变迁及价值观念转变的独特历程。李景屏的《清前期社会风气的变化及其影响》(《明清论丛(第二辑)》)考察了清军入关到鸦片战争爆发前夕的近200 年时间里,社会风气由俭入奢的变化;并对酿成清代社会风气变化的原因、奢靡风气的形成和特点以及对清代的影响进行了剖析。

黄爱平的《18 世纪中国社会知识界对妇女问题的关注》(《故宫博物院院刊》2001 年第 1 期)以戴震、袁枚、阮葵生等人对妇女问题的关注为着眼点,指出这些有识之士借助原始儒学和古代礼制的思想武器,对宋明理学和封建礼教提出了大胆的质疑和批判,其深刻的理性思考反映了一代先驱者所能达到的思想高度。郭松义的《清代妇女的守节和再嫁》(《浙江社会科学》2001 年第 1 期)探讨了清代表彰贞节的历史过程、清代妇女再嫁现象的普遍趋势及原因,并就两者之间的关系进行了分析,指出在当时并不占主导位置的妇女再嫁才真正代表了历史前进的方向。王跃生的《清代中期婚姻缔结过程中的冲突考察》(《史学月刊》2001 年第 5 期)、《18 世纪中国婚姻论财中的买卖性质及其对婚姻的作用》(《中国经济史研究》2001 年第 1 期)、《十八世纪后期中国男性晚婚及不婚群体的考察》(《中国社会经济史研究》2001 年第 2 期)等文,通过梳理刑科题本中婚姻家庭类档案,分别就这些问题产生的原因、表现形态和造成的影响进行了考察。萧倩的《清代江西民间育婴事业研究》(《中国社会经济史研究》2001 年第 1 期)从江西民间育婴组织的抚育对象和范围、抚育方式、抚育费用和名额、婴孩的去留四个方面,对这一民间慈善事业进行了多方面的探讨。王尊旺的《清代台湾社会慈善事业初探》(《福建师范大学学报》2001年第2期)则对台湾慈善事业的成因、经费来源、管理及与大陆移民涌入的关系,进行了系统梳理。

《清史研究》第2期辟为"灾荒史研究专号",分瘟疫社会、环境水利、减灾赈济、灾害民俗四个专题,就有清一代的灾荒问题做了集中探讨。如王振忠的《清代徽州民间的灾害、信仰及相关习俗——以婺源县浙源乡孝悌里凰腾村文书〈应酬便览〉为中心》对清代徽州的自然灾害与民间信仰及相关习俗加以探讨,力图揭示徽州地区民众日常生活中不容忽视的另一侧面。余新忠的《嘉道之际江南大疫的前前后后——基于近世社会变迁的考察》则将嘉道之际的江南大疫置于中国近世社会变迁的大背景中,对疫情及相关问题做了具体考察,认为由此可看出的不仅仅是所谓传统社会的变动,还有江南地方社会所具有的活力和能动性。

王日根的《近年来明清基层社会管理研究的回顾与展望》(《江苏社会科学》2001年第3期)对近年来明清社会基层管理研究进行了回顾、总结与评析,并尝试提出进一步研究的方向。吴滔的《清代江南社区赈济与地方社会》(《中国社会科学》2001年第4期)、《宗族与义仓:清代宜兴荆溪社区赈济实态》(《清史研究》2001年第2期)等文,分别就江南地区赈济行为的社区化倾向、宗族赈济设施——义仓等的发展概况和影响,进行了富于启发性的探讨。

曹树基的《中国人口史》第五卷(清前期)(复旦大学出版社,2001年)运用历史学、人口学和统计学的方法,探讨了清代的户口制度、各省各府人口数量、边疆地区汉族与少数民族人口数量、人口增长率,以及战争、瘟疫、灾荒对人口的影响等一系列重要问题,并对清代人口变动的内在规律加以揭示。陈丹的《清代前期的人口问题》(《山东社会科学》2001年第1期)指出,清前期的人口增长总规模是空前的；社会环境、政府政策、农业生产耕作技术的改进，尤其是新作物的引进，是导致清前期人口迅速增长的主要因素，这一趋势对社会的方方面面产生了深远影响。

李尚英的《试论清代前期的离卦教》（《明清论丛（第二辑）》）对八卦教中建立时间早、传教时间长、独立性强、实力大、影响深的教派之一的离卦教，从起源、性质、发展变化，及其与一些反清武装起义的结合等方面，进行了有见地的探讨。张莉的《论帮会在清代的演化》（《历史档案》2001年第1期）则对秘密帮会的发展、帮会体系的演变及其特色进行了梳理。陈宝良的《清代的无赖层与地方社会》（《清史论丛》2001年号）着眼于无赖层与地方社会的关系，在对无赖层的称谓、形成、社会活动进行具体探讨的基础上，进而对绅士层的无赖化现象、绅士层与无赖层的互相渗透以及无赖层在地方社会中所扮演的角色给以适当的评价。

学术史。本年度学者们的研究视点主要集中在学术演变、史学研究、地方学术、文献整理等方面。汪学群的《关于清前期学术思想的争论》（《清史论丛》2001年号）对清前期中学与西学、理学与心学、汉学与宋学之争进行了深入细致的分析。黄长义的《明清之际经世思潮的新趋向》（《江汉论坛》2001年第6期）、王杰的《论明清之际的经世实学思潮》（《文史哲》2001年第4期）、王世光的《"通经""致用"两相离——论清代"通经致用"观念的演变》（《人文杂志》2001年第3期）三文，分别就经世思潮、经世实学思潮、经世致用及其影响和意义予以探讨。李海生的《社会批判思潮与明末清初的学术转变》（《华东师范大学学报》2001年第3期）以学术自身的变异轨迹为视角，对明末清初学术转变的内在动力加以寻根追源。杨绪敏的《清初与乾嘉时期学风的嬗变及学者治学特点》（《江苏社会科学》2001年第5期）对清初和乾嘉时期的学风和内在联系与差异及其原因进行了对比考察,并具体分析研究了两个不同时期几位主要代表人物治学宗旨、方法、内容的异同。陈祖武的《读章实斋家书札记》(《清史论丛》2001 年号)指出,章学诚所作 16 封家书从一个侧面反映了当时考据学风的关系,其间既有作者一己学术追求的阐发,也有对一时学术界为学病痛的针砭,无论于研究章氏学行、思想,还是探讨乾隆间学术演进,皆是颇有价值的资料。吴海兰的《章学诚论学术风气》(《浙江学刊》2001 年第 2 期)指出,章学诚鉴于考据学风盛行后所带来的消极后果,一方面肯定考据的重要(更强调其无补于经世明道),另一方面主张将义理、考据、辞章相结合。申屠炉明的《论章学诚与钱大昕学术思想的异同》(《社会科学战线》2001 年第 6 期)认为章学诚在史学理论上多有创获,不旁依、不苟同,卓然有以自立,而钱大昕则博涉群书,考证精详,能发前人所未发,二人学术各有千秋;治学门径的不同,是导致两人学术思想相异的主因。

郭康松的《清代考据学的启蒙》(《湖北大学学报》2001 年第 2 期)认为,清代考据学起源于明代中晚期,两者无论是从时间的前后衔接,还是从学术思想、治学方法以及学术成果的继承和发扬上来说,都是一个不可分割的整体。刘仲华的《试析清代考据学中以子证经、史的方法》(《清史研究》2001 年第 1 期)指出以子证经、史是乾嘉考据学中不可忽视的一个重要方法。黄爱平的《清代汉学的发展阶段与流派演变》(《中国文化研究》2001 年第 1 期)、张晶萍的《乾嘉学术与"汉学"观念》(《湖南师范大学社会科学学报》2001 年第 1 期)分别就清代汉学及其相关问题加以考辨,提出了一些新的认识。路新生的《中国近三百年疑古思潮研究》(上海人民出版社,2001 年)一书,以理学清算为入手,以对辟"二氏"(释、老)的学术追踪为切入点,对中国近三百年疑古思潮进行了系统梳理和探讨，意在延续20世纪40年代以后几乎中断，而至今仍显薄弱的疑古思潮"史"的研究传统。

汤志钧的《清代经学学派及其异同》(《炎黄文化研究》2001年第8期)对清代经学流派(如吴派、皖派、常州学派，以及扬州经学研究等)及其各流派间的异同，进行了梳理和论断。章启辉的《船山礼学的时代精神》(《船山学刊》2001年第1期)对王夫之礼学所具有的时代精神，从《礼》的精神(务实，躬行)，即人欲说礼、救国莫急于礼两个层面加以阐发，并对其礼学思想进行了检讨。林存阳的《张尔岐与〈仪礼郑注句读〉》(《齐鲁学刊》2001年第1期)、《方苞三礼学论析》(《清史论丛》2001年号)等文，分别剖析了张尔岐《仪礼郑注句读》的成就和影响，以及方苞以义理治礼、说礼意在贯通的研礼特色及成就。董铁松的《论清代今文经学的历史作用》(《东北师大学报》2001年第1期)对清代今文经学的发展历程、今文经学与经世学风、"今文"疑古精神对传统的瓦解作用、政治批判和接纳西方思想等问题进行了探讨。

张爱芳的《赵翼论正史编撰》(《河北学刊》2001年第2期)就《廿二史劄记》中有关正史编撰的成就、缺失，及对一些重要史著编撰"原委"的考察等展开论述；并通过与章学诚的对比，以彰显赵翼所论之成就与局限。施丁的《钱大昕"实事求是"史学》(《求是学刊》2001年第3、4期)认为钱大昕的"实事求是"史学，不只是历史考证方法，还有重要的史学思想，这包含史以传信、考辨求实、记述从实、议论切实、师古之是诸多方面，总之是求"实"求"是"，要求记事撰史成为信史。罗炳良的《18世纪中国史学的理论成就》(北京师范大学出版社，2000年)一书，则从历史理论和史学理论两个方面对18世纪中国史家在理论上的贡献做了比较全面的探讨；并对把乾嘉史学与乾嘉历史考证学混为一谈、历史考证学派重考证而轻褒贬是不要历史评价、乾嘉史学中缺乏经世致用思想等看法提出了新的认识。

岳升阳的《宣南文化与清初学术》(《北京大学学报》2001年第2期)就"宣南文化"对当时学术发展的作用进行了多角度的探讨,并强调:对清代地域文化的研究,不但要考察学人祖籍地域文化、家学承传,以便追述其学术创作的背景和渊源,还要将学术创作过程放到实际的地理空间坐标下加以观察,从而能更加准确地把握学人思想演变的轨迹和学派形成发展的路径。周晓光的《新安理学与徽州宗族社会》(《安徽师范大学学报》2001年第1期)探讨了新安理学在徽州宗族社会发展过程中所发挥的重要作用。汤华泉的《徽州人与〈四库全书〉》(《安徽史学》2001年第3期)从徽州人进献书籍的数量、在四库馆所担任的职位、所撰著作等三个方面,论述了徽州人对纂修《四库全书》所做出的重要贡献。

杨武泉的《四库全书总目辨误》(上海古籍出版社,2001年)考辨出《四库全书总目》中的疏误舛错680余则,于《四库全书总目》实有补苴纠谬之益。王锷编著的《三礼研究论著提要》(甘肃教育出版社,2001年)以100多万字的篇幅,收录汉至1999年历代学者有关三礼研究专著2683部、论文2123篇,详加梳理,提要钩玄,为三礼学的研究提供了极大便利。李灵年、杨忠主编,王欲祥等著的《清人别集总目》(三卷,安徽教育出版社,2000年)对清人(兼及由明入清和由清入民国者)近两万名作家所撰约四万部诗文集进行了梳理和著录,是一部全面反映现存清代诗文别集著述、馆藏及其作者传记资料的大型工具书,无疑将对推进清代学术研究产生积极作用。

边疆史。边疆史的研究涉及清廷对边疆的思想认识、治理策略、民族关系,以及当时学者对治理边疆的思考等问题。赵文铎的《康熙前期东北边防思想探析》(《北华大学学报》2001 年第 1 期）指出，康熙东北边防思想主要是在反击沙俄侵略过程中并随着反击的胜利而最终形成的，体现为重安内、轻攘外，内外并举；以天朝大国自居，盲目骄矜、自欺欺人、轻视敌人的华夷观也是其中的重要组成部分。二者相辅相成、互为补充，成为康熙东北筹边的指导思想。苏德的《清代前期民族关系探述——以清政府与蒙、藏、新等民族地方的政治关系为中心》(《内蒙古师大学报》2001 年第 2 期）对清朝大一统局面的形成、清政府治边政策（如"因俗而治""分而治之"等）的实施与国内关系的巩固和发展做了论述，指出清代前期边疆民族统治政策是成功的，它对于维护多民族国家的统一，促进族际关系的和谐发展产生了积极作用。

宋平章的《清代前期学者关于渤海周围地区海防地理形势的认识》(《信阳师范学院学报》2001 年第 1 期）指出，清代前期杜臻、顾祖禹、陈伦炯等学者对渤海周围地区的海岸、海岛和海区的地理形势，以及海口、海港和海道的军事、经济价值的分析，为当时的海防建设提供了理论依据和参考意见。王宏斌的《清代前期关于福建台湾海防地理形势的认识》(《史学月刊》2001 年第 2 期）则对杜臻、顾祖禹、施琅、陈伦炯、蓝鼎元等关于福建台湾海防地理形势的认识（加强海防，认识到台湾、澎湖等岛屿对于大陆所起的"屏捍"保护作用和国际海上交通的枢纽地位等）加以剖析，指出这些学者的认识为清代前期的海防兵力部署和调整提供了宝贵的理论依据。

黄达远的《试论清代哈密回旗》(《新疆大学学报》2001 年第 2 期）指出，哈密镶红回旗制度的制定，在客观上增强了当地民众的政治向心力和文化认同感，成为清廷获得稳定新疆的生力军，但在施行哈密旗制过程中也出现了重上层利益而轻下层维吾尔人利益、不能因时制宜"改土归流"等失误。刘正刚、唐伟华的《从会馆看清代海南的发展》(《海南大学学报》2001 年第 3 期)指出,随着人口的流动,清代海南社会获得了长足发展,与海内外的联系越来越密切,商业会馆在海南的建立以及琼州会馆在海内外的活动是其发展的重要体现。

中外文化交流。 葛荣晋的《清代文化与朝鲜实学》(《中国文化研究》2001 年第 3 期)从中朝两国文化交流的角度,论证了清代文化(体现为经世实学、利用厚生、考据实学、气实体论思想四个方面)是建构朝鲜实学的重要思想渊源之一。刘为的《朝鲜赴清朝使团的文化交流活动》(《中国边疆史地研究》2001 年第 3 期)对朝鲜赴清朝使团文化思想交流活动的具体内容做了详细梳理,指出实学派的兴盛、北学思想的繁荣都是朝鲜使团文化交流活动的巨大成果。徐凯的《清使阿克敦与〈奉使图〉》(《明清论丛(第二辑)》)认为,阿克敦之出使朝鲜不仅圆满完成使命,成为中朝交流的友好使者,其《奉使图》更是研究 18 世纪前叶朝鲜政治、经济、军事、社会风俗、戏剧文化,及中朝文化交流、清代前期诗歌、绘画、书法艺术等罕见的宝贵文献。杨海英的《清初朝鲜通事考——以古尔马浑(郑命寿)为中心》(《清史论丛》2001 年号)对在清朝崛起并征服中原过程中起着重要作用,但几乎不被人注意的重要群体——朝鲜通事(即译员、翻译),以具有代表性的人物古尔马浑为切入点,进行了梳理考辨,认为通过此人可以较为深入地了解朝鲜通事这个特殊群体,还能透视清初政治中某些不为人注意的特点。

傅朗的《清嘉庆朝赵文楷使琉球的影响与贡献》(《福建师范大学学报》2001 年第 1 期)认为嘉庆朝赵文楷的出使,不仅减轻了琉球的经济负担,而且融洽了中琉之间的关系,且为中国文化在琉球的传播打下良好基础。刘景莲的《从东波档看清代澳门的民事诉讼及其审判》(《清史论丛》2001 年号)以 67 件罕见的东波档民事案件司法文书为依据，对 42 宗以经济纠纷为主的民事案件中的钱货、借贷和租屋诉讼三大类案的案发特点、司法审判程序及司法实施特点等进行了深入探讨，认为这三类案件充分体现出在清政府特殊政策管理下澳门商品经济发展的特色。

王剑的《论天主教文化与明末清初的儒学环境》(《东北师大学报》2001 年第 3 期)探讨了天主教文化与明末清初的王学环境、理学环境、实学环境三个层面的关系。汤开建的《顺治时期天主教在中国的传播与发展》(《清史论丛》2001 年号)则考察了顺治时期清政府的保教与尊教政策、中国天主教事业的保存与重建及其在顺治中后期的迅速发展，认为顺治时期是天主教传入中国后唯一没发生教难的时期，时间虽不长，却是其发展最快、最重要时期。吴伯娅的《蒋友仁与中西文化交流》(《清史论丛》2001 年号)揭示了乾隆年间来华的法国传教士蒋友仁在中西文化交流中的贡献。肖朗的《艾儒略与明清之际西方教育的导入》(《社会科学战线》2001 年第 2 期)以艾儒略所著的《西学凡》、《职方外纪》等书为中心，探讨了明清之际西方耶稣会教育的导入及其意义。徐海松的《清初士人与西学》(东方出版社，2000 年)一书，探讨了清初西方文化传入中国的背景与渠道、清初知识界各层人士对西学东渐的各种反应，以及士人回应西学的立场、观点和方法之异同及其对清代社会学术文化所造成的影响。

当然，清史研究中亦存在某些不足。诚如何龄修在《清史研究的世纪回顾与展望》(《中国社会科学院院报》第 80 期，2001 年 10 月 25 日)一文中所言："在著作中，创新与抄袭并存，精彩与平庸同在，学术的纯洁性、原则性与学术的腐败、堕落共生，理论和是非的混乱严重表现，著作和出版的基本标准、基本要求激烈动摇。这类形象不免使人感觉迷惘、悲观，但在经济转型时期似乎有其必然性，是史学进一步发展和更新局面诞生前的阵痛。"此一学术反思，不仅弥补了此前对清史研究自身关注不足的缺憾，同时也极大地促进了学者们对清史研究今后发展的积极思考。

综观本年度的清史研究，可谓在继承的基础上多有创新。其表现出的特色为：学术新思维的呈现，为清史研究开拓了更为广阔的视域；各研究领域的深入探讨和新课题的发掘，深化了清史研究；基础文献的整理，为清史研究提供了保障；档案的发掘与利用，推进了研究成果的可信性和准确性；而对清史研究自身的反思和学风建设的关注，为清史研究今后的积极发展起了激励作用。

本人以上仅就耳目所及，对本年度的清史研究略加介绍，然拘于识见，所述未必准确，疏陋之处亦多，敬祈方家批评指正。

2002 年清史研究概述

◎ 李华川

由于相关领域学者的共同努力，2002 年中国大陆的清史研究取得了相当不错的成绩：某些重要问题的讨论取得了较大进展，一批较有分量的专著和论文相继问世，研究者的学术视野进一步拓展、问题意识进一步加强，清史研究整体上是在以一种较为开放的姿态向兼容并包、多元繁荣的局面迈进。

一

2002 年有两个问题的讨论成为清史领域的热点。首先是新修大型清史的问题。学术界关于重修清史的讨论已经持续了数年，2002 年，新修大型清史项目获准启动。不言而喻，在未来十年中，大型清史的纂修将对清史研究产生重要影响。而在更广泛的意义上，这一工作不只是清史研究领域的事情，也是今后十年其他相关史学领域乃至整个中国文化界的一件大事。戴逸的《〈清史稿〉的纂修及其缺陷》(《清史研究》2002 年第 1 期)、陈其泰的《纂修大型清史宜采用新体》(《清史研究》2002 年第 1 期)、中国第一历史档案馆的《清代档案与清史修撰》(《清史研究》2002 年第 3 期)、秦国经和高换婷的《清朝修史与〈清史稿〉编纂研究》(《清史研究》2002 年第 3 期)等文章就一些具体问题发表了看法。

另一个引起关注的重要问题是"晚清史的回归"。晚清七十年(从鸦片战争至清帝逊位)从清史整体中被割裂出来始于民国时期。20 世纪 50 年代以后,晚清史更被纳入近代史范畴。不可否认,20 世纪 50—80 年代,近代史范畴内的晚清史取得了很多基础性的研究成果,这些成果至今还被研究者广泛征引。但是,受到特定时代气氛的左右,晚清史研究中被附加了许多先入之见,很大程度上成为"革命史""政治史"的注释和附庸,其研究的结论往往即是主流意识形态的理论前提(当然,这不只是晚清史一个领域出现的问题)。随着时间的推移,晚清史"与属于中国古代史范畴的清代前中期史的内在联系已开始愈益显露",而近几年来的研究实况(比如《清史论丛》和《清史研究》的论文早已涵盖了晚清七十年)也表明,晚清史研究回归到清史研究的整体中去,或者在清代史的整体框架内反思晚清七十年的历史,已经成为海内外许多研究者的共识。2002 年姜涛的文章《晚清史研究向何处去?》(《清史研究》2002 年第 2 期)对这一问题有较为公允的评论。

二

2002 年召开的两次学术会议也应引起大家的注意,即 7 月在北京召开的"国际八旗学术研讨会"和 8 月在大连召开的"第十届清史国际研讨会暨第七届清宫史研讨会"。一些有质量的清史论文在这两次会议中宣读。

在文献整理方面,中国第一历史档案馆编辑整理的《清宫粤港澳商贸档案全集》(中国书店，2002年)，朱彭寿编纂的《稿本清代人物史料三编》(北京图书馆出版社，2002年)，陈祖武点校的《杨园先生全集》(中华书局，2002年)，王树民、韩明群、韩自强编校的《戴名世遗文集》(中华书局，2002年)，安京的《海录校释》(商务印书馆，2002年)等应引起大家的关注。

两部译著的出版也为清史研究增色：即伯德莱（Michel Beurdeley）著、耿昇译的《清宫洋画家》(*Peintres J suites en China au XVIIIe Siècle*, Paris: Anthèse, 1997)(山东画报出版社，2002年)和何伟亚（James L.Hevia）著、邓常春译的《怀柔远人：马戛尔尼使华的中英礼仪冲突》(*Cherishing men from afar*, Duke University Press, 1995)(社会科学文献出版社，2002年)。前者对于清代中西关系史和美术史研究具有重要价值；后者在以往的马戛尔尼研究基础上，做了更进一步的探讨，从礼仪层面剖析了马戛尔尼使团所体现的中英冲突的本质，认为这是两个扩张性帝国的会面，而不是两种文化的冲突。

几篇有质量的评论文章的发表也应引起注意，即曹树基、陈意新的《马尔萨斯理论和清代以来的中国人口——评美国学者近年来的相关研究》(《历史研究》2002年第1期)，王丰、李中清的《摘掉人口决定论的光环——兼谈历史人口研究的思路与方法》(《历史研究》2002年第1期)，何龄修的《评〈清人诗文集总目提要〉》(《中国史研究》2002年第4期)以及辛德勇的《〈清人别集总目〉书后》(《中国史研究》2002年第4期)。如果充斥史学界的是没有批评的评论，这并不是一种正常的现象，上述作者的文章带来了一种值得欢迎的批评气息。

三

2002年清史研究专著的出版数量较多（目前仅笔者所见即有25

部），已经构成了本年这一领域的一个显著特点。而清史研究论文的发表仍然是以讨论社会史问题的为多，据笔者的初步统计，研究社会史问题的论文数量约占清史论文总数的40%，遥遥领先于其他领域。这从一个侧面说明了近年来清史研究的趋势。社会史之外，依据笔者掌握的材料（还不能说十分全面），清史学者对各领域的关注程度（从高到低）依次为：学术文化史、政治史、中外关系史、边疆史。下面试分述之。

社会与经济史。李尚英的《清代政治与民间宗教》（中国工人出版社，2002年）、宋军的《清代弘阳教研究》（社会科学文献出版社，2002年）、赵世瑜的《狂欢与日常——明清以来的庙会与民间社会》（生活·读书·新知三联书店，2002年）三部专著研究的是社会史问题。《清代政治与民间宗教》收录了作者20年间发表的论文22篇，其中主要是论及清代民间教派的文章。《清代弘阳教研究》的作者网罗了大量相关档案、宝卷，并利用日文文献，在扎实的史料基础上，对于弘阳教的考证颇多重要发现，如对弘阳教的教主、弘阳教的创立过程及其经卷内容等做了信而有征的论述。《狂欢与日常——明清以来的庙会与民间社会》一书大量运用西方现代社会学和史学理论，从问题意识到方法论都给人耳目一新之感。作者的研究以明清庙会为切入点，着力探讨了中国民间社会的信仰问题，许多论述给人以启发。但由于本书的某些表述方式相当西化，在一定程度上也削弱了其作为中国史研究的结论。

李伯重的《明清江南工农业生产发展的外部市场环境》（《中国社会历史评论》2002年第4卷）通过分析江南与外部市场的关系，认为明清江南与其外部经济联系的加强，对江南经济发展具有巨大影响。而在19世纪之前，这种影响的积极因素较多，19世纪之后，其消极影响则日益上升。《工业发展与城市变化：明中叶至清中叶的苏州》

(中、下)(《清史研究》2002年第1、2期)分析了苏州从明中叶至清中叶发生的城市变化,认为这一变化的主要动力来自城市工业的发展,而经过三个世纪的工业发展,到了清中期,城市工业在苏州地区经济中已经居于主导地位,苏州城已成为一个工业城市。本文的结论也印证了宫崎市定和傅衣凌两位学者的研究结论。高王凌的《地租征收率的再探讨》(《清史研究》2002年第2期)对土地制度史中"地租率"这一问题加以探讨,认为研究地租率应从实收率入手,其初步结论为:实际地租率只有单位面积产量的30%,远不是以往所说的50%。许檀的《清代前期的山海关与东北的沿海贸易》(《清史论丛》2002年号)一文主要利用山海关税收档案,在日本学者加藤繁的研究基础上,对清前期山海关与东北的沿海贸易做了进一步考察,认为山海关是清前期随着东北沿海贸易的发展而产生的沿海税关,而锦州和牛庄则是其所辖的当时最为繁盛的两大港口。

刘小萌的《清代北京旗人与香会——根据碑刻史料的考察》(《燕京学报》2002年第12期)一文通过对较少有人涉及的清代北京旗人香会(包括城隍庙、白云观、东岳庙、药王庙香会、大觉寺献灯会、关帝庙掸尘会、戒台寺广善米会)的研究,探索了香会组织、会首、会费的范围及构成问题,描述了普通旗人日常生活的一个侧面,对于理解清代民间满汉关系也很有启发性。郭松义的《从赘婿地位看入赘婚的家庭关系——以清代为例》(《清史研究》2002年第4期)对清代由入赘婚引出的家庭关系加以考察,认为由于入赘婚破坏了原有的承嗣和财产继承,这在以男性为主的社会中是一种悖论,因而遭到人们的贱视。郝秉键的《清代精神病人管制措施考述》(《清史研究》2002年第2期)通过分析清代有关精神病人"犯罪"的律法,认为清政府对精神病人管制的政策,经历了一个由宽到严再到宽的过程,而清廷把精神病人纳入其专制炼狱之中(世界其他国家所无),亦可见清代专制政治之严酷。王成兰的《从"陈四案"管窥康熙五十年前后的社会控制》(《清史研究》2002 年第 2 期)以"陈四案"为切入点,分析了康熙五十年前后的社会环境,认为这一案件的处理,体现了满族统治者对汉人的"过敏性猜疑",基于这种猜疑,统治者不惜采用屠戮手段进行震慑,企图以此来维护"盛世"的繁荣。刘平的《清代教门的神秘语言文化研究》(《清史论丛》2002 年号)解析了符咒、谶语、乩语的文化含义,认为清代教门之语言文化功能主要体现为引人入会、扩张势力和坚定教众信仰、发动叛乱。常建华的《乾隆前期治理僧道问题初探》(《清史论丛》2002 年号)认为乾隆继位伊始,便采取措施治理僧道,其为政"宽严相济",承袭了其祖康熙的做法。张晋藩的《清朝法制史概论》(《清史研究》2002 年第 3 期)对清朝法制的学术价值、现实意义及其发展阶段与特点做了详尽阐述,论述了清朝法制从兴起、成熟到衰亡的过程。张世明的《时间与空间:清代中国与西方在税法上的文化选择》(《清史研究》2002 年第 3 期)运用比较文化的方法,论述了清代中国与西方税法的异同、税法制度变迁的动力和原因、学术界对清代税法的认知误区等问题。

另外,应该引起注意的论著还有:蒋兆成的《明清杭嘉湖社会经济研究》(浙江大学出版社,2002 年)、孙燕京的《晚清社会风尚研究》(中国人民大学出版社,2002 年)、冯贤亮的《明清江南地区的环境变动与社会控制》(上海人民出版社,2002 年)、康沛竹的《灾荒与晚清政治》(北京大学出版社,2002 年)、范金民的《清代江南棉布字号探析》(《历史研究》2002 年第 1 期)、邱澎生的《由放料到工厂:清代前期苏州棉布字号的经济与法律分析》(《历史研究》2002 年第 1 期)、董建中的《耗羡归公政策究竟是如何出台的》(《清史研究》2002 年第 2 期)、李琳琦的《徽商与清代汉口紫阳书院——明清商人书院的个案研究》(《清史研究》2002年第2期)、毕苑的《晋中商人的角色特征与阶层流动分析》(《清史研究》2002年第2期)、郑振满的《清代福建地方财政与政府职能的演变——〈福建省例〉研究》(《清史研究》2002年第2期)、李俊甲的《清代中期四川白银流通的扩大及其影响》(《明清论丛（第三辑）》)、倪玉平的《道光六年漕粮海运的几个问题》(《清史研究》2002年第3期)、祁美琴的《晚清常关考述》(《清史研究》2002年第4期)、朴基水的《清代珠江三角洲的商品生产和墟市之发展》(《清史论丛》2002年号)、刘平的《民间文化、江湖义气与会党的关系》(《清史研究》2002年第1期)、汪毅夫的《试论明清时期的闽台乡约》(《中国史研究》2002年第1期)、邵鸿的《清代后期江西宾兴活动中的官、绅、商——清江县的个案》(《中国社会历史评论》2002年第4卷)、张研的《对清代徽州分家文书书写程式的考察与分析》(《清史研究》2002年第4期)、张小也的《"吃醋始知酸，有妾始知难"——清代一夫多妻家庭的矛盾与诉讼》(《中国社会历史评论》2002年第4卷)、吴建华的《清代江南非政府性人口社会管理》(《中国社会历史评论》2002年第4卷)、李俊甲的《清代中后期四川的社会秩序与各个阶层的动向——以绅士、胥吏、无赖之间的相互关系为中心》(《中国社会历史评论》2002年第4卷)、孔祥涛的《论罗教、大乘教的道统和辈分制——青帮辈字由来考》(《清史研究》2002年第3期)、张小也的《从分家继产之讼看清代的法律与社会——道光、光绪年间陕西相关案例分析》(《清史研究》2002年第3期)等。

学术、文化史。在本年出版的专著中，王俊义的《清代学术探研录》(中国社会科学出版社，2002年)、汪学群的《王夫之易学——以清初学术为视角》(社会科学文献出版社，2002年)、林存阳的《清初三礼学》(社会科学文献出版社, 2002年) 三种都在探讨清代学术史问题。《清代学术探研录》一书是作者"主要研究成果的选录和汇编", 研究跨度较大, 从清初至晚清的主要学术史问题均有涉及。《王夫之易学》和《清初三礼学》则是对各自问题进行的微观研究, 而二书又不约而同地强调"学术史与社会史结合"的方法, 因此都能够做到"小处下手, 大处着眼"。《王夫之易学》是迄今为止对其论题进行得最为深入的研究, 而《清初三礼学》是第一部系统研究明清之际理学向三礼之学转变的专著。

林存阳的《清代礼学思想演进探析》(《清史论丛》2002年号) 勾勒了礼学从清初至清末的演进轨迹, 认为顾炎武等人发礼学之思肇端于前, 凌廷堪、阮元倡"以礼代理"扬波于后, 至晚清陈澧、黄以周会通理学、礼学思想之畅发, 清儒的崇礼思想得到成功总结。全祖望与杭世骏之间的恩怨在学术界争论已久, 杨启樵的《全谢山与杭堇浦的恩怨纠葛》(《明清论丛 (第三辑)》) 在分析了全、谢交谊之后, 认为杭世骏"卖友说"不能成立。高翔的《清初理学与政治》(《清史论丛》2002年号) 考察了清初理学与政治这个较少被关注的问题, 认为理学在清初社会伦理道德秩序的重建上起到了重要作用, 在康熙前期和中期的意识形态中占有主导地位。而随着政治环境的变化和学术内部的转型, 理学在18世纪趋于衰落。汪学群的《清初儒学的经道合一论与学风演变》(《中国史研究》2002年第3期) 认为清初儒学经道合一论的提出, 意在矫正明末经学空疏之弊, 从而使儒学由明道向经世转变, 由穷经向通经学古转变。陈祖武的《从经筵讲论看乾隆时期的朱子学》(《朱子学会议论文集》, 台湾, 2002年6月) 从乾隆经筵讲论内容的变迁入手, 就乾隆一朝朱子学不振的原因进行探讨, 认为乾隆初政经历了一个从提倡朱子学到崇奖经学的过程, 这一过程正是他将专制皇权空前强化的过程。以乾隆二十一年前后的文网大张为标志，宣告了宽大为政的终结。以之为背景，乾隆选择崇奖经学、立异朱子的方式，把学术界导向穷经考古的狭路之中。周积明的《〈四库全书总目〉与乾嘉"新义理学"》(《中国史研究》2002年1期)通过对《四库全书总目》与乾嘉"新义理学"内在联系的分析，认为中国早期启蒙学术在乾嘉时期的整体形态为：重人情、反灭欲的理欲观，重实证、重实验的知性精神，重实行、励实用的实学观念。黄爱平的《乾嘉汉学治学宗旨及其学术实践探析——以戴震、阮元为中心》(《清史研究》2002年第3期)认为乾嘉汉学的治学宗旨是由文字、音韵、训诂入手以寻求经书义理，这一宗旨既有其内在的科学性，也有其与生俱来的局限性。郗志群的《〈水经注疏〉版本考》(《中国史研究》2002年第2期)对杨守敬、熊会贞所撰的《水经注疏》的多种版本做了详细考证，解释了其版本流传过程中的诸多疑点。那仁朝格图的《果亲王允礼以及蒙译伏藏纽》(《清史研究》2002年第3期)介绍了康熙皇帝第十七子允礼的生平及其组织将藏文《伏藏纽》翻译成蒙文的经过。

另外，阮明道的《中国历史与地理论考》(巴蜀书社，2002年)、王戎笙的《科举考试与明清政治》(《清史论丛》2002年号)、林存阳的《黄宗羲与万氏兄弟的礼学思想析论》(《中国社会历史评论》2002年第4卷)、汪学群的《张尔歧易学中的经世思想》(《清史论丛》2002年号)、陈居渊的《论乾嘉汉学的更新运动》(《中国史研究》2002年第4期)、林存阳的《凌廷堪生年考》(《清史研究》2002年第1期)、邹爱莲的《清代的国史馆及其修史制度》(《史学集刊》2002年第4期)等论著也值得关注。

政治史。郑天挺的《及时学人谈丛》(中华书局，2002年)收录了先生生前成文而未及发表的存稿等文献，其中有关清史者十余篇，讨论了清代八旗制度、土地制度、国家机构、内务府等问题。

邱永君的《清代翰林院制度》（社会科学文献出版社，2002年）从政治制度史的角度研究了清代翰林院的起源、职能及其与皇权的关系。王思治、阎守诚主编的《陈廷敬与皇城相府》（北京燕山出版社，2002年）收录了20余位学者讨论陈廷敬这位康熙朝重臣的文章。

乔治忠的《清朝"敬天法祖"的政治原则》（《清史论丛》2002年号）讨论了"敬天法祖"这一政治观念的形成、强化及其本质和政治影响，认为"法祖"观念从防范"汉化"起源，发展为排斥所有可能触动旧体制的外来因素。而人们往往将近几百年中国的自我封闭归结于几千年的封建文化，其实传统的儒学文化未必具有如此强烈的排外性和保守性，其原因应从清廷"敬天法祖"的观念中予以分析。张玉兴的《关于清代八旗等某些表述问题的辨正》（《中国史研究》2002年第2期）分析了《清实录》、《清史稿》以及近人著作中某些满族称谓的误用，认为这些错误于理不通、于史相悖，必须加以辨正。杨珍的《清朝皇位继承制度特点研究》（《清史论丛》2002年号）认为清朝皇位继承制度具有三个特点：继承形态的多样性、以建立新的皇位继承制度为主要内涵的开创性、较大的包容性。《论清朝的储权》（《清史研究》2002年第4期）认为清朝储权经历了一个从没有建储而无储权，到策立储君、建立公开性储权，又到削弱、取消储权，再到秘密建储、建立隐性储权，最终又回到既未建储又无储权的演进历程。这些曲折变化，构成了清朝储权不同于其他王朝的独特之处。阎崇年的《努尔哈赤论》（《明清论丛》第三辑）分析了努尔哈赤成为英雄人物的主、客观原因，对他在历史上的功过做了全面评述。韦庆远的《有关清初禁海和迁界的若干问题》（《明清论丛》第三辑）针对顺治十三年到康熙二十二年的禁海和迁界问题做了论述，详细分析了禁海和迁界的背景、法令实施、政治目的、对海外贸易的影响及其后果。谢正光的《清初贰臣曹溶及其"遗民门客"》(《明清论丛》第三辑)对曹溶与明遗民的交游做了详细考证,认为后人称曹溶为"蒙面灌浆人"是想当然的捏造之辞。郭成康的《政治冲突与文化隔阂:杨名时案透视》(《清史研究》2002年第4期)引证雍正朱批奏折等史料,试图揭示杨名时案背后隐藏的委曲情节,并通过比较官方与民间两种不同文本系统的杨氏传记,对雍正蓄意制造这一冤案,不仅从政治角度做出解释,而且把杨案放在满汉文化冲突的背景下加以分析。汤志钧的《关于〈诡谋直记〉》(《清史研究》2002年第2期)评述了毕永年《诡谋直记》一文的来源及史料价值,认为该文来源有据,记有戊戌"围园"的具体事迹,具有史料价值。

讨论政治史的论著还有:张宗治的《细说郑成功》(北京燕山出版社,2002年),支运亭主编的《八旗制度与满族文化》(辽宁民族出版社,2002年),张研、牛贯杰的《19世纪中期中国双重统治格局的演变》(中国人民大学出版社,2002年),杨启樵的《揭开雍正皇帝隐秘的面纱》(世纪出版集团、上海书店出版社,2002年),阎崇年的《清朝皇帝列传》(紫禁城出版社,2002年),张玉兴、支运亭主编的《中国北方各族人物传·清代卷》(辽海出版社,2002年),王思治的《施琅平台三题》(《明清论丛》第三辑),朱诚如的《论嘉庆亲政后中央权力的重组》(《明清论丛》第三辑),王开玺的《辛酉政变与正统皇权思想——慈禧政变成功原因再探讨》(《清史研究》2002年第4期),房德邻的《论维新运动领袖康有为》(《清史研究》2002年第1期),郭卫东的《再论戊戌政变中袁世凯的"告密"问题》(《清史研究》2002年第1期),罗志田的《社会分野与思想竞争:传教士与义和团的微妙互动关系》(《清史研究》2002年第1期),欧立德、华立的《清代满洲人的民族主体意识与满洲人的中国统治》(《清史研究》2002年第4期)等。

中外关系史。 王宏斌的《清代前期海防：思想与制度》（社会科学文献出版社，2002年）一书研究清代前期的海防问题，认为清代前期的海防思想具有"重防其出"的特征，而这又与后来的闭关自守政策关系密切。这一论断对于近年来对中国"闭关锁国"问题的讨论，提供了很有价值的参考。莫小也的《十七—十八世纪传教士与西画东渐》（中国美术学院出版社，2002年）从艺术史角度研究了清代中前期的中西文化交流，是国内系统论述"西画东渐"问题的首部专著，拓展了传统清代中西关系史研究的视野。吴伯娅的《康雍乾三帝与西学东渐》（宗教文化出版社，2002年）一书剖析了康雍乾三帝的海外政策、三帝对西教与西学的认知和态度，涉及清代前中期中西关系史中的诸多重要问题，该书是大陆目前对相关领域研究最为系统的专著。

庄国土的《论15—19世纪初海外华商经贸网络的发展》（《中西初识（第二编）》）认为从明初到鸦片战争前夕，海上华商网络经历了摧毁、重建、武装、渗透等恢复和发展阶段。清初郑氏集团之后，没有清帝国保护的华商网络与华人移民相互依存，从商贸向产业、从沿海向内陆渗透，海外华人社区成为华商网络的商品生产和加工地。郭孟良的《清代前期海外贸易管理中的具结现象》（《中国边疆史地研究》2002年第2期）分析了清前期海外贸易管理中普遍存在的具结现象，认为具结是官府规范管理的基础，对于维护传统海外贸易体制起到了一定作用，但也阻碍了海外贸易的发展。张晓的《为南怀仁〈穷理学〉正名》（《明清论丛》第三辑）通过对北京大学图书馆所藏《穷理学》残抄本的细读，认为南怀仁的这部著作并非是有些学者所称的逻辑学著作，而是集当时传入中国的西方科学之大成的一部汉译西学书。汤开建的《顺治朝全国各地天主教教堂教友考略》（《清史研究》2002年第3期）结合以往的统计数字，对顺治朝各地天主教教堂、教友的数量加以考察,其结论为:康熙三年前,全国天主教教堂总数为356座,教友为255180人。李华川的《陈季同生平史事考》(《清史论丛》2002年号)利用法国外交部档案馆的外交史料及相关中、法文文献,对这位晚清外交官一生中的三桩公案加以辨析。米歇尔·法帝卡的《意大利〈论坛报〉中威达雷关于义和团的报道》(《清史论丛》2002年号)研究了意大利外交官威达雷对义和团的报道,认为威达雷对八国联军暴行的谴责具有一种理想意义。

另外,白新良主编的《中朝关系史(明清时期)》(世界知识出版社,2002年),李金明的《清代前期澳门在对外贸易中的地位与作用》(《中西初识(第二编)》),张建华的《子虚乌有的"中意五口通商章程"》(《明清论丛》第三辑),赵英震的《乡土信仰与异域文化之纠葛——从迎神赛社看近代山西民教冲突》(《清史研究》2002年第2期),胡孝德、高小平的《同曲异工——16—18世纪西学东渐在中、日两国的不同命运》(《中西初识(第二编)》),刘为的《清代朝鲜使团贸易制度述略——中朝朝贡贸易研究之一》(《中国边疆史地研究》2002年第4期)等也对中外关系史中的诸多问题进行了探讨。

边疆史。刁书仁的《论清朝对东北边疆各族的管理体制》(《史学集刊》2002年第4期)将清代对东北边疆各族的管理体制分为四种,即驻防八旗制、州县制、姓长制和盟旗制,并对各种体制的特点做了分析。李世愉的《清前期治边思想的新变化》(《中国边疆史地研究》2002年第1期)认为清前期一些传统的治边思想发生了变化,这主要表现在"明华夷之辨"观念受到批判,"以夷治夷"被"以汉化夷"所取代,"羁縻而治"遭到了否定,从只求"夷汉相安"发展到追求"长治久安"。这些变化是对传统治边实践的总结,并最终形成了中国封建社会最完整的边疆政策体系。张荣、王希隆的《清末科塔借地之争述论》(《中国边疆史地研究》2002年第1期)讨论了清末科布多、塔尔巴哈台之间的阿尔泰山借地之争，对这一清廷内部之争的原委和历史影响做了详尽分析。吴宝晓的《清季藩属观念调适与边疆政策变化》(《清史研究》2002年第3期)认为19世纪70至90年代，清朝的藩属政治在传统体制框架内进行了调整，重心是扶持属国以抵御列强入侵、巩固中国边防，并据此对不同属国采取不同对策。

其他相关论著还有：马汝珩的《清代西部历史论衡》(山西人民出版社，2002年)、徐晓光的《清政府对苗疆的法律调整及其历史意义》(《清史研究》2002年第3期)、吐娜的《清代塔尔巴哈台额鲁特蒙古十苏木的戍守和开发》(《中国边疆史地研究》2002年第1期)、薛晖的《清初新疆的官主祭仪与多神崇拜》(《中国边疆史地研究》2002年第1期)、许建英的《试析清政府在帕米尔交涉中的对策》(《中国边疆史地研究》2002年第3期)、赵云田的《清末新政期间东北边疆的政治改革》(《中国边疆史地研究》2002年第3期)、孙春日的《清末中朝日"间岛问题"交涉之原委》(《中国边疆史地研究》2002年第4期)、黄松筠的《论清代东北封禁与流人文化》(《中国边疆史地研究》2002年第4期)等。

附记：本文的写作得到了中国社会科学院历史研究所清史研究室多位先生的指导和协助，在此谨致谢忱。但由于笔者学识浅陋，文中不当之处还有很多，敬希方家教正。

2003年清史研究综述

◎ 刘景莲

纵览 2003 年的清史研究，总体感觉是著述颇丰、稳中求变。所谓变，一是针对某些前人已有研究的课题，运用新材料、新方法，从多学科的角度，展开进一步探讨。二是研究领域有所拓展。研究者更加注重清代社会与下层民众问题的研究，更加注重与现实有关问题的研究。下面拟就本年度清史研究的主要情况，分类择要地加以介绍，以资省览。

2002 年底正式启动的清史修纂工程，仍是 2003 年史学研究者普遍关注的事情。修史工程，体例先行。2003 年 2 月以来，清史编纂委员会先后邀请 400 多名学者，多次就体例体裁问题进行讨论，并采用社会问卷调查等方式，广泛征求意见。8 月 25 日—27 日，又召开了两岸学者清史纂修研讨会，研讨有关事宜。在集思广益基础上，新编清史决定采用综合体体裁，其内容包括"通纪"、"典志"、"传纪"、"史表"、"图录"等五个部分，这为整个修史工作的全面铺开奠定了重要基础。

为推进学术繁荣，2003 年，清史学界召开了一系列学术研讨会。本年正值著名清史、满族史及民族史专家王锺翰先生九十华诞，亦值避暑山庄肇建三百周年。8月，中央民族大学历史系在北京召开了"庆祝王锺翰先生九十华诞暨清史、满族史国际学术研讨会"。9月，"清史国际学术研讨会"在河北承德举行。10月，"第一届清史学术研讨会"在台湾佛光大学人文社会学院历史研究所召开。11月，在福建晋江举办了"施琅与海峡两岸"学术研讨会。12月，浙江宁波召开了"明清浙东学术文化国际研讨会"。

一、本年度颇具影响的几部清史资料及著作

清代档案文献资料的整理出版。北京图书馆一直不懈地从事馆藏古籍的整理及影印出版工作，今年又推出了三部值得关注的清代档案文献资料。

孙学雷、刘家平编《国家图书馆藏清代孤本内阁六部档案》（35册，中共中央党校出版社，2003年），收录了清乾隆至光绪年间内阁及六部的档案，内容涉及政治、军事、经济、法令、民族、边防、民事、劳务、土地等多方面。孙学雷、刘家平编《国家图书馆藏清代孤本外交档案》（52册，中共中央党校出版社，2003年），收录了清咸丰至民国初年的大量外交档案，内容涉及中外政治、外交、铁路、矿业、银行、航运、邮电、海关、外贸等领域。国家图书馆分馆编《清代边疆史料抄稿本汇编》（线装书局，2003年），收有清代边疆史料抄稿本160余种，对研究清代边疆的政治、军事、经济、文化、民族风俗等具有很高的史料价值。

档案资料还有：王戎笙主编的《中国考试史文献集成（清代卷）》（高等教育出版社，2003年），收集经、史、子、集、方志、档案、碑刻、书函、报刊乃至口碑材料中有关清代考试活动的文字、文物、图录资料，以编年方法组织、编排，便于检索利用。辽宁省

档案馆编《一宫三陵档案史料选编》（辽海出版社，2003年），是研究清入关前宫殿陵寝的第一手资料。中国第一历史档案馆等单位合编的《清代妈祖档案史料汇编》（中国档案出版社，2003），汇集整理相关的皇帝御批及大臣奏折146件，内容涉及政治、经济、军事、文化、外交、建筑、艺术等方面。

古籍方面，张建国、贾玮点校的清人赵祖铭修撰《清代文献迈古录》（大众文艺出版社，2003年），于有清一代的相关文献，以类相分，提要钩玄，有资于考察清代典章制度的演进过程。

通史性专著及论文集。李治亭主编的《清史（上、下册）》（上海人民出版社，2002年），全部由东北地区的学者承担。该书的一个显著特色是，对诸多学术界长期存有分歧的问题，如关于清史纪元的始终及历史分期，关于明清战争的评价，关于清入关之必然性抑或偶然性，关于清入关是否延缓中国历史发展一百年，关于中国近代史的再认识与再评价等，坦率地提出自己的学术见解，直抒自己所代表的"一种清史观"。朱诚如主编的《清朝通史》（14册，紫禁城出版社，2003年），按朝代分别论述清朝不同时期各方面的史事，显现出资深研究者良好的学术积累，给人以厚重之感。附录的《清史图典》，收集了近5000幅图像资料，其中三分之一是第一次付梓。

冯尔康的《顾真斋文丛》（中华书局，2003年），是《南开史学家论丛》第二辑中的一卷，收录作者的论文36篇，涵盖清代社会群体、社会史通论、社会经济、家庭与宗族、地域社会等多方面的内容。《清史论集——庆祝王锺翰先生九十华诞》（紫禁城出版社，2003年），是学界同仁及师门弟子共同筹组的庆祝性学术文集，收有论文70篇，附录有赵令志整理的《王锺翰教授著作年表》。杨国桢主编《长共海涛论延平——纪念郑成功驱荷复台340周年学术研讨会论文集》（上海古籍出版社，2003年），泉州市政协、南安市政协编《郑成功与台湾》（厦门大学出版社，2003 年），展示了郑成功研究的最新成果。

二、政治史

定宜庄著《清代八旗驻防研究》（辽宁民族出版社，2003 年），是《清代八旗驻防制度研究》（天津古籍出版社，1992 年）的修订版。修订版无论是内容，还是视角，都更加丰富，研究也更为深入，是研究清代政治、军事、社会、民族关系和经济生活等方面的重要参考书。

2003 年的政治史研究，主要侧重于三大方面。

其一，对清朝历史发展有影响的重要历史人物的研究。王文东的《论清代康熙的礼教观及其政治伦理实践》（《满族研究》2003 年第 2 期），以《庭训格言》为主要资料，研究康熙礼教观的主要内涵和人伦规范，其德治国策中的政治伦理原则以及对清代礼教发展的影响。杨珍的《关于雍正帝毁多于誉的思考》（《清史论集——庆贺王锺翰先生九十华诞》），对"不应担负，起码不应该完全担负谋父、逼母、弑兄、屠弟之名的雍正帝，身后毁多于誉；采取更为残酷的暴力手段获得皇位的唐太宗与明成祖，因此而受后人之非议，却比雍正帝要小得多"的奇特现象，通过比较研究，探寻其诸多历史原因的相互作用，复合而成。闫钟的《雍正皇帝与乐户》（《山西大学学报》2003 年第 1 期）指出，雍正消除乐户贱籍的制度，仅仅停留在法律层面，没有相应的改革措施，存在明显局限性。但不能由此而低估雍正除豁的意义。

苏双碧的《康熙和施琅》（《中共福建省委党校学报》2003 年第 10 期），从康熙任施琅为内大臣、施琅滞京及起用施琅、破例同意施琅专征四方面，论述康熙与施琅名君与名将的关系。张杰的《论施琅在台湾问题上的高瞻远瞩》（《辽宁大学学报》2003年第2期），从比较角度，通过讨论施琅与康熙、李光地、姚启圣在台湾问题上的不同看法，得出施琅在政治上、军事上、战略上高瞻远瞩的结论。

何龄修的《关于抗清复明斗争和郑成功研究问题的几点看法》、陈支平的《郑成功海商集团兴衰的历史反思》（《长共海涛论延平——纪念郑成功驱荷复台340周年学术研讨会论文集》及《郑成功与台湾》），前文主要讨论了明清易代过程中产生的清代战争性质、遗民问题，以及如何看待郑成功在抗清复明中的作用等问题。后文从制度和文化的角度，提出"明清时期东南海商乃至整个中国的商人阶层，无不以能够依附于政治为荣。——这种依附于某一个政治王朝的官商阶层，也必定跟随着王朝政治的兴衰而兴衰"。邓孔昭的《郑成功收复台湾期间的粮食供应问题》（《郑成功与台湾》）认为，郑成功复台大军多次面临粮食供应不继问题。郑成功通过随军携带一部分粮食、缴获荷兰人粮食、征购民间粮食等各种办法，保障基本供给。

杨海英的《洪承畴刘氏夫人考》（《清史论集——庆贺王锺翰先生九十华诞》），通过考证"赐婚"嫁给洪承畴的刘氏，探讨了清廷对降清汉官在"卧榻之旁安耳目"的控驭政策。蒋金星的《高鹗籍贯新考》（《清史研究》2003年第4期）认为，"高鹗自称是铁岭人，又称是奉天人，并不矛盾，……他的祖籍本来就是奉天铁岭"。

其二，对清朝历史发展有影响的重要历史事件的研究。王思治的《"鐍匣"与旻宁继统》（《清史研究》2003年第4期）认为，有关"鐍匣"随嘉庆帝带往避暑山庄的记载，实难征信。阎崇年的《论大凌河之战》（《清史研究》2003年第1期），认为大凌河之战是明亡清兴进程中的一个重要历史事件。后金改革军制，开始组建八旗，调整对明战略，都始于此役。彭陟焱的《试论乾隆平定金川之影响》(《西藏研究》2003 年第 1 期）认为，乾隆对大小金川的两次用兵，对嘉绒藏区来说，残酷无道。但他客观上维持了金川地区的统一稳定，促进了民族交流、生产发展及金川地区的封建化过程。

其三，清朝典章制度的研究，集中在清代官制、军事制度、经济制度及司法制度的研究方面。

官制研究。祁美琴的《关于清代榷关"差官"问题的考察》(《清史研究》2003 年第 4 期），通过梳理有关清代榷关官员身份职责的规定及变化，探讨其在选拔任免中的一般与特殊关系。刘凤云的《清康熙朝捐纳对吏治的影响》(《河南大学学报》2003 年第 1 期）认为，捐纳造成了官僚体制与官吏铨选的混乱，为吏治腐败创造了条件。雷炳炎的《清代封爵制度形成问题初探》(《南华大学学报》2003 年第 3 期），对封爵制度中的爵制演变、阶升法则及承袭制度进行探讨。王志明的《雍正朝文官保举和题补制度》(《清史研究》2003 年第 1 期）认为，雍正朝的文官保举和题补制度，加强了督抚和部臣的人事权，同时严格了保题者的连带责任。艾永明的《清朝文官考绩制度及其实施状况》(《法制与社会发展》2003 年第 5 期）认为，清代考绩制度未曾间断，而且在很长时间内较好地正常施行。考绩中出现的最突出问题，一是举劾失衡，二是迎承为上。岑大利的《清代官员补缺制度研究》(《清史论集——庆贺王锺翰先生九十华诞》)，探讨了清代官缺的产生与补授方式。

军制研究。张玉兴的《包衣汉姓与汉军简论——八旗制度兴衰的一个历史见证》(《辽宁大学学报》2003 年第 2 期）认为，八旗汉军与包衣汉姓从原本各成体系到逐渐接近的演变过程，折射出八旗制度的变化轨迹。定宜庄的《清代八旗驻防将军兼统绿营的问题》(《中国史研究》2003 年第 4 期），剖析清统治者建立军标"表面信任,实则疑虑和限制"的深层用心。

经济制度研究。邓亦兵的《清代前期税则制度的变迁》(《中国史研究》2003年第3期)认为,清政府部颁税则的变更,无疑是一种降低税额的进步。然而,"根本不按部颁税则的法规执行是一个普遍现象"。何平的《论康熙时代的赋税减免》(《中国人民大学学报》2003年第6期)认为,康熙时代不同阶段推行的钱粮蠲免政策,其积极效果为不同的因素所制约,不能简单地将其作为康乾盛世的内容之一加以理想化。申学锋的《晚清户部与内务府财政关系探微》(《清史研究》2003年第3期)指出,晚清户部不仅难以摆脱入不敷出的财政困境,还须应对内务府的频繁需索,国家财政的正常运转受到极大束缚。

司法制度研究。柏桦的《明清州县司法审判中的"六滥"现象》(《清史研究》2003年第1期),论述了清代州县司法审判过程中经常出现的滥词、滥拘、滥禁、滥刑、滥杖、滥拟、滥罚等现象。达力扎布的《〈蒙古律例〉及其与〈理藩院则例〉的关系》(《清史研究》2003年第4期)认为,《理藩院则例》实际撰修于嘉庆年间,是《蒙古律例》的续修和发展。马薇薇的《试论清代的例对明代的例之继承》(《燕山大学学报》2003年第2期),通过考证与比较明清律例条文及注释,探讨明例与清例之继承关系。

三、经济史

本年度有关经济史的论著数量较多。其中有关地区性区域经济的研究不仅在经济史研究领域中所占比例较大,即在本年度整个清史研究领域中,亦是突出的亮点。

李伯重著《多视角看江南经济史 1250—1850》(生活·读书·新

知三联书店，2003年），从不同视角对江南八府的经济变迁进行考察，尤其着力于人口、生态环境、技术、农业、工业、农民、妇女、城市化等方面与经济之互动，对清代人口爆炸论、明清停滞论等，提出新见解。

本年度的经济史研究，表现为清代经济的整体性研究与区域个案研究两大趋向性。从成果数量看，更偏重于区域性研究，特别是对长江以南地区的研究，呈现着南强北弱的态势。

对于清代经济总体发展水平的评价：魏金玉的《高峰、发展与落后：清代前期封建经济发展的特点与水平》（《中国经济史研究》2003年第2期）认为，中国封建经济在清前期达到前所未有的高峰。经济总量增长，经济结构、制度形式、经济运行等方面都有明显的变化，特别是有新因素显现。方行的《再论清代是中国封建经济发展的高峰》（《中国经济史研究》2003年第3期），从人类经济发展的共同规律，商品货币经济的发展和现代经济因素出现的角度，论证清代是中国封建经济发展的高峰。李根蟠的《论明清时期农业经济的发展与制约——与战国秦汉和唐宋时期的比较》（《河北学刊》2003年第2期）指出，"明清时期经济可以与战国秦汉时期和唐宋时期并列为我国封建经济的高峰之一。但从发展的势头和速度看，从劳动生产率是否有相应的提高看，明清时期的'高峰'逊于前两个'高峰'"。

韦庆远的《清内务府御用手工业的多方面功能》（《清史论集——庆贺王锺翰先生九十华诞》），对内务府御用手工业诸多功能进行了探索。孙洪升的《明清茶叶生产配置资源的方式探析》（《云南社会科学》2003年第2期）指出，随着茶叶生产的繁荣，市场在明清茶叶生产中所起的配置资源作用日渐扩大。

有关清代北方经济的区域性研究：许檀的《清代河南的商业重镇周口——明清时期河南商业城镇的个案考察》（《中国史研究》

2003 年第 1 期），认为周口约兴起于康熙年间，清中叶达到鼎盛，并成为河南东部与江南商品流通的一个重要枢纽。刘小萌的《清代北京旗人舍地现象研究——根据碑刻进行的考察》（《清史研究》2003 年第 1 期），从碑刻资料考察清代北京旗人将土地施舍给寺庙宫观的现象。张永江的《粮食需求与清初内蒙古农业的兴起》（《清史研究》2003 年第 3 期）认为，清朝就地发展农业的政策是推动清初内蒙古农业向前发展的主要助力。李三谋、李著鹏的《河东盐运销政策——清代河东盐贸易问题的研究之一》（《盐业史研究》2003 年第 3 期），具体讨论了盐引制、引岸制在清代河东盐运销政策中的具体情形。张萍的《黄土高原原梁区商业集镇的发展及地域结构分析——以清代宜川县为例》（《中国历史地理论丛》2003 年第 3 辑），以宜川县为例，得出集镇的地域分布是以县城为中心的结论，这与适用于中原地区的中心地理论相符。王凯旋的《清代东北地区的城镇经济》（《社会科学战线》2003 年第 1 期）认为，清东北城镇经济的发展，是以八旗军驻地为基础，关内迁徙到东北的汉民流民为主要经营者。

有关清代江南经济的区域性研究：范金民的《明清地域商人与江南市镇经济》（《中国社会经济史研究》2003 年第 4 期）认为，江南市镇的命名、性质、功能及其作用影响，都与那里的商人活动、商业发展有密切关系。张海英的《明清江南地区与其他区域的经济交流及影响》（《社会科学》2003 年第 10 期）指出，江南与其他区域的经济交流，体现出江南区域市场与全国市场密切的互动关系及江南在全国经济发展中的重要影响。高飞的《明清时期江南市镇形态演变——以浙东南为中心》（《江西社会科学》2003 年第 8 期）认为，明清江南市镇的发展达到高潮，但发展的不平衡状态日益加剧。汪崇筼的《乾隆朝两淮盐商输纳的研讨》（《盐业史研究》2003 年第

2 期),进一步考证两淮盐商正项、杂项及杂费输纳的数额。黄国信的《清初湘南"派行盐引"案研究——清代湘鄂赣界邻地区食盐专卖研究之一》(《盐业史研究》2003 年第 2 期)认为,市场作用是清初湘南地区实行食盐专卖制的决定因素。

任放的《明清湖北商品经济的发展状况》(《湖北大学学报》2003 年第 1 期)提出,清代湖北商品经济的发展水平不可高估。郑振满的《明清时期闽北乡族地主经济》(《清史研究》2003 年第 2 期)指出,明清时期乡族组织与地主经济的直接结合,使已经衰落的私人地主经济得到强化。同时也阻碍了阶级分化与阶级斗争的正常发展,延缓了封建土地关系及社会关系的解体过程。

有关江南区域经济研究的文章还有:陈支平的《清朝福建"大当"之役考略》(《清史论集——庆贺王锺翰先生九十华诞》),周玉英的《从文契看清代福建农村家庭经济》(《中国社会经济史研究》2003 年第 1 期),林荣琴的《清代区域矿产开发的空间差异与矿业盛衰——以湖南郴州桂阳州为例》(《中国社会经济史研究》2003 年第 3 期),陈文源的《清中期澳门贸易额船问题》(《中国经济史研究》2003 年第 4 期),张研的《对 19 世纪中期以前安徽佃农经济的考察》(《清史研究》2003 年第 4 期),曹树基的《清代中期四川分府人口——以 1812 年数据为中心》(《中国经济史研究》2003 年第 1 期),等等。

四、社会史

新近出版的几部有关清代社会史方面的研究专著,新意突出,引人注意。

余新忠的《清代江南的瘟疫与社会:一项医疗社会史的研究》

（中国人民大学出版社，2003年），是一项多学科交叉性研究成果，具有独特的研究视角和强烈的问题意识。该书指出"瘟疫对中国过去社会的直接破坏和影响，似乎并不像目前一些初步研究所揭示的那么大"（第338页）。刘平的《文化与叛乱——以清代秘密社会为视角》（商务印书馆，2002年），从多方面揭示了清代秘密社会存在的文化土壤及其文化内涵，对秘密社会的反叛行为做出新认识和评价。王日根的《明清民间社会的秩序》（岳麓书社，2003年）认为，中国传统社会固然有许多是官方建立的社会管理机构，也不乏家族、乡族、会社、会馆等民间社会自我管理组织。这种自我管理往往是基层社会精英们的自觉行动。明清时期，"官民相得"倾向日益成型，并有效维持着中国社会的向前发展。

张杰的《清代科举家族》（社会科学文献出版社，2003年），以《清代硃卷集成》为主要史料，结合家谱、方志、文集、政书等文献从科举家族成员的构成，科举家族的经济基础、人文环境、日常生活以及由科举引发的社会流动、科举家族的社会影响等方面，考察清代科举家族的历史，首次提出"科举家族"概念。王跃生的《清代中期婚姻冲突透析》（社会科学文献出版社，2003年），该书主要利用《刑科题本·婚姻家庭类》，对18世纪中后期中国各类婚姻家庭的冲突形式、原因和特征进行分析，定性结合定量用数字说话。

有关清代社会重要阶层及基层组织作用问题的研究：何素花的《清初士大夫与妇女——以禁止妇女宗教活动为中心》（《清史研究》2003年第3期），通过乾隆年间地方官打击宗教活动与妇女入寺烧香的事例，探索清初至乾隆末年士大夫对妇女宗教活动的态度。修朋月、宁波的《清代社会乡绅势力对基层社会控制的加强》（《北方论丛》2003年第1期）认为，清代乡绅势力呈现逐渐加强趋势，逐渐由原来的被控制对象变成控制主体。衷海燕的《清代江西的乡绅、望族与地方社会——新城县中田镇的个案研究》(《清史研究》2003年第2期),在个案研究基础上,揭示清代基层社会结构与地方权力体系的演变趋势。徐茂明的《明清以来乡绅、绅士与士绅概念辨析》(《苏州大学学报》2003年第1期)认为,乡绅、绅士与士绅是既相互重叠,又有区别并不断发展的系列历史性概念。

卞利的《论明中叶至清前期乡里基层组织的变迁——兼评所谓"第三领域"问题》(《天津师范大学学报》2003年第1期)指出,"独立于政权之外的'第三领域'是不存在的"。孙海泉的《清代中叶直隶地区乡村管理体制——兼论清代国家与基层社会的关系》(《中国社会科学》2003年第3期)认为,清中期以后,乡—村结构成了地方基层的主要组织形式。乡村职役出现行政化发展趋势,国家政权与基层乡村社会的结合比以前更为紧密。

有关区域性社会阶层及社会问题的个案研究:与区域性经济史研究状况相同,研究者同样将关注点更多放在江南。冯贤亮的《明清江南的富民阶层及其社会影响》(《中国社会经济史研究》2003年第1期)认为,明清两代江南社会经济的繁荣与发展,与以士绅、退职官吏、地主、商人、富裕民户为主体的富民阶层密不可分。徐茂明的《明清时期江南社会基层组织演变述论》(《社会科学》2003年第4期)指出,在明清江南社会基层组织系统的变化中,社会经济发展和政治形势的变化,是推动基层组织变动的根本动力,而士绅阶层的积极活动则力促其成。

谢宏维的《清代徽州棚民问题及应对机制》(《清史研究》2003年第2期),清代徽州民间和官方对徽州地区外地棚民的反应不同。由此引发作者对棚民问题的再认识和对19世纪前期国家控制能力的再思考。周翔鹤的《从契约文书看清代台湾竹堑社的土著地权问题》(《台湾研究集刊》2003年第2期)认为台湾平埔族在与汉人移民的接触中，其族群生活发生的巨大变化及贫富分化问题。

有关清代社会史诸多方面，如民间信仰、秘密教门、灾疫、婚姻及社会福利等问题的研究。

曹新宇的《传统中国社会的"灾难信仰制度"与秘密教门的"灾难神话"》(《清史研究》2003年第2期)，考察"灾难神话"在传统社会信仰制度中的位置。王健的《祀典、私祀与淫祀：明清以来苏州地区民间信仰考察》(《史林》2003年第1期)认为，当民间信仰对现实统治秩序产生威胁或有可能颠覆正统理念时，国家便会加以干预、纠正，并可能遭到禁绝。梁景之的《从"邪教"案看清代国家权力与基层社会的关系》(《清史研究》2003年第3期)认为，保甲制不仅未能成为官方查拿邪教的利器，反倒成了个别村民或少数不良乡保借机敲诈勒索、挟嫌报复、发泄私愤的工具。陆勇的《晚清秘密教门与近代社会变迁》(《云南社会科学》2003年第4期)认为，晚清秘密教门的活动虽触及一些时代主题，但本质仍是对近代社会的一种反动。

余新忠的《清代江南种痘事业探论》(《清史研究》2003年第2期)，论述人痘与牛痘接种术在江南的传播与推广。高勇、乌云毕力格的《清代天花的预防治疗及其社会影响》(《内蒙古大学学报》2003年第4期)认为，天花的预防治疗对清代医药事业、政府政策及司法审判三方面产生影响。

姚建平的《清代两湖地区社仓的管理及其与常平仓的关系》(《社会科学辑刊》2003年第4期)认为，清代对社仓的管理体现出经济手段和政治手段并重的控制理念，社仓与常平仓在管理上密切联系，这种模式有利于社会控制和社会稳定。肖倩、杨泽娟的《清代江西民间育婴事业经费研究》(《江西社会科学》2003年第3期)认为，经费短缺是影响育婴事业发展的重要原因。

王士林的《清代江南地区社会问题研究——以逼醮、抢醮为例》（《史林》2003年第3期），讨论了逼醮、抢醮问题发生的空间性特点，松江府和太仓州较为集中，特别是乡村。

五、学术文化史

近年来，清代学术思想的研究无论在深度、广度，还是方法上，都步入较为成熟的阶段。

本年度出版的专著有：黄爱平的《朴学与清代社会》（河北人民出版社，2003年），揭示清代学术实学思潮、乾嘉汉学亦即朴学的发生、发展和演变，以及清代中叶学术思潮的盈虚消长和盛衰转换等问题，进而探讨学术与清代政治、文化的关系。冯天瑜、黄长义著的《晚清经世实学》（上海社会科学院出版社，2003年），论述了道光、咸丰以降学术风尚的转变，较为系统、翔实。

近年来清代学术史研究的回顾与展望，陈祖武的《乾嘉学派研究与乾嘉学术文献整理》（《光明日报》2003年6月24日），鉴于一二十年来乾嘉学派研究起步甚速的状况，认为"文献准备似嫌不够充分，因此未来一段时间，在这方面切实下一番功夫，或许是必要的"。

清代学术史研究方面，李海生的《清初学术的两次转变及其思想史意义》（《学术月刊》2003年第4期）认为，清初学界经历了学术方向的扭转与学术理路的改变两次转变。第一次转变属于"推翻一偶像而别供一偶像"的思想革命；第二次转变属于朴学运动自身的发展与深入。汤仁泽的《清代江南学术群体的特点》（《浙江社会科学》2003年第4期）认为，清代江南各家各派互相渗透、影响，形成研究范围广泛的学术大群体，"康乾盛世"又为学术交流提供了有利条件。

魏泉的《"顾祠修禊"与"道咸以降之学新"——十九世纪宣南士风与经世致用学风的兴起》(《清史研究》2003年第1期),认为延续了近三十年的"顾祠修禊"活动是道咸间学风转变的代表性事件。姚纯安的《清末群学辨证——以康有为、梁启超、严复为中心》(《历史研究》2003年第5期),梳理康有为、梁启超与严复之不同。

汪学群的《钱澄之的经世易学》(《中国社会科学院研究生院学报》2003年第4期)认为,钱澄之作《田间易学》,顺应明末清初的经世思潮,是时代的产物。林存阳的《李塨理学思想探析》(《中国社会科学院研究生院学报》2003年第4期),从清初理学发展的角度,探讨李塨独到的理学取向及身体力行。鱼宏亮的《晚明政治危机与〈明夷待访录〉的写作动因》(《清史研究》2003年第4期)认为,黄宗羲所期待的明主是改过自新后的明朝皇帝。《明夷待访录》中提出的政治主张与见解,不是对我国古代专制统治的全面反思,而是针对晚明时代皇权败坏与权力过分集中提出的。

路新生的《理解戴震——钱穆、余英时"戴震研究"辩证》(《华东师范大学学报》2003年第1、2期),就戴震学风,学术源流,《原善》、《绪言》、《孟子字义疏证》的撰写旨趣及戴震对宋儒"以理杀人"问题的评价等问题,提出见解。王杰的《戴震义理之学的历史评价及近代启蒙意义》(《文史哲》2003年第2期)认为,义理之学是中国传统思想向近代思想转化的重要桥梁,具有近代启蒙价值。

六、中外关系史

马廉颇著《晚清帝国视野下的英国——以嘉庆道光两朝为中心》

（人民出版社，2003年），作者以鸦片战争前后的嘉庆、道光两朝统治集团对英国的认识为研究对象，讨论了早期官方文献和民间记录中的英国形象，清朝统治集团对国际关系和地缘政治变动下的中英关系的反应以及清朝从经济、文化、军事等角度对英国的了解等问题。郑翔著《晚清传媒视野中的日本》（上海古籍出版社，2003年），从传播学及现代化进程的背景，整理、考察、比较近代报刊资料中有关日本的报道，视角独特。米镇波著《清代中俄恰克图边境贸易》（南开大学出版社，2003年），系统展现了恰克图边境贸易的丰富内容，再现清朝繁华的"张库大道"。

本年度的研究论文，主要集中在中西、中朝、中俄关系方面的研究。

清朝中西贸易研究。张乃和的《15—17世纪中英海外贸易商人主体权利之比较》（《中国社会经济史研究》2003年第2期）认为，"中英两国海外贸易商人为了保障个人主体权利，都日益加强了对小共同体的需求，出现了资本组合契约化、行业联系组织化的发展趋势。但是，中国海外贸易商人的小共同体发展缓慢，……古代宗法关系向海外贸易领域延伸"。戴一峰的《饮食文化与海外市场：清代中国与南洋的海参贸易》（《中国经济史研究》2003年第1期），探讨中国传统饮食文化与区域市场拓展间的互动关系。

清朝中西文化交流研究。吴伯娅的《乾隆年间西方传教士在宫廷及避暑山庄内的艺术活动》（《避暑山庄研究》2003年第1期）认为，郎士宁、王致诚等西方传教士的艺术活动，满足了乾隆帝的闲情雅致，也用绘画方式充当了史官的角色。白新良的《康熙朝奏折和来华西方传教士》（《南开学报》2003年第1期），翻检满汉文奏折160余份，揭载出不少有关传教士的新材料。

尚智丛的《南怀仁〈穷理学〉的主题内容与基本结构》（《清史

研究》2003 年第 3 期）认为，《穷理学》包括六方面内容，反映了明末清初"格物穷理之学"的总体概况。陈义海的《中西"实学"之辨——明清间来华耶稣会士对中国文化的影响》（《上海师范大学学报》2003 年第 1 期）认为，中国古代所强调的"实学"，倒更像是空疏之学。蔡鸿生的《清代广州行商的西洋观——潘有度〈西洋杂咏〉评说》（《广东社会科学》2003 年第 1 期），以乾隆年间十三行总商潘有度 20 首诗作为标本，探究广州行商的西洋观。

清朝与周边国家关系，特别是中朝、中俄关系的研究。刁书仁的《论清朝与朝鲜宗藩关系的形成与确立》（《扬州大学学报》2003 年第 1 期）认为，清朝与朝鲜宗藩关系的确立存在结盟兄弟与建立君臣关系两个阶段。叶柏川的《早期俄国来华使团人员构成考察》（《清史研究》2003 年第 1 期），对鸦片战争前俄国外务衙门正式派遣到中国来的 8 个外交使团的成员构成情况进行了考察。

七、边疆史

本年度边疆史研究的著述，主要集中在中国历史疆域与边界问题，清代治边思想与治边政策的利弊得失，以及中国边疆地区史等问题。

许毓良的《清代台湾的海防》（社会科学文献出版社，2003 年），以考察制度演变为框架，将台湾海防置于清朝东南海防的背景中，讨论港门与海运、行政与管理、海防与台湾的控制权、海防的对象及湘、淮畛域下的海防等问题，探讨清代海疆政策保守性的深层原因及清廷海防政策的盲点所在——"以陆治海"。孙喆的《康雍乾时期舆图绘制与疆域形成研究》（中国人民大学出版社，2003 年），以康雍乾时期具有代表性的舆图为例，以大量档案文献材料为基础，对这一时期地图绘制的历史及地图在当时的社会功能,尤其是地图与疆域的关系进行了较为细致的考察和研究,并探究当时的疆域。

清代治边思想与封建王朝治理边疆的统治政策,是近期边疆史研究中的重要内容。云南大学西南边疆少数民族研究中心方铁、张维的《论中国古代治边思想的特点、演变和影响》(《中国边疆史地研究》2003年第1期)认为,中国古代治边思想呈现出两个基本特点。其一,统治者对开疆拓土,多相对保守,推崇"守在四夷"的边疆治理理想。其二,从"华夷有别"的治边观出发,对边疆实行相对宽松的羁縻统治,重视封建文化在边疆治理中的教化作用。

有关清代边疆、边界问题区域性个案研究。陈维新的《乾隆时期中俄外交争议中的土尔扈特部问题》(《中国边疆史地研究》2003年第4期),讨论土尔扈特部东归的原因,清朝对其所实行的政策以及清、俄在其东归后的交涉等问题。

清代边疆地区的政治、经济、民族、文化。宝音朝克图的《清朝边防中的三种巡视制度解析——"卡兵巡查""巡查卡伦""察边"之区别与联系》(《清史研究》2003年第4期),从内容到形式,论述了三种巡视制度的本质区别及内在联系。聂红萍、王希隆的《鄂对家族与清代新疆政治》(《中国边疆史地研究》2003年第2期),认为鄂对家族是清朝统治新疆的重要依赖对象,在维护边疆安定和国家统一中起了积极作用。

梁四宝、燕红忠的《清代边疆开发的经济动因及其影响》(《中国经济史研究》2003年第3期)指出,边疆经济价值的提高和利益机制的刺激,是清代边疆开发的经济根源。政府对边疆开发具有很强的影响力,而商人则起着积极推动作用。马征的《清代"环海商都"——丹噶尔商贸之兴衰》(《青海社会科学》2003年第4期),探究作为青海、西藏商业贸易集散地的丹噶尔(今青海湟源县),其商贸活动及兴衰原因。

余梓东、苏钦的《清朝时期达斡尔族地区法制的变迁》(《法学杂志》2003 年第 3 期),从法制角度,探讨清朝达斡尔族,在氏族组织、婚姻继承及兵役制度方面的变化。旺希卓玛的《清代青海地区的主要法律文本、产生年代、特点及其影响》(《青海民族研究》2003 年第 1 期),着重分析清代实行于青海地区诸法合体的法律特点。

龙晓燕的《清代落籍滇东北地区的汉族士兵》(《贵州民族研究》2003 年第 1 期),分析了已有大量汉族定居的曲靖府与刚刚改土归流、所属人民皆为少数民族的昭通、东川府,三地的绿营驻防以及汉籍士兵定居情况。

王川的《清代及民国时期西藏地方的丹达神崇拜》(《中国边疆史地研究》2003 年第 1 期),考察起源于乾隆十八年入藏的丹达神崇拜,并论及丹达神的传播与废弃问题。古永继的《清代云南官学教育的发展及其特点》(《云南社会科学》2003 年第 2 期)指出,云南的官学教育与内地比迟缓落后,与过去比则发展迅速,并具有义学取代社学以及更重视民族教育的特点。

本文的写作得到了中国社会科学院历史研究所清史研究室多位先生的指导和协助,在此谨致谢忱。由于本人学识浅薄,文中不当之处,敬请方家予以批评指正。

2004 年清史研究综述

◎ 鱼宏亮

近年来的清史研究，主题逐渐深化，方法日趋多元，文献、档案不断整理推出，各地相继召开了一些有特色的学术研讨会，总的来说有不小进步。综观 2004 年的清史研究，除了一些资深清史学家的重要论著之外，一批采用新方法、新视角对某一专题进行深入研究的论著也相继出版。总体而言，主要有以下特点：1. 在传统的政治事件、人物研究对象之外，以法律、经济与社会等交叉学科的方法研究清代各种政治社会问题取得了显著成绩；2. 区域化显著，清代西北、西南、东北等地区的生态、人口、环境等问题受到关注；3. 清代学术史、文化史的研究逐步深入。本文主要就 2004 年清史研究的论著以及学术活动作一简要介绍，以期反映出本年度清史研究的大体情况，部分专题有信息缺漏之处，还请有关专家指正。

一、史学理论与档案、文献

本年度数位资深清史学者将长期以来从事清史研究而取得的成果汇集出版，为学界的检索和利用提供了方便，可以看作是过去几十年清史研究的一个缩影。王锺翰的《清史补考》(辽宁大学出版社,2004年),收录作者清史论文21篇,附录其他论文2篇。是作者清史名著《清史新考》、《清史杂考》、《清史余考》的续作,内收《满洲名称考辨》等重要论文,也有作者回忆师友的文字。而全面收录作者清史研究成就的《王锺翰清史论集》(中华书局,2004年)也于本年底推出,该书分为四卷,收录作者近70年来所写重要论文、序跋等近200篇。何龄修的《五库斋清史丛稿》(学苑出版社,2004年)收录作者研治清史20多年来的重要论文57篇,内容包括清史学史、清初复明运动、清文艺史、其他清史论文、明清文献文章、回忆与悼念师友文章等六个方面,涉及清史的政治、军事、文化等各重大主题。张玉兴的《明清史探索》(辽海出版社,2004年)收入论文58篇,分为理论探讨、考证诸文、东北史论等十个主题,显示出作者20多年研制清史的成就。王政尧的《清史述得》(辽宁民族出版社,2004年)收录了作者20多年来研制清史的重要论文。全书分为"政治篇"、"人物篇"、"文化篇"三个部分,作者对清代戏剧素有研究,因此"文化篇"中的各篇,是研究清朝文化史的重要参考论文。郑剑顺的《晚清史研究》(岳麓书社,2004年)收录论文43篇,分为理论、鸦片战争、太平天国等八个主题,涉及晚清史研究的各个方面。其他还有邓锐龄的《藏族史论文译文集》(中国藏学出版社,2004年)等。

文献档案方面,冯尔康的《清史史料学》(沈阳出版社,2004年)是作者在《清史史料学初稿》(南开大学出版社,1984年)和《清史史料学》(台北商务印书馆,1993年)两书的基础上进行部分修订而成的,书中详论史料对于历史研究的价值以及清朝史料的个案研究,附录《清史专题史料基本书目》、《清代档案史料书刊目录》两文,为学界提供了明晰、详备的清代史料检索门径。博尔塔拉蒙古自治州史志办与中国第一历史档案馆、中国社会科学院中国边疆史地研究中心联合编译的《清代西迁新疆察哈尔蒙古满文档案全译》（新疆人民出版社，2004年）辑入清朝秘密档案1483件，其中正件925件，附件558件，起止时间为乾隆二十五年十二月至宣统三年六月，是研究西迁新疆的察哈尔蒙古史的重要基础性文献。由北京大学、第一历史档案馆、澳门理工学院整理的《清代外务部中外关系档案史料丛编》（中华书局，2004年）出版了"中葡关系卷"、"中西关系卷"，内容均选自中国第一历史档案馆存总理各国事务衙门、外务部档案，包括租地划界、互设使领、交聘往来、侨务招工等十几个方面。其中"中葡关系卷"辑录档案553件，时间从1862年至1911年。"中西关系卷"辑录档案806件，时间从1864年至1911年，该卷内容为首次出版公布。这两部史料丛编的出版发行，揭示了中国近代与葡萄牙、西班牙的关系，对推动中葡关系、中西关系史以及澳门历史的研究，具有重要价值和意义。李士根主编的《四川清代档案研究》（西南交通大学出版社，2004年）一书，包括《清代南部县衙门档案研究》、《清代巴县衙门档案价值探析》、《清代巴县档案经济资料价值研究》等论文，对四川地区的地方档案进行了初步探索。上海古籍出版社的《晚清东游日记汇编》丛书出版了王宝平主编的《中日诗文交流集》、《日本军事考察记》，是继2002年的《日本政法考察记》、《游历日本图经》之后新增的两种。叶树声等著《清代文献学简论》（安徽大学出版社，2004年），从清代校勘学、辑佚学、辨伪学、目录学、分类学、编辑学、翻译学等方面对清代整理图书的成绩进行了研究，书中以作者发表的各种论文为主，其中有关清代文献的分类学、翻译学等文章，对严复、传教士等译介的各种西方丛书做了简略介绍。施廷镛的《清代禁毁书目题注（外一种）》（北京图书馆出版社，2004年）由出版单位根据作者的稿本整理出版，全书对清代 2000 种禁毁书做了内容、著者、版本、行款、纸墨、传承等方面的题跋、注解和阐释，卷首附有《清代禁毁书目详目》，是研究清代政治史、思想史、学术史的重要参考文献。法国汉学家戴廷杰（Pierre-Henri Durand）著《戴名世年谱》（中华书局，2004 年），资料收集详备。这部长达 90 万字、具有资料长编性质的年谱，不仅校订戴氏生平与家族谱系资料，收录了《戴名世集》未收之佚文，且撰有与戴氏及《南山集》文字狱相关的 600 余人的生平传记，为学界提供了重要参考资料。罗炳良的《清代乾嘉史学的理论与方法》（兰州大学出版社，2004 年）是一部从整体上对乾嘉史学进行理论研究的著作，作者纠正了传统以"考证之学"来概括乾嘉史学的看法，肯定了乾嘉史学的理论成就。全书从五个方面论述了乾嘉史学中的理论问题，是近年研究乾嘉学术中不多见的理论探讨著作。

二、政治、法律、军事

袁闾琨、蒋秀松等人编写的《清代前史》（沈阳出版社，2004 年），以 1616 年至 1649 年（多尔衮去世）作为清代前史的断限，认为太宗死后实际统治者是多尔衮，所以，传统的以 1644 年明朝灭亡、清朝入关为前史的断限有不妥之处。全书从政治、军事、经济等方面论述了满族崛起与清朝入主中原的历史。万依、王树卿等一批故宫博物院的专家编写、成书于 20 世纪 80 年代的第一部全面论述清朝宫廷史的著作《清代宫廷史》（百花文艺出版社，2004 年），于本年度付梓与读者见面。本书从入关前宫廷出现一直写到清朝覆亡，从内宫典制、建筑、经济、后宫习俗，辅之以各个时代的政治事件，全面论述了清朝内宫的历史，附录《清代宫廷史大事记》，是研究清代皇权、皇族、中央政治的重要参考书。此外，台湾学者那思陆于1992年在台北出版的《清代中央司法审判制度》一书，经过作者进行部分校订后，本年由北京大学出版社出版了简体字版。全书分为清入关前司法审判制度、中央司法审判机关、清代中央司法审判程序等几个章节，附录《清代各类人犯的刑之执行》。桑兵的《庚子勤王与晚清政局》（北京大学出版社，2004年）将大量档案文献、海内外材料排比解读，细致考辨庚子年间的有关史实。作者以康有为、唐才常等维新势力在庚子年的活动为叙述重点，涉及保皇会、中国议会、兴汉会、革命党、新加坡华侨、广东秘密社会、东亚同文会广东支部等重要社会势力群体，从不同视角剖析晚清变幻不定的政治风云。刘文鹏的《清代驿传及其与疆域形成关系之研究》（中国人民大学出版社，2004年）通过对清代驿传在地域范围上变化的考察，揭示清代驿传具体的实际运行方式，阐述其在国家政治、军事、疆域形成等方面的作用。此外，秦树才的《清代云南绿营兵研究——以汛塘为中心》（云南教育出版社，2004年）对地方军事做了个案研究。汪国志的《周馥与晚清社会》（合肥工业大学出版社，2004年）则对晚清重要的地方大员、学者周馥做了研究。

论文方面，张玉兴的《明清易代之际忠贰现象探赜》（《清史论丛》2004年号），对明清易代之际的忠、贰两种历史人物进行了全面论述。他指出：忠义之士所体现的是人间的浩然正气，而叛明降清的贰臣则是趋利忘义的耻辱大恶。"表彰忠义、鞭笞叛贰，对弘扬正气，倡导热爱国家、热爱民族，倡导献身精神，自有深远的意义。"张世明的《清代宗藩关系的历史法学多维透视分析》（《清史研究》2004年第1期）用发生学、语言学、法理学的方法，对清代宗藩关系进行了多视角的研究，指出清代宗藩关系很大程度上是清朝政府当时实践理性所形成的"地方性知识"，具有明显的满族特性。从空间而言,其内外层次具有相对性,随时间而变化,各种名称的指射随语境而不定。清代宗藩关系的法律制度在近代国际法体系中具有普遍性与合法性,保护制度与宗藩制度的冲突是特定时空下建构的两种法律模型的角逐,其底层的原因在于国家控制力与法律精细化的不同。杨珍的《清朝权臣与皇权的关系及其特点》(《清史论丛》2004年号)考察了康熙初年的鳌拜、康熙前期的索额图与明珠、雍正初年的年羹尧与隆科多、乾隆后期的和珅以及咸丰中后期的肃顺等七个清朝有名的权臣,分析了他们出现的历史机缘。认为清朝皇权能够最大限度地约束权臣,使之为皇权的进一步集中、巩固发挥积极作用,同时将其对皇权的威胁,限制在相对较小的范围内。而清朝权臣对皇权的依附性,也超过包括明朝在内其他王朝的权臣。赫治清的《清代邪教与清朝政府对策》(《清史论丛》2004年号)对中国历史上的"邪教"一词进行溯源,详细论述中国不同历史时期的"邪教"概念及其内涵的演变,集中阐述了清代"邪教"的六大基本特征、清朝政府有关"邪教"问题的七大对策、清代邪教屡禁不止的原因,以及清代邪教与民间宗教、秘密教门、农民起义关系等问题。林乾的《清代旗、民法律关系的调整——以"犯罪免发遣"律为核心》(《清史研究》2004年第1期)通过研究这一具体律文及例的变化,揭示了清代两个法律主体——旗与民的法律关系调整及其意义,指出虽然清代在对旗、民"同罪异罚"的调整上做出不懈的努力,但此一问题直到晚清变法时期才得到根本解决。而常书红的《清代北京的旗、民一体化进程——兼论北京满汉文化的交融》(《北京师范大学学报》2004年第1期)从整体上对清代旗与民一体化过程进行了论述,得出了与上文相近的结论。在社会阶层一体化问题受到关注的同时,地域的一体化也有人论及。卢建一的《试论清代闽台一体化的形成》(《东南学术》2004年第2期)则从行政、军事、文化、经济等方面对康熙统一台湾后闽、台之间的一体化进程进行了研究。汪毅夫的《清代台湾的幕友》(《东南学术》2004年第1期)则从《清实录》及清人文集的材料出发,对清代台湾官员辟置幕府进行了研究,得出清代台湾与福建幕府之制具有同一性的结论。王雪华的《清代吏员的录用、迁转与离役》(《武汉大学学报》2004年第5期)简略阐述了清代吏员的选拔、考核等管理规定。马自毅的《"总教习"还是"洋文正教习"——严复任职北洋水师学堂期间若干史实考证》(《历史研究》2004年第2期)和戚学民的《〈政治讲义〉文本溯源》(《历史研究》2004年第2期)是两篇研究严复的文章,分别澄清了严复研究中某些误解。陈亚平的《〈中英续议通商行船条约〉与清末修律辨析》(《清史研究》2004年第1期)认为,清末签署的《中英续议通商行船条约》并不像过去多数人所评价的那样是"屈从帝国主义意志",而是清政府主动提出的修律要求,是当时中国社会观念变迁的必然选择。有关论文还有龚汝富的《清代保障商旅安全的法律机制——以〈西江政要〉为例》(《清史研究》2004年第4期)、张小也的《健讼之人与地方公共事务——以清代漕讼为中心》(《清史研究》2004年第2期)等。

三、民族及中外关系

近年来,民族和边疆问题是清史学界关注的一个重点,除了档案和文献不断整理发布以外,本年出现的一些著作和论文,利用综合、多学科的方法,对制度、政策以及事件做了比较深入的研究。杨强的《清代蒙古族盟旗制度》(民族出版社,2004年)一书,就蒙古盟旗制度建立的背景、过程、具体的行政体制以及清代对蒙古的立法与管理，蒙古族的宗教、婚姻等问题做了比较全面的论述。杜文忠的《边疆的法律：对清代治边法制的历史考察》（人民出版社，2004 年）一书，全面考察了清代治边法律、政策的历史，采用法律学、民族学、历史学等多学科的学术视角，对回疆、苗疆做了细致研究。从宏观和微观两个方面，对清朝的民族立法、司法及其对民族关系的影响进行了考察，提出了"文化边疆"的概念，同时也指出，清代人口激增引发的大量人口向边疆地区流动，造成整个国家"制度供给不足"，是影响边疆法律制度、民族政策的主要因素。孙镇平的《清代西藏法制研究》（知识产权出版社，2004 年）则具体考察了清代西藏地区的法制史，作者从清代治藏采用"从俗从宜"的立法思想出发，将清代治藏历史分为前期、中期、后期三个阶段，最后从总体上对清代治藏法制的发展规律、制度特色、作用和借鉴意义等方面做了总结述评。李华川的《晚清一个外交官的文化历程》（北京大学出版社，2004 年）以活跃在晚清的外交家陈季同为个案，应用大量的中、法文资料，考辨了陈氏生平的三桩公案，以及其中西文著述与社会活动，对其思想观念进行了比较深入的剖析。此外还有牛海桢的《清代西北边疆地区民族政策研究》（兰州大学出版社，2004 年）等。

论文方面，孙宏年的《清代的中越边境事件及其影响略论（1644—1885）》（《南洋问题研究》2004 年第 1 期），考察了 1644—1885 年间中越陆路边境地区，因匪乱、偷越国界或其他意外事件而引发的多起边境事件。在处理这些事件的过程中，清王朝不干涉安南内政，而越南各王朝统治者都注意维护宗藩关系，在一定程度上强化了这种关系。张丹卉的《论明清之际东北边疆城镇的衰落》（《中国边疆史地研究》2004 年第 1 期）认为，明清之际后金采取的"毁城迁民"政策，使明代以来辽东地区兴起的城镇遭到毁灭性打击。康熙中期，由于大量人口外迁和清朝在东北实行的封禁政策，辽东城镇仍未恢复元气。吴元丰的《清代乌鲁木齐满营述论》(《中国边疆史地研究》2004 年第 3 期)利用一史馆所藏满文档案，论述新疆伊犁惠远城满营、惠宁城满营、锡伯营、索伦营、厄鲁特营、察哈尔营和乌鲁木齐满营、巴里坤满营、古城满营及吐鲁番满营的组建、建制、官兵挑补、装备及防务问题。成崇德的《论准噶尔政权》(《卫拉特研究》2004 年第 1 期)、柳陞祺的《1727—1728 年卫藏战争前后清中央的治藏方策》(《民族研究》2004 年第 1 期)、潘向明的《清代新疆伊斯兰教教派问题刍议》(《清史研究》2004 年第 3 期)等文，也很值得关注。吴伯娅的《关于雍正禁教的几个问题——耶稣会士书简与清代档案的比读》(《清史论丛》2004 年号)利用近年出版的《耶稣会士中国书简集》和雍正朝满文朱批奏折，对雍正朝严厉禁止耶稣会士传教政策进行讨论，指出雍正的禁教措施，是清廷海外政策的一个重要组成部分。这个政策的核心就是闭关自守。它虽然有一定的防御作用，但堵塞了中西文化交流。吴伯娅的《乾隆年间的朝鲜使者及其访华日记》(《首都博物馆丛刊》，2004 年)，则介绍了 18 世纪中朝关系中的重要人物朴趾源及其《热河日记》在清、朝文化交流中的重要地位。罗婉薇、陈万成的《汤若望的〈主制群征〉与翻译》(《中国典籍与文化》2004 年第 1 期)，以《主制群征》所论神经与骨度两节为例，审读原书，考校翻译，并对东方读者的"误读"进行考查，认为西学东传，传教士的著述意图(传教)与东方读者的阅读意图(考究实学)错配，此现象并不罕见。在这种环境下，翻译的偏正精粗，对读者理解上的正误，以及西学东传的实效，至关重要。有关论文还有李晟文的《从基、儒关系看明清时期基督教的中国化趋向》(《中国文化研究》2004 年春之卷)、阎国栋的《十八世纪俄国汉学之创立》(《中国文化研究》2004 年夏之卷)。在澳门史的研究中，表现出由过去的通史性研究转向专题研究的特点。如杨仁飞的《清代中叶澳门绅士群体分析》（澳门《文化杂志》2004年夏季刊），利用东波塔档案，研究在澳门华人社会中出现较晚且人数不多的绅士群体，分析其群体构成、社会职责和社会地位。该文提出，澳门绅士群体是中国官府与澳门华人社会、澳葡社会之间的联系桥梁与中介人，其作用突出表现在嘉庆年间协助香山县处理澳门涉外事务方面。汤开建的《葡人驱盗入居澳门说新史料》（澳门《文化杂志》2004年夏季刊），征引台北中研院傅斯年图书馆善本室所藏晚明韩霖《守圉全书》卷三的《委黎多报效始末疏》及葡文资料，认为早期葡人学者所主张的葡人在帮助明政府驱逐盘踞在澳门的海盗后才得以侨居澳门的说法是成立的。

四、经济、赋役及交通

清代经济问题的研究是近年来一个持续不断的热点，学者根据当前各种社会问题的需要，从而将视角延伸到清代，对各种资源、环境等问题都大量涉猎，取得了显著的成绩。祁美琴的《清代榷关制度研究》（内蒙古大学出版社，2004年）以文献档案为基础，从清代榷关的设置与沿革、内外部组织与管理、人事管理制度、榷关税则与税率等几个方面，对这一重要财政制度进行了深入研究，书后附有5个统计表，也颇具参考价值。刘正刚的《东渡西进——清代闽粤移民台湾与四川的比较》（江西高校出版社，2004年）是清代闽粤移民海岛台湾与内陆四川的两种不同模式——海岛模式与内陆模式的比较研究。该研究的大框架是中国古代海洋历史文化研究，从具体的闽粤移民个案出发，主题涉及海洋历史文化诸领域的各种理论，是一个值得关注的研究方向。陈支平著的《民间文书与明清赋役史研究》（黄山书社，2004 年），分"明代卷"和"清代卷"，其中一章专门论述清代徽州的赋役册籍与基层实态。

论文方面，陈锋的《20 世纪清代财政史研究》（《史学月刊》2004 年第 1 期）是对近百年研究的综述，作者将研究分为 20 世纪上半叶和下半叶，并对不同时期的研究特点进行了总结。申学锋的《清代财政支出规模与结构演变述略》（《学术研究》2004 年第 7 期）将清代财政支出规模分为咸丰之前的逐渐扩大期、咸丰初年至甲午战争的迅速扩展期、甲午战后的急剧膨胀期三个阶段，指出演变的原因除了社会经济的发展和国际环境的变迁外，政治制度的腐朽与吏治的败坏亦是重要原因。郑哲雄等人的《环境、移民与社会经济——清代川、湖、陕交界地区的经济开发和民间风俗之一》（《清史研究》2004 年第 3 期）则研究了川、湖、陕交界地区因人口涌入而导致的经济活动，由此带来的资源和环境的问题。王培华的《清代河西走廊的水资源分配制度——黑河、石羊河流域水利制度的个案考察》（《北京师范大学学报》2004 年第 3 期）通过两个个案对河西走廊地区水利管理中三次分水的制度进行了研究，试图揭示政府与社会在水资源分配过程中建立的制度及各自功用。赵珍的《清代西北地区的农业垦殖政策与生态环境变迁》（《清史研究》2004 年第 1 期）论述了清政府在不同时期对陕甘宁青四省区以及内蒙古一部进行的各种垦殖与开发政策，这种政策使得当地的经济水平有了很大提高的同时，也使得该地区生态环境恶化与资源枯竭，最终导致了该地区的贫困状态，对现代社会具有借鉴意义。王社教的《清代西北地区地方官员的环境意识——对清代陕甘两省地方志的考察》（《中国历史地理论丛》2004 年第 3 辑）则通过部分西北方志的研究，对地方政府与官员的环境政策和环境意识进行具体研究，指出大多数地方官员都没有环境意识，而少数有一定环境意识的官员所采取的一些保护环境与资源的措施，其作用亦很有限。杨伟兵的《清代黔东南地区农林经济开发及其生态—生产结构分析》(《中国历史地理论丛》2004年第3辑）以清代黔东南地区的农林产业在经济开发下的土地利用与植被变化为论题，对影响农林用地变化的社会经济和生态结构等因素做了深入分析。樊宝敏等人的《试论清代前期的林业政策和法规》(《中国农史》2004年第1期）论述了清代对东北地区森林的保护政策及后来破坏的过程，指出由于没有全国性的统一森林法令，因此各种补救措施作用有限。从以上一组论文可以看出，由于现实社会经济问题的凸显，清代人口、资源、环境等问题受到很大关注，部分研究也取得了很好的成果。陈桦的《清代防灾减灾的政策与措施》(《清史研究》2004年第3期）从政府政策措施的角度，对清代粮食储备、治河修塘、灭蝗捕蝗信息奏报等进行了综合性考察，展现了中国末代王朝防灾减灾活动的概貌及其基本特征。方行的《清代前期江南的劳动力市场》(《中国经济史研究》2004年第2期），从市场规模、劳动力配置、劳动力流动、交易形式和工资及其整合等方面，探讨清代前期江南地区劳动力市场的发展和局限。马金华的《晚清中央与地方的财政关系——以外债为研究中心》(《清史研究》2004年第1期）认为晚清中央对地方财政监管的失控，财权的不断下移以致崩溃，构成中央与地方财政关系变化的基本态势。其他值得关注的论文尚有黄鸿山、王卫平的《清代江南社仓兴废及其原因——以江南地区为中心的考察》(《学海》2004年第1期)、谢宏维的《清代棚民及其对社会经济的影响》(《历史教学》2004年第3期)、许檀的《清代河南的北舞渡镇——以山陕会馆碑刻资料为中心的考察》(《清史研究》2004年第1期)、付庆芬的《清初"江南奏销案"补证》(《江苏社会科学》2004年第1期）。

五、社会史、区域史及民间宗教

本年度社会史研究取得了不小成就，多部采用多学科交叉研究方法的著作和论文给人以突出的印象。陈亚平的《清代法律视野中的商人社会角色》（中国社会科学出版社，2004年）探讨传统中国社会结构中，法律、伦理的关系以及商业、商人的角色变迁，对清代的各种商法、经济政策、商业活动与商人的互动关系做了阐述。秦燕等人著《清代以来的陕北宗族与社会变迁》（西北工业大学出版社，2004年）利用陕北民间的族谱、宗谱、村志等资料，结合田野调查的方法，对清代以来陕北地区的宗族形成、功能、结构以及同国家权力的关系等问题做了比较全面的研究。梁景之的《清代民间宗教与乡土社会》（社会科学文献出版社，2004年）论述了清代民间宗教，信仰体系的结构与内容，群体的结构与活动，内丹修炼与神秘体验，民间宗教与乡土社会等内容，附录《福建民俗宗教信仰的实态》一文对福建地区的民俗宗教资料进行了研究。定宜庄、郭松义等著的《辽东移民中的旗人社会——历史文献、人口统计与田野调查》（上海社会科学出版社，2004年）应用社会学、人口学、统计学等多学科的方法，对清代辽东最重要的移民群体即编入八旗制度的汉族移民群体和由他们构成的社会进行了深入研究，是清代东北史、移民史、人口史以及民族史领域的重要著作。夏晓虹的《晚清女性与近代中国》（北京大学出版社，2004年）舍弃了研究者常用的以官方档案、笔记、诗文集或其他文学作品作为主要文献的取向，而将近代报刊资料作为整个研究工作的文献基础。作者采用"进入报刊、返回现场"的方法，以女性研究为视角，重构了"天地为之变色"的晚清社会，全书分为"女性社会"、"女性典范"、"女性之死"三个部分，对中国近代社会的性质等重大问题提出了不同看法。

论文方面，颜廷真、韩光辉的《清代以来西辽河流域人地关系的演变》(《中国历史地理论丛》2004年第3辑)考察了清代以来近300年间西辽河流域行政格局、人口、土地利用、动植物等人地关系要素的变化。卞利的《清代户籍法的调整与农村基层社会的稳定》(《安徽大学学报》2004年第1期)从清代户籍的分类、户籍编审、摊丁入亩、保甲制几个方面对清代户籍法调整的过程进行了论述，并指出其对基层社会稳定的意义。潮龙起的《清代会党的地域环境与清政府的社会控制》(《史学月刊》2004年第4期)论述了清代会党活动的地域环境特点以及清政府相应的控制措施。吴洪琳的《清代陕西社仓的经营管理》(《陕西师范大学学报》2004年第3期)考察了清代陕西社仓通过耗羡银建立起来的特点以及经营管理的调整、形成民管与官管并行的制度。李文海、朱浒的《义和团运动时期江南绅商对战争难民的社会救助》(《清史研究》2004年第2期)指出，庚子事变后，由江南士绅对京津一带的救助，体现了传统慈善行动与西方公益事业结合的新式救济模式。夏春涛的《太平天国妇女地位问题再研究》(《清史研究》2004年第2期)认为太平天国虽在妇女地位问题上有某些进步思想，并在一定程度上改善了妇女处境，但男尊女卑、男主外女主内的传统格局并无实质变化。

六、科举与学术

明清之际以及乾嘉时期学术的研究向来受到学界的重视。汪学群的《清初易学》(商务印书馆，2004年)，将清初易学作为一个整体，对顺、康时期的十几位主要易学家及其易学著作进行了详细、周审的研究，内容涉及思想、学术与政治，是研究清初学术的一部重要著作。刘仲华的《清代诸子学研究》(中国人民大学出版社，

2004年）考察了诸子源流、分类，对清代诸子学中"以经证史"、子书的整理、乾嘉义理学、诸子学与晚清学术等问题做了探讨。樊克政的《龚自珍年谱考略》（商务印书馆，2004年）利用家乘、家谱以及同时代人诗文材料对龚自珍的年谱进行了详细考述。商衍鎏的《清代科举考试述录及有关著作》是后人在其《清代科举考试述录》（生活·读书·新知三联书店，1958年）一书的基础上，重新注释、修订出版的一本著作。邓云乡的《清代八股文》（河北教育出版社，2004年）是一部知识性读物，介绍了八股文的产生、源流、存废及其与科举考试的关系等常识。赵永纪主编的《清代学术辞典》（学苑出版社，2004年）收录词条4600多条，亦具参考价值。

论文方面，周积明、雷平的《清代浙东学派学术谱系的构建》（《学术月刊》2004年第6期）对"浙东学派"由黄宗羲提出，经章学诚、章太炎、梁启超等不同时期学者的重新建构而产生的三种不同谱系进行了考察，并分析了其背后的原因。林军的《清代考据学的兴起与诸子学历史地位的升降》（《福建师范大学学报》2004年第2期）则考察了传统儒学与诸子学的长期紧张关系，在考据学兴盛时期诸子学得到重视，而到了道咸以后随着社会危机的出现，社会上出现批判的思潮，为诸子学复兴提供了契机。罗检秋的《从清代汉宋关系看今文经学的兴起》（《近代史研究》2004年第1期）认为，乾嘉时期汉宋对峙及调和汉宋之争的困境导致士人日益从今文经中发掘微言大义，从而开出常州今文学派和晚清经世之学的门径。漆永祥的《惠栋易学著述考》（《周易研究》2004年第3期）、刘墨的《惠栋与汉学》（《社会科学辑刊》2004年第4期）、黄爱平的《袁枚经学观及其疑经思想探析》（《清史研究》2004年第3期）、陈居渊的《论阮元的经学思想》（《中国哲学史》2004年第1期）、顾奎相与陈涴的《章学诚与清代史学新风》（《中华文化论坛》2004年第2

期)、张维的《论章学诚、姚鼐对考据学的态度》(《广西社会科学》2004年第2期)等文,对乾嘉学者做了个案研究。孙钦善的《清代考据学的分期和派别》(《中国文化研究》2004年第1期)、陈冬生的《清代山东"汉学"流变及学术成就》(《东岳论丛》2004年第3期)、王世光的《清代中期"以礼代理"说刍议》(《孔子研究》2004年第2期)、张淑红的《〈汉学商兑〉与清中叶的汉、宋之争》(《南开学报》2004年第1期)等,分别对乾嘉汉学兴起的原因、分期、派别、取向、流变及相关问题进行了考察。

以上是2004年度(2003年10月—2004年10月)清史学科各方面研究的大致情况,除此以外,本年度学界还召开了一些具有特色的学术会议。2003年11月,中国社会科学院青年人文社会科学研究中心举办学术论坛,中心议题为"从传统到现代:16—20世纪初中国社会变迁与历史道路",与会学者围绕"现代化研究、社会变迁研究的理论和方法"、"中国社会变迁的基本特征、社会发展水平之估计及其与欧洲变迁道路的比较"、"社会变迁个案研究"等主题展开了讨论。8月,北京市社会科学院等单位举办"满学和北京文化国际学术研讨会",与会者提交的论文内容广泛,包括清入关前史、满族文化与风俗、满语研究、满文文献、八旗制度、旗人社会生活、清代北京文化、清代人物研究、宫廷史研究等各个方面。11月,中国社会科学院历史研究所和福建师范大学社会历史学院,在武夷山联合举办了"中西文明交融与兴衰国际学术研讨会"。会议共收到49篇论文和提要,分别从宏观上以及文化、经济等层面,对中西文明交流的历史展开多方位探究。这些学术活动为促进学术交流、启发学术创新方面,起到重要作用。

2003年10月,由台湾佛光人文社会学院历史研究所主办的"第一届清史学术研讨会"召开,来自大陆的清史编纂委员会部分专家以及中国社会科学院、中国人民大学等单位的部分学者参加会议。会后，举行"两岸学者《清史》纂修座谈会"，台湾学者就清史纂修的体裁体例、关于现有的清史文献、档案资料的整理利用、具体的纂修步骤、方法等问题提出意见与建议（张永江《兰阳论清史——佛光大学第一届清史学术研讨会综述》，《清史研究》2004年第2期）。

总的来说，这一年的清史领域，在各方努力下，取得了令人瞩目的成绩。但是，清史研究中存在的种种问题也不容忽视。理论研究陈旧空洞、实证研究缺乏对大背景框架的关注、论文低水平重复等问题长期困扰着学科的进步。学术研究缺乏范式意识，不能在已有学术成果的基础上持续推进，从而使得某一领域的研究无法取得显著进步。部分论著和译作缺乏必要的学术规范、粗制滥造的情况相当突出。从这一点来说，清史研究学术水平的提高，还需要在学术制度、学科规范等方面进行长期建设，清史学者进行长期艰苦的努力才可以达到。

2005 年清史研究综述

◎ 林存阳　杨朝亮

2005 年度的清史研究，依然沿着学术发展的自身规律向前稳固发展，同时亦呈现出诸多令人欣喜的新的学术生长点和亮点，从而为清史研究的不断深化和开拓提供了更加广阔的视域。学如积薪，先河后海，本年度清史研究演进的总体特征，是既稳健而又不乏新意。

一、学术会议

学术的发展，是诸多综合因素的体现。其中，学术会议的召开为学界同仁提供了交流思想和研究心得的机会。以下一些学术会议，即体现了本年度清史研究的新突破。

浙东学派与浙东学术。2005 年 3 月 16 日—17 日，由浙江省社会科学界联合会、浙江省社会科学院联合主办的"浙东学派与浙江精神"学术研讨会在杭州举行。大会围绕浙江传统学术文化的基本精神、浙东学派的功利主义传统与浙江精神的关系、浙江精神在新形势下的创新与发展等问题，展开了广泛、深入的探讨。10 月 28 日—31 日，为纪念清代大儒黄宗羲诞辰 395 周年、逝世 310 周年,以及全祖望诞辰 300 周年,在宁波召开的"浙东学派与中国实学研讨会",以浙东学派与实学的关系为着眼点,在深入揭示黄宗羲和全祖望学术成就和影响的同时,更探讨了传统学术向现代转进的新路向。

中外文化交流。8 月 18 日—20 日,由中外关系史学会、延边大学中朝韩日比较研究所、沈阳东亚研究中心联合举办的"多元视野中的中外关系史学术研讨会"在延吉举行。本次会议以一种广阔的世界视野,对中外关系史中的一些重要问题进行了深入探讨。其中,李迎春、吴伯娅、王政尧等学者关于清代中外关系史方面的论文,体现出学者们在这一问题上新的致思路径。此外,7 月 30 日—8 月 1 日,北京外国语大学海外汉学研究中心和德国柏林勃兰登堡科学院茨坦莱布尼茨编辑委员会,在北京联合举办了"莱布尼茨政治哲学思想与《中国近事》学术研讨会"。其中,吴伯娅、曹增友、余三乐等人所撰论文,皆涉及了清代的中西文化交流问题。

清代灾荒史研究。为进一步加深和拓展灾荒史的研究,以及广泛征求专家对《清史·灾赈志》撰写的意见。8 月 22 日—24 日,国家清史编纂委员会与中国人民大学清史研究所在北京共同举办了"清代灾荒与中国社会国际学术研讨会"。除了从社会、人文、历史的角度对灾荒进行探讨外,自然科学工作者的积极参与成为本次会议的一个突出特点,他们从自身的研究领域出发,对灾荒问题提出了一些新颖而独到的见解。而作为本次会议的重要议题之一,《清史·灾赈志》的撰写引起了与会学者的广泛兴趣与高度重视。专家们在肯定了《灾赈志》大纲整体设计的同时,还就灾情篇的写法、灾情篇在《灾赈志》中的比重、抗灾人物是否单独成篇、档案史料的利用、资料长编的编写,以及自然灾害究竟应该包括哪些灾种等问题,提出了建设性的意见和建议。本次会议是几十年来清代灾荒史研究成果的一次全面展示，它为中外学者提供了一个交流与合作的平台，也为学者们今后的合作打下了良好的基础。

庆祝故宫博物院八十华诞。由故宫博物院和国家清史编纂委员会联合主办的"故宫博物院八十华诞暨国际清史学术研讨会"，于2005年8月26日—28日在北京举行，中外百余位专家学者出席了本次会议。专家学者们就清代政治制度、典章制度、礼仪规章、民族关系、对外关系、文化经济政策、皇室与宫廷文化以及重要人物等诸多专题，进行了深入探讨和交流。本次研讨会的举办，堪称迄今规模最大的清史国际会议。

科举制与科举学。9月2日—4日，由厦门大学高等教育发展研究中心、北京大学中国古代史研究中心主办，中国高等教育自学考试专业委员会、《厦门大学学报》哲社版编辑部协办的"科举制与科举学国际学术研讨会"在厦门大学隆重举行。会议围绕"纪念中国科举制度废止一百周年"、"科举制的政治、社会、教育、文学视角"、"韩国、越南、日本的科举制与海外的科举学"、"科举考试、科举教育及对现代的影响"等问题，对科举制与科举学做了多学科、全方位的探讨。而引人注目的是，作为20世纪90年代兴起的一门崭新而独立的研究领域，"科举学"成为本次国际学术研讨会聚焦的一大亮点。所谓"科举学"，其宗旨即在于促进科举研究的学科整合及理论化、系统化，探究科举考试的发展规律，为现实考试改革提供有益借鉴。此一理念，不仅具有强烈的历史意识，而且也具有强烈的现实使命感，无疑将有力地促进科举研究的系统化推进。

此外，如2005年9月在北京举行的"明清档案与历史研究学术研讨会"，以及由清华大学与美国密执安大学联合举办的"十九世纪中国的危机国际学术研讨会"，对明清档案的发掘与利用、19世纪中国面对的危机与引发的问题等，在宏观与微观方面都进行了深入的探讨。

二、政治史

本年度清代政治史的研究，主要在政治与学术、明清易代、帝王政治、制度建设、遗民问题等方面，取得了一些新的收获。

政治与学术。冯尔康的《清史研究与政治》(《史学月刊》2005年第3期）以颇具学术反思的忧患意识，对20世纪以来清史研究与政治，即学术与政治的关系问题，提出了独具个性的问题。冯先生指出：清史研究自开始就与政治纠缠在一起，反满革命、反帝爱国、反修（反对苏联"修正主义"）、革命与继续革命，都在影响着它的研究进程、学术质量。这一局面，有着正负两方面的作用，即政治可以创造条件为学术研究提供一定的发展空间，然而它的指导思想也可能让学术研究偏离学术轨道，造成研究领域的失衡。面对这一困境，冯先生认为："史学研究，排除政治干扰，学术研究，独立思考，实事求是，以历史经验的总结服务于社会。"

明清易代。王家范的《明清易代的偶然性与必然性》(《史林》2005年第1期）指出，360年前的"甲申之变"，当时有人称之为"天翻地覆"，其实不过是又一次周期性的改朝换代。作者秉着"记忆史"的思路，将引起这一历史事变的各种侧面展示于读者面前。感慨一个政权的崩溃是冰冻三尺，非一日之寒。"天运"、"人事"一齐奔来，终究说明"合法性资源"的丧失，是关系政权生死存亡的深层因素，而事变的发生则往往带有偶然性。

帝王政治。成积春的《从"皇天眷佑"到"天命靡常"——论努尔哈赤与皇太极天命思想的演变》(《史学集刊》2005年第1期），分析了清前期满族两位领导者从敬天、信天到疑天的思想变化过程，并指出每一次演变都与后金政治内容与运作方式密切相关，它们或推进或制约了后金及清代社会的发展。吴兆波的《康熙帝与佛教》

(《历史档案》2005年第1期），从康熙朝佛教政策的制定、圣祖出巡对寺庙的影响、优礼藏传佛教为基本国策三个方面，探讨了圣祖对清代佛教发展所起的作用及所采取的政策，指出这些政策对巩固边疆地区稳定、维护民族团结起到了一定的积极作用。常越南的《试析乾隆翻政治成案与治道之变》（《明清论丛》第六辑），就清初遗留下来的主要成案及高宗对这些案件重新处理的成因和翻案动因进行了剖析，并由此透析乾隆朝与康、雍两朝治道的不同及高宗统治思想的变化。郝艳红的《浅析嘉庆帝亲政后的首次木兰行围》（《历史档案》2005年第3期）认为嘉庆帝亲政后的首次木兰行围，从其主观愿望出发，一是遵循祖制，二是重振大清朝国威。但事与愿违，因为此时的大清王朝已不再是康雍乾之盛世，仁宗亲政的开始即面临的是一个国力已经走向下滑的国家。所以，透视嘉庆帝首次木兰行围表面上的萧条，我们看到的是大清王朝由盛而衰的影像。

制度建设。 杨珍的《清朝后妃制度的发轫》（《清史论丛》2005年号），对清朝后妃制度发轫的三个阶段（天命年间、天聪年间、崇德年间），以及各个阶段所具有的特点及其同清朝（后金）社会、政治、文化的关系，做了颇具深度的考察。在此基础上作者更将这一问题置于历时约三个世纪（1616—1911）的清朝后妃制度发展演变全过程中加以观照，并对其所具有的突出特点进行了揭示。高翔的《清朝内阁制度述论》（《清史论丛》2005年号），鉴于史学界对清朝内阁之沿革、职能，及其权力嬗变，均缺乏系统、深入的考察，而此一问题的研究，则是全面、准确认识清朝官僚政治制度，尤其是中央行政体制的重要前提，故从内阁形成与建置、职掌与运转、权力之演变三个方面，对这些问题重新加以考索，提出了许多创见。龚小峰的《清前期督抚关系管窥——以清官张伯行的仕宦生涯为个案》（《安徽史学》2005年第4期），通过对张伯行仕宦生涯欲进取而又时时受掣肘困境的个案考察,揭示了清代督抚制度中存在的一些问题。王志明的《清代督抚保题绿营武官的人事权》(《安徽史学》2005年第5期)以督抚的人事权能为标准,将各类保题行为归为非经制性保举、经制性保举和坐缺保举三大类,系统梳理了清代督抚在保题绿营武官方面的职能与作用。王云松的《清初翰林院研究》(《清史论丛》2005年号),从明清两朝翰林院设置沿革及其职官建制概况、翰林院与清初政治、翰林院与清初文化三个方面,对清初翰林院制度及相关问题做了系统研究。邸永君的《清代满蒙翰林群体研究》(黑龙江人民出版社,2005年)一书,以社会群体研究与制度史研究相结合的方法,对清代满蒙翰林群体做了探讨。他不仅阐述了这一群体的形成过程,提出明清科举制度为四级人才结构的新见解,还讨论了满蒙翰林在有清一代政治、文化和行政等方面的作用与贡献。

遗民问题。孔定芳的《清初遗民的"云游"行为及其意蕴》(《人文杂志》2005年第3期)认为,明清易代对于汉族士人尤其是明遗民来说,不仅意味着民族政权的移易,而且象征着汉文化面临严峻挑战,甚至中断之虞。作为明朝的孤臣余绪、汉文化的代言人,明遗民的漂泊人生因此而肇始。"游"遂成为他们的一种生存常态,但其意味殊为繁复;或为灵魂流浪、精神漂泊,或为凭吊仪式,或为悲情宣泄,或借以暗结豪杰、图谋再造。杜桂萍的《清初遗民杂剧的主题建构与叙事策略》(《社会科学战线》2005年第2期)指出,在由明入清的杂剧作家中,活跃着一个遗民创作群体,他们的杂剧创作表现出深切的责任感和忧患意识,力图通过叙事策略的运用达到关怀现实的主题,具有特殊的文学史意义。

三、经济史

经济政策。 吴海波的《清代国家生息资本——盐业帑本考》(《晋阳学刊》2005 年第 2 期),考察了清政府除了运用税收制度加大盐业利税获取财富以外,还尽力利用盐业帑本这种国家生息资本榨取盐商,获得强制性的高利贷收入——帑息。刘彦波的《论清代的摊丁入地与地方基层组织的变迁》(《江汉论坛》2005 年第 9 期)认为,摊丁入地的赋役制度改革措施,导致人户与税源离而为二,从而动摇了里甲制度存在的基础,而为了加强对基层社会的控制,清政府遂推行保甲制度,雍乾之交,在州县以下基层组织中,保甲组织已取代里甲而成为主流。伍跃的《清代报捐研究》(《明清论丛》第六辑),对捐纳制度的最初环节——"报捐"(即没有任何官职和功名的报捐者)是如何按照政府规定的程序进行报捐、取得监生身份,以及与地方捐纳相关的地方财政等问题,进行了深入探讨。

区域经济的探讨,依然是学者们关注的热点议题。

江南经济。 樊树志的《明清江南市镇的"早期工业化"》(《复旦学报》2005 年第 4 期)选取"早期工业化"这一视角,展现了明清时期江南市镇给传统社会带来的变革,从而彰显出在社会转型过程中,江南市镇在城市化、近代化进程中的历史地位。张海英的《明清江南商路的经济内涵》(《浙江学刊》2005 年第 1 期)对各主要商路的分布走向、主要连接点或中转枢纽进行了剖析,指出江南商路对江南地区商品市场体系的形成及市场功能的运转,具有无可替代的影响,体现了丰富的经济内涵。江巧珍、孙承平的《徽州盐商个案研究:〈疏文誓章稿〉剖析》(《清史研究》2005 年第 1 期)根据《疏文誓章稿》的相关记载,从余氏盐店与当时地方官府及徽州商帮的关系入手,探讨了康熙年间徽州盐商的资本来源、兴衰原因等几个具有普遍意义的问题。

山陕经济。高春平的《论明清时期晋中的中小商人》(《晋阳学刊》2005 年第 2 期)认为,中小商人是晋商研究中不可忽视的群体,他们代表着中下层商人的利益,在明清两朝商品市场经济发展过程中发挥着积极的作用,而他们的人生轨迹与许多寻常百姓的生活命运更为贴近。李刚、黄冬霞的《明清晋陕沿黄流域贸易经济圈刍议——以晋西、陕北为例》(《晋阳学刊》2005 年第 5 期)指出,在商品经济发展的推动下,该区域于明清时期形成了沿黄河两岸地区的固定贸易圈,并富有自己的特色。它们同处于本省经济中心辐射网的最边缘,两地的自然条件、生产方式具有同一性和互补性,体现了沿黄河流域贸易圈快速而稳定的发展趋势。

华北经济。黄忠怀的《明清华北平原村落的裂变分化与密集化过程》(《清史研究》2005 年第 2 期),通过对华北平原部分地区同源村落成因的系统分析,动态地揭示了村落密集化发展的历史过程及其动力因素。特克寒的《清代热河蒙地的垦殖及影响》(《内蒙古社会科学》2005 年第 4 期)认为,清初为解决京畿满洲八旗生计,安排口内难民,清政府开始在热河蒙地进行较大规模的农业垦殖。这项措施的实行,使得这一地区的经济、社会生活和民族关系及草原生态都发生了很大的变化,其影响至为深远。

闽广经济。周琍的《明清客家地区的经济开发》(《江西师范大学学报》2005 年第 1 期)认为,客家是汉族中一个独特的民系,客民充分利用各种资源,形成了客家地区的早期经济开发格局。王日根、卢增夫的《清代晋江店铺买卖契约文书的分析》(《福建师范大学学报》2005 年第 1 期)以搜集到的清代福建晋江 60 余份店铺买卖契约文书为依据,对晋江商业活动的若干特点进行了分析和揭示。郭德炎所著的《清代广州的巴斯商人》(中华书局,2005 年)一书,系统地研究了巴斯商人在广州的活动和意义。

河南经济。邓玉娜的《清代河南集镇的发展特征》(《陕西师范大学学报》2005年第4期)认为,清代河南省集镇的整体发展过程及其特征表现为:在康熙末年恢复了兴旺生气,先后经历了乾隆、道光、光绪三个高峰期和嘉庆、咸同年间两个低谷期,各区域在集镇数量的增长率、递增率、平均占有率诸方面均存在差异,但总体上看,全省集镇经济在清代处于波浪式前进,呈持续发展态势。许檀的《清代河南朱仙镇的商业——以山陕会馆碑刻资料为中心的考察》(《史学月刊》2005年第6期)指出,朱仙镇是清代著名商镇之一,其兴起约在明代中后期,康熙、雍正年间迅速发展,至乾隆年间达到鼎盛,全镇商人商号数量超过千家。在该镇汇集的商品除相当部分供应省城开封外,流通范围大致可覆盖河南北部的开封、归德、彰德、卫辉等府。

此外,冯贤亮的《明清时期的中国城乡关系——一种学术史理路的考察》(《华东师范大学学报》2005年第3期)一文,认为城乡关系问题是中国历史研究中一个值得探讨的重要方面,但长期存在着研究上的许多误区。其中,最易引起争议的是明清两代勃兴的市镇,应该归属于城市还是乡村?这对明清城乡关系的评判有着十分重要的影响。作者指出:研究历史时期的城市、乡村及其两者之间的关系,应该立足于当时的情景和民众的认识与判定,不应该以现代的理念与标准来简单地评判历史时期城乡关系间难以形容的复杂性。

四、社会文化史

该领域的研究,主要包括区域文化、风俗习惯、戏剧文化和会党教门等。

区域文化。 段继红的《清代吴地女学的兴盛与吴文化》(《苏州大学学报》2005年第2期)认为，长期以来人们总是对女性在封建宗法制度下的卑微地位抱以同情的态度，却忽略了她们牺牲奉献所产生的巨大社会价值。清代吴地女学的兴盛，培养了一大批多才多艺的知识女性，她们创造出的艺术奇葩，构成了吴文化长廊中的独特风景，而她们在家庭教育中发挥的社会作用，更成为吴文化传承链中一个不可或缺的环节。李绪柏的《清后期广东学术文化的奠定者阮元》(《广东社会科学》2005年第5期)认为，嘉道之际阮元督粤开学海堂是广东学术文化史上的一件大事，从此朴学运动的兴起，深刻改变了广东社会文化的整体面貌，提升了广东的学术地位。王卓的《论清代满族文人文学与民间文学的分野》(《社会科学战线》2005年第3期)指出，清代满族的文人文学是沿着汉文学的发展路径并作为汉文学的一部分兴起并发展起来的，而民间文学则沿着满族文学的历史传统，主要以口传的形式传承，形成了二者的分立状态。

风俗习惯。 定宜庄、胡鸿保的《清代内务府高佳世家的婚姻圈》(《清史研究》2005年第3期)，认为无论是在部落社会还是古代文明帝国，外婚联姻都是增强集团社会地位的重要手段，高佳氏就是如此。作者把官方史书与私家族谱进行比勘考证，对高佳氏家族的有关史实做了梳理，并运用人类学的方法绘制出该家族的世系图和联姻图，以直观地表述其间错综复杂的亲属关系。宋立中的《试论明清江南婚礼消费及其特点》(《苏州大学学报》2005年第1期)指出，婚礼消费作为消费的主要方面，如过热就会造成社会财富的不合理浪费，但另一方面也刺激了江南商品生产，特别是消费性服务业的繁荣发展，增加了就业机会。

戏剧文化。 王政尧所著的《清代戏剧文化史论》(北京大学出版社，2005年)一书，从满族入关与清前期戏剧文化、嘉道年间内廷戏剧文化的新发现、清初实学思潮与晚清戏剧文化的改革、档案与清后期内廷戏曲、关羽崇拜与"关戏"的发展、满族与清代包公戏、施世纶·"施公戏"·《施公案》、清代状元与状元戏、花部名家三说、《燕行录》与清代戏剧文化等十个角度（另附录"外国人眼中的清代戏剧"），对清代的戏剧文化进行了纵向和多层次的专深研究。秦翠红的《试论明清商人对职业戏班发展的积极影响》（《安徽史学》2005年第5期）指出，聘请职业戏班，是商人看戏的重要途径，他们在聘请职业戏班时往往会尽力选择名班。商人对戏班的选择及其演出的评价，在一定程度上对各戏班努力提高演艺水平产生了促进作用。

会党教门。 潮龙起的《清代会党整体结构的分散性及其原因探析》（《江苏社会科学》2005年第1期）认为，清代会党的一个重要特征是其整体结构的分散性，此一特性既与中国传统社会小农经济的分散性有关，也与会党结社的简易性有关，也是它为逃避清政府的追捕而有意更改名目所采取的一种策略。秦宝琦的《清代秘密社会研究中的档案使用和田野调查》（《历史档案》2005年第3期），从秘密社会研究中档案史料的挖掘和使用、田野考察在秘密社会史研究中的重要作用两个方面，论述了今天研究清代秘密社会的历史，必须依靠档案资料和田野考察、挖掘和搜集新的史料的重要性。

五、学术思想史

本年度的清代学术思想史研究，主要涉及各种学派、学术流变、学术反思等问题。

学派研究。 龚书铎的《清代理学的特点》（《史学集刊》2005年第3期）认为，清代理学虽沿承宋、元、明，但有自己的特点：无主峰可指，无大脉络可寻；学理无创新，重在道德规范；鸦片战争后，理学受西学冲击，既抵拒又有所会通；宋学、汉学虽存门户之见，但也兼采。杨朝亮的《李绂与〈陆子学谱〉》(中国社会科学出版社，2005 年)一书，对一向研究不足的清代陆王学问题，以李绂的探讨为突破口，进行了较为全面而深入的研究。吴光的《简论"浙学"的内涵及其基本精神》(《浙江社会科学》2005 年第 6 期)，梳理了从朱熹到黄宗羲、全祖望、章学诚有关"浙学"、"浙东学派"、"浙东学术"、"浙东之学"的论述，着重讨论了"浙学"的内涵，认为"浙学"有狭义、中义与广义之分，并对浙学的基本精神等问题进行了阐发。钱茂伟的《姚江书院派研究》(中国社会科学出版社，2005年)一书，对浙东地区两大王学流派之一的姚江学派，围绕其建立、分化、管理体制，以及学术取向、重要学者等问题，进行了颇具新意的系统研究。朱昌荣的《皖派朴学述论》(《清史论丛》2005 年号)，从皖派朴学之得名与名学之意义、皖派朴学的成因、皖派朴学的演变三个方面，对有清一代皖派朴学的基本脉络，进行了详细剖析。陈祖武主持的中国社会科学院重大课题"乾嘉学派研究"，历时近五年，现已顺利完成。该课题推出的《乾嘉学术编年》和《乾嘉堂派研究》(河北人民出版社，2005 年)两部专著，揭示和论证了如下三个重要学术观点：乾嘉学派是一个历史过程，不可简单地按地域来区分学派；乾嘉时期的地域学术与学术世家，彼此渗透，交互影响，皆已融入一时学术大局；乾嘉学派以朴实考经证史为基本特征，此一特征的形成，有其深刻而久远的社会和学术背景。这一探索，旨在以坚实的学术文献梳理为基础，进而对乾嘉学派加以实事求是的全局性把握。

学术流变。《浙江学刊》第 4 期设专题讨论了关于黄宗羲的新民本思想，沈善洪、陈来、秦晖、李存山、吴光等学者发表了各自对此一问题的见解。高新伟的《从顾炎武的风俗观看其"民本"思想的内涵》(《青海师范大学学报》2005 年第 4 期)认为,顾炎武提出了一整套改良风俗的办法,根本点则在士人阶层的化民成俗作用。《衡阳师范学院学报》在第 1 期设立"船山学研究"特色栏目,张立文、萧萐父、杨国荣、王泽应等学者撰文,从不同角度对王夫之的学术进行了深入探讨。而《船山学刊》作为研究王夫之的学术重镇,于推进和深化王夫之的研究,体现出其不可或缺的重要价值。汪学群的《论惠栋复兴汉儒易学的学风》(《中国史研究》2005 年第 4 期),针对目前学术界对惠栋《易》学的研究偏重于思想阐释,另辟蹊径,对惠栋复兴汉《易》学风及所产生的影响予以深入探讨。陈修亮的《试论惠栋〈周易述〉的治易特色》、郑朝晖的《略论惠栋的考据学特色与既济思想——以〈易大义〉为例》(皆载《周易研究》2005 年第 1 期)两文,则对惠栋《易》学的两部代表作分别做了探讨。徐道彬的《戴震金石文字观述论》(《史学集刊》2005 年第 2 期)、李红英的《通经致用——戴震对经典意义的追求》(《安徽史学》2005 年第 1 期)、王杰的《义理学视阈:戴震对元气论思想的阐发》(《中国哲学史》2005 年第 3 期)、程嫩生的《戴震治〈诗〉思想研究》(《湖南大学学报》2005 年第 2 期)等,围绕戴震学术的相关问题,分别进行了专题论述。张淑红的《"博综马郑,勿畔程朱"——翁方纲的学术思想及其治学特点》(《齐鲁学刊》2005 年第 2 期)指出,翁方纲虽生值乾嘉古学复兴、汉学成为学术重心之时,但其治学路数颇与当时汉学诸人不同。尽管翁氏学宗程朱,重视义理,强调考据要以义理为指归,然学术宗旨的异趣,仍使翁氏与汉学诸人在研治经典的视角上产生"求理"与"求真"的差别,汉、宋双方的分歧依然难以调和。刘瑾辉的《焦循评传》(广陵书社,2005 年)一书,对焦循的一生及其主要学术成就进行了系统的研究。漆子扬的《章学诚〈与邢会稽〉的文献价值》(《苏州大学学报》2005年第4期)。通过解读章氏的《与邢会稽》手札,揭示了章学诚与邢澍的生平经历、治学方法和学术交游,并考订了邢澍《全秦艺文录》的编订时间、体例,这为了解章、邢二人之间的深厚友谊提供了重要的文献信息。郭明道的《阮元评传》(社会科学文献出版社,2005年)一书,就阮元的生平和学术,做了深入探讨。许雪涛的《刘逢禄〈论语述何〉及其解经方法》(《中国哲学史》2005年第2期),认为《论语述何》是刘逢禄以公羊学诠释《论语》的作品,从其主旨可以看出,刘氏公羊学背景在诠释中起着关键作用,这一治学方法开启了晚清《论语》大义公羊化之先河。李细珠的《试论嘉道以来经世思潮勃兴的传统思想资源》(《广东社会科学》2005年第3期)指出,嘉道以来经世思潮的勃兴,是对既来自西方又来自中国本土各种挑战时代变局的一种回应,这种回应所凭依的思想资源是中国本土的思想传统,既有今文经学,也包括乾嘉汉学、浙东史学、桐城派古文学、程朱理学、陆王心学、诸子学,甚至佛学与道教思想。朱修春的《试论清中期四书学研究中的历史特色》(《江汉论坛》2005年第3期)指出,在清中期汉学全盛的背景下,"四书"不可避免地受到考据学风的渗透,这使得文献整理研究成为在清中期"四书"学研究中较为突出的内容。另一方面,清中期"四书"学还体现出另一很突出的内容,即历史研究。此外,司马朝军的《〈四库全书总目〉编纂考》(武汉大学出版社,2005年)一书,深入细致地考辨了分纂官、总纂官、总裁官、清高宗等在《四库全书总目》成书过程中各自所发挥的作用,以扎实的文献爬梳,澄清了其间不少疑难问题,有力地推进了这方面的研究。而彭林主编的《清代学术讲论》(广西师范大学出版社,2005年)一书,分13个问题,对清代学术进行了一次集中讨论。

学术反思。周积明、雷平的《清代学术研究若干领域的新进展及其述评》(《清史研究》2005 年第 3 期),就"乾嘉新义理学"的探讨、经世之学的新见解、关于汉宋之争的探讨、关于清代礼学的研究、关于清代学术派别的研究、关于清代学术史研究的再研究等问题,进行了较为全面的剖析。作者指出,近年来清代学术文化的研究取得了较大的进展,学者们不囿成说,锐意创新,不断转换视域,取得了一系列新的突破。在反思中,作者既总结了已有的学术成就,又对今后的学术增长点进行了提示。

六、科举与教育

对清代科举制度的研究,今年同样取得了丰硕的成果,仅出版的有关科举制的专著即有 10 余本,其中比较重要的一部是刘海峰的《科举学导论》(华中师范大学出版社,2005 年)。李世愉的《新修〈清史〉与科举制》(《史苑》2005 年第 2 期),对科举问题的研究提出了许多有创见性的意见和建议。高明扬、蒋金星的《清代文化政策对八股文衡文标准的影响》(《武汉大学学报》2005 年第 4 期)指出,"清、真、雅、正"是清代科举八股文的衡文标准,"清、真"主要针对理而言,"雅、正"则针对辞而言。这一标准机械而灵活,且具有相当的黜落功能。此标准有关文风,但它的确立并非全因文体发展的内在客观要求而定,而是清初统治者鉴于明末制艺流弊,为配合文化政策的实施而提出的,反映了官方的人才价值取向。杨旭辉的《清代骈文的情感向度与认识难度——以常州骈文作家群为中心的考察》(《西北师大学报》2005 年第 4 期),透过骈文自身体制横向漫衍特点而造成的认识难度,力图在纵深情感向度上对骈文作细致的考辨和勾勒。《回族研究》第 1—3 期连续刊载了杨大业的

《明清回族进士考略》一文，作者对明清时期顺天府、直隶所属州县29位回族进士的生平、事迹进行了考证，重点提供了他们为回族的根据，以为进一步深入研究的线索。刘海峰的《重评科举制度——废科举百年反思》(《厦门大学学报》2005年第2期)提出，科举制度并非像现代人们的印象中那么黑暗，以往人们对科举制的了解和认识既不全面也不客观，因此有必要重新评价。为科举制平反，在当代中国学术界已成为一股思潮。而对科举制的研究，不仅有助于认识中国社会的特性和传统文化的命运，而且也可为现实的考试制度改革提供历史借鉴。

教育。张学强的《清代官学教师捐纳制度研究》(《西北师大学报》2005年第3期)认为，清代官学教师的选拔方式虽然沿承明代，但也有不同，其中通过捐纳的方式选拔官学教师是典型的表现。而捐纳官学教师这一独特的教师选拔方式，是清代文官捐纳制度的有机组成部分，它的实施对清代中央和地方官学教师的构成、质量与职业声望皆产生了重要影响。周喜峰的《清朝前期黑龙江地区的少数民族教育》(《北方文物》2005年第1期)指出，清朝前期，清政府对编入八旗的少数民族进行满化教育，开办八旗官学，对一些少数民族子弟进行国语骑射教育，而汉族流人则以一些满族贵族的子弟为对象进行以汉文化为主的私学教育。尽管这种教育的规模和效果很有限，却拉开了清代黑龙江地区少数民族教育的序幕。梁仁志、俞传芳的《明清侨寓徽商子弟的教育科举问题》(《安徽师范大学学报》2005年第1期)认为，明清时期徽商为子弟成名计，在侨寓之地或设立专门书院、义学，或力图使其子弟附学当地官学、书院，或争立商籍，或入籍当地，从而为其子弟的成材、入仕开辟了道路，也为侨寓地教育文化事业的发展做出了贡献。

书院与教育的关系。李兵的《18世纪汉学书院与科举关系新论》(《厦门大学学报》2005年第2期)指出,18世纪中叶出现的乾嘉学派以书院作为汉学研究和传播的基地,由于汉学家执掌的书院与直接为科举考试服务的考课式书院有显著的差异,从而造成汉学书院不为培养科举人才服务的假象。其实,汉学家主持的书院不仅在山长的延聘上注重科甲出身,而且其教学活动也不排斥科举之学,能满足生徒获取科场应试知识的需求。因此,汉学书院与科举的关系十分密切。张立的《杭州诂经精舍的科学教育》(《浙江大学学报》2005年第5期)认为,作为书院改革的先率,诂经精舍的一些革新举措为后来许多新式书院所仿效,在促进书院向学堂转变过程中发挥了重要作用,并为进一步接受和传播西学培养了一些人才,有力地推进了中国近代化的进程。

七、边疆史地

清代边疆问题的研究,仍然是本年度探讨的重点。中国社会科学院边疆史地研究中心及人民大学清史研究所依然是这方面研究的主要力量。其中,边疆中心负责的"东北工程"及"新疆工程",取得了可喜的进展。在这两个工程的推动下,其他地区的研究也随之跟进。

边疆政策。林乾的《清朝以法治边的经验得失》(《中国边疆史地研究》2005年第3期),认为清朝比较妥善地解决了从俗从宜与统一法制相协调的关系,清朝的治边政策更多地通过法律手段,规范内地与边疆民族之间的关系,并通过宗教立法,达到安边抚众。当然,其间也存在一些不可低估的负面影响。冯智的《清朝用兵驻兵西藏制度的形成、发展和影响》(《西藏研究》2005年第2期),对康雍乾三朝从用兵西藏制度的创立,到用兵驻兵西藏制度形成定制的过程及其历史影响,做了深入探讨,并论及驻藏官兵的饷银及换防问题。张文灿的《清朝治理新疆的民族政策评析》(《新疆大学学报》2005年第4期)，指出清朝统一新疆后，因地制宜地采取了一系列民族政策（因俗而治、招抚任用少数民族上层、利用和限制宗教等），这些政策对维护新疆稳定，促进新疆政治经济和社会发展曾发挥积极作用，但清朝国家和民族思想的矛盾二重性，也使得这些政策隐含着诸多弊端。穆崟臣的《试论清朝治理东蒙古的政策和措施》(《内蒙古社会科学》2005年第3期)认为，清朝治理东蒙古的政策及措施主要集中在政治联姻、盟旗制度、"画地而牧"与封禁蒙地、宗教控制等方面，这些政策、措施促进了当地社会的发展。

舆地学。徐彬的《洪亮吉的舆地之学》(《文史知识》2005年第6期)，从舆地之学的成就，舆地之学与经学、诗评，重舆地学之原因三个方面，论述了洪亮吉不仅具有广博的舆地知识，而且也反映了他重视舆地的治学风格。郭丽萍的《论龚自珍西北史地研究与清代官修西北书籍》(《晋阳学刊》2005年第2期)，通过考察龚自珍西北之学与清代有关西北官修书籍的关系，指出清代官修书籍是今天研究龚自珍西北之学时需要考量的一个重要因素。

八、中外关系交流

2005年8月，商务印书馆出版了《16—18世纪中西关系与澳门》一书，其中耿昇的《17—19世纪西方人视野中的澳门与广州》、陈炎《16—18世纪澳门在中西文化交流中的特殊地位》、阎国栋的《俄国首次环球航行登陆澳门始末》、李金明的《十七世纪以澳门为中心的东亚海上贸易网》、陈尚胜的《1757年广州一口通商政策的形成与澳门问题》、明晓艳的《从北京石刻艺术博物馆藏耶稣会士碑看澳门在中西文化交流中的地位与作用》、李长森的《澳门土生族群研究与十八世纪教区档案》等文，对清代澳门与中西文化交流问题的深化，做了有益的探讨。刘景莲的《吏役与澳门》(《文化杂志》2005 年第 54 期) 利用东坡档案资料，将任职于清代澳门同知、香山知县、香山县丞官府中的差役及澳门澳葡机构中的小吏分别整理研究，探讨了他们在澳门涉外司法案件审判，及澳门社会治安稳定中所起的重要作用。

郭福祥的《清代中俄交往的见证——钟表》(《历史档案》2005 年第 1 期)，从俄国使团的贵重礼品、中俄蒙贸易与钟表两个方面，探讨了钟表在清代中俄关系史上所扮演的重要角色。刁书仁的《顺康时期李朝与清朝关系探析》(《吉林大学社会科学学报》2005 年第 2 期) 认为，清朝建立全国政权后，虽积极改善与李朝的关系，但心系大明的李朝，虽表面予以承认，但仍有敌视情绪，直到清朝统治逐渐稳固以后，两国关系才逐步走上正常发展的轨道。柳岳武的《清初清、日、朝鲜三国关系初探》(《安徽史学》2005 年第 4 期) 对清初清、日、朝鲜三国关系的建立、变化和后滞影响详加剖析，认为它是揭开现当代中日关系的钥匙，可为现实提供有益的借鉴。陈林的《论明清时期基督教对中国家庭关系的冲击》(《福建师范大学学报》2005 年第 4 期) 指出，明清之际，随着传教士的纷至沓来，他们在传播基督教教义的同时，也带来了西方"一夫一妻"制的婚姻观念，冲击着中国的纳妾制。而超越家庭的上帝之爱的观念传入中国后，则对中国封建的家长制有很大冲击，从而对中国家庭关系产生了巨大影响。

吴伯娅的《乾嘉时期清廷的西方文化政策》(《暨南史学》2004 年第 3 辑) 依据清代档案及其他中外文史料，从四个方面（闭关自守的海外政策、严行禁教的各项措施、对西方传教士的使用与限制、对西方科学的吸纳与排拒），对此问题加以深入探讨。刘耘华的《明末清初入教儒士的"新人"意识及其文化意义》(《天津社会科学》2005年第2期),对明末清初入教儒士由于新身份而生发的自我意识、自我认同进行了探讨,认为入教儒士同时存在对抗紧张的焦虑和接受扬弃的和解,他们往往把儒家忠君孝亲人伦要求与敬畏天主的宗教情感统一起来,将天主教纳入儒家传统的修齐治平的框架,具有对天主教义理再诠释的儒家道德化和天儒和解的根本特征。

此外,向阳生、罗晓东的《试论清史的基本特征》(《贵州社会科学》2005年第3期)对有清一代的总体特征进行了评判。作者认为:对于清史的研究,应将清朝作为一个有机整体来分析,放在中华文明的历史长河中来评价,置于世界历史的演进中来观察。清朝维系和进一步强化了封建专制制度,客观上延缓了中国历史发展的进程,使中国迅速落后于世界大势;清朝在中国"大一统"中有特殊贡献,但后期丧权辱国也是亘古未有的;"康乾盛世"从清史来讲无疑为盛,而从中国历史来看,则是错失发展机遇的遗憾年代。

而值得特别指出的是,何龄修先生所著的《五库斋清史丛稿》(学苑出版社,2004年)一书,可谓他凝聚了几十年治清史的巨大心血之作。该书包括清史学史、清初复明运动、文艺史、明清文献、回忆悼念前辈学者等方面内容,虽非其学术全貌,却体现出何先生20多年来在清史诸多领域的思索和创获,很值得晚辈后学认真学习和揣摩。

总之,本年度的清史研究,可谓成果多多,在扎实推进的基础上,不乏独到、新颖、开辟之作。当然,作为一门愈益兴盛的学科,我们在总结已有研究成果的同时,也应看到其间仍有不少值得深入挖掘、不断细化和需要创新的问题和领域。比如清代学术的研究,在继续扩大研究成果的同时,也应对文献的整理和发掘予以高度的重视、投入更大的精力。唯有如此,才能将相关问题的研究推向深入，得出的结论才会更具说服力。而在深化重要学者成就和影响的基础上，我们也应对那些中下层的学人，给予应有的重视，这样才能对整体学术有一个较为全面、准确的把握和定位。学术史的研究如此，其他方面的研究大体也有各自需要审视的问题。

最后，需要提到的是，本文在撰写过程中，得到了历史所清史室诸位同仁的大力指导和支持，其中也凝聚着他们的大量心血和精力。但限于体例和篇幅，本文并没能把他们的工作充分吸纳进来，这是我们深感歉意的。而由于我们能力和学识的有限，以上所述挂一漏万，疏忽或理解不到位之处定会多有，敬请学界同仁多加包涵，真诚地希望方家批评指正。

2006 年清史研究综述

◎ 朱昌荣

在学界同仁的共同努力下，2006 年清史研究保持良性发展态势，取得了可喜成绩。研究仍集中在政治史、经济史、明清易代史、学术思想史、边疆史地、中外关系史、社会史以及晚清史等领域。以下就管见所及，对本年度清史研究的基本脉络作一概述。

一、学术会议

本年度，学界召开了多次与清史有关的学术会议，涉及的内容比较广泛。关于清代学术文化的，有"清文化学术研讨会"，这次会议是为庆祝沈阳成立"清文化研究所"而举行的；关于清代宫廷史的，有"第八届清宫史研讨会"；关于中外关系的，有"西学与清代文化国际学术研讨会"、"第八届中国·琉球历史关系学术研讨会"；关于晚清史的，有"晚清国家与社会国际学术讨论会"。以上学术会议的召开，有利于相关领域研究的深入。

二、政治史

专著。常建华的《清代的国家与社会研究》（人民出版社，2006年），该书采取自上而下地由国家看社会与自下而上从社会看国家相结合的研究方法，对以下两个方面内容给予了关注：一方面比较关心国家的社会政策、国家的社会性质、国家政令在地方的执行情况、官书中所反映的地方情况；另一方面从地方志探讨风俗入手，研究清人社会生活，并从风俗习惯透视国家与社会的关系。雷炳炎的《清代八旗世爵世职研究》（中南大学出版社，2006年）对清代世爵世职的产生与演变、八旗世爵世职的封赠予晋升途径、八旗世爵世职承袭制度、八旗世爵世职封赠的阶段性变化及其内部差异、八旗世爵世职的教育与入仕、八旗世爵世职与清代政治等问题做了研究。姚继荣的《清代方略研究》（西苑出版社，2006年）对方略在清代官修史书中的地位，方略产生与发展的历史条件，方略编纂的繁盛、延续与低落，方略与清代政治，方略的社会历史观，方略在历史编纂学上的意义以及方略的历史文献价值等问题进行了研究。鲍永军的《绍兴师爷汪辉祖研究》（人民出版社，2006年），将汪辉祖作为清代幕友的典范，揭示了汪辉祖所处时代背景，考察其生平事迹，然后论述其行为背后所依据的幕学、吏治、法律思想，总结其人生哲理，并评价汪辉祖的历史地位与影响。

科举制。本年度学界掀起了"科举学"的研究热潮，不少学者纷纷撰文研究。李世愉发表了《试论自然灾害对清代科举制度的影响》（《东北史地》2006年第5期）、《清代科举经费的支出及其政策导向》（《清史论丛》2006年号）、《科举制度下的朋党之争》（《人民论坛》2006年第10期）等文探讨科举制问题。他在"科举文化与科举学学术研讨会"上提交《应重视对科举落第问题的研究》一文，从落地士子引发的社会问题、历代对落地士子的政策、科举制度对落地士子的作用、落地士子自身的选择以及社会对落地士子的态度等五方面对落地士子进行了考察，强调应当重视对落地士子的研究。该文被上海社会科学界联合会主办的《探索与争鸣》杂志选用，在学界产生较大反响。

礼制。 邱源媛的《清入关前的宫廷礼乐及其政治文化意义》（《清史论丛》2006年号）通过满汉文本的对照，从祭祀仪式、卤簿仪仗、礼仪大典等方面对入关前宫廷礼乐的形成、演变进行了考察，认为清代满、汉两种礼乐模式并存深刻反映了政权的统治思想。李中路的《清代太庙与祭祀》（《紫禁城》2006年第1期）、刘洋的《清代宗祧继承制度》（《法制与社会》2006年第3期）、王戈的《清代瓷制礼器：礼制的归附与传承》（《紫禁城》2006年第1期）、温显贵的《从教坊、南府到升平署——清代宫廷戏曲管理的三个时期》（《湖北大学学报》2006年第3期）等文对清代的祭祀、礼器、宫廷乐等礼制进行了探讨。

吏治。 李世愉的《卖官鬻爵的历史反思》（《人民论坛》2006年第18期）、李润强的《清代进士职官迁转研究》（《西北师大学报》2006年第2期）、高伟凯和张桂琳合作的《清朝官员腐败成因分析》（《学海》2006年第2期）、周保明的《清代县衙吏役的内部管理》（《北方论丛》2006年第1期）、霍存福的《从业者、素养、才能：职业与专业视野下的清代讼师》（《辽宁大学学报》2006年第1期）等文，则对与吏治相关问题进行了有益的探讨。

政治人物与督抚制度。 杨海英的《施琅史事探微》（《清史论丛》2006年号）从施琅与明末清初福建文武世家的关系、入旗问题等方面进行了探讨。徐春峰的《清代督抚制度的确立》（《历史档案》2006年第1期）考察了清代督抚制度确立的三个阶段及特点。

三、经济史

本年度经济史研究主要涉及区域经济、手工业与商业等方面。

区域经济。 钞晓鸿的《灌溉、环境与水利共同体——基于清代关中中部的分析》(《中国社会科学》2006年第4期)，针对学术界以所谓的水利共同体及其解体理论来解释明清时期的水利社会及其变迁的观点，结合田野考察，发掘民间文献，分析关中中部的渠堰灌溉及水利社会，对该理论进行若干辨析与反思，认为地权的相对分散也会出现共同体内部权利与义务的脱离，各地水利共同体的解体时间未必统一于明末清初时期。汪庆元的《清代徽州鱼鳞图册研究——以〈休宁县新编户口鱼鳞现业的名库册〉为中心》(《历史研究》2006年第4期)指出，康熙年间徽州府休宁县新编户口鱼鳞图册，以现业主"名"登记土地产权，跟踪地权变动，在人口流动和地权频繁转移中使鱼鳞图册名实相符；房屋基地、路、坟等非生产用地分割零碎、地权分散，而图册登记非常详细；在土地登记中，都图管理者在册改错、验明契税、局部丈量、厘清产权，对地籍实行动态管理。秦进才的《大觉寺所藏清代契约文书史料价值浅谈》(《中国农史》2006年第2期)，从北京清代寺院经济活动的可靠记录、北京清代社会经济活动的缩影、大觉寺清代历史的真实记载三方面，探讨了北京大觉寺发现的契约文书的史料价值，为研究清代社会经济史提供了新的资料线索。

手工业与商业。 蓝勇的《清代滇铜京运路线考释》(《历史研究》2006年第3期)认为，以前学术界在铜店数量、路线分合、开修时间上存在不少错误认识，清代滇铜京运路线有分运、递运、长运之分，其中递运中的石门旧道、金沙江黄草坪水道、奎乡道、乌撒入蜀道、罗星渡五道最为重要，而长运沿途的重要站点水路状况复杂，滩险风险追补和程限的制度与实际运行有较大区别。京铜运输是清代规模宏大的运输工程,其运输道路网络相当复杂与完善。

倪玉平的《齐彦槐与道光初年海运》(《清史论丛》2006年号)、汪崇筼的《清代徽州土地与商业投资回报率的比较》(《清史研究》2006年第1期)、邓永飞的《米谷贸易、水稻生产与清代湖南社会经济》(《中国经济史研究》2006年第2期)等文也就相关问题进行了考察。

四、明清易代史

专著。陈生玺的《明清易代史独见》(增订版,上海古籍出版社,2006年)。该书作者数十年来潜心研究明清易代史,于1991年出版《明清易代史独见》一书,共收论文11篇,受到学界好评。再版时又增入10余年来精心撰写的多篇论文,并对原书所收各篇进行了全面修订,从而成为面貌一新的增订本。该书涉及明清争战和议、清兵入关、剃发令等重大课题以及对陈圆圆、李岩、毛文龙等重要历史人物的史料发覆,具有较高学术价值。杨海英的《洪承畴与明清易代研究》(商务印书馆,2006年)对洪承畴与清廷及满族贵族之间的关系、清廷赐婚刘夫人、洪承畴自内务府抬入八旗以及洪承畴的宗教意识、自我意识等问题进行了详细探讨,旨在勾勒出一个更加具体、生动的洪承畴形象。钱海岳的遗作——120卷、350万字的《南明史》(中华书局,2006年)为纪传体史书,分本纪、志、表、列传四部分,对自崇祯十七年五月至永历三十七年间的南明史,举凡政治、经济、人物、战争等重要内容做了深入研究,该书取材宏富,持论平允,创获颇多,深得学界好评。苏双碧主编的《洪承畴研究文集》(人民日报出版社,2006年)收入研究洪承畴的文章20篇及4篇"附录",从多角度、多方位对洪承畴这一在易代之际占有重要历史地位的人物进行考察。比较有代表性的文章如王宏志的《洪承畴的民本主义思想》、李治亭的《再辨洪承畴降清问题》、刘凤云的《论洪承畴招抚东南与经略西南》、王政尧的《京剧、闽剧与洪承畴研究》等。

明清之际历史选择。陈生玺的《明清之际的历史选择》(《文史哲》2006年第3期)一文指出,从当时的历史实情出发,明朝有不在1644年灭亡的几种可能,李自成也有取代明朝而统治中国的历史条件,清朝也不一定能够入关统一中国。关键是在当时历史的机遇中各方面对现实的选择,选择正确了就成功,选择失误了就败亡。明朝、李自成和清各有选择正确方略和举措失误的经验和教训。在这种选择的过程中,体现了各派政治势力和各种历史人物的主观能动性。

明遗民。孔定芳的《清初"明遗民"的身份认同与意义寻求》(《历史档案》2006年第2期)、《明遗民的"后王"理想及其恢复期待》(《西南师范大学学报》2006年第3期)、《明遗民与"博学鸿儒科"》(《浙江学刊》2006年第2期)等文对明遗民的相关问题进行了考察。其中,最后一文指出,鸿博之征促成了遗民社会的严重分化。除部分志节坚贞者拒绝应试以外,亦有部分遗民一改从前之强项不屈,或出而应征,或先拒而后附。这种分化说明明遗民已然发生深刻的观念蜕变。杨权的《岭南明遗民僧函可"私携逆书"案述析》(《学术研究》2006年第2期)考察了清初遗民僧函可一案,认为它与地下复明运动相关,并非"清代第一文字狱",而是一宗牵涉到洪承畴的反清"谋叛案"。

五、学术思想史

专著。罗检秋的《嘉庆以来汉学传统的衍变与传承》(国家清史编纂委员会·研究丛刊，中国人民大学出版社，2006年），通过对常州学派、维新派今文家、国粹派古文家等多个汉学群体的研究，考察了嘉庆以来汉学传统的衍变与传承，为动态地剖析清代学术提供了一个窗口，并从多个视角认识和阐释汉学的思想内涵和学术精神。周晓光的《徽州传统学术文化地理研究》（安徽人民出版社，2006年）从徽州传统学术文化的形成和变迁、徽州区域传统学术文化的历史变迁、徽州传统学术文化的区域表征、徽州传统学术文化的空间传播、徽州传统学术文化景观等方面第一次从空间和地理的角度系统梳理了12—18世纪徽州传统学术文化。文廷海的《清代春秋榖梁学研究》（巴蜀书社，2006年）对清代春秋榖梁学的成就进行总结和研究，探讨清代春秋榖梁学如何承接和超越前代、其内容和特点以及历史地位。白谦慎的《傅山的世界：17世纪中国书法的嬗变》（生活·读书·新知三联书店，2006年）从晚明文化和傅山的早年生活、清代初年傅山的生活和书法、学术风气的转变和傅山对金石书法的提倡、文化景观的改变和草书四个方面，对17世纪中国书法史上由帖学转进为碑学的关键时期的代表性人物傅山，做了颇具新意的探究。王章涛的《王念孙·王引之年谱》（广陵书社，2006年）在广泛搜集王氏父子相关文献资料的基础上，比较系统地展示了王氏父子的生平学行、在乾嘉学坛上的重要地位以及对当时和后世的影响。谱前所列"迁高邮王氏家族世系总表"、"迁高邮王氏家族"、"王念孙·王引之字号、斋馆"，以及谱后所附"王念孙·王引之著述知见录"、"王念孙·王引之传记资料目录"、"王念孙·王引之年谱相关人物名录"，对读者深入了解王氏父子起到了索引的作用。薛贞芳主编、何庆善审订的《清代徽人年谱合刊》（《徽学研究资料辑刊》之一种，黄山书社，2006年）汇辑了清代徽州学者黄叔琳、江永、程廷祚、汪绂等22人的年谱，为学界研究这些学者的生平学行提供了非常方便的文献资料。匡亚明主编的《中国思想家评传丛书》又推出梅文鼎、焦循、阮元、段玉裁、钱大昕等人的传记,对传主的生平学行、重要著作以及在清代学术史上的地位和影响等问题,做了较为翔实的考察,有利于促进这些学术人物研究的深化。

学派。《中国哲学史》第 1 期特辟"浙东学术"专栏,多名学者对清代浙东学术进行了多角度、多方位的探讨,如吴光的《黄宗羲的学术成就及其现代价值》、钱明的《近世"浙学"的东西之分及其走向》、陈锐的《浙东学派与哲学中的历史主义》、朱晓鹏的《浙学刍议》等。学界还对扬州学派、桐城派、徽派朴学等在清代学术思想史上占有重要地位的内容进行了考察,取得了不少成果。

学术流变。对有清一代学术思想做长时段的考察,是学术流变研究的一个重要内容。陈居渊的《学人社集与清初经学》(《中山大学学报》2006 年第 4 期)从经学史的角度,对学人社集的经学取向、经学活动和崇尚汉代经学理念等诸多方面问题进行了系统的考察和还原分析,力图从纷繁复杂的学人社集中剥离出传统经学在清初的新走向,以探讨清代经学兴起的历史动因。何俊的《宋元儒学的重建与清初思想史观——以〈宋元学案〉全氏补本为中心的考察》(《中国史研究》2006 年第 2 期),对全祖望的《宋元学案》补本的性质及其思想史上的意义进行了考察,认为与黄宗羲相比,全氏补本更具有"历史的"性质,反映出清代浙东思想史观的变化,并折射出清代学术有别于宋学的特征。武道房的《论清中叶学术发展的三个转向》(《学术月刊》2005 年第 11 期)认为从嘉庆、道光以降,中国学术发展呈现出三个转向:一是今文经学的复兴,二是汉学的义理化倾向,三是宋学势力的回潮。这三个转向,既是学术自身发展规律所决定的,同时也是在当时恶化了的政治、经济、风俗形势下对乾嘉考据学术的反拨。

学术人物与学术著作。清初三大家的学术思想仍是学界关注的重点。《船山学刊》特辟"船山思想研究"专题，对王夫之的思想进行考察，如高予远的《王夫之的社会思想》（第 1 期）、文瑶与潘新辉合作的《王夫之民族思想对曾国藩的影响》（第 1 期）、胡发贵的《论王夫之历史观的理性精神》（第 3 期）、刘伯兰《王船山严于治吏的法律思想及现实意义》（第 3 期）、肖剑平与陈元梓合作的《论王船山的法治观》（第 3 期）等文，从各自撷取的角度对王夫之进行了考察。许苏民的《顾炎武思想的历史地位和历史命运》（《云南大学学报》2006 年第 1 期）、陈国庆的《顾炎武与中国传统学术的转型》（《河南社会科学》2006 年第 2 期）对顾炎武的历史地位、历史命运以及与中国传统学术转型的关系等问题进行了考察。俞荣根的《黄宗羲的"法治"思想再研究》（《重庆社会科学》2006 年第 4 期）、朱义禄的《黄宗羲对科举制度的批判——兼论黄宗羲的学术民主思想》（《杭州师范学院学报》2006 年第 2 期）、吴海兰的《正统论与黄宗羲的史学》（《云南民族大学学报》2006 年第 2 期）、蒋国保的《黄宗羲与浙东经史学术传统的确立》（《杭州师范学院学报》2006 年第 2 期）等文，则分别考察了黄宗羲的法治思想、学术民主思想、史学观念和浙东经史学术传统的确立等问题。

陈其泰的《〈汉学师承记〉的学术史价值》（《文史哲》2006 年第 2 期），对《汉学师承记》的学术价值进行了考察，认为该书第一次将乾嘉考证学作为学术史的重要发展做了总结性的考察，此一总结性研究就整个清代而言未有出其右者。陈祖武的《戴东原学述》（《国学研究》第 18 卷）一文爬梳文献，多方采撷，探讨戴震为学渊源，梳理其为学历程，论究其学术旨趣。蔡锦芳的《戴震与江永交游考》（《国学研究》第 17 卷）对戴震与江永交游问题中几个有争议的内容进行了考察，指出：戴震是江永的及门弟子，两者是师生关系；他们首次结识时间是乾隆七年；戴震晚年未曾背师。林存阳发表了《毕沅对经史诸学的扶持与倡导》(《清史论丛》2006年号)、《〈史籍考〉编纂始末辨析》(《故宫博物院院刊》2006年第1期)等文。其中《毕沅对经史诸学的扶持与提倡》一文，从毕沅之成学与学术取向、《经训堂丛书》的学术意义、《续资治通鉴》之编纂等方面，剖析了毕沅在扶持和提倡经史诸学方面所具有的积极意义，以及对清代学术转型的影响。郭明道的《阮元与清代学风》(《江海学刊》2006年第5期)、吴伯娅的《"诗魔"厉鹗》(《清史论丛》2006年号)、杨艳秋的《章学诚与〈文史通义〉》(《清史论丛》2006年号)等文亦选取有关问题进行了考察。

理学。《清史研究》第4期特辟"清代理学"专栏，刊登了史革新的《略论清顺治年间程朱理学的涌动》、李帆的《李绂与陆王心学》、张昭军的《晚清汉宋调和论析》三篇文章，分别对清初程朱理学、雍乾之际的陆王学和晚清的汉宋学调和等问题，进行了专题性的论究。高翔的《熊赐履述论》(《清史论丛》2006年号)一文指出，熊赐履的理学思想具有三个显著特点：一是首重主敬；二是推崇躬行；三是"崇正黜邪"，捍卫程朱理学的独尊地位。陈强的《理学实践的失败与经学的兴起》(《中山大学学报》2006年第4期)、成积春的《论康熙以"理"治国的理论与实践》(《齐鲁学刊》2006年第2期)二文对清代理学的探讨亦值得关注。

《四库全书》研究。朱鸿林的《〈四库提要〉所见盛清学术偏见一例》(《中山大学学报》2006年第4期)指出，《四库提要》内容素质参差，反映了官家编纂项目缺乏一致性的毛病，而撰写提要的馆臣，往往因其所持之特殊观点或立场，影响到对所撰提要的客观评价。熊伟华和张其凡合作的《〈四库全书总目〉之提要与书前提要的差异》(《学术研究》2006年第7期)认为，《四库全书总目》中各书的提要与《四库全书》相应各书的书前提要并非完全一致，其差异主要表现在同书异名、卷数不同、作者情况不同、版本差异、内容等方面。陈晓华的《章学诚与〈四库全书〉》(《史学史研究》2006年第1期)、崔富章的《〈四库全书总目〉武英殿本刊竣年月考实——"浙本翻刻殿本"论批判》(《中山大学学报》2006年第4期) 二文也从各自视角进行了考察。

六、边疆史地

专著。刁书仁等的《古代中朝宗藩关系与中朝边界历史研究》(中国社会科学出版社，2006年)，该书是"东北工程"中的一个课题，重点论述了明清时期中、朝之间的关系和边界问题。李花子的《清朝与朝鲜关系史——以越境交涉为中心》(香港亚洲出版社，2006年)，对自清朝入关前皇太极时期到晚清同治年间的清朝与朝鲜的越境及定界交涉问题，综合运用中朝双方史料，进行了系统考察。孙宏年的《清代中越宗藩关系研究》(黑龙江教育出版社，2006年) 较为详细地探讨了清代中、越之间的宗藩关系，提出了一些有见地的看法。侯德仕的《清代西北边疆史地学》(群言出版社，2006年) 对清代西北边疆史地学兴起和发展的历史条件、清代西北边疆史地学发展的四个阶段、嘉道咸年间和清季西北边疆史地学的主要成就等，做了较为系统的梳理和研究。

于逢春的《论中国疆域最终奠定的时空坐标》(《中国边疆史地研究》2006年第1期) 一文指出，中国疆域最终奠定的空间坐标判定在"嘉庆志"及所附"皇舆全图"所确定的范围。1820年的清朝疆域，既是中国疆域范围的最终底定极点，也是东西方力量对比最终逆转的临界点，更是中国国势由强转弱的重要时期。张世明、龚胜泉的《另类社会空间：中国边疆移民社会主要特殊性透视（1644—1949）》(《中国边疆史地研究》2006年第1期）尝试从文化人类学角度揭示拉铁摩尔所谓的"边疆风格"现象，对迥异于定居社会的边疆社会的社会空间结构及其现象予以阐释。祁美琴的《对清代朝贡体制地位的再认识》(《中国边疆史地研究》2006年第1期）对学术界混淆朝贡体制与朝贡贸易体制的观点进行了批驳，阐述了清代朝贡体制的地位与特点。钱文华的《清政府弱化琉球宗主权的历史考察》(《中国边疆史地研究》2006年第2期）、左红卫和孟楠合作的《从"斌静案"看清代驻疆官员与新疆的稳定》(《中国边疆史地研究》2006年第3期）、杨朝亮的《李绂与广西改土归流》(《清史论丛》2006年号）等文，亦有不少创新与可取之处。

七、中外关系史

黄一农的新著《两头蛇：明末清初的第一代天主教徒》(上海古籍出版社，2006年），可谓本年度中外文化交流史方面一部别开生面的力作。全书十三章，始终把人及其内心世界的冲突作为探讨的重心所在。在史实上，本书有许多独到的发明，在研究方法、写作手法上也有诸多创新。

中外文化交流史。 毛瑞方的《明清之际七千部西书入华及其影响》(《文史杂志》2006年第3期）对中西交通史上占有重要地位的七千部西书入华事件进行了考察，认为该事件客观上促进了中国科技、历史、地理等诸多领域一定程度的发展。龚缨晏的《明清之际的浙东学人与西学》(《浙江大学学报》2006年第3期）考察了浙东蕺山学派朱宗元、张能信、魏学濂等人与西方传教士的关系，以及他们在明清易代之际的不同选择。张西平的《中西文化的一次对话：

清初传教士与〈易经〉研究》(《文史哲》2006年第2期)、江春泓的《传教士与明清实学思潮》(《学术研究》2006年第3期),对传教士与清初学术思想和思潮的关系给予了关注。

中外贸易。 费驰的《清代中朝边境互市贸易的演变探析(1636—1894)》(《东北师大学报》2006年第3期)认为,与明代及后金时期相比较而言,清代中朝互市前期的边境贸易具有持续稳定、管理有序、鲜明的宗藩特色、交易品种相对固定等特点;互市后期边境贸易则发生了巨大变化:中朝通商贸易中政治因素逐渐淡化、通商要素更自由化、交易形式和制度的规范化及清政府对互市贸易管理的专门化,这些意味着中朝间的通商关系开始向近代国际贸易关系转变。赵兴元的《清代中朝之间的边市贸易及影响》(《北华大学学报》2006年第3期)指出,中江市、会宁市、庆源市是清代中朝之间的三个重要边市,三市都是在清政府提议下开设的,其交易均由清政府主持,有一定制度和规模,三市交易促进了两国经济的发展。

外交关系。 刁书仁的《论朝鲜光海君时期与后金、明朝的关系》(《清史论丛》2006年号)认为,朝鲜光海君在位时期以新的理念对明与后金采取双边外交,但最终受到明朝与国内反对派的双重压力而失败。

八、社会史

专著。 郭松义、定宜庄的《清代民间婚书研究》(人民出版社,2005年)一书,对在婚姻问题研究中婚书这一最直接、最原始的材料进行了系统考察,书中所涉及的婚书主要来源于实物、官方案卷、各种形式的契例。全书按婚书的不同性质分作四章和一个"附录"。该书的出版将会引起学界对婚书作为文物与史料价值的兴趣和重视,并为婚姻史和社会史的研究增添一些新的佐证。

灾害史。张建民的《饥荒与斯文：清代荒政中的生员赈济》（《武汉大学学报》2006年第1期）认为，在"郑重斯文"理念指导下，清代对灾荒时期的生员实行单独的、具有封闭性质的赈济制度，而赈济过程中出现的一些现象反映出明清生员群体膨胀、功名出路壅滞以及荒政制度存在的深层次问题。行龙的《明清以来晋水流域的环境与灾害——以"峪水为灾"为中心的田野考察与研究》（《史林》2006年第2期）一文在田野考察和文献解读的基础上，对明清以来晋水流域环境变迁与水灾，特别是"峪水为灾"现象进行个案研究。

宗族与婚姻。刘小萌的《碓房与旗人生计》（《清史论丛》2006年号）利用海内外收藏的契约文书对与清代旗人生计有紧密联系的碓房进行了考察，内容包括碓房的由来、经营方式和特点等。张佐良的《乾隆五十一年的直隶大名府八卦教起事》（《清史论丛》2006年号）、毛立平的《清代的嫁妆》（《清史研究》2006年第1期）、王晗的《1644至1911年陕北长城外伙盘地垦殖时空特征分析——以榆林金鸡滩乡为例》（《干旱地区农业研究》2006年第3期）等文也值得关注。

九、晚清史

专著。王宏斌的《晚清海防：思想与制度》（商务印书馆，2005年）一书，是作者2002年出版的《清代前期海防：思想与制度》的姊妹作，也是研究晚清中国海防问题的一部新作。该书对晚清的海防思想、海防政策、海防体系以及军工修造制度等，进行了系统而全面的考察，是一部值得重视的著作。郑大华的《晚清思想史》（湖南师范大学出版社,2005年),全书除绪论和结语外,分为6章,共55万字。该书具有以下鲜明特点:第一,对晚清思想史的写作内容提出独立见解;第二,打破以鸦片战争为标志开始撰写晚清思想史的惯例;注意处理好知识精英思想与普通大众思想之间的关系;注意处理好思想理论与实践的关系。孟华、李华川主编的"陈季同法文著作译丛"五种(广西师范大学出版社,2006年)陆续出版,为学界深入研究在晚清历史上具有一定影响的陈季同提供了一手资料。

社会与经济史。论文数量较多,视角丰富多样,其中不少文章借鉴了西方外社会学、经济学的理论和方法,给本领域的研究带来新的活力。主要有:李永芳的《清末农会述论》(《清史研究》2006年第1期)、朱浒的《地方系谱向国家场域的蔓延——1900—1901年的陕西旱灾与义赈》(《清史研究》2006年第2期)、周健和张思合作的《19世纪华北青苗会组织结构与功能变迁——以顺天府宝坻县为例》(《清史研究》2006年第2期)、潮龙起的《空间迁移与地位变迁——十九世纪闽粤天地会与马来半岛华人秘密会党的比较》(《清史研究》2006年第3期)、李伯重的《19世纪初期华娄地区的教育产业》(《清史研究》2006年第2期)、周育民的《关于清代厘金创始的考订》(《清史研究》2006年第3期)、李玉的《晚清昭信股票发行过程论略》(《近代史研究》2006年第4期)等。

政治与外交史。研究向细致深入的方向推进,已少有空洞宏大的议论。其中王开玺的《"量中华之物力,结与国之欢心"新解》(《近代史研究》2006年第4期)利用档案材料,对庚子事变后广为流传的谕旨进行了重新诠释,认为不能据此认为当政者要最大限度地出卖国家与民族权利益,而是在确保其政治统治的前提下,与列强磋磨交涉。潘向明的《论醇亲王奕譞》(《清史研究》2006年第2期)、刘鸿亮的《第一次鸦片战争时期中英双方火炮的技术比较》

(《清史研究》2006年第3期)、何文平的《晚清军事变革与地方社会动乱——以广东盗匪问题为中心的探讨》(《清史研究》2006年第3期)、段怀清的《耆英与〈祷天神祝文并序〉》(《清史研究》2006年第3期)、关晓红的《清季督抚文案与文案处考略》(《近代史研究》2006年第3期)、桑兵的《"兴亚会"与戊戌庚子间的中日民间结盟》(《近代史研究》2006年第3期)、吴义雄的《鸦片战争前英国在华治外法权之酝酿与尝试》(《历史研究》2006年第4期)、何瑜和田颖合作的《朝鲜大院君被囚事件考析》(《清史研究》2006年第2期)等文也值得重视。

学术思想史。武道房的《从师友关系看曾国藩理学信仰的形成》(《船山学刊》2006年第1期)从家学渊源与桐城派文人的交往,唐鉴、吴廷栋、倭仁的启发等角度,分析了曾国藩在"师友夹持"下接受理学并最终成为晚清理学领军人物的心路历程。林存阳的《曾国藩礼学思想论》(《船山学刊》2006年第1期)一文,重点探讨了曾国藩的礼学思想,分析了曾氏倡礼的原因及影响,指出了曾国藩对晚清学术演进所产生的影响。史革新的《试论晚清诸子学的兴起》(《史学月刊》第2期)、张晨怡的《罗泽南与晚清理学复兴》(《清史研究》2006年第1期)二文分别对晚清诸子学和晚清理学的兴起进行了考察。

值得关注的论文还有,郝秉键的《晚清民间知识分子的西学观——以上海格致书院为例》(《清史研究》2006年第3期)、李长莉的《黄遵宪〈日本国志〉延迟行世原因解析》(《近代史研究》2006年第2期)、张连生的《刘宝楠〈念楼集〉版本研究》(《清史研究》2006年第3期)、杨翔宇的《朱次琦"四行五学"说探赜》(《北方论丛》2006年第5期)、赵振铎的《从〈周礼正义〉看孙诒让对〈集韵〉的研究》(《四川大学学报》2006年第4期)、罗雄飞的《论公羊学在俞樾经学思想中的地位》(《齐鲁学刊》2006年第2期)等。

白新良的《清史考辨》(人民出版社,2006年)一书,是作者20余年来研治清史的论文选集。研究范围上起清朝关外兴起,下迄道光朝,对影响这一时期历史发展进程的一些重要问题及所涉文献档案资料进行了考辨和论述,其中相当部分前此未曾公开发表。全书所收论文,按其内容,可分三个部分:一是对入关前一些重要史实的考察和论述;二是对清朝入主中原以迄道光时期的一些重要史实及相关文献的考察和论述;三是收录两篇论文,对清朝时期中日官私教育进行比较,以及对目前国家组织修纂《清史》体裁、体例而提出的建议。本书的出版将为清史研究专业人员提供一些参考并在一些问题上推动清史研究进一步深入。

论文写作过程中得到历史所清史室多位先生的指导与帮助,在此谨致谢忱。由于本人水平有限,不足之处定然存在,敬祈方家指正。

2007 年清史研究综述

◎ 李 娜

2007 年度的清史研究,不仅成果甚丰,著述颇多,而且某些重要问题的研究较前又有新的进展。同时,一些新的研究领域也在逐步开拓之中。总的来看,呈现出良好的发展态势。现就目之所及,概要介绍,以备参考。

一、学术会议

1 月 6 日,北京大学历史系与北京大学明清研究中心共同举办了"商鸿逵教授诞辰百年纪念会",与会的专家学者一百余人对商鸿逵教授倾心学术、严谨治学、为发展史学忘我工作的一生,给予了高度评价。

6 月 30 日—7 月 6 日,由中国社会科学院历史研究所与黑龙江大学联合主办的"第三届科举制与科举学研讨会"在黑龙江大学举行,与会专家、学者围绕会议主题——"科举制度与科举文化"、"废除科举制度的相关问题"等,展开有益而深入的探讨和交流。

3 月 24 日—25 日,由南京大学民族与边疆研究中心和南京大学中华民国史研究中心主办的"多元族群与中西文化交流——基于中西文献的新研究"研讨会在南京召开。

二、政治

帝王政治。 冯尔康的《乾隆初政与乾隆帝性格》(《天津师范大学学报》2007 年第 3 期)认为乾隆初政起到了稳定社会的作用,反映乾隆帝具有高度的政治调适力,同时也体现出他刚柔相济、执两用中的性格特点。叶晓青的《光绪帝最后的阅读书目》(《历史研究》2007 年第 1 期)研究了光绪帝生命的最后一年向外界索要的"进呈书单",认为光绪帝对于当时的君主立宪类书籍颇有兴趣,说明他仍在思想上积极准备,试图在未来有所作为。张玉兴在《辉煌与困惑——清朝奠基人努尔哈赤传奇一生解读》(《清史论丛》2007 年号)一文中认为努尔哈赤是时代伟人,但也要客观地看待其晚年的不智、倒行逆施,力求给努尔哈赤一个全面、求实、准确的评价。王思治的《康熙重视督抚的选任》(《清史论丛》2007 年号)认为康熙帝对督抚选任非常重视,并以康熙三十三年两江总督的简任为例进行阐述。成积春的《论顺治帝的"自罪"帝王观念》(《烟台大学学报》2007 年第 1 期)认为顺治帝"自罪"帝王观念是儒家帝王思想、天人感应理论与清初的政治局势共同作用的产物。这种观念对其政治人格、政治统治和施政方式产生了不容忽视的影响。麻天祥在《雍正与清初禅学之兴衰》(《湖北社会科学》2007 年第 9 期)一文中指出,清初禅宗思想因雍正的推奖而耀人眼目。

制度与政策。 杜家骥的《清朝初期大学士的品级问题》(《清史论丛》2007 年号)通过辨析有关文献,总结归纳了清朝大学士的满汉不同品级情况及其变化。姚念慈的《康熙初年四大臣辅政刍议》

(《清史论丛》2007年号）对四大臣辅政的由来及其位序以及辅政体制等问题进行了探讨，得出四大臣辅政体制的局限性注定了其失败的结论。刘凤云的《有关康熙朝西北三省满族督抚的考察》（《清史论丛》2007年号）对康熙朝清廷将山西、陕西、甘肃西北三省的督抚设为满洲缺这一特例进行考察。傅林祥的《清代抚民厅制度形成过程初探》（《中国历史地理论丛》2007年第1辑）论述了抚民厅制度从萌芽逐步完善，直至全面形成的过程。孟姝芳、章文永的《清代处分官员与官员规避之互动研究》（《学术研究》2007年第2期）认为清朝廷很重视对官员失职、渎职行为的处分，官员为了避免被处分而进行了种种规避，从而形成了封建政府与官僚集团之间的互相争斗，反映了中国古代官僚政治的特性。

吴莉苇的《18世纪欧人眼里的清朝国家的性质——从〈中华帝国全志〉对西南少数民族的描述谈起》（《清史研究》2007年第2期）认为西方学者的殖民地研究视角对于研究中国国家形成历史有一定借鉴意义。周保明的《清代的地方吏役、地方政府与官僚政治》（《史林》2007年第2期）认为清代国家对地方吏役管理已失控，但他们在制造社会冲突的同时，也起到了调和国家和社会之间关系的作用。孔祥吉、村田雄二郎的《一九〇二年东京"支那亡国纪念会"史实订正》（《历史研究》2007年第3期）研究了藏于日本外务部外交史料馆的"支那亡国纪念会启"原件，由此订正和补充了冯自由《革命逸史》等书中的相关文献。尚小明的《"两种清末宪法草案稿本"质疑》（《历史研究》2007年第2期）质疑俞江所发现的"两种清末宪法草案稿本"，认为第一种是日本人著作的节译，而第二种是民间所纂拟的草稿，并非清廷秘密立宪的产物。茅海建的《戊戌变法期间的保举》（《历史研究》2007年第6期）认为，戊戌变法时期的保举情形表明绝大多数官员关心的只是个人仕途。因康有为及其党人的借势生事，才产生当时激烈的政治。徐凯、张婷的《满洲本部构成与八旗佐领分布》(《清史论丛》2007年号)通过分析《八旗满洲氏族通谱》，阐述了八旗满洲共同体的形成及部族姓氏的世居地，分析了八旗部族人员的职司特点及部族内满洲化和自身汉化趋势。

苏红彦的《清代蒙古王公年班的特点与作用》(《内蒙古社会科学》2007年第1期)认为清廷实行蒙古王公的年班制度体现对蒙政策"宽严互济"、"恩威并施"的特点。张剑的《〈钦定宪法大纲〉与清末政治博弈》(《史学月刊》2007年第6期)认为《钦定宪法大纲》的颁布是清末政治博弈的结果，由其构建的宪法框架及所体现的宪法精神具有划时代的意义。丁海斌、韩季红的《清末陪都盛京的军政改革》(《史学月刊》2007年第6期)认为清末对辽宁地区行政建置的改革是当时社会矛盾发展的必然产物，同时因其革除了原盛京军事制度的多种弊端也是历史进步的表现。邵晓芙的《清末吏治与乡村民变——以浙江为例》(《浙江社会科学》2007年第4期)以浙江为例，从吏治方面考察清末乡村民变蜂起的成因及政府的应变措施和成效。赵彦昌、李国华的《从清代玉牒看清代的宗法制度》(《满族研究》2007年第1期)认为清代玉牒发挥了宗法在政治统治中的作用，宗法制度的精神与运用成为皇帝控制皇族最有力的工具。李春梅的《清朝前期督、抚陋规收入的用途》(《内蒙古社会科学》2007年第2期)考察了清朝前期官吏贪取陋规收入的用途，即使养廉银政策实施也未改变此种状况。孟姝芳的《清乾隆中后期罚扣大员养廉银与其行政处分之关系探析》(《安徽史学》2007年第2期)分析了乾隆罚扣地方大员养廉银的缘由、目的及具体运作，指出这项措施与地方大员所受的行政处分有密切关系。刘丽君的《略述清代顺治朝科道官员》(《内蒙古师大学报》2007年第2期)、《清代顺治朝科道官员作用受限的初步探讨》(《内蒙古社会科学》2007年第

2 期）两文集中对顺治朝的科道官员进行了考察，涉及其活动的历史背景、科道官的典型个案分析及巡按御史的作用，尤其关注科道官作用的受限原因。刘丽楣的《清代达赖喇嘛奏事权探析》（《中国藏学》2007 年第 2 期）对清朝政府否定清末十三世达赖喇嘛提出直接向皇帝奏事权的请求这一问题的处理过程进行了简要分析。

军事。杨海英的《关于明清易代的朝明军事合作计划及其执行者研究——洪承畴泄密新证》（《中国社会科学院历史研究所学刊（第五集）》）探讨了明末清初朝鲜和明朝欲联合抗清计划失败的原因及影响，并提出了洪承畴泄漏朝明外交机密的新证据。宝音朝克图的《嘉道年间的大青山山后卡伦》（《清史研究》2007 年第 1 期）梳理了嘉道年间大青山卡伦的来龙去脉，进而剖析内在因素及其功效。季泽琦的《清代驻防将军印信署理制度考略：以乌里雅苏台将军为例》（《内蒙古师范大学学报》2007 年第 6 期）利用《军机处满文月折包》予以考订，说明清代驻防将军管理制度严格，印信的署理制度亦极其严密。黑龙的《乌尔会河之战》（《清史研究》2007 年第 1 期）认为乌尔会河之战是噶尔丹与清军进入全面对抗阶段的历史转折点，为清朝最后确立对喀尔喀蒙古的有效管辖起了积极作用，并有力地促进、推动了我北部边疆的形成。

重大事件。杨珍的《朱天保上书事辨析》（《清史论丛》2007 年号）结合朱天保的奏折，并以不同文本相互参证，考察了有关记述的失实之处，分析了这一事件之所以出现的原因及影响。郝艳红的《道光帝尊奉皇太后懿旨即位辨析》（《清史论丛》2007 年号）对道光帝的即位是否尊奉了皇太后的懿旨、皇太后的懿旨在道光帝的即位中究竟起了什么作用等方面的问题进行了探究。黑龙的《奇塔特出使准噶尔部初探》（《西域研究》2007 年第 1 期）揭示 1681 年康熙帝派内大臣奇塔特出使准噶尔部的意图，作者认为随后清朝对准政策由"笼络、羁縻"到"限制、削弱"的调整与此有关。梁绍杰的《清康熙朝大学士王掞奏请建储始末》(《故宫博物院院刊》2007年第1期)以厘订《文献丛编·康熙建储案》所收王掞议储密折的奏上时间为主线,进而剖析王掞议储的心理及康熙处理此事的隐衷。聂红萍的《嘉庆朝新疆"玉努斯案"》(《中国边疆史地研究》2007年第1期)揭示了嘉庆十九年发生于新疆的"玉努斯案"的实质,及对清朝政府治理新疆产生的不利影响。季云飞的《清乾隆年间台湾林爽文事件性质辨析》(《安徽大学学报》2007年第4期)从多个方面进行考察,认为林爽文事件实质上是一宗企图分裂国家的事件。

三、经济史

2007年的经济史研究在经济制度与政策、地区经济等方面有多篇文章发表。

经济制度与政策。萧国亮的《清代广州行商制度研究》(《清史研究》2007年第1期)认为清代前期实行的行商制度,具有对外贸易垄断所有权与垄断经营权相分离的垄断特征。范金民的《清代前期淮安关税收的盈绌原由》(《安徽史学》2007年第1期)认为,康熙二十年代起开海贸易,海运量增加,运河运量减少,导致淮安等相关税收随之减少,商人采取各种手段违禁绕越偷漏税款,更严重影响了淮安关税的征收。邓海伦、王江的《乾隆十三年再检讨——常平仓政策改革和国家利益权衡》(《清史研究》2007年第2期)一文对乾隆十三年的米价大论战进行再检讨,指出朝廷将米价上涨归咎于常平仓储备的扩大并不一定与事实相符。作者认为朝廷当时财政上的一些考虑很可能与第一次金川战争有关。阎光亮的《论清代禁垦蒙地政策》(《社会科学辑刊》2007年第4期)对清政府在内蒙古地区推行的禁垦蒙地政策进行了考察,并从清政府的统治意图、实际效果等方面进行了论述。王颖超的《清代东北马政探析》(《满族研究》2007 年第 2 期)通过探析清政府在东北实施马政的情况,进一步考察清代马政的得与失。侯俊云的《试析鸦片战争前清代走私贸易处罚律令》(《广西师范大学学报》2007 年第 2 期)对鸦片战争前清代法律中有关进出口走私处罚律例进行考察,认为清代制定走私律令并非从贸易需要的角度出发,而是统治者在朝贡思维和"严防其出"思想指导下的海禁法令。

江南经济。 李伯重的《"道光萧条"与"癸未大水"——经济衰退、气候剧变及 19 世纪的危机在松江》(《社会科学》2007 年第 6 期)认为"道光萧条"的直接原因是 1823 年开始的全球气候剧变所导致的严重水灾。因此,探讨 19 世纪危机发生的主要原因时,气候变化是不可忽略的因素。苏永明、黄志繁的《行帮与清代景德镇城市社会》(《南昌大学学报》2007 年第 3 期)认为清代景德镇城市社会经济发展史,也是行帮组织整合与城市社会秩序形成的历史,行帮组织构成了景德镇城市经济组织和社会控制的特征,影响了城市变迁的方向和轨道。王日根的《清代江南地方官府对商业秩序的整治——以碑训资料为中心的考察》(《厦门大学学报》2007 年第 2 期)认为清代江南地方官府对商业秩序的整治措施为江南经济的繁荣提供了必要的保障,并指出清代各级政府整治商业秩序的作为往往有决定作用。陈亚平的《18—19 世纪的市场争夺:行帮、社会与国家——以巴县档案为中心的考察》(《清史研究》2007 年第 1 期)通过清代巴县档案提供的诉讼案例再现了巴县行帮在自身组织化、市场争夺、行业规范中的作用,同时也揭示了行帮与国家在城市地方社会建构中的影响。梁诸英的《清代皖南平原水稻亩产量的提高及原因分析》(《古今农业》2007 年第 1 期)对清代皖南平原水稻亩产量进行了初步的估算,并分析产量提高的原因,同时也指出资本投入的匮乏制约了水稻单产的提高。

山陕经济。许檀的《清代山东周村镇的商业》(《史学月刊》2007年第8期)认为清代山东周村镇商业兴起在康熙、乾隆年间,清代中叶迅速发展,并指出清中叶以来,周村开始从单纯的商业中心向加工制造业中心转化。成艳萍的《"资源禀赋"与晋商的茶叶贸易》(《山西大学学报》2007年第4期)认为,晋商开展蒙、俄茶叶贸易,独特的驼帮运输贸易形式,是晋商有违资源禀赋理论下而获暴利的原因。梁四宝、张新龙的《明清时期曲沃烟草的生产与贸易》(《中国经济史研究》2007年第3期)考察了烟草进入曲沃的时间及路径,认为烟草给当地农民带来较为可观收益的同时也给当地农业生产和农业经济带来诸多消极影响。吴朋飞、侯甬坚的《鸦片在清代山西的种植、分布及对农业环境的影响》(《中国农史》2007年第3期)认为种植鸦片极耗地力,对农业环境造成影响,是导致丁戊奇荒的重要原因。

闽广经济。周雪香的《明清闽粤边客家地区的商品流通与城乡市场》(《中国经济史研究》2007年第2期)对明清闽粤客家地区商品经济发展缓慢的原因进行分析和探讨。陈颖的《清初台湾平埔族经济生活面向探究》(《福建师大福清分校学报》2007年第6期)对清廷领台之初台湾平埔族的生产活动及其衣食住行进行了考察,认为其贸易活动原始低级,只是偶然发生。

边疆经济。许檀、何勇的《清代多伦诺尔的商业》(《天津师范大学学报》2007年第6期)指出清代多伦诺尔的发展是建立在清王朝维护边疆稳定的一系列政策基础上的,其宗教中心地位带动了商业的发展。

四、社会文化和民族

灾荒史。对清代灾荒史的研究，在本年度有了进一步的加深和拓展。李文海主编的《天有凶年：清代灾荒与中国社会》（生活·读书·新知三联书店，2007年）一书，对清代灾荒史这一主题从多元化的视角进行了研究和论述。赫治清主编的《中国古代灾害史研究》（中国社会科学出版社，2007年）内有多篇论文论述了清代自然灾害问题，其中郭松义的《清代的灾害和农业——兼及农业外延式发展与生态的关系》一文认为清代灾害发生次数多于前代，是由清代气象条件这一自然原因和人为活动对生态环境的负面影响等人为原因造成的。该文还从农田水利、多种经营等方面论述了农民总结出的既能发展生产，又能积极防灾的可行之路。

清代的赈济政策成为本年度社会史研究中一个新的亮点，有多篇文章对不同的赈灾问题进行了研究。张祥稳的《试论清代乾隆朝中央政府赈济灾民政策的具体实施——以乾隆十一年江苏邳州、宿迁、桃源三州县水灾赈济为例》(《清史研究》2007年第1期)认为清代乾隆时期中央政府制定了较为完善的赈济政策，但在此次水灾的赈济过程中由于地方官员没有认真履行职责，使赈济政策在很大程度上没有落到实处。李铮的《清代鄂尔多斯地区赈济政策的实施与影响》(《内蒙古民族大学学报》2007年第5期)、王曙明的《试论乾隆三年宁夏府大地震的荒政实施》(《西安电子科技大学学报》2007年第4期)、和卫国的《灾民流动与基层诉求的政府应对：以嘉庆六年京师、直隶水灾为中心》(《石家庄学院学报》2007年第4期)都对不同的赈济政策进行了考察和论述。

民族史。周喜峰著《清朝前期黑龙江民族研究》（中国社会科学出版社，2007年）一书对明朝末期到清朝中前期二百年间黑龙江地区的满、汉、蒙、回等多个民族在社会进步、经济发展、抗击沙俄及军事驻防等方面做了研究。张杰著《满族要论》（中国社会科学出版社，2007年）对满族的源流、1644年满族入关并且取得胜利的原因、满蒙联姻政策的历史作用、科举考试对满族融入汉文化的影响等十个方面的问题进行了细致而全面的阐述。陈鹏的《清代前期东北地区赫哲"新满洲"形成初探》（《史学集刊》2007年第6期）着眼于清政府在东北地区实行"徙民编旗"的政策，探讨了赫哲"新满洲"入旗后与旧满洲共处而全面满化的过程。

人口、生态与城市建设。定宜庄的《满族士大夫群体的产生和发展：以清代内务府完颜世家为例》（《清史论丛》2007年号）通过对有代表性的清代内务府完颜家族的溯源及考证，阐述了"满洲近臣"即包衣通过应试为官逐渐成长为官僚士大夫的特有现象，强调其有依赖性与寄生性等特点。王庆成的《晚清华北乡村：历史与规模》（《历史研究》2007年第2期）通过对晚清时期武清、栾城、青县、望都等州县的村落及人口资料进行分析，对村屯的规模进行了考察。王晗、郭平若的《清代垦殖政策与陕北长城外的生态环境》（《史学月刊》2007年第4期）指出清政府对陕北长城外地区认识和开发的过程，也是该地区生态环境变化的过程。作者认为制度、政策与权力的结合对区域环境变化的影响具有根本性的驱动作用。成一农的《清代的城市规模与行政等级》（《扬州大学学报》2007年第3期）认为制约中国古代城市规模的要素是多重的，对城市规模的研究不能仅局限于城市的行政等级。任吉东的《清代华北乡村治理研究：以顺天府宝坻县乡保制为例》（《历史档案》2007年第2期）对清代顺天府宝坻县的乡村社会组织和职能做了研究，由此深入探讨了传统中国的国家与乡村社会的关系，关传友的《论清代族规家法保护生态的意识》（《北京林业大学学报》2007年第3期）认为禁止性事项和惩罚奖励性措施是清代族规家法保护生态的主要内容，作者指出，这种意识在大力提倡保护和改善生态环境的现代社会里，仍然具有积极的现实指导意义。

社会管理。沈大明著《〈大清律例〉与清代的社会控制》(上海人民出版社，2007年)主要围绕《大清律例》展开研究，从社会控制的角度来剖析清代的法律和社会的关系，作者提出的清代的社会控制力与国家能力互为表里、清代法律控制系统的动态性是社会控制有效性的保障等观点，是比较有价值的探索和尝试。孙家红著《清代的死刑监候》(社会科学文献出版社，2007年)以清代死刑监候制度为研究对象，不仅从思想和制度两个层面梳理了死刑监候的历史渊源，更从立法、司法两个角度对该项制度的形成、运作、沿革做了全方位的考察。王永杰的《论清朝京控的结构性缺陷：历史考察与当代借鉴》(《学海》2007年第3期)认为清朝京控的结构性缺陷使京控的功能难以实现，但其深层原因却是清朝中后期各种社会矛盾交织的结果。孙家红的《视野放宽：对清代秋审和朝审结果的新考察》(《清史研究》2007年第3期)对清代秋审和朝审的司法结果作进一步的考察，揭示了这一司法实践鲜为人知的某些方面。李典蓉的《编户下的回民：以清朝杜文秀京控案为例》(《清史研究》2007年第2期)通过梳理杜文秀京控案件始末，探讨清朝边区的社会、民族与法制问题。孙守朋的《18世纪中国经济变迁背景下基层司法体制考察：以土地产权纠纷审理为例》(《兰州学刊》2007年第11期)对当时土地产权纠纷的审理进行考察，指出法律的变更滞后于经济变迁的步伐，致使基层司法体制结构性缺陷恶化，不利于纠纷的解决。

刘永刚的《论清代陕甘地区的慈善机构及其运作》(《延安大学学报》2007年第3期)认为清代陕甘地区慈善机构在制度、运作以及演变方面都受到当时社会发展的制约，其救助社会的功能相对有限。刘宗志的《清代慈善机构的地域分布及其原因》(《河南师范大学学报》2007 年第 5 期) 认为清代慈善机构地域分布的均衡程度与政府介入的多少成正比，并指出这种分布特征源于政府政策、救济需求和各地经济文化差异等因素的互相作用。乌仁其其格的《清代呼和浩特地区社会救济事业初探》(《内蒙古大学学报》2007 年第 3 期) 认为清朝政府通过在呼和浩特地区建立社会救济措施，防范和化解了土默特蒙古的生存危机，维护了社会的稳定与发展。陈瑞的《明清时期徽州宗族的内部救济》(《中国农史》2007 年第 1 期) 认为明清时期徽州宗族通过多种途径开展内部救济，在实施救济时，宗族通过增设禁止性与惩罚性的附加条件或条款，以约束控制族人。王振忠的《从〈应星日记〉看晚明清初的徽州乡土社会》(《社会科学》2007 年第 12 期) 通过介绍《应星日记》的史料价值，透视晚明清初的徽州乡土社会中，粮食供应和民间信仰是民众日常生活的重点，人们常以民间调解和官府裁判相结合的方式来解决相互的冲突和纠纷。段自成的《清代北方官办乡约与绅衿富民的关系》(《河南大学学报》2007 年第 5 期) 指出清代北方官办乡约与绅衿富民的关系受官府的影响很大，也说明清代官府对基层社会的控制得到了加强。潘洪钢的《清代驻防八旗与汉族通婚情况蠡测》(《中南民族大学学报》2007 年第 5 期) 认为传统观念中驻防旗人与当地人民之间不通婚的概念是不准确的。在八旗驻防地区，所谓禁止满汉通婚主要指旗女不外嫁，而旗内满、蒙和汉军娶当地汉女为妻、妾的情况是确实存在过的。麻健敏的《试析婚姻对渡台粘氏宗族发展的作用》(《满族研究》2007 年第 4 期) 认为粘氏婚姻的多样性，采取多种形式特别是他们大量采用收养的方式延续香火、增加劳动力，构成福兴粘氏宗族迅速繁衍的重要因素。

文化史。朱志勇、李永鑫主编出版了《绍兴师爷与中国幕府文化》(人民出版社，2007年)，从绍兴师爷群体、绍兴师爷历史作用、幕府制度和幕府个案等五个视角，对绍兴师爷与中国幕府文化进行了较为系统的研究。王泽民的《试论清代新疆的维汉双语政策及其措施》(《实事求是》2007年第6期)认为清朝政府制定出了符合新疆实际的维汉双语政策作为民族语文政策的一项核心内容，有利于清朝政府对新疆的社会管理。陈晓华的《续〈四库全书总目〉之〈郑堂读书记〉》(《首都师范大学学报》2007年第3期)一文就《郑堂读书记》续接《四库全书总目》的特征及其优长之处进行探讨。

风俗习惯。毛立平著《清代嫁妆研究》(中国人民大学出版社，2007年)对清代嫁妆的整体描述、清代满洲贵族的嫁妆、嫁妆与清代妇女的财产继承权、妇女嫁妆支配权的考察、嫁妆对清代婚姻的影响及其引发的社会问题多个论题进行了系统阐述。赵兴元的《康乾时期燕行使眼中的满族习俗》(《满族研究》2007年第2期)对康乾时期来到中国的朝鲜燕行使从服饰、饮食、住房、礼俗等四个方面对满族习俗的观察记录做了探讨，认为这些记录为了解历史上的满族提供了珍贵资料。王柏中的《清皇家内庙祭祖问题探析》(《广西民族大学学报》2007年第6期)对清朝内庙的组成、祭祀方式做了阐述，指出内庙实为皇族家庙，它与作为国家宗庙的太庙有明显的礼仪差别。

戏剧文化。朱家溍、丁汝芹著的《清代内廷演剧始末考》(中国书店，2007年)探讨了宫廷演剧的嬗变历程，同时也对这些戏剧折射出清代不同时期的时局、文化政策及社会生活做了分析。

会党教门。赵崔莉的《清代皖江圩区的民间信仰》(《古今农业》2007年第1期)认为清代皖江流域的圩区中，圩民宗教信仰形式多样，并对其祭祀的特点进行探讨。雷冬文的《清前期天地会的社会合法性危机：以嘉庆年间广东省的天地会为例》(《广西师范大学学报》2007年第4期）和吴雪梅的《清代民族边缘地区宗族组织的形成与乡村社会转型：以鄂西南土家族为中心的考察》(《贵州民族研究》2007年第3期）的个案研究也值得关注。

五、学术思想

本年度的清代学术思想史研究主要涉及学术流变、理学、史籍考订以及学术反思等方面。

学派与学术流变。 陈祖武的《关于乾嘉学派研究的几个问题》(《文史哲》2007年第2期）指出乾嘉学派如同历史上众多的学术流派一样，也有其个性鲜明的形成、发展和衰微的历史过程。准确地梳理和把握此一历史过程，可窥见18、19世纪间中国学术之演进脉络。黄爱平的《乾嘉学案：高扬汉学的旗帜》(《光明日报》2007年9月20日）对此问题也阐述了个人的见解。林存阳的《三礼馆与清代学术转向》(《南开学报》2007年第1期）认为清代学术以知识界对传统经典的回归取向为标志，实现了由理学返抵经学的学术转型，在此转型过程中，乾隆初叶清廷诏开三礼馆这一政治性学术事件起到了承前启后的关键作用。

张晋藩的《清初经世致用的思想与实学的学风》(《安徽师范大学学报》2007年第3期）认为清初社会以顾炎武、黄宗羲、王夫之等为首的学者注重将学术探讨与经世致用结合起来，批判封建专制制度和唯心主义理学，形成了新思想、新学风。姜广辉的《略论明清时期的考据学思潮》(《湖南大学学报》2007年第2期）对明中叶以降兴起的考据学思潮进行了考察，重点分析了戴震与章学诚的方法论。罗军凤的《论清初经学复兴的民间性》(《求索》2007年第4

期)指出清初经学的倡导及影响发于民间、著于民间,而清廷对经史之学的提倡以及经史书籍的刊刻一定程度上推动了民间经学的发展。史革新的《清初学术思潮转换刍议》(《四川大学学报》2007年第3期)对明清之际学术思潮的转换进行了考察。张昭军的《义理与考据之辩——晚清时期宗宋学者对汉学的批判与反思》(《史学史研究》2007年第1期)从与清代汉学并时存在的宋学出发对清代汉学进行考察。陈其泰的《公羊家法与清代今文学复兴之统绪》(《齐鲁学刊》2007年第4期)从公羊家法的角度对清代今文经学复兴的轨迹进行了勾勒。

学术思想。此方面的论著比较重要的一部是汪学群、武才娃著《清代思想史论》(中国社会科学出版社,2007年),该书以"清代思想"为论题,以史论相结合的方式,通过对学术思想、哲学思想、伦理道德思想、宗教思想、经学思想以及政治思想等几个方面的阐述,勾勒出清代思想的特色、轨迹及贡献。

理学。张昭军的著作《晚清民初的理学与经学》(商务印书馆,2007年),从理学和经学的视角研究了晚清学术中的某些方面,既有通盘的思考,也有个案的分析。另外,史革新著的《清代理学史》(广东教育出版社,2007年)一书也值得关注。张昭军撰写的《"先入之见"与"自以为是"——清前期来华传教士对程朱理学的诠释与传播》(《中国哲学史》2007年第2期)、《程朱理学在晚清的"复兴"》(《光明日报》2007年8月31日)两文对清代程朱理学进行了考察。段润秀的《〈明史·王守仁传〉编纂考论》(《史学集刊》2007年第3期)指出,清官修《明史》过程中对于《王守仁传》的归属及其学术评价问题展开了激烈争论,争论的背后却隐含了史馆内的门户之见及其尊崇程朱理学的官方主流思想。

史籍考订。孙宝山的《〈明夷待访录〉的写作意图辨证》(《中国哲学史》2007年第2期）一文从多方面对《明夷待访录》的写作意图加以辨证，并对黄宗羲所谓的"箕子之见访"的意义进行辨析。梁继红的《章学诚〈释通〉与〈答客问〉写作时间考订》(《史学史研究》2007年第2期）对《释通》、《答客问》成书时间进行了重新考订，指出《释通》与《答客问》诸篇应当写于乾隆四十九年之前。张宗友的《〈四库全书总目〉误引〈经义考〉订记》(《中国典籍与文化》2007年第1期）一文指出，《四库全书总目》在引用《经义考》时有误。该文对其讹误之处进行了辨析，凡订正十二处。江庆柏的《殿本、浙本〈四库全书总目〉著录图书进献者主名异同考》(《文史》2007年第1期）从《总目》所著录的图书进献者方面进行比较和考察，指出殿本、浙本《总目》在这方面有很大差异。

学术反思。学术反思日渐为研究者所重视。如何正确借鉴西方的理论与方法运用于清代学术思想史的研究，是学术反思的重要内容。王俊义的《庄存与复兴今文经学起因于"与和珅对立"说辨析——兼析对海外中国学研究成果的吸收与借鉴》(《清史研究》2007年第1期），对美国学者艾尔曼提出的庄存与晚年转而研究和复兴今文经学是为了反对和珅说进行了质疑，该文依据大量原始史料分析，认为庄存与同和珅之间根本形不成对立和斗争。罗炳良的《恰当借鉴西方心理分析方法研究中国史学——对国内外关于章学诚研究心理分析方法的考察与评价》(《江海学刊》2007年第2期），指出我国学界将西方精神分析理论应用于历史研究，既有其积极的一面也有其局限性。张循的《清代汉、宋学关系研究中若干问题的反思》(《四川大学学报》2007年第4期），从四个方面对以往学界研究清代汉宋学关系问题进行了反思，提出了自己的见解。

六、科举与教育

对清代科举制度和进士群体以及教育方面的研究，今年同样取得了丰硕成果。

科举。在专著方面，李润强的《清代进士群体与学术文化》（中国社会科学出版社，2007年）和李国荣著《清朝十大科场案》（人民出版社，2007年）两书值得关注，后者从科场个案的视角来解读科举制，以1000余件清宫科举档案为写作基石，对清代科举的一个个历史片断做了定格展现。

同时，多篇对科举制度研究的论文也将此问题的研究推向深入。李世愉的《试论清代科举中的考差制度》（《湖南大学学报》2007年第4期）一文指出考差是清代对各省乡试正副主考官的选拔考试肇始于顺治年间，至雍正形成的考差制度，乾嘉诸朝不断调整、完善，使其成为清代科举制中的一项重要内容。作者认为无论从制度的建设去评价还是从实践的效果去衡量，清代考差制度都有其积极意义。他的《科举落第：一个被忽视的研究领域》（《探索与争鸣》2007年第3期）、《清代科场回避述略》（《学习与探索》2007年第5期）、《清代科举中式后的待遇》（《科举学论丛（第一辑）》，线装书局，2007年）等文都以独特的视角，对科举问题加以深入探讨。滕兰花的《清代广西进士分布的差异及其形成原因》（《广西民族研究》2007年第2期）分析了清代广西进士分布东多西寡的格局，这与桂东和桂西地区经济发展水平和交通便利的程度以及教育发展水平的差异等因素密切相关。此外，杨齐福的《清代台湾举人之概论》（《台湾研究》2007年第5期）对此方面的问题也有所涉及。

教育。桑兵著《晚清学堂学生与社会变迁》（广西师范大学出版社，2007年）重现晚清学生活动的史实，展示这一新兴群体的思维和行为倾向，着重考察学生的社会联系及在社会变迁各方面的角色、功能和作用。高晓芳的《晚清洋务学堂的外语教育研究》（商务印书馆，2006年）一书重点从晚清洋务学堂的外语教育，洋务外国语学堂与其他学堂外语教育的比较等多个方面进行了阐述。邹振环的《清代前期外语教学与译员培养上的制度性问题——与俄国、日本的比较》（《社会科学辑刊》2007年第1期）认为由于清朝皇帝没有将学习西方作为国家的文化政策加以考虑，导致清朝前期在外语教学和议员培养方面的类似制度性层面的尝试都归于失败，对比同时期的俄国和日本仿效西方的努力取得的成功，中国传统政治体制深处的文化因素值得深思。雷炳炎的《清代八旗异姓世爵世职教育述论》（《黑龙江民族丛刊》2007年第3期）、梁玉多的《后金教育政策考略》（《东北史地》2007年第3期）、廖晓晴的《入关前清统治者的文化政策》（《光明日报》2007年9月21日）等文的阐述也很有见解。

七、边疆史地

清代边疆问题的研究，仍然是本年度探讨的热点。其中，尤其是对新疆和西藏问题的研究，取得了可喜的进展，同时其他地区的研究也随之跟进。

边疆制度与政策。王恩春的《清代乾隆皇帝统治新疆的军事策略》（《昌吉学院学报》2007年第4期）认为乾隆把统治新疆的中心放在北疆，显然与准噶尔部长期据守这一地区进行叛乱有关，也与当时在满族统治阶级中盛行的轻视农业定居民族反抗能力有关。吴轶群的《清代新疆镇迪道与地方行政制度之演变》（《中国历史地理论丛》2007年第3辑）阐述了清代新疆镇迪道的建置沿革和职能特征演变过程，并就其对地方行政制度及其他边疆地区建置提供的示范作用及产生的影响进行了分析。梁俊艳的《论清朝反击廓尔喀入侵西藏与〈钦定藏内善后章程二十九条〉》(《清史论丛》2007 年号)对廓尔喀两次入侵的原因及清朝的相关对策进行了考察,并论及《钦定藏内善后章程二十九条》的相关问题。付永正、王继光的《清代庄浪满城述论》(《甘肃联合大学学报》2007 年第 1 期)从庄浪满城修建始终、满城规模及清政府对其管理直到清末满城的衰败这一历史过程的叙述中探讨庄浪满城修建的主要目的、发挥的作用及后期的衰落原因等问题。王慧的《清朝前期清政府与藏族的关系》(《平原大学学报》2007 年第 3 期)认为清朝排除蒙古诸部首领在西藏的角逐,通过支持本民族领袖来执行中央政府对西藏的施政,加强对西藏地方的直接管理,是清朝对西藏施政的一个历史性转折点。苏奎俊的《清代新疆满城探析》(《新疆大学学报》2007 年第 5 期)对新疆满城建立的目的、过程和作用进行了分析和阐述。周伟洲的《试论清代松潘藏区的"改土设弁"》(《民族研究》2007 年第 6 期)论述咸丰十年松潘发生的"庚申番变",以及事变平息后,清廷采取的善后措施——"改土设弁",并简略地评述"改土设弁"的性质、意义。冯智的《清代治藏军事制度的历史评价》(《西藏大学学报》2007 年第 4 期)分析和论述了清代关于历次对西藏的用兵、治藏军事制度的构成要素、发展阶段和特点、治藏的军事思想以及它的历史影响等问题。麻秀荣、那晓波的《清初八旗索伦编旗设佐考述》(《中国边疆史地研究》2007 年第 4 期)从八旗索伦旗佐组织的编设发展过程,各阶段的不同情况分别进行阐述,并明确指出编旗设佐的根本原因是考虑清朝北部边疆防务的需要,以及八旗索伦精于骑射、骁勇善战的民族特点。

其他。张双志的《18 世纪朝鲜学者对清代西藏的观察:读朴趾源〈热河日记〉》(《中国藏学》2007 年第 3 期)认为清代中期朝鲜学者朴趾源以外国人的视角在《热河日记》中记载了有关六世班禅、黄教（藏传佛教）、乾隆对班禅的态度、对藏政策等方面的内容，为今天清代西藏的研究留下许多珍贵的资料。

八、中外关系

2007年，在中外关系史研究方面出版的多本著作值得关注：刘景莲著《明清澳门涉外案件司法审判制度研究》（广东人民出版社，2007年），书中论述明清澳门涉外案件的司法审判机构，并重点讨论了澳门涉外司法案件的特点、司法审判程序、适用法律，兼及澳门涉外案件与内地司法审判制度的比较问题。比利时汉学家高华士著，赵殿红译的《清初耶稣会士鲁日满常熟账本及灵修笔记研究》（大象出版社，2007年）重现了17世纪耶稣会士鲁日满（Francois de Rougemont, S. J., 1624—1676）在中国的传教活动及生活状况，同时书中的部分内容也有益于中国明清经济史的研究。夏泉著《明清基督教教会教育与粤港澳社会》（广东人民出版社，2007年）以明清时期粤港澳基督教教会教育为研究对象，将教会教育发展史分三个阶段佐以具体实例加以详细阐述，从而考察基督教在岭南的布道和办学活动对三地社会经济发展和中西关系所产生的独特影响。江滢河著《清代洋画与广州口岸》（中华书局，2007年）探讨清代洋画与广州口岸的关系，有助于从文化交流的角度认识广州口岸的历史地位。美国汉学家孟德卫著《1500—1800中西方的伟大相遇》（新星出版社，2007年），指出1500—1800年间东西方的相互影响时断时续，尽管双方的影响并不均衡，但这种交流始终是双向的。日人曾根俊虎著《北中国纪行清国漫游志》（中华书局，2007年）记载了作者在中国游览各地的风土人情、城池大小、山川形势等，是了解清代地方社会状况的宝贵资料。

另外值得关注的论文集有《中国传统对外关系的思想、制度与政策》(山东大学出版社，2007年)，其中张振鹍的《清代中国与邻国传统关系的一个标本：中国与越南关系》、孙宏年的《清代藩属观念的变化与中国疆土的变迁》等文，对清代对外关系的有关问题做了有益的探讨。在论文集《史料与视界：中文文献与中国基督教史研究》(上海人民出版社，2007年)中，韩琦的《康熙时代的历算活动：基于档案资料的新研究》一文研究了《律历渊源》的编纂经过，阐述康熙时代历算活动的背景以及耶稣会士在清代前期科学活动中的作用。张先清的《刊书传教：清代禁教期天主教经卷在民间社会的流传》，探讨清代禁教期天主教经卷在民间社会的流传情况。李莉、谢必震的《解读近代福建教会契约文书》针对近代福建地区的各类教会契约文书展开研究。论文集《多元视野中的中外关系史研究——中国中外关系史学会第六届会员代表大会论文集》(延边大学出版社，2005年)中，吴伯娅的《值得重视的历史文献：〈清中前期西洋天主教在华活动档案史料〉评介》、段琦的《从〈花甲忆记〉看丁韪良在中西文化交流中的作用》等文从不同角度对清代的中外关系史进行了探讨。

崔志海的《端方与美商一桩未予诉讼的经济官司》(《历史研究》2007年第3期)主要借助美国历史档案，研究了1901—1902年间任湖北巡抚的端方与美国商人之间的一起经济纠纷，认为美国政府在此事的处理上体现了支持中国亲外派官员的立场。吴义雄的《权力与体制：义律与1834—1839年的中英关系》(《历史研究》2007年第1期)对义律在1834—1839年中英关系中的角色和作用进行分析，探讨了他对华关系的主张和企图，最后勾勒了他成为中英关系舞台中心人物的发展轨迹。许苏民的《灵光烛照下的中西哲学比较研究——利玛窦〈天主实义〉、龙华民〈灵魂道体说〉、马勒伯朗士〈对话〉解析》(《中山大学学报》2007 年第 2 期)认为这 3 部著作皆从基督教哲学的观点,畅论中西哲学在某些问题上基本思维方式的微妙差异。陈辉的《耶稣会士对汉字的解析与认知》(《浙江大学学报》2007 年第 4 期)认为 16 世纪中后叶,东来的耶稣会士建构了一套对东亚语言的科学认知模式,在音韵学、训诂学等方面对东亚的语言尤其是汉语的研究做出了重大贡献。刘小萌的《关于清代北京的俄罗斯人——八旗满洲俄罗斯佐领的历史寻踪》(《清史论丛》2007 年号),措意于满族史中较少受到注意的俄罗斯佐领,考察了其形成过程、到北京后的生活、俄罗斯人与东正教的关系及俄罗斯人最后的归宿,随着八旗制度的解体而融入中国社会的历史。同一论题在张雪峰的《清朝初期俄罗斯佐领融入中华文化进程考》(《西伯利亚研究》2007 年第 4 期)中也被关注。

本年度在中外关系史研究中,对朝鲜的研究成果有聂付生的《论金评本〈西厢记〉对朝鲜半岛汉文小说的影响——以汉文小说〈广寒楼记〉为例》(《复旦学报》2007 年第 4 期),文中指出金评本《西厢记》对朝鲜半岛汉文小说产生的影响以《广寒楼记》为最。杨雨蕾的《18 世纪朝鲜北学思想探源》(《浙江大学学报》2007 年第 4 期)认为 18 世纪朝鲜北学思想堪称朝鲜走向近代社会的前奏,从根本看是对中国传统儒家文化认同的一种回归。

戴东阳的《甲申事变前后黎庶昌的琉球策略》(《历史研究》2007 年第 2 期)以甲申事变为界,就黎庶昌琉球策略的形成、背景及其影响作一较系统的考察。荆晓燕的《清顺治十二年前的对日海外贸易政策》(《史学月刊》2007 年第 1 期)认为清朝初期顺治帝在对日海外贸易方面未行海禁,而是允许拥有政府执照的商船前往日本及东南亚国家进行贸易。汤开建、黄春艳的《顺治时期荷兰东印度公司与清王朝的正式交往》(《文史》2007年第1辑)对顺治年间荷使初访中国这一重要事件做了较为详尽而清晰的阐述。湛晓白、黄兴涛的《清代初中期西学影响经学问题研究述评》(《中国文化研究》2007年第1期)对近百年来学界有关明末清初传入中国的西学对于清代初中期经学产生影响这一问题的研究进行系统梳理。林延清的《马戛尔尼使华与中英观念的变化》(《清史论丛》2007年号)认为18世纪末英国马戛尔尼使团访华虽然没有达到预期的目的,但他们通过此行对中国社会有了一定了解和认识。英国人的中国观发生了很大改变。李华川的《清朝中前期国人对法国的认知》(《清史论丛》2007年号)认为《清史稿》"法兰西"志中将法兰西与佛郎机(葡萄牙)混淆,并对产生混淆的原因进行了考察,同时文中指出尽管清朝中前期的一般士大夫对于法国缺乏了解,但康熙、乾隆二帝以及部分特殊群体对于法国的认知却是相当具体而正确的。王晓秋的《一段晚清历史的辉煌、遗忘与发掘、探索——论1887年海外游历使》(《清史论丛》2007年号)论述了1887年海外游历使在历史上的地位和特色,并对清政府派遣海外游历使所涉及的多个问题都进行了探讨。米列娜、张丽华的《一部近代中国的百科全书:未完成的中西文化之桥》(《北京大学学报》2007年第3期)考察了1911年黄摩西编纂的《普通百科新大辞典》,对此书的价值给予肯定,但也对此书后来被国人忽视感到遗憾和困惑。

九、人物研究

学术人物研究。本年度学术人物研究成果丰富。清初三大家仍是学界关注的重点。潘志锋的《王船山的道统观》(《船山学刊》2007年第1期)和彭传华的《推故而别致其新——浅议王夫之的

〈中庸〉观》(《船山学刊》2007年第2期)两文从不同角度对王夫之进行了考察。李峰的《王夫之学术思想中的经史互动发微》(《求是学刊》2007年第2期)指出王夫之打通了经史之间的界限,使经学与史学在他的学术体系内最大限度地实现了交融。许苏民的《论王夫之的历史进化论思想》(《江苏社会科学》2007年第2期)认为王夫之的论证方法颇接近于今日之科学的史学方法论。吴长庚的《清代经典考据学之祖——顾炎武》(《湖南大学学报》2007年第2期)对顾炎武的生平与学行、"经学即理学"学术纲领的提出及其意义、通经致用的治经宗旨进行探索。赖玉芹的《好古敏求,以友辅学——朱彝尊学术交游论》(《中南民族大学学报》2007年第1期)通过朱彝尊一生的学术交游活动,具体探讨朱彝尊的学术成长过程。魏义霞的《"以实药其空":颜元哲学的创建机制及其对理学的批判》(《中国哲学史》2007年第2期)认为颜元在反思理学中建构了自己的哲学,他对理学的认定和矫正具有积极意义,但也陷入了另一种极端。王记录的《论钱大昕的宋学观》(《河南师范大学学报》2007年第1期)一文指出,钱大昕对宋明理学的很多范畴都进行了分析并提出质疑,但他对朱熹、王阳明正心诚意、主敬立诚的思想又十分推崇。刘巍的《章学诚"六经皆史"说的本源与意蕴》(《历史研究》2007年第4期)一文指出,章学诚循着"文史校雠"之学的取径建立起"六经皆官礼之遗"诸说,实为"六经皆史"观念之根源。李江辉的《"六经皆史"与章学诚对乾嘉考据学风的反思》(《湖南大学学报》2007年第2期)认为,章学诚通过反思乾嘉考据学风,对"六经皆史"观进行了全面而深刻的总结,为经学和史学研究理论开创了新局面。朱汉民等撰写的《曾国藩的礼学及其经世理念》(《中国哲学史》2007年第3期)、《以学术为治术——曾国藩的礼治思想及其经世实践》(《中国文化研究》2007年第1期)两文对曾国藩礼学思想进行了考察。黄开国的《析刘逢禄〈论语述何〉及治学方法》(《四川大学学报》2007 年第 5 期)认为《论语述何》是刘逢禄以《公羊》微言大义论说群经的具体化,并对其治学方法及影响进行探讨。中国社科院近代史所主编的《黄遵宪研究新论——纪念黄遵宪逝世一百周年国际学术讨论会论文集》(社会科学文献出版社,2007 年)一书,主要从晚期思想史、中日文化关系史和文学史的角度对黄遵宪做了论述。本年度从学术人物方面看研究重点突出,这种局面虽有利于推动清代学术思想史研究的深化,但在一定程度上也限制了学界从更广阔的领域选取更多的对象进行探讨,不利于从整体上推动清代学术思想史研究的深入。

其他。 崔岩的《噶尔丹死亡问题考辨》(《清史研究》2007 年第 2 期)对噶尔丹死亡问题分别从不同立场进行解读,并指出"病死"说是不符合历史实际的。吴伯娅的《苏努研究》(《史料与视野:中文文献与中国基督教史研究》,上海人民出版社,2007 年)认为苏努家族是清代天主教史上具有独特地位的奉教宗室,明确指出苏努诸子信奉天主教,他本人对传教士及其天主教也有好感,但将其列为教友则缺乏确凿依据。刘仲华的《王源交游及其遗民子弟的一生》(《清史研究》2007 年第 3 期)对王源的一生交游做了考察,通过遗民子弟在清初的历史境遇折射当时的社会政治状况,并从个案角度呈现了清初经世致用学风的变迁趋势。王瑾的《丁耀亢交游考略》(《理论界》2007 年第 7 期)考察了明末清初著名戏剧家丁耀亢所交往的众人行事及其对丁氏的不同影响。王日根、覃寿伟的《徐士林与清初福建汀漳道的社会治理:〈徐公巡漳谳词〉解读》(《漳州师范学院学报》2007 年第 2 期)认为徐士林任职汀漳道期间留下的一些断案记录体现了徐士林为树立社会正气的努力。孟昭信、孟忻的《抗清功绩不可泯:试谈毛文龙评价问题》(《东北史地》2007 年第 1

期)、郭春萍的《方孝标闽越滇黔游因考》(《史学月刊》2007 年第 3 期)、孔祥文的《陈宏谋吏治思想研究》(《兰州学刊》2007 年第 6 期)都以独特的视角,对不同人物进行了研究和讨论。

此外,除文中提到的学术著作外,本年度还有一些学术著作相继出版。如,王开玺的《晚清政治新论》(商务印书馆,2007 年),中国社科院近代史所政治史室、苏州大学社会学院主编的论文集《晚清国家与社会》(社会科学文献出版社,2007 年),王家范著的《史家与史学》(广西师范大学出版社,2007 年),马钊主编的《1971—2006 年美国清史论著目录》(人民出版社,2007 年),连瑞枝著的《隐藏的祖先:妙香国的传说和社会》(生活·读书·新知三联书店,2007 年),章文钦笺注的《吴渔山集笺注》(中华书局,2007 年),尹全海的《清代渡海巡台制度研究》(九州出版社,2007 年),丁海斌、时义著的《清代陪都盛京研究》(中国社会科学出版社,2007 年),约翰·巴罗的《我看乾隆盛世》(北京图书馆出版社,2007 年),钞晓鸿著的《明清史研究》(福建人民出版社,2007 年)等;国家清史编撰委员会推动出版的文献丛刊《清代稿抄本》(广东人民出版社,2007 年)、《近世人物志》(北京图书馆出版社,2007 年)、《李鸿章全集》(安徽教育出版社,2007 年)、《常熟乡镇旧志集成》(广陵书社,2007 年)。

由于个人能力和学识的有限,以上所述挂一漏万,疏忽或理解不到位的地方会有很多,真诚希望方家批评指正。

2008 年清史研究综述

◎ 熊英洁

2008 年清史研究发展态势良好，成果丰硕。现就管见所及，择要概述，以资备览。

一、学术会议

本年度举办的学术会议涉及政治、经济、学术、边疆建设、社会变革等多个方面，主要有："清代经济宏观趋势与总体评价"研讨会、"海峡两岸清代驻藏大臣与边疆治理"学术研讨会、"'清代宫廷史'研究会戊戌维新与晚清社会变革——纪念戊戌变法110周年"学术研讨会、"明清对话：鼎革与变迁"高峰论坛、"西方人与清代宫廷"国际学术研讨会、"清光绪皇帝死因"研究报告会、"全祖望与浙东学术文化"国际研讨会、"清代地理研究"学术研讨会等。

二、政治史

专著。杜家骥《八旗与清朝政治论稿》(人民出版社，2008年)

考察八旗领主分封制度、领属关系，揭示八旗与政治有关的各种制度、现象及相关事件，结合满族的民族因素论述其对清代政治的影响。滕绍箴的《三藩史略》（中国社会科学出版社，2008年）对三藩的发展阶段及代表人物的深入剖析，探讨了少数民族入主中原的性质、满族的民族压迫政策及有关人物的历史评价问题。刘小萌的《清代北京旗人社会》（中国社会科学出版社，2008年）考察了北京旗人社会的面貌、特征、变化，对旗民关系的发展做了多角度分析。姚念慈的《清初政治史探微》（辽宁民族出版社，2008年）探讨八旗制格局之上的国家形态，及入关后八旗制对国家体制及政局的影响。张佳生的《八旗十论》（辽宁民族出版社，2008年）论述八旗入关前满洲的民族认同意识、人口的迁徙集结及其作用、八旗制度对满洲的整合作用等。徐建平的《清末直隶宪政改革研究》（中国社会科学出版社，2008年）分析了直隶宪政改革的社会背景和直隶行政体制改革、司法改革、地方自治、顺直谘议局的改政实践等内容，探讨了社会各种势力在宪政改革中的角色和作用。成臻铭的《清代土司研究：一种政治文化的历史人类学观察》（中国社会科学出版社，2008年）考察了清代土司区域的变动与土司城的变迁。杨健的《清王朝佛教事务管理》（社会科学文献出版社，2008年）探讨了清代僧官司制度、度牒制度、教义及教派管理、寺院管理，佛教与儒教、民间宗教的关系等内容。

制度与政策。 朱昌荣的《清入关前政权儒学化略论》（《清史论丛》2008年号）认为清政权在努尔哈赤始、皇太极时已一定程度上实现儒学化。李娜的《清初南书房述论》（《清史论丛》2008年号）系统考察了南书房设立时间、职官建制、主要职能及影响。刘凤云的《从清代京官的资历、能力和俸禄看官场中的潜规则》（《中国人民大学学报》2008年第6期）探讨了清代官场中与制度并行的潜规则及传统政治的潜在危机。徐忠明、姚志伟的《清代抱告制度考论》（《中山大学学报》2008 年第 2 期）认为抱告制度乃清代诉讼制度的一个重要组成部分，在清末修律时，与现代法律上的诉讼代理出现了融会。侯杨方的《乾隆时期民数汇报及评估》（《历史研究》2008 年第 3 期）探讨乾隆时期民数汇报制度的建立、流程、变化和执行情况，分析民数漏报的内在原因。宋希斌的《清代廷寄格式的演变》（《清史研究》2008 年第 3 期）认为廷寄格式之演变是军机处规制日趋严密的缩影，是政局及人事变动的"晴雨表"。郑起东的《试论清政府镇压太平天国后的让步政策》（《清史研究》2008 年第 3 期）认为清政府在镇压太平天国后实行了"让步政策"，农民得到经济实惠，促进了经济发展。邹建达、熊军的《清代观风整俗使设置研究》（《清史研究》2008 年第 3 期）论述了雍正为整饬地方风俗而特设的观风整俗使的特点、缺陷、裁汰原因。陆康、刘亚丛的《"流氓的补偿"：新政改革与中央低层行政人员地位的转变》（《清史研究》2008 年第 4 期）认为晚清新的中央体制运行所依赖的官僚大部分没有跟上新的培训，被称为"流氓"的"书吏"们滥用权力以寻租补偿且人浮于事。杜家骥、张振国的《清代内务府官制的复杂性及其特点》（《南开学报》2008 年第 4 期）指出内务府机构庞杂，既有与外朝官制相同的内容，也有其独特性和混乱性。刘庆宇的《皇太极佛教政策探研》（《社会科学辑刊》2008 年第 4 期）认为皇太极推行的佛教政策有强烈的服务于现实利益的实用主义倾向，对后世清帝产生深远影响。此外，雷炳炎的《顺治朝的恩诏加爵及其承袭考述》（《东南大学学报》2008 年第 4 期）、王记录的《清代史馆制度的特点》（《史学月刊》2008 年第 12 期）、史革新的《皇太极时期满族对汉文化的吸收》（《河北学刊》2008 年第 6 期）、刘中平的《论清代祭典制度》（《辽宁大学学报》2008 年第 6 期）等文也就相关问题进行了深入论述。

地方行政。孟凡松的《安福、永定二县的设置与清代州县行政管理体制在湘西北的确立》(《中国历史地理论丛》2008年第1辑)认为雍正年间裁卫设县，完成了湘西北地区卫所军事管理体制向州县行政管理体制的转变。王日根、王亚民的《从〈令梅治状〉看清初知县对乡村社会的治理》(《华中师范大学学报》2008年第1期)从李成林任黄梅县令的施政记录，考察其在内陆乡村社会所开展的治理实践、实际效果及局限性。邹建达的《清代云贵总督之建置演变考述》(《中国边疆史地研究》2008年第2期)考证了云贵总督的建置及演变，认为演变的原因因时而异：康熙朝因"制"，雍正朝因"人"，乾隆朝则因"事"。周保明的《清代州县长随考论》(《华东师范大学学报》2008年第5期)考论了清代州县长随的源流、性质、选用和地位，认为其在县衙决策和信息传递过程中起关键作用。安京的《清朝消极治台政策与台湾行政区划的设置》(《中国边疆史地研究》2008年第3期)分析了清廷消极治台政策的产生原因、过程，及由此导致台湾行政区划设置迟缓等恶劣结果。此外还有：苗月宁的《清代督抚保举藩臬现象探讨》(《理论学刊》2008年第1期)、郑峰的《骆秉章与咸同政局》(《兰州大学学报》2008年第1期)、徐建平的《清末直隶行政区划改革研究》(《北京社会科学》2008年第2期)、王雪华的《清代官弱吏强论》(《武汉大学学报》2008年第3期)、苟德仪的《清代川东道的辖区与职能演变——兼论地方行政制度中道的性质》(《中国历史地理论丛》2008年第3辑)、许静的《论国泰案前后清廷对山东地方政策的调整》(《故宫博物院院刊》2008年第5期)、赵亮的《清代嘉庆朝地方吏治初探——以嘉庆九、十年间湖南两案为例》(《辽宁大学学报》2008年第5期)等。

帝王、宫廷。何龄修的《太子慈烺和北南两太子案》(《中国史研究》2008年第1期）认为南太子为伪符合历史事实，两太子案后果严重。姚念慈的《魏象枢独对与玄烨的反思》（《清史论丛》2008年号）考辨了魏象枢奏杀索额图一事，指出"三藩之乱"带给玄烨的心理阴影严重阻碍了满汉关系的发展。冯尔康的《康雍间殿试策问之题目与时政——兼述康雍二帝性格》（《社会科学战线》2008年第1期）认为策问题目反映出康雍二帝相异的政治思想和施政方针。杨念群的《从"文质"之辩看清初帝王与士林思想的趋同与合流》（《清史研究》2008年第2期）通过展示清初士人和帝王对"文—质"关系的理解上由分歧走向趋同的过程，重新探讨知识阶层与帝王在鼎革之际如何重构他们之间的关系。

八旗。雷炳炎的《康熙时期八旗武官的选任及其特点》（《北京社会科学》2008年第3期）认为康熙朝八旗武官选任制度的鲜明特点是重军功，用才俊，打破了族属、旗界，形成引见制度。魏影的《清代京旗回屯双城堡始末》（《清史论丛》2008年号）论述了回屯的原因、过程和影响。谢景芳的《清代八旗汉军的瓦解及其社会影响——兼论清代满汉融合过程的复杂性》（《中央民族大学学报》2008年第3期）认为八旗汉军是满汉文化矛盾斗争的产物，汉军的改造和复杂变化是瓦解八旗制度的最有力的因素之一。孙静的《康熙朝编设佐领述论》（《中央民族大学学报》2008年第6期）探讨康熙年间八旗佐领编设的基本情况、背景、特点、影响等问题。

明清易代。杨海英的《塔山守将之谜及其他》（《清史论丛》2008年号）考辨了明清征战中部分被隐晦的真相，进而探讨朝鲜士大夫的历史观和对清统治合法性的认识；《关系明清易代的朝明军事合作计划及其执行者研究——洪承畴泄密新证》（《中国社会科学院历史研究所学刊（第五集）》，商务印书馆，2008年）探讨明末清初朝鲜和明秘密交通的具体情况及合作落空的影响，并显示了洪承畴泄露明外交机密的新证据。宁博尔的《明清易代后朝鲜人"遗民"情怀探究——以〈热河日记〉为中心》(《郑州大学学报》2008年第5期)指出朝鲜人尊明反清的遗民情怀直接导致了17世纪后东亚文化共同体的瓦解。李婵娟的《清初明遗民魏禧的生存抉择及心态探微》(《江西社会科学》2008年第9期)结合魏禧入清后的交游行事探析其心态的变化,从而窥探清初遗民群体的生存状况和复杂心态。

三、经济史

专著。史志宏的《清代户部银库收支和库存统计》(福建人民出版社,2009年)全面探讨了清代的户部三库及银库出纳基本制度、现存户部银库黄册、银库历年结存统计等内容。陈锋的《清代财政政策与货币政策研究》(武汉大学出版社,2008年)论述了清代赋役制度、货币政策、财政收支出结构和政策的演变轨迹。日本学者森田明的《清代水利与区域社会》(山东画报出版社,2008年)探讨了不同地域水利设施的兴废,不同社会阶层对水利问题的态度和举措,揭示中国传统农业向近代农业演变和发展的脉络。乌仁其其格的《18—20世纪初归化城土默特财政研究》(民族出版社,2008年)利用满、蒙、汉文原始文献探讨了土默特财政演变的过程,以及财政变迁中政治、经济诸因素的相互作用。邓亦兵的《清代前期关税制度研究》(北京燕山出版社,2008年)论述了清前期税奖设置、税务证管、定额制度、税则制度、任官制度、考核制度,以及影响税收原因、政府的作用等。王奎的《清末商部研究》(人民出版社,2008年)论述了商部创设的历史背景、商部的组织结构与运作,及其与清末工商业、农业近代化的关系。

经济政策。徐毅的《晚清江苏厘金的善后支出研究》(《清史论丛》2008年号）探讨江苏厘金善后支出的构成、数额和分配。江太新的《清代救灾与经济变化关系试探——以清代救灾为例》（《中国经济史研究》2008年第3期）介绍了清代灾荒情况，探讨经济与救灾之间的关系。陈锋的《清代"康乾盛世"时期的田赋蠲免》（《中国史研究》2008年第4期）论述康乾时期漕粮、耗羡蠲免的类型、制度和变化。杨建庭的《雍正时期关税盈余银考察》（《北方论丛》2008年第5期）认为雍正朝的税关改革，特别是盈余银归公改革，直接促进了关税收入的增加，提高了关税在国家财政体系中的地位。

区域经济。郭松义的《清代北京的山西商人——根据136宗个人样本所作的分析》（《中国经济史研究》2008年第1期）以中小铺户为视角，分析清代晋商在北京的经营活动。张萍的《从牙行设置看清代陕西商品经济的地域特征》（《中国经济史研究》2008年第2期）通过梳理清代陕西各县牙行、牙税等问题，考察该地区商品经济的发展状况，阐明其与交通、产业结构的关系。陈支平的《清代泉州晋江沿海商人的乡族特征》（《清史研究》2008年第1期）指出清代晋江商人在经营上充分利用家族、乡族的互助力量，乡族制度在一定程度上促进了商品经济发展。李伯重的《1820年代华亭—娄县地区各行业工资研究》（《清史研究》2008年第1期）探讨了19世纪初期松江地区农业、工业、商业与服务业（包括教育与政府）的工资情况。杨培娜的《"违式"与"定例"——清代前期广东渔船规制的变化与沿海社会》（《清史研究》2008年第2期）以渔船规制的形成过程为例，讨论王朝典制与沿海社会之间的复杂关系以及清前期沿海地区的社会经济形态。石涛、李志芳的《清代晋商茶叶贸易定量分析——以嘉庆朝为例》（《清史研究》2008年第4期）通过对运输成本的考证，得出茶商的平均收益，进而推算出清代晋商茶叶贸易的利润率。曹树基、李霏霏的《清中后期浙南山区的土地典当——基于松阳县石仓村"当田契"的考察》(《历史研究》2008年第4期)考察了由不同的赎当方式导致的"当人"与"钱主"身份的转变,以及田价、谷价与利率变动之间的关系。张绪的《清代皖江流域的市场基础设施建设》(《安徽史学》2008年第5期)指出清代皖江流域市场的发展得益于当地市场基础设施的建设和完善。廖声丰的《清代前期江海关的商品流通与上海经济的发展》(《上海财经大学学报》2008年第5期)认为繁荣的商品流通推动了江海关的设立与发展,而江海关的设立又为上海的发展提供了机遇,两者形成有机互动。黄正林的《同治回民事变后黄河上游区域的人口与社会经济》(《史学月刊》2008年第10期)指出同治朝陕甘的回民事变造成黄河上游区域人口锐减,居住环境恶化,农业、工商业严重受损,经济长期萧条。刘永华、郑榕的《清初中国东南地区的粮户归宗改革》(《中国经济史研究》2008年第4期)通过族谱、碑刻、笔记与地方志资料,考证了粮户归宗在闽西南地区推行的背景、缘起、过程与影响。

农林盐漕。龙登高的《清代地权交易形式的多样化发展》(《清史研究》2008年第3期)指出清代地权交易的三大类型是债权型融通、产权转让、股权交易,并厘清了"押"、"典"、"当"、"抵"的内涵。樊端成的《清朝末年有关农业政策的实施》(《江西农业大学学报》2008年第1期)认为清末从推动工商业发展的角度支持农业发展,加速了传统农业的近代化。吴琦、肖丽红的《清代漕粮征派中的官府、绅衿、民众及其利益纠葛——以清代抗粮事件为中心的考察》(《中国社会经济史研究》2008年第2期)通过考察抗粮事件,探讨清代漕政的制度缺陷和社会变化,社会各阶层的生存状况及其在利益纠葛下的群体互动。饶明奇的《论清代河工经费的管理》(《甘肃社会科学》2008年第3期)认为清代早中期在治河工程上投入了巨额资金,制定了严格的管理规章制度,对清代水利建设发挥了积极的作用。倪玉平的《试论清代的漕粮海运文化》(《故宫博物院院刊》2008年第2期)认为以祭祀海神、修建会馆和撰写诗歌为特色的海运文化,既是清代漕粮海运的重要组成部分,也是当时社会风尚的合理延伸。

四、科举、教育

专著。刘玉才的《清代书院与学术变迁研究》(北京大学出版社,2008年)利用清人文集、日记、课艺、书院志等文献资料,梳理了书院与重要学术环节的关系,考察书院学术风气的演变轨迹及清代学术变迁。

科举。李世愉的《分地取士是科举制度发展的必然趋势》(《文化学刊》2008年第1期)认为明清分地取士不失公平,且有利于文化落后地区的发展;《废科举对乡村教育落后的影响》(《探索与争鸣》2008年第3期)认为清末废除科举制的善后工作不周全,造成乡村教育的断层和落后。贺晓燕的《试论清代考官子弟回避考试之法》(《清史论丛》2008年号)论述了清代回避考试的缘起、沿革。常建华的《士习文风:清代的科举考试与移风易俗——以〈乾隆中晚期科举考试史料〉为中心》(《史林》2008年第2期)指出清代把科举考试中整饬士习作为移风易俗看待,旨在将科举考试和士子行为纳入国家政治文化的范畴。宋元强的《乾隆朝"保举经学"考述》(《大连大学学报》2008年第2期)指出乾隆朝开设"保举经学"制科对清代学风的转变和国史馆修史中"儒林传"的确立有直接作用。蒋金星的《清代会试复试地点考补》(《史学月刊》2008年第3期)通过查阅《清代硃卷集成》,考补了《清代科举考试述录》一书对清代会试复试地点记述的缺失和错误。张伟然、梁志平的《定额制度与区域文化的发展——基于清代长江三角洲地区的研究》(《中国历史地理论丛》2008年第3辑)在阐述学额、解额制度的基础上，考订了各府州县学定额的变化过程，认为定额制度对各地文化发展有很大影响。李兵、许静的《论清代科举考试内容对书院教学的影响》(《湖南大学学报》2008年第5期)指出书院的教学活动受到科举考试内容的深刻影响，并通过教学活动为科举服务。石焕霞的《关于乡闱的记忆、叙述与想象——以清代士人笔记为中心的考察》(《福建师范大学学报》2008年第4期)通过分析清代笔记史料中关于"乡闱"的文本，揭示清代士人特殊的文化心理状态。刘虹、石焕霞的《清代顺天乡闱的空间、仪式与社会教化刍议》(《河北师范大学学报》2008年第7期)考察了乡闱内部一些约定俗成的惯例和仪式，认为其在约束考官和考生方面有时比国家明文法令更有效，从而在时人的心理层面起到特殊的社会教化作用。

教育。 王庆成的《清代学政官制之变化》(《清史研究》2008年第1期)通过对清代学政体制从学道变为学院的过程的考察，指出各省学政之官与地方督抚脱离统属关系，获得独立选拔人才的权力。此外，霍红伟的《清代地方官学的调整与新建》(《河北师范大学学报》2008年第1期)，彭永庆、刘鹤的《清代湘西民族地区"义学"教育的历史考察》(《民族教育研究》2008年第5期)，王风雷的《论清代新疆地区蒙古官学沿革》(《内蒙古师范大学学报》2008年第5期)，陈雅娟的《清代常州女学的兴盛与常州文化》(《南京社会科学》2008年第10期)，李清凌的《清代甘青宁民族地区的教育》(《青海民族研究》2008年第2期)等文对清代地方教育进行了探讨。

五、学术思想史

专著。林存阳的《三礼馆：清代学术与政治互动的链环》（社会科学文献出版社，2008年）以清廷诏开三礼馆为探究视角，从学术史发展的整体过程入手，揭示三礼学在清中期学术与政治转型过程中的演进脉络。鱼宏亮的《知识与救世：明清之际经世之学研究》（北京大学出版社，2008年）以"经世知识"为研究中心，探讨"经世之学"的知识背景、来源及流变，并讨论了知识、学术、政治、社会之间的影响与互动关系。郭院林的《清代仪征刘氏〈左传〉家学研究》（中华书局，2008年）对刘氏《左传》学进行了比较系统的考察，分析刘氏四世之学术变化与发展。柳宏的《清代〈论语〉诠释史论》（社会科学文献出版社，2008年）结合清代社会政治、文化背景，探讨清儒对《论语》研究的进程、特点和规律。陈捷先的《蒋良骐及其〈东华录〉研究》（中华书局，2008年）考订了蒋良骐的家世与生平，并对《东华录》的版本，蒋良骐的史学修养、编录动机、经世思想等做了详尽论述。阚红柳的《清初私家修史研究：以史家群体为研究对象》（人民出版社，2008年）揭示清初史家群体的形成、发展、衰落的过程，地域分布状况，取得的成就和影响。杨国强的《晚清的士人与世相》（生活·读书·新知三联书店，2008年）论述了晚清士人由传统中国的衰世走入中西交冲的变局时的思想变迁，认为晚清中国的近代化是扭曲的近代化。此外，陈祖武先生的《中国学案史（修订版）》（东方出版中心，2008年）在大陆问世，徐世昌的《清儒学案》（中华书局，2008年）由沈芝盈、梁运华等点校出版。

学派。林存阳的《乾隆初叶清廷诏开三礼馆缘由析论》（《清史论丛》2008年号）认为清初"以经学济理学之穷"的思潮和弘历自身的学识、取向共同促进了三礼馆的诏开。黄爱平的《清代汉学流派研究的历史考察及其评析》(《中国文化研究》2008 年第 3 期)考察和梳理了有关汉学流派划分的诸家观点及其研究状况。汪学群的《试论清代中期易学诸流派的特色》(《中国哲学史》2008 年第 4 期)指出清中期宋易学继续存在,汉易学得到复兴,兼采汉宋的易学出现,是集传统易学之大成的时期。张涛、任利伟的《〈宋史·道学传〉在清代的论争及影响》(《河北学刊》2008 年第 6 期)指出清初学者围绕《宋史·道学传》进行的争论,实乃宗奉程朱理学与崇尚阳明心学之间的学术思想之争。王智汪的《论考据学与清人的精神家园》(《甘肃社会科学》2008 年第 3 期)认为考据学是清代儒学的生长点,考据学者矫正了宋明理学的弊端,挽救了儒学。罗检秋的《清末仁学的开展与困境——从学术上看戊戌思想家的悲剧根源》(《清史研究》2008 年第 3 期)认为儒家仁学在晚清得到思想上的阐发和某种程度的践履,但难以开出新的外王功业。刘永青的《清代礼学研究的特点》(《齐鲁学刊》2008 年第 6 期)认为清代礼学研究以考证为基础,以经世为目标,体现出考经求礼、循器明礼、以情释礼、因事研礼的特点。王记录的《西学究竟在多大程度上影响了乾嘉考据学——以钱大昕为例》(《河南师范大学学报》2008 年第 3 期)认为以钱大昕为代表的乾嘉考据学者所固有的传统文化品格和治学格调,并未受到西学影响。

学术人物。杨念群的《章学诚的"经世"观与清初"大一统"意识形态的建构》(《社会学研究》2008 年第 5 期)从清初社会政治生态的复杂运作出发,深入分析章学诚的思想与清初帝王进行"大一统"意识形态建构之间的关系。杨朝亮的《李绂学术思想渊源探析》(《清史论丛》2008 年号)认为个性因素、家庭熏陶和乡邦情结影响了李绂的学术取向。虞万里的《孙诒让石刻学成就初探》(《史林》2008年第3期）认为孙氏在碑碣、刻石、砖铭上所花精力及研究历程，对他经子小学方面的成就有巨大促进作用。谢寒枫的《论陈澧经学观的形成》（《湖南大学学报》2008年第2期）认为王懋竑和顾炎武的经学思想对陈澧会通汉宋、回归孔孟的经学观的形成影响深刻。

对戴震的研究仍是学术界的热点。徐道彬的《徽州朴学成因的地域性解读——以戴震为中心的考察》（《安徽大学学报》2008年第3期）、《儒家经世与戴震的致用观》（《安庆师范学院学报》2008年第5期）、《论戴震理校法的得与失》（《南京师范大学文学院学报》2008年第2期）及《假设与求证：戴震考证方法论刍议》（《皖西学院学报》2008年第1期）等系列论文，对戴震的学术渊源、治学方法和社会关怀诸问题进行了详尽考察，对清儒的生活环境与戴震的学术影响有较细致的发掘。郑吉雄的《戴东原"群""欲"观念的思想史回溯》（《湖南大学学报》2008年第1期）、路新生的《凌廷堪与戴学》（《史林》2008年第3期）、任万明的《戴震对理欲关系的辨正》（《西北师大学报》2008年第6期）、崔海亮的《戴震人性论思想探析》（《广西社会科学》2008年第7期）等文从各个方面对戴震进行了深入论述。

史籍修纂。 谢贵安的《〈清实录〉稿底正副本及满汉蒙文本形成考论》（《史学集刊》2008年第2期）通过考察《清实录》满汉蒙文本形成的先后，分析了汉文地位的确立及清朝汉化进程的加深。乔治忠、崔岩的《略论清朝官方史学中的少数民族因素及其启示》（《郑州大学学报》2008年第3期）指出清朝官方史学中丰富的少数民族文化因素具有重大的政治文化意义。张升的《从〈江南征书文牍〉看清朝国史馆征书》（《史学史研究》2008年第3期）探讨国史馆征书之缘起、方法、成效及对书册的处理。崔军伟的《乾隆朝"五朝国史"纂修考》(《史学史研究》2008年第4期)认为乾隆朝纂修的"五朝国史"开创了国史纂修的新局面,促进了国史纂修制度的完善,是清代官方史学日趋成熟的重要标志。乌兰其木格的《清代康、雍、乾三朝满、汉二体〈国史〉的编纂研究》(《内蒙古师范大学学报》2008年第5期)认为康、雍时期《国史》编纂活动成效并不大,乾隆朝国史编纂活动的完成是中国官修史书的重要里程碑,也是清代民族文字文献编纂活动发展繁荣的具体体现。陈晓华的《论乾隆朝四库修书的失载》(《史学月刊》2008年第12期)认为民族和本朝忌讳、修书与学者眼光、管理疏漏及馆臣舞弊等原因造成了四库修书失载。

六、社会史

专著。张艳丽的《嘉道时期的灾荒与社会》(人民出版社,2008年)探讨嘉道年间灾荒的成因、政府举措、对社会的深刻影响以及民间力量对抗灾的特殊贡献。靳环宇的《晚清义赈组织研究》(湖南人民出版社,2008年)解析义赈组织的结构、功能、发展过程、运行实态,以及义赈慈善家的文化和心理特征。秦宝琦、孟超的《秘密结社与清代社会》(天津古籍出版社,2008年)认为秘密结社是社会矛盾和满汉民族矛盾的产物,对清代历史产生重要影响。王雪萍的《16—18世纪婢女生存状态研究》(黑龙江大学出版社,2008年)探讨了16—18世纪婢女数量的增长态势及成因,婢女的社会定位与生存境遇等问题。程丽红的《清代报人研究》(社会科学文献出版社,2008年)将清代报人置于社会变迁中进行观察,评判其在社会发展史上的作为、贡献和地位。史媛媛的《清代前中期新闻传播史》(福建人民出版社,2008年)以史论结合的方法揭示了清代新闻传播活动的内容、发展规律与趋势。孙彦贞的《清代女性服饰文化研究》（上海古籍出版社，2008 年）探讨清代满汉女性服饰的演化以及文化上的冲突和交流。

宗族与婚姻。 冯尔康的《清代宗族族长述论》（《江海学刊》2008 年第 5 期）指出清代宗族族长及其助手由遴选产生，其行事以族规、祖训为准则，受族人会议制约，权力有限。常建华的《清代宗族"保甲乡约化"的开端——雍正朝族正制出现过程新考》（《河北学刊》2008 年第 6 期）通过解析满保的奏折，探讨族正制出现的过程，阐述明清宗族特点以及基层社会体系发展的历史趋势。陈瑞的《清代徽州族长的权力简论》（《安徽史学》2008 年第 4 期）认为徽州宗族对族长的限制措施遏制了宗族自治中的不利因素，使宗族社会秩序沿着相对健康的轨道惯性推进。

灾害与救济。 黄鸿山的《清代江浙地区栖流所的运营实态及其近代发展》（《史学月刊》2008 年第 2 期）指出清代的栖流所是以收容流民为职能的慈善组织，但其类型多样、职能各异。徐文彬的《清代台湾慈善事业简析》（《福建省社会主义学院学报》2008 年第 4 期）认为清朝在台湾兴建的数量众多的慈善机构维护了台湾社会的稳定，密切了海峡两地的联系。

社会管理。 路伟东的《清代前中期陕甘地区的人口西迁》（《中国历史地理论丛》2008 年第 4 辑）认为西迁人口主要有官方移民、民间自发移民和绿营兵丁及其眷属三种类型。段自成的《清代北方推广乡约的社会原因探析》（《郑州大学学报》2008 年第 4 期）认为乡约推广表明清代国家权力的下移和官府对基层社会控制的加强。

宗教、会党。 吴伯娅的《德天赐案初探》（《清史论丛》2008 年号）分析了德天赐案发生的过程、清廷的反应及造成的影响。周萍萍的《康熙朝天主教政策对江南地区传教的影响》（《清史论丛》

2008年号)将康熙朝的天主教政策细分为严、宽、严三时期。黄爱平的《乾隆时期福建禁教考论》(《安徽史学》2008年第1期)依据清宫档案、传教士书简,梳理了乾隆十一年的大规模禁教活动,进而考察了福建的禁教情形及清廷禁教原因。张先清的《职场与宗教:清前期天主教的行业人际网络》(《宗教学研究》2008年第3期)考察了清代前期以行业为基础结成的各种天主教徒群体,认为他们对推动在华天主教的自立性发展发挥了重要作用。他的《疾病的隐喻:清前期天主教传播中的医疗文化》(《中山大学学报》2008年第4期)指出天主教医疗故事中所呈现的与佛、道教及民间信仰之间的对话和竞争,是天主教医疗文化的重要组成部分。

杨健的《乾隆朝废除度牒的原因新论》(《世界宗教研究》2008年第2期),赵轶峰的《度牒制度与清前期社会制度变迁》(《求是学刊》2008年第4期),张经久、张田生的《王权膨胀与道教衰落——雍正与道教关系论析》(《西北民族大学学报》2008年第3期)等文考察了清代的佛、道教政策。江田祥的《清乾嘉之际白莲教"襄阳教团"的地理分布与空间结构》(《宗教学研究》2008年第3期)、李平秀的《天地会入会仪式和戏剧》(《清史论丛》2008年号)、濮文起的《〈天地宝卷〉探颐——清代天地门教经卷的又一重要发现》(《贵州大学学报》2008年第6期)、濮文起的《〈董祖立道根源(支排记)〉读解——一部记载清代天地门教组织源流的经卷》(《浙江社会科学》2008年第9期)等文探讨了白莲教、天地会的相关情况。

七、民族与边疆史地

专著。吴大旬的《清朝治理侗族地区政策研究》(民族出版社,

2008年)利用地方志及民族调查资料,探讨清初至清末各个不同历史时期治理侗族地区的特殊政策、所起作用及经验教训。

舆地学。王秋华的《清代乾隆时期〈七省沿海图〉考》(《中国边疆史地研究》2008年第3期)对《七省沿海图》的底本渊源、范本、收藏地等问题做了探讨,认为其在地图学、历史地理、军事等方面有重要价值。薛月爱的《康熙〈皇舆全览图〉与乾隆〈内府舆图〉绘制情况对比研究——以东北地区为例》(《哈尔滨学院学报》2008年第10期)通过比较两图相同区域内的水系、城镇绘制情况,发现乾隆图在内容上更丰富,一定程度上体现了康乾时期东北地区的发展变化。

东北。范立君、许凤梅的《清末吉林省的开禁与移民》(《吉林师范大学学报》2008年第2期)分析了吉林封禁的沿革及开禁的缘由、过程、效果。赵郁楠的《清代雍正朝东北参场及采参管理特点》(《满族研究》2008年第3期)从"采参管理"的界定入手,探求雍正朝采参及参场管理特点。

西北。杨恕、曹伟的《评清朝在新疆的隔离制度》(《中国边疆史地研究》2008年第2期)认为隔离制度使新疆一直未能与内地融合,为如今的新疆问题留下隐患。周轩的《清代新疆流人与西域史地学》(《新疆社会科学》2008年第3期)从新疆流人的诗作、方志、史著三方面论述了其对西域史地学的重要作用。达力扎布的《1640年喀尔喀—卫拉特会盟的召集人及地点》(《民族研究》2008年第4期)指出喀尔喀部扎萨克图汗在其领地内召集的这次会盟,旨在抵御清廷的军事威胁。乌云毕力格的《喀尔喀三汗的登场》(《历史研究》2008年第3期)指出土谢图汗、扎萨克图汗、车臣汗长期割据,有利于清朝逐步完成统一。

由于新疆、西藏问题是本年度的热点时事,学者们在这一方面的论述颇多：李刚、陈海鸣的《关于清代哈密回王先祖的两点考释》（《新疆大学学报》2008年第3期），丁立军的《清代新疆军府制度的终结与政治中心的转移》（《伊犁师范学院学报》2008年第3期），张双志的《五世达赖喇嘛对清初蒙古地区稳定的贡献》（《中国藏学》2008年第2期），阿音娜、哈斯巴根的《清代蒙古的三位咱雅班第达及其相关问题》（《中国藏学》2008年第3期），达力扎布的《清太宗邀请五世达赖喇嘛史实考略》（《中国藏学》2008年第3期），乌云毕力格的《1705年西藏事变的真相》（《中国藏学》2008年第3期）等。

西南。周琼的《清代云南"八景"与生态环境变迁初探》（《清史研究》2008年第2期）认为清代是云南"八景文化"的发展繁荣期，"八景"及其相关记载反映了云南生态环境的变迁。潘志成的《道光朝清廷在贵州苗疆的治理和法律控制》（《贵州民族学院学报》2008年第2期）认为道光年间对苗疆司法管辖的加强和民族隔离的松动，促进了该地区经济和社会进步。杨伟兵的《清代前中期云贵地区政治地理与社会环境》（《复旦学报》2008年第4期）从历史地理和社会史视角，考察清代前中期云贵地区实施的府州升降、卫所裁并和改土归流等措施。

八、中外关系史

文化交流。巴兆祥的《17—19世纪中叶中日书籍交流史的经济学分析》（《清史研究》2008年第2期）分析了中国输日方志的数量、渠道、价格与利润，探索了中日方志贸易的特性及日本重视方志收集的原因。肖玉秋的《试论清代中俄文化交流的不平衡性》（《史学集刊》2008年第4期）指出俄国向中国的文化传播在深度和广度上都超过了中国向俄国的文化传播,这种不平衡态势与两国外交政策和文化传统密切相关。

中外贸易。 吴建雍的《清前期中西贸易中的文化交流与融合》(《清史研究》2008年第1期)认为清前期在粤海关进行的对外贸易是中西文化交流的重要载体。张杰的《清代朝鲜使团与满族雇车业述论》(《满族研究》2008年第1期)依据《燕行录全集》,论述朝鲜使团和满族雇车业在中朝两国经济交流中所起的重要作用。张杰的《后金时期满族与朝鲜的贸易》(《辽宁大学学报》2008年第3期)认为后金通过平壤之盟建立起的与朝鲜的贸易关系虽并不理想,却为后来两国边民的定期友好互市创造了条件。

外交关系。 梁俊艳的《试论乾嘉以来清政府对"披楞"问题的认知》(《清史论丛》2008年号)就"披楞"问题的由来、清统治者对其了解认识的曲折过程做了论述。王开玺的《清代的外交礼仪之争与文化传统》(《北京师范大学学报》2008年第2期)认为中西外交礼仪冲突的根源是中外国情、文化传统及价值观念的不同。夫马进、蔡亮的《1765年洪大容的中国京师行与1764年朝鲜通信使》(《复旦学报》2008年第4期)将同时代燕行使与通信使的记录叠合观察,分析中、日、韩三国各自学术、文化及精神的特征。

九、文献、档案及论文集

文献、档案。 吴旻、韩琦的《欧洲所藏雍正乾隆朝天主教文献汇编》(上海人民出版社,2008年)、杜家骥的《清嘉庆朝刑科题本社会史料辑刊》(天津古籍出版社,2008年)、清华大学图书馆科技史暨古文献研究所编的《清代缙绅录集成》(大象出版社,2008年)、章开沅的《苏州商团档案汇编》(巴蜀书社,2008年)、中国第一历史档案馆的《清宫珍藏海兰察满汉文奏折汇编》（辽宁民族出版社，2008年）、故宫博物院的《史料旬刊（全四册）》（北京图书馆出版社，2008年），以及李书源整理的《筹办夷务始末（同治朝）》（中华书局，2008年）、《耆献写真：苏州大学图书馆藏清代人物图像选》（中国人民大学出版社，2008年）、《旧粤百态：广东省立中山图书馆藏晚清画报选辑》（中国人民大学出版社，2008年）、《烟雨楼台：北京大学图书馆藏西籍中的清代建筑图像》（中国人民大学出版社，2008年）、《皇舆遐览：北京大学图书馆藏清代彩绘地图》（中国人民大学出版社，2008年）。

论文集。 黄爱平、黄兴涛主编的《西学与清代文化》（中华书局，2008年）是"西学与清代文化"国际研讨会的论文结集，内容包括：中西互视及其研究反思，传教与禁教，西学传播与清代主流学术，科学、艺术的发展与西学，西学与中国文化的近代化。其中，戴逸的《清代以来海外留学的历史及其意义》、吴伯娅的《从新出版的清宫档案看乾隆年间的西学东渐》、李华川的《清中前期国人对法国的认知》等文值得关注。《明清档案与历史研究论文集：庆祝中国第一历史档案馆成立80周年》（新华出版社，2008年）系"第三届明清档案与历史研究学术研讨会"论文集，清史方面的有：王戎笙的《从清初权力斗争疑多尔衮非正常死亡》、杨珍的《帝王之家父子关系的诠释——以康熙帝与皇八子允禩为例》、吴伯娅的《清代档案与中国天主教史研究》、赖惠敏的《清乾隆朝的盐商与皇室财政》、刘小萌的《康熙年间的北京旗人社会》、杜家骥的《从内务府掌仪司等档案看清代皇子的分封制度》、赵志强的《关于努尔哈赤建立金国的若干问题》、郭春芳的《清初皇权与各旗主权利之争》、朱金甫的《清代"笔帖式"小考》、关嘉禄的《庄亲王允禄内务府理政刍议》、杨启樵的《康熙传位雍正遗诏辨析》等。

除上文提及外，本年度出版的专著还有：孙静的《满洲民族共同体形成历程》（辽宁民族出版社，2008年）、金恒源的《雍正称帝与其对手》（上海人民出版社，2008年）、许毓良的《清代台湾军事与社会》（九州出版社，2008年）、唐次妹的《清代台湾城镇研究》（九州出版社，2008年）、黄开国的《清代今文经学的兴起》（巴蜀书社，2008年）、张鸣华的《清代永嘉之学：纪念张振夔先生诞辰210周年》（南京大学出版社，2008年）、孙玉敏的《王先谦学术思想研究》（黑龙江人民出版社，2008年）、陈晓华的《"四库总目学"史研究》（商务印书馆，2008年）、章文钦的《吴渔山及其华化天学》（中华书局，2008年）、杨伟兵的《云贵高原的土地利用与生态变迁：1659—1912》（上海人民出版社，2008年）、唐文基的《16—18世纪中国商业革命》（社会科学文献出版社，2008年）、孔祥吉的《清人日记研究》（广东人民出版社，2008年），以及黄山书社出版的"康乾盛世研究丛书"：陈桦的《多元视野下的清代社会》、张研的《17—19世纪中国的人口与生存环境》、李强的《金融视角下的"康乾盛世"：以制钱体系为核心》、牛贯杰的《17—19世纪中国的市场与经济发展》、尹树国的《盛衰之界：康雍乾时期国家行政效率研究》。

本文在写作过程中承蒙清史研究室多位先生帮助，在此谨致谢忱。由于笔者学识浅薄，疏漏不当之处，敬祈方家教正。

2009年清史研究综述

◎ 毕卫涛

本年度清史研究依然活跃，除发表一系列专著和论文以外，还多次召开学术会议，对相关问题进行有益的探讨。

第十三届国际清史学术研讨会在本年召开，与会学者对相关问题进行了深入研究，对热点问题进行了热烈讨论。中国社会科学院历史研究所清史研究室举办"'康乾盛世'再思考"学术研讨会，与会学者围绕"康乾盛世"的提出、内涵和流传进行探讨，并对"康乾盛世"说提出不同的看法。故宫博物院明清宫廷史研究中心成立并举办议题为"宫廷历史学研究对象、范围与方法"的第一届国际学术研讨会，议题涉及明清宫廷史研究的理论与方法、宫廷史个案研究、宫廷原状恢复、中外宫廷对比等多方面的问题。此外还有：中国社会科学院历史研究所召开"王朝权力的结构与遗产——帝制晚期的中国与近代早期的欧洲之比较"国际学术研讨会；"海峡两岸清代满蒙联姻与边疆治理"学术研讨会；"国际明清学术思想研讨会暨纪念萧萐父先生诞辰85周年"会议；"明清至民国时期中国城市的寺庙与市民"国际学术研讨会等。以下对本年度的研究成果分类介绍。

一、政治史

专著。孔定芳的《清初遗民社会：满汉异质文化整合视野下的历史考察》(湖北人民出版社，2009年)以清初满汉文化的互动为视角，通过对满汉异质文化由碰撞到调融再到整合的演变历程的梳理，认为明遗民对待清王朝的态度经历了从抗争到徘徊分化再到蜕变的历史变迁。此外，还有郭成伟、关志国的《清代官箴理念对州县司法的影响》(中国人民大学出版社，2009年)，张华腾的《北洋集团崛起研究（1895—1911）》(中华书局，2009年)，李理的《清代官制与服饰》(辽宁民族出版社，2009年)，黄俊军的《湖南立宪派研究》(国防科技大学出版社，2009年)，汪太贤的《从治民到民治》(法律出版社，2009年)，美国学者罗友枝著，周卫平译的《清代宫廷社会史》(中国人民大学出版社，2009年)等。

帝王政治。何龄修的《再谈明清之际北南两太子案》(《清史论丛》2009年号)探讨北太子案发生的时间，清廷为操纵北太子案审讯所做政治导向工作的新证和两太子案的斗争性质。姚念慈的《再评"自古得天下之正莫如我朝"——〈面谕〉、历代帝王庙与玄烨的道学心诀》(《清史论丛》2009年号)检讨玄烨有关大清得天下之正撰构的真伪，清朝开国传统和玄烨控制思想舆论所面临的任务，并探索玄烨以治统操纵道统进而裁断学术的独门心诀。杨珍的《允禟：品性、遭际、时代》(《清史论丛》2009年号)考察允禟的品性及其生平遭际，探寻其交际手腕和人际关系并对其所处时代进行反思。她的《从咸安宫到郑家庄：皇太子允礽废黜之后》(《历史档案》2009年第4期)利用满文档案探讨废太子允礽囚禁咸安宫与其长子弘晳迁移郑家庄的遭际和结局。吴伯娅的《康熙帝事考两则》(《历史档案》2009年第4期)考证康熙容教令和康熙与罗马教廷决裂之事，认为康熙帝与罗马教廷的冲突不仅是文化传统与宗教教义的矛盾，而且是中国封建皇权与西方宗教神权的冲突。谢正光的《新君旧主与遗臣——读木陈道忞〈北游集〉》(《中国社会科学》2009年第3期)探讨明清之际曹化淳与顺治、崇祯、木陈道忞等若干历史人物间的关系。薛瑞录的《雍正帝杀害允禩允禟考》(《历史档案》2009年第4期)认为雍正帝杀害允禩允禟之说可以成立。朱昌荣的《试论雍正、乾隆二帝的理学思想》(《清史论丛》2009年号)、邱源媛的《清代宫廷汉族儒家乐书制作及其意义》(《清史论丛》2009年号)、刘志刚的《康熙帝对明朝君臣的评论及其政治影响》(《清史研究》2009年第1期)等文也值得关注。

自去年召开的"清光绪皇帝死因"研究报告会做出"光绪帝系砒霜中毒死亡"的结论后，光绪死因受到广泛关注。崔志海的《光绪皇帝和慈禧太后之死与美国政府的反应——兼论光绪死因》(《清史研究》2009年第3期)对美国政府就光绪皇帝和慈禧太后之死以及清廷政治权力变动的反应进行考察，认为光绪帝被毒害身亡的死因解释可盖棺定论。王道成的《慈禧光绪的恩怨情仇——兼论光绪之死》(《清史研究》2009年第3期)认为慈禧谋害光绪是为了政权的平稳过渡，光绪中毒身死是其与慈禧之间矛盾斗争的必然结果。钟里满的《察存耆〈光绪之死〉一文的考释》(《清史研究》2009年第3期)认为内务府大臣及其亲戚们多年来就认知"光绪帝先死、慈禧太后后死"的说法。但王开玺的《关于光绪帝死因的思考与献疑》(《晋阳学刊》2009年第6期)认为在有些问题尚未得到解释说明以前，即认定光绪确为他人谋害，死于砒霜中毒，尚为时过早，"光绪帝系砒霜中毒死亡"是极其重要的学术结论，但还不是学术定论。

制度政策。林存阳的《乾隆朝礼制建设的政治文化取向》(《清史论丛》2009年号)以乾隆朝对"礼"的制度性建设为视点，通过梳理《钦定大清通礼》等书的纂辑缘由、经过和成果,揭示其中所蕴含的"以礼为治"的政治文化取向。李海鸿的《贪污:文化的?抑或制度的?——西方学者关于清代贪污的研究》(《清史研究》2009年第1期)从贪污的形式、定义、成因及与政治的关系四个方面讨论西方学者有关清代贪污的研究。徐明一的《清代监察官员管理制度探析》(《西南大学学报》2009年第3期)认为清代监察官员管理制度是十分严密和科学的。薛刚的《清初地方官考满程序初探》(《历史档案》2009年第3期)阐述清初地方官考满程序的具体状况、制度演变及政府各衙门间的权力关系及运作。张研的《清代知县的"两套班子"——读〈杜凤治日记〉之二》(《清史研究》2009年第2期)认为清代知县所辖书吏胥役与幕友长随两套班子的结构可能是最为符合当时国情,当时最为合理的结构。她的《对清代州县佐贰、典史与巡检辖属之地的考察》(《安徽史学》2009年第2期)否定清代"皇权不止于县"的观点,梳理县以下各种不同的行政编组和区划。刘凤云的《康熙朝的督抚与地方钱粮亏空》(《清史研究》2009年第3期)认为清代的钱粮亏空并非仅仅是官僚政治的腐败,还涉及地方财政体系、仓储制度、奏销制度、监察体制等一系列行政体制及运行体制的问题。杜家骥的《清代督、抚职掌之区别问题考察》(《史学集刊》2009年第6期)考察清代督、抚在刑法、财政、官员选任与考核等方面的职掌区别。贾国静的《黄河铜瓦厢改道后的新旧河道之争》(《史学月刊》2009年第12期)认为在晚清河务问题上,中央逐渐淡出,地方越来越成为处理河务问题的主角。

司法律例。伍跃的《官告民:雍正年间的一件维权案——〈青浦县正堂黄李二任老爷讯审销案等呈词抄白〉跋》(《中国史研究》2009年第3期)认为在传统中国社会中弱势群体只要有理有据,操作得法,完全可以利用国家制度在一定程度上维护自身的利益。柏桦、刘立松的《清代律例规定的官方治安责任》(《西南大学学报》2009年第3期)认为统治者没有从根本上关注具有治安责任的官方机构与人员如何达到高素质、高水平和敬业尽职问题，导致律例规定与社会发展相脱节。郑小春的《清代陋规及其对基层司法和地方民情的影响——从徽州讼费账单谈起》(《安徽史学》2009年第2期)认为清统治者借助于陋规对百姓起诉权进行控制的理念是错误的，其意图不可能实现。徐忠明的《诉诸情感：明清中国司法的心态模式》(《学术研究》2009年第1期)认为明清中国的司法模式乃是"诉诸情感"的心态模式。

明遗民。孔定芳的《论明遗民之出处》(《历史档案》2009年第1期)认为易代后的"处"不仅是明遗民言论上的主张，也是他们行为上的实际选择，并指出明遗民的"处"是一种积极姿态，只是针对新朝政治，并非相忘于当世。段丽惠的《明遗民的身份认同与科第选择》(《河南师范大学学报》2009年第2期)考察明遗民的身份内涵与科第的关系及其拒斥科举对明遗民群体的利弊。孔定芳的《清初朝廷与明遗民关于"治统"与"道统"合法性的较量》(《江苏社会科学》2009年第2期)考察清廷再造正统与明遗民的"卫统"，清廷道统建构与明遗民的"卫道"之间的较量。马将伟、王俊义的《"躬耕"的文化意蕴与明遗民的生存悖论——以易堂九子为考察中心》(《社会科学家》2009年第6期)探讨清初遗民的隐居与经世意识的对立冲突及其生存困境。

考辨、争鸣。杨海英的《刘泽清史事再考》(《清史论丛》2009年号)考察刘泽清从军、得官等生平模糊之处。李华川的《邓嗣禹先生〈中国考试制度西传考〉书后》(《清史论丛》2009年号)认为以伏尔泰和魁奈为代表的法国作家，并没有主张在欧洲采行中国的考试制度。艾哈迈特·霍加的《"香妃"的传说——大小和卓政权灭亡后被迁居北京的维吾尔人的历史记忆》(《清史论丛》2009年号)通过考证容妃的真实身世,认为容妃即"香妃"仅是尚未得到证明的推测,"香妃"传说可视为一种"历史述事"。郭福祥的《关于苏州钟表制造的起始年代问题——对汤开建教授、黄春燕女士质疑的回应》(《史林》2009年第2期)认为苏州钟表制造的出现年代定在嘉庆初年更为切合实际。张琼、王扬宗的《〈雍正帝观花行乐图〉与雍正继位之谜》(《故宫博物院院刊》2009年第4期)通过对《雍正帝观花行乐图》的内容、年代进行解读,认为康熙因乾隆而传位于雍正之说可信度较低且雍正"秘密建储"乃是徒有虚名。汤志钧的《从"家学"到"显学"——清代今文经学的复兴与和珅专权》(《史林》2009年第4期)与美国汉学家本杰明·艾尔曼的《乾隆晚期和珅、庄存与关系的重新考察》(《复旦学报》2009年第3期)均认为庄存与复兴今文经学与和珅专权有关。潘向明的《甲午黄海之役北洋海军缺乏炮弹说质疑——兼论其失利原因问题》(《清史研究》2009年第1期)认为北洋海军长期未能添购新舰,舰队的技术装备相对日本严重落后才是黄海之役北洋海军失利的根本原因。

二、经济史

经济史方面的专著有:陈支平的《民间文书与明清东南族商研究》(中华书局,2009年)、纪丽真的《明清山东盐业研究》(齐鲁书社,2009年)、黄敬斌的《民生与家计:清初至民国时期江南居民的消费》(复旦大学出版社,2009年)、王万盈的《东南孔道——明清浙江海洋贸易与商品经济研究》(海洋出版社,2009年)等。

经济政策。陈尚胜的《论清朝前期国际贸易政策中内外商待遇的不公平问题——对清朝对外政策具有排外性观点的质疑》(《文史哲》2009年第2期）认为清朝采取的是有利于外国商人却不利于本国商人的海外贸易政策，清朝对外政策并不具有排他性。郭松义的《政策与效应：清中叶的农业生产形势和国家的政策投入》（《中国史研究》2009年第4期）考察清中叶的农业生产形势和国家的政策投入，肯定清政府对农业的关注和政策投入对农业发展的推动作用。他的《清代的自耕农和自耕农经济》（《清史论丛》2009年号）考察自耕农的土地来源及其所占农户比例，小农经济的经营特点和自耕农家庭田场的经营规模，以及生产条件变动和自耕农的生产状况。汪庆元的《清初徽州的"均图"鱼鳞册研究》（《清史研究》2009年第2期）揭示清代基层"图"作为地籍编制单位在土地管理、赋税征收方面的作用。刘增合的《西方预算制度与清季财政改制》（《历史研究》2009年第2期）考察宣统年间财政旧制在嫁接西方预算制度过程中出现的种种问题，认为理财新制嫁接的成败最终仍取决于政治。

区域经济。许檀、高福美的《清代前期的龙江、西新关与南京商业》（《历史研究》2009年第2期）认为大宗商品的转运贸易促进了南京商业的兴盛，使其在乾隆年间成为长江沿线的重要流通枢纽城市。范金民的《把持与应差：从巴县诉讼档案看清代重庆的商贸行为》（《历史研究》2009年第3期）认为清代重庆商业所呈现出来的面貌，是在承应差务下的把持，官府以经营上的独断权抵偿甚至无偿要求工商人户承应差事，而工商人户则以承应差事获得把持或垄断经营的特权。范金民、罗晓翔的《清代江南棉布字号的竞争应对之术》（《安徽史学》2009年第2期）认为清代江南徽商棉布字号为谋求经营之道所采取的种种有效的竞争应对的措施，为徽商棉布字号在清代基本完全占有江南的棉布加工市场起到重要作用。李成燕的《清代雍正年间的京东水利营田》（《中国经济史研究》2009年第 2 期）探讨了雍正年间在京东由国家投资所进行的兴修水利、经营水田的活动，该项活动持续几年便终止了，其原因与自然条件和社会因素都分不开。周琳的《重庆开埠前川东地区的商品市场》(《清史研究》2009 年第 4 期）认为重庆开埠前的川东市场过分依赖农副土特产输出，并在与其他区域市场的商品贸易往来中显得比较内向和被动。王培华的《清代滏阳河流域水资源的管理、分配与利用》(《清史研究》2009 年第 4 期）及其《元明清对华北水利认识的发展变化——以对畿辅水土性质的争论为中心》(《学术研究》2009 年第 10 期）则探讨了清代华北的水利。

三、社会史

专著。阿风的《明清时代妇女的地位与权力：以明清契约文书、诉讼档案为中心》（社会科学文献出版社，2009 年）以徽州文书等明清地方文书档案资料为中心，从法律规定与文书档案两个层面分析中国家庭的法律构造，探讨妇女的地位与权利。此外还有陈会林的《地缘社会解纷机制研究——以中国明清两代为中心》（中国政法大学出版社，2009 年）、余新忠的《清以来的疾病、医疗和卫生》（生活·读书·新知三联书店，2009 年）、郑锐达的《移民、户籍与宗族》（生活·读书·新知三联书店，2009 年）、周执前的《国家与社会：清代城市管理机构与法律制度变迁研究》（巴蜀书社，2009 年）等。

宗族、官绅。冯尔康的《清代宗族的兴学助学及其历史意义》(《清史研究》2009 年第 2 期）认为清代的宗族由于与家庭共同具有培养光宗耀祖仕宦高义人才的共识，所以积极兴办族学并赞助、鼓励族人修业与进学，形成了民间社会助学的优良传统。孔潮丽的《清代独子兼祧制度述论》(《史学月刊》2009 年第 12 期）认为清代独子兼祧制度的确立标志着封建继承体制发展到了相当高的水准。冯尔康的《略述清代人"家谱犹国史"说——释放出"民间有史书"的信息》(《南开学报》2009 年第 4 期)考察家谱与国史的异同以及家谱的价值。李细珠的《清末民变与清政府社会控制机制的效能——以长沙抢米风潮中的官绅矛盾为视点》(《历史研究》2009 年第 4 期)认为清政府采用行政手段严惩肇事绅士,强行压制绅权,使官绅关系产生裂痕,传统社会控制机制运转失灵,从根本上动摇了清王朝的统治基础。朱浒的《从赈务到洋务:江南绅商在洋务企业中的崛起》(《清史研究》2009 年第 1 期)分析洋务企业中江南绅商的崛起过程,对学界此前观察中国近代绅商阶层的起源和中国近代工业化兴起过程的视角及进行历史定位的方式进行反思。孙燕京的《从〈那桐日记〉看清末权贵心态》(《史学月刊》2009 年第 2 期)以那桐为个案,以其日记为视点,运用心理学研究方法,探讨清末满族权贵和民初遗老的出入行藏、处事心态。周祖文的《国家权力视角下的生监群体——以清嘉庆刑科题本为中心》(《浙江社会科学》2009 年第 7 期)认为生监是一个高度分化的群体,从生监层面看,绅士的社会功能有不断边缘化的趋势。

宗教信仰。 葛兆光的《19 世纪初叶面对西洋宗教的朝鲜、日本与中国——以黄嗣永帛书为中心》(《复旦学报》2009 年第 3 期)考察 19 世纪初叶面对西洋宗教的朝鲜、日本与中国三国采取的不同策略,从而分析同属于所谓"东亚"的三国在政治、社会与宗教上的差异。张雪松的《清代以来的太监庙探析》(《清史研究》2009 年第 4 期)探讨霍山派太监道士住持的太监道庙的两种不同的管理模式。王健的《明清以来苏松地区民间祠庙的收入、产权与僧俗关系》(《史林》2009 年第 5 期)认为功利性是中国民间信仰存在与发展的基础。周德金的《清初道教"沉寂"原因探论》(《宗教学研究》

2009年第1期）从清初皇帝不信道、导致清初政道关系紧张、道教走"上层路线"失败等方面解释清初道教适应王权失败的原因。

社会管理。 定宜庄的《有关清朝八旗人丁户口册的几个问题》（《清史论丛》2009年号）考察清朝八旗的户籍编审制度、八旗人丁未入册的原因与对八旗妇女另类分册问题。常建华则在《清朝治理"老瓜贼"问题续探》（《南开学报》2009年第5期）中认为康乾盛世时期，北方社会问题比较严重，盛世难掩不足。吴雪梅的《国家、民间权威、族群：清代民族边缘地区乡村社会的权力关系——以鄂西南土家族地区为中心的考察》（《中南民族大学学报》2009年第1期）考察国家、民间权威、族群三个主体在清代乡村社会秩序建构中所起的作用及互动关系。段自成的《略论清代北方乡约行政组织化的消极影响》（《中州学刊》2009年第4期）认为清代北方乡约的组织化导致乡约沦为听命于官府的基层行政组织，未能真正改善清代的乡村政治。

荒政。 李尚英的《"千古极灾"——嘉、道时期山西、河南和直隶的大地震述略》（《清史论丛》2009年号）考察发生于嘉庆二十年的山西、河南大地震和道光十年的直隶大地震的灾情状况以及清廷的赈灾措施。德国学者安维雅的《临汾方志传记中的灾害体验1600—1900》（《清史研究》2009年第1期）从方志传记入手，研究其中隐含着的灾害体验的社会文化内容，探讨中国灾害史的研究方法。汪波的《雍正八年京师大地震应急机制初探》（《东南学术》2009年第5期）认为雍正时期灾害应急机制已初露端倪。汪波的《乾隆八年京畿旱灾应急体系初探》（《甘肃社会科学》2009年第6期）认为乾隆时期的灾害应急体系已初步形成。王彩红的《康雍乾时期河北地区水旱灾害的地方自救》（《河南商业高等专科学校学报》2009年第6期）及其《康雍乾时期政府在河北地区的防灾抗灾措施》

(《气象与减灾研究》2009年第6期)对畿辅地区的政府和民间社会的防灾抗灾进行了研究。

城镇发展、运河。 清代城镇研究取得的发展值得关注，而其中关于城市近代化和村镇发展的考察取得较大进展。何一民的《清代城市研究的意义、现状与趋势》(《湘潭大学学报》2009年第5期)对相关问题进行了探讨。孙冰的《城市化进程中的冲突与整合——清初双林镇王式京控案分析》(《史林》2009年第6期)展现清初城市化进程中社会矛盾的积累、演变、爆发及其解决方式和在此进程中阶级分化的形式及其意义。赵世瑜的《村民与镇民：明清山西泽州的聚落与认同》(《清史研究》2009年第3期)认为将明清时期山西东南泽州地区的镇与村的关系概括为以社为核心的"地缘共同体"更为相宜。叶舟的《江南市镇的再认识：以常州市镇的历史与演变为中心》(《社会科学》2009年第6期)探讨市镇的概念及市镇、乡村与城市之间的关系问题。聊城大学运河文化研究中心成员分别在《东岳论丛》2009年第3、4、5、6期发表王云《明清以来山东运河区域的嗜酒与尚武之风》、李泉的《清末民初聊城山陕会馆戏楼墨记与区域戏剧文化交流》、吴欣的《明清京杭运河区域仕宦宗族的社会变迁——以聊城"阁老傅，御史傅"为中心》、赵树好的《基督教与近代运河流经省份习俗变迁》等文。此外，苗菁、宋益乔的《明清通俗小说与京杭大运河》(《东岳论丛》2009年第8期)对明清通俗小说的发展繁荣与京杭大运河的关系进行了考察。

四、学术思想与文化

专著。 汪学群的《清代中期易学》(社会科学文献出版社，2009年)从思想史角度勾勒清中期易学发展轨迹，突出其贡献，拓展了此领域的研究。陈晓华的《〈四库全书〉与十八世纪的中国知识分子》（社会科学文献出版社，2009年）从文献学史、学术政治史、思想文化史的角度，首次以《四库全书》为中心考察中国18世纪及其前后知识分子的心路历程。此外还有王记录的《清代史馆与清代政治》（人民出版社，2009年）、茅海建的《从甲午到戊戌：康有为〈我史〉鉴注》（生活·读书·新知三联书店，2009年）、王应宪的《清代吴派学术研究》（华东师范大学出版社，2009年）、施建雄的《王鸣盛学术研究》（中国社会科学出版社，2009年）、曾军的《义理与考据——清中期〈礼记〉诠释的两种策略》（岳麓书社，2009年）、张宗友的《〈经义考〉研究》（中华书局，2009年）、任晓兰的《张之洞与晚清文化守主义思潮》（法律出版社，2009年）等也各有创见。

学派与学术人物。 林存阳、杨朝亮的《浅析"三礼馆"诏开之意义》（《聊城大学学报》2009年第3期）认为"三礼馆"的诏开不仅对《四库全书》的汇辑具有启发意义，从有清一代的文化建设进程来看，它还发挥了中介的作用。朱昌荣的《清初程朱理学"复兴"标志论略》（《史学集刊》2009年第5期）通过梳理程朱理学在清初的发展脉络，做出程朱理学在康熙中叶前后即实现"复兴"的判断。王惠荣的《从晚清汉学区域之发展看汉宋调和》（《安徽史学》2009年第2期）认为晚清汉学新兴区域由于特定的学术背景与学术渊源，学者们基本上都提倡汉宋调和，从而对晚清汉宋调和思潮的盛行起到极大的推动作用。赵沛的《〈公羊传〉的特色和清代的〈公羊〉学》（《河南师范大学学报》2009年第5期）考察清代《公羊》学的兴盛、演进及其时代特征。王坚、雷戈的《论夏峰北学》（《辽宁大学学报》2009年第3、4期）考察夏峰北学宗师孙奇逢的思想价值和夏峰北学在清代的演变历程。房秀丽、朱祥龙的《朱子王陆应如何会通？——由清初思想家李二曲引发的对朱陆之辨的再思考》(《孔子研究》2009年第4期）以李二曲在会同朱陆问题上所做的思考为切入点，探讨如何会通理学两派问题。赵旸的《顾炎武对明代空疏学风痼疾的深层认识》(《史学集刊》2009年第6期）指出反专制与反对空疏学风是顾炎武思想体系的主线。周建刚的《章学诚的诠释学思想特征》(《哲学研究》2009年第4期）认为章学诚的文本诠释思想具有"存在论"特征。

关于戴震的研究仍为年度热点。潘星辉的《戴震灵异观发微》(《清史论丛》2009年号）认为戴震在理论上尝试把灵异观与其核心理念相统一、协调，落入"常"、"变"耦对的窠臼，但相对而言，戴震偏向论"常"。王惠荣的《江永与戴震师生关系难定原因考》(《历史档案》2009年第1期）认为造成后人对江永与戴震关系发生歧异的根源在于戴震"抗心自大，晚颇讳言其师"的原因。徐道彬的《戴震"西学中源"思想探讨》(《安徽大学学报》2009年第4期）认为戴震虽然坚持"西学中源"说，但对西学并不鄙视和排斥，其"西学中源"观比前人更为具体和实在。徐道彬的《论戴震〈方言疏证〉的学术价值与地位》(《中国典籍与文化》2009年第4期）和《论钱绎〈方言笺疏〉对戴震学术的继承与发展》(《湖北大学学报》2009年第2期）二文也值得关注。

学术流变。陈祖武的《〈明儒学案〉发微》(《中国史研究》2009年第4期）考究黄宗羲撰著《明儒学案》动机是：一为师门传学术，二为故国存信史，三为天地保元气。陈其泰的《论章学诚对历史哲学的探索》(《中国史研究》2009年第4期）认为哲理探索是章学诚撰著《文史通义》的重要立意所在，将章学诚对历史哲学的探索分为两个层次，即对儒家经典的新诠释和论证具有深刻意义的新命题。张寿安的《龚自珍论"六经"与"六艺"——传统学术知识分化的第一步》(《清史研究》2009年第3期)认为龚自珍建立经学学术史观,梳理六艺知识系统,并将六艺之学专业分化的学术行为不仅说明传统经学在前近代中国所呈现的分化情形,也展现出清儒对传统学术所作的初步知识层构。徐道彬的《朱熹在清代徽州本土所遭遇的尴尬》(《安徽师范大学学报》2009年第6期)通过梳理清代徽州民间文书和宗祠的记载,考察徽州人对于朱子及其思想的怀疑甚至排斥,为进一步探讨清代朱子学衰落的原因提供了资料佐证。武道房的《论嘉道经世学派的兴起及其对晚清社会的影响》(《贵州师范大学学报》2009年第2期)考察嘉道经世学派与今文经学兴起的历史背景、经过及嘉道经世学术对后世的影响。陈居渊的《十八世纪汉学的建构与转型》(《学术月刊》2009年第2期)指出不能简单地以传统吴、皖、扬、常的分野概括18世纪汉学的多元性,汉学只代表乾隆一朝的学术,而其转型则早在道咸之先的乾嘉之交以告完成,并且一直影响到近代学术的形成。鱼宏亮、姬翔月的《中西汇通:17世纪中国古典知识体系的新视野》(《北京联合大学学报》2009年第3期)认为明清之际的西学与经世之学具有内容上的契合性和思想上的一致性,明清之际西学的传入对于近代以来重新建构中国的学科体系具有重大意义。

史籍编修。 陈祖武的《学案再释》(《北京师范大学学报》2009年第2期)探讨学案体史籍的酝酿形成经过及对学案释名的个人见解与困惑。林存阳的《毕沅〈续资治通鉴〉考辨》(《北京联合大学学报》2009年第3期)认为章学诚所说《续资治通鉴》之邵本不可访为推测之言,而该书卷数问题,较大的可能性是章学诚代毕沅致书钱大昕后,增补了《目录》及钱大昕补撰的《举要历》。阚红柳的《清初史学史上的贰臣——兼谈贰臣的社会文化功能》(《学术研究》2009年第8期)认为在清朝史学领域中,贰臣不仅是官修史书的实际参与者，还是沟通官修和私修、协调其间关系的重要枢纽。党为的《清高宗四库全书谕旨内史学与正统观研究》（《史学月刊》2009年第3期）考察乾隆帝通过文史批评与干涉史书的编纂修改，有意识地为清代证正统、建构帝国意识形态的过程。王记录的《帝王、史馆、官方史学——从清代帝王对史馆修史的干预看官方史学的特征》（《郑州大学学报》2009年第5期）探讨清代帝王干预下的官方史学的特征。

近代术语。桑兵的《解释一词即是做一部文化史》（《学术研究》2009年第11期）指出，"解释"一词即是一部文化史的重心，不在词义的规定，而是通过概念展现思想文化的历史进程，并由历史的丰富多样来把握名词约定俗成的内涵。冯天瑜的《近代国人对外来新词汇的"迎"与"拒"》（《河北学刊》2009年第5期）认为近代外来新词汇传入的基本走向是中—西—日语汇的彼此涵化。张帆的《从"格致"到"科学"：晚清学术体系的过渡与别择（1895—1905年）》（《学术研究》2009年第11期）认为"格致"与"科学"并非一一对应的概念，中国学术从"格致"到"科学"语言表述的转换不过是学术转型的外在表现，转变的动因在于具体语境下的现实需要以及学术路径的不同选择。

文献、档案。主要有邹爱莲主编的《康熙起居注册》（中华书局，2009年），《绍英日记》、《明清内阁大库史料全编》、皮锡瑞《师伏堂日记》（国家图书馆出版社，2009年），中国第一历史档案馆、北京大学、澳大利亚拉筹伯大学编的《清代外务部中外关系档案史料丛编——中英关系卷（第五册）·综合》与《清代外务部中外关系档案史料丛编——中英关系卷（第四册）·交聘往来》（中华书局，2009年），清人张吉午纂修，阎崇年校注的《康熙顺天府志》（中华书局，2009年），中国社会科学院经济研究所编的《清道光至宣统间粮价表》(广西师范大学出版社，2009年)等。

五、科举与教育

科举。 徐毅、刘上琼的《光绪时期的地方政府与科举经费》(《清史论丛》2009年号)认为光绪年间地方政府对科举经费的筹支活动既维持了科举制的运作，又推动了科举制的废除。谢海涛的《中央与地方的交换：晚清咸同年间科举录取名额的增加》(《清史研究》2009年第3期)认为学额大规模增广，最终破坏了科举制度分配资源的体系，导致科举制走向衰落。王志明的《清代乡会试的磨勘、复试与举人罚科》(《历史档案》2009年第4期)探讨清代乡会试、磨勘和复试的相关问题，揭示清代文举人罚科现象的历史轨迹。关晓红的《议修京师贡院与科举制的终结》(《近代史研究》2009年第4期)认为正是由于京师修复贡院的讨论，催生了立停科举之诏，科举制的强制终结，留下难以消除的隐患。梁志平的《定额非"定额"——晚清各府州县学缺额研究》(《兰州学刊》2009年第2期)认为晚清定额实非"定额"，取额数常低于应取额数。

教育。 刘彦臣的《清末吉林新式旗人学堂及满文教育》(《中国边疆史地研究》2009年第2期)认为满文在清末仍受重视的原因在于"绥抚蒙务"与"对俄外交的文牍传译"等时局所需。徐曼的《清代意识形态宣教途径及特点》(《河南师范大学学报》2009年第6期)认为学校教育和社会宣教构成了清代整个意识形态宣教体系，统治者直接成为意识形态宣教的推动者。段自成的《论清代的乡村儒学化——以清代乡约为中心》(《孔子研究》2009年第2期)探讨清代乡约在乡村儒学化推广中的作用。

六、民族与边疆史地

民族与边疆史地方面的专著有：安介生、邱仲麟主编的《边界、边地与边民：明清时期北方边塞地区部族分布与地理生态基础研究》（齐鲁书社，2009年），吕文利的《历史书写与藩部政治——〈皇朝藩部要略〉研究》（黑龙江教育出版社，2009年），蓝勇、黄权生的《湖广填四川与清初四川社会》（西南师范大学出版社，2009年），黄海云的《清代广西汉文化传播研究》（民族出版社，2009年）等。

东北。 陈慧的《清代穆克登碑初立位置及图们江正源考论》（《清史研究》2009年第4期）认为穆克登勘定的图们江正源是小红丹水，立碑的位置当在图们江的"初派"下游与"次派"的交汇处。马孟龙的《穆克登查边与〈皇舆全览图〉编绘——兼对穆克登"审视碑"初立位置的考辨》（《中国边疆史地研究》2009年第3期）认为穆克登立碑之山应是小白山，而非长白山。徐凯的《关于15至17世纪东北地区民族关系的几个问题——以满洲民族共同体的发展为视角》（《云南师范大学学报》2009年第2期）认为满洲民族共同体的"同化"与"异化"过程实质上是民族之间的"文明化"进程，这就是满洲始终作为一个独立民族存在于世的缘由所在。

西北。 吴元丰的《清代伊犁将军衙门内设机构浅析》（《历史档案》2009年第2期）考察伊犁将军衙门内部结构设置问题及其特殊设置情况出现的原因。王希隆、马青林的《额敏和卓后裔与清代新疆》（《中国边疆史地研究》2009年第2期）通过考辨吐鲁番札萨克郡王额敏和卓诸子及其爵位承袭状况，探讨吐鲁番札萨克旗制与清朝对札萨克郡王家族势力的限制等问题。阿地力·艾尼的《新疆建省的基础》（《新疆大学学报》2009年第1期）认为新疆成为清末边疆地区首个建省示范点，与长期的理论准备和清政府在边疆地区持续执行的"一体化"政策有着密切关系。

西南。 仓铭的《烟瘴对乾隆时期西南边防政策的影响》(《中央民族大学学报》2009 年第 1 期)认为乾隆时期广布云南、广西边境地区的烟瘴促使清王朝在西南边防上采取消极防御的政策。张晓蓓的《从冕宁司法档案看清代四川土司的司法活动》(《西南大学学报》2009 年第 4 期)认为直到清末,冕宁的土司还在流官的管理下参与地方的司法活动,但其活动受到国家的监控。王文光、段立波的《清代西部边疆士兵的发展与衰亡》(《广西民族大学学报》2009 年第 4 期)考察清初士兵的基本状况、职责和政府对其奖励及改土归流后其衰亡的表现。

西藏研究仍是学者关注的热点。周伟洲的《清驻藏兵制考》(《清史研究》2009 年第 1 期)对清朝驻藏官兵制度的形成、特征及作用进行了考述。柳岳武的《康乾盛世下清廷的西藏及黄教政策研究》(《西南大学学报》2009 年第 2 期)认为康雍乾三朝清廷的西藏及黄教政策极大地强化了中央对西藏等藩部的统一,最终促使传统的"大一统"帝国向近代民族国家转型。吕文利的《乾隆朝西藏体制变革——以珠尔默特那木扎勒事件为中心》(《中国边疆史地研究》2009 年第 1 期)认为珠尔默特那木扎勒事件促使清政府提升达赖喇嘛和驻藏大臣的地位,建立噶厦政府则是清政府对西藏的再一次体制变革和制度安排。

其他。 姜涛的《清代江南省分置问题——立足于〈清实录〉的考察》(《清史研究》2009 年第 2 期)认为江南省的分治在康熙四年凤阳巡抚正式裁撤,其所辖府州分隶安徽、江宁两巡抚后即已确定。段伟的《清代湖北、湖南两省的形成——兼论分闱与分省的关系》(《清史研究》2009 年第 2 期)认为湖广分省经历了漫长的过程,但因为湖北、湖南两省是在实践中逐渐形成的,并没有明确的建立时间点，导致学者判断两省建立时间的标准不同。李大海的《清代"北五省"地理概念考》(《中国史研究》2009年第1期)考察清代官文书中"北五省"地理概念的形成、区域范围、产生的历史背景及其消亡情况。

七、中外关系

专著。比利时汉学家钟鸣旦的《礼仪的交织——明末清初中欧文化交流中的丧葬礼》(上海古籍出版社，2009年)探讨17世纪中西礼仪传统相互碰撞后，丧葬礼仪的变化和丧葬礼仪在17世纪中欧文化交流中所扮演的角色及其发挥的作用。王开玺的《清代外交礼仪的交涉与论争》(人民出版社，2009年)通过论述清代中外交往中的重大事件和探讨所谓的"平等"与"不平等"的外交礼仪之争问题，认为清代的外交在冲突中渐渐转型，并最终同世界外交礼仪得以接轨。还有贾庆军的《冲突抑或融合——明清之际浙江学人与西学体系》(海洋出版社，2009年)、肖玉秋的《俄国传教团与清代中俄文化交流》(天津人民出版社，2009年)、吴义雄的《条约口岸体制的酝酿——19世纪30年代中英关系研究》(中华书局，2009年)、张先清的《官府、宗族与天主教——17—19世纪福安乡村教会的历史叙事》(中华书局，2009年)、孙青的《晚清之"西政"东渐及本土回应》(上海书店出版社，2009年)、刘禾的《帝国的话语政治——从近代中西冲突看现代世界秩序的形成》(生活·读书·新知三联书店，2009年)。译著有：美国汉学家孟德卫著，潘琳译的《灵与肉：山东的天主教，1650年—1785年》(大象出版社，2009年)，丹麦汉学家龙伯格、李真著，骆洁译的《清代来华传教士马若瑟研究》(大象出版社，2009年)，德国学者柯兰霓著，李岩译的

《耶稣会士白晋的生平与著作》（大象出版社，2009年），法国人博西耶尔夫人著，辛岩译的《耶稣会士张诚：路易十四派往中国的五位数学家之一》（大象出版社，2009年），美国汉学家穆素洁著，叶篱译的《中国：糖与社会——农民、技术和世界市场》（广东人民出版社，2009年），美国学者司徒琳主编，赵世玲译的《世界时间与东亚时间中的明清变迁》（生活·读书·新知三联书店，2009年）等。

文化交流。钟鸣旦的《礼仪的交织——以抄本清初中国天主教葬礼仪式指南为例》（《复旦学报》2009年第1期）通过考察清初中国天主教葬礼仪式活动的转化及其功能，探讨西方基督宗教制度与中国社会生活相遇时的冲突、交融、妥协与适应。张西平的《清代来华传教士马若瑟研究》（《清史研究》2009年第2期）揭示马若瑟在中国传教和向欧洲介绍中国文化问题上的思想基础。董建中的《传教士进贡与乾隆皇帝的西洋品味》（《清史研究》2009年第3期）考查乾隆时期的传教士进贡问题，总结其进贡类型和探讨传教士进贡时的心理状态，从中管窥乾隆皇帝的西洋品味。侯毅的《欧洲人第一次完整翻译中国法律典籍的尝试——斯当东与〈大清律例〉的翻译》（《历史档案》2009年第4期）探讨斯当东翻译《大清律例》的缘起、目的及其对清代法制的认识和《大清律例》英译本的影响与价值。王军、孟宪凤的《西学东渐与东学西渐——16—18世纪中西文化交流特点论略》（《北方论丛》2009年第4期）认为16—18世纪中西文化交流的特征为"中西文化双向互动"，具有文化平等交流和对话的性质。张先清的《"鞑靼"话语：十七世纪欧洲传教士关于满族的民族志观察》（《学术月刊》2009年第2期）认为17世纪欧洲传教士的民族志观察开启了欧洲了解中国多样性民族文化的先河。阚红柳的《传教士眼中的清代君主——以郭实腊〈道光皇帝传〉为中心》（《历史档案》2009年第2期）认为以郭实腊为代表的19世纪传教士的清代君主观念最终是落实在宗教的层面上,以宗教精神作为考量的最终标准。

中外贸易。 李怡然的《中美最早的商业贸易》(《历史档案》2009 年第 2 期)考察 1784 年首次开启中美贸易的情况。叶柏川的《俄国早期对华贸易中的贸易垄断政策》(《史学月刊》2009 年第 3 期)探讨俄国官方对华贸易政策的起因、形成、主要内容和演变过程及其弊端。唐博的《18 世纪中国政治视野下的"张元隆案"》(《史林》2009 年第 1 期)认为康熙末年的"张元隆案"反映出 18 世纪清廷对外贸易政策由宽松转变为收缩的趋势。何宇的《康雍时期的特使与中日贸易》(《辽宁大学学报》2009 年第 3 期)考察康雍时期清政府派特使赴日情况和取得的成功及其对中日贸易产生的影响。

中外交涉。 唐伟华的《试论清代涉外司法中的"一命一抵"》(《清史研究》2009 年第 2 期)分析清代在处理华洋命案时确立的"一命一抵"原则的实施与实效性,揭示这一特殊原则在早期中西关系发展中的历史影响。李育民的《晚清改进、收回领事裁判权的谋划及努力》(《近代史研究》2009 年第 1 期)指出废约意识淡薄,没有坚定的决心和方针是清政府改进、收回领事裁判权收效不佳的最根本原因。叶柏川的《戈洛夫金使团来华考论》(《中国边疆史地研究》2009 年第 4 期)认为国家利益诉求的不对等是戈洛夫金使团失败的根本原因,中国长久以来对外贸易的排斥是导致其失败的深层原因,而中西文化的激烈碰撞直接导致戈洛夫金使团的失败。王士皓的《玛也西号船事件及其国际影响》(《史学月刊》2009 年第 5 期)考察 1871 年玛也西号船事件的过程、中方反应及其产生的广泛影响。王海鹏的《清初"礼仪之争"与基督教"伤风败俗"观念的形成》(《兰州学刊》2009 年第 3 期)认为随着清初"礼仪之争"包含的"风俗之辨"的深入,基督教"伤风败俗"观念为大多数中国人接受,成为清前期实行禁教政策及官绅人士反教的重要依据。南昌教案研究值得关注。马自毅的《玩法徇私酿巨案——1906年南昌教案研究》(《华东师范大学学报》2009年第1期)认为南昌教案的真正起因是由于地方大员玩法徇私,事后欺上瞒下、弥缝推诿而致。杨雄威的《南昌教案与上海中西报战》(《历史研究》2009年第2期)详述南昌教案发生后,南昌县令江召棠死因不明问题而引发的上海中西报战的全过程,认为上海中西报战折射出当时民族情绪日益高涨,民教畛域广受关注的时代背景。该作者的《"独其一死可塞责"——江召棠之死与清末南昌教案》(《史林》2009年第6期)认为江召棠是由于被逼自刎而受伤,随后在江西大吏的劝导下选择了自尽身亡,中法善后合同体现出来的糊涂结局是中法双方互相让步的结果。

2010 年清史研究综述

◎ 王士皓　李立民

2010年的清史研究成果丰硕，至少有以下两点值得关注：1.对清代政治史的研究，进一步体现出回归政治原理的趋势，特别是通过与其他研究方法的交流互动，"国家认同"成为清代政治史研究的一个新的视角。2.在考证、个案等微观研究继续深化的同时，较长时段的明清整体研究和跨学科交叉研究的成果占有相当大的比例，尤其体现在社会、文化、学术、生态等领域。

本年度的学术会议在一定程度上反映了清史研究的状况，如中国人民大学清史研究所主办的"清代政治与国家认同"国际学术研讨会，探讨了清代政治文化、清代政治与官僚制度等方面的内容；中国社会科学院近代史研究所政治史研究室主办的"清代满汉关系史"国际学术研讨会，议题涉及清代满文档案、满族民族与国家认同、旗民关系与身份认同、八旗驻防、反满思潮等问题；中国社会科学院历史研究所主办的"杨向奎先生百年诞辰"纪念会，回顾了杨向奎先生的治学之道和他对清史学科建制上的贡献。此外，本年度关于或涉及清史研究的会议，还有中国社会科学院台港澳学术交流委员会主办的海峡两岸"土司制度与边疆社会"学术研讨会、南京大学中华文化研究院和江苏省金坛市人民政府主办的"段玉裁与清代学术"国际研讨会等。

以下进行分类介绍，需要指出的是，出于学科建制、篇幅限制和写作统一的考虑，研究时段起于晚清的研究成果本文基本没有收录。

一、政治

综合。常建华的《国家认同：清史研究的新视角》(《清史研究》2010年第4期)认为研究清代国家，应当回归国家存在的政治原理，不可囿于汉族本位和满族中心的看法，对于清朝而言，建立维护国家存在的统治秩序才是目的，从清朝统治的原理认识清朝政治应当是学术研究的基本出发点。李治亭的《论清朝的历史地位》(《社会科学战线》2010年第5期)从清朝是中国封建社会的最后一代王朝、是中国古代社会的终结、是中国历史发展的集大成者的角度对清朝的历史地位及其利弊得失进行了评价。

对于近年来社会史、文化史等新兴研究领域中提出的问题，《清史研究》组织了一次"清代政治史研究笔谈"，其中杜家骥的《从古代民族之私性、国家之公性谈清代满汉民族矛盾》(《清史研究》2010年第2期)从民族和国家的矛盾性与统一性的角度探讨了有清一代的满汉关系及其对政治走向的影响。杨念群的《重估"大一统"历史观与清代政治史研究的突破》(《清史研究》2010年第2期)认为，国内清代政治史研究要寻求新的突破，就必须首先对"大一统"历史观及其与清朝统治合法性的建立之间到底是何关系进行重新探讨，以寻求政治史研究的突破点。刘小萌的《清朝史中的八旗研究》(《清史研究》2010年第2期)就八旗研究的现状、未来发展以及如何回应美国"新清史"等问题提出见解。冯尔康的《清代帝王敬天的政治思想浅谈》(《清史研究》2010年第2期)探讨了康雍乾三帝在敬天观念中的特别关注和清朝敬天的政治理念落实到政治经济文化等的各种措施。

制度。 在政治制度研究中,对官僚制度的研究相对比较集中。刘凤云的《十八世纪的"技术官僚"》(《清史研究》2010年第2期)探讨了当时是否存在"技术官僚"及其作为等问题。 她的《两江总督与江南河务——兼论18世纪行政官僚向技术官僚的转变》(《清史研究》2010年第4期)通过两江总督对河务由临时性介入到职官制度确定的过程,揭示出行政官僚向技术官僚的转变。 常越男的《清代考课制度研究》(北京大学出版社,2010年)揭示了在皇权专制—官僚政治体制下,考课制度与皇帝、国家、官僚三者之间的互动关系。 华立的《新疆军府制下的理民体制与满汉员的任用》(《清史研究》2010年第4期)认为由于新疆独特的社会环境,伊犁将军无法对全疆实行简单的一元化直辖管理,需要划分区域并由其他军政官员来分担职责,这体现出清廷在治理新疆上的"因地制宜"。 傅林祥的《晚明清初督抚辖区的"两属"与"兼辖"》(《安徽大学学报》2010年第5期)认为省域巡抚与区域巡抚的辖区是互相重叠,而不是此盈彼缩,二者按规定的职能行使权力。 杨军民的《论清代总督的任期》(《广西师范大学学报》2010年第4期)认为总督任期的变化,与自雍乾以来朝廷和地方关系的变化及满汉关系的调整密切相关。 王娟的《清代河道总督职责研究》(《中国社会科学院研究生院学报》2010年第4期)认为河道总督除了治河之外,也监管地方治安、赈济灾民等事务,在清代社会发挥着举足轻重的作用。 魏光奇的《清代督抚监司监察制度的弊端与异化》(《河北学刊》2010年第2期)认为中国传统政治单纯通过"以官制官"的体制内监察,无法解决政府运作的规范与廉洁问题。

其他方面的制度研究，张双智的《清代朝觐制度研究》(学苑出版社，2010年)认为朝觐制度是一种积极防御性的策略，他的《清朝外藩体制内的朝觐年班与朝贡制度》(《清史研究》2010年第3期)探讨了针对"内属外藩"的朝觐年班制度和针对"境外外藩"的朝贡制度，认为二者有本质区别，体现出清帝对中华各民族统一体的民族、国家意识。周妤、黄水源的《清人论纳谏与谏诤之道》(《湖南科技大学学报》2010年第4期)以《清经世文编》中关于纳谏问题的文献为基础，从谏官之道、纳谏促致治、纳谏之道、进言之道和纳谏的最高境界为君臣一体五个方面分析了清代纳谏思想的内容和特色。

事件与人物。 关于帝王的研究：杨珍的《满文密折所见诚亲王允祉与雍正帝胤禛——兼论雍正帝"屠弟"问题》(《中日学者中国古代史论坛文集》，中国社会科学出版社，2010年)通过对两件没有具奏年月，由诚亲王允祉亲笔写的满文奏折的考察，认为这两件密折不仅披露了雍正帝与诚亲王允祉之间的纠葛，还为雍正帝屠弟之说提供了佐证。常建华的《新纪元：康熙帝首次南巡起因泰山巡狩说》(《文史哲》2010年第2期)认为康熙二十三年首次南巡的起因是清朝基本完成国家统一，适逢甲子年，仿照《尚书·舜典》圣王泰山巡狩。陈东的《乾隆朝进呈讲义始末考》(《清史研究》2010年第3期)认为乾隆时期进呈讲义大致可以分为早、中、晚三期，不同时期具有不同的特点，其目的不在帝王教育，而是更注重对大臣品性的考核与鉴别。章文永的《康熙帝统治后期对清官、能员的思考——以张伯行、噶礼互参案为中心的分析》(《清史论丛》2010年号)认为该案凸显了康熙帝后期用人察吏由首推清廉，逐渐向首重才能的转变。赵展的《刍议皇太极团结汉官与汉民的政策》(《中央民族大学学报》2010年第1期)认为皇太极作为满族一位杰出的政治家，奉行优待汉官与安抚汉民的政策，凸显出政治家的风范，极大地缓和了满汉之间的民族矛盾，促进了后金社会的发展。孙兵的《论雍正帝用人行政的主要特色——以〈朱批谕旨〉为考察中心》（《湖北社会科学》2010年第3期）认为雍正以一人之力监控臣僚难以奏效，无法杜绝官员取巧怠惰，不能有效激励臣下奋勉奉公，是其用人之道的根本缺陷。王日根、苏惠苹的《康熙帝海疆政策反复变易析论》（《江海学刊》2010年第2期）认为康熙帝力图沟通中央与地方、把握各方面的实态并及时调整政策，导致了康熙朝海疆政策中时禁时开、时严时弛、多有反复的现象。阎崇年的《清郑各庄行宫、王府、城池与兵营考》（《北京社会科学》2010年第6期）基本廓清了北京昌平郑各庄行宫、王府、城池与兵营的原貌、演变及其文化价值，纠正了《清史稿·允礽传》的记述错误。金恒源的《弘历出生地考》（《清史论丛》2010年号）认为弘历出生于山庄外狮子沟草房。

关于其他事件与人物的研究：美国英籍汉学家白亚仁的《清人笔下的庄氏史案》（《清史论丛》2010年号）利用清初与此相关的诗歌，集中讨论了史案中最关键的阶段，即顺治十八年至康熙二年。刘凤云的《战事中的非常规捐纳——论康熙朝平三藩开启的捐纳事例》（《中国人民大学学报》2010年第1期）认为"暂行事例"捐项客观上保证了清军在平定三藩战争中取得胜利，但它侵蚀着官僚体制，成为有清一代传统政治体制中的隐患。沈一民的《清南略考实》（黑龙江大学出版社，2010年）认为前后七次的"南略"从根本上改变了明清力量对比，另外"南略"不仅是明清间的军事斗争，还影响着华北地方社会。刘志刚的《时代感与包容度：明清易代的五种解释模式》（《清华大学学报》2010年第2期）系统探讨了民族革命、王朝更替、阶级革命、近代化，以及生态——灾害史研究五类对明清易代这一事件的解释模式，认为各种模式不是非此即彼的关系。邓锐龄的《清乾隆五十八年（1793）藏内善后章程的形成经过》（《中国藏学》2010年第1期）叙述了该章程的创始时间、议定程序、在文本的若干重大政策问题上中枢与地方如何往复讨论，以及其最后颁布、增修的经过。董建中的《"年选"考述》（《清史研究》2010年第4期）探源"年选"（年：年羹尧；选：铨选）说并辨析后世学者对"年选"的认识，认为"年选"的终结是清帝实现"乾纲独揽"的一个步骤。王东平的《战争的角落：平定准噶尔战争中两个清军战俘的人生际遇》（《中国边疆史地研究》2010年第2期）依据一份清代档案并结合《平定准噶尔方略》等文献，对清朝与准噶尔之战中被俘并转卖到库车的两名清军战俘的人生际遇进行了评析。冀满红、辛超的《试论两江总督任上的于成龙》（《山西师大学报》2010年第2期）认为于成龙在两江总督任上的突出贡献，是其践行儒家"三不朽"的人生理想的写照。

法律。 胡兴东的《中国古代判例法运作机制研究——以元朝和清朝为比较的考察》（北京大学出版社，2010年）在对元清两朝判例异同讨论的基础上，总结了中国古代判例法的基本特征及中国古代司法的特点，并比较了普通法系下判例法与中国古代判例法的异同。吴佩林的《清代地方民事纠纷何以闹上衙门——以〈清代四川南部县衙档案〉为中心》（《史林》2010年第4期）反思了目前学界对民间社会纠纷调解功能"单向度"的研究方法，认为应对"民间社会纠纷调解功能的有限性"引起足够的认识。他的《〈南部档案〉所见清代民间社会的"嫁卖生妻"》（《清史研究》2010年第3期）认为在四川南部县，"嫁卖生妻"没有被官方列入"县中恶俗"体现了衙门的处理方式与底层民众的生存逻辑呈现出相互吻合的一面。邓建鹏的《清朝〈状式条例〉研究》（《清史研究》2010年第3期）认为各地衙门颁行的《状式条例》，部分弥补了国家法典涉及规范诉讼的条文甚为零散和简陋的状况，成为清朝当事人所必知、影响至广的"诉讼法"。胡祥雨的《清代刑部与京师细事案件的审理》（《清史研究》2010年第3期）就刑部对京师细事案件的审理缘由及其变化进行梳理，指出其原因在于旗人尤其是皇族的特殊司法管辖以及清代京师审判制度的内在矛盾。张研的《清代知县杜凤治对于三件命案的审理——读〈杜凤治日记〉之三》（《清史研究》2010年第3期）认为从司法诉讼的角度看，"官"与"民"相阻隔，作为"亲民之官"，州县官员并不亲"民"，处于中间层次的"绅"发挥着重要作用。王旭的《法律与资源：以清代包头蒙租合同为中心分析规则的变迁》（《清史研究》2010年第4期）从制度变迁分析清代农牧交错地区的社会变迁，认为土地租佃权的变化，促成了蒙古地区社会管理方式的变化，并体现了国家法律与民间规则并存但不融合的状态。陈兆肆的《清代自新所考释——兼论晚清狱制转型的本土性》（《历史研究》2010年第3期）通过梳理清代自新所的初创、演变及在晚清的发展状况，探讨晚清狱制转型中的本土性资源问题。郑小春的《清朝代书制度与基层司法》（《史学月刊》2010年第6期）认为综观有清一代的基层司法实践，代书制度其实并没有起到统治者预设的控制效果。

军事。王戎笙的《厦门庚子海战引发的思考》（《清史论丛》2010年号）认为清军在顺康年间几次海战的失利，使清廷丧失了海战信心，进而制定了遗患无穷的"禁海迁界"政策，失去了跻身世界海上强国之林的机会。姚念慈的《准噶尔之役与玄烨的兴兵之由》（《燕京学报》2010年新29期）从考证准噶尔军入藏过程入手，引出玄烨的判断失误，然后联系清廷当时所处内外环境，探索玄烨兴起准部之役的真实动机。华立的《从日本的"唐船风说书"看康熙二十九年的乌兰布通之战》(《中国边疆史地研究》2010 年第 3 期)运用流传在日本的唐船风说书,结合清朝官书及其他史料,对历来占据主导地位的"清军大败噶尔丹"之说进行重新审视。彭陟焱的《乾隆朝大小金川之役研究》(民族出版社,2010 年)对乾隆两次平定金川的前因后果进行了系统研究,并整理了两次金川之役的大事编年。

民族与边疆。 梁俊艳的《西藏地方历史地位辨析——兼评〈西藏历史——达赖喇嘛访谈录〉清代部分》(《清史论丛》2010 年号)从顺治帝接见五世达赖的历史真相等三个方面,对《访谈录》中涉及清代的部分内容进行辨析,以还历史本来面目。白丽娜的《清乾隆朝富察家族与涉藏事务》(《中国边疆史地研究》2010 年第 3 期)以乾隆朝富察家族为例,对清朝重用"满洲"贵族作为边务大臣处理西藏事务进行了考察。黄维忠、张运珍的《清代西藏的物质生活》(《中国藏学》2010 年第 1 期增刊)从服饰、饮食、居住和出行四个方面叙述了清代西藏的物质生活。王希隆、王力的《略论清前期对回疆的经营》(《兰州大学学报》2010 年第 3 期)认为清初之经营回疆,打破了明代以来闭嘉峪关自守的局面,为乾隆朝统一新疆奠定了坚实的基础。

阿鲁贵·萨如拉的《论清代呼伦贝尔地方的旗兵制度及其特征》(《中国边疆史地研究》第 1 期)对清代呼伦贝尔地方旗兵制度的特点及产生原因、兵役制度的性质等问题做了探讨,认为有清一代呼伦贝尔地方的兵丁制度以旗兵制度为主。李金轲、王希隆的《土尔扈特蒙古西迁后的经济状况及其对东归的影响》(《中国边疆史地研究》2010 年第 1 期)认为经济状况恶化是促使土尔扈特蒙古东归的原因之一。赖惠敏的《清代归化城的藏传佛寺与经济》(《内蒙古师范大学学报》2010 年第 3 期)探讨归化城的寺庙与喇嘛及其经济活动，并从牧场屯垦方面分析清代治理蒙古的政策。

孙静的《试论雍正帝对东北地区"满洲本习"的维护》(《北方论丛》2010年第3期)认为此举对维护满洲民族共同体的发展、壮大产生了深远的影响。滕绍箴的《论清代"三姓"八旗设立与副都统考补》(《中央民族大学学报》2010年第5期)考察了清初赫哲族编组佐领开始的时间、赫哲族大迁徙的历史背景、"三姓"新城建筑时间和副都统设置时间、副都统旗籍缺漏和署副都统补遗等问题。

何一民的《国家战略与民族政策：清代蒙古地区城市之变迁》(《学术月刊》2010年第3、4期)和《清代东北地区城市发展与变迁》(《四川大学学报》2010年第1期)、侯宣杰的《论清代内陆边疆城市发展的特征》(《云南民族大学学报》2010年第4期)、马天卓的《清代四川土家族苗族地区的城市发展——以川东南三厅为例》(《西南民族大学学报》2010年第10期)探讨了清代不同民族、边疆地区的城市发展问题。

二、经济

宏观经济。 李伯重的《中国的早期近代经济——1820年华亭—娄县地区GDP研究》(中华书局，2010年)以1823—1829年华亭—娄县地区的GDP为对象，对19世纪初期中国的经济状况进行个案研究，认为从比较经济史的角度看，19世纪20年代的华娄地区已经是一种近代型经济。刘逖的《论安格斯·麦迪森对前近代中国GDP的估算——基于1600—1840年中国总量经济的分析》(《清史研究》2010年第2期)认为，麦迪森的估算总体上看过于简略，在统计技术上也存在诸多不足，对于前近代中国占世界GDP的比重，麦迪森大约高估了三分之一。

农业。美籍华裔历史学家李中清著,秦树才、林文勋译的《清代中国西南的粮食生产》(《史学集刊》2010 年第 4 期)认为清代后期中国西南的耕地远多于史志所载,西南边缘地区取代中心区成为主要的粮食生产和输出区。程方的《清代山东农业改制述论》(《齐鲁学刊》2010 年第 3 期)探讨了明末清初形成、清中期前后逐渐发展成熟的麦豆复种为主的两年三熟制。周全霞的《清康雍乾时期的酒政与粮食安全》(《湖北社会科学》2010 年第 7 期)认为从禁酒到税酒的变化,一方面说明了这一时期粮食问题比较突出,另一方面也说明政府制定政策更加注重可行性问题。李祖基的《论雍正年间台湾"番"地开垦政策的变化——以〈巡台录〉为中心》(《台湾研究集刊》2010 年第 3 期)认为劝垦"番"地体现了雍正年间对台湾的土地开垦政策有了十分明显的变化。

工商业及国内贸易。贺喜的《乾隆时期矿政中的寻租角逐:以湘东南为例》(《清史研究》2010 年第 2 期)通过对湘东南郴州和桂阳州矿政的讨论,揭示矿政变化背后官与商、省与州之间就矿厂管理权所发生的种种纠葛以及官办与市场之间的矛盾。蔡家艺的《清代新疆玉石的开采与输出》(《中国边疆史地研究》2010 年第 3 期)认为新疆输往内地之玉石,数量最多的是叶尔羌玉,其次才是和阗玉。张渝的《清代中期重庆的商业规则与秩序:以巴县档案为中心的研究》(中国政法大学出版社,2010 年)探讨了清代中期重庆这个特定区域的行会习惯法的发展及其变迁、地方政府于民间商业社会构建行会习惯法的种种努力等问题,认为在习惯法的研究中应当做到"官民互视",不宜把对行会习惯法的研究单极化、孤立化。邓亦兵的《清代前期全国商贸网络形成》(《浙江学刊》2010 年第 4 期)探讨了主要贸易路线与交易设施和全国商路网形成。张海英的《明清商业思想发展及其转型困境》(《社会科学》2010 年第 2 期)运用制度经济学的方法对明清时期商人著述进行了分析。徐春燕的《清代中期的商人及其经营状况探究——以李绿园的〈歧路灯〉为视角》（《郑州大学学报》2010年第5期）以清代白话小说的内容为视角探讨了清代中期商人的经营活动及观念。李建萍、樊嘉禄的《从清代扬州务本堂看徽州盐商商儒价值观的内涵》（《安徽史学》2010年第6期）认为务本堂的设立不仅是徽州盐商顺应商品经济发展的一大举措，也标志着在特定时代背景下徽州盐商价值观念的转变和突破。王裕明的《明清分家阄书所见徽州典商述论》（《安徽大学学报》2010年第6期）认为徽州典商兴衰是徽商兴衰和明清金融市场变迁的共同结果，不能将其衰落原因简单归结于咸同兵燹等外部因素。

刘正刚、何横松的《海洋贸易与清代粤北经济的变化》（《学术研究》2010年第6期）认为粤北山区经济的商业化只是在过境贸易下出现的一种临时性的虚假繁荣。胡铁球的《明清贸易领域中的"客店"、"歇家"、"牙家"等名异实同考》（《社会科学》2010年第9期）认为"歇家牙行"模式在贸易领域经营方式的内涵上是名异而实同的。

财政与赋税。 陈桦的《清代财政与贫困救助》（《史学月刊》2010年第6期）认为清代财政对社会救助主要体现在救灾救荒方面，而贫困救助不得不更多地依赖于基层社会。陈永成、陈光焱的《清代养廉银制度的起因分析》（《广西社会科学》2010年第2期）认为雍正时期养廉银制度改革实源于不合理的财政分配。柏桦的《明清州县衙门陋规的存留与裁革》（《史学集刊》2010年第3期）考察了陋规的来源和中央王朝、各级官员及学者对存留或裁革陋规的态度，认为在州县经费缺乏的情况下，陋规的出现不可避免，但它从根本上威胁到了王朝的统治秩序。倪玉平的《清朝嘉道关税研究》（北京师范大学出版社，2010年）根据档案资料做出的连续性系统统计，表明嘉道时期关税征收保持在 500 万两左右的水平，相较乾隆时期并没有出现大幅度的下降，他的《清朝嘉道时期的关税收入——以"道光萧条"为中心的考察》(《学术研究》2010 年第 6 期) 也认为嘉道时期关税量的变化，不是论证"道光萧条"的依据。安介生、李钟的《清代乾隆晋中田契"契尾"释例》(《清史研究》2010 年第 1 期) 通过对晋中地区乾隆年间的数份"契尾"实物的分析，证明了乾隆改革前后"契尾"在形制与内容上所发生的明显变化，成为当时税契制度改革可贵的旁证。晏爱红的《清代中期关于漕粮加赋的三次政策辩论》(《史林》2010 年第 5 期) 认为经过嘉道两朝对漕粮"加赋"的辩论，咸同之际江南漕务的改章"加赋"，是在农民革命打击下统治阶级的曲线让步。

产权。曹树基、高杨的《送户票与收粮字：土地买卖的中间过程——以浙江松阳石仓为中心》(《华东师范大学学报》2010 年第 4 期) 认为石仓的"送户票"与"收粮字"所反映的土地交易中间过程，证明了浙南山区地权之分化，由此推论只要存在土地的信贷市场，就一定存在"田底"与"田面"之分化。单丽、曹树基的《从石仓土地执照看花户内涵的衍变与本质》(《社会科学》2010 年第 8 期) 认为"花户"与人户的对应形式是多种多样的，从本质上来说"花户"并非实际存在的人户，而是田赋征收机构统计在册的纳税单位。王俊霞、李刚、广红娟的《明清陕西商人"合伙股份制"经营模式初探》(《西北大学学报》2010 年第 3 期) 认为陕商"合伙股份制"模式是一种具有有限责任公司性质的企业制度，比西方早了 300 年。

货币。陈春声、刘志伟的《贡赋、市场与物质生活——试论十八世纪美洲白银输入与中国社会变迁之关系》(《清华大学学报》2010 年第 5 期) 认为当时白银作为一种货币，是在贡赋经济的背景下流通的，在 18 世纪的中国没有引发明显的通货膨胀。王萌的《康熙朝后期的铜政改革与内务府官商》(《清史研究》2010年第1期)认为铜政改革在前期取得了一定的效果，但最终造成内务府内库侵凌户部国库的恶例，体现出清朝君主高度专制下财政运作上的一个恶瘤。晁中辰的《清代有"康乾盛世"，为何没有近代工业——以清前期高利贷为研究中心》(《社会科学辑刊》2010年第4期)认为清代高额利率像磁石一样吸引着各种货币资本投向借贷领域，致使产业资本难以扩大。

人口。张鑫敏、侯杨方的《〈大清一统志〉中"原额人丁"的来源——以江南为例》(《清史研究》2010年第1期)揭示了三版《大清一统志》中的江南"原额人丁"的来源，认为其含义复杂、定义不一，在研究中不可简单利用。郭松义的《清代北京的山东移民》(《中国史研究》2010年第2期)探讨了在京鲁籍百姓的原居府县、进京后从事的行业，以及在拼搏中的成功与挫折。张士尊的《清代乾隆年间奉天民人口数探究》(《东北师大学报》2010年第4期)认为到乾隆末年，奉天已经由一个人口输入区转变为人口输出区。冯玉新的《清代哈密人口规模考论》(《甘肃社会科学》2010年第4期)对康熙三十六年哈密附清，至宣统末年这一时段内三个不同时间断面的哈密人口规模，进行了复原研究。

三、社会

社会运行。赵世瑜的《"不清不明"与"无明不清"——明清易代的区域社会史解释》(《学术月刊》2010年第7期)认为从区域社会史的角度观察，易代时期在不同地区、不同时段不断出现反复而未立即确立某一正统的状态，而这种状态又与该区域历史发展的长期特点有关。张研、钱蓉的《清代知县剿匪面面观——以广东三知县剿匪故事为中心》(《安徽史学》2010年第3期)以清代广东三位知县的剿匪故事为中心,揭示了清代基层社会"匪"、"绅"、"官"的关系,由此反映了清代基层社会控制体系——上层政权控制与乡村社会自身控制的连接。黄忠怀的《清初直隶方志中的村落数据问题与农村基层管理》(《史学月刊》2010年第10期)认为清初直隶地方志所载村落数据存在的问题,不仅反映了清初保甲制度的实施状况,也反映了村落作为基层管理单元的历史变迁。梁勇的《清代中期的团练与乡村社会——以巴县为例》(《中国农史》2010年第1期)通过巴县乡村社会办理团练的运行实态,认为团练相对于保甲,具有临时性和全面性的特点。王亚民的《清初知县乡村治理特点研究》(《东岳论丛》2010年第6期)认为知县乡村治理"统域"与"自域"的历史传统,客观上成为社会主义村民自治建设的历史基因。冯贤亮的《从国家到地方:清代江南的府县秩序与行政控制》(《学术月刊》2010年第5期)认为府与县之间的矛盾冲突,隐含了地方政府的行政实践及其与国家相关制度描述的差距。魏影的《清代京旗回屯问题研究》(黑龙江大学出版社,2010年)对清代京旗回屯的缘起、京旗移驻东北始末、京旗回屯区内管理体制、京旗回屯的失败及其所产生的客观效果等方面进行阐释、研究。

社会结构与社会组织。 宗族研究仍然是社会史研究的重点之一。冯尔康的《略述清代宗族与族人丧礼》(《安徽史学》2010年第1期)认为清朝人的丧礼,有益于家庭、社会的正常延续,发挥了积极的社会作用。曹立前、张占力的《明清宗族保障与基层政权运行关系浅析》(《山东师范大学学报》2010年第5期)认为明清时期,君主专制空前加强,宗族与政权既有家国同构、互促共存的一致性,也有强霸一方、挑战权威的矛盾和斗争。叶舟的《中国传统社会中的宗族与城市:以清代常州为中心》(《史林》2010年第3期)认为宗族的城居化既是宗族内部血缘和阶级分化的结果，也是城市商业发展的结果，但这种分化不会毁坏宗族的凝聚力，还会加快宗族的发展。李甜的《旌德隐龙方氏与清代徽州宗族组织的扩大》（《安徽史学》2010年第6期）探讨了毗邻徽州的宗族与徽州宗族之间的互动关系背后所展现的利益动机。刘道胜的《众存产业与明清徽州宗族社会》（《安徽史学》2010年第4期）探讨了众存产业的形成、特点、与宗族组织的关系，以及民间众存关系普遍存在的社会学背景。涉及徽州宗族的研究，还有周晓光的《明清徽州民间的众存祀会》（《安徽师范大学学报》2010年第2期），张金俊、王文娟的《清代徽州宗族社会的组织控制》（《安徽师范大学学报》2010年第2期）、陈瑞的《明清时期徽州宗族中的房长及其权力》（《安徽大学学报》2010年第6期）等。丁慧倩的《社会资源与家族化进程——以明清青州穆斯林家族为例》（《兰州大学学报》2010年第3期）认为两个家族在各自的发展道路取得的成功，可以视为是其宗教生活、群体组织及其内在运行机制本土化的具体实践。

唐晓涛的《清中后期村落联盟的形成及其对地方社会的意义——以"拜上帝会"基地广西浔州府为例》（《清史研究》2010年第3期）认为村落联盟在清中后期成为地方进行乡村整合的重要形式，更随着朝廷制度的变化，借用国家行政法规术语来使自身的存在合法化，成为地方最主要的社会结构。韩国学者尹恩子的《清代哥老会山堂考——山堂组织的发展与等级结构的变迁》（《清史研究》2010年第1期）认为山堂名称包含着山堂的权威、会首的皇权意识，同时显示了组织成员的共同理念和追求，哥老会山堂复杂的结构特点，成为其组织发展的基础与动力。此外关于社会组织的研究还有张小坡的《清代江南宾兴组织的演变及运作》（《安徽大学学报》2010年第5期）、吴欣的《明清京杭运河河工组织研究》（《史林》2010

年第 2 期）等。赖惠敏的《清代的皇权与世家》（北京大学出版社，2010 年）借鉴人口统计、族谱分析等社会学研究方法，对清代著名世家大族的家族形态、人口成长、地域分布，及其与皇权的关系等论题进行了深入、全面的讨论。徐斌的《明清鄂东宗族与地方社会》（武汉大学出版社，2010 年）考察了明清时期鄂东地区宗族组织形成与发展过程中的户籍、赋役等政策的影响，以及祖先崇拜与神祇崇拜之间的关系等。

灾荒。郭松义的《清代的灾赈》（《清史论丛》2010 年号）重点从制度层面探讨了清代的灾赈，认为就制度而言，乾隆时已趋于完备，至于灾赈积弊，更多的应是吏治问题。吴晓玲、张杨的《论清代灾后赈济制度及其成效》（《南昌大学学报》2010 年第 5 期）探讨了清代不同时期钱粮赈济、蠲缓、鼓励贩运与调粟平粜、借贷和工赈及安缉灾民等制度措施。夏明方的《救荒活民：清末民初以前中国荒政书考论》（《清史研究》2010 年第 2 期）对"荒政书"的内涵与外延做出新的界定，对由此反映出的中国救荒思想与救荒制度的延续与变动也做了概要性的论述。李德楠的《清代江浙漕粮赈闽及相关问题探析》（《山东师范大学学报》2010 年第 5 期）认为清代漕粮赈闽的数量和次数虽然有限，但它不仅凸显了政府对粮食市场的积极调控以及对民生的重视，而且表明了漕粮功能的进一步社会化。卜永坚的《1708 年江南饥荒的政治经济学》（《河北大学学报》2010 年第 2 期）探讨该时期的粮食价格涨跌、政府赈济措施及地方各种集团的应变之道。

宗教。法国汉学家高万桑著，曹新宇、古胜红译的《清代江南地区的城隍庙、张天师及道教官僚体系》（《清史研究》2010 年第 1 期）探讨了清代江南地区城隍庙中道士的社会角色，认为通过城隍庙及以城隍庙为中心的道教官僚体系，江南的道士精英参与了帝国的国家建设。日本学者武内房司著,刘叶华译的《中国民众宗教的传播及其在越南的本土化——汉喃研究院所藏诸经卷简介》(《清史研究》2010年第1期)探讨中国民众宗教传播到越南的可能途径以及越南本土对这些经卷的传写、刊刻及编译。王见川的《青莲教道脉源流新论——兼谈九祖"黄德辉"》(《清史研究》2010年第1期)考证该教流传的祖脉源流系谱,认为教中九祖"黄德辉",对照档案记载,就是黄廷臣。李为香的《明清道教神仙信仰的民众化》(《求是学刊》2010年第3期)认为这一民众化过程既是明清社会大变动格局之下的产物,同时也凸显了中国文化的一体化与交融性。刘平、唐雁超的《明清民间教派中的道教因素》(《安徽史学》2010年第6期)认为明清民间教派中道教色彩浓厚的教派众多,体现了道教世俗化、民间化的诸多流行要素,这些教派从道教中吸收的重要养分就是内丹修炼方法。张振国的《从入教动机看明末至清中前期中国平民信徒的信仰心理》(《东岳论丛》2010年第9期)认为相当一部分平民信徒归化背后的真实推动力并不是天主对天堂永福的承诺,而是他们对现世福祉的祈愿。

社会生活。钱蓉、赫晓琳的《从〈燕行录〉看康乾时期中国民俗文化》(《史学月刊》2010年第6期)考察了这一时期朝鲜《燕行录》中关于清代服饰、说唱艺术和戏剧文化等的记载。胡瑞的《试论明清以来江南内河水运中的船夫生计》(《史林》2010年第4期)考察了四种船夫群体,认为他们的生计状况既得益于江南水域经济的恩泽,同时也与陆地农民一样受到传统官僚管理政策的压制而呈现出不平衡性和不稳定性。宋立中的《闲隐与雅致:明末清初江南士人鲜花鉴赏文化探论》(《复旦学报》2010年第2期)认为由于科举仕途的挫败感,导致了明末清初江南士人在鲜花鉴赏的特定场域中,达到了情感表达、物我交融的生命自足状态,营造了闲雅的休闲文化。王健的《明清江南民间信仰活动的展开与日常生活：以苏松为例》(《社会科学》2010年第2期)认为民间信仰活动的开展不仅仅关乎信仰层面，同时也是一些群体借以谋生的途径，这应该是其屡禁不绝的一个重要原因。徐永斌的《明清时期杭州的文人治生》(《安徽史学》2010年第3期)探讨了这一时期杭州文人治生的途径、手段及原因。王华锋的《颠簸：政权真空下的民众生活——以18世纪福建沿海民众与海盗关系为中心》(《福建论坛》2010年第9期)认为民众身份的复杂性与清王朝的海疆政策息息相关。陈伟明、兰静的《清代澳门生活资料的来源与特点（1644—1911）》(《暨南学报》2010年第5期)认为本地自给、内地供给和外贸供应三种方式，既体现了清代澳门社会生活消费品的来源与供给的外向型特点，也体现了政治性或者说是政策性的特点。程美宝的《水上人引水——16—19世纪澳门船民的海洋世界》(《学术研究》2010年第4期)集中讨论这一时期专门为欧美来华贸易船只担任"引水人"的船民的状况。

疾病。佳宏伟的《雍正朝官员患病类型及其死亡率——基于吏科题本的量化分析》(《厦门大学学报》2010年第2期)通过分析官员群体的患病类型及死亡率状况的量化数字，提示医史学界，"病人"及其医疗效果的考察应该得到更多的关注。

四、学术

学术派别及其流别。陈祖武的《江南中心城市与乾隆初叶的古学复兴》(《中国史研究》2010年第1期)通过梳理江南与徽州诸儒、苏州紫阳书院、卢见曾及其扬州幕府以及惠栋、戴震、钱大昕等学者的学术活动与学术成果，探讨了清中期古学复兴潮流在苏州、徽州、扬州等江南中心城市的发展演变。马延炜的《清代中叶的汉宋之争与桐城派——以清国史馆〈儒林传〉初稿为中心》（《安徽史学》2010年第4期）认为清国史馆将桐城学者列入《文苑传》，反映了汉学学者利用学术史编修以扬汉抑宋、为汉学争取儒学正统的目的，以致桐城学者在古文、辞章之外的其他成就长期没有得到应有的重视。张昭军的《从复"义理之常"到言"义理之变"——清代今文经学家与程朱理学关系辨析》（《清史研究》2010年第2期）认为这种转变既说明程朱理学渐失人心，又显示出儒家传统内部蕴含"自改革"的活力。朱昌荣的《雍乾之际程朱理学"式微"考察》（《清史论丛》2010年号）梳理了雍乾之际程朱理学渐趋衰微的表现，并从当时的社会史、政治环境、学术转型与学术思潮等角度分析了程朱理学"式微"的原因。汪学群的《清初经学的特色及影响》（《杭州师范大学学报》2010年第5期）认为清初经学的四大特色是：绾理学于经学之中、群经辨伪、编纂经籍、通经致用。

学术人物。 马延炜的《王夫之与明清之际学术发展的新趋向》（《船山学刊》2010年第2期）认为王夫之的治学和著述反映了这一时期儒学提倡经世致用和重视经典考据的新趋向。肖建原的《王夫之对老子"有无"之生的思维研究》（《西北大学学报》2010年第1期）通过研读《老子衍》，认为王氏以儒家之"有"合道家之"无"，体现了其天人合一的思维方式。何奕恺的《清代学者象传研究》（上海古籍出版社，2010年）从文献学、史源学、肖像学和传记学等多种视角，对清代学者进行了专题研究。乔治忠、李金华的《毕沅幕府修史在乾隆时期史学发展中的地位》（《求是学刊》2010年第1期）认为以编纂《续资治通鉴》与《史籍考》为代表，毕沅幕府修史打破了朝廷垄断，挑战了官方对史学遗产总结的主导地位。徐道彬的《戴震学术地位的确立与"西学中源"论》（《清史研究》2010年第3

期)论述了戴震学术地位的确立与他在"西学东渐"中的态度有关,凸显了传统士大夫在学术与政治之间的艰难应对。周文玖的《章学诚的史学变革思想》(《史学月刊》2010年第11期)考察了章学诚在史意、历史编纂学、历史文学三个方面表现出的变革思想。林存阳的《史料·个案·宏通——郑天挺先生研治清史的启示》(《聊城大学学报》2010年第4期)梳理了郑天挺先生的学术历程和治学特点,认为郑先生以坚实的史料为根基,以个案探讨为突破,以宏通视野为涵摄,即其长期潜研清史探索出的一种新治学模式,嘉惠学林匪浅。此外关于学术人物的研究,还有胡明辉、董建中的《青年戴震:十八世纪中国士人社会的"局外人"与儒学的新动向》(《清史研究》2010年第3期),曹江红的《戴震与卢见曾幕府研究》(《清史论丛》2010年号),刘延苗的《章学诚史学思想中的历史理解问题》(《西北大学学报》2010年第2期),刘文英的《崔述治学的文化环境》(《清史研究》2010年第1期),汤城的《王夫之直笔思想二题》(《史学史研究》2010年第1期),朱政惠、陈勇的《章学诚的史学批评理论及其借鉴意义》(《史学史研究》2010年第1期)等。

学术文化典籍。 林存阳的《万斯同〈庙制图考〉小识》(《清史论丛》2010年号)梳理了《庙制图考》的版本,分析了《四库全书》所收《庙制图考》的依据及现存各种版本间的异同,论述了该书的学术价值。徐道彬的《〈善余堂文集〉辨伪》(《中国典籍与文化》2010年第4期)通过公私文献著录、文体风格和思想内容,对该书的真伪情况做了翔实考论,认为《善余堂文集》并非全部都是江永的作品,并由此对江永的治学思想和风格加以阐释,展示了江永在中国学术史上的重要影响。喻春龙的《清代辑佚研究》(上海古籍出版社,2010年)考证出清代有辑佚成果者456人,辑本种类广涉四部,对戴震、周永年等学者的辑佚成果进行了评述,对《清史稿艺文志拾遗》做了必要的纠谬补阙。张晓刚、国宇的《〈海国图志〉与日本世界观念的重构》(《北华大学学报》2010年第5期)认为《海国图志》传入日本后，日本有识之士通过该书开始了对世界的新探索，并批判地继承了书中的精华，为日本早期的现代化进程做出了贡献。

五、文化

文化政策。 吕文利的《清廷的正统理论及文化建设》(《中国边疆史地研究》2010年第2期)认为清朝统治者为维护正统的合法性，进行了大规模的文化建设，以使"大一统"的意识形态成为主流思想。王胜军的《论康熙治国与清初文化软实力》(《湖南大学学报》2010年第1期)认为康熙帝建立了一个以程朱理学为中心，又杂以佛、道的文化为支撑，融合农耕、游牧两种文明的文化软实力体系。刘方玲的《清初优礼衍圣公与祭孔仪式正当性》(《北方论丛》2010年第1期)认为作为道统象征的孔府是现实王权道统形象的陪衬。石昌渝的《清代小说禁毁述略》(《上海师范大学学报》2010年第1期)按时序记叙有清二百多年禁毁小说的重要政策举措及其对小说发展的影响。

历史记忆与观念流播。 李华川的《"西人掠食小儿"传说在中国的起源及流播》(《历史研究》2010年第3期)认为"西人掠食小儿"传说既有某种历史事实的影子，又掺杂了相当多的想象成分，而在深层意义上，这一传说既是人类共同的排外心理的折射，也与国人传统的华夷观念及修炼方术脱不开干系。杨念群的《何处是"江南"？——清朝正统观的确立和士林精神世界的变异》(生活·读书·新知三联书店，2010年)探研了清朝"正统观"建立的复杂背景和内容，考察了江南士人在与清朝君主争夺"道统"拥有权的过程中，如何从"道统"的拥有者，最终成为"大一统"的协从者。申红星的《明清时期豫北地区移民问题探析——以山西洪洞大槐树移民传说为中心》(《求是学刊》2010年第2期)认为移民传说的流传反映了移民宗族对维护自己实际利益的诉求。徐忠明、杜金的《明清刑讯的文学想象：一个新文化史的考察》(《华南师范大学学报》2010年第5期)认为从宏观角度来看，刑讯制度与其实践，与帝制中国专制权力的不断强化、汉代以降"儒法合流"的正统意识形态、明清时期的审判模式、"报"的观念以及"棍棒"文化都有着密切的关系。

政治文化。林存阳的《礼乐百年而后兴——礼与清代前期政治文化秩序建构》(上、下，《井冈山大学学报》2010年第2、3期)认为清统治者意识到礼之于政治和社会的重要性，从思想和制度等层面进行了探寻和制作。清廷的这一取向，既缘于其政治文化治策调适和君主专制集权强化的需要，也是对传统"制礼作乐"理想之治的新尝试。王彦霞的《清代政治与通鉴学》(《河北学刊》2010年第5期)探讨了清初、乾嘉时期、道咸以后政治对通鉴学的影响。田勤耘的《清代封建论的特征》(《史学月刊》2010年第11期)认为清代封建论的顽强表达及其阶段性特征凸显了儒家文化与君主专制之间的尖锐对立，以及儒家思想强烈的现实关怀品质。

六、教育

学政。安东强的《"剔除学政十弊"：清初学政积弊与考核制度》(《清史研究》2010年第1期)认为逐渐确立起来的"剔除学政十弊"的制度，对于保证科举与学校选拔人才的公正、公平发挥了重要作用。崔来廷的《清代书院的办学体制探究》(《河南师范大学学报》2010 年第 1 期)探讨了清代不同时期官办、民办、官倡民办和官办民助四种办学体制,认为自乾隆以降,清代书院逐渐形成了以官办书院为主体、社会力量广泛参与的多元化办学体制。霍有明的《清代科举文献与科举制度的文化观照——以〈钦定学政全书〉为中心》(《武汉大学学报》2010 年第 4 期)探讨了科举重实学、科举制度合理性之争、八旗科举及书院教育等问题。

科举。贺晓燕的《试论清代科举制度中的"发领落卷"政策》(《清史论丛》2010 年号)认为"发领落卷"带动了科举制度诸多环节的完善,促进了科举制度的成熟,具有监督考官、平反冤案、安抚和资助落第士子的作用,是科举史上一项充满人文关怀、以人为本的政策。王洪兵的《清代顺天科举冒籍问题研究》(《清史论丛》2010 年号)认为虽然官方有一系列应对机制,但作为科举制度下的普遍现象和痼疾,冒籍跨考在有清一代难以从根本上予以清除。邹长清的《清代乡试覆试考论》(《清史论丛》2010 年号)认为道光十五年后确立的乡试覆试制度以"杜悻进,拔真才"为主要目的,在一定程度上防止了舞弊行为的发生,维护了科举的相对公正性。刘希伟的《清代科举考试中的"商籍"考论——一种制度史的视野》(《清史研究》2010 年第 3 期)从制度史的视野出发,解析"商籍"含义,梳理清代商籍的设置与变更状况,并探讨其应考条件以及相关的冒籍问题。陈凌的《明清松江府进士人群的初步研究》(《史林》2010 年第 2 期)通过大量数据和图表,说明松江府地区的科举在明、清两代间相差悬殊,远超过江南其他地区,折射出政治、经济、社会发展的时代烙印。左松涛的《清代生员的进学年龄》(《史学月刊》2010 年第 1 期)以近年出版的"北京图书馆藏珍本年谱丛刊"所收清人年谱为依据,得到平均为 19.72(虚)岁的结果,比之前估算

（平均年龄为 24 岁）的要低得多。王日根的《明清科举的正途与异途——关于福建、江西、安徽族谱资料的分析》(《安徽史学》2010 年第 2 期）通过对相关族谱资料的分析，认为家族中的正途出身与异途出身往往相互支撑，共同为家族的延续和发展做出贡献。刘虹的《清代顺天乡试特点刍议》(《湖南大学学报》2010 年第 3 期）认为顺天乡试特点表现为：顺天的乡试贡院也是全国的会试场所、乡试名额名列前茅、"冒籍"现象突出、乡试案频仍并且量刑过重，甚至科举改革也从顺天贡院开始。张永江、陈力的《入关前八旗蒙古科举考》(《北方论丛》2010 年第 2 期）认为许多底层的八旗蒙古人，凭借科举博取功名，并顺利入仕。董佳贝的《乾隆朝殿试策问考题研究——侧重与当时社会治理的关系》(《学术界》2010 年第 5 期）认为乾隆帝通过殿试策上传递出的这些侧重与偏好，与当时的士习官风有着紧密的互动关系。姜传武的《清代江西乡试研究》(华中师范大学出版社，2010 年）勾勒了清代江西乡试的基本概况，揭示了清代江西乡试的内外帘官制度、活动及其特点，探讨了江西解元与举人的地理分布与特点。

七、历史地理

环境与生态。 张莉的《从环境史角度看乾隆年间天山北麓的农业开发》(《清史研究》2010 年第 1 期）从环境史的角度出发，集中探讨了乾隆年间天山北麓农业开发活动中人与自然环境之间的关系。关亚新的《清代柳条边对东北地区生态环境的作用及影响》(《史学集刊》2010 年第 6 期）认为随着清朝统治者对柳条边的修筑、失修和废弛，客观上演绎了清代东北生态环境从恢复、发展到渐进破坏的过程。程森的《国家漕运与地方水利：明清豫北丹河下游地区的水利开发与水资源利用》(《中国农史》2010 年第 2 期) 认为丹河下游地方水利开发和水资源利用，始终处于与北方漕运用水的矛盾与调和之中。王晗的《清代绥德直隶州土地垦殖及其对生态环境的影响》(《中国农史》2010 年第 2 期) 通过对历史地貌的解读和判识，认为清代的绥德直隶州伴随着自然灾害、社会变革和国家政令等方面的影响，土地利用与自然环境之间处于不稳定的状态。吴海涛的《元明清时期淮河流域人地关系的演变》(《安徽史学》2010 年第 4 期) 认为元明清时期其人地关系已演变为严重不协调状态，黄河南泛、战乱较多、农业生产结构单一是对其人地关系影响较大的几个因素。程森的《清代豫西水资源环境与城市水利功能研究——以陕州广济渠为中心》(《中国历史地理论丛》2010 年第 3 辑) 探讨了广济渠的兴修及入清以后在改善城市风水、促进地方教育的功能转变和解决官民用水矛盾等问题上的作用。

行政区划与疆域。 侯杨方的《清代十八省的形成》(《中国历史地理论丛》2010 年第 3 辑) 探讨了清代"十八省"的形成过程，指出"省"与"十八省"并非清代的正式政区，不能简单套用现代政区的"省"来阐释清代的历史。林岗的《从古地图看中国的疆域及其观念》(《北京大学学报》2010 年第 3 期) 认为经过清朝的统治和现代民族解放运动，本部与周边的历史痕迹逐步消退，中国由王朝国家演变成现代民族国家。贾建飞的《清代西北史地学研究》(新疆人民出版社，2010 年) 认为清人的西北史地研究不仅融纪闻、考察、考据、测绘等为一体，更对改变人们根深蒂固的新疆观（西北边疆观）起到了非常重要的作用；他的《清代中原士人西域观探微》(《清华大学学报》2010 年第 3 期) 认为清政府派左宗棠收复新疆并在新疆设立行省，以及西北史地学的蓬勃发展，都是清人西域观不断发展变化的有力佐证，而这种变化对于近代中国疆域的最终形成具有不可忽视的影响。邹逸麟的《清代集镇名实初探》(《清史研究》2010 年第 2 期)认为,清代的镇并非县以下一级管理地方或征收商税的机构,凡是有一定集中的人口、商业比较繁荣的聚落(集市),往往被人们称为镇。陈业新的《清代皖北地区行政区划及其变迁》(《清史研究》2010 年第 2 期)探讨清代皖北府(直隶州)、县(散州)的设置与变动,认为区划的变动过程也是国家控制力量在空间配置、调整的过程。陆韧的《清代直隶厅解构》(《中国历史地理论丛》2010 年第 3 辑)认为直隶厅是清朝在大量汉族移民进入边疆民族地区后而创设的一种特殊的行政区划。

地图。蓝勇、金兰中的《清乾隆〈金沙江全图〉考》(《历史研究》2010 年第 5 期)认为该图对研究金沙江沿途历史,特别是对于研究清代金沙江航运、沿途自然环境变化有重大的历史文献价值。N. 哈斯巴根的《传教士与康熙朝蒙古舆图的绘制》(《中央民族大学学报》2010 年第 3 期)具体考察了此次蒙古地区实地测量的时间、参与人员、具体地点及舆图的版本等问题。马琦、韩昭庆、孙涛的《明清贵州插花地研究》(《复旦学报》2010 年第 6 期)借助古地图、地名学等方法和 CIS 手段,以贵阳府和安顺府为重点,复原清末贵州插花地,并探讨其分布特征和成因。

八、中外关系

国家、政权关系。曹雯的《清朝对外体制研究》(社会科学文献出版社,2010 年)将清朝对外关系置于中国地域、环中国地域及世界范围的地理背景之下,对清朝对外关系诸问题进行了探讨,并将这些问题延伸到一个更为广阔的讨论维度中,如关于中国传统文化与西方近代文化的关系与评价。

关于与西方国家（包括俄罗斯）的研究有：吴伯娅的《清代礼仪与中西外交》（《清史论丛》2010 年号）考察了清代"三跪九叩"之礼的相关规定和清中前期与西方国家交往时"三跪九叩"的施行情况及影响。叶柏川的《俄国来华使团研究（1618—1807）》对这一期间俄国来华的 11 支外交使团进行了系统的介绍和研究，还辟专章对有关俄国档案文献进行了汇集整理、甄别辨析。肖玉秋的《俄国东正教驻北京传教团监护官考略》（《清史研究》2010 年第 2 期）认为监护官不仅负责教务活动，更以俄国政府派出的情报员、主管对华事务的外交官的身份，在清代中俄关系上发挥过重要作用。欧阳哲生的《英国马戛尔尼使团的"北京经验"》（《北京社会科学》2010 年第 6 期）着重分析使团成员对北京的叙述，及其对日后中英关系乃至整个中西关系的影响。张坤的《"夷情"的误读——道光九年英船"延不进口"案评述》（《苏州大学学报》2010 年第 1 期）认为清政府对"夷情"的大面积误读以及双方信息占有不对称的情况，反映出鸦片战争前中英交涉的一个重要缺陷。陈忠纯的《论传教士利胜与郑氏集团的关系——以利胜的外交使命为中心的考察》（《台湾研究集刊》2010 年第 2 期）探讨了郑氏集团与西班牙占菲律宾当局以及天主教的关系。

关于宗藩体制的研究有：陈尚胜的《试论清朝前期封贡体系的基本特征》（《清史研究》2010 年第 2 期）考察了清朝在与外国开展政治关系时建立朝贡制度的最初目的，认为清朝所构建的朝贡制度具有谋求自身安全和边疆稳定的显著用意，在处理涉外事务时实际上已经摒弃了扮演"天下共主"的理想。陈龙和韩国学者沈载权的《朝鲜与明清表笺外交问题研究》（《中国边疆史地研究》2010 年第 1 期）认为表笺是朝鲜与明清两朝所采取的主要外交工具，表笺外交成为朝鲜与明清关系的重要特征，也是朝鲜处理与宗主国关系的重要策略。张明富的《福康安与乾隆末中安宗藩关系的修复》(《西南大学学报》2010年第4期)考察了乾隆五十五年中安宗藩关系全面修复过程中福康安所起的重要作用。

传教及教案。 吴伯娅的《嘉庆十年旗人奉教案探析》(载于《多元族群与中西文化交流:基于中西文献的新研究》,上海人民出版社,2010年)认为嘉庆年间,虽已禁教百年,天主教仍在暗中流传,并有众多的旗人阖家信奉,屡禁不改。贾永梅的《早期来华传教士的"非传教行为"研究——以第一位来华新教士马礼逊为例》(《山东师范大学学报》2010年第2期)分析了早期新教传教士与英国商人、政府的关系及在对华交涉中的作用。陶飞亚的《传教士中医观的变迁》(《历史研究》2010年第5期)考察了自明末清初以来西洋医学背景下的传教士在语言、知识结构及民族文化感情的差异中如何看待中医,尤其是他们如何认识中国传统医学中的医疗理性及现代价值。汤斌的《耶稣会士汪达洪的在华活动》(《清史论丛》2010年号)通过汪达洪个案研究,探讨了耶稣会取缔前后,天主教在华传播的尴尬境地,以及法国耶稣会士内部矛盾关系的实质。郭丽娜的《论清代中期四川的民教关系》(《暨南学报》2010年第3期)探讨了清代中期巴黎外方传教会与四川官民因"礼仪"问题而产生的种种矛盾,指出随着教会的发展,民教冲突不仅不断升级,而且反教模式从群众自发逐渐转变为官吏主导。相关研究还有王银泉的《清初耶稣会士巴多明中西文化科技交流活动述评》(《云南大学学报》2010年第5期)、夏伯嘉的《明末至清中叶天主教西文文献中的中国:文献分布与应用讨论》(《复旦学报》2010年第5期)等。

文化交流。 黄兴涛的《〈嗕咭唎国译语〉的编撰与"西洋馆"问题》(《江海学刊》2010年第1期)探讨了该书的编纂由来、背景和内涵特点,考察辨析了当时"西洋馆"的设立和中国人"西洋观"

的演变。葛兆光的《"不意于胡京复见汉威仪"——清代道光年间朝鲜使者对北京演戏的观察与想象》(《北京大学学报》2010 年第 1 期)认为通过燕行文献中各种戏剧的丰富记载,可以进一步探讨清帝国的民族与文化政策,清王朝在中国走向近代历史中的意义,以及清中叶人们聚会与交往场所与欧洲所谓"公共领域"的不同。刘玉才的《清初渡海遗民与中日文化认知——以〈张斐笔语〉、〈霞池省庵手简〉为中心》(《北京大学学报》2010 年第 4 期)认为通过上述两本书中涉及制度、学问、史事、风土物产等内容,可见中日间文化之关切与认知程度,将两书置诸清初渡海遗民的历史背景下加以释读,可以发掘此间文化寓意。范金民的《缥囊缃帙:清代前期江南书籍的日本销场》(《史林》2010 年第 1 期)探讨了清代前期江南书籍输日的数量,书籍的出港地,输日书籍的内容、价值,以及江南书籍刻印与流通市场等问题。英国学者张勇进著,颜震译的《中欧文明文化碰撞的另一页:1514—1793》(《吉林大学社会科学学报》2010 年第 3 期)认为在"前现代",欧洲国家与非国家行为者在政治、文化和商贸上对中华帝国政治、经济、社会和文化秩序的参与,取决于欧洲人对中华世界秩序中的规范、价值观和机制的适应、跟进和接受情况。潘玮琳的《19 世纪的表述中国之争:以密迪乐对古伯察〈中华帝国纪行〉的批评为个案》(《史林》2010 年第 4 期)通过对《中华帝国纪行》、当时英国期刊上的书评以及密迪乐的评论等文本的解读,分析二者的矛盾焦点及矛盾产生的历史语境。姚斌的《19 世纪三四十年代美国中小学教科书里的中国》(《清史论丛》2010 年号)认为这一时期美国教科书是影响当时普通美国人眼中"中国形象"的最有力的媒介。

对外贸易。曹雯的《明治时期日本在华的调查状况和对华贸易的调整》(《清华大学学报》2010 年第 4 期)通过对几部中国纪行的整理、分析，揭示出 19 世纪 80 年代末至 90 年代初，日本在对华贸易中由盲目出击到有序经营的转变。荆晓燕的《试论康熙时期的对日海外贸易政策》(《社会科学辑刊》2010 年第 2 期)具体探讨了康熙时期对日较为积极的贸易政策。李金明的《广州十三行：清代封建外贸制度的牺牲品》(《广东社会科学》2010 年第 2 期)认为行商在实际的经营中，既得不到国家的支持，又没有法制上的保障，成为清代封建外贸制度的牺牲品。

九、综述和论文集

常建华的《近十年明清宗族研究综述》(《安徽史学》2010 年第 1 期)回顾了从 1999 年至 2008 年明清时期断代性综合研究以及闽粤、长江中游（鄂湘赣）、江南（江浙皖）、北方（晋冀鲁豫陕）的地域性宗族研究。石涛、马国英的《清朝前中期粮食亩产研究述评》(《历史研究》2010 年第 2 期)回顾了该时段亩产研究的历史过程和研究方法的演变，点评了当前亩产研究的范式，指出固有的成说或范式在一定程度上影响亩产量的计算。此外综述类研究，还有刘文鹏的《在政治与学术之间——20 世纪以来的"康乾盛世"研究》(《学术界》2010 年第 7 期)，张兵、张毓洲的《清代文字狱研究述评》(《西北师大学报》2010 年第 5 期)、许颖的《清代行政处分制度研究现状述评》(《西南大学学报》2010 年第 2 期)、赵志强的《清入关前满文档案概述》(《清史论丛》2010 年号)等。

本年度有一批清史研究的论文集出版，主要有王政尧的《清史初得》(辽宁民族出版社，2010 年)、郭松义的《民命所系：清代的农业和农民》(中国农业出版社，2010 年)、张研的《清代社会经济史研究》(北京师范大学出版社，2010 年)、陈峰的《清代财政史论稿》（商务印书馆，2010年）、王家范的《明清江南史研究30年（1978—2008）》（上海古籍出版社，2010年）、邱瑞中的《燕行录研究》（广西师范大学出版社，2010年）、金承艺的《清朝帝位之争史事考》（中华书局，2010年）、美国普林斯顿大学历史系教授本杰明·艾尔曼的《经学·科举·文化史：艾尔曼自选集》（中华书局，2010年）等。

国家清史编纂工程的相关成果和动态详见各期《清史研究》中的专栏和"中华文史网"中的相关板块，本文不再重复。由于写作范围和角度的局限，本年度许多优秀的清史研究成果未能及时收录，敬请方家批评指正。本文写作和修改过程得到中国社会科学院历史研究所清史室全体同仁的指导和帮助，在此表示感谢。

2011年清史研究综述

◎ 龙　武

2011年的清史研究，出版的专著和论文数量都相当可观。明清易代、江南经济、徽学、科举、学术史、传教史、边疆民族、中外关系依然是学界关注的重点，但也呈现出以下几个趋势：一是八旗制度、满族的民族和国家认同、满汉关系等问题继续成为研究的焦点，部分学者还对"新清史"进行了批评和回应；二是清史学界的理论趋势加强，从域外看中国、帝国、大一统、江南学等概念出发的研究逐渐增多；三是清史研究与现实联系进一步紧密，清末宪政改革、辛亥革命等问题成为另一个热点；四是研究手段和史料来源日益多样化，史料档案数字化，民族语、外语史料档案运用增多。同时，朝鲜、日本、越南等周边国家的史料和档案也得到相应重视。

一、学术会议和重点专著简介

本年度清史年会"中国辛亥革命百年纪念暨第十四届清史学术研讨会"于9月17日—19日，由故宫博物院、国家清史编纂委员会联合中国社会科学院历史所等单位共同举办。本次会议围绕辛亥革命、清代政治、经济、思想、中外关系、人物、档案文献、清史纂修等方面进行了深入研讨。11月10日—13日，厦门大学历史系主办了"明清海洋政策与东亚社会"国际学术讨论会，海防政策与运行，海洋政策与江南社会，海洋政策与日本社会，海盗、海洋政策与地方社会应对成为此次会议的主要议题。此外，本年度还在清代政治、文化、社会、中外关系、太平天国、人物等方面举办了一系列研讨会，主要有："第十届清宫史"研讨会（沈阳）、"明清中国的法律与社会"国际学术研讨会（南京）、"全真道与明清社会"国际学术研讨会（济南）、"明清移民与社会变迁——麻城孝感乡现象"研讨会（麻城）、"江南（浙江）区域史暨明清学科发展"国际学术研讨会（杭州）、"广州十三行与清代中外关系"国际学术研讨会（广州）、"纪念太平天国起义160周年"国际学术研讨会（南京）、"纪念张履祥诞辰400周年暨张履祥与浙西学术"研讨会（桐乡）。这些会议的召开，活跃和推进了清史研究的发展。

本年度清史研究专著，政治制度史方面：陈永明的《清代前期的政治认同与历史书写》（上海古籍出版社，2011年）考察了清前期政府和汉族文人通过评述南明历史，建构了当时的社会话语和集体的历史记忆。赖慧敏的《清皇族的阶层结构与经济生活》（辽宁民族出版社，2011年）讨论了清皇族的家庭组织、阶层流动、公产、官庄以及经济生活等问题。李典蓉的《清朝京控制度研究》（上海古籍出版社，2011年）对清朝京控制度的形成和运作制度、生监和讼师在京控中的角色、不同社会群体在京控中的不同待遇等问题进行了深入研究。此外，朱金甫和张书才的《清代典章制度辞典》（中国人民大学出版社，2011年）、张晓堂的《清朝对外贸易法制研究：十七世纪中叶至十九世纪中叶》（对外经济贸易大学出版社，2011年）、冯玉荣的《明末清初松江士人与地方社会》（中国社会科学出版社，

2011年)、张晶晶的《清代钦差大臣研究》(学苑出版社，2011年)、许颖的《清代文官行政处分程序研究》(中国社会科学出版社，2011年)等也值得关注。

社会经济文化史方面，龚义龙的《社会整合视角下的清代巴蜀移民群体研究》(重庆出版社，2011年)通过梳理清代各省迁徙巴蜀的移民在资源获取、继替、流转方面的史事，揭示了清代巴蜀移民社会整合的路径、困难和特点。鲁西奇、林昌丈的《汉中三堰——明清时期汉中地区的堰渠水利与社会变迁》(中华书局，2011年)通过考察明清汉中堰渠水利的发展和管理体制，探讨了传统农田水利领域中的"国家"和"社会"的关系。王振忠的《徽学研究入门》(复旦大学出版社，2011年)探讨了徽学研究的历史、研究领域和未来发展方向。张天杰的《张履祥与清初学术》(浙江古籍出版社，2011年)探讨了张履祥的理学、伦理、经世实学等思想以及交游情况。赵英兰的《清代东北人口社会研究》(社会科学文献出版社，2011年)、陈鹏的《路途漫漫丝貂情：明清东北亚丝绸之路研究》(兰州大学出版社，2011年)、郑幸的《袁枚年谱新编》(上海古籍出版社，2011年)、段润秀的《官修〈明史〉的幕后功臣——纂修官现存拟订史稿研究》(人民出版社，2011年)、江凌的《清代两湖地区的出版业》(中国书籍出版社，2011年)则分别对清代东北人口问题、东北亚丝绸之路、袁枚生平、《明史》纂修群体、两湖出版业等进行了深入研究。

边疆民族与中外关系方面，潘向明的《清代新疆和卓叛乱研究》(中国人民大学出版社，2011年)系统考察了历次和卓叛乱事件，指出清朝的政策失误和部分民众对和卓家族狂热信仰是叛乱屡次发生的主要原因。李涯的《帝国远行：中国近代旅外游记与民族国家建构》(中国社会科学出版社，2011年)从游记入手研究民族问题。陈晓敏的《清代驻京喇嘛研究》(北京燕山出版社，2011年)、王力的《明末清初达赖喇嘛系统与蒙古诸部互动关系研究》(民族出版社，2011年)、周竞红的《蒙古民族问题述论》(社会科学文献出版社，2011年)，侧重蒙古、西藏宗教与部落民族研究。李花子的《明清时期中朝边界史研究》(知识产权出版社，2011年)考察了明清时期中期两国的疆域观和实际疆域，以及这些疆域观产生的社会背景和思想根源。陈慧的《穆克登碑问题研究：清代中朝图们江界务考证》(中央编译出版社，2011年)揭示了中国与朝鲜自15世纪中叶起就以图们江为界河的历史事实。杨雨蕾的《燕行与中朝文化关系》(上海辞书出版社，2011年)、孙文的《唐船风说：文献与历史——〈华夷变态〉初探》(商务印书馆，2011年)分别从《燕行录》和《华夷变态》入手考察了中朝、中日关系。

本年度的晚清研究专著涉及了政治、经济、社会、文化等不同领域。常书红的《辛亥革命前后的满族研究：以满汉关系为中心》(社会科学文献出版社，2011年)对辛亥革命前后的满族地位、角色、民族认同和满汉关系进行了深入研究。赵雅丽的《晚清京师南城政治文化研究》(凤凰出版社，2011年)考察了京师南城以中下层京官为主体的政治文化模式及其流变。此外，还有杨华山的《晚清厘金与中国早期现代化建设》(人民出版社，2011年)、马金华的《外债与晚清政局》(社会科学文献出版社，2011年)、龙盛运的《向荣时期江南大营研究》(社会科学文献出版社，2011年)、程啸的《文化、社会网络与集体行动——以晚清教案和义和团为中心》(巴蜀书社，2011年)、邵晓芙的《辛亥革命前十年间浙江民变研究》(中国社会科学出版社，2011年)、尹公华的《晚清中国与国际公约》(湖南人民出版社，2011年)、梁碧莹的《陈兰彬与晚清外交》(广东人民出版社，2011年)、王瑛的《李鸿章与晚清中外条约研究》(湖南人民出版社，2011年)、陈丹的《清末考察政治大臣出洋研究》

（社会科学文献出版社，2011年）、张立胜的《县令、幕僚、学者、遗老——多维视角下的劳乃宣研究》（人民出版社，2011年）、李江辉的《晚清江浙礼学研究》（陕西人民出版社，2011年）、张运君的《晚清书报检查制度研究》（社会科学文献出版社，2011年）、邓文峰的《晚清官书局述论稿》（中国书籍出版社，2011年）等著作。

论文集方面，郭松义的《清代赋役、商贸及其他》（天津古籍出版社，2011年）收入了《论"摊丁入地"》、《清代国内的海运贸易》、《明代的内河航运》、《清前期内河航船考略》等文章，是其研究清代经济史中有关赋役改革、商贸及运输路线的重要结晶。此外，还有王振忠的《明清以来徽州村落社会史研究》（上海人民出版社，2011年）、孙燕京的《急进与慢变——晚清以来社会变化的两种形态》（商务印书馆，2011年）、邹振环和黄敬斌的《明清以来江南城市发展与文化交流》（复旦大学出版社，2011年）。

译著及译文集有瑞典学者斯文·赫定的《帝王之都——热河》（中央编译出版社，2011年）、美国学者赖利的《上帝与皇帝之争：太平天国的宗教和政治》（上海人民出版社，2011年）、德国学者狄德满的《华北的暴力和恐慌：义和团运动前夕基督教传播和社会冲突》（江苏人民出版社，2011年）、日本学者井上裕正的《清代鸦片政策史研究》（西藏人民出版社，2011年）、日本学者石桥秀雄的《清代中国若干问题研究》（山东画报出版社，2011年）、美国学者范发迪的《清代在华的英国博物馆学家：科学、帝国与文化遭遇》（中国人民大学出版社，2011年）、林满红的《银线：19世纪的世界与中国》（江苏人民出版社，2011年）、美国学者马立博的《虎、米、丝、泥：帝制晚期华南的环境与经济》（凤凰出版社，2011年）、日本学者岩井茂树的《中国近代财政史研究》（社会科学文献出版社，2011年）、日本学者山田贤的《移民的秩序：清代四川地域社会史研究》(中央编译出版社,2011年)、《清史译丛》(第十辑,齐鲁书社,2011年)等。

二、清史研究方法和热点探讨

本年度,部分学者继续对美国"新清史"进行了批评和回应。杨念群的《超越"汉化论"与"满洲特性论":清史研究能否走出第三条道路?》(《中国人民大学学报》2011年第2期)认为中国内地的清史研究应该超越"汉化论"与"满洲特性论",重新全面审视清朝的统治策略,整合两种思维的合理之处,走出第三条道路。黄兴涛的《清代满人的"中国认同"》(《清史研究》2011年第1期)指出"新清史"学者以"满洲帝国"称大清,并不符合康熙中叶以后满人的正式国家认同的实际,对"满人特性"的独特作用进行了批评。黄爱平的《清代的帝王庙祭与国家政治文化认同》(《清史研究》2011年第1期)认为清统治者通过对入祀帝王的调整,建构了包含少数民族王朝在内的完整的历代帝王统绪,反映了清统治者对中华的认同。邵丹的《故土与边疆:满洲民族与国家认同里的东北》(《清史研究》2011年第1期)阐述了清末民初满人对东北故土的认知变化过程。赵刚的《早期全球化背景下盛清多民族帝国的大一统话语重构——以〈皇朝文献统考·舆地考、四裔考、象纬考〉的几个问题为中心》(《新史学》第5卷"清史研究的新境",中华书局,2011年)力图突破以往"汉化论"和"新清史"在满汉二分框架下讨论问题的模式,探讨了盛清大一统话语重构问题,以及清代多民族国家与早期全球化背景的关系。

"汉化"问题受到部分学者的深入讨论。王海燕的《对"满人汉化"的思考——以清东陵汉学、汉教习的设立及裁撤个案为例》(《东岳论丛》2011年第6期)认为满人汉化经历了维护统治而学习接受汉文化、挽救满洲根本而抑制汉文化和完全汉化的三个阶段。甘德星的《满洲汉化：台湾乾隆御碑研究》(《清代满汉关系研究》，社会科学文献出版社，2011年)认为乾隆御碑皆是先汉文后满文，满文由汉文翻译而来，反映了汉文才是乾隆时期的第一语言。对于满人的满语退化的考察，陈力的《清朝旗人满语能力衰退研究》(《中央民族大学学报》2011年第4期)认为主要有三种原因：生产方式变换、经济环境变迁和清朝大兴科举，这最终使得"旗民联为一体，毫无畛域"。徐东日的《朝鲜朝使臣眼中的满族人形象——以金昌业的〈老稼斋燕行日记〉为中心》(《山东社会科学》2011年第10期)论述了朝鲜人对满人汉化过程的观感，认为朝鲜燕行使臣笔下满人怪异的形象是受朝鲜"社会总体想象"影响而形成的文化偏见。相反，儒化的铁保，由于其具有深厚的汉文化内涵而赢得朝鲜使臣的尊敬，参见曹春茹的《清代满族诗人铁保与朝鲜文臣的诗文友谊》(《中央民族大学学报》2011年第6期)。

史料档案数字化为清史研究提供了便利。黄一农的《e 考据时代的新曹学研究：以曹振彦生平为例》(《中国社会科学》2011年第2期)透过数位数据库以及满文档案，对曹振彦生平进行了深入考证，揭示了曹家在清初崛起的历史脉络。如何将史料、档案的数据化趋势较好地与传统历史研究相结合，"e 考据"做了有益的尝试。他的《丰润曹邦入旗考》(《中华文史论丛》2011年第4期)、《重探曹学视野中的丰润曹氏》(《红楼梦学刊》2011年第3辑)两文也依此法对曹邦的来历、曹玺和曹鼎望两支的关系做了深入考察。

满汉关系研究。杨海英的《南兵游击胡大受敕谕建州女真考》(《清代满汉关系研究》，社会科学文献出版社，2011年)认为，万历中期南兵游击胡大受敕谕建州努尔哈赤事件，可视为"一种来自下层的、带民间色彩、和平解决民族争端的新模式"。定宜庄、邱源媛的《旗民与满汉之间：清代"随旗人"初探》(《清史研究》2011年第1期)揭示了一个既不同于正身旗人,又有别民人,有着自己独特的生产、生活方式及价值观的边缘群体——随旗人。赖惠敏的《从法律看清朝的旗籍政策》(《清史研究》2011年第1期)从户籍制度管理角度考察了清朝法律对待不同族群间的差异。杜家骥的《清代内务府旗人复杂的旗籍及其多种身份——兼谈曹雪芹家族的旗籍及其身份》(《民族研究》2011年第3期)探讨了清代内务府旗人复杂的身份,并认为曹雪芹家族的旗籍和身份应是内务府正白旗、满洲旗分内、旗鼓佐领下包衣汉军。

孙守朋的《嘉庆朝汉军旗人生计问题的政治史考察——以参与天理教起事的曹纶父子为中心》(《中州学刊》2011年第5期)认为,曹纶参与天理教起事,使得清朝一面加强屯居汉军旗人的管理,另一面则进一步笼络汉军官员群体。李平秀的《从天地会看清代民间社会的满汉关系》(《清代满汉关系研究》,社会科学文献出版社,2011年)通过分析天地会"反清复明"思想,揭示了清代民间社会中存在的满汉对立关系。姜涛的《关于太平天国的反满问题》(《清史研究》2011年第1期)从太平军攻占南京后对旗人的屠戮和后期反满政策的转变,探讨了太平天国强烈的反满倾向。李细珠的《满汉政策的新变化——以光绪三十三年之满汉问题奏议为中心的探讨》(《民族研究》2011年第3期)认为,在越来越严峻的反满形势和革命党人的威胁面前,虽然清廷试图化除满汉畛域,调整满汉政策,但并未收到预期效果。

刘小萌的《清代北京的旗民关系——以商铺为中心的考察》(《清史研究》2011年第1期)认为,京城旗民两个部分经商群体相互间的商业关系,促进了北京城旗民分治制度的瓦解。陈力的《清朝旗民婚姻政策考论》(《西南大学学报》2011 年第 5 期)指出大量满汉通婚实例的存在,使满汉通婚的限制政策如同空文。赵寰熹的《论康熙朝北京内城旗人的外迁及其影响》(《中国历史地理论丛》2011 年第 3 辑)认为,北京城八旗格局由内外城旗民分局到内城核心八旗驻防区、内城周边八旗驻防辐射区、外城汉人居住区三层新格局的变化促进了旗民之间的交流和融合。此外,王宇的《近三十年来晚清满汉关系研究述要》(《中央民族大学学报》2011 年第 4 期)总结了近 30 年来的晚清满汉关系研究。

本年度晚清史研究的热点集中于对清末宪政改革的反思。金冲及的《清朝统治的最后十年》(《近代史研究》)2011 年第 6 期)论述了清朝最后十年的困境和改革措施,指出清朝的灭亡是必然趋势。李细珠的《日韩合并与清末宪政改革》(《近代史研究》2011 年第 4 期)认为,日韩合并迫使清廷调整了宪政改革的策略和期限,加速了宪政改革的进程。小野寺史郎的《大清臣民与民国国民之间？——以新政时期万寿圣节为中心的探讨》(《华东师范大学学报》2011 年第 5 期)认为,万寿圣节的庆祝活动意在建构"大清臣民"的自我认同。关晓红的《清季三司两道改制》(《中华文史论丛》2011 年第 3 期)指出,清朝放弃了司道改制的全盘更新方案,而改为设置三司两道,最终造就了民初省级行政架构的雏形。吴佩林的《清末新政时期官制婚书之推行——以四川为例》(《历史研究》2011 年第 5 期)认为,清末四川推行官制婚书体现了当时国家法律与民间习俗的契合与紧张关系。

三、政治史、制度史

明清易代研究。 何龄修的《柳敬亭卒年考析——四谈柳敬亭问题》(《清史论丛》2011年号)认为柳敬亭告别人世在康熙十一年。吴三桂研究有新发现,滕绍箴的《吴三桂墓碑考》(《云南师范大学学报》2011年第5期)认为贵州岑巩县马家寨的"吴公號碩甫墓"确实是吴三桂之墓。在《陈圆圆晚年生活述略》(《贵州社会科学》2011年第12期)中,滕绍箴、李治亭认为马家寨的陈圆圆墓则反映了吴三桂死后,陈圆圆及吴三桂部分后裔一直在此隐姓埋名生活,而陈圆圆一直到康熙二十八年才去世。吴刚的《"抢西边"和"欲得中原"——"己巳之役"中满洲贵族新旧"战争理念"的碰撞和冲突》(《清史研究》2011年第4期)认为,己巳之役中新旧贵族的冲突,对入关前后满洲贵族政体的"文化嬗变"起到了重要作用。冯贤亮的《清初嘉定侯氏的"抗清"生活与江南社会》(《学术月刊》2011年第8期)揭示了清初江南士绅的抗清活动以及在清廷密网捕杀下惊心动魄的日常生活。丁士仁的《清初洮岷地区反清复明起义始末》(《西北民族研究》2011年第2期)则扩展了对于抗清斗争的视野,由江南汉族转向了西北回民,详细考察了顺治五年甘肃洮州回民的反清复明起义的背景、原因和过程。

帝王及宫廷史研究。为了塑造英主形象和维护清朝的正统性,康熙始终不遗余力。韩琦的《科学、知识与权力——日影观测与康熙在历法改革中的作用》(《自然科学史研究》2011年第1期)指出,日影观测活动与康熙朝的权力运作、满汉关系密切相关,可以视为康熙帝控制汉人的作秀行为。张勉治、刘文鹏、王钰的《康熙皇帝首次南巡与文武价值观念之间的对立》(《清史研究》2011年第1期)认为,1684年春季的礼仪争论揭示了清朝政治文化中文武价值观念之间的对立,反映了清王朝统治合法性的困境。常建华的《长安之旅:康熙帝西巡探讨》(《社会科学》2011年第5期)强调康熙西巡的目的在于展示儒家文化治国的象征性,阐释清王朝统治的正统性和合法性。成积春的《治吏与"和平"——论康熙"中正和平"之道对吏治的影响》(《史学集刊》2011 年第 4 期)认为,康熙将其"中正和平"之道施行于吏治,产生了吏治废弛、贪贿公行、暴动骚乱等极其消极的影响。此外,王思治的《"太后下嫁疑案"辨证》(《历史研究》2011 年第 2 期)再次肯定围绕顺治帝帝位纷争的险恶政局造成了太后下嫁这一事实。杨珍的《陈梦雷二次被流放及其相关问题》(《故宫博物院院刊》2011 年第 6 期)认为,"大位之牌"事是陈梦雷二次被流放的直接原因,揭示了清前期统治集团内部权力斗争的残酷性。祁美琴的《清代君臣语境下"奴才"称谓的使用及其意义》(《清史研究》2011 年第 4 期)论述了"奴才"称谓变化背后复杂的政治、社会、观念诸方面的作用和影响。杨念群的《清朝帝王的"教养观"与"学者型官僚"的基层治理模式——从地方官对乾隆帝一份谕旨的执行力说起》(《新史学》第 5 卷,中华书局,2011 年)深入探讨了清朝帝王的"教养观"如何通过官僚的具体实施转化为一套政治治理技术。滕德永的《乾隆朝内务府对库存参斤的管理——以内务府的"参斤变价"为考察对象》(《故宫博物院院刊》2011 年第 4 期)认为,参斤变价成为乾隆朝内务府财政收入的重要来源,导致东北参源枯竭。

八旗制度研究。 杜家骥的《清代八旗制度中的值年旗》(《历史教学》2011 年第 22 期)指出雍正时值年旗的设置,使得八旗管理规范化的同时加强了统治职能。孙静的《补遗漏、订舛误、清疑窦——〈钦定八旗通志·旗分志〉按语初探》(《史学集刊》2011 年第 6 期)认为乾隆时八旗世袭佐领向公中佐领的转变趋于频繁,八旗内部等级名分更加严明。乌兰的《〈八旗满洲氏族通谱〉蒙古姓氏考》(《民族研究》2011 年第 1 期)对部分蒙古姓氏名称的实际发音和这些部落姓氏的发展脉络进行了详细考释。任玉雪的《论清代东北地区的厅》(《中国历史地理论丛》2011 年第 3 辑)指出由旗民分治到地域管理、由旗民双重管理体制到行省制度是东北厅制的特征与演变过程。

基层行政研究。 胡恒的《清代佐杂的新动向与乡村治理的实际——质疑"皇权不下县"》(《新史学》第 5 卷，中华书局，2011年) 对"皇权不下县"的理论提出质疑，认为应该重视县级佐贰官、杂职官的研究。魏光奇的《清代州县的"主奴集团"的统治——透视"秦制"的根本特征》(《北京师范大学学报》2011 年第 1 期) 认为，清代州县官府是一个宗法性的"主奴集团"，州县财政不过是一种"家产制"。左平的《清代县丞初探——以〈清代南部县衙档案〉为中心》(《史学月刊》2011 年第 4 期) 认为，清代县丞衙门、衙役建置和县丞职责都因时地而设，与实际法律规定存在一定差异。傅林祥的《清雍正年间的次县级行政机构及其职能探析》(《清史研究》2011 年第 2 期) 认为，分防、分理、分征三类次县级行政机构与知县衙门形成了县级政权的两个管理层级。

宗族研究。 冯尔康的《政府规制与民间舆情的互动——以清代族正制的制度内涵及存废推展为中心》(《社会科学辑刊》2011 年第 2 期) 认为，族正产生的民举官定法，反映了政府与宗族双方密切结合的愿望，但推行效果并不理想。游欢松、曹树基的《地方权势演变与康熙中叶鄂东大族的宗族实践——以黄冈靖氏为例》(《学术界》2011 年第 11 期) 认为，地方宗族建设的正统化与国家倡导的宗族意识形态、宗族建设倡导者个人有着极大的关系。史志强的《伏维尚飨：清代中期立嗣继承研究》(《中国社会历史评论》第 12 卷，天津古籍出版社，2011 年) 探究了清代中期立嗣继承中的性别问题、立嗣与收养界限不断模糊和血缘观念淡化的历史进程。蒋俊的《明清时期桂西壮族土司的宗族制度》(《史学月刊》2011 年第 8 期) 认为，宗族话语成为土司表达国家认同、创制汉人族群身份和控制地方的手段。

司法律例和礼制研究。 张晋藩的《清代律学兴起缘由探析》(《中国法学》2011年第4期）认为，传承明律、重视司法、执法者注律以及律注法律化是清代律学兴起的原因。李典蓉的《满文与清代司法制度研究》(《政法论坛》2011年第3期）指出运用清代司法档案的满文史料，有助于深入了解清代中央与地方司法制度的实际运作。姚旸的《"理解性差异"与清代刑案律例施用矛盾——以刑部与督抚争议为中心的研究》(《中国社会历史评论》第12卷，2011年）指出施用律例精神不同和律例本身的缺陷使刑部与地方督抚经常对"犯罪构成"产生不同理解。王洪兵的《清代顺天府与京畿司法审判体制研究》(《中国社会历史评论》第12卷，2011年）认为，清代顺天府形成了顺天府、直隶总督、步军统领衙门、五城御史等多种因素在内的京畿行政司法管理体制。礼制方面，邱源媛的《清中前期宫廷满洲祭祀典礼制作及其意义》(《清史论丛》2011年号）探讨了顺治至乾隆时期，清朝典礼制度中的满洲元素及其影响。张亚辉的《清宫萨满祭祀的仪式与神话研究》(《清史研究》2011年第4期）通过对清宫萨满仪式的分析，论述了"满洲中心观"的神话学依据。段志强的《孔庙与宪政：政治视野中的顾炎武、黄宗羲、王夫之从祀孔庙事件》(《近代史研究》2011年第4期）分析了清政府试图以表彰顾、黄、王来宣示立宪诚意，以推动政改进程，从而使得"孔庙"和"宪政"改革产生了暗合的联系。

四、经济史、社会史

经济和人口。 李伯重的《"江南经济奇迹"的历史基础——新视野中的近代早期江南经济》(《清华大学学报》2011年第2期）提出要抛弃"西方中心论"的束缚，充分认识江南在西方列强到来之前的经济状况。苏基朗、谭家齐的《明末清初松江府及其周边地区人口损失与历史人口估算》(《清华大学学报》2011年第6期)设定了四个天灾人祸界别,以此估算明末松江的人口损失和发展状况,认为1640年左右松江府及周边州县人口已达500万之多。车群、曹树基的《清中叶以降浙南乡村家族人口与家族经济——兼论非马尔萨斯式的中国生育模式》(《中国人口科学》2011年第3期)通过考察阙氏家族人口行为和其人口行为背后的经济驱动力,认为其生育行为是经过理性权衡和规划而成的。曹树基的《石仓洗砂业所见清代浙南乡村工业与市场》(《史林》2011年第3期)认为1820年后石仓砂扎价格的崩溃性下跌,不仅反映了当地冶铁业的崩溃,也反映了江南铁市场的崩溃。杜新豪、曾雄生的《经济重心南移浪潮后的回流——以明清江南肥料技术向北方的流动为重心》(《中国农史》2011年第3期)分析了明清时期江南肥料技术向北方传播的原因、途径及其结果。史志宏的《十九世纪上半期的中国耕地面积再估计》(《中国经济史研究》2011年第4期)认为康雍之际的实际耕地面积约为9.84亿多市亩,而鸦片战争前增加到了11.47亿市亩。吴善中的《清初移民四川与啯噜的产生和蔓延》(《清史研究》2011年第1期)认为啯噜的产生是清初不加限制向四川移民和移垦社会未加整合的副产品。

赋税和漕政方面。许檀、高福美的《乾隆至道光年间天津的关税与海税》(《中国史研究》2011年第2期)指出,嘉道年间天津每年所征关税、海税合计约12万—15万两,已成为北方最大港口和商业中心。倪玉平的《有量变而无质变:清朝道光时期的财政收支》(《学术月刊》2011年第5期)认为"道光萧条"说值得商榷,应是"有量变而无质变"的过渡型财政。漕政方面,赵思渊的《从"包漕"到"告漕"——道光初年"漕弊"整顿进程中苏松士绅力量的演化》(《清史研究》2011年第3期)认为嘉道年间苏松地区的"告漕"案件是生员群体在既得利益遭到侵犯后的反应。周健的《嘉道年间江南的漕弊》(《中华文史论丛》2011年第1期)认为漕弊是各种"浮费"代表的额外财政对额定财政的空前侵蚀。

手工业和商业方面。对于西南矿业的研究较多。马琦的《矿业监管与政府调控：清代矿厂奏销制度述论》(《中国经济史研究》2011年第3期)探讨了矿厂奏销制度在清代矿业管理体制中的地位、作用和矿厂奏销清册的研究价值；他的《清代黔铅的产量与销量》(《清史研究》2011年第1期)考察了清代不同时期黔铅的产量和销量，并检讨了清代矿产量的计算方法。王德泰的《清代云南铜矿开采中"底本银"制度考》(《中国经济史研究》2011年第3期)分析了"底本银"制度实施的时间、本银的发放、矿铜的抵扣和调整等情况。

此外，李博的《清代顺治至嘉庆时期东北地区的私参活动》(《史学月刊》2011年第9期)叙述了由非法粮参贸易、私参买卖、私参代运等组成的东北盗挖人参活动。范金民的《清代前期上海的航业船商》(《安徽史学》2011年第2期)认为海运业在上海的早期兴起过程中起到了相当重要的作用。陈学文的《明清江南商品经济与商业资本发展的新格局——以衢州的造纸业和木植业为中心》(《浙江社会科学》2011年第3期)指出衢州木植业中"拚"的产权分离和契约化的买卖关系，标志着明清商业资本发展的新途径。

徽州经济研究。张佩国的《祖先与神明之间——清代绩溪司马墓"盗砍案"的历史民族志》(《中国社会科学》2011年第2期)通过考察绩溪司马墓讼争，揭示了地域社会场境中的整体动员体制。徐国利的《朱子伦理思想与明清徽州商业伦理观的转换和建构》(《安徽史学》2011年第5期)认为明清徽州的人们以朱子伦理观为基础，建构起了新的商业伦理观。李甜的《雍正开豁世仆令与清代地方社会——以"宁国世仆"为中心》(《清史研究》2011年第4期)叙述了"宁国世仆"贱民群体的历史脉络、生活情况和存在的原因，分析了自雍正开豁世仆令以来宁国世仆的出户历程。王振忠的《徽州与衢州：江南城乡的片段记忆——稿本〈静寄轩见闻随笔、静寄轩杂录〉初探》(《社会科学》2011年第3期)考察了中西文化交汇背景下徽州士商的社会生活和精神世界。胡中生的《融资与互助：民间钱会功能研究——以徽州为中心》(《中国社会经济史研究》2011年第1期)以徽州为例，认为钱会在乡族社会和事业经营中发挥着融资和互助的双重功能。

有的学者从宗教、士绅群体、卫生、文化等方面进行社会史考察。

宗教方面。李尚英的《清代民间宗教述论》(《清史论丛》2011年号)从兴起、发展、组织形式、经卷、思想信仰、教派类别等方面全面考察了清代的民间宗教。潘星辉的《鬼证：清人丧祭观的另类演绎》(《学术界》2011年第12期)认为在确认鬼神存在的前提下，清人通过志异小说，大大发展了鬼神形象、丧葬、祭祀等环节，从而最终将死者纳入到了宗族体系中。黄忠怀的《从土地到城隍：明清华北村落社区演变中的庙宇与空间》(《清史研究》2011年第4期)认为土地庙完成了村落空间的初次整合，而村城隍则是村落空间小社区分化再整合的结果。章毅的《祀神与借贷：清代浙南定光会研究》(《史林》第6期)认为定光会的经济功能仍然被含摄于宗教性之中，并没有得到充分的发展。

士绅研究。孙竞昊的《经营地方：明清之际的济宁士绅社会》(《历史研究》2011年第3期)考察了济宁士绅在明清之际国家、社会格局中的复杂定位和波动。崔岷的《"靖乱适所以致乱"：咸同之际山东的团练之乱》(《近代史研究》2011年第3期)认为征税和司法权是团练与官府冲突的原因，团练之乱造成了绅士与国家关系的疏离。

医疗卫生。余新忠的《晚清的卫生行政与近代身体的形成——以卫生防疫为中心》(《清史研究》2011年第3期)从卫生防疫角度探讨了晚清民众身体的"国家化"过程，认为这一进程既是西方科学、卫生的文明话语霸权，又是国家立法和相关机构设置的结果。单丽的《从1902年霍乱传播模式看清末北方社会》(《中国历史地理论丛》2011年第4辑)认为华北社会商业和铁路的发展，使得北方城乡霍乱传播逐步突破地域限制。

文化。冯尔康的《清代乾隆时期扬州人的引领时尚——建设文化教育休憩城的历史启示》(《安徽史学》2011年第1期)认为乾隆年间扬州人在园林、茶馆、美容、戏剧、书院、扬州学派和城府建设七个方面处于"甲于天下"的地位。赵世瑜的《图像如何证史：一幅石刻画所见清代西南的历史与历史记忆》(《故宫博物院院刊》2011年第2期)认为云南楚雄大姚县石羊镇文庙中的壁画揭示了当地井盐业的发展变化及其在帝国经略西南边陲过程中的意义，以及给当地社会文化造成的影响。

五、学术思想与科教文化专题

传统学术研究。学术流变方面，艾尔曼的《早期现代还是晚期帝国的考据学？——18世纪中国经学的危机》(《复旦学报》2011年第4期)认为18世纪经学考据学转向显示了知识阶层对过去典章制度的信心危机，并在走向现代的过程中，演变为去经典化和去权威化的趋势。林存阳的《朱筠与清中叶学术变迁》(《中国史研究》2011年第1期)认为朱筠"识字以通经"的为学取向促使他提出从

《永乐大典》中辑校遗书的倡议，对朴实考经证史之风产生重要影响，有力地推进了"通经稽古"新治学趋向。汪林茂的《嘉道学术中的近代转型趋势——以浙江学术为例》(《史学集刊》2011年第2期)指出早在18世纪末19世纪初，中国学术即已呈现出明显的向近代转型的趋势，并非完全是"冲击与反应"的西学东渐结果。有关晚清传统经史之学的命运，有三篇文章值得关注。张寿安的《从"六经"到"二十一经"——十九世纪经学的知识扩张与典范转移》(《学海》2011年第1期)从经数与经目的变化上，考察了19世纪经学的知识扩张与典范转移的学术转变过程。章可的《〈礼记·王制〉的地位升降与晚清今古文之争》(《复旦学报》2011年第2期)认为今古文论争是促成近代经学的边缘化和史学走向中心的主要原因。朱贞的《清季学制改革下的学堂与经学》(《中山大学学报》2011年第5期)认为新式学堂中"中体西用"和"分科教学"的两条主线，造成了经学的不断衰颓。

学派和学术人物研究。 申屠炉明的《清代常州学派的名义及范围》(《社会科学战线》2011年第5期)认为常州学派是以春秋公羊学为中心的学术派别，并非同一地的其他常州学者都可以归入到此派。冯峰的《清代扬州学派形成考论》(《清史研究》2011年第2期)考证了清代扬州学派形成的过程、条件和学术倾向。罗军凤的《顾炎武与清初〈春秋〉经学》(《清史研究》2011年第1期)认为顾炎武的鼓励广辑传注解经，重视《左传》，但不信任《左传》义理的思想，带有清初经学的特点，其方法影响了乾嘉汉学。于富春的《王辈交游考》(《故宫博物院院刊》2011年第4期)考察了王辈拜师名门、跻身于官宦名流的交游创作经历。郑吉雄的《论戴震与章学诚的学术因缘——"理"与"道"的新诠》(《文史哲》2011年第3期)认为章学诚和戴震都注意到经史文献所记载内容背后的一种人伦、社群、文化的自然力量。徐道彬的《论王念孙对戴震学术的继承与发展》（《安徽大学学报》2011年第4期）通过考察《广雅疏证》一书，梳理了王念孙与戴震的学术继承关系，并对"扬州学派"问题予以实证说明。

典籍研究。 吴元丰的《〈满文老档〉刍议》（《清史研究》2011年第1期）论述了《满文老档》名称的含义、抄本的形成、各版本特征、出版等问题。徐道彬的《〈四书按稿〉非江永所作考论》（《文献》2011年第1期）通过对《续修四库全书》收录的《四书按稿》的辨伪，论证此书非江永所作。李立民的《〈清朝续文献通考·经籍考〉史源探析》（《清史论丛》2011年号）评述了《经籍考》引用史源的特点，概要分析了其史源致误的类型和原因。

科举研究。 李世愉的《试论清代科场中的谎报年龄现象》（《清史论丛》2011年号）考察了清朝童生试、八旗科举、老年士子中的谎报年龄现象。李祖基的《冒籍：清代台湾的科举移民》（《厦门大学学报》2011年第1期）揭示了清代前期闽粤移民冒籍赴台参加科举考试的现象，认为科举移民促进了台湾的文化发展。刘希伟的《清代科举考试中的"贱民"冒考问题》（《厦门大学学报》2011年第3期）则论述了清代奴仆、隶卒、倡优三类贱民的冒考现象。陈宝良的《"清客帮闲"：明清时期的无赖知识人及其形象》（《福建论坛》2011年第4期）认为明清两代清客、帮闲这一特殊的下层知识人群体是商业化、城市化与科举制度的产物。贺晓燕的《"举人大挑"述略》（《清史论丛》2011年号）从科举落第政策的角度论述了清代举人大挑的推行及其影响。

教育研究。 赵连稳的《北京清代书院经费支出考察》（《中央民族大学学报》2011年第6期）对基本建设经费和日常经费两大类书院经费进行了深入的考察。马勇的《新知识背后：以京师大学堂创建为中心的探讨》(《安徽大学学报》2011年第4期)以京师大学堂的创建为例,分析了新知识传播背后所蕴含的权利冲突。左松涛的《多面的弄潮儿:沈戟仪与清末民初的私塾改良》(《中华文史论丛》2011年第3期)论述了清末沈戟仪的私塾改良活动,以此探讨清末十年社会改良运动中的人心世相。

六、边疆史地与中外关系专题

北疆研究。 达力扎布的《17世纪上半叶喀尔喀与明朝的短暂贸易》(《清史研究》2011年第2期)论述了后金控制漠南蒙古地区后,漠北喀尔喀南下与明朝建立了短暂的贸易关系,以及三方之间的斗争过程。他的《清太宗和清世祖对漠北喀尔喀部的招抚》(《历史研究》2011年第2期)认为喀尔喀对内地的经济依赖是其归附清朝的主要原因。乌云毕力格和宋瞳的《关于清代内札萨克蒙古盟的雏形——以理藩院满文题本为中心》(《清史研究》2011年第4期)通过满文文献考察了盟旗制度在清初的形成和演变。赵珍的《清嘉道依赖伯都讷围场土地资源再分配》(《历史研究》2011年第4期)揭示了伯都讷围场开垦过程中旗民对比变化和官民在资源分配中的利害关系。衣保中、张立伟的《清代以来内蒙古地区的移民开垦及其对生态环境的影响》(《史学集刊》2011年第5期)则指出内地汉人大规模开垦边外土地对当地的生态环境产生了严重负面影响。本年度的新疆研究,自然灾害和屯民问题成为重点。阿利亚·艾尼瓦尔的《乾隆时期新疆自然灾害研究》(《中国边疆史地研究》2011年第3期)通过统计乾隆时期新疆自然灾害的情况,分析其规律和特点。她的《从清代文献看清政府对新疆的救济》(《清史研究》2011年第2期)叙述了清政府对新疆自然灾害的应对和赈济的情况。赵海霞的《清代新疆商屯研究》(《西域研究》2011年第1期)关注清代新疆屯民,认为商屯可以分为集中于北疆和南疆逐步展开的两个阶段。鲁靖康的《清代伊犁户屯的几个问题》(《西域研究》2011年第1期)则探讨了伊犁户屯名实、开办时间和管理情况,认为户屯的性质是以"户"为承垦单位而非民屯。贾建飞的《乾嘉时期新疆的金矿开采——以内地人的活动为中心》(《中国边疆史地研究》2011年第1期)论述了内地人涌入新疆开采金矿的情况,以及清朝由严到松的政策变化和管理办法。

西南边疆研究。常建华的《确立统治与形成秩序:清顺治康熙时期对南方土司的处置》(《清史论丛》2011年号)认为,清政府在顺治时期着眼制定土司承袭基本制度,康熙时期则采取儒家教化政策,对部分土司开始进行改土归流。邹健达的《乾隆年间"云南边外土司"建置研究》(《中国边疆史地研究》2011年第2期)论述了乾隆时中缅围绕边外土司发生的冲突,以及对中缅关系和清朝治滇政策的影响。黄国信的《苗例:清王朝湖南新开苗疆地区的法律制度安排与运作实践》(《清史研究》2011年第3期)考察了清王朝在湖南乾州、凤凰、永绥三厅新开苗疆地区,采用"苗例"作为处理苗民内部纠纷的法律规范,并配合"苗例"建立了一套有特色的法规体系。

东南沿海研究。刘彼德的《17世纪荷兰殖民统治下的台湾社会结构和特征》(《台湾研究集刊》2011年第3期)讨论了荷据台湾殖民地社会的结构、各群体之间的关系和特性。汪曙申的《试论十七世纪荷兰海权的崛起与对台湾的侵占》(《台湾研究》2011年第5期)认为台湾沦为荷兰的殖民地是东西方传统陆权与新兴海权势力消长的结果。陈忠纯的《清前期平民领照渡台的范围探析——兼议限制渡台政策的转变及其原因》(《厦门大学学报》2011年第2期)认为,清前期严禁民人渡台，有担心台湾人口过多、防止非法人员偷渡两种原因，直到福康安的实地调查后才实行领照渡台制度。

文化和科技交流。 欧阳哲生的《十七世纪西方耶稣会士眼中的北京——以利玛窦、安文思、李明为中心的讨论》（《历史研究》2011年第3期）论述了此三位传教士的北京印象，认为这奠定了西方的北京学知识谱系。张振辉的《卜弥格与明清之际中学的西传》（《中国史研究》2011年第3期）介绍和评论了17世纪来华的耶稣会士卜弥格向西方传播中国文明成就的业绩。何芳的《从档案看宁寿宫门窗玻璃的安装——兼论西方传教士双重身分的终结》（《故宫博物院院刊》2011年第6期）认为，宁寿宫扩建工程中平板透明玻璃供应短缺的原因在于西方近代专利制度的实行，使得西方传教士作为技术传播媒介的身份开始走向终结。李晓丹等的《17—18世纪西方科学技术对中国建筑的影响——从〈古今图书集成〉与〈四库全书〉加以考证》（《故宫博物院院刊》2011年第3期）考证了西方建筑科学技术在中国的传播、应用和影响。章可的《概念史视野中的晚清天主教与新教》（《历史研究》2011年第4期）认为，晚清新教与天主教对正统的争夺，使得天主教由总称变为一派，而新教则通过"新"的译名产生了"新教胜于旧教"的观念，对现代中国人的历史和宗教认知产生了巨大影响。

朝贡与外交体制。 李育民的《改易天朝体制的初试——义律融调中西的模式及其趋向》（《晋阳学刊》2011年第2、3期）论述了义律在广东以中英"官方直接通讯"来改易清朝天朝体制的活动。柳岳武的《略论道咸同时期中国近代外交体制的诞生》（《史学月刊》2011年第5期）从总理衙门、驻外大使、外交意识产生等方面考察了中国近代外交体制的诞生过程。传统的中朝、中越朝贡关系也发生着改变。王振忠的《朝鲜燕行使者与18世纪北京的琉璃厂》（《安徽史学》2011年第5期）认为18世纪朝鲜燕行使团通过与琉璃厂书商的交流，扩大了接触范围，加深了对中国的了解。王元周的《朝鲜开港前中朝宗藩体制的变化——以〈燕行录〉为中心的考察》（《中山大学学报》2011年第1期）认为晚清中朝之间的朝贡制度日益松懈，双方官员和文人间交往扩大，为外交开辟了新可能。孙艳姝的《晚清中朝朝贡关系详考》（《史学月刊》2011年第1期）则认为清朝对朝鲜的朝贡往来愈加严格控制，中朝之间的朝贡关系并未中断和衰落，甚至出现了一度的"回光返照"。王志强、权赫秀的《从1883年越南遣使来华看中越宗藩关系的终结》（《史林》2011年第2期）认为中越宗藩关系的终结并不仅因法国势力的干预，还有来自中越双方的内在需求和动因。此外，仲光亮的《论江户幕府对中国情报的搜集、处理机制——以〈华夷变态〉中的风说材料为中心》（《社会科学辑刊》2011年第2期）认为日本幕府通过长崎、萨摩藩、对马藩三个搜集点，建立了一套较为完善的中国情报搜集机制。拉宾·帕维尔的《清朝俄罗斯文馆（18世纪初—19世纪中叶）》（《历史档案》2011年第1期）介绍了俄罗斯文馆的历史、教学组织、师生来源、教学效果和最后命运。

中外贸易。顾卫民的《16—17世纪耶稣会士在长崎与澳门之间的贸易活动》（《史林》2011年第1期）讨论了耶稣会士在长崎、澳门间的贸易活动以及托钵僧士对此的抨击。费驰的《17世纪末18世纪初的东亚商路及其影响》（《中国边疆史地研究》2011年第4期）指出中朝日三国间存在着一条稳定的商路，主要流通品是中国丝织品、朝鲜人参、日本白银。王宏斌的《乾隆皇帝从未下令关闭江、浙、闽三海关》（《史学月刊》2011年第6期）指出乾隆时期，江、浙、闽三个海关仍然在正常履行对外贸易管理职能。赵春晨、陈享冬的《论清代广州十三行商馆区的兴起》（《清史研究》2011年第3

期）认为十三行商馆区的兴起在粤海关建立之后，与广东洋行制度同步形成，互相影响。刘强的《18世纪末—20世纪初中国制瓷业的衰落：一个全球的视角》（《史学集刊》2011年第2期）对中外贸易给中国制瓷业造成的影响做了探讨，从全球化视角勾勒出了400年间中国制瓷业的兴起和衰落过程。

中外交涉。 陈开科的《失败的使团与失败的外交——嘉庆十年中俄交涉述论》（《近代史研究》2011年第4期）认为戈洛夫金外交使团的失败，导致俄国形成19世纪的对华基本政策，并逐渐获得对华政策优势。陈文的《清代中越陆地边境跨境问题管理（1644—1840）》（《中国历史地理论丛》2011年第1辑）从出入境、边境贸易、跨境流民、通婚等方面考察了清代中越之间的边境跨境管理制度。夏维奇的《历史的另面：19世纪六七十年代清政府与列强的较量——以西人在华架建电报之纠缠为考察中心》（《学术研究》2011年第7期）认为清政府在电报领域的坚强抵抗，为中国日后自建电报预留下较为有利的空间，展示了清政府与列强"不合作"的一面。王维江的《从德语文献看1861年中普通商条约的签订》（《史林》2011年第6期）勾勒了中普通商条约的签订过程，分析了当时清廷大臣与普鲁士人交往的心态和对外认识水平。王士皓的《"最为持平"之约——对晚清中国与拉美国家建交条约的认识》（《清史论丛》2011年号）从对等性、领事裁判权、"一体均沾"等方面考察了中国和秘鲁、巴西、墨西哥等国的建交条约。

2012年清史研究综述

◎ 李立民

2012年度清史研究稳步推进，在政治方面，以制度与法律的研究为重点；经济方面，对赋税与工商业的研究热度不减；而学术方面，则较注重学术史与思想史、社会史的有机结合。总体而言，有以下几个方面值得关注：

其一，学术观点的争鸣。如何龄修的《读"争抢"柳敬亭文的感想和议论》(《清史论丛》2012年号）对柳敬亭的原名和祖籍问题做了考察，并评价了其学术成就，指出今人对名人籍贯的争抢有违中华民族的优良传统。杨启樵的《雍正篡位说驳难》(上海书店出版社，2012年）分别对孟森、王锺翰诸先生的"雍正篡位说"提出了质疑。钟玉发的《徐光启与阮元科技思想之比较》（《清史论丛》2012年号）探讨了所谓"明清时期科技落后"的问题。

其二，新材料的运用与新观点的提出。如顺治丁酉顺天科场案一直受到清史学者的重视，孟森先生在《科场案》一文中，搜集了大量有关此案的史料。此后许多学者的相关著述所运用的材料，皆不出其范围。而白亚仁的《从〈吴兴大事记〉看顺治丁酉顺天科场案》(《清史论丛》2012年号）则利用《吴兴大事记》中的诸多新材料，考察了顺天丁酉乡试"贿赂公行"的社会根源、科场案株连者流徙后的遭遇等问题。此外，徐道彬的《驳章学诚"戴震不解史学"论》（《安徽史学》2012 年第 2 期）考察了戴震在方志、家谱及史料考证方面的史学理论成就。杨朝亮的《江藩学术思想倾向再审视》（《齐鲁学刊》2012 年第 4 期）分析了宋学对江藩学术思想的影响。

其三，重视清史传统史料的整理与研究。如陈鸿森的《〈清史列传·儒林传〉续考》（《中国典籍与文化》2012 年第 1 期）对余萧客、陈祖范等十二人之传做了考证。谢贵安的《试述〈清实录〉史料的来源与流向》（《北京联合大学学报》2012 年第 2 期）对《清实录》的史料来源做了梳理与考察。其中档案资料的整理成果颇丰，主要有韩永福的《乾隆朝书院档案》（上、下，《历史档案》2012 年第 3、4 期）、哈恩忠的《开办大清邮政档案》（《历史档案》2012 年第 3 期）、高换婷的《光绪年间治理永定河档案》（《历史档案》2012 年第 3 期）、郭美兰的《乾隆朝绥远城设立八旗官学满文档案》（《历史档案》2012 年第 2 期）等。杨珍的《关于满文档案与清史研究的几点认识》（《故宫学刊》2012 年第 1 期）则从澄清史实、补充清代重要人物及清宫女性事迹、彰显满洲特色等八个方面对清史研究中满文档案的作用做了系统考察。

此外，在"新清史"方面，党为的《美国新清史三十年》（上海人民出版社，2012 年）强调了中国内部因素的民众史、全球背景下的经济史等共八个专题。定宜庄、胡鸿保的《被译介的"新清史"——以"族"为中心的讨论》（《清史论丛》2012 年号）从有关新清史译文入手，讨论了对"民族"、"种族"、"国家"等重要术语翻译的相关问题。刘凤云等的《清代政治与国家认同》（社会科学文献出版社，2012 年）、李爱勇的《新清史与"中华帝国"问题——又一次冲击与反应？》（《史学月刊》2012 年第 4 期）、徐凯的《满洲

"汉文化"化与接续中华文明之统绪》(《云南师范大学学报》2012年第4期)、崔岩的《从乾隆诗看清帝国的汉化》(《云南社会科学》2012年第5期)等则是继续对新清史的某一问题予以回应。

本年度重要的学术会议有：韩国高丽大学举办的以"灾害与东亚"为主题的东亚文化交涉学会第四届年会，中国科学院自然科学史研究所、中国科学院国家天文台、中国古天文联合研究中心共同举办的"'海判南天'与康熙时代天文大地测量研讨会"，中国人民大学清史研究所主办的"清帝逊位与民国肇建一百周年国际学术研讨会"等。

以下将分专题介绍本年度主要的清史研究成果。

一、政治

综合。 许曾重的《许曾重史学论文选集》(故宫出版社，2012年)深入研究和探讨了清史分期、"康乾盛世"、边疆、农民的反抗斗争和起义、历史人物，以及"清初三大疑案"等问题。张宏杰的《饥饿的盛世：乾隆时代的得与失》(湖南人民出版社，2012年)揭示了近代中国衰落的原因。林乾的《康熙惩抑朋党与清代极权政治》(复旦大学出版社，2012年)揭示了康熙一朝的朋党现象及其本质。张国骥的《清嘉庆道光时期政治危机研究》(岳麓书社，2012年)对嘉庆、道光两朝政治危机的表象、原因及性质进行了探讨。李文海的《清代官德丛谈》(中国人民大学出版社，2012年)描绘了清代官场的众生相，揭示了清廷的黑暗与腐败。高翔的《在历史的深处》(中国社会科学出版社，2012年)论述了满汉文化冲突与清初社会重建、清初理学与政治、清前期政治演变方向等问题。

杨珍的《千秋功罪　谁人评说——康乾两帝刍议》(《紫禁城》

2012 年第 8 期）分析了康熙、乾隆两帝的为政特色及其对清代历史的影响。杨珍的《紫禁城与清代宫廷史》（《人文北京与文化创新能力建设：历史与现实的对话》，中国经济出版社，2012 年）提出应重视对"紫禁城人"的多角度考察，兼用满汉文史料。吴伯娅的《君臣恩怨——康熙帝与赵申乔》（《明清论丛》第十二辑）探讨了康熙帝及清代政治史的相关问题。单卫华的《论清初的廉政建设》（《东岳论丛》2012 年第 7 期）论述了康熙、雍正、乾隆三朝的廉政措施及其意义。苟晓敏的《清前期官员贪污犯罪及其成因论析》（《中华文化论坛》2012 年第 3 期）从制度层面揭示了清前期官员贪污犯罪的成因。陈连营的《帝国黄昏：徘徊在近代门槛的中国社会》（人民出版社，2012 年）对鸦片战争前中国的社会状况进行了系统全面的分析、解读。

制度。 何新华的《清代贡物制度研究》（社会科学文献出版社，2012 年）对清代贡物制度体系的进贡方式、定例及处理流程等进行了论述。邱源媛的《清前期宫廷礼乐研究》（社会科学文献出版社，2012 年）探讨了王朝统治文化的变化及其政治动因。王海燕的《帝国的象征：清东陵的政治—社会史研究》（暨南大学出版社，2012 年）考察了清代陵寝制度、陵寝工程、护陵制度与纠纷。李永贞的《清朝则例编纂研究》（世界图书出版上海有限公司，2012 年）阐释了清朝在会典与则例编纂方面的基本原则及意义。

宗韵的《清代恩科的确立及其成因——以〈万寿盛典初集〉为中心》（《安徽师范大学学报》2012 年第 6 期）从统治者、士子的角度，分析了清代恩科出台的原因。薛刚的《清初文官考满制度论析》（《河南师范大学学报》2012 年第 6 期）认为清初文官考满制度最终确立了以京察、大计为主的考核制度。孙静的《清代佐领抬旗现象》（《史林》2012 年第 2 期）认为抬旗现象是满洲统治者巩固统治的一种手段。陈瑞的《明清时期徽州境内的保甲制度推行与保甲组织编制》(《安徽大学学报》2012年第3期)分析了明清时期徽州地方保甲编制的特点。欧磊的《清代官员丁忧制度论略》(《北方论丛》2012年第6期)阐述了清代官员丁忧制度的特点及历史意义。王璋的《乾隆朝山西义仓初探》(《历史档案》2012年第3期)考察了乾隆时期山西义仓的制度设计、仓储规模、社会功效。滕德永的《嘉庆朝御赏贡参制度》(《历史档案》2012年第2期)认为御赏贡参制度是清廷控制京师官员的一种手段。赵永翔的《清代"重赴鹿鸣宴"制度》(《历史档案》2012年第2期)阐述了"重赴鹿鸣宴"制度的政治意义。方兴的《清代陵寝与堪舆：基于制度与权力层面的考察》(《江汉论坛》2012年第11期)揭示了陵寝与堪舆在政治制度层面的意义。高月的《论清代的疆域统合与地方政制变革——以东北地方为讨论中心》(《社会科学辑刊》2012年第2期)论述了清代东北地方政制变革的意义。王秀玲的《清代太庙祭祀及其政治象征仪式》(《清史论丛》2012年号)考察了清代太庙祭祀的仪式及相关规定。张楠的《论清代官僚制度中体现的孝观念》(《中州学刊》2012年第5期)论述了"孝"在清代官僚制度中的作用和意义。常建华的《清顺康时期保甲制的推行》(《明清论丛》第十二辑)认为清代保甲制度的大规模推行始于康熙四十年代后期，且主要集中在东南沿海地区。

职官与行政。苗月宁的《清代两司行政研究》(中国社会科学出版社，2012年)考察了清代两司的基本职掌。王志明的《雍正朝京官与地方官双向任职分析——清代知府与京官一体化倾向》(《史学集刊》2012年第6期)认为京官与地方官双向迁转，是清廷加强中央集权和行政职能的体现。周勇进的《清代道员职衔考述》(《清史研究》2012年第2期)考述了清代道员职衔的发展演变及其特点。龚小峰的《地域、权力与关系：对清代江苏督抚的考察》(《安徽史学》2012年第4期）考察了地域因素在地方政权掌控中的作用。许静、赵亮的《嘉庆朝官员革职特点研究》(《清史论丛》2012年号）分析了嘉庆朝官员革职的原因及特点。王雪华的《清代吏胥的血缘、地缘和业缘关系》(《武汉大学学报》2012年第3期）分析了清代吏胥的血缘、地缘和业缘及其对清廷政权的影响。苟德仪的《清代道台衙门的书吏与差役——以川东道衙为考察中心》(《历史档案》2012年第2期）揭示了道台衙内部机构形态及其运作方式。王景泽的《清初顺治朝总督之属籍》(《社会科学战线》2012年第1期）对清代顺治朝总督的属籍做了一一澄清，指出清政府对汉族总督的任用是清初政权得以稳定的基石。刘丽君的《论清代康熙朝科道官对储位问题的关注》(《甘肃社会科学》2012年第4期）认为科道官对康熙朝储位问题持反对态度，导致了科道官权力的削弱。李嘎、杜汇的《雍正年间晋北地区的政区改革与行政经营——以新设朔平府为例》(《山西师大学报》2012年第4期）认为朔平府的建置体现了国家意志与地方社会之间的双赢。

法律。何小平的《清代习惯法：墓地所有权研究》（人民出版社，2012年）考察了清代墓地所有权的取得、权能以及消灭。廖斌的《清代四川地区刑事司法制度研究》（中国政法大学出版社，2012年）探讨了该地区的刑事司法主体、刑事诉讼制度、刑事证据制度和实践、刑事审判制度。李青的《清代档案与民事诉讼制度研究》（中国政法大学出版社，2012年）探讨了清代民事诉讼制度的规律及其与刑事诉讼的区别。王巨新的《清朝前期涉外法律研究：以广东地区来华外国人管理为中心》（人民出版社，2012年）叙述了清朝前期广东地区来华外国人与涉外法的渊源。

许颖的《清代钦差大臣之司法权》(《河北大学学报》2012年第2期）分析了清代钦差大臣的司法权对地方官员的约束作用及其局

限。周蓓的《清代基层社会聚众案件的量化分析》(《学术界》2012年第1期)阐述了清代基层社会聚众案件发生的原因、特点及官府的策略。越南学者阮氏秋水的《越南阮朝〈皇越律例〉与〈大清律例〉的异同》(《江汉论坛》2012年第4期)比较了两书在结构、律文和条例内容等方面的异同及其原因。李典蓉的《〈清史稿·刑法志〉史源问题探析》(《清史研究》2012年第4期)论述了《清史稿·刑法志》与清史馆未刊稿的区别与史源,及其与清代《刑法志》体裁与思想的异同。陈兆肆的《清代永远枷号刑考论》(《清史研究》2012年第4期)探讨了清代乾嘉时期中国传统刑罚的"自发转型"问题。姚上怡的《清代学政、教官司法职能探析》(《云南社会科学》2012年第4期)阐述了清代学政及教官的特殊司法管辖权与其形成原因。许燕婵的《清朝旗人的法律特权及其影响》(《湖北社会科学》2012年第1期)探讨了"旗人"在清朝社会中享有的法律特权及其社会影响。胡祥雨的《"逃人法"入"顺治律考"——兼谈"逃人法"的应用》(《清史研究》2012年第3期)对逃人法的发展演变及其社会作用做了考察。毛立平的《"妇愚无知":嘉道时期民事案件审理中的县官与下层妇女》(《清史研究》2012年第3期)探讨了清代嘉道时期下层妇女的法律地位和法律意识。郑小春的《清代的基层司法审判实践:苏氏诉讼案所见》(《清史研究》2012年第2期)揭示了清代基层司法审判制度与实践的背离。张世明的《议罪银新考》(《清史研究》2012年第1期)认为乾隆朝的议罪银制度是清代司法体制变迁的转折点。

事件。晏爱红的《清代官场透视——以乾隆朝陋规案为中心》(天津古籍出版社,2012年)揭示了清代官场的陋规问题及其形成原因。金性尧的《清代笔祸录》(上海远东出版社,2012年)对发生在清代统治期间的多次"文字狱"做了剖析。

鱼宏亮的《重建观念史图像中的历史真实》(《东亚观念史辑刊》第3卷，2012年）对观念与历史事件互动的历史解释模式做了理论上的探讨。孙明的《乾隆朝盐务"三案"对盐官和盐商的处理》(《历史档案》2012年第2期）揭示了清代盐商与皇权间的关系。曹江红的《卢见曾、纪昀与两淮盐引案》(《清史论丛》2012年号）分析了卢、纪在两淮盐引案后的际遇。冉耀斌的《丁酉科场案与清初秦陇文人心态》(《西北师大学报》2012年第6期）认为丁酉科场案引发了秦陇士人的抗清情绪。王妍的《乾嘉时期辞官现象探析》(《云南社会科学》2012年第2期）揭示了汉族官员辞官的原委。李军的《论清代学政案——以"星伯学案"为中心》(《北方论丛》2012年第6期）探讨了清代学政的弊端。吴伯娅的《卫匡国笔下的明清易代——〈鞑靼战记〉初探》(《把中国介绍给世界——卫匡国研究》，华东师范大学出版社，2012年）梳理了卫匡国关于明清易代的观点。

军事。邱捷的《清朝前中期的民间火器》(《社会科学研究》2012年第2期）阐述了该时期民间武器流散的格局。徐美洁的《清初四明山寨粮饷问题及遗民心态的转变》(《史学集刊》2012年第5期）揭示了宁波一地遗民心态的演变。张建的《康熙五十九年乌兰呼济尔之战浅探》(《清史论丛》2012年号）从清军军事信念的建立与清俄边界之形成等方面对乌兰呼济尔之战做了评价。刘冬梅的《清初海南黎族勇武抗清原因分析》(《史学集刊》2012年第6期）认为清统治者在军事与行政管理方面的缺失，导致了海南岛黎民持续的抗清运动。毛宪民的《清代射箭与"弓力"问题》(《清史论丛》2012年号）探讨了八旗官兵在军事训练中对射箭"弓力"力数确定的问题。谢景芳的《清入关前决定满族命运的大讨论》(《社会科学战线》2012年第1期）分析了皇太极确定争夺全国政权意图的发展过程。王希隆的《张格尔之乱及其影响》(《中国边疆史地研究》

2012年第3期）对张格尔之乱的成因、影响做了探究。周喜峰的《清初黑龙江各族与雅克萨保卫战》（《明清论丛》第十二辑）阐述了清朝初年黑龙江各族在雅克萨战争中的作用。

二、经济

财政与赋税。 申学锋的《转型中的清代财政》（经济科学出版社，2012年）探讨了清代财政改革的制度及相关的政治文化因素。日本九州大学教授山本进的《清代社会经济史》（山东画报出版社，2012年）论述了中国被迫纳入全球化之前清朝的社会与经济问题。高王凌的《乾隆十三年》（经济科学出版社，2012年）叙述了乾隆朝前十三年的历史，以及当时朝廷如何感受若干现代问题（如人口问题）和如何作出欧洲式的"现代反应"（如加强政府）等问题。

魏光奇的《清代雍乾后的赋役催征机制》（《河北学刊》2012年第6期）认为清廷未建立常规的行政组织是导致赋役催征诸弊病的根本原因。陈支平的《明清港口变迁史的重新解读——以泉州沿海港口为例》（《中国经济史研究》2012年第2期）考察了政府对于泉州港口的管理和征税。

农业与漕运。 薛理禹的《清代屯丁研究：以江南各卫所及归并州县屯丁为例》（《史林》2012年第2期）阐释了清代屯丁编审、屯丁银编征制度的变化。吴小珍的《粮食生产供求变动与清代地方的社会经济——以湘南为中心》（《清史研究》2012年第3期）考察了湘南地区粮食生产与供求的变动及其对地方社会经济发展的影响。邓玉娜的《清代中后期河南省粮价变化的历史地理学解释》（《陕西师范大学学报》2012年第6期）分析了地理因素对清中后期河南省粮价变化的影响。陈瑶的《清前期湘江下游地区的米谷流动与社竞争》(《厦门大学学报》2012年第4期)考察了清代前期市场、国家与社会之间的复杂竞争关系。彭志军的《试论清代婺源土地的税租化——兼谈清代卖田契中的土地表述问题》(《南昌大学学报》2012年第3期)认为婺源土地买卖契约的"租税化",是自明末一条鞭法改革以来赋税和土地紧密结合的结果。叶美兰的《清代漕运兴废与江苏运河城镇经济的发展》(《南京社会科学》2012年第9期)分析了京杭运河漕运对沿岸城镇经济发展的作用。

工商业与国内贸易。刘朝辉的《嘉庆道光年间制钱问题研究》(文物出版社,2012年)考察了清代嘉、道年间制钱概况及钱币流通的历史。王琳的《清代河南北舞渡镇的金融业——以新见碑刻为中心的考察》(《陕西师范大学学报》2012年第3期)分析了清代北舞渡镇金融业产生的原因及其影响。燕红忠的《清政府对牙行的管理及其问题》(《清华大学学报》2012年第4期)认为清代牙行是政府管理市场和民间商业的一种间接手段。刘文鹏的《论清代商业网络传播与国家的社会控制力》(《清史研究》2012年第1期)通过乾隆时期"伪孙嘉淦奏稿案"的传播,分析了清代商业网络传播与国家的社会控制力之间的关系。

手工业。张洪林的《清代四川盐法研究》(中国政法大学出版社,2012年)阐述了清代盐法的流变及四川井盐的生产、运销、征税。陈瑶的《从汉口到湘潭——清初湘潭县重建过程中的徽州盐商》(《安徽史学》2012年第4期)论述了徽州盐商在清初战乱时期对湘潭县商品经济发展的贡献。张研的《乾隆盛世的市场与徽商》(《安徽师范大学学报》2012年第5期)分析了乾隆年间徽商的社会角色。

铁源、溪明的《清代官窑瓷器史》(中国画报出版社,2012年)论述了清代官窑的制作过程,以及与瓷器相关的祭祀陵寝、婚嫁丧葬、寿庆赏赐等制度。常建华的《康熙朝开矿问题新探》(《史学月刊》2012年第6期）梳理了康熙朝开矿政策的意义。马琦的《清代前期矿产开发中的边疆战略与矿业布局——以铜铅矿为例》（《云南师范大学学报》2012年第5期）认为清廷"开边禁内"思想成为矿业开发的政策导向。

水利工程。 刘文远的《清代水利借项研究（1644—1850）》（厦门大学出版社，2012年）论述了清代水利借项缘起与发展、帑项借动与支出、借项归还与蠲免、借项的管理及其局限等问题。日本学者松浦章的《清代上海沙船航运业史研究》（江苏人民出版社，2012年）考察了清代上海沙船航运业的历史贡献。庄宏忠、潘威的《清代志桩及黄河"水报"制度运作初探——以陕州万锦滩为例》（《清史研究》2012年第1期）论述了清代万锦滩志桩的设立过程、制度规定，以及在"水报"中的配置和作用。

三、社会

宗族。 冯尔康的《清代宗族的社会属性——反思20世纪的宗族批判论》（《安徽史学》2012年第2期）认为清代的宗族具有大众性、自治性、互助性、民主性、宗法性、依附性。徐凯的《满洲氏族、谱系文化与本部族认同初探（一）、（二）》（《辽宁大学学报》2012年第5、6期）认为乾隆初期编纂的《八旗满洲氏族通谱》强化了满族的自我意识，是满洲本部族认同的一部"法典"。朱平的《清代徽州宗族维护血缘秩序的主观努力——以新发现的三通碑刻为例》（《安徽史学》2012年第3期）对清代徽州宗族维护本族血缘秩序的活动与意义做了研究。常越男的《赫舍里氏"巴克什"家族与清初政治文化》（《云南师范大学学报》2012年第4期）认为"巴克什"家族在绥服蒙古、创立满文、编纂典籍等方面发挥了重要作用。郑振满的《清代闽西客家的乡族自治传统——〈培田吴氏族谱〉研究》(《学术月刊》2012年第4期)揭示了闽西客家的乡族自治传统与晚清地方自治的历史渊源。

灾荒。 成积春的《康熙帝救荒思想初探》(《明清论丛》第十二辑)认为康熙四十二年之前持"耕九余三"论,其后转变为主要依靠国家储备钱粮应对自然灾害的救荒思路。倪玉平的《清代冰雹灾害统计的初步分析》(《江苏社会科学》2012年第1期)梳理了清代冰雹灾害并对其特点做了探讨。于春英的《清代东北地区水灾对农业生产的影响》(《东北师大学报》2012年第5期)分析了清代东北地区水灾的特点及其对农业生产的影响。

李长莉的《清代救灾体制转换与公共管理近代转型——效能分析与基层案例比较》(《江海学刊》2012年第1期)通过对乾隆江苏如皋饥疫等三个典型救灾案例的考察,认为清中后期救灾体制经历了从传统模式向近代模式的转换。

宗教。 冯尔康的《"康熙帝与西洋文化"研究中的两个问题》(《历史教学》2012年第8期)探讨了康熙帝对天主教教义的认同问题及其招揽西士之风中断的原因。孟繁勇的《清入关前满洲宗教信仰的嬗变及其作用》(《云南师范大学学报》2012年第4期)认为满洲宗教信仰的多元化趋势对满洲的形成和清朝的崛起起到了促进作用。张中鹏的《雍正元年京官条陈禁教探析》(《暨南学报》2012年第1期)揭示了雍正元年京官禁教奏折之性质及其历史意义。

郭丽娜的《清代中叶巴黎外方传教会在川活动研究》(学苑出版社,2012年)运用了一些新材料,对清乾隆、嘉庆年间法国巴黎外方传教会在四川的活动做了研究,认为法国巴黎外方传教会无视文化差异的保守传教模式,为后来激烈的民教冲突埋下导火线;郭丽娜、蓝燕的《清代中期下层传教路线在四川的确立和实践》(《暨南学报》2012年第1期）认为下层传教路线在禁教时期为教会争取到一定的生存空间。

社会生活与民俗。林存阳的《清代基层社会对礼的诉求及践履》（《清史论丛》2012年号）认为清廷对礼的建构和规范体现出"以礼为治"的政治文化取向。李娜的《〈乾隆休宁黄氏家用收支帐〉中所见清中叶徽州民间礼俗》（《清史论丛》2012年号）对清代中叶徽州民间礼俗生活做了探讨。邓亦兵的《清代前期北京房产交易中的问题》（《首都师范大学学报》2012年第4期）探讨了清代前期北京住房的双轨制及其衍生出的诸多问题。吴正东的《清代湖南婚姻礼仪消费及特点》（《江西社会科学》2012年第2期）认为清代湖南的婚姻礼仪消费表现出逾越礼制性、奢侈性和婚嫁论财性等特征。常建华的《康熙制作、赏赐松花石砚考》（《故宫博物院院刊》2012年第2期）考察了康熙年间松花石砚的制作发展过程，揭示了清代特有的政治文化。

郭松义的《清代社会变动和京师居住格局的演变》（《清史研究》2012年第1期）认为清初形成了旗人居内城、汉官和商民居外城和城郊的基本居住格局，但当统治者完成迁居之时，现实又使其向相反方面行进。赵广军的《清初台湾"土番"屯垦河南邓州考述——兼论小聚落移民民俗之变迁》（《广东社会科学》2012年第2期）考察了屯垦河南邓州的台湾原住民的生活状态以及风俗遗留等问题。

贾建飞的《清乾嘉道时期新疆的内地移民社会》（社会科学文献出版社，2012年）论述了乾嘉道时期清廷对内地人口向新疆流动的认识和管理政策及内地人口在新疆的社会经济活动。刘凤云的《北京与江户——17—18世纪的城市空间》（中国人民大学出版社，2012年）讨论了政治体制对城市特别是都城的重要影响。谢秀丽、韩瑞军的《清代前期民间商业信用问题研究》（人民出版社，2012

年）总结了清代前期民间商业信用的特点与作用。

环境与生态。 赵珍的《资源、环境与国家权力——清代围场研究》（中国人民大学出版社，2012年）通过对构成清代围场体系的各围场与行围制度的梳理，论证了国家对围场资源的干预、组织和调控。王建革的《清代东太湖地区的湖田与水文生态》（《清史研究》2012年第2期）认为清代东太湖地区湖田水文生态通过植桑养蚕等，维持了传统江南生态农业的持续发展。李懋君的《论清初"湖广填四川"的行政引导》（《湖北社会科学》2012年第8期）考察了清政府在"湖广填四川"中的角色及其意义。

四、学术与文化

综合。 陈祖武的《清代学术源流》（北京师范大学出版社，2012年）运用学术史与社会史相结合的研究方法，揭示了有清一代学术发展的源流嬗变，分析了学术演进与世运变迁、政治文化导向等之间的密切联系。葛兆光的《清代学术史与思想史的再认识》（《中国典籍与文化》2012年第1期）分析了清代学术与思想研究的意义，梳理了清代学术史的经典著作，特别是艾尔曼对清代学术史的贡献。王记录的《在学术与社会之间：清代经史关系的嬗变与转向》（《学习与探索》2012年第8期）从社会发展与变迁的角度论述了学术之嬗变。梁仁志的《明清徽商发展与儒学的变化》（《淮北师范大学学报》2012年第2期）认为明清徽商的发展调和了当时社会的义利关系和贾儒关系，推动了明清儒学的世俗化发展。

学术思想与流派。 徐道彬的《"皖派"学术与传承》（黄山书社，2012年）从学术思想、地域文化和社会经济发展诸方面进行综合研究，揭示了"皖派"学术由"小徽州"到"大徽州"的扩散轨迹，拓展和加深了徽学研究视域，对清代学术乃至传统文化研究也有一定的参考意义。丁进的《"皖派经学"观念的形成及其经学史意义》(《湖南大学学报》2012年第4期)分析了皖派经学的起源、学术特点与意义。吴晓番的《乾嘉思想的伦理新向度——以阮元、凌廷堪为中心的解读》(《华东师范大学学报》2012年第1期)认为乾嘉思想的伦理向度是理解中国传统思想发生转变的重要一环。刘玲的《乾嘉学派的经世致用思想及其表达方式》(《史学史研究》2012年第1期)分析了乾嘉学者对"经世致用"的诉求。

朱昌荣的《清前中期李朝对明奉行"义理"思想新探——基于〈朝鲜王朝实录〉的考察》(《史学集刊》2012年第5期)以《朝鲜王朝实录》为基本史料，探讨清前中期李氏朝鲜对明奉行"义理"思想的表现与特点。张寿安的《清代徽州义理学的产生及其重要性——一个地理与文化的观察》(《湖南大学学报》2012年第2期)分析了乾嘉学者对义理学的态度、徽州义理学之产生及其特色。王胜军的《清初民间理学：以孙奇逢与张履祥为对象的考察》(《中州学刊》2012年第2期)认为孙奇逢与张履祥推动了清初学风转变及民间理学的形成。

钱志熙的《论浙东学派的谱系及其在学术思想史上的位置——从解读章学诚〈浙东学术〉入手》(《中国典籍与文化》2012年第1期)梳理了浙东学术发展的基本进程，论述了其与伊、洛理学及陆、王心学的渊源关系。

典籍。 文廷海的《清代前期〈春秋〉学研究》(中国社会科学出版社，2012年)以清代经学学统重建的学术视角，指出清代前期《春秋》学的特色是向传统的回归。谭德兴的《清代金文著述与〈诗经〉研究》(《湖北大学学报》2012年第1期)在文字、名物制度、史实方面对清代金文与《诗经》做了对比研究。邓声国的《试论张尔岐的〈仪礼〉诠释特色及其成就》(《江西科技师范学院学报》2012年第8期）将张尔岐的《仪礼》置于清初礼经诠释史的背景下考察，发掘了其独特的学术价值和贡献。顾迁的《敖继公〈仪礼集说〉与清代礼学》(《史林》2012年第3期）认为敖继公与郑玄的立异处往往有其根据，不背实事求是之旨。邓声国的《吴之英之〈仪礼〉礼图研究探析》(《清史论丛》2012年号）探讨了吴之英在礼节图、礼节图表、宫室图和器物图等研究方面的特色。曾光光的《〈汉学商兑〉学术批判方式探析》(《史学理论研究》2012年第3期）从学术批判的角度分析了《汉学商兑》的特点与不足。孔祥军的《试论清代学者〈禹贡〉研究之总成绩》(《清史研究》2012年第1期）将清代学者对《禹贡》的研究分为注疏型、集解型、辑注型、专论型、泛说型五类，并总结了其学术特点与价值。安东强的《〈钦定四书文〉编纂的立意及反响》(《中山大学学报》2012年第1期）考察了该书的编纂缘起、流传及社会反响。谷敏的《天一阁藏黄宗羲〈明文案〉再探》(《清史论丛》2012年号）考察了现存《明文案》的版本源流，认为天一阁所藏本中的朱笔批语当为多人过录的黄宗羲批语。

张安东的《清代安徽方志研究》（黄山书社，2012年）考察了清代安徽方志在历史学、历史地理学、方志学、社会学方面的价值。杨绪敏的《明朝遗民私修明史与明亡历史的总结——清初吴越士人私修明史的成就与特点》(《学习与探索》2012年第5期）分析了清初吴越地区的士人私修明史的特点与经验。童杰的《郑若曾〈筹海图编〉的史学价值》(《史学史研究》2012年第2期）揭示了《筹海图编》在明代海防史、中日交通史、历史地理学、科技史等方面的史学价值。吴伯娅的《陈昂父子与〈海国闻见录〉》(《清史论丛》2012年号）考察了陈氏父子的生平事迹及《海国闻见录》的特色；她的《日心地动说的传入与〈地球图说〉的出版》(《西学东渐与东亚近代知识的形成和交流》，上海人民出版社，2012年）考察了《地球图说》的出版与日心地动说在中国的传入。侯德仁的《清朝官修西北边疆史地著作的学术成就》（《苏州大学学报》2012年第3期）考察了清朝官修西北边疆史地学著作的学术价值。

蔡东洲等的《清代南部县衙档案研究》（中华书局，2012年）揭示了清代四川省南部县县衙文书档案的文献学、历史学价值。段自成、李景文的《清代河南巡抚衙门档案》（中国社会科学出版社，2012年）认为河南巡抚衙门档案有助于了解清代地方政务的施行情况及清代巡抚衙门的行政运行机制。吴冬冬的《乾嘉年间徽商汪氏信札的整理及研究价值》（《安徽师范大学学报》2012年第1期）考察了徽商的家庭生活及徽商与封建地方官场的互动。

刘蔷的《天禄琳琅研究》（北京大学出版社，2012年）探讨了该书在中国目录学史、版本学史上的价值。伍媛媛的《清代补史艺文志研究》（黄山书社，2012年）论述了清代补史艺文志在图书分类、体制结构的特点与学术价值。胡文生的《〈书目答问〉与〈四库全书总目〉之比较研究》（《河南社会科学》2012年第7期）分析了两书在体例、书目的选择与分类、著述思想等方面的不同。罗琳的《〈四库全书总目〉"永乐大典本"与〈文渊阁四库全书〉》（《中国典籍与文化》2012年第3期）认为《文渊阁四库全书》并没有完整地全部过录386种从《永乐大典》中辑佚出之典籍，作者对其得失做了评价。江庆柏的《〈四库全书荟要提要〉与〈四库全书总目〉学术立场差异考论》（《文史哲》2012年第6期）认为《四库全书荟要提要》对宋代理学及朱熹的学术思想和学术实践多有肯定，而《四库全书总目》则对汉学过度颂扬，对宋学多所贬抑。崔富章的《四库提要诸本分析——以〈四库全书总目〉本为优》（《文献》2012年第3期）比较了七阁库书提要、七阁《四库全书总目》提要、《钦定四库全书荟要》、《武英殿聚珍版书》所载《四库全书总目提要》之优劣。佟大群的《〈四库全书总目提要〉文献辨伪学成就研究》(《明清论丛》第十二辑)考察了《四库全书总目提要》在辨伪规模、辨伪方法、辨伪理论的成就。

国家清史纂修工程出版中心等的《清史纂修研究与评论》(上海古籍出版社,2012年)收录了清史编纂中的纂修纪实与方法、史实与文献考订、学术书评等内容。崔军伟的《康熙朝"三朝国史馆"存续时间及成书问题举证》(《历史档案》2012年第3期)考证了"三朝国史"馆存续的时间及其纂修成果;《清代官修纪传体国史史料价值探微》(《史学史研究》2012年第3期)指出了清代官修纪传体国史的价值与不足。毛春伟的《简析乾隆皇帝评"三通"》(《天津社会科学》2012年第2期)分析了乾隆帝对"三通"的评论及其史学意义。刘凤强的《继承与嬗变:清代藏族历史编纂学简论》(《史学史研究》2012年第3期)揭示了清代藏族历史编纂学在史书编纂旨趣、编纂理论与方法的新变化。辛德勇的《简论清代中期刻本中"方体字"字形的地域差异》(《中国典籍与文化》2012年第1期)认为乾隆中期以后方体字已经开始全面确立了清人自己的风格。李士娟的《雍正朝内府刻书概略》(《历史档案》2012年第1期)对雍正朝内府刻书情况及其特点做了考察。屈宁的《清初官修〈明史〉与私修明史之间的互动关系》(《人文杂志》2012年第5期)认为清初官方史学与私家史学之间的互动反映出中国古代史学的特点与传统。

学术人物及其思想。 冯尔康的《清代人物三十题》(岳麓书社,2012年)分皇帝、名臣、文人、女性四目分别做了考述。沈雨梧、陈思玉、贾沛娟的《清代科学家》(光明日报出版社,2012年)阐述了清代科学家在自然科学领域的重大贡献。李贵连的《清代满人经学成就述论》(《河南师范大学学报》2012年第4期)论述了清代满人在"五经"、"四书",尤其是易学方面的成就与影响。

佟永功的《满族的历史文化名人——达海》(《清史论丛》2012年号)强调了达海在满文改革和翻译汉文典籍方面的贡献。杨绪敏的《论钱谦益与明史的修撰与考证》(《徐州师范大学学报》2012年第2期)认为钱谦益对元末明初史事的编纂和考证,对清初乃至乾嘉考据学都产生了一定影响。

陈祖武的《陈恭甫先生之人格与学术精神》(《闽江学院学报》2012年第1期)考察了福州先贤陈恭甫先生的高尚人格与其修身立学的品质,论述了其学术贡献。林忠军的《论顾炎武易学思想与清代易学转向》(《东岳论丛》2012年第6期)论述了顾氏在易学研究中倡导的求实精神和考据方法。王小恒的《从全祖望与杭郡赵氏两世交谊看其盛世"遗民"心态》(《西北师大学报》2012年第6期)揭示了清初浙派学者的文化价值和人格特征。吴振亚的《颜元的生命哲学思想论略》(《中华文化论坛》2012年第6期)对颜元生命哲学的宗旨做了解析。肖建原的《王夫之对儒、佛、道心理思想关系的辨析》(《中州学刊》2012年第3期)揭示了王夫之"空"、"无"认识论的根源。张学智的《王夫之"乾坤并建"的诠释面向——以〈周易外传〉为中心》(《复旦学报》2012年第4期)对王夫之易学中的"乾坤并建"思想做了诠释。汤城的《王夫之论史文繁简》(《安徽史学》2012年第3期)探讨了王夫之在论史文繁简方面的学术价值与意义。刘盛的《清初关于王学思潮讨论的历史反思》(《明清论丛》第十二辑)分析和评价了影响清初讨论王学思潮形成的因素。

徐道彬的《戴震礼学思想及其学术史意义》(《清史论丛》2012年号)认为戴震的理学思想开启了清中后期凌廷堪、阮元等人"以礼代理"思想的先路。余亚斐的《戴震"理欲之辨"与理解的历史性批判》(《北方论丛》2012年第1期)考察了戴震"理存乎欲"的思想。崔亨植的《戴震"人欲肯定"论与"无私"主张的思想意义》（《东岳论丛》2012年第9期）认为戴震的人欲论有助于调和社会矛盾。邓国宏的《戴震"以情絜情"说辨析》（《安徽大学学报》2012年第5期）认为戴震的"以情絜情"说是一种检验道德的思想程序。王明兵的《戴震反理学的"实学"方法论与其"权"论取向》（《求是学刊》2012年第6期）认为戴震通过对文辞的训诂考据、历史事实的勾稽等"实学化"的方法，对程朱理学进行了抨击。

阳欣的《段玉裁"定是非"校勘思想探论》（《广西师范大学学报》2012年第3期）分析了段玉裁校勘理论的渊源、成就与不足。鲁一帆的《段玉裁校勘实践中的辩证思维观》（《河北学刊》2012年第4期）梳理了段氏在《说文解字》校勘方面的成就与不足。孟永林的《乾嘉学者张澍姓氏学刍论》（《社会科学战线》2012年第5期）分析了该书在厘清订正中国古代姓氏错乱方面的价值。宋铁全的《王念孙、王引之諟正段氏〈说文注〉失误例说》（《福州大学学报》2012年第5期）探讨了王念孙、王引之父子治段玉裁《说文解字注》的成就与不足。林忠军的《毛奇龄"推移"说与清代汉易复兴》（《陕西师范大学学报》2012年第2期）认为毛奇龄在易学方面的成就开清初考据学之学风，对于清中后期乾嘉学派形成和汉易鼎盛产生了重大影响。孙邦金的《赵翼的历史哲学及其对乾嘉学风的影响》（《武汉大学学报》2012年第1期）揭示了乾嘉考证史家群体隐藏的一套无形的历史与道德的形上学。廖晓晴的《章学诚"史意"说考辨》（《文史哲》2012年第4期）认为章氏"史意"的内涵是对事物发展过程中规律性的认识。陈其泰的《章学诚对"道"的探索及其时代意义》（《河北学刊》2012年第1期）认为"道"是章学诚历史哲学探索的代表思想，是与社会实践紧密相联的。杨丽容的《论惠士奇在广东的交往》（《古籍整理研究学刊》2012年第5期）认为惠士奇在广东的交往开拓了清代岭南中后期文化的新路。曹江红的《惠栋与卢见曾幕府研究》(《中国史研究》2012年第1期)认为卢见曾幕府为惠栋提供了学术研究场所,而惠栋的汉学思想对于卢见曾认可理解清代汉学亦有深刻影响。

钟玉发的《徐光启与阮元科技思想之比较》(《清史论丛》2012年号)讨论了所谓"明清时期科技落后"的问题。董少新的《论徐光启的信仰与政治理想——以南京教案为中心》(《史林》2012年第1期)探讨了徐光启的科学家、教徒和政治家等身份。徐道彬的《论江永与西学》(《史学集刊》2012年第1期)和《论凌廷堪与西学》(《安徽大学学报》2012年第3期)二文,通过江永和凌廷堪对"西学中源"说的反对,借以探讨"西学东渐"时期传统士大夫在学术与政治之间的艰难困境,以及传统学者在特定时代所展示出的学术品格与精神境界。

文化政策与职能。 李娜的《清初南书房与京城文化》(《人文北京与文化创新能力建设:历史与现实的对话》,中国经济出版社,2012年)论述了清初南书房的设置对清代社会文化发展产生的影响。朱文佳的《清雍正帝面临的文化挑战与应对》(《浙江社会科学》2012年第6期)剖析了雍正时期官方与民间的思想分歧与雍正应对策略的得失。高远的《清初文化秩序重建与〈宋史〉改修》(《北方论丛》2012年第2期)认为清初学人改补《宋史》最终构成了清王朝国家意识形态的历史观念基础。吴延溢的《清官文化的辩证解读》(《湖北社会科学》2012年第11期)分析了清官文化存在的两种体制及其形成原因与历史影响。王云松的《论清初翰林院的社会文化职能》(《云南师范大学学报》2012年第4期)认为翰林院在推动清初社会秩序重建、促进学术文化繁荣方面做出了重要贡献。

五、学校与教育

李世愉的《清代科举制度考辨（续）》（万卷出版公司，2012年）对清代科举考试中的一些具体制度以及实施中的一些问题进行了考证、辨析。刘虹等的《清代直隶科举研究》（科学出版社，2012年）考察了清代直隶科举的相关制度、案例。刘希伟的《清代科举冒籍研究》（华中师范大学出版社，2012年）对清代科举冒籍的类别、缘由与社会影响、冒籍的治理机制与治理效果等进行了研究。胡平的《清代科举考试的考务管理制度研究》（中国社会科学出版社，2012年）探讨了科举考务管理制度的建立与发展、清代的科举考试及管理等问题。

谢海涛的《清代八旗科举考试录取名额考论》（《史林》2012年第5期）考述了八旗科举考试的录取名额及其发展变化。张振国的《清代举人大挑的次数与频率》（《史学月刊》2012年第10期）梳理了清代大挑举行的时间、次数，分析了其前后变化的原因；他的《再论清代的举人大挑制度》（《历史档案》2012年第2期）考察了大挑制度定制前举人入仕之法及大挑举人的出路等问题。马镛的《清代科举的官卷制度》（《历史档案》2012年第3期）对清代科举中官卷制度的发展过程进行了梳理。贾建飞的《浅析清代新疆的文化教育与科举政策（1759—1864）》（《广东社会科学》2012年第1期）论述了科举制在新疆部分地区的实施和发展，及其出现的问题。杨歌的《清朝嘉庆年间地方学额纷争处理及其影响》（《浙江大学学报》2012年第6期）探讨了清代地方学额纷争的原因与影响。刘虹的《再论清代顺天乡试特色》（《湖南大学学报》2012年第2期）从顺天贡院、考生、考官三个方面论述了顺天乡试的特色。沈俊平的《清代坊刻四书应举用书探析》（《武汉大学学报》2012年第5期）分析了清代坊刻四书应举用书的价值与影响。吴惠巧的《台湾科举中额及清廷的相关政策》(《河北学刊》2012年第5期)认为清廷对台湾士子参加科举考试的鼓励与支持,促进了台湾地区文化教育事业的发展。王衍军的《从〈醒世姻缘传〉看清初学校教育和科举制度》(《齐鲁学刊》2012年第5期)分析了清初在教育和科举制度上的改革和创新。宋元强的《清代的召试》(《明清论丛》第十二辑)探讨了清代召试制度的演变与意义。房德邻的《清顺治朝"三遇恩诏"考》(《明清论丛》第十二辑)厘清了顺治朝三次恩诏的具体所指及其产生始末。

六、民族与边疆建设

李凤珍的《清代西藏郡王制初探:读清史札记》(中国藏学出版社,2012年)探讨了清代西藏世俗领主执掌统治权时期政治发展的影响因素,揭示了各种历史事件之间的内在联系和西藏地方政治集团势力的消长变化对执政体制的影响。扎洛的《清代西藏与布鲁克巴》(中国社会科学出版社,2012年)系统研究了清代西藏和布鲁克巴(今不丹)宗藩关系的建立、完善及衰落。杨恕的《评清朝的西藏政策》(《清史研究》2012年第1期)认为清朝的治藏政策重政治、军事,而轻经济、文化,为近代西藏分裂主义的产生埋下了隐患。

张中奎的《清代新疆六厅的王化进程及其社会文化变迁:改土归流与苗疆再造》(中国社会科学出版社,2012年)对清廷在"新疆六厅"进行改土归流和苗疆再造的历史过程及其意义做了深入分析。白京兰的《清代边疆多民族地区的国家法建设——以清代新疆刑事司法实践中的法律适用为例》(《华中科技大学学报》2012年第6期)分析了清政府在治理新疆过程中,国家制定法在刑事司法领域中的权威与主导地位。贾建飞的《清代新疆的内地坛庙:人口流动、政府政策与文化认同》(《中国边疆史地研究》2012 年第 2 期）认为新疆内地坛庙的兴起，是清廷加强新疆统治的表现之一。李文浩的《清代以来东疆地区汉民居聚落文化的形成及其影响》(《甘肃社会科学》2012 年第 2 期）认为清代以来东疆地区形成了以汉族为主的民居聚落文化中心，促进了民族融合。

罗春寒的《平埔族群的民族认同再论——以康雍乾时代台湾土地开垦及民族政策为讨论中心》(《贵州社会科学》2012 年第 9 期）认为清代台湾平埔族的汉化促进了民族关系的融合发展。贾宁的《西宁办事大臣与雍乾时期青海多民族区域管理制度之形成》(《清史研究》2012 年第 3 期）阐述了西宁办事大臣在青海行政格局形成中的重要作用。马亚辉的《乾隆时期云南之城垣修筑》(《中国边疆史地研究》2012 年第 2 期）认为乾隆时期云南城垣的修筑起到了捍卫边疆、巩固边防的作用。熊昌锟的《清代边疆地区的教化与稳定——以广西宾兴组织为视阈的考察》(《中国边疆史地研究》2012 年第 2 期）认为清代广西建立的宾兴组织，促进了地方教化，维护了国家边疆的安全与稳定。衣长春的《论清雍正帝的民族"大一统"观——以〈大义觉迷录〉为中心的考察》(《河北学刊》2012 年第 1 期）认为雍正"大一统"观是对孔子以来"大一统"理论的超越。常建华的《确立统治与形成秩序：清顺治康熙时期对南方土司的处理》(《清史论丛》2012 年号）探讨了顺、康时期对南方土司的政策及其意义。方铁的《清雍正朝改土归流的原因、策略与效用》(《河北学刊》2012 年第 3 期）以云南、贵州两省为重点，讨论了清雍正朝在西南地区改土归流的相关问题。

李治亭的《清代满（洲）族的崛起与中国社会的变迁》(《辽宁大学学报》2012 年第 3 期）分析了满族在中华民族历史上的地位及功绩。廖晓晴的《清代盛京、吉林、宁古塔官参局设立时间考》(《辽宁大学学报》2012年第5期)认为盛京官参局设立于乾隆二年,吉林和宁古塔官参局设立于乾隆九年。N.哈斯巴根的《清初达尔汉名号考述》(《清史研究》2012年第2期)考察了达尔汉号的源流。刁书仁的《努尔哈赤崛起与东亚华夷关系的变化》(《中国边疆史地研究》2012年第3期)分析了努尔哈赤崛起对东亚华夷关系的影响。赵柄学的《噶尔丹死亡考》(《历史档案》2012年第2期)考订了准噶尔蒙古首领噶尔丹的死因、死亡日期、噶尔丹骨灰及其女钟察海入降清朝的时间。

七、中外关系

中外交流。 廖敏淑的《清代中国的外政秩序:以公文书往来及涉外司法审判为中心》(中国大百科全书出版社,2012年)探讨了清朝传统对外观念下固有外交的运作机制。日本关西大学教授松浦章的《清代帆船与中日文化交流》(上海科学技术文献出版社,2012年)以清代来往于中日之间的帆船为主要研究对象,考察了其在中日文化交流中的作用。陈维新的《清代对俄外交礼仪体制及藩属归属交涉(1644—1861)》(黑龙江教育出版社,2012年)考察了清代对俄外交礼仪体制的形成与发展,论述了其对周边藩属的意义。乔飞的《从清代教案看中西法律文化冲突》(中国政法大学出版社,2012年)考察了清季教案发生的阶段、特点及其对中西法律文化的影响。

吴伯娅的《顺治帝与汤若望》(《紫禁城》2012年第1期)揭示了顺治帝对西方传教士的态度;她的《乾隆年间西方传教士在北京的科学与艺术活动》(《人文北京与文化创新能力建设:历史与现实的对话》)梳理了乾隆年间西方传教士在北京传播西方文化的活动与意义。李华川的《国家秩序与个人信仰——十八世纪一位本土教士的困境与策略》(《第三届中日学者中国古代史论坛文集》,中国社会科学出版社,2012年)考察了国家秩序对个人信仰的关系。陈国保的《越南使臣与清代中越宗藩秩序》(《清史研究》2012年第2期)揭示了越南所推行的"内帝外臣"的邦交之道。

陈冰冰的《〈四库全书〉与李氏朝鲜后期的文坛动向》(《清史研究》2012年第2期)认为《四库全书》对朝鲜后期的文体改革、朝鲜文学的发展起到了推动作用。薛明的《清入关前的对日认识》(《清史研究》2012年第2期)认为清在入关前对日本的认识主要是借助朝鲜提供的各种日本情报而形成的。王士皓的《晚清时期中国和秘鲁建交过程初探》(《清史论丛》2012年号)认为晚清中国和秘鲁的建交过程是双方在近代外交平台上博弈的结果。吕颖的《清代来华"皇家数学家"传教士洪若翰研究》(《清史研究》2012年第3期)阐述了洪若翰在华传教活动及其在中西文化交流史上的贡献。

对外贸易。 曹雯的《乾嘉道时期的广州贸易与行商商欠问题再考》(《清史研究》2012年第3期)论述了粤海关的征税状况及行商的责任、外商对广州贸易结构的抵制。叶柏川的《17—18世纪清朝理藩院对中俄贸易的监督与管理》(《清史研究》2012年第1期)考察了理藩院的外交地位以及在处理对俄贸易中的作用。陈志刚的《清代西藏与南亚贸易及其影响》(《四川大学学报》2012年第2期)揭示了南亚贸易格局对清廷控制西藏的作用及其影响。王巨新的《论清朝前期对东南亚的贸易政策》(《社会科学辑刊》2012年第2期)认为清廷所制定的对东南亚贸易政策是对旧有封贡秩序的维系与重建。

2013年清史研究综述

◎ 林存阳　梁仁志　李立民　王士皓　李华川　鱼宏亮

2013年度清史研究稳步推进，成果丰富，亮点突出。学科发展呈现出新的态势：学术对话活跃，海内外学者间的互动愈益富有成效；史实讨论趋于深入和细密，对现实问题更加观照；理论探索更趋自觉和多样化，新的研究路径和趋势不断涌现；成立了故宫研究院等新的科研机构等。

一、学术会议

2013年度围绕清史及与清史有关的问题，学术界举办了10余次学术研讨会和活动。如"纪念顾炎武诞辰400周年学术研讨会"、"海峡两岸清代扬州学派学术研讨会"、"汉语文献与中国基督教研究国际学术研讨会"、"首届国际满文文献学术研讨会"、"宫廷典籍及东亚文化交流国际研讨会"、"故宫学与明清政治文化学术研讨会"、"纪念康熙统一台湾330周年国际学术讨论会"、"第十五届清史学术研讨会"、"第三届中国土司制度与土司文化学术研讨会"、"明清之际的探索——恭祝何龄修先生八十华诞学术研讨会"等。

综观这些学术会议和活动,大体呈现出如下四个特点:(一)由于两年一度的综合性清史学术研讨会的召开,各个领域的研究者相聚一堂,较集中地展现了清史研究的最新成果;(二)与清史研究紧密相关的一些交叉学科或新的研究范式得到进一步发展,如"故宫学"与清史研究的密切关系、宗教史领域"西方对华传教"研究范式向"中国的基督教"研究范式的转变等;(三)清代文献的发掘和利用得到进一步重视,民间文献的价值愈益受到关注;(四)事件性主题会议,如纪念顾炎武诞辰400周年、康熙统一台湾330周年等,除了在学术上对相关问题的认识进一步细化外,还着重探讨了这些历史人物和事件对当今社会的现实意义。

二、政治史研究

皇权。杨珍的《历程 制度 人——清朝皇权略探》(学苑出版社,2013年)深入、系统地探析了清朝皇权的兴衰、后妃制度的发轫等若干宫廷制度的建立与变化,以及皇帝、大臣、满洲宗室和皇室女性等众多政治核心或重要人物。并指出,尚未达到中国封建皇权发展顶峰的清朝皇权,依然具有较强的自我调适能力;清朝皇权在有效维护其专制统治的同时,对于中国社会的发展和进步,则起了很大阻碍作用。乔治忠、孔永红的《康熙帝与孝庄太皇太后政治关系的解构》(《齐鲁学刊》2013年第2期)认为康熙为了实现其政治革新,不得不哄好颇为守旧的孝庄太皇太后,从而削弱朝廷中的守旧势力,以推行"汉化"和"儒化"的政治改革。林乾的《康熙惩抑朋党与清代极权政治》(复旦大学出版社,2013年)按照康熙时期朋党集团发展及其衰败的时间顺序,将历史事件与制度变迁相结合,对贯穿康熙一朝的朋党现象进行了多视角的探析,指出康熙利用朋党集团之间的矛盾斗争以加强皇权、针对他们的危害程度采取不同的惩抑策略、在同朋党的斗争中把有利于提高皇权的一些"创造"加以制度化推广等,皆体现出他确实是一位成熟的政治家。

雍正继位疑案仍是学者比较关注的话题。罗冬阳的《朝鲜使臣见闻记述之康雍史事考评——以争储及雍正继位为核心》(《东北师大学报》第 2 期)认为从李氏朝鲜遣清使臣《别单》中,可以看到雍正初年雍正帝皇位合法性所面临的挑战。吴秀良的《允禵更名与雍正继位问题再探讨》(《清史研究》2013 年第 3 期)尝试通过考订皇室玉牒,来化解持雍正继位"合法说"的学者们在史料解读问题上的分歧。常建华的《雍正帝打击太监魏珠原因新探——魏珠其人其事考》(《清史研究》2013 年第 3 期)认为雍正帝打击魏珠,未必是因其目击康熙帝临终情景、得知雍正帝得位不正或者说是篡位的秘密,而是因其在康熙晚年与储位争夺对手允禩、允禟关系较好而仇视他。王海燕的《清东陵"皇会"的创立和影响——兼论雍正与允禵的关系》(《东岳论丛》2013 年第 7 期)则通过"皇会"考察了允禵在守陵期间的遭遇,以此对雍正继位问题进行反思。

政策。潘志和的《国家认同:康熙皇帝刊行、整理〈性理大全〉的政治指向》(《中央社会主义学院学报》2013 年第 3 期)通过对康熙刊行、整理《性理大全》的分析探寻其政治理路,认为康熙的圣君形象是遵照程朱理学行王道而树立的。刘凤云的《雍正朝清理地方钱粮亏空研究——兼论官僚政治中的利益关系》(《历史研究》2013 年第 2 期)认为雍正朝的清理钱粮亏空,是以确保国家利益为前提,针对财政亏空和吏治腐败,对官僚集团实施的一次经济上的大清查,这一过程反映了官僚政治中的诸多利益关系;其《嘉庆朝清理钱粮亏空中的艰难抉择——兼论君臣在地方财政整饬中的不同认识》(《中州学刊》2013 年第 5 期)认为嘉庆清理钱粮亏空的施政方针是不切实际的,嘉庆帝与各省疆臣之间在整饬地方财政上的不同认识,是由其各自的立场所决定的,而立场背后当是利益的驱动。

制度。 苏亦工的《官制、语言与司法——清代刑部满汉官权力之消长》(《法学家》2013年第2期)从语言和人事政策两个角度,勾勒出清代刑部满汉官权力消长的大致脉络,展现了从清初满官垄断刑部到晚清出现的所谓"专家掌部"现象的反差。郑永华的《清代宗室世子考》(《清史研究》2013年第1期)对清代宗室世子制度的演变过程及实施情况进行了考察,认为自顺治四年初始倡世子制度,八年正式予以封授,到雍正十年册封最后一位宗室世子,在清代共实施了90余年。吴昌稳的《以公家之财济公家之用:清代协饷制度的创建》(《学术研究》2013年第1期)认为清代协饷制度的出现是军制变化的结果,也是传统社会制度建设走向成熟的标志。彭洪俊的《"民"与"汉":清代"民户"的划分及其实质》(《云南社会科学》2013年第3期)认为在清代人口分类语境下,"民"或"民人"明显具有"汉"或"汉人"的内涵,清代民户与各少数民族人户的民族性质差别,是国家人口分类管理与赋税制度实施的基础。李晓龙的《盐政运作与户籍制度的演变——以清代广东盐场灶户为中心》(《广东社会科学》2013年第2期)认为在具体的区域中,户籍制度的变化要受到实际政治运作的影响并展现其不断调适的一面。

薛刚的《清代珲春驻防旗官补正》(《历史档案》2013年第2期)依据档案、实录等原始资料,还原了珲春驻防旗官原貌。孙守朋的《清朝汉军六品以下职官出旗反复现象阐析》(《求索》2013年第2期)认为吏治和八旗生计问题是清朝汉军六品以下职官出旗反复现象的重要影响因素,后者起着主导性作用。刘丽的《论清初汉官的疏离心态》(《北方论丛》2013年第3期)认为高压的民族政策、儒家文化传统的巨大影响和政治际遇,是造成清初贰臣心态的三个主要原因。张晨的《试论清代中央六部书吏》(《湖北社会科学》2013 年第 6 期)对清代中央六部书吏在国家日常政务中的作用及弊端进行了考述,认为尽管清代历朝政府都对书吏严格管理,不断整饬,但书吏之弊是封建社会的一项痼疾,故而难收其效。

行政。岁有生的《清代州县经费研究》(大象出版社,2013 年)从州县财政的地位、州县衙门经费、祭祀经费、恤政经费、工程经费、文教经费等方面,探讨了清代州县一级行政机构的财政运作。刘锦的《边境纠纷与清朝借助达赖喇嘛处理青海蒙古事务的开端》(《清史研究》2013 年第 1 期)利用满、蒙文档案,对清廷邀请五世达赖喇嘛参与处理蒙古事务进行了考察,认为该事件对清代西北边疆历史产生了重大影响。黄博的《试论清初西藏地方政府在阿里地区政教统治的建立》(《贵州民族研究》2013 年第 3 期)梳理了清初西藏地方政府在阿里地区政教统治建立的过程。欧磊的《清代基层社会与上层政权结构嬗变——以清中后期居乡缙绅活动为视角》(《河南师范大学学报》2013 年第 2 期)认为居乡缙绅的本质,决定了他们的理想和目的不是实现地方自治和独立,而是要求将自己和自己组建的基层社会武装纳入正统的上层政权。孙兆霞、吕燕平的《预灾机制形成中的国家、地方政府与民间社会——道光时期安平县便民仓实践的人类学考察》(《中央民族大学学报》2013 年第 4 期)认为便民仓的运作机制,有赖于把社会建设和社会管理机制的危机时期与日常运转相沟通,在政府施治与地方性智慧相结合的基础上,实现民间社会日常生活与灾难危机应对行动逻辑的结构性整合,提升社会自主性。

事件。梁洪生的《重评清初"驱棚"——兼论运用地方性史料对清史研究的检讨》(《社会科学》2013 年第 5 期)认为学者应跳出传统"农民战争"研究的视角,对土著民众的苦难遭遇及利益诉求予以理解和重视,进而将不同地区的"三藩"战事考察,从单纯的政治史、军事史,深化为一部有血有肉的明末清初区域社会生活变迁史。

三、经济史研究

传统经济史的重点领域如海关、漕运、对外贸易、手工业、粮价等方面,继续有文章发表。如吴琦的《一种有效的应急机制:清代漕粮的截拨》(《中国社会经济史研究》2013年第1期)、许光县的《清代团体土地使用权探析》(《西北大学学报》2013年第5期)、燕红忠的《清代牙商及其特点》(《中国社会经济史研究》2013年第1期)等。这类文章都集中在传统经济史的重点领域,利用个案材料和部分档案进行专题研究,就某一细节问题进行研究、比对得出结论。

矿业以及农林等领域,越来越受到学者们的关注,成为本年度研究的热点专题。马琦的《国家资源——清代滇铜黔铅开发研究》(人民出版社,2013年)以国家和资源为视角,借助现代交通运输地理学的相关理论和方法,对滇铜、黔铅的开发与管控、运输地理等问题加以探讨,揭示了国家在资源开发过程中的地位和作用。常建华的《民生与秩序:雍正朝开矿问题新探》(《传统中国社会与明清时代:冯尔康先生八十华诞纪念论文集》,天津人民出版社,2013年)认为雍正帝继承了康熙后期的开矿政策,采取了以禁求静的策略,以维护社会的稳定。农林领域等的研究如万明远的《清代黄河决溢对淮河流域农业生产影响研究》(《丝绸之路》2013年第2期)、何文林和韩光辉的《清代直隶地区水利营田的演变》(《河北师范大学学报》2013年第3期)、潘春辉的《清代河西走廊农作物种植技术考述》(《西北农林科技大学学报》2013年第1期)、吴建勤和胡安徽的《唐至清代政府药材需求初探》(《农业考古》2013年第3期)等。这些论文数量众多,总体上拓展了传统经济史学科的范围与视野,在实证研究方面也有建树,关注焦点多与现实社会政治需求有一定联系,是值得注意的新现象。

本年度还出版了一些专门的经济史资料和专著。谭徐明主编的《清代干旱档案史料》(中国书籍出版社,2013年)收集了全国34个省市自治区划范围的部分旱灾史料。尹全海等整理的《中央政府赈济台湾文献·清代卷》(九州出版社,2013年)收集了清政府赈济台湾的相关原始文献,包含起居注档案、兵部档案、户部档案、奏折等各种文献形式。倪玉平的《清代嘉道财政与社会》(商务印书馆,2013年)通过对嘉庆、道光时期财政岁入的分析研究,指出地丁、盐课和关税仍然是财政岁入的三大支柱,特别是地丁,依然是财政收入的主要来源,这反映出嘉道时期传统社会经济结构与清代前期没有太大变化。王德泰的《清代前期钱币制度形态研究》(中国社会科学出版社,2013年)则将清代前期的铜钱制度作为研究对象,对制约与影响清代前期铜钱制度(钱币制度)发展变化的诸多因素进行了研究,并以此来揭示转型时期中国社会的发展变化。

与以往相较,近来关于清代经济问题的研究,呈现出两个显著特征:一是越来越注重利用专门档案与数据材料对具体问题进行深入探讨。这也是近十多年来从过去研究社会经济结构、经济基础等宏大主题转向具体问题研究的大趋势的一种表现。除了传统手工业棉业、矿业、商业外,近年引起重视的、与现实社会经济有密切关系的灾害对经济的影响、移民经济、生态、农业、水利、林业、区域经济等,超出传统范围,成为清代经济史研究的主要内容。二是新兴领域发展势头强劲。从总体上看,虽然传统经济史领域中土地关系、漕运、手工业、盐业、商业贸易、海关等主题的研究依然在坚持，但矿业、农业、木材、流域、生态环境、灾害等主题的研究则逐渐成为主流。这反映出经济史学科与现实社会生活联系比较密切的特点，更贴近时代的需求。

四、学术和文化史研究

综合。 柴德赓的《清代学术史讲义》（商务印书馆，2013年）对清初学术和以全祖望、章学诚、赵翼、王鸣盛、钱大昕为代表的乾嘉史学，以及以吴、皖、扬州三派经学家为代表的不同地域学术在乾嘉间的分野等问题，进行了颇具学术个性的阐述。南炳文的《明清考史录》（人民出版社，2013年）共有四部分，其中一部分对清初遗民朱舜水、戴笠、邱维屏、李世熊等23人的生平事迹（前人失载或记载互异者）做了考证，纠正了《清史稿》的多处失误。杨华的《由"尊德性"而"道问学"：学风转轨与清初孟学》（上海社会科学院出版社，2013年）认为清前期（康熙、雍正、乾隆三朝）承袭明末悄然兴起的反思理学运动，学风出现了深刻变化。作者认为清初学风由"尊德性"而"道问学"的推身移步隐含了清代学风的新走向，在方法论和目的论上影响着中国传统学术的近代转型。

学术思想。 陈祖武的《高尚之人格不朽之学术——纪念顾亭林先生诞辰四百周年》（《光明日报》2013年9月5日第11版）对顾炎武的为人为学做了高屋建瓴的评价，认为"以言耻为先，将为人与为学合为一体，不惟成为顾亭林先生的毕生追求，而且也为当时及尔后的中国学人，树立了可以风范千秋的楷模"。陈居渊的《汉学更新运动研究：清代学术新论》（凤凰出版社，2013年）比较客观和完整地揭示了18世纪末至19世纪初由汉学精英自发的汉学更新运动。张瑞龙的《论十九世纪上半期理学在知识界的状况》(《清史研究》2013年第1期)认为嘉庆朝前期理学处于衰微至极的尴尬境地,天理教事件不但导致清廷在文化政策上作出重大调整,也使得民间那些倡导理学的意见成为官方政策和行为;在朝野的共同努力下,理学在嘉庆朝后期尤其是道光朝逐渐恢复生机,并在理学书籍的刊刻与撰述层面有明确体现。王惠荣、张爱青的《清代今文经学复兴原因新论》(《山西师大学报》2013年第3期)认为庄氏家族瞩目公羊学是清代学术发展的必然性与偶然性相结合的结果,必然性在于乾嘉年间考据学如日中天之际出现对新义理的呼唤,而任职上书房则对庄存与治《春秋》推崇《公羊传》、阐发西汉微言大义起了重要的促进作用,从而影响到西汉今文经学在清中期的复兴。刘瑾辉的《清代〈孟子〉义理学四大家综论》(《中山大学学报》2013年第4期)对清代《孟子》义理学的代表——黄宗羲的《孟子师说》、戴震的《孟子字义疏证》、焦循的《孟子正义》、康有为的《孟子微》的特点和学术指向进行了考述。徐道彬的《乾嘉学派中江藩的归属问题探析》(《清史论丛》2013年号)认为作为乾嘉汉学中坚人物的江藩,以"吴派"、"皖派"、"扬州学派"属之均难置其位,故提出了对三派之名能否成立的质疑。钟玉发的《阮元学术思想研究》(中国社会科学出版社,2013年)从考据学成就与思想、训诂以明义理、经世致用的学术主张与实践,以及诂经精舍、学海堂与晚清学术流变等方面,对阮元的学术思想和影响进行了详细探讨。程尔奇的《晚清汉学研究》(人民出版社,2013年)通过详细梳理、探讨晚清汉学的演进历程、地域分布与血脉传衍、新著述,以及与宋学、今文经学的关系等问题,揭示了晚清汉学的趋向及其历史地位。王惠荣的《晚清汉学群体与近代社会变迁》(中国社会科学出版社,2013年)则从晚清汉学、汉学群体、汉学群体与社会变迁三个方面,较为系统、深入地探讨了晚清汉学群体分布区域及学术特征、汉学家的思想取向与西学东渐、西潮冲击下汉学群体思想的发展演化、汉学群体的近代社会实践以及在近代社会中的历史作用等问题。

文化政策。 罗晓良的《试析康熙朝中叶对汉族文化政策与大一统政治之关系——以安定江南为例》(《华中师范大学学报》2013年第2期)认为康熙帝在争取汉族精英对清朝认同的同时，还利用多元文化的影响为其大一统政治服务。吴蔚的《从文字狱看雍正的"驭文过度"》(《河北师范大学学报》2013年第3期)认为雍正以尚用为本的文学观，导致他对文辞作用的过度夸大，在强化统治的过程中，一方面过度解读臣民的文字，另一方面过于广泛地运用文字的形式传达政令，达到极端的地步。吴航的《清朝官修〈明史〉关于南明历史纂修的讨论》(《史学史研究》2013年第1期)认为南明历史书法，是清朝官修《明史》的一个重要问题，其做法明显地体现了清朝官方弱化南明历史的政治企图和学术倾向。

文化现象。 林存阳的《清中叶朝廷和基层旗人对满洲典礼的张扬》(《清史论丛》2013年号)认为在"崇儒重道"政治文化导向下，清廷"以礼为治"的取向，一方面表现出以满洲皇帝为核心的高层统治者对中原汉族文化的借鉴、认同和利用；另一方面也蕴含着他们不愿放弃自身满洲礼仪风俗传统的情节，而这一情结不仅体现在官方编纂的《钦定满洲祭神祭天典礼》上，也体现在中下层旗人的各种撰述中。陈宝良的《清初礼教秩序的重建与士大夫精神史的波折》(《浙江学刊》2013年第2期)认为清初士大夫的精神世界出现了内在转向：一部分士大夫从制度与精神两大层面对明朝的灭亡加以反思与总结；另一部分士大夫则受制于新朝强权政治的威慑，过分留恋于过去，导致感伤主义精神盛行一时。洪桐怀的《清初政治文化生态与桐城派文风转型》(《中国文化研究》2013年第1期)认为作为异族统治者，清廷必然寻求文统与道统的合一性，最终证明其治统的合法性，桐城派即因此契机而生发兴起，对有清一代的文章理论和创作均产生了较强的导向作用。李娜的《试论南书房世家的形成原因》(《清史论丛》2013 年号)认为南书房行走世家的产生有其必然性，且在清朝文化史上具有传承意义，在政治史上也具有重要的作用。

文献典籍。谢贵安的《清实录研究》(上海古籍出版社，2013 年)不仅对《清实录》的很多记载逐一进行了考订和辨析，从而弄清该书的信实部分和不实之处，还探讨了其在清朝的致用问题。王蕾的《清代藏书思想研究》(广西师范大学出版社，2013 年)从藏书的"藏"与"用"出发，系统地研究了清代藏书收集、保存、保护与流通利用的观念、思想与理论方法。李立民的《"以书经世"与"藏而为学"：管庭芬藏书思想刍议》(《清史论丛》2013 年号)以《花近楼丛书序跋记》为中心，考察了管氏的藏书思想，认为他"以文献存文化，以文化济乱世"的藏书观念在一定程度上催生了晚清以来公共藏书体系的建立与发展。展龙的《万斯同〈明史〉序、论的史学价值》(《史学史研究》2013 年第 2 期)认为万斯同的序、论以儒家思想为圭臬，通过深刻反思和评论一代政治兴衰、典章得失、生民否泰和人物善恶，不仅寄寓了浓郁的故国之思，而且为清初统治者的治国之道提供了最为切近的历史训诫。李伟国、尹小林的《重审〈文渊阁四库全书〉中"二十四史"之价值》(《学术月刊》2013 年第 1 期)认为清代乾隆初年，刊行武英殿本"二十二史"，之后四库馆开，又在此基础上增加了《旧唐书》和《旧五代史》，首次形成对中国历史传承意义极大、流传极广的"二十四史"。江曦的《清代版本学史》(中国社会科学出版社，2013 年)采取宏观考察和个案研究相结合的方法，既勾勒了清代版本学发展的大势、归纳了其思想与方法,又分别对清前、中、后三期具有代表性的版本学家和成果进行了深入探究。

此外,中国第一历史档案馆编的180册《清代军机处随手登记档》(国家图书馆出版社,2013年影印),收录了嘉庆元年至宣统三年间军机处收发文件的原始登记簿,史料价值颇高,该文献的出版对清史研究必将起到积极的推动作用。而陈祖武历时多年整理出版的《榕村全书》(福建人民出版社,2013年),收录了李光地著述30余种,为深化李光地及清初历史问题研究,提供了一种重要资源。田家英所藏清代学者书札的面世(陈烈主编《小莽苍苍斋藏清代学者书札》,人民文学出版社,2013年)对深入发掘、探究清代学者间的交往和学术发展,提供了宝贵的文献依据。

五、科举与教育史研究

科举人物。林上洪的《清代科举人物师承研究》(华中师范大学出版社,2013年)以《清代朱卷集成》中的会试卷履历为主要资料来源,对清代科举人物的师承及与教育和考试等问题进行了探讨。马镛的《清代乡会试同年齿录研究》(上海科学技术出版社,2013年)从传记史料、家族史料、社会史料、教育史料等多个角度,对进士考取前的任官经历、祖上官职迁转、祖上三代社会分层、家族成员的经济文化与社会活动、士子的婚姻家庭状况、进士的城乡迁移流向、进士的受教育经历等问题,进行了较系统的探讨。王寅的《清初经学复兴与李光地倡导的科举改革》(《古籍整理研究学刊》2013年第2期)认为李光地所倡导的科举改革不仅推动了经学的发展,也为后来乾嘉学派崛起准备了条件。

制度与政策。李世愉的《清代科举中额的分配原则及政策导向》(《社会科学战线》2013年第3期)认为清代乡会试中分地取士的政策,促使文化落后地区的士子更加奋发向上,促进了边远、落后地区文化教育事业的发展,保持了社会的稳定。刘希伟的《清代人口流动背景下的教育机会冲突问题——关于土客学额之争的考察》(《社会科学战线》2013年第3期)认为清代学额配置中存在专为流动人口而实行的入学方法,即寄籍应试入学政策,但因流入地原有土著士民的阻挠而产生无法顺利应考的土客学额纷争现象。陆胤的《学潮、学科与学制——光绪二十九年张之洞在京参与学务考》(《清史论丛》2013年号)分析了张之洞于光绪二十九年来京参与学务对近代学术文教转型的影响与意义。

地方科举与教育。李兵的《清代两湖南北分闱再探》(《历史档案》2013年第1期)详细爬梳了两湖南北分闱的原因、过程以及新建湖南贡院的情况。朱玉麒的《清代新疆官办民族教育的政府反思》(《西域研究》2013年第1期)认为新疆自建省以来,不同级别和类型的学校纷纷建立,但是教育投入之巨与收效之微的反差,迫使政府不得不对民族教育问题加以反思,并采取了一些解决方案;清代遗留的这一教育症结和积极回应,至今对有效治理新疆仍具借鉴意义。张晓婧的《清代桐城桐乡书院的管理特色》(《安徽师范大学学报》2013年第3期)认为桐城桐乡书院的管理特色主要体现为"行政管理的董事制和共议制"、"学业管理的兼顾制和激励制"、"经费管理的公开化和透明化"三个方面,这一管理特色对今天的教育教学改革具有一定的启示意义。

科举事件。陈维新的《乾隆时期广西乡试舞弊案简述》(《清史论丛》2013年号)利用台北故宫博物院所藏档案,阐述了乾隆时期广西乡试舞弊案的原委及朝廷处置的经过。关晓红的《停罢科举后的特科余绪》(《四川师范大学学报》2013年第2期)认为1905年清廷宣布立停科举，主要针对常科，并未触及恩科与特科，随着各省学堂的兴办、扩展及西学风行、儒学衰微，不断有人呼吁举办制科，借此保存国粹。苏全有、崔海港的《论清末民初的复科举主张》（《福建论坛》2013年第1期）认为科举革废所带来的另面影响，加之新式教育并未取得预期的效果，致使清末民初不断有人提出恢复科举。

六、民族和边疆史研究

综合。 乌云毕力格主编的《满文档案与清代边疆和民族研究》（社会科学文献出版社，2013年）探讨了清代蒙、满、藏等民族史和蒙古、西藏、东北等边疆地区相关的史学问题。

民族行政区域与政策。 许新民的《论清咸同起义以来云南土司治策——以承袭与改流为中心》（《云南师范大学学报》2013年第1期）认为清咸同以来在云南地区所施行的改土归流政策，并非彻底革废土司，而是使土司"虚衔化"，剥夺了土司原有的行政管理权。陆韧、凌永忠的《元明清西南边疆特殊政区研究》（人民出版社，2013年）通过对西南边疆地理环境和民族社会环境的全面考量，廓清了元明清时期西南边疆特殊政区的设置特点。刘敏的《清代至民国时期三江区域移民对赫哲族社会发展的影响》（《学术交流》2013年第2期）探讨了清代至民国时期汉族等民族移居三江区域对赫哲族、满族等族先民的影响，认为汉族等民族的移居改变了这一区域的人口与民族结构、生态环境与语言环境、生产与生活方式、传统观念与习俗。许曾会的《明清的民族政策与正史的民族观念》（《学习与探索》2013年第1期）认为明清两朝民族政策总的方针是威德兼施，这样的民族政策对明清纂修《元史》和《明史》分别呈现出大民族主义和华夷一家的民族观念。

边疆建设。 甘桂琴的《清代总理回疆事务参赞大臣治疆功效》（《史学月刊》2013年第6期）认为总理回疆事务参赞大臣是清朝统一新疆后派驻南疆的最高军政长官，清廷对参赞大臣寄予厚望，希望其既是公正处事、正己率属的吏才，又是统率官兵、保边卫疆的将才，在各方面都要有所建树。祁美琴、褚宏霞的《清代嘉道时期新疆移民落籍方式初探》（《西域研究》2013年第2期）通过对学界关注较少的嘉道时期新疆移民状况的考察，探讨了移民的落籍过程和途径。罗布的《清初甘丹颇章政权权威象征体系的建构》（《中国藏学》2013年第1期）认为清初蒙藏联合治藏格局中，以达赖喇嘛为首的格鲁派寺院集团在甘丹颇章政权内采取了一系列重要举措，以确立、巩固和发展自己的政教地位和统治权力。林枫、孙杰的《清代台湾义冢的破坏与维护》（《厦门大学学报》2013年第2期）分析了清代台湾义冢破坏的主要表现及官方的维护措施，认为这一问题反映出台湾作为边疆社会的色彩，也印证了其作为移民社会的移植性特征。

七、社会史研究

社会组织与机构。 段自成的《论清代乡约职能演变的复杂性》（《浙江学刊》2013年第2期）认为清代乡约的职能演变，不仅导致乡约类型和行政型乡约功能的多样化，而且引起教化型乡约和行政型乡约在同一地区同时并存。吴滔的《清代广东梅菉镇的空间结构与社会组织》（《清史研究》2013年第2期）探讨了从明清之交地方动乱到清中叶以后社会秩序重组期间梅菉镇空间格局的形成过程和社会权力结构的演化轨迹。王洪兵、张松梅的《清代京师的粥厂与贫民救助》(《东岳论丛》2013 年第 5 期)分析了清代京师粥厂的两种类型(官办、官督绅办)和意义,认为清代京师粥厂对于救助贫民、安抚流民、挽救民生以及维护社会秩序具有重要作用。陈冬冬的《清代台湾方志中所见郑氏政权之"灾祥"研究》(《福建师范大学学报》2013 年第 2 期)认为清代方志中对郑氏集团灾祥的记载,反映了官方意识与民间意识混合的历史观念,也是研究台湾地区气象、灾荒的重要史料。鱼宏亮的《己庚旱灾及其政治影响》(《清史论丛》2013 年号)以光绪二十五年北方黄河流域发生的旱灾为切入点,探讨了这次灾害对清代政局的影响。刘景莲的《清代泥石流灾害刍议》(《清史论丛》2013 年号)梳理了清代发生泥石流的地区及形成的灾害概况,分析了政府的相关举措及其借鉴意义。哈恩忠的《乾隆朝整饬江河救生船档案》(《历史档案》2013 年第 1 期)认为乾隆时期清政府大力整饬江河大湖危险处所设置的救生船只,一方面形成了周密的江河救生船网络,有利于社会安定;另一方面救生船只及时救助遇险商旅,减少损失,客观上促进了区域经济的发展。渠桂萍的《二十世纪前期中国基层政权代理人的"差役化"——兼与清代华北乡村社会比较》(《中国社会科学》2013 年第 1 期)对 20 世纪前期地方自治公职人员与清末"新政"之前的清代保甲长、里甲长、乡约等乡村控制组织权力主角加以比较,以此探寻传统历史的延续与回归问题,希望沿着中国乡村自有的发展轨迹构建"本土化"理论解释框架。

社会生活与风俗。林永匡的《清代衣食住行》(中华书局,2013 年)是一部比较通俗的、反映清代日常社会生活的著作,对了解清代社会经济的具体形态有一定参考价值。王君柏的《顾炎武的风俗论与社会诚信建设》(《贵州社会科学》2013 年第 4 期)指出,顾炎武的风俗论认为,良好的风俗首先在于庙堂的提倡,其次在于乡党的维持；上倡之以名教，下重之以清议，再将此信誉延及于子孙，则可以救法制之偏，以保风俗醇美、诚信大昌。冷东、张超杰的《清代中期的广州花船》（《史林》2013年第1期）认为清代中期随着广州社会的发展及商业的繁荣，娼妓业也有所发展，并以水乡特色的"花船"最为著名，而花船有着巨大的市场和顾客群体，官吏、商人、文人墨客、性饥渴群体是花船的主要光顾者，也是接待外国使节、消费西洋器物的重要场所，与外国人士在华生活有一定联系。胡梦飞的《明清时期苏北地区水神信仰的历史考察——以运河沿线区域为中心》（《江苏社会科学》2013年第3期）认为崇祀水神既是明清国家治理黄运水患的重要手段，也是黄运沿岸民众的精神慰藉。岳立松的《清代花谱传播与京城文化》（《山西师大学报》2013年第1期）梳理了清代花谱传播的对象、形式，认为清代花谱传播带有鲜明的城市特色，反映了京城的娱乐消费、文化生产及士人生活。谢宇的《清代皇陵堪舆考》（华龄出版社，2013年）从堪舆学角度，对清代皇陵建造地点的地形、地貌、景观、气候、生态等要素做了深入研究。王静的《清代走方医的医术传承及医疗特点》（《云南社会科学》2013年第3期）认为清代走方医在技术来源上主要有家族传承、地域熏陶、自学和拜师四种方式，并从医术传承、医疗诊治等方面分析了其医疗特点。

城市历史发展演变。 张慧芝的《天子脚下与殖民阴影——清代直隶地区的城市》（上海三联书店，2013年）考察了直隶省城镇近代化进程的大致脉络及其内部主要分区特征、"天子脚下"的地缘位置与直隶省城市近代化、"殖民阴影"的社会背景与直隶城市近代发展、以海河流域为核心的生态腹地与京津等中心城市的发展等问题。黄滨的《明清珠三角"广州—澳门—佛山"城市集群的形成》（《深圳大学学报》2013年第3期）认为在明清时期，这一城市集群贯通内外，不仅成为珠三角甚至广东全省经济中心城市，而且构成了当时全国最大的经济中心城市群。

生态环境。 徐文彬、钟羡芳的《明清福建生态演变与虎患》（《福建论坛》2013年第6期）认为在猛虎威胁下，民众或笃信伏虎神，或练拳防身，或专职猎杀，塑造了独特的地域文化。另外还有彭恩的《清代湖北经济开发与森林生态环境变迁》（《农业考古》2013年第1期）。

家族与人口流动。 王日根、仲兆宏的《明清以来苏闽宗族祠堂比较研究》（《安徽史学》2013年第3期）认为明清以降中国境内宗族组织获得了巨大发展，与此相适应，民间社会倾力建设祠堂的积极性高涨，明清时期的官府尤其是清政府对祠堂建设采取鼓励和劝导政策，将之视为社会稳定的基本条件。仲兆宏的《明清苏闽族谱内容比较研究》（《苏州大学学报》2013年第4期）认为明清以来，相对于福建宗族，江苏族谱编撰条目更为丰富，科第也更为昌盛，祠堂义庄数量多且规模大。黄权生、罗美洁的《明清麻城军事人口迁徙与"麻城孝感乡"的祖籍认同》（《湖北社会科学》2013年第1期）认为四川的"麻城孝感乡"移民文化认同是经过元明清三代以麻城（孝感乡）的军事移民迁徙累加而形成的结果，这些军事移民活动促成了"麻城孝感乡"移民祖籍文化的认同。此外尚有孟文科的《清代秦巴山区汉人移民的生计模式及其转型》（《农业考古》2013年第2期）。王云红的《清代流放制度研究》（人民出版社，2013年）通过对流放制度与流放实践互动关系的考察，揭示了清代流放政策的有效性、灵活性及其面临的困境。王洪兵的《清代京师流民问题与社会控制》（《北方论丛》2013年第2期）认为清代统治者试图通过开办粥厂截留流民以及留养、资遣等举措消弭流民对京师社会秩序的冲击，这套机制对维护京师社会秩序具有重要意义。

潘春辉的《从入迁到外流：清代镇番移民研究》(《历史档案》2013年第1期)探讨了清前期镇番县人口的移入与中后期人口的迁出现象，以期深化对清代西北地区的移民问题、边疆政策及环境变迁等问题的认识。安国楼、史彬彬的《清统一之初的台湾移民及其风俗》(《中州学刊》2013年第4期)认为大陆移民使台湾当地居民的社会生活习俗发生了变化，向学之风也较此前有所发展。

八、中西关系史研究

文献整理。 在清代中西关系史领域，2013年度最引人注目的成果无疑是中国台北利氏学社影印出版的《徐家汇藏书楼明清天主教文献续编》(第34册，利氏学社，2013年)一书。此书由比利时鲁汶大学钟鸣旦教授、杜鼎克博士主持编纂，在鲁汶大学、上海图书馆和台北利氏学社海内外三家机构合作之下，历时6年，方告完成。该书收录明清中西人士所撰有关天主教著作84种。其中法国传教士贺清泰的《古新圣经》和中国教徒张星曜的《天教明辨》占了14册的篇幅，是该丛书最为重要的两种文献。此外，无名氏的《敬一堂志》和《人类源流》也是罕见的史料。其他文献的价值，还有待学界的进一步研究。不过，即使暂时忽略明清传教史的角度，这样大规模的文献，对于理解明清时期民众信仰世界和精神生活，仍然提供了丰富的素材。而黄兴涛、王国荣编的《明清之际西学文本：50种重要文献汇编》(第4册，中华书局，2013年)则对不少重要而珍贵的西学文本进行了"整合"，为学界同仁研究相关问题提供了便利。由于这些著作广泛涉及宗教神学、教育学、伦理学、逻辑学、语言学、心理学、哲学、音乐学、美术学、文艺学、天文学、地理学、物理学、医学、数学(主要是几何学)、植物学和动物学等学科，无疑将对中西文化交流史、基督教在华传播史和明清学术文化史等研究产生积极的推动作用。

专题研究。顾卫民的《"以天主和利益的名义"：早期葡萄牙海洋扩张的历史（1415—1700）》（社会科学文献出版社，2013年）、康志杰的《基督的新娘——中国天主教贞女研究》（中国社会科学出版社，2013年）、刘勇的《中国茶叶与近代荷兰饮茶习俗》（《历史研究》2013年第1期）、韩琦的《明末清初欧洲占星术著作的流传及其影响——以汤若望的〈天文实用〉为中心》（《中国科技史杂志》2013年第4期）、吴伯娅的《广州十三行与入华传教士》（《广州十三行与清代中外关系》，世界图书出版公司，2013年）、李华川的《〈李安德日记〉节译》（《清史论丛》2013年号）等，从不同角度对相关领域的研究皆有所推进。

尤其值得关注的是美国学者唐纳德·F.拉赫和埃德温·J.范·克雷《欧洲形成中的亚洲》一书的翻译出版（周宁总校译，人民出版社，2013年），该书试图从观念史、文化史的角度，探讨近代欧洲形成过程中亚洲所提供的物质、精神资源及其发挥的作用，对于传统的"欧洲中心观"史学（主要研究西方文明对于亚洲的影响），无疑是一次巨大的挑战。书中有关中国的研究，为16—17世纪的中西关系，描绘了一个非常广博而又具体细致的宏大背景，既拓宽了研究视野，更为具体问题的论述树立了周边国家的参照体系，提供了比较研究的可能性。尽管此巨著乃未竟之作（1965年第1卷问世以来，至1993年出版了3卷9册，遗憾的是，由于两位作者相继去世，留下第4卷未能完成），但国外史学界仍对是书给予很高评价，有学者认为堪与吉本的《罗马帝国衰亡史》、汤因比的《历史研究》、李约瑟的《中国科学技术史》相提并论，是与伟大的历史主题相匹配的伟大著作，不仅改变了人们的历史观念，也为新的历史观念提供了丰富的史料与思想素材。

西文著述。2013年度在欧美出版的清代中西关系史著作至少有10余种。其中，比利时汉学家高华士（Noel Golvers）的《中国的西方知识图书馆：中欧之间西文书的流通》(*Libraries of Western, learning for China: Circulation of Western books between Europe and China in the Jesuit mission ca. 1650-ca. 1750*, Vol.2: Formation of Jesuit libraries, Leuven: Ferdinand Verbiest Institute K. U. Leuven)，从文献学的角度考察了耶稣会在中国的文化传播工作，探讨了西文书在中国的流通渠道，史料相当丰富。美国学者克拉克（Anthony E. Clark）的《中国的圣徒：清代天主教殉道研究》(*China's Saints: Catholic Martyrdom During the Qing [1644-1911]*, Lehigh University Press）主要以晚清时期为例，说明教徒殉难不但没有阻止信仰传播，反而在教难后天主教社区的重建过程中，对于天主教本土化进程起到了很大的促进作用。

除以上各领域研究外，在研究理论与方法总结方面，2013年度也有新的进展。如刘凤云的《理论与方法的推陈出新：清史研究三十年》(《史学月刊》2013年第1期），从范式转换、"新史学"的热议、"新清史"的争鸣、宏观与微观等四个方面，对30年来清史研究中经济史研究的演进路径、社会史与文化史研究的新领地、中西学界的对话、政治史热点与研究视角的转换等，进行了详细梳理和剖析。这一反思，对学界同仁无疑具有启发意义。日本学者森正夫等编，周绍泉、栾成显等译的《明清时代史的基本问题》(商务印书馆，2013年）涉及了明清史研究中政治、经济、文化、宗族、秘密结社、土司制度、徽州文书等诸多议题，为我们研究相关问题提供了有益的借鉴。

九、两点反思

2013年度的清史研究，尽管从总体上看健康发展，但也存在两点需要反思的问题，而这或许在当下的史学研究中具有一定的共性。

一是关于个案、区域研究与综合研究的问题。综观2013年度的成果，有一个非常明显的现象，即个案研究与区域研究占了很大比重。这些研究对深化一些具体问题，无疑是必要的。但值得注意的是，在浩如烟海的史料中选择某一具体问题进行探讨，如果仅就事论事、着眼于一时一地，那么，得出的结论就会有一定的局限性，很难与更大范围、更长时段的史实相观照。这就提醒研究者在设定题目与主题时，需对论题所涉及的理论框架和解释范围，具有大的视野，保持敏感性，不然就容易陷于碎片化，难以做到以小见大、见微知著。因此，对于清史研究中整体性、综合性的研究，依然需要给予高度重视。

二是国内清史学者的"中国中心观"问题。柯文提出"中国中心观"，意在强调研究中国历史不仅要关注"外在因素"的影响，还应重视从"中国内部"来进行考察，但这并非要否定"外在因素"。本年度的清史研究著论，比较偏向于关注"中国内部因素"，而对"外在因素"的讨论较为薄弱。有鉴于此，如何避免从一端（"欧洲中心观"）走向另一端（"中国中心观"），便成为史学界尤其是清史学界同仁需要认真对待的一个重要问题。

2014年清史研究综述

◎ 王士皓

从不同角度观察，2014年度的清史研究有以下几点值得关注。

（一）在与"新清史"及西方"民族国家"理论的互动中，学界已不再是简单被动回应，而是在分析其学理的基础上建构起符合中国自身历史发展脉络的"民族／国家认同"解释和话语。钟焓的《北美"新清史"研究的基石何在——是多语种史料考辨互证的实证学术还是意识形态化的应时之学？》（上，《中国边疆民族研究》第7辑）、鱼宏亮的《晚清从族类观到民族观的演变》（《清史论丛》2014年号）是这方面比较有代表性的文章。

（二）从研究路径上说，跨学科、多元化的交叉研究趋势在2014年的清史研究中依然得以明显体现。此外，与清史相关的长时段研究、"从周边看中国"的"他者"解读，在本年度也不乏有影响力的论著。

（三）文献整理取得了重要的进展。在海外文献方面，张西平等主编的《梵蒂冈图书馆藏明清中西文化交流史文献丛刊》（大象出版社，2014年）、吴松弟主编的《美国哈佛大学图书馆藏未刊中国旧海关史料》（广西师范大学出版社，2014年）均在2014年开始陆续出版；在国内文献方面，有高柯立、林荣辑的《明清法制史料辑刊（第二编）》（国家图书馆出版社，2014年），王庆元、王道成考注的《沈葆桢信札考注》（巴蜀书社，2014年）等。

（四）对于重大现实问题，学界也给予了积极的关注。为纪念甲午战争120周年，《历史档案》、《安徽史学》、《南开学报》等期刊均开设了有关甲午战争的系列专题栏目，苗东升的《甲子史期的中国与世界——从世界系统的形成演变看甲午年》（《北京大学学报》第4期）、鱼宏亮的《让历史照亮未来——甲午战争120周年祭》（《红旗文稿》2014年第23期）等文章则从更为宏大的视角分析了甲午战争的影响。关于南海局势，许盘清、曹树基的《西沙群岛主权：围绕帕拉塞尔（Paracel）的争论——基于16—19世纪西文地图的分析》（《南京大学学报》2014年第5期）从地图文献证明了中国对西沙群岛的主权。

本年度的学术会议也在一定程度上反映了清史研究的状况。综合性的清史研究会议有中国人民大学清史研究所举办的"清史研究百年学术史国际研讨会"，这次会议由六场专题讨论和一场"百年清史研究史"项目专场讨论组成，国内外多所大学和研究机构的50余名专家学者参会。其他关于清史相关领域或涵盖清史相关研究内容的会议，还有中国社会科学院历史研究所主办的第四届"中国土司制度与土司文化国际学术研讨会"、扬州文化研究会等举办的"大雅芸台——阮元研究国际学术研讨会"、北京市社会科学院满学研究所与北京大学明清研究中心举办的"社会转型视角下的明清鼎革学术研讨会"、沈阳故宫博物院举办的"清前史研究中心成立暨纪念盛京定名380周年学术研讨会"、中国科学院国家天文台等举办的"中法康雍乾天文大地测量国际学术研讨会暨纪念'海判南天'300周年"等。

限于篇幅，对于 1840 年以后清代历史的相关研究，大多不再作介绍。

一、政治史研究

著作。 阎崇年的《清朝开国史》（中华书局，2014 年）对明清嬗代的过程做了深刻的分析和解剖。沈渭滨的《道光十九年——从禁烟到战争》（华东师范大学出版社，2014 年）从多角度描述了鸦片战争前夕的中国社会以及中英之间在正当贸易和鸦片走私、反走私间的互动。美国学者欧立德（Mark C. Elliott）著，青石译的《乾隆帝》（社会科学文献出版社，2014 年）虽不是一部纯学术专著，但我们可以通过该书大致了解美国学界对于乾隆帝及其所处时代的关注点、共识和争论。其他著作还有赵云田的《清代西藏史研究》（社会科学文献出版社，2014 年）、孟昭华的《元清户政考》（中国社会出版社，2014 年）、宋国华的《清代缉捕制度研究》（法律出版社，2014 年）等。

民族／国家认同。 鱼宏亮的《晚清从族类观到民族观的演变》（《清史论丛》2014 年号）以晚清中国政治思潮的变迁为背景，考察了中国传统族类观对东亚秩序的塑造，及其在西方民族主义思潮的冲击下，演变为民族观的历史过程。齐光的《解析〈皇清职贡图〉绘卷及其满汉文图说》（《清史研究》2014 年第 4 期）阐明了该图绘卷中对各"民族"、"国家"的具体表述及当时的清朝与这些"民族"、"国家"之间的关系实质。韩东育的《清朝对"非汉世界"的"大中华"表达——从〈大义觉迷录〉到〈清帝逊位诏书〉》（《中国边疆史地研究》2014 年第 4 期）认为这两份首尾呼应的历史性文献，构成了嗣后中国政府表达国家主权和领土诉求的主要法理依据。李恭忠的《康熙帝与明孝陵：关于族群征服和王朝更替的记忆重构》（《南京大学学报》2014年第2期）从细节层面折射了清前期统治技术的复杂性，并为满族统治者的中国化和中国认同提供了一个支持性注脚。

宫廷与皇权。 杨珍的《清朝后妃母家的抬旗》（《清史论丛》2014年号）从考察抬旗类型入手，以原始档案为依据，纠补了《清史稿》关于清朝"后族"首次抬旗的记载。白雅诗（Beatriz Puente-Ballesteros）著，董建中译的《康熙宫廷耶稣会士医学：皇帝的网络与赞助》（《清史研究》2014年第1期）认为医学奏折所反映的一个重要信息是皇室等级之内权力的转移。刘世珣的《底野迦的再现：康熙年间宫廷西药德里鸦噶初探》（《清史研究》2014年第3期）探讨了中外医药文化交流、清代宫廷用药逐渐中西并用的趋势，以及统治者在宫廷西药运用过程中的掌控与支配状况。李立民的《清顺治年间"泛滥投充"现象探析》（《河北北方学院学报》2014年第2期）认为清初皇权与八旗诸王间围绕投充问题所产生的权益冲突，本质上反映的则是八旗领主制与封建专制主义君主制之间的矛盾与冲突。李理的《论清朝两京王府制的成因》（《清史论丛》2014年号）认为爱新觉罗皇室内部的权力之争、八旗诸王贝勒的分权定制，是决定和影响清朝两京王府制形成的最根本因素。

行政。 刘风云的《"有治人无治法"：康雍乾三帝的用人治国理念》（《求是学刊》2014年第3期）认为康雍乾三帝将"有治人无治法"引入用人选官的行政体制，对清朝权力主体及治国方略产生了重要影响。常越男的《清代外官大计"考语"与"事实"探析》（《清史研究》2014年第2期）认为在清代的不同发展时期，大计官员的"考语"、"事实"的格式和内容都有变化，这可以从侧面折射出地方吏治的清浊。冯贤亮的《明清江南州县官员的行政规范与实践》(《复旦学报》2014年第6期)认为许多州县官员的从政实例表明，地方行政中存在的各种繁难，使其理想与现实之间出现了难以兼顾平衡的困境。毛亦可的《清代六部司官的"乌布"》(《清史研究》2014年第3期)探讨了清代六部中标识司官职务名目的满语称呼"乌布"的演进过程，并认为清末新官制改革时期，"乌布"进一步演化为一套新的职事官体系，与现代职官制度接轨。廖吉广的《雍乾之际的在任守制与政策调整》(《史学月刊》2014年第11期)认为这种政策转变的背后，是雍正帝"移孝作忠"和乾隆帝"求忠臣于孝子之门"两种理念相互冲突的结果。张振国的《论清代"冲繁疲难"制度之调整》(《安徽史学》2014年第3期)认为自雍正九年后，经过三次全国范围内的调整，"冲繁疲难"成为清代选任制度中极为重要且具有特色的内容。其他文章还有常越男的《明清时期的朝觐考察》(《历史档案》2014年第2期)、许文继和李娜的《南书房行走笔下的入直生活——新发现的几部南书房行走自撰史料》(《历史档案》2014年第2期)等。

民族边疆与宗教（不含教案）。刘正寅的《清朝前期民族观的嬗变》(《史学集刊》2014年第4期)分四个阶段论述了从努尔哈赤建国到乾隆时期近二百年间清统治者的民族观及其嬗变。美国汉学家濮德培（Peter C. Perdue）著，牛贯杰译的《比较视野下的帝国与国家：18世纪中国的边疆管辖》(《史学集刊》2014年第4期)摆脱以1500—1800年间欧洲的国家建构经验为标准，通过清帝国与同时期的奥斯曼帝国比较，探讨了18世纪中国的边疆管辖。刘文鹏的《清代南疆办事大臣职权考》(《中国边疆史地研究》2014年第1期)认为南疆的办事大臣在品级、资历上与喀什噶尔参赞大臣没有高低之分，在权力行使上有很强的独立性。王超的《清代总理各回城事务参赞大臣驻地迁移探析》(《史学集刊》2014年第2期)认为清廷迁移回疆参赞大臣驻地解决回疆问题的方法是积极有效的。王希隆的《乾隆、嘉庆两朝对白山派和卓后裔招抚政策得失述评》(《兰州大学学报》2014年第2期)认为清朝中止了自乾隆二十六年以来长期实行的招抚政策，是道光、咸丰、同治年间新疆持续动乱的重要原因之一。邹建达的《清代云南边疆管理体制述略——以督抚体制为中心的考察》(《清史论丛》2014年号)认为相对其他内地督抚，"控制土司、抚驭外藩、整饬边防"的事权体现出云南督抚的特殊性，是清王朝边疆管理体制的一个重要类别。黄禾雨的《雍正朝对广西思明土府土目的治理》(《清史论丛》2014年号)以雍正朝对广西思明土府土目的治理为个案，对该历史事件的背景、原因、过程及结果做了讨论。李世愉的《土司制度基本概念辨析》(《云南师范大学学报》2014年第1期)通过辨析土官、土司、土职、土弁这些涉及土司制度的基本概念，建议在今后的研究中使用"土司"和"土司制度"。祁美琴的《清代宗教与国家关系简论》(《中国人民大学学报》2014年第6期)认为总体来看，清廷对各类宗教基本采取一种政治功利化的态度。

法律。杜家骥、万银红的《清代法律中的姻亲服制关系分析》(《历史教学》2014年第10期)考察了清代姻亲服制的具体规制，分析了姻亲服制与实际亲情的某些背离，以及官方在刑法、科举选官这些不同领域落实姻亲服制关系的做法。杨毅丰的《巴县档案所见清代四川妇女改嫁判例》(《历史档案》2014年第3期)探讨了四川地区婚姻诉讼的特点。俞江的《明清州县细故案件审理的法律史重构》(《历史研究》2014年第2期)认为清代州县细故审理逐渐形成了和解优先的多元的结案形式。

军事。黄圆晴的《试论清代汉侍卫与绿营》(《历史档案》2014年第1期)认为清代汉侍卫选拔呈现多元化，这些选拔方式与绿营制度相结合，使得中央提高了对于绿营的掌控力。

事件与人物。陈永祥的《乌尔古岱案补释》（《清史研究》2014年第4期）认为，天命八年发生的乌尔古岱一案不仅是金国最高统治集团权力争斗的结果，也是明朝挑拨离间的结果。何新华的《康熙十七年葡萄牙献狮研究》（《清史研究》2014年第1期）通过对这一事件的背景、经过、清人的政治解读和文化想象，说明了献狮这一真实的历史事件如何最终在清代文献中演变为传说、轶事。冯尔康的《康熙帝多方使用西士及其原因试析》（《安徽史学》2014年第5期）认为康熙帝之所以赋予西士各项使命，是国家政务需要和个人爱好的结合，同时他也是吸收西方科学文化的积极者，留下了启迪后人的文化遗产。李细珠的《一个人与一个时代——论慈禧太后及其统治的是非功过》（《安徽史学》2014年第3期）认为作为历史人物的慈禧太后有多重面相，其统治是一种典型的"老人政治"模式。其他文章还有方华玲的《从"虚报"到"冒销"：乾隆朝乌鲁木齐粮石采买冒销案探析》（《史林》2014年第4期）等。

考证。杨海英的《明清文集中的"冠军"》（《清史论丛》2014年号）考察了明清文集中出现的"冠军"用法，补充探讨了中国历代官制词典及《辞源》均未涉及的"冠军"别称——明末清初总兵称为"冠军"的现象。卢正恒、黄一农的《先清时期国号新考》（《文史哲》2014年第1期）认为先清时期的国号应始终为"金"，并无任何"后金"曾作为国号之坚实证据，"天命"也并非年号。祝求是的《张苍水被执地舟山悬岙考辨》（《清史论丛》2014年号）认为张苍水散军后的隐归地，即最后被清军所执地——悬岙，不在南田，而在舟山。陈东的《康熙朝经筵次数及日期考》（《历史档案》2014年第1期）推定康熙朝经筵次数应是60次，并对其具体日期、具体内容逐一予以确认。其他文章还有范传南和佟大群的《清初黑龙江驿站站丁来源考》(《历史档案》2014年第3期)、崔岷的《咸丰初年清廷委任"团练大臣"考》(《历史研究》2014年第6期)等。

二、经济史研究

著作。 黄宗智的《明清以来的乡村社会经济变迁：历史、理论与现实》(法律出版社，2014年)通过翔实的关于基层小农场运作的资料，根据清代人口与土地间的给定"基本国情"，分析了其与其他生产要素、制度和社会演变之间的关系。史志宏的《清代户部银库收支和库存研究》(社会科学文献出版社，2014年)以大量翔实的第一手档案资料为基础，分析了清代户部银库收入、支出、盈亏，以及库存变化。薛理禹的《清代人丁研究》(社会科学文献出版社，2014年)系统研究了清代人丁编审与丁银征收制度的发展演变。其他著作还有徐晓望的《明清东南海洋经济史研究》(中国文史出版社，2014年)、张介人和朱军的《清代浙东钱业史料整理和研究》(浙江大学出版社，2014年)等。

财政与税收。 滕德永的《清代户部与内务府财政关系探析》(《史学月刊》2014年第9期)认为清代的国家财政与内务府财政既互相独立又不断发生联系，户部与内务府财政的关系反映了在皇权至上的封建社会，根本不可能实现国家财政与皇室财政的完全独立。晏爱红的《"漕项"考释》(《中国史研究》2014年第1期)厘清了漕项这一清代漕运重要概念的内涵，并对其构成、数额、征解、考成及其演变逐一作出了考释。黄鸿山、王卫平的《厘金源于林则徐"一文愿"考》(《历史研究》2014年第1期)认为在道光十四年或之前，江苏巡抚林则徐在苏州面向店铺商户举办"一文愿"的做法，可视作厘金的主要源头。侯鹏的《明清时期浙江里甲体系的改造与重建》

(《中国经济史研究》2014年第4期)对明清时期基层赋役征收体系演变进行了区域研究,辨析了"图"的不同性质与功能,进而就均役之图的构造与变动作出了分析。其他文章还有李光伟的《清中后期地方亏空与钱粮蠲缓研究》(《安徽史学》2014年第6期)等。

货币。王宏斌的《清代社会动荡时期银钱比价变化规律之探析》(《河北师范大学学报》2014年第1期)认为清代社会动荡时期流通领域通常会出现"银贱钱贵"现象的原因,是战争和自然灾害急剧改变社会对贵金属及其制钱的不同需求,从而影响了二者的比率。任玉雪、武洋的《论清代奉天地区的市钱》(《清史研究》2014年第4期)系统地梳理了该地区乾隆以降小数钱与制钱和银两的比价。其他文章还有邵义的《清代京钱小考与〈红楼梦〉所涉地点辨析》(《清史研究》2014年第2期)等。

人口。王跃生的《清中期民众自发性流迁政策考察》(《清史研究》2014年第1期)认为除了个别敏感地区的严格限制外,清政府对民众自发性流迁行为实行了区别对待的政策。乌仁其其格的《内蒙古人口档案中的边疆村落社会——以察素齐为例》(《清史研究》2014年第1期)梳理并分析了清末土默特左旗察素齐村蒙古族人口数量、规模、结构、婚育情况,并以此为基础探讨了家庭、基层管理队伍、语言及风俗等社会风貌。胡列箭的《清后期广西瑶人分布的"山地化"(1820—1912)》(《清史研究》2014年第2期)认为至光绪年间,广西瑶人才集中分布在各地的偏远山区。凌焰的《再论清中期萍乡外来移民的入籍》(《史林》2014年第4期)指出,萍乡图甲组织并没有与实际的社会基层组织系统相脱节,而是以图会、甲会、义祠的形式存在,在移民入籍方面发挥着重要作用。

农业。朱浒的《食为民天:清代备荒仓储的政策演变与结构转换》(《史学月刊》2014年第4期)认为清代仓政的演变不仅贯穿了清朝的兴亡，而且表现出明显的阶段性特征，并对仓储的结构性转换有明显影响。穆釜臣的《清代收成奏报制度考略》(《北京大学学报》2014年第5期)认为收成奏报与雨雪奏报、粮价陈报共同构成了清代粮政信息收集制度，在清代粮政、仓政、荒政运行中起到了至关重要的作用。金鑫的《清代前期达斡尔、鄂温克两族农业发展考述》(《中国边疆史地研究》2014年第3期)认为至乾隆年间，达斡尔族、鄂温克族农业的整体发展水平已与比邻而居的汉、满两族相一致。李昕升、王思明的《南瓜在中国的引种推广及其影响》(《中国历史地理论丛》2014年第4辑)重点考证了南瓜在中国引种的时间、路径以及明清民国时期南瓜在中国的推广和分布情况。余开亮的《粮价细册制度与清代粮价研究》(《清史研究》2014年第4期)通过粮价细册中的州县粮价数据来解析地方官员编制粮价清单的方法和过程，在此基础上重新认识粮价单数据的真实含义。孟庆波的《以目录学方法看美国早期期刊对中国农业的记述（1757—1842）》(《中国社会经济史研究》2014年第2期)介绍了美国文物学会（American Antiquarian Society）所发行的"早期期刊全文数据库"（Historical Periodicals Collection）关于中国的农业概况、种植业发展、农林技术和养殖业等多个方面的记载。

商业、贸易。许檀、吴志远的《明清时期豫北的商业重镇清化——以碑刻资料为中心的考察》(《史学月刊》2014年第6期)利用近年收集到的一批碑刻资料，对明清时期河南著名商镇清化镇（今为博爱县城）的商业做了进一步的考察。姚旸、范金民的《明末清初徽州书画商人的经营活动》(《安徽史学》2014年第1期)指出明末清初活跃在江南的徽州书画商人，其经营活动旨在获取商业利润，并不能以"附庸风雅"概而言之。薛明的《康熙朝中后期内务府商人赴日办铜的利润问题》(《清史研究》2014年第2期)对内务府商人张鼎臣兄弟名下船只的赴日铜贸易活动做了模拟还原。郭卫东的《丝绸、茶叶、棉花：中国外贸商品的历史性易代——兼论丝绸之路衰落与变迁的内在原因》(《北京大学学报》2014年第4期)指出除了国际情势的变迁以外，棉花的普及以及对丝绸形成替代作用是丝路衰绝的内在原因，丝绸与茶叶及棉花的替代是古代与近代国际贸易商品转换的典型表征。

其他行业（除农业、商业外）。邓亦兵的《清代前期政府与京城房产市场》(《清华大学学报》2014年第2期)认为清朝二百多年来在北京内、外城的房地产双轨制表明，不论是政府控制住房分配的制度，还是完全依靠房产市场调节的机制，都不能独立解决住房不均的问题。其他文章还有杨培娜的《澳甲与船甲——清代渔船编管制度及其观念》(《清史研究》2014年第1期)、朱荫贵的《清代木船业的衰落和中国轮船航运业的兴起》(《安徽史学》2014年第6期)等。

契约、账目。柴荣的《明清时期田皮交易契约研究》(《中国人民大学学报》2014年第4期)指出，作为国家正式制度的制定法让位于非正式制度的民间习惯法，是明清时期田皮交易非常兴盛的重要原因之一。范金民的《从分立各契到总书一契：清代苏州房产交易文契的书立》(《历史研究》2014年第3期)指出房产交易的加找情形，从清前期直到晚清时期仍然不同程度地存在于江南各地，充分反映出民间乡情俗例的惯性持久力。李娜的《清雍乾时期休宁黄氏〈家用收支账〉相关问题考证》(《清史论丛》2014年号)通过对该《家用收支账》的考证，探讨了这一地区家庭经济和区域经济的特点。

三、社会史研究

著作。美国著名汉学家魏斐德（Frederic Wakeman Jr.）著，王小荷译的《大门口的陌生人——1839—1861年间华南的社会动乱》（新星出版社，2014年）以英国侵略中国的两次鸦片战争为线索，从社会史、地方史的研究视角，还原这一历史时期广东省尤其是广州的社会动态。其他著作还有叶农的《渡海重生：19世纪澳门葡萄牙人移居香港研究》（社会科学文献出版社，2014年）、樊学庆的《辫服风云：剪发易服与清季社会变革》（生活·读书·新知三联书店，2014年）、郝平的《大地震与明清山西乡村社会变迁》（人民出版社，2014年）等。

社会结构与社会组织。 陈勇的《清代宗族义庄的发展——以苏南地区为考察中心》（《中国社会经济史研究》2014年第1期）通过梳理清代苏南义庄的数量，考察其空间分布，探讨其兴盛缘由，借以管窥清代苏南社会的发展变迁和时代特征。康健的《明清时期徽州出家现象考论》（《历史档案》2014年第3期）认为徽州宗族对出家现象的不同态度，显示出徽州社会存在多元、多样的生活方式，也说明徽州宗族社会存在松懈的一面。李甜的《"方德让家"：从旌德方氏看明清皖南宗族的家史编纂》（《安徽史学》2014年第3期）通过分析旌德方氏塑造谱系和宗族形象的动态过程，揭示了其背后蕴含的地域文化传统。苏惠苹的《明中叶至清前期闽南海洋环境与家族发展——圭海许氏家族的个案分析》（《安徽史学》2014年第1期）分析了许氏家族在明中叶至清前期闽南海洋环境中生存与发展的应对之策，进而探讨了海洋环境与家族发展之间的关系。

社会生活。 郑小悠的《清代"独子兼祧"研究》（《清史研究》2014年第2期）探讨了"独子兼祧"与其前身"独子出继"在社会生活中的存在形态，认为"兼祧"是宗法观念不断弱化的结果。罗桂林、王敏的《清代驻防旗人的生活与认同——以福州洋屿赖氏为中心》（《清史研究》2014年第2期）指出福州赖氏由"旗人"到

"族人"的转型,很大程度上代表了普通汉军乃至部分满洲旗人的共同经历。赵崔莉的《明清女性职业的多元拓展及价值提升》(《中国社会经济史研究》2014年第2期)指出,明清女性职业的多元拓展体现在就业方式、从业角色、从业人群、从业动机、就业地域、性别角色、职业形象、职业类型等方面。王玉朋、夏维中的《清代秦淮青楼业的嬗变》(《中国社会经济史研究》2014年第3期)考察了秦淮青楼业从清前期的衰败状态到清中期的再度兴起,再到晚清政府对妓院的管理逐渐正规化的过程。

灾害与救济。陈亚平的《保息斯民:雍正十年江南特大潮灾的政府应对》(《清史研究》2014年第1期)认为,这次灾赈中的政府表现说明,在18世纪前期,国家是灾后救济的主要力量,也只有一个强势的中央政府和各级地方政府的有效组织,才能实现如此长期的大规模粮食调控目标。袁飞的《光绪三十二年苏皖水灾中的救济差异及皖北困境》(《清史研究》2014年第4期)分析了苏皖两省的救济受到不同待遇的原因,并指出皖省走出了一条与众不同的自我救济之路,在无意间突破了传统的荒政体制。

疾病。刘希洋、余新忠的《新文化史视野下家族的病因认识、疾病应对与病患叙事——以福建螺江陈氏家族为例》(《安徽史学》2014年第3期)认为,《螺江陈氏家谱》的病患叙事中隐藏着陈氏家族彰显儒家价值观念与强化家族文化认同的努力。

四、学术、文化和教育史研究

著作。葛兆光的《想象异域:读李朝朝鲜汉文燕行文献札记》(中华书局,2014年)从李朝朝鲜的燕行文献中,重新审视近世东亚以及中国,重新思考亚洲与中国、民族与认同、族群与疆域等问题。葛荃主编的《中国政治思想通史（明清卷）》（中国人民大学出版社，2014年）梳理了明清政治思想的发展脉络，分析了中国王权主义统治从巅峰走向衰落时期的社会历史背景，以及在动荡、变革的历史条件下诸多思想流派学者的政治思想。美国人类学家司徒安（Angela Zito）著，李晋译的《身体与笔：18世纪中国作为文本／表演的大祀》（北京大学出版社，2014年）对18世纪中国（乾隆朝）的王朝礼仪加以深入分析，揭示了礼仪对于王权的宣示和强化作用。其他著作还有黄见德的《明清之际西学东渐与中国社会》（福建人民出版社，2014年）、郭鹏飞的《洪亮吉〈左传诂〉研究》（复旦大学出版社，2014年）等。

学术思想和学术人物。林存阳的《注目经史实学，裨益学术治道——张金吾为学藏书旨趣及其成就》（《清史论丛》2014年号）对清代嘉道年间的学者张金吾的治学、藏书及其旨趣、成就等问题进行了较为详细、深入的研究，揭示了其人其学在学术演进过程中的影响和意义。孔定芳的《论戴震学术思想之三期变化》（《哲学研究》2014年第1期）提出了新三期变化说（分为早年、中年和晚年三期），尤其对戴震学术思想三期变化的内在原因做了新诠释，认为其根本和深层原因乃由戴震对儒家之"道"在不同阶段的不同体认所致。徐道彬的《论朱子学背景下江永的学术抗衡》（《朱子学刊》总第23辑）、《徽州学者金榜三论》（《安徽史学》2014年第5期）两篇文章，辨章学术，考镜源流，对乾嘉时期"皖派"学者治学思想与方法论做了较为深入的探讨。李畅然的《戴震解经方法论发微——以〈与是仲明论学书〉为中心》（《文史哲》2014年第4期）揭示《与是仲明论学书》严密的结构和广阔的理论适应性，以期减少今日"后续的汉宋之争"中无谓的争论。邓声国的《戴震〈仪礼〉学研究探析》（《清史论丛》2014年号）从诠释实例出发，论述了戴震于不同阶段在《仪礼》学方面的成绩和治学特色。王法周的《乾嘉学术对政治的反拨——以凌廷堪、焦循、阮元为中心》(《史学月刊》2014年第2期）认为凌廷堪、焦循、阮元提出的情欲自然论、礼治论、仁恕论等主张，是特定历史境况下对乾隆皇帝构建的皇权专制政治与极权意识形态的一种反拨。李宪堂的《明末清初王学修正派社会政治思想述要》(《史学集刊》2014年第2期）认为以刘宗周为代表的王学修正派的思想一直没有得到后人应有的重视，然而他们在思想史上承前启后的作用是不容忽视的。林存阳、李文昌的《清儒孔广林生卒年考》(《中国史研究》2014年第3期）考证其生于乾隆十一年正月初一日（1746年1月22日）辰时，卒于嘉庆十九年四月二十三日（1814年6月11日）亥时。

文化政策与文化现象。刘晓东的《"术"与"道"：清王朝儒学接受的变容——以吉林文庙的设立为中心》(《中国边疆史地研究》2014年第3期）认为儒家的"文治"与八旗之"武功"，于"文庙"的有机融会，标示着在清朝统治者的心目中，对儒学由"术"至"道"的一种内在体认。杨念群的《影响18世纪礼仪转折的若干因素》(《华东师范大学学报》2014年第3期）认为，对18世纪礼制转变的讨论应置于更复杂的制度与民间生活的互动网络中全面把握，不可忽略这种转折与清朝帝王文化品位的诱导之间的关联性。庄兴亮的《曾国藩"先孝后忠"思想的另一侧面——以"咸丰七年丁忧事件"为考察中心》(《清史论丛》2014年号）认为这一事件不能简单地用"忠孝"解释，而是体现了曾国藩作为一个晚清士人在传统中的自我抵牾。陈支平的《从王翠翘传奇看明末清初人对于徽商"海寇"的另类解读》(《安徽史学》2014年第1期）认为，在《王翠翘传》的传奇小说中时人对于这些"海寇"、"海盗"的评述以及一些截然不同的书写方式，有助于我们对于明末清初"海盗"问题的多角度观察。冯玉荣的《医与士之间：明末清初上海李延昰的边缘人生》（《复旦学报》2014年第5期）利用国家图书馆所藏的《放鹇亭稿》及相关著作，探讨了易代之际士人的困惑以及泛边缘化的心态。

文化交流。吴伯娅的《樊守义与中西文化交流》（《清史论丛》2014年号）对樊守义的生平事迹及其历史地位等问题进行了考察，认为其在清廷和罗马教廷的交涉中发挥了不容忽视的作用。何仟年的《中国典籍流播越南的方式及对阮朝文化的影响》（《清史研究》2014年第2期）指出越南重印中国典籍的情况并不普遍，书籍输入方式以包括使节购买在内的官买为主，汉籍在越南各阶层的分布极不均衡。孙卫国的《乾嘉学人与朝鲜学人之交游——以纪昀与洪良浩之往来为中心》（《文史哲》2014年第4期）和《清道咸时期中朝学人之交谊——以张曜孙与李尚迪之交往为中心》（《南开学报》2014年第5期）二文，探讨了乾嘉、道咸时期中朝士人交往。其他论文还有叶柏川的《17—18世纪俄国来华使臣眼中的北京城》（《历史档案》2014年第4期）、冷东的《广州十三行与中西绘画艺术交流》（《广东社会科学》2014年第3期）、方玥的《高一志〈修身西学〉底本考论》（《清史研究》2014年第3期）、刘耘华的《天主教东传与清初文人的思想重构——以"敬天"思潮为中心》（《北京行政学院学报》2014年第1期）、陈志辉和江晓原的《西学的移用与致用：从道光六年彗星见事件看乾嘉学者对四行说的态度》（《上海交通大学学报》2014年第2期）等。

科举。毛晓阳的《清代科举宾兴史》（华中师范大学出版社，2014年）将科举宾兴置于社会公益史的视角进行分析，考察了清代科举宾兴的历史渊源，以及清代宾兴在不同时期、不同地域的时空分布。

李世愉的《清代会试中额与登科进士人数之关系》（《厦门大

学学报》2014年第6期）认为清代在确定会试中额后，除士子自身的问题（如患病、丁忧）外，由于清代科举制度中的一些特殊规定，最终使登科进士的人数出现差异。刘佰合的《清代官员子弟科举的制度设计》（《历史档案》2014年第3期）认为官员子弟科举制度是寻求特殊群体与社会整体之间利益均衡的产物。冯建超、胡平的《清代科举考试的评价方法探究》（《清史论丛》2014年号）认为，清代科举使用的"文有定评"这种评价方法、评价标准和评判过程，不仅被当时社会所认可，有些内容还可以为现代考试所借鉴。其他文章还有霍红伟的《"君子不器"：清代生员的职业选择》（《史林》2014年第6期）、马子木的《论清朝翻译科举的形成与发展（1723—1850）》（《清史研究》2014年第3期）、陈志辉的《乾嘉天算专门之学在科举考试中的渗透》（《清史研究》2014年第3期）。

其他。马腾的《"十二字头"与清代满文语学》（《清史研究》2014年第3期）从教育史与版本学的角度考察"十二字头"的历史演变及其作用，认为"十二字头"的结构是满洲人的独特产物，入关之后，代表满文教学传统的"十二字头"与汉人的启蒙书一并成为双语教育的重要教材。其他论文还有江小角和王佳佳的《刘大櫆对清代徽州教育的贡献及影响》（《安徽史学》2014年第5期）、德国学者郁汉友（Hajo Frölidn）的《晚清"新政"的再思考：以教育改革为中心的讨论》（《北京大学学报》2014年第1期）等。

五、历史地理研究

论文集及专著。华林甫主编的《清代地理志书研究》（中国人民大学出版社，2014年）即《清史地理研究》第一集，是以《清史地理志》、《清史地图集》学术团队科研成果为主的论文集。王肇磊的《传统与现代：清代湖北城市发展与社会变迁研究》（中国社会科学出版社，2014年）通过对区域性城市典型个性的研究，展示出了中国城市发展的一般共性，从而揭示了清代中国城市发展具有普遍性的历史规律。

舆地学与古地图。 王鹏辉的《龚自珍和魏源的舆地学研究》（《历史研究》2014年第3期）认为西北中国历史空间和东南中国历史空间互动的政论在"龚魏"时代，已经从内向外转化为西北边疆历史空间和东南海疆历史空间的互动。李花子的《黑石沟土石堆考》（《清史研究》2014年第1期）确认了黑石沟的具体地理信息。管彦波的《明清史地图籍中的长城图像》（《史学集刊》2014年第5期）指出，稽考明清各种典志图籍中的长城图像，并与相关的文献记载相互印证，对于我们探讨长城地带不同族群的互动交流，将提供更加多元的观察视角。袁飞、任博的《清代漕运河道考述》（《中国农史》2014年第2期）重点关注了清代漕运河道的诸多微小水路运输网，以求充分展现一幅完整的漕运河道图。

行政区划。 程森的《雍正年间山西民众"闹县"与县级政区调整——以临晋分县为例》（《清史研究》2014年第1期）认为蒲州升府、临晋分县体现出王朝对行政管理薄弱的地方加大控制力度的治理方针。胡恒的《清代太湖厅建置沿革及其行政职能变迁考实》（《苏州大学学报》2014年第5期）认为太湖厅至乾隆三十二年始具有专管之地而成为"厅"的建置，否定了学术界流行的雍正八年或乾隆元年置厅说。冯玉新的《界域与民生——清初平凉府州县归属纷争与政区调整》（《中国历史地理论丛》2014年第3辑）认为该事件打破了平凉府自明代以来散州领县的局面。

城市史。 何一民、付娟的《从军城到商城：清代边境军事城市功能的转变——以腾冲、张家口为例》（《史学集刊》2014年第6期认为腾冲、张家口等城市从"城因军兴"到"市缘路起",再到区域经济中心,完成从"军城"到"商城"的功能转变和社会变迁,反映了清代一批城市的发展轨迹。刘士林的《明清江南城市群研究及其现实价值》(《复旦学报》2014年第1期)指出,明清江南地区已出现了相当成熟的中国古代城市群,并实现了中心城市"支配"功能与"服务"职责的和谐,因而有利于城市群本身的功能互补和共存共荣。吴小伦的《明清时期沿黄河城市的防洪与排洪建设——以开封城为例》(《郑州大学学报》2014年第4期)指出,防洪与排洪建设的多重性和立体化,是包括开封在内沿黄河城市的共同建筑特色。罗晓翔的《明清南京内河水环境及其治理》(《历史研究》2014年第4期)认为水环境恶化在明清江南城镇中具有普遍性,但在治水模式,尤其是主持机构与经费来源上,南京具有其特殊性。

六、中外关系史研究

著作。 陈开科的《嘉庆十年——失败的俄国使团与失败的中国外交》(社会科学文献出版社,2014年)深刻地揭示出隐藏在这一事件背后的历史内涵及意义。杨煜达的《乾隆朝中缅冲突与西南边疆》(社会科学文献出版社,2014年)尝试利用"边疆控制"的系统分析方法,全面研究"乾隆征缅之役"的起源、升级、结局及其影响。

宗藩／朝贡关系。 尤淑君的《从赵太妃之薨论清政府对朝鲜的名分控制》(《清史研究》2014年第4期)认为赵太妃薨逝后,中朝两国围绕此事的礼仪之争,埋下日后中朝宗藩关系破裂的导火线。柳岳武的《嘉庆至同治时期的中廓宗属关系》(《中国边疆史地研究》2014年第2期)认为这一时期中国和廓尔喀关系清晰彰显了宗属体制的运作以王朝盛衰为转移,暴露了宣传与实际运作间的明显背离。

传教和教案。 吴伯娅的《福建巡抚周学健与乾隆十一年福安教案》(《历史档案》2014 年第 3 期)认为福安教案不仅演变为一场全国性的查禁行动,而且使清廷的对外封闭进一步严密。 李华川的《巴黎外方会之建立及其入华之努力》(《清史论丛》2014 年号)主要利用巴黎外方会的内部史料和外国学者的相关研究,重点探讨了该会成立之初陆方济等主教进入中国南部传教的努力。 其他文章还有赵树好的《阿礼国与晚清教案》(《史学月刊》2014 年第 2 期)、汤开建的《雍正教难期间驱逐传教士至广州事件始末考》(《清史研究》2014 年第 2 期)、李华川的《白日昇与十八世纪初天主教四川传教史》(《宗教学研究》2014 年第 3 期)等。

交涉及条约。 周育民的《鸦片战争以后的五口开埠问题》(《清史研究》2014 年第 3 期)对"开埠通商"的标志以及各口正式开埠通商的具体时间和过程进行了探讨和订正。 恽文捷的《"李鸿章—福赛斯"新疆交涉档案研究》(《清史论丛》2014 年号)认为,在"海防"和"塞防"之争背景下李鸿章对中亚问题重视不够,甚至略显短视。 侯中军的《庚子赔款筹议方式比较研究》(《清史研究》2014 年第 2 期)认为抵押分期偿还的方式,对清政府而言,是一个两害相权取其轻的选择;对列强而言,也是实现其利益最大化的行为。 其他文章还有张晓辉的《清代十三行时期的原型买办研究》(《史林》2014 年第 4 期)、王士皓的《晚清时期中国和墨西哥建交历程》(《清史论丛》2014 年号)等。

其他。 欧阳哲生的《盛世下的忧患——中西关系视角下的康雍乾盛世》(《北京大学学报》2014 年第 5 期)指出当时中欧之间交流的不对称性,为西方向中国殖民开拓做了知识准备,也为 19 世纪出现的中西之间"大分流"埋下了隐患。 钟焓的《清朝获悉土耳其素丹称号时间考辨》(《清史研究》2014 年第 4 期)认为在 17 世纪下半叶，清廷已了解到土耳其君主被称作控噶尔之类的知识信息。其他文章还有阿拉腾奥其尔的《从"罗刹"到"俄罗斯"——清初中俄两国的早期接触》(《中国边疆史地研究》2014年第1期)、施正宇的《试论清代来华西方人的中国语言水平——从京师同文馆的建立说起》(《清华大学学报》2014年第6期)等。

七、史学史研究

著作。黄爱平主编的《清史书目（1911—2011）》(中国人民大学出版社，2014年)收录了从1911年到2011年这100年间，国内外研究清代历史的所有书籍。刘海峰的《百年清史纂修史》(安徽人民出版社，2014年)系统总结了百年清史的编撰历程，并进行了客观公允的评论。

史学思想。赵涛的《〈四库全书总目〉史学思想研究——以其史部提要与分纂稿比较为中心》(《史学月刊》2014年第10期)认为，《四库全书总目》体现了"大一统"思想和正统史观、"以古鉴今"的史学功用观和"经世致用"的史学价值观。刘会文的《"列清史为学科"——孟森史学的展开过程》(《北京大学学报》第1期)指出孟森史学之重心，由前期屡屡重申以修成清代正史为理想，向后期以汲汲于保存清代史料为职责转变。李富侠的《徐道彬教授与清代学术史研究》(《国文天地》总第337期)通过对《戴震考据学研究》和《"皖派"学术与传承》两书思想脉络的梳理，揭示其"皖派"学术研究系列的构建。

历史书写。姜萌的《乡土意识与国家情怀：清末乡土史志书写的特点及其问题》(《史学月刊》2014年第5期)认为清末现代乡土史志有三个共同的特点：一是以现代时空观念为基础，二是希望从乡土认同中建构国家认同，三是注意探寻乡土的特质以为改良乡土之用。余新忠的《个人·地方·总体史——以晚清法云和尚为个案的思考》(《清史研究》2014年第3期)通过对晚清时期一位在京城有一定书法声名的族人法云和尚故事的钩沉，作者对如何认识民间传说以及如何让微观史和地方史研究走向总体史研究提出了自己的看法。

  由于学科建制、个人学识、选材范围和篇幅限制等原因，还有很多本年度清史研究的成果没有介绍，介绍的内容在分类上也有不十分准确的地方，敬请方家批评指正。

2015年清史研究综述

◎ 鱼宏亮

每个时期的历史研究都建立在基础的文献、档案的发掘整理之上。清代的文献档案本身具有数量大、范围广、保存全等特点，所以每年的新刊布档案文献成为学界关注的重点。本年度中西方有关机构都刊布了大宗档案文献，涉及宫廷、法律、科举、中西交流、外交、学术思想等多个主题[①]，对推动基础研究有着重要意义。制度史和政治史等传统基础研究领域也有重要论著发表，涉及重要官制、重大政治事件、重要的经济现象等内容。基础研究的重要性体现在于其奠定了宏观研究的框架和微观研究的参照系，同时也提供了历史阐释的共同背景，如果没有足够的实证研究的积累，这种由基础研究奠定的学术范式就不会发生变迁，依然是学术共同体对话的基础。学术争鸣如果不是建立在某种程度的共识之上，其效果将值得怀疑。

---

① 《清代巴县档案整理初编·司法卷·乾隆朝一、二》，西南交通大学出版社，2015年。杨一凡主编：《清代成案选编》（甲编，全50册），社会科学文献出版社，2014年。《盛宣怀档案选编》，上海古籍出版社，2015年。《法兰西学院汉学研究所藏清代殿试卷》（全二册），中华书局，2015年。《清代闺阁诗集萃编》（全十册），中华书局，2015年。毕奥南整理：《清代蒙古游记选辑三十四种》（全二册），东方出版社，2015年。阙红柳主编：《清代皇家园林史料汇编》第1辑，首都师范大学出版社，2015年。中国第一历史档案馆《历史档案》也定期发布一些特定档案文献，值得学界关注。

现代中国史学研究建立在某个特定转型期的历史观念或者文化观念之上，清代后期所经历的大冲击，导致了文化与历史观念上的大转型，用西方近代以来形成的观念来重构晚清政治思潮与文化观念是这种转型期的主要表征。而这种与中国古史发生断裂的历史观念却深深地影响了近代以来的国史叙事。姜萌的《族群意识与历史书写：中国现代历史叙述模式的形成及其在清末的实践》（商务印书馆，2015年）一书循两条主要线索，一则探讨近代历史编纂学的演变，一则讨论其背后之义理，历陈近代国家危机、变法自强、国族建构等观念在历史书写中的演进。重点梳理了近代西方族群、民族、国族等观念对清末民初历史叙事的影响。①值得注意的是，姜著在讨论国族、民族、族群、汉族史书写的问题时，没有注意到中国传统社会的结构与欧洲社会不同，无论是民族还是国族，或者某个特定的族群，放在中国古代社会中来看，与产生这些概念的欧洲具有不同的意义。其中有些观念则是现代史学研究争论不休的根源。

关于清末民初的文化转型，近年史学界多有涉及。姜萌在上书中提出的历史书写与历史语境错位的问题也很重要，我们当代人的古史观念实际上建立在近代这一大转折时代的基础之上。对于清末国史重构期的观念背景，罗志田做了简要概述："如果把近代中西文化交往视作两大文化体系的竞争的话，则中国一方正如罗荣渠先生指出的，是'打了大败仗，发生了大崩溃'……失败之余，中国文化思想界就成了外来观念的天下。"②当然，发生在观念演变背后的还是社会结构的大调整，传统的士大夫演变成知识分子和政治精英，

---

① 将特定时期诸如章太炎等特定人士的种族观念放大为"汉族中心观"的建立、"汉族史的书写"的实践也值得商榷。此书也存在不少概念误用的情况，比如"满清"、"满清帝国"等词汇大量出现，学界在参考时需要注意。

② 罗志田：《权势转移：近代中国的思想、社会与学术》，湖北人民出版社，1999年，第2—3页。

这些外来观念主要在这个层面上进行传播。历史书写也从传统正史叙事演化为国民新史学。新史学不仅体现在编纂体例、结构、材料选择的变化，而且贯穿了全新的观念。这些观念深深影响了其后百年的国史纪事与历史认同，有的甚至变成了不言而喻的常识，从而遮蔽了中国传统社会的一些重要现象和特征。近年来学界对晚清民国这一重构期的重视与研究，对我们走出观念错位，回归历史语境，有着重要意义。

观念的错误往往建立在概念系统的混乱之上。陈寅恪曾说："盖一时代之名词，有一时代之界说，其涵义之广狭，随政治社会之变迁而不同，往往巨大之纠纷讹谬，即因兹细故而起，此尤为治史学者所宜审慎也。"[①]

对于中国史研究中长期存在的大量使用未加考辨的概念，近年有学者提出注意并做了大量研究，观念史与概念史的研究日益引起重视。[②] 曹新宇、黄兴涛的《欧洲称中国为"帝国"的早期历史考察》认为新清史以清朝多民族统治模式为帝国的开端存在史实性错误，指出早在明末，西方传教士就以帝国来称谓中国。[③] 罗威廉的《在美国书写清史》[④] 一文则对美国学界研究清史百年来的范式变迁进行了梳理，指出了当代美国的中国史研究中"民族和种族"、"女性和性别"后现代史学与新文化史观的影响，这对我们了解美国清史研究中的意识形态问题有所助益。

---

① 陈寅恪：《元代汉人译名考》，《国学论丛》第 2 卷第 1 号，1929 年 8 月。
② 参考金观涛、刘青峰：《观念史研究：中国现代重要政治术语的形成》，香港中文大学当代中国文化研究中心，2008 年。
③ 曹新宇、黄兴涛：《欧洲称中国为"帝国"的早期历史考察》，《史学月刊》2015 年第 5 期。该文未涉将中国古代中央集权、地方郡县行政、编户齐民的统一王朝模式视为欧洲历史上松散的帝国统治模式相同的政体是否合理的问题。
④ 〔美〕罗威廉著，林展译：《在美国书写清史》，《清史研究》2015 年第 2 期。

一、政治与制度

有清一代中央和地方制度，在继承中国古代传统政治体制尤其是明代制度的基础上也有所改易，主要体现在具有满洲特色的八旗官制和满汉分职等制度，为学界所重视。就八旗制度而言，包括蒙古八旗和汉军八旗，其功能由军而民、由全局到局部的转变，学界也多有论述。杜家骥的《清代八旗官制与行政》认为八旗制度是清朝的特有制度，它与汉族王朝传统制度相结合，形成了清代的特色统治。不了解八旗制度，就无法对清代以满族为主体的统治有全面、深入的理解。八旗制本身从关外时期非常简单的社会组织发展为严密而复杂的管理体制，其中大量吸取了历代王朝的统治经验和制度沿革。僵化地看待这一制度或者强调这一制度的某一种特性，都会在认识上产生巨大的疏离。该书指出："清入关后的满族—八旗，无论旗人事务还是旗人官员，并非完全由本民族自身管理，相当一部分是纳入汉制机构由满汉官员共同经办。无论中央与地方，又都存在汉官管辖满官的情况。凡此，是认识清王朝国家性质和满汉关系应该注意到的。"[①] 这提示我们，在研究这些所谓的具有"满族特色"的制度时，应当看到更为广泛的制度调适和制度变革，没有这种大规模适应中原地区社会经济状况的制度变革与文化融合，清朝就难以从一个地方政权转化为一个大一统国家，具体研究要避免一叶障目、不见泰山式的一孔之见。

有关清代国家政权，赵世瑜的《从移民传说到地域认同：明清国家的形成》摆脱了以往通过形形色色的族群认同的视角来认定或瓦解统一性的思路，试图从"地域认同"的角度对明清国家的形成

---

① 杜家骥：《清代八旗官制与行政》，中国社会科学出版社，2015年，第286页。

进行新的思考，指出无论清朝的制度与前朝制度有多大差异，"无论对'旧疆'还是对'新疆'来说，无论统治者的身份还是国家的制度有怎样的差异，基本走向是具有连续性的，清与明之间并不存在巨大的断裂"①。清代扩展到西部和北部的移民所携带的祖籍传说，在移民地居民中间共享，从而形成地域认同，这正是国家空间形成的标志之一。从移民传说背后的地域认同来看待统一王朝的国家特性，要比将变动不居的"人群"作为研究对象具有一定的稳定性，突破了社会史中以族群认同为对象的思路，给我们提供了新的视角。

　　社会史研究中强调"自下而上"审视国家与权力的研究范式，固然为我们认识古代王朝基层社会，甚至基层与中层、与体制的流通提供了丰富的样态。社会史研究以"年鉴学派"批评政治和帝王将相中心史观为模范，也为史学视野的开拓起到了积极作用。但是，年鉴学派去政治中心的史观，与欧洲历史上既没有存在过统一的集权国家，又没有存在过发达的官僚制度有关，松散的帝国、封建王朝、贵族采邑与自治城市是欧洲近代以前的统治模式，所以欧洲社会中无论是普通民众还是贵族阶层，其社会生活所受到的国家政治权力的影响非常有限。西方学者甚至认为："中世纪欧洲的政府是个人化，甚至便携式的。皇室常常在某个地区定居并访问不同的庄园，把他们整个的政府随行人员带在身边……他们根本缺乏从中央集权的地区管理整个王国的手段。"②年鉴学派提出摆脱政治史主导的历史叙事反映了欧洲的古代历史与国家特征，为历史研究带来了革命性变化。而中国古代国家、社会与欧洲有着完全不同的历史形态。大一统中央集权王朝、官僚体系、郡县制、编户齐民构成了中国古代社会

---

① 赵世瑜：《从移民传说到地域认同：明清国家的形成》，《华东师范大学学报》2015 年第 4 期。

② 〔美〕杰里米·里夫金著，杨治宣译：《欧洲梦》，重庆出版社，2006 年，第 154 页。

的基本框架,中国古代史学编纂中突出帝王将相的地位,与其说是官僚本位主义,不如说是中国古代社会牢牢控制在国家手中的反映。认识中国古代社会生活,无论是四民社会还是羁縻土司,国家权力与官僚体制都是要考虑的第一要素。社会史研究的"范式派"提出社会史是"一个取代传统史学的政治史范式的一个新范式……它是一场革命,它是使史家的眼界、方法、材料统统发生了变化的一场革命"①。

既然如此,如果不是照本宣科式地跟随"年鉴学派"提出的去政治化的思路的话,社会史研究就要小心地平衡国家权力建构与基层社会实践、"上"与"下"、体制与民情等复杂问题。一味地强调基层、村庄、宗族、庙宇等场域的重要性,会造成对文化一统性,甚至政治一统性的忽视。②试举赵世瑜的《从移民传说到地域认同:明清国家的形成》中几个重要的论断来讨论这个问题。该文说明朝疆域内存在许多"地理缝隙":其中既有处于边陲较大的"缝隙",也有处于内地较小的"缝隙",它们或与中央、区域行政中心的关系是非常疏离的。因此,除以州县系统管理国家的编户齐民外,以卫所—羁縻卫所(土卫所)—土司系统管理边陲地区(外边),以内地卫所系统管理腹地的"地理缝隙"(内边),即非编户齐民,或将其化为编户齐民。③众所周知,卫所制度是明代的军事与边防制度,是代表国家权力的主要标志之一,其财政和人员均来自中央,由总兵或地方督抚直接管辖。明初内地卫所是由都指挥使管理,永乐时卫所由一品总兵节制,总兵多由勋戚贵族担任。后来军屯破坏,军粮

---

① 赵世瑜:《再论社会史的概念问题》,《历史研究》1999年第2期。
② 见赵世瑜《从移民传说到地域认同:明清国家的形成》一文中有关"华琛专号"的讨论。
③ 此外,赵世瑜在《卫所军户制度与明代中国社会——社会史的视角》(《清华大学学报》2015年第3期)一文中也谈到"地理缝隙"的问题。但全文对卫所作为明朝地方二元管理体制中的重要地位有详细论述。卫所既为中央设立的管理体制,又与地方督抚形成复杂关系,"疏离"一说似可讨论。

由所在地方州府发放,地方政府的布、按二司亦可干预卫所。其管理体制演化,洪熙间已有镇守太监,正统时巡抚掌军,总兵又受巡抚节制,也受兵备道和巡按御史监督,清军和勾军由地方政府执行,军储由户部派管粮郎中负责。嘉靖时期为了备倭,大量设置海防道,可指挥卫所。有明一代更有监察御史巡按地方,监督卫所,这一制度延续至顺治时期。将卫所看成与国家管理疏离的"地理缝隙"是否值得商榷?更广泛而言,中国古代地方行政从来都不是郡县制的单一模式。无论是羁縻府州还是地方土司,都是古代地方行政管理的有效组成部分,古代地方管理采用"因地制宜"、"因俗而治"的原则,并非一刀切的州县齐民编户,这是认识"大一统"国家体制的重要方面,不可割裂看待。① 其次,该文认为清初"东北和蒙古地区属于'禁地'……随着北方民众开始向东北、内蒙古地区迁移开发……这些移民传说便将地域认同从长城内扩展到长城外,清代国家的版图就此奠定"。我们知道,清朝封禁东北是为了保护其龙兴之地。而蒙古从清初就被纳入统治。1624 年,科尔沁部首领奥巴通率先归附后金。皇太极即汗位后,漠南蒙古扎鲁特、巴林、敖汉等部先后归附。1635 年,林丹汗病逝,其子果尔额哲率众投降后金。1636 年,皇太极称帝后,改国号清。是年,漠南蒙古各地王公在盛京拥立皇太极"宽温仁圣皇帝"。清代蒙古主要分为八旗蒙古(八旗蒙古在皇太极时期便已归附,成为满洲共同体的一部分)、外藩蒙古(推行蒙旗制度,漠南蒙古设立了 6 盟、49 旗;以喀尔喀蒙古四部为盟,设立 86 旗)。此外,还有被称为套西二旗的阿拉善厄鲁特旗和

---

① 赵世瑜在《亦土亦流:一个边陲小邑的晚清困局》(《近代史研究》2015 年第 5 期)中也讨论了清代四川一个土司在"改土归流"过程中的种种利益纠葛与矛盾冲突。实际上,就中央政府而言,改土归流固然是常态,但根据情况"改流归土"亦经常发生,显示清朝中央对地方管理遵循因地制宜的原则。

额济纳土尔扈特旗。每旗设札萨克一人，总管旗务，在旗之上，设"盟"作为协调各旗事务的机构。康熙曾说："昔秦兴土石之工修筑长城，我朝施恩于喀尔喀使之防备朔方，较长城更为坚固。"① 此为康熙"以蒙古为长城"说的由来，清初东北、蒙古已然纳入版图，何待移民而后定耶？

通过这两个例子可以清楚看出，用社会史研究的某些方法来研究中国古代国家与政治，如果不能处理好国家权力与民间实践视角的平衡，会在认识上带来不易发觉的偏颇。②

二、社会与宗教

社会史是传统史学门类中的后起之秀。20世纪上半叶开始，历史学、社会学、经济史学、人类学、民俗学等共同开展社会史的研究，方法上采用田野调查、文化人类学、人口学等学科的方法，扩展了历史研究的领域，是针对以政治史和帝王将相传记为主的传统史学而言。纵观几十年社会史的成就，传统史学中被忽视的底层社会、大众生活、信仰实践等历史的细部得到呈现，无疑大大丰富了我们对历史的认识。

区域社会史擅长从田野材料等微观视角切入，更易于通过田野调查的资料建构迥异于传统叙事的另类叙事和小传统的发掘。法国著名人类学家劳格文（John Lagerway）、香港中文大学历史系教授科

---

① 《清圣祖实录》卷151，康熙三十四年五月癸巳，中华书局，1986年，第677页。
② 关于清代皇权与地方社会的关系问题，最新的研究为胡恒的《皇权不下县？——清代县辖政区与基层社会治理》（北京师范大学出版社，2015年）。此书对国家权力在地方社会中的运行做了细致研究，进一步指出国家与社会二分的观念是某种外来学术范式，应当考虑这种分野是否有效。中国传统"家国一体"、"齐家治国平天下"的观念中，国家与社会的界限在哪里？这是学界需要考虑的问题。

大卫（David Faure）主编的《中国乡村与墟镇神圣空间的建构》（社会科学文献出版社，2014年）一书收入8篇论文，集中讨论中国乡村的礼仪实践这一议题。该论文集无论从理论上还是方法上都体现了华南学派社会史研究的典型特色。应当说，调查乡村宗祠、庙宇遗存的碑刻，解读口述与当代实践、田野调查构成的主要资料，还原乡村礼仪空间的构建，进而了解基层社会民众的信仰与意识，对我们认识被大历史遮蔽的生活史大有助益。但是，一种方法的优势往往同时也蕴含着缺陷。当社会史在考察一片树叶极尽所能时，如果不能平衡好对森林的观察，就会产生微妙的偏颇。对于"地方礼仪与信仰中的'异端实践'（heteropraxy）和地方精英的'伪正统实践'（pseudo-orthopraxy）策略，证明标准化机制或正统实践并不总是有效"，在众多的地方传统中，"文化大一统"是否存在，科大卫等社会史学者将其视为研究的出发点。① 也就是说，怀疑"文化大一统"的存在是其研究的出发点。历史研究中怀疑是一个很好的出发点。但是，有多种因素会影响研究者的材料选择和阐释路径。编者提出这些研究的一个重要出发点是为了回答"乡村的'神圣'地点如何体现该村的价值体系"②这一问题。也就是说，乡村自有其价值体系，这些价值体现在地方性庙宇、宗祠和神灵的祭祀活动中。这些形形色色的村庄"神圣空间"的信仰就构成了一个地方的价值体系。在该论文集中，我们看到研究者过于强调"异端实践"或者"非正统实践"的因素，导致他们忽视族谱和家谱的价值表述。事实上，我们通过家谱和族谱、族规等文本的表述，可以看到一个完全不同的伦理

---

① 赵世瑜：《从移民传说到地域认同：明清国家的形成》，《华东师范大学学报》2015年第4期。
② 〔法〕劳格文、〔英〕科大卫编：《中国乡村与墟镇神圣空间的建构》，社会科学文献出版社，2014年，序论第1页。

体系。试举两例,湖北来凤县《卯峒土司志》中记载的一篇家训这样说:"承袭官,须笃忠悃,公忘私,国忘家。靖共尔位,不坠清白之家声;恪守官箴,庶继前人之旧迹。"① 清嘉庆年间彭水县的《李氏族谱》中,"家训"内容包括敬祖宗、孝父母、敬长辈、敦友爱、笃宗族、肃闺门、勤耕读、急公赋、戒为非、优奖恤等内容。② 怎么来看待这两种不同的价值表述?本来,这种伦理体系与众多地方信仰共存于乡村生活之中,甚至正统性的信仰乃为各种地方信仰的大背景。原因很简单,耕读传家的乡村向上流动的渠道是塾师、学校教育与科举,正统价值具有压倒性的导向性。乡村民众不仅受着死者(祖先和神灵)的影响,更受着种种国家制度、权力与文化的毛细血管的影响。假如我们一味地执着于"异端实践"的建构,就会使我们忘却了其背后森林的存在。按照赵世瑜的提示,"如果承认中国文化的大一统,就等于承认有一个对中国文化的'认同'在那里"③。这里又涉及中国古代国家与文化"认同"的问题,是否有先入为主的成见存在,值得学界考虑。

以上案例引出另一个关于社会史研究中"建构传统"的问题。林悟殊的《清代霞浦"灵源法师"考论》④一文给予特别揭示。关于霞浦民间调查所发现的中国古代摩尼教(明教)科仪材料,曾被国内外学界誉为可以比肩敦煌摩尼教写经的大发现,由此证实摩尼教在福建地方一直有流传,甚至存在流传至今的"摩尼教"村落。林文对此进行了细致的分析和考辨,认为这些宗教科仪混合着各种地

---

① 张兴文等:《卯峒土司志校注》,民族出版社,2001年,第103页。
② 李良品、李思睿:《明清时期西南民族地区宗族组织的结构、特点与作用》,《广西民族研究》2015年第1期。
③ 赵世瑜:《从移民传说到地域认同:明清国家的形成》,《华东师范大学学报》2015年第4期。
④ 林悟殊:《清代霞浦"灵源法师"考论》,《中华文史论丛》2015年第1期。

方性的信仰，至少在清代这些宗教已经与民间信仰合流，当地发现的所谓"灵源法师"抄本更多地带有地方百姓谋生工具的性质。这样，国际学界关于摩尼教的研究中，先有沙畹、伯希和等人提出，外来摩尼教已经在唐代被禁止消亡，在中国留存的是华化了的摩尼教派别。而林文则揭示了中国摩尼教在明清以来，融入了地方性信仰之中，已经很难发现宗教派别活动的组织和系统。这个观点对我们研究地方社会非常有帮助，学术界应当警惕人为建构传统的趋向。

如果说晚清的"国族"与"族群"建构对当代学术产生重要影响的话，我们当下正在经历着另一种建构。晚清的"国族"建构与救亡图存、一切向西方学习有关，而当代形形色色的"族群"叙事建构又与什么有关呢？是否存在后现代史学与新文化史的种族与族群理论抑或民族主义"潜意识"的影响？①

三、经济贸易与生态环境

经济与贸易史是传统政治与制度史之外扩展最为广泛的领域，这不仅因为现代经济学、经济问题的考察需要回溯过去，也是因为这个学科整合了众多学科的理论与方法，本身牵涉的范围比较广泛。从宏观的国家财政问题到微观的商品生产，从区域经济到国际贸易，从生产工艺到交通运输，从货币流通到大众消费，经济史形成了与社会科学方法紧密结合的学科特色。近年来兴起的环境与生态史的研究，由于与社会经济有密切联系，所以我们通常将其放在一起来

---

① 晚清的中国文化重构主要体现在两个方面：一方面，西方的学术教育体制和概念系统全面引进中国，传统的四部之学或经世之学被现代学科分类重组；另一方面，用近现代西方观念来重新审视中国文化。实现传统学术的现代转型，奠定我们现代的国史观念。也就是说，我们脑子里的中国传统，有许多是近百年形成的，往往与中国古代的社会历史实际存在着断裂。

看待，其突出特点是为我们认识现实各类经济环境问题提供借鉴和参考，与现实的联系很密切。

作为《中国财政通史》清代部分的《清代财政史》（湖南人民出版社，2015年）是有关清代财政问题的全局性成果。经济文书、档案的发掘与研究是经济史研究的基础工作，每年也有相当数量的成果。① 清代对外贸易一直备受关注，从广州口岸到北路俄罗斯贸易，有深入的研究成果。② 史志宏的《清代农业生产指标的估计》③ 对1644—1911年间的中国耕地面积、粮食亩产量和总产量、粮食产值以及包括经济作物生产在内的整个种植业的产值和包括林牧渔业在内的农业总产值等多项农业生产指标进行量化估计，并在此基础上讨论了清代农业在中国传统农业发展历史上的地位及其对中国传统社会近代化转型的影响等问题，是传统农业量化研究较为全面的成果，引起学界重视。

近年来，环境生态、灾荒、疾病史方面的研究持续受到学界重视。班凯乐（Carol Benedict）的《十九世纪中国的鼠疫》（吴慧颖译，中国人民大学出版社，2015年）、包庆德的《清代内蒙古地区灾荒研

---

① 栾成显：《清水江土地文书考述——与徽州文书之比较》，《中国史研究》2015年第3期。李娜：《清雍乾时期休宁黄氏〈家用收支账〉的文献价值》，《清史论丛》2015年号。定宜庄：《清代老药铺与八旗制度关系初探：关于新发现的几份同仁堂档案》，《清史论丛》2015年号。黄忠鑫：《明清时期徽州的里书更换与私册流转——基于民间赋役合同文书的考察》，《史学月刊》2015年第5期。朱荫贵：《试论清水江文书中的"股"》，《中国经济史研究》2015年第1期。

② 陈国栋：《清代前期的粤海关与十三行》，广东人民出版社，2014年。丰若非：《清代榷关与北路贸易——以杀虎口、张家口和归化城为中心》，中国社会科学出版社，2014年。廖敏淑：《清代中、朝、日边境贸易——以栅门及倭馆贸易为例》，《中国边疆史地研究》2015年第3期。赖惠敏：《清代库伦的买卖城》，《内蒙古师范大学学报》2015年第1期。王来特："唐船商人"：活动在东亚海域贸易前沿的群体》，《清史研究》2015年第2期。张伟、汤怿：《明清海外贸易中的合伙制探赜》，《中国社会经济史研究》2015年第1期。

③ 史志宏：《清代农业生产指标的估计》，《中国经济史研究》2015年第5期。有关评论见〔荷兰〕巴斯·范鲁文、张紫鹏：《农业革命的量化——译史志宏〈清代农业生产指标的估计〉》一文。

究》①等著作,都对现实生活具有参考价值。

深入挖掘传统社会具有重要作用的某种商品,就其所涉及的商品流通、财政收入、使用功效、民间习俗等维度的问题展开全面研究,无疑为中国古代物质文化史和商品流通史打开一个全方位的研究空间。传统研究中有关丝绸、茶叶、瓷器的文化史研究也具有广阔的空间。蒋竹山的《人参帝国:清代人参的生产、消费与医疗》②虽然被定位为一部医疗史的著作,但其对人参这一特殊商品在清代的生产、管理、贸易方面进行了更多的探讨。作为近年来新文化史的倡导者,作者不仅探讨物质史上的人参及其流通与功用,也特别关注到人参这一物品背后所凝聚的知识与观念的变迁,比如党参与辽参兴替背后的环境、生产问题,更有地理形势的"中央之脊"和"王气所钟"等微妙的文化心理。这将传统的商业史与物质史的研究带入更为广阔的文化与观念领域。

我们也可以看出,通过深入广泛占有基本文献,选择有价值的个案,对其进行全面研究是史学研究取得创获的一个基本途径。所谓有价值的个案,就是这些文献是否具有足够的说明性和延展性,通过一个处于历史事件和观念交汇网络中的重要节点的个案,能够说明足够多的问题。这样的发现与视角既有赖于阅读文献中的机遇,也与史家思考与关注的问题意识有关。包筠雅的《文化贸易:清代至民国时期四堡的书籍交易》③通过考察清代闽西地区的一个书籍刻坊——四堡小镇的书籍刊刻、流通及书坊家族的文献材料,不仅重现了清代这一地区曾经繁荣的书籍刻印业及其所涉及的工商业层面的

---

① 〔美〕班凯乐著,朱慧颖译:《十九世纪中国的鼠疫》,中国人民大学出版社,2015年。包庆德:《清代内蒙古地区灾荒研究》,人民出版社,2015年。
② 蒋竹山:《人参帝国:清代人参的生产、消费与医疗》,浙江大学出版社,2015年。
③ 〔美〕包筠雅著,刘永华等译:《文化贸易:清代至民国时期四堡的书籍交易》,北京大学出版社,2015年。

历史，还就书籍贸易所建构的江南地区的贸易往来、书籍价格与阅读受众、书籍目录与大众文化传播等方面的问题展开探索，为我们重建了一幅以四堡小镇为中心遍及江南、云贵地区，绵延数百年的文化长卷。该书与周绍明的《书籍的社会史：中华帝国晚期的书籍与士人文化》①有相似的角度，都体现了书籍文化史研究在近年所取得的成就。

四、结语

综观2015年度清史研究，材料刊布和专题探讨引领着清史研究的发展，从宏观到微观都有可圈可点的成果。有些探索性问题，也为进一步讨论奠定了基础。种种迹象表明，我们的历史书写与历史研究已经进入了一个与现实社会、生活发生复杂而密切联系的时代。历史学依然在人们的社会生活中扮演着重要的角色。

强调中国史研究中的政治史为中心，并不是要在价值上倡导某种官本位，而是要认清中国古代发达的国家与政府权力的广泛影响。就他者的观察来讲，我们不能一方面接受中国古代集权政治、东方专制主义等理论的基本定位；另一方面又从基层构建一种国家权力消解或不在场的话语，建构起一套异端叙事和小传统主导的历史画面。从近代新式国史编纂学建立到当代的中国古代史研究，范式几经变换，但分水岭还是在清末民初的大转型时期。

笔者想强调的是，在展开研究前，我们应注意这个历史叙事的"重构期"。这个时期大约开始于清晚期的鸦片战争后的19世纪中期，直到20世纪中后期。在这100多年中，由于特定的中外

---

① 〔美〕周绍明著，何朝晖译：《书籍的社会史：中华帝国晚期的书籍与士人文化》，北京大学出版社，2009年。另外，张仲民等编《近代中国的知识生产与文化政治——以教科书为中心》（复旦大学出版社，2014年）中有多篇论文涉及大众阅读与文化消费的主题，也可参考。

历史因素，我们从概念、方法与认知上对整个中国古代史进行了大规模的重构。也就是说，我们的历史观大多数是这 100 多年中形成的。许多概念和理论都是非常晚近的。如果用这种历史观去研究、评价整个古代史，观念与事实将存在巨大反差。这表现在民族、族群、国家、帝国等方面的研究上，如果不经谨慎地检讨，这些概念和理论会给中国古代的历史与文化建立一套扭曲的镜像，进一步遮蔽因时代的流逝而被淹没的历史。美国历史学家史景迁（Jonathan D. Spence）曾经说："必须想象我们的（中国历史）观察家，手上拿着相当简陋的仪器，便成就了自己的观察。而且，握着这些仪器的手，还经常因为酷寒而龟裂，或是因为热汗而显得油腻。他们经常站在摇晃的甲板上，因浪花飞溅而视线不清，或者被突然穿透云层的阳光迷惑了双眼。"以至于他们所看到的地方，总是"带着哭丧的色彩"。①

---

① 〔美〕史景迁著，阮叔梅译：《大汗之国——西方眼中的中国》，台湾商务印书馆，2000 年，第 11 页。

2016 年清史研究综述

◎ 李治亭

清史是我国历代史中最值得重视的研究领域之一。以下是对 2016 年度清史研究的回顾与思考。

一、2016 年度清史研究趋势

欲知 2016 年趋势，必先了解现状。

我国的清史研究，从清朝逊国算起，迄于今，不过百有余年。改革开放，清史研究一马当先，成为史学的一门"显学"。从满洲的形成、清朝开国，到晚清至灭亡，相关研究贯通清朝全史；举凡清史的问题，无所不及。清史研究的盛况持续了 20 年左右，到 21 世纪初，势头稍减，但伴随清史纂修工程的启动，再度掀起清史研究的热潮。在 2010 年前后，"清史"撰写的任务基本完成，清史研究的热潮再次回落。

这就是近 10 年来的清史研究的总趋势。2016 年度的清史发展趋势，不过是近几年趋势的继续。这并非说，前后完全相同，恰恰相反，2016 年度的清史研究状况确已发生了诸多变化，这些变化，同样是去年或几年前变化的继续。这就是在大趋势下的相同与不同。具体情况如何?

从已发表的专著看清史研究的发展与演变的趋势,一目了然。清史学者著作的选题,诸如白亚仁的《江南一劫:清人笔下的庄氏史案》(浙江古籍出版社,2016年)、马雅贞的《刻画战勋——清朝帝国武功的文化建构》(社会科学文献出版社,2016年)、赵世瑜主编的《长城内外:社会史视野下的制度、族群与区域开发》(北京大学出版社,2016年)、巫仁恕的《奢侈的女人:明清时期江南妇女的消费文化》(商务印书馆,2016年)等。此外,还有著作涉及专题,如清职官人事研究、清法律中的族群与等级、雍正朝官员问责与处分、清代卫生防疫机制、近畿地区的旗地与庄头、晚清女性"国民常识的建筑"、晚清留学生历史现场、1780年六世班禅朝觐事件的历史人类学考察、荣禄与晚清政治等,从这些研究中不难看出,所选的课题多是个案研究。当然,个案研究也有自己的价值。注重微观研究即具体的个案研究,大抵已成为2016年的清史研究趋势。应当指出,这一趋势并非始于2016年,大约七八年前已出现,而近三五年间,这种趋势更加明显。学者们逐渐放弃追逐重大选题,宁愿题目小一点、内容少一点、时间跨度短一点。这一学术倾向,在高校博士学位论文中表现得尤为突出。

在中国台湾、香港地区出版的30多种著作中,同样反映了与内地清史同一的发展趋势。如清代"陆游"选诗研究、清代"苏州闺秀文学活动"、"男童集体阉割事件"、"花与饮食"、"顺康雍三朝文字狱"、"童试实验"、"台湾现存的贞节牌坊"、"清代文学故事",诸如此类,多属知识性叙事,学术探索相对较少。

那么,已发表的数百篇论文,又反映出什么趋势?仅举几例:如龙登高等的《典田的性质与权益——基于清代与宋代的比较研究》

(《历史研究》2016 年第 5 期）、赵思渊的《士气之藩篱：清末常熟清赋中的士绅身份意识转变》(《历史研究》2016 年第 6 期）、常建华的《祈福：康熙帝巡游五台山新探》(《历史研究》2016 年第 2 期）、日本学者楠木贤道的《孝端文皇后之母科尔沁大妃的收继婚及其意义初探》(《清史研究》2016 年第 1 期）、阿音娜与 N. 哈斯巴根的《清代雍和宫的金瓶掣签——以雍和宫档案为例》(《中国边疆史地研究》2016 年第 4 期）、赵克生与安娜的《清代家礼书与家礼新变化》(《清史研究》2016 年第 3 期）、杜家骥的《乾隆之生母及乾隆帝的汉人血统问题》(《清史研究》2016 年第 2 期）等。这些问题的探讨都很深入，值得肯定，但从研究的整体趋势来看，也难见重大选题，而且大多尚未达到理论层面。这与清史著作的学术取向是一致的。趋于微观的个案研究；重实证，轻理论，尤其缺少理论方面的选题，这也成为时下清史学界的一个特点。

从 2016 年清史学术研究状况来看，表现为清史研究的势头趋缓，选题虽多，却内容分散，未形成学术热点，也难以看到某一问题成为学者们的共同关注点；新观点、新说法、新认识，这"三新"也很少见诸论述之中。这些都是学术势头趋缓之明证。还须指出，学术中的不同观点很少互动交流，因此，学术界一片平静，无以振奋精神，学者之"士气"也是平淡而平常。回首 2016 年度清史研究，既无大起，亦无大落；所取得的成绩不足以领先，也不算落后。

二、新进展与新气象

2016 年度，清史研究虽趋于平缓，没出现惊世骇俗之作，却也不是停滞不前，在个别领域某些专题的研究，仍取得一些进步。以状态论，清史研究虽不是热火朝天，但也有所进展。

从已发表的研究成果，可以看出，清代的边疆与民族问题受到国内部分学者特别是国外学者的重视。如郭文忠的《清朝与哈萨克汗国首次通使若干问题再探讨》(《清史研究》2016年第1期)、褚宏霞的《乾隆时期新疆移民落籍政策探析》(《中国边疆史地研究》2016年第1期)、聂红萍的《从甘肃总督到伊犁将军：乾隆朝对新疆治理的探索》(《中国边疆史地研究》2016年第2期)、张永攀的《乾隆末至光绪初藏哲边界相关问题研究》(《中国边疆史地研究》2016年第3期)、乌兰巴根的《清末库伦办事大臣衙门开设驻京文报局考论》(《中国边疆史地研究》2016年第3期)、武沐与张峰峰的《论乾嘉年间希布察克部布鲁特》(《中国边疆史地研究》2016年第3期)、乌云毕力格的《康熙初年清朝对归降喀尔喀人的设旗编佐——以理藩院满文题本为中心》(《清史研究》2016年第4期)，还有一些边疆研究成果，不赘引。

以上所引的问题，主要集中在西北新疆及西藏地区与清朝的关系，以及清朝在这些地区的治理与掌控。这些研究成果，揭示新疆及西藏与清朝中央政府之间关系的历史真相。引证的史料，既有官方实录，也有档案，还有部分满文史料，皆足以证明新疆与西藏是清代中国的组成部分。但是，也须指出，这些论文的缺欠也是明显的，主要是在理论上解读、分析不足，有的结论不甚明确。如关于清朝与哈萨克汗国首次通使，只强调首次通使的时间，却对哈萨克几次提出归附清朝的问题阐述不足，清朝对其要求归附之事持何种态度，最终是否同意对方归附，并未给出明确的答案。新疆与西藏是敏感地区，西方政界、学术界一直特别关注。中国学界应毫不含混地宣示：这两个地区从来就是古代中国的一部分，清朝对这两个地区的统一与治理，是对中国历史的继承与进一步发展，也就能够有力地反驳所谓"侵略"或"征服"新疆、西藏的谬论。

外国学者与中国学者不同，他们总是以"异样"的眼光审视清史及其边疆问题。他们的研究，既有个案，也有宏观。如日本学者宫崎市定著，孙晓莹译《雍正帝：中国的独裁君主》（社会科学文献出版社，2016年），称他是"近世中国最具代表性的独裁君主"。中国历代专制君主，哪个不独裁！不过，该书描述雍正其人，大体符合实际，实有中国学者写雍正不及之处。美国学者柯娇燕的旧作《孤军：满人一家三代与清帝国的终结》2016年被引介出版（陈兆肆译，人民出版社，2016年），本书以满洲八旗显贵费英东的后人三代的家族史与清衰亡史紧密结合，展示这一历史过程，是中国学者未曾做过的研究。

西方学者对清史的专题专项研究，可弥补中国学者研究之缺项。如美国学者科大卫著，曾宪冠译的《明清社会和礼仪》（北京师范大学出版社，2016年）通过对明清两代地方礼仪的研究，展现中国社会的独特性与复杂性。中国自古就是一个礼仪之邦，已形成一套内容丰富的礼仪文化系统。在维系国家的"大一统"、保持社会安定、各民族内向凝聚的历史进程中，发挥出无可替代的作用。坦率地说，我们对此疏于研究，该书提供了一个范例，值得借鉴。

日本学者村上卫著，王诗伦译《海洋史上的近代中国：福建人的活动与英国、清朝的因应》（社会科学文献出版社，2016年）以福建进而扩展至华南沿海为对象，把诸多社会现象如海盗、船难、秘密社会、叛乱、征税、贸易等问题，都置于海洋史中加以考察。这还是属于局部的个案研究。但是，辽东半岛、山东半岛海域，环渤海、黄海海域都是中国海洋的组成部分，却不在其中国海洋史研究范围之内，有以偏概全之嫌。

美国学者金光明的《边地资本主义：突厥斯坦的产品、清朝的白银与一个东方市场的诞生》（Kwangmin Kim, *Borderland Capitalism:*

Turkestan Produce, Qing Silver, and the Birth of an Eastern Market, Stanford University Press, 2016），还有美国学者贝杜维《越过森林、草原与高山：清代边地的环境、认同与帝国》（David A. Bello, *Across Forest, Steppe, and Mountain: Environment, Identity, and Empire in Qing China's Borderlands*, Cambridge University Press, 2016）等，都属于局部问题的个案研究。从标题看，两书风格，如"边地"提法皆相似。

从宏观展开对清史包括近代史的研究，西方学者也取得了进展。如英国学者李约瑟著，张卜天译《文明的滴定：东西方的科学与社会》（商务印书馆，2016年），美国学者本杰明·艾尔曼著，原祖杰等译《科学在中国：1550—1900》（中国人民大学出版社，2016年），美国学者罗威廉著，李仁渊和张远译《哈佛中国史06·最后的中华帝国：大清》（中信出版社，2016年），日本学者冈田英弘著，陈心慧、罗盛吉译《从蒙古到大清：游牧帝国的崛起与承续》（台湾商务印书馆，2016年）及松浦章著，李小林译《清代海外贸易史研究》（天津人民出版社，2016年）等。且不说内容，仅看其研究的主题，大多足以填补中国学界之空白。他们的学术观点，不乏真知灼见，如艾尔曼反驳中国学者一向认为明清不重科学，以致科技失败等观点，论证明清朝野对科技从来不乏兴趣，并以"自己的方式"，为科技的发展做出了努力。当然也有些观点错谬，如冈田英弘把满洲归入到游牧民族的系列，把"大清"归入到蒙古"游牧帝国"的统序，两者是"承续"关系。这是完全错误的，也不符合事实。

与中国学者的研究相比，上述国外学者的选题比较宏观，或整体，或某一领域，故其研究既有整体性，也有系统性。他们研究的问题，视野有独到之处，对我们颇有启发。至于其观点正确与否，需审慎对待。

此外，与清史密切相关的满洲历史与文化研究，颇为活跃，成果之多，与清史不相上下。满洲作为清代的一个独立民族，应归入我国民族史研究范围，又把对它的研究称之为"满学"，已为国际学术界所公认。与其他民族不同的是，在清代，满洲又是一个统治民族，皇帝也由满洲的爱新觉罗氏世袭。故清代满洲的历史文化也是清史的组成部分。

满洲历史与文化研究颇受地域限制。在黄河以南地区，清史学者们很少涉猎，其成果寥寥。主要集中在北方，一是京津地区，一是东北地区，一是内蒙古地区，又以东北地区的研究为盛。在这里，各高校文科及科研机构，从学报到各类学术刊物，满洲历史与文化研究都被置于重要地位。近年来，诸如满洲族群认同、满汉民族认同、国家认同，以及"汉化"问题成为研究热点，各相关刊物发表的论文不少，基本局限于个别的具体问题，就事论事，缺乏宏观整体性阐述。徐凯的《满洲认同"法典"与部族双重构建——十六世纪以来满洲民族的历史嬗变》（中国社会科学出版社，2016）恰好弥补了这一缺失。该书认为，清入主中原后，一方面全面继承中原传统文化；另一方面，防止"渐习汉俗"，强化满洲民族认同意识。为此相继编撰出版《八旗满洲氏族通谱》、《皇朝通志》、《八旗氏族通谱辑要》、《八旗通志》四种典籍，用以增强满洲内部的凝聚力，阻止满洲习汉俗"滋生蔓延"。作者以此四种典籍为据，展开系统研究，认为这四种典籍即为满洲认同的"法典"。用今天的话说，就是把满洲的民族意识统一到这四种典籍的规定上来。在这一核心问题的视野下，涉及并阐述一系列重大问题，如满洲共同体的嬗变、姓氏文化认同、旗分佐领组织、满洲贵族统治权力内部结构、满洲文化认同、朝鲜族对满洲文化认同、满汉文化双向趋同、中华"正统"认同等，这一系列新旧问题，一体阐述，这在清史学界尚属首次。主题宏阔，视野宽广，论证严密，新见迭出，当为2016年度相关论著的代表作。

美国"新清史"学者如欧立德、米华健等，著书撰文，大谈满洲的民族认同，否认满洲"汉化"，否认清朝皇帝是"中国皇帝"，否认中国的存在，称"中国的概念不过是一种设想"（欧立德：《满洲之路：八旗制度与清代的民族认同》[*The Manchu Way: The Eight Banners and Ethnic Identity in Late Imperial China*, Stanford University Press, 2001]；米华健：《嘉峪关外：1759—1864 年新疆的经济、民族和清帝国史》[*Beyond the Pass: Economy, Ethnicity, and Empire in Qing Central Asia, 1759-1864*, Stanford University Press, 1998]）云云。这一系列荒谬的观点，受到中国清史学界大多数学者的批评与反驳，也引起了国外学界的关注。比利时鲁汶大学从中选取 4 篇反驳"新清史"的论文，译成英文发表在《当代中国思想》(*Contemporary Chinese Thought*) 第 47 卷第 1 期。这 4 篇论文的作者是：李治亭、李爱勇、章健、杨念群。四文先已在国内报刊发表，此处不赘。这表明中国学者的发声已在国外产生影响。

回顾过去一年，无论是清史，还是满学，虽未取得更多突破性进展，却也是在发展中，在某些方面呈现出新气象。2016 年度，清史、满学的新气象、新进展，并不只上面提到的那些。限于篇幅，不再赘述。

三、问题与希望

从 2016 年度清史研究状况来看，不难发现存在以下问题。

首先，清史研究及满洲史研究碎片化明显，已成为普遍的倾向。本来，每个大小历史问题，各自都是一个整体，研究应从整体入手，再逐个展开对其具体问题的探求，再现历史整体真相，以获得对这一历史问题的完整认识。而今天的做法,则是把一个完整的问题撕成碎片,或掰成几份,只论其一,不计其余,结果便是只见树木不见森林,只见局部不见整体。缺乏宏观把握,对具体问题的研究,难见深层次认识。清史或满洲史中一些重大问题多被忽略,只选取一些无关宏旨、细碎的具体小问题研究,也难见清史真面貌。

其次,从已发表的论著看,一个较为普遍的问题是理论素养明显不足。史学研究是对已知的历史做出正确的解读,学术质量或称为水平之高下,取决于解释的水平。解释靠什么?靠的是理论。没有理论,就会陷于盲目,揭示不出历史的本质,更难创新。理论之重要,实为学术生命之所系。没有正确理论指导的学术,至多是堆砌史料而已。

再次,盲目崇尚西方史学所谓理论、观念、观点,还有什么"新视角"之类,这在我国史学界已成一种时尚。在这方面,我们曾有过不少教训。20世纪80年代,改革开放伊始,就从西方引进什么"新三论"、"老三论",还有什么"模糊史学",一些学者即用之于中国史研究,没过多久,这些便销声匿迹了,很快就被人们忘记了。接着,又传来"后现代",又被一些学者追捧,引为经典,著文为之鼓吹。几年后,"后现代"便在史学中绝迹了。近几年,美国"新清史"在北京、天津、上海、广州等大城市的清史、民族史学界中颇为盛行。以欧立德为代表,到处应邀作报告,在中国刊物著文,国内一些学者特别是年轻学者趋之若鹜,奉为治清史的信条。为中国某些学者着迷的东西,据说就是"新清史"的"新视野"。何为"新视野"?他们指的就是跳出"中国中心"这个"狭隘"视角,以所谓"内陆亚洲"的"新视野",来重新审视清史。这个"新视野"正确与否,姑且不论,那么,他们是如何以这个"视野"审视清史的?欧立德等声称:清朝皇帝不是中国的皇帝,而是"中亚诸民族的大汗";满洲没有被"汉化",而是保持了本民族的"特质",又继承了蒙古民族的文化"特质";满洲是"外来"的野蛮民族,入主中原,是"对中国主权的侵犯";不承认满洲属于中国,却说中国是"满洲帝国的一部分"(前引《满洲之路:八旗制度与清代的民族认同》);前文已说过,西方部分"新清史"代表人物认为"中国的概念只是一种设想"。"新清史"代表人物米华健著书写道:"现在的中华人民共和国都认为,新疆和西藏自古都是中国的,这恰好就是意识形态与学术诡辩的两个例证。"他又写道:"近代中国是一部帝国主义的重写本。"(前引 James A. Millward, *Beyond the Pass: Economy, Ethnicity, and Empire in Qing Central Asia, 1759-1864*)我相信,稍有点常识的人都不会接受。结论皆错,这种所谓"新视野"、"新视角"还有意义吗?

再举一例:西方包括"新清史"把西方"帝国"的概念称呼引到中国,把中国历代王朝统统称为"帝国",如秦帝国、明帝国、清帝国,等等。中国历代政权,各有国号,习惯称"王朝"或某朝加国号如清朝或清王朝。欧立德、米华健等甚至从中国典籍寻找称"帝国"的历史依据。不少中国学者也随之改称王朝为"帝国"。如此改变,毫无学术意义,不过是追随西方的概念而已。还有,西方滥用"王朝征服论",套用到中国历史,将少数民族如契丹、女真、蒙古,包括满洲统一中国,统统称为"征服"。中国学者也予以仿效。西方学者的目的,就是将中国历代王朝比同西方的"帝国主义"。而我们却不加分辨,一律采用。按照中国历史的传统,还是用"王朝"称呼好,更符合中国历史实际。至于"征服"也不宜用,属于国内问题,理应用"统一",是谁统一谁的问题,不是征服与被征服的关系,当然用"统一"更符合中国历史国情。

以上所引,只是"新清史"的几个基本观点,远不是全部。中国学者对此应有清醒的认识，审慎对待，如其论合理，就受之；否则，即弃之，不可盲目吹捧。

此外，学术界出现这样或那样的学术问题，不同观点，不同的主张，皆属正常现象。重要的是，要发现问题，即使是错误，或者是不良倾向，也要敢于正视，展开讨论，勇于争鸣，才是发展学术、提高水平的必由之路。从清史学界看，只见"百花齐放"，却不见"百家争鸣"！学者之间，不敢批评，总有怕得罪人的心理障碍。办刊物的，也不愿发表争鸣文章，怕惹是非，怕招来更多的争辩，造成不必要的麻烦。因此，多年来，清史研究难以形成热点，不能吸引更多人对某一问题的关注。古来学术史证明，没有争论，学术发展不起来，也形成不了学派。以新中国成立初期为例，对古史分期就形成多个学派。学派就在学术争鸣过程中产生并形成，不同学派不断争鸣，推动学术不断进展。如今，清史无派，其他断代史也无派，彼此不争不辩，学术难见突破，徘徊不前。尤其是一些错误观点得不到批评，以致流传开来，误导学术。

清史研究无批评，一潭死水，是目前学术界的通病，只有改变这一积习，学术才有希望获得发展。

创新是学术生命，没有创新，学术也就失去存在的价值。清史未来能否发展，将取决于学术能否创新。这就要求学术研究去"碎片化"，抓重大学术问题、抓理论性强的问题，抓与现实有关联而富有启迪性的应用性大问题。如清代从中央到地方、到边疆行政管理制度的创新设计，清代的一国多制与一地多制，清代的历史地位，清代"大一统"，清代文化治国，清代城市化的历史进程，清代边疆统一与治理，清代的生态环境的变迁，清代学术经世致用，清代战争等，诸如此类的问题，俯拾皆是，迄今很少有人研究，希望在新的一年或是以后，对这些问题及尚未提到的大问题展开研究。总之，要把宏观与微观有机地结合，要突出宏观问题，尤其是有重大学术价值的问题。

最后，新一代学者应努力提升理论素养，掌握历史唯物主义与辩证唯物主义，构筑强大的思想武器，不论什么难题，都有望迎刃而解。专业知识要打通地域局限，打通时段知识的局限。往日，学者们分割清史，各研究一段，只知其一，不知其二。如研究近代史，却不知清前中期的历史，同样，研究清前中期，却对近代史了解甚少，如此隔断清史的完整性，理不清源流，分不清因果，是认识不了清史的真相的。无论南方、北方的学者都应通晓清朝全史，如果只限于本地区清史，就难免将其研究个案化、碎片化，只有局部，难见全局，长此下去，清史研究就会停滞不前。

希望清史学界继往开来，开创清史研究的新局面。

2017—2018年清史研究述评

◎ 项　旋

21世纪以来，在国家清史纂修工程的有力推动下，清史研究掀起了新一轮热潮。2017—2018年的清史研究一如既往地保持着旺盛的活力，产生了众多引人瞩目的成果。据中国知网学术期刊数据库的统计，在汉语出版物范围内（不计硕博士学位论文），2017—2018年公开发表的清史论文数量达4700篇以上。2017—2018年出版清史学术著作也在260部以上。这一数据还不包括数量可观的报纸文章、会议论文。清史研究的这一产出规模，充分体现了其在研究队伍和文献档案方面的雄厚基础。

2018年恰逢改革开放40周年，回顾改革开放以来的清史研究历程，展望清史研究的未来发展，无疑具有重要的学术价值和现实意义。李治亭《改革开放中的清史研究40年》（《社会科学战线》2018年第8期）、赵世瑜《改革开放40年来的明清史研究》（《中国史研究动态》2018年第1期）、李洋《改革开放四十年来的晚清史研究》（《团结报》2018年12月20日）等文章对清史40年来的研究历程、发展现状作了阶段性回顾、梳理与反思，值得参考。

总体而言，2017—2018年的清史研究继续保持平稳的发展态势，新资料不断涌现，新学人不断成长，两年来学界举办了不同层次、不同规模、不同专题的研讨会或工作坊，学术交流十分活跃，一定程度上反映了清史研究的发展状况。2017—2018 年围绕清史及与清史有关的问题，学界举办了 30 余次学术研讨会。如第十七届清史学术研讨会（江苏苏州，2017 年）、"2017 国际满学学术研讨会"（吉林长春，2017 年）、"明清社会问题与法律应对"学术研讨会（浙江杭州，2017 年）、"清朝政治发展变迁研究"国际学术研讨会（上海，2017 年）、"巴黎外方传教会与清代以来的中国"国际学术研讨会（中国香港，2017 年）、"清代海疆政策与开发"学术研讨会（福建厦门，2018 年）、"清代历史文化认同与中华民族共同体发展"学术研讨会（北京，2018 年）、"全球视野中的明清鼎革"国际学术研讨会（上海，2018 年）等。这些会议的议题相当广泛，涵盖清代政治、经济、社会、边疆民族、思想文化等各个领域，内容上呈现出全方位、多角度、深层次的特点。值得注意的是，不少会议打破断代、分期界限，不同领域学者彼此碰撞、交流，密切了国内外清史学界的学术联系。此外，美国亚洲研究协会（AAS）年会、欧洲汉学学会（EACS）年会等国际重要会议都有相当数量的论题与清史有关，讨论清代的满汉关系、帝国制度、东亚秩序、中西关系等问题，显示出国外学界对清史研究的较多关注和最新研究动向。

下文拟对 2017—2018 年度清史（1840 年以前）文献档案的整理概况、热点问题、各专题代表性成果予以简要梳理和介绍，以期反映清史研究的新进展、新成就。限于体例和篇幅，所述难免挂一漏万，疏忽遗漏或理解不到位之处，敬祈同仁谅解。

一、清代文献档案的整理和出版

2002年启动的国家清史纂修工程取得了不少研究成果，目前进入了收尾阶段。这一国家重大工程有力推动了大量稀见文献和原始档案的整理和出版。据国家清史编纂委员会的统计，截至2018年底，出版各类档案、文集、笔记、编译史料等文献，总计约240种3500册。其中，2017—2018年国家清史纂修工程《档案丛刊》出版了《清代西藏地方档案文献选编》（中国藏学出版社，2017年）。值得一提的是，汤志钧、汤仁泽历时36年编辑整理的《梁启超全集》（中国人民大学出版社，2018年）总字数达1400万字，是迄今为止梁氏论著的集大成之作。《编译丛刊》翻译出版了白彬菊《君主与大臣：清中期的军机处（1723—1820）》（中国人民大学出版社，2017年）、周启荣《清代儒家礼教主义的兴起——以伦理道德、儒学经典和宗族为切入点的考察》（天津人民出版社，2017年）等专著。

除了清史工程的出版项目外，两年间学界还整理、影印、辑校出版了大量清代中西交流、中外关系、徽州文书、巴县档案等诸多领域的大型丛书和文献资料。中西交流与中外关系方面，有《利玛窦明清中文文献资料汇释》（上海古籍出版社，2017年）、《明清之际西方传教士汉籍丛刊·第二辑》（凤凰出版社，2017年）等；文书档案方面，有《安徽师范大学馆藏清代徽州商业文书选编》（安徽师范大学出版社，2017年）、《徽州民间珍稀文献集成》（复旦大学出版社，2018年）、《清代巴县档案整理初编·司法卷·嘉庆朝》（西南交通大学出版社，2018年）等；年谱整理、文献汇编方面，有《八编清代稿钞本》（广东人民出版社，2017年）、《清代家集丛刊续编》（国家图书馆出版社，2018年）、《清代闺秀集丛刊续编》（国家图书馆出版社，2018年）等。这些文献档案的出版为清史研究的拓展和深化提供了坚实的史料基础和强劲的学术动力。

二、反映清史研究最新动向的学术热点

2017—2018年清史研究在传统领域持续深入的同时，数字人文、"新清史"等学术问题讨论热烈，这些学术热点在一定程度上反映了清史研究的最新动向和发展趋势。

（一）数字人文

随着互联网的高度发展和大数据时代的到来，传统历史学的学术研究、信息获取与组织形式已发生了较大的变化，历史研究中数字化技术的运用，已经是大势所趋，对清史研究者而言，既是机遇又是挑战。短短两年间学界召开了多次有关大数据与历史研究的专题研讨会。如2017年5月中国人民大学清史研究所主办"中国灾害史料整理与数据挖掘"学术研讨会（北京，2017）；2017年10月美国约翰·霍普金斯大学举办"丰富的焦虑：数字化时代清史研究的材料与方法"工作坊；2018年，中国人民大学清史研究所相继举办了"《缙绅录》量化数据库与清史研究"工作坊、"大数据时代历史学信息获取与知识服务"研讨会。上述会议集中讨论了历史数据库建设与使用，以及数字化时代清史研究的材料、方法与新的方向等内容，充分展示了数字人文的热度。

纵观两年的清史研究，量化研究方法在经济史、灾害史等领域有着广泛应用。如余开亮《清代粮价的空间溢出效应及其演变研究（1738—1820）》（《中国经济史研究》2017年第5期）利用地理信息系统的空间计量方法，对清代粮价的空间溢出效应及其空间分布模式的演变进行时空分析。龚胜生、李孜沫《清代山西地区疫灾

时空分布研究》(《干旱区资源与环境》2017年第6期)通过疫灾计量指标和GIS空间分析方法,探讨了清代山西地区的疫灾地理规律。黄玉玺等《粮价波动对清代地方公职人员生活水平的影响——以1771—1911年北京地区为例》(《中国社会经济史研究》2018年第1期)及孔冬艳等《明清时期京津冀地区蝗灾的时空特征及环境背景》(《古地理学报》2017年第2期)也利用大数据探讨了相关问题。在政治史、文化史等传统领域,量化研究同样有其用武之地。如云妍《从数据统计再论清代的抄家》(《清史研究》2017年第3期)利用清代中央档案中两千起抄家案例,发现官员被抄家,更多是皇帝个人意志、偏好与抉择的结果。张剑《清代科举文人官年现象及其规律》(《华南师范大学学报》2017年第4期)通过清代科举文人官年与实年的大数据统计分析,初步总结了清代科举文人官年的基本规律。陈必佳等《清末新政前后旗人与宗室官员的官职变化初探——以〈缙绅录〉数据库为材料的分析》(《清史研究》2018年第4期)、胡祥雨《清末新政与京师司法官员的满汉比例(1901—1912)——基于〈缙绅录〉数据库的分析》(《清史研究》2018年第4期)利用缙绅录量化数据库,对清末新政相关史实进行了细致分析。

(二)"新清史"

近年来清史学界关于"新清史"的争论依然存在。其中,"汉化"问题及满洲族群认同、满汉民族认同、国家认同成为研究热点。较有代表性的论文,如刘文鹏《论全球史观下的"满洲殖民主义"》(《中国人民大学学报》2017年第2期)、《回到国家建构——对清代历史研究中帝国主义路径的再分析》(《史学理论研究》2017年第2期)两文对美国"新清史"学者提出的"满洲殖民主义"概念进行了辨析和回应,认为这一概念在史实和逻辑上都存在缺陷,提倡以

"国家建构"为路径推进清代政治史研究。钟焓《论清朝君主称谓的排序及其反映的君权意识——兼与"共时性君权"理论商榷》(《民族研究》2017年第4期)讨论了近来美国清史学界颇为流行的"共时性君权"理论所存在的弱点。王志通《重识〈满与汉〉——兼论与"新清史"研究的关系》(《史学理论研究》2018年第1期)指出路康乐所著《满与汉》与"新清史"研究之间的"紧密"关系并不真实。不少研究者还深入讨论了满族汉化、大一统等问题。如吴建、王卫平《从康、乾南巡看"满族汉化"问题之争》(《学习与探索》2017年第9期)认为南巡过程实际上是满族与汉族、宫廷与民间、北方与江南之间文化融合的过程。祁美琴《从清代满蒙文档案看"非汉"群体的中国观》(《清史研究》2017年第4期)考察了满、蒙、藏及中亚、俄国等地区和国家的"非汉"群体在清朝初年对新生的清朝政权属性的认识。王元崇《清代时宪书与中国现代统一多民族国家的形成》(《中国社会科学》2018年第5期)认为清代时宪书体现了清代中国领土的演变、多民族的不断融合以及现代统一多民族国家的逐步形成。

三、专题研究领域的突破与进展

2017—2018年清史研究在政治、经济、社会、思想文化、边疆民族、历史地理等各专题领域都有不同程度的推进,新史料的发现、新视角的转换及新方法的运用促进了新问题的提出,文献精研、实证研究成为清史研究的显著特色。

(一)政治史

在清史研究中,政治史曾长期保持主体地位。20世纪80年代以来，文化史与社会史研究逐渐兴盛，政治史反而出现了被边缘化的态势。近年来，随着回归政治史研究呼声的日益高涨，政治史研究成为2017—2018年清史研究中分量最重的部分之一。其中，明清鼎革、八旗制度、官僚制度、宗藩关系等问题得到了学界的较多关注，在理论与方法上有所创新，也在一定程度上反映出政治史研究热度的回升。

明清鼎革。明清鼎革作为重大政治事件，向来得到史学界的高度重视，近年来这一论题又引发新的讨论，学者开始重新审视这段历史。2018年11月，复旦大学文史研究院主办了"全球视野中的明清鼎革"国际学术研讨会，与会专家从全球史与区域史、域内与域外等多重视角讨论"明清鼎革"相关问题。姚念慈《皇太极入关机缘与得失——明金己巳之役若干问题考辨》（《清史论丛》2017年第1辑）考辨了皇太极兴兵本意、明朝抚御蒙古失策、蓟镇虚弱与金军入关之因缘、袁崇焕勤王等一系列问题。常虚怀《论野史中对明清之际"贰臣"的污名化倾向——以张缙彦为例》（《清史论丛》2017年第2辑）认为张缙彦并未真正"降贼"，野史记载大多是以讹传讹的耳食之辞。杨海英《山阴世家与明清易代》（《历史研究》2018年第4期）通过钩稽山阴吴氏家族成员的履历，管窥易代之际世家经历鼎革并维持兴盛的具体情形。郑宁《催科为重：清初浙江迁海的善后作为》（《史学月刊》2018年第2期）指出清初浙江迁海后地方官府实际仅专注于赋税催征，使"善后"变成了对迁民的深度搜刮。孙中奇《朝鲜使臣笔下祖大寿形象的演变及其原因》（《清史论丛》2018年第1辑）指出从朝鲜使臣笔下祖大寿的形象前后有很大变化。张柏惠《明清易代与国家制度下的地方运作——论清初云南的黑、白、琅井盐课提举司》（《中国边疆史地研究》2018年第1期）探究明清易代时国家制度下地方的实际运作与管理机制。

八旗制度。有关清代制度运行与成效的梳理和研究，是近年来政治史用力颇多的领域。2017—2018 年延续了这一趋势。其中，八旗制度及满洲特殊性等问题，一直是研究者重点关注的对象，两年间研究又取得了新进展。杜家骥《清初旗人的旗籍及隶旗改变考》（《明清论丛》2017 年第 1 期）、陈力《清朝抬旗、降旗、换旗述论》（《历史档案》2017 年第 4 期）较为系统地梳理了清代改旗制度和内部流动问题。马子木《翻译科与清代驻防八旗的仕进》（《史学月刊》2017 年第 10 期）指出翻译科在驻防八旗的开设，旨在解决八旗生计与满语文衰退问题。关康《清代优异世管佐领考——以阿什达尔汉家族佐领为中心》（《民族研究》2017 年第 2 期）考察清代满洲佐领的编设、认定、承袭等问题。潘洪钢《清代驻防旗人的官方借贷》（《甘肃社会科学》2017 年第 5 期）聚焦于以往关注较少的清代驻防旗人借贷问题。屈成《清雍乾时期的"另记档案"清查》（《清史研究》2018 年第 3 期）指出另记档案清查是八旗走向规范化的关键一步。此外，付永正、孙明、邓庆平、王刚等人关于旗人、旗地的研究亦引人瞩目。

官僚制度。2017—2018 年，清代官僚制度的研究也有令人惊喜的突破，主要集中在军机处、州县行政、地方吏治等领域。白彬菊《君主与大臣：清中期的军机处（1723—1820）》分析了军机处达到权力顶峰的内在原因。宋希斌《清代军机处职权的来源及其演变——以公文运转程序与政局变动为核心的考察》（中国社会科学出版社，2018 年）则还原了清代军机处职权的来源及演变过程。毛亦可《清代卫所归并州县研究》（社会科学文献出版社，2018 年）揭示了清代卫所制度的演变与卫所机构归并州县的具体过程。李文杰《清代军机章京的考选》（《中华文史论丛》2017 年第 2 期）讨论了军机章京考选制度的流变。陈晨《巡察御史与雍正朝政治》（《清史研究》2017 年第 3 期）、杨春君《雍正朝的巡察御史》（《清史论丛》2018 年第 2 辑）系统梳理了雍正朝巡察御史制度的渊源、设立始末及问题。随着地方文献发掘与研究视角的转变，州县行政问题也受到了不少学者的关注。如常越男《论清代司道府官员的考核》（《历史档案》2018 年第 3 期）分析了清代司道府考核制度的变迁和相关文本。江晓成《清代的坐省家人》（《中国史研究》2018 年第 3 期）指出坐省家人作为清代府州县等地方官的私设群体屡禁不止，给地方吏治带来诸多不良影响。此外，张剑虹、吴佩林、张振国等亦对清代官僚制度和吏治提出了不少新的见解。

（二）经济史

2017—2018 年清代经济史研究成果不仅维持了较为可观的数量，具有较高质量的成果亦复不少，呈现出精细化研究的发展大势。总体来看，历史学与经济学等多学科的交叉研究，是近年来清代经济史研究的突出特点，在一些传统领域如农业、工商业、财政、赋税、灾赈等方面，还取得了较为突出的成果。

农业。 史志宏《清代农业的发展和不发展（1661—1911 年）》（社会科学文献出版社，2017 年）运用经济学、历史学和统计学方法，对清代农业的主要生产指标进行了量化研究。粮价问题依然是清代经济史关注的热点。张连银《清代甘肃的粮食流通与市场整合（1796—1911）》（《求索》2017 年第 1 期）指出粮价受到自然灾害等非经济因素的干扰。阮建青、李垚《自然灾害与市场演进——基于 18 世纪清代粮食市场的研究》（《浙江大学学报》2018 年第 1 期）利用清代"宫中粮价清单"中 1746—1795 年中国主要粮食月度价格数据及中国历史灾害记录数据进行实证分析。赵伟洪《乾隆时期长江中游地区"丰年米贵"问题探析》（《云南社会科学》2018 年第 1

期)认为乾隆时期长江中游地区呈现出的丰年米贵的新特点客观上促进了农业经济的重要变革。邓亦兵《清代前期北京粮食市场分布》(《中国经济史研究》2018年第4期)详细考察了清代前期京城商品粮食的市场分布规律。

工商业。王翔《晚清丝绸业史》(上海人民出版社,2017年)考察了晚清丝绸生产和贸易的发展变化。张世慧《走出"细故":清代商业活动中的钱债案与法律调整》(《近代史研究》2017年第2期)认为清代商业活动中钱债案的走出"细故"经历了从局部到整体的历程。乔南《清代山西解州城的商业——以关帝庙碑刻资料为中心的考察》(《中国经济史研究》2017年第3期)对清代解州城商业的发展脉络及特点进行梳理。虞和平、吴鹏程《清末民初轮船招商局改归商办与官商博弈》(《历史研究》2018年第3期)指出轮船招商局在清末民初由"官督商办"转变为"完全商办",反映了绩优官企改制的艰难。

财政与赋税。这方面的代表性成果,如倪玉平《清代关税:1644—1911年》(科学出版社,2017年)对清代的关税征收问题作了全面梳理。刘凤云《乾隆初政与钱粮亏空案的清理》(《求是学刊》2018年第4期)从钱粮亏空的清理角度考察乾隆初政过程中政治理念的转变。

灾赈。赈灾组织、赈灾及仓储制度的运行情况,继续得到学界关注。吴四伍《清代仓储的制度困境与救灾实践》(社会科学文献出版社,2018年)着眼于清代仓储从传统到现代的复杂演变历程。韩祥《被遮蔽的"钱赈":清代灾赈中的货币流通初探》(《清史研究》2017年第1期)辨析了清代"钱赈"从临时举措到固定惯例,再到成熟制度的演变过程。吴四伍《清代仓储的经营绩效考察》(《史学月刊》2017年第5期)指出清代以仓养仓的经营模式是造成传统仓储运作出现困境的重要因素。常建华《清康雍时期试行社仓新考》（《史学集刊》2018年第1期）梳理了康雍时期试行社仓的过程和基本制度。

（三）社会史

20世纪80年代以来，社会史研究方兴未艾，研究者综合运用多种史料，审视国家与社会的互动。2017—2018年的社会史研究延续了这一趋势，研究者的眼光不仅聚焦在宗族社会、基层治理、宗教信仰等领域，医疗史、性别史等也取得了一定的成绩。

宗族社会。宗族问题一直备受社会史研究者的关注，取得的研究成果较为丰富。杜正贞《"异姓为嗣"问题中的礼、法、俗——以明清浙南族规修订为例》（《历史研究》2017年第3期）探讨了明清浙南地区"异姓为嗣"习俗所体现的礼、法关系。常建华《捐纳、乡贤与宗族的兴起及建设——以清代山西洪洞苏堡刘氏为例》（《安徽史学》2017年第2期）通过探讨清代山西洪洞苏堡刘氏宗族建设，发现捐纳是清代地方家族兴起的重要手段。惠清楼《清代宗族经济关系探略》（《南开学报》2017年第5期）认为清代民众普遍与其所在的宗族存在一定程度的经济依存关系。陈瑶《清代湖南涟水河运与船户宗族》（《中国经济史研究》2017年第4期）探讨了涟水运漕船户宗族与官方运漕制度之间的长期互动关系。蒋宏达《望族的形成：明清时期余姚泗门谢氏的宗族建设》（《史林》2018年第2期）提出对"望族"的考察应关注宗族内部不同支系和人群间的复杂关系。赵克生《明清时期的族会与宗族凝聚》（《史学集刊》2018年第3期）指出宗族对族会的经营、维护，旨在实现宗族凝聚。

基层治理。由于地方文献资料的大量发掘与利用，基层社会研究已成为一时风气。刘道胜《明清徽州乡村文会与地方社会——以

〈鼎元文会同志录〉为中心》(《中国史研究》2017年第4期)利用《鼎元文会同志录》的记录,考察了清代乡村文会的独特形态。张海英《"国权":"下县"与"不下县"之间——析明清政府对江南市镇的管理》(《清华大学学报》2017年第1期)分析了明清时期江南地区不同类型的市镇管理特点及官员理政实态。廖华生《明清时期婺源的乡约与基层组织》(《安徽史学》2017年第6期)考察了明清时期乡族组织的基本结构和运行机制。黄忠鑫《明清婺源乡村行政组织的空间组合机制》(《中国历史地理论丛》2018年第3辑)利用《入清源约出晓起约叙记》等民间文书考察了明清乡村行政组织的演变过程。

医疗卫生。从新社会史的视角探讨医疗、疾病、卫生等问题成为近年来的一大趋势。余新忠、陈思言《医学与社会文化之间——百年来清代医疗史研究述评》(《华中师范大学学报》2017年第3期)对近百年清代医疗史研究作了概览性的梳理。杨晓越、余新忠《医生也"疯狂":明清笑话中的庸医形象探析》(《安徽史学》2017年第1期)通过考察医生笑话所描绘的庸医众生相,揭示出明清时期医生构成的复杂性。刘希洋《医治身心:医学方书与晚明清代的劝善教化》(《郑州大学学报》2018年第2期)认为医学方书将人的心灵和身体都纳入劝善话语的调控范畴。

性别史。性别史是清史研究中新的生长点,妇女的生活与命运、两性关系得到较多关注。田汝康《男性阴影与女性贞节:明清时期伦理观的比较研究》(复旦大学出版社,2017年)讨论了明清历史背景下的伦理、法律、宗教及其他文化因素对女性婚姻贞节崇拜之影响。董笑寒《清代男性之间的情欲研究》(《清史研究》2017年第1期)、《清代男风的年龄问题分析》(《西北大学学报》2017年第4期)根据清代刑科题本分别考察了男性之间的同性情欲、男风的年龄结构特点。蒋威《在礼法与情欲之间：清代乡村塾师之拒奔女与偷情现象》(《兰州学刊》2017 年第 4 期)分析了清代乡村塾师之拒奔女、偷情现象背后的礼法与情欲复杂关系。汤开建、晏雪莲《明清时期澳门葡萄牙人的婚姻》(《民族研究》2017 年第 3 期)详细梳理了明清时期澳门葡萄牙人的婚姻观念、婚礼形式等问题。刘金德《清前期鳌拜家族佐领承袭与联姻情况刍探》(《历史档案》2017 年第 4 期)则关注了清代权贵间的政治联姻现象。

(四) 思想、文化、教育

2017—2018 年清代思想文化史的研究主要集中在汉宋之争、科举教育、概念史等几个方面，延续了前几年的关注重点。整体而言，这两年的清代思想文化史的成果为数不少，但高质量的研究成果尚不多见。

乾嘉汉学。乾嘉考据学，特别是"汉宋之争"是清代教育文化史绕不开的重要论题。张循《道术将为天下裂：清中叶"汉宋之争"的一个思想史研究》(广西师范大学出版社，2017 年)认为汉宋之争有着与清代儒学本身相关的独特含义，不必完全同"(反)理学"联系在一起。吴超《江南博学鸿儒与清初实学学风：以经史之学为中心的研究》(上海交通大学出版社，2017 年)探究清初学风"转轨"的内在理路。罗检秋《清代家学脉络中的汉、宋关系》(《安徽史学》2017 年第 3 期)揭示了家学脉络中清代汉、宋关系呈现出的较为复杂的情形。孔定芳、林存阳《清代学人的价值取向与乾嘉考据学的形成》(《哲学研究》2017 年第 6 期)认为自清初至乾嘉学人群趋于训诂考据一途，目的是考经证史以"明道救世"。王鹜嘉《学术史中的话语演变与谱系构建——清代公羊学史与庄存与》(《学术月刊》2018 年第 3 期)发掘了"庄—刘"一脉学术谱系构建中人为推动的因素。刘国宣《清代考证学潮流中方志典范的转移》(《历史教学问题》2018 年第 2 期）认为新方志典范也在相当程度上支撑并延续着考证学学统。

科举史。学界从不同视角对科举史进行了反思与再考察。邹长清《乾隆至光绪年间的新进士培养方式探讨》(《清史论丛》2017 年第 1 辑）比较了不同时期新进士的培养方式。张瑞龙《中央与地方：捐输广额与晚清乡试中额研究》(《近代史研究》2018 年第 1 期）指出晚清朝廷出台的捐输乡试广额政策导致各省乡试中额出现重大调整和变化。曹南屏《清代科举的知识规划、考试实践与士子群体的知识养成》(《学术月刊》2017 年第 9 期）细致梳理了清代科举的知识规划和考试实践对士子群体的阅读行为与知识养成环节所产生的影响。此外，科举考棚问题成为焦点，代表性的论文包括孟义昭《清代江南科举的三次考棚之争》(《历史档案》2017 年第 1 期）、毛晓阳和邹燕青《以公益求公平：清代州县考棚述论》(《清史论丛》2017 年第 1 辑）及《清代台湾考棚考论》(《清史论丛》2018 年第 1 辑）等。

（五）边疆、民族

近几年因海疆形势的严峻和"新清史"的挑战，清代边疆民族研究继续升温，成为学界关注的热点。2017—2018 年延续了以往的发展势头，相关成果不断涌现，成果较多的区域是新疆、西藏和海疆。

新疆。新疆及其周边地区的相关问题是近年来边疆民族研究的热点，相关成果不断涌现。张峰峰、武沐《清代新疆东布鲁特属部考》(《西域研究》2017 年第 2 期）对东布鲁特诸部进行了再考辨。赵卫宾《回疆东四城伯克遣使投清史事考——兼谈雍正即位初年的西域经略观》(《西域研究》2017 年第 1 期）对回疆东四城伯克遣使投清始末原委及其历史意义进行了研究与辨析。赵毅《清代新疆义仓与地域社会》(《清史研究》2018年第1期)梳理了清代新疆义仓的相关档案资料。张伯国《清代回疆办事大臣衙门章京职任考察》(《清史研究》2018年第2期)系统考察了回疆办事大臣衙门章京的设立与职掌及选任渠道等职任问题。王平、何源远《清代新疆博克达山官方祭祀与王朝秩序》(《民族研究》2018年第3期)指出新疆博克达山官方祭祀背后,是清朝从价值观及仪式方面建立一体化秩序的努力。

西藏。 西南边疆研究中,西藏治理、藏区与中央王朝关系仍然是学界研究的重点。张曦《乾隆晚期驻藏大臣"匿压表贡"事件研究》(《中国藏学》2017年第3期)分析了乾隆晚期发生的驻藏大臣"匿压表贡"的严重失职事件。吕昭义、宫珏《忒涅关于六世班禅朝觐的记述与乾隆治藏方略的调整和决策》(《中国边疆史地研究》2018年第1期)确证了班禅朝觐期间乾隆皇帝对治藏方略有两次大的决定。宝音德力根《初使清朝之西藏格鲁派使臣车臣绰尔济与戴青绰尔济事迹考辨》(《清史研究》2018年第4期)纠正了将格鲁派高僧车臣绰尔济和戴青绰尔济事迹混淆的偏颇之处。孔令伟《1724—1768年间拉达克、西藏与清廷间的欧亚情报网——以清代中国对莫卧儿帝国的认识起源为核心》(《清史研究》2018年第2期)探讨了清廷通过拉达克所建立的欧亚情报网及其历史意义。

海疆。 海疆史研究与社会现实问题紧密相关。近年来,在"海上丝绸之路"倡议的强有力推动下,海疆史成为边疆研究中的一个热点。海防、海疆开发、海上贸易等海疆专题研究成果最为丰硕。松浦章《清代华南帆船航运与经济交流》(厦门大学出版社,2017年)对清代帆船航海活动及东亚世界的经济文化交流展开研究。范岱克《广州贸易:中国沿海的生活与事业(1700—1845)》(社会科学文献出版社，2018 年）重新审视了清代广州贸易的成功与失败。邱捷《清代广东丝绸出口与"海上丝绸之路"》（《学术研究》2017 年第 5 期）通过考察晚清丝绸出口的影响，认为鸦片战争导致"海上丝绸之路"的结束并不符合客观事实。

（六）历史地理

两年间，清代历史人文地理、历史自然地理及历史地理文献研究，均取得丰硕成果。这里主要介绍学界讨论较多的古地图研究成果。得益于留存的清代古地图相当可观的数量和种类，这一领域的研究成果不断推陈出新，主要集中于对地图的文献考释。华林甫《德国庋藏晚清吉林舆图的初步考释——德藏晚清吉林舆图研究之一》（《社会科学战线》2017 年第 4 期）考释了德国国家图书馆藏的晚清吉林舆图的基本情况。彭志《隐藏的世界：方志插图的多维讨论——以清康乾时期方志为例》（《中国地方志》2017 年第 1 期）探讨了康乾时期方志插图的地域分布特征、方志插图与文字的关系。王耀《清代〈海国闻见录〉海图图系初探》（《社会科学战线》2017 年第 4 期）对地图的研究亦颇有见地。

四、结语

综上所述，2017—2018 年清史研究的成果颇为丰硕，研究领域、研究方向不断拓宽，专门从事清史研究的学术队伍不断壮大。研究成果既有对传统领域的关注，也有新领域的开拓，且呈现出如下几个突出特点：其一，研究视角多元化。除了政治史、经济史、社会史、思想文化史、边疆民族史、历史地理、历史文献等传统领域继续发力外，环境史、医疗史、身体史、性别史、图像史等研究视角异军突起，清史研究维度进一步扩展，呈现出异彩纷呈的繁荣景象。其二，研究材料多样化。越来越多的研究者注重发掘和利用多语种文本资料，满文、蒙文、藏文、俄文等文献为清史研究提供了新角度和新依据。其三，跨学科交叉研究突显。历史学与地理学、民族学、语言学等多学科交叉的研究越来越普遍，得益于数字人文的迅猛发展，量化研究在众多的清史研究成果中都有所体现。

毋庸讳言，清史研究成果层出不穷的同时，也存在不少需要反思的问题，这些问题在当下断代史研究中也具有一定的共性。具体表现在：

第一，个案研究与区域研究比重较大。从2017—2018年发表的清史论著看，较多侧重具体问题的微观研究，讨论重大史学问题的宏观性论题较少，个案及区域研究对深化一些具体问题，毫无疑问是有必要的，但也容易造成只见树木不见森林、只见局部不见整体，难以得出深层次的认识和结论。因此，未来一个时期内更加迫切地需要加强清史领域的整体性、综合性研究，将宏观与微观有机地结合起来，在清代国家治理、边疆统一、文化治国、环境变迁等重点领域推出一系列通论性、宏观性的研究成果。

第二，重实证、轻理论的倾向比较突出。在清史研究领域，相对实证研究的繁荣，理论方法论的研究较为薄弱，而理论瓶颈往往会弱化学术探讨的思辨理性，制约了实证研究的纵深化发展。如何在历史唯物主义与辩证唯物主义的指导下，打破地域、时段、分期等界限，提出具有原创性的概念和理论，为进一步深化清史研究提供理论支撑，是清史工作者需要考虑的问题。

第三，研究范围呈现出不均衡性。人为地将清史截然划为古代史、近代史的现象仍然存在。随着清史研究的专题化，清代各个时段的关注度和研究力量不太平衡，例如满洲入关史研究薄弱的状况近年来并没有根本性改观,亟待产生通贯性研究的高水平成果。

随着国家清史纂修工程进入尾声,"清史研究向何处去"引发清史学界的广泛讨论。在回顾和总结改革开放40年来清史研究成绩与不足的同时,我们也期待清史研究站在新的历史起点上,未来产生出更多有分量的研究成果,向更加广阔的研究天地再出发。

2019 年清史研究综述

◎ 金 鑫

2019 年的清史研究发展势头良好,广大学者们笔耕不辍,在政治史、经济史、社会史、文化史、中外关系史、历史地理、文献整理等各领域,均有数量可观、质量较好的研究成果问世。总体来看,有以下几点值得关注。

1. 与"新清史"、"内亚史"的争鸣互动进一步深入。杨华《近四十年来美国中国学理论、范式与方法对国内史学研究的影响》(《史学理论研究》2019 年第 2 期)探讨了国内史学研究运用美国中国学研究理论的利弊及本土学术话语体系建构的重要意义。祁美琴、陈骏《中国学者研究中的"内亚"概念及其问题反思》(《中国人民大学学报》2019 年第 3 期)剖析了国内史学研究在解释和使用舶来的"内亚"概念中存在的随意性、不确定性。针对部分域外学者所鼓吹的"清朝非中国论"、"满洲中心观"、"内亚帝国说"等论调,我国清史学界继续从发掘多语种文献中涉及清王朝民族、国家认同的丰富例证入手,剖析其在学理上存在的漏洞。沈卫荣《大元史与新清史——以元代和清代西藏和藏传佛教研究为中心》(上海古籍出版社,2019 年)驳斥了"大元史"、"新清史"歪曲元、清西藏中国认同意识的错误观点。苏航《"汉族中心"还是"汉族核心"：费孝通"中华民族多元一体格局"理论新探——兼评新清史的内亚王朝史观》(《西南民族大学学报》2019年第9期)阐释了汉族在中华民族历史文化共同体形成过程中的核心作用及"新清史"在历史中国性质解释上的缺陷。苍铭、刘星雨《从〈皇清职贡图〉看"新清史"的"清朝非中国论"》(《中央民族大学学报》2019年第6期)以该文献中所见清朝的中国认同意识否定了"新清史"所鼓吹的"清朝非中国论"。

2. 清代对外经济、文化联系的研究成为热点，对传统观念多有创新。一些学者运用新见的档案、笔记等史料，揭示了清代陆上、海上丝路贸易的延续与拓展。鱼宏亮《明清丝绸之路与世界贸易网络——重视明清时代的中国与世界》(《历史档案》2019年第1期)阐释了明清时期以中国为中心的国际贸易网络在世界经济中的重要地位及其有别于西方殖民主义的独特贸易精神。李国荣《明清国家记忆：15—19世纪丝绸之路的八条线路》(《历史档案》2019年第1期)系统地总结了明清时代的各条对外贸易线路。万朝林、范金民《清代开海初期中西贸易探微》(《中国经济史研究》2019年第4期)考述了罕为人知的康熙开海至乾隆十四年间的清代早期中西贸易情形。伍玉西《海丝路上的"布道者"——明清时期西方传教士来华与中西关系研究（1552—1840）》(黑龙江教育出版社，2019年)探究了新航路开辟后西方对华传教与对华经贸活动的紧密联系。贾瑞、刘建生《清代对外贸易政府管理体制探析——恰克图和广州对外贸易政府管理体制的比较研究》(《求是学刊》2019年第1期)探讨了两地贸易管理体制的功能相似性，以及在地点要求、机构设置、贸易方式上的差异。孙靖国《〈山东至朝鲜运粮图〉与明清中朝海上通道》(《历史档案》2019年第3期)考释了直隶、山东、辽东等地与朝鲜间的海上航线。李丹丹、王元林《清代肉桂产地变迁与国内外贸易探析》(《中国农史》2019 年第 3 期)考述了岭南肉桂在东南沿海、中西部内陆,以及欧美诸国的行销情况。

有关传教士影响下西方近代科学知识在清初宫廷传播的研究又有新的进展。马伟华《历法、宗教与皇权——明清之际中西历法之争再研究》(中华书局,2019 年)剖析了宗教和皇权对明末清初历法改革走向的影响。韩琦《康熙皇帝·耶稣会士·科学传播》(中国大百科全书出版社,2019 年)考述了清初以耶稣会士为纽带欧洲科学在中国的传播和中国传统文化的西传。汪小虎《清顺治元年之造历活动——从山东省图书馆藏顺治年间〈时宪历〉出发的考察》(《中国科技史杂志》2019 年第 1 期)考订了《大清顺治二年时宪历》与《大清顺治元年时宪历》的编制过程及意义。韩琦、潘澍原《康熙朝经线每度弧长标准的奠立——兼论耶稣会士安多与欧洲测量学在宫廷的传播》(《中国科技史杂志》2019 年第 3 期)考证了康熙御用教师、耶稣会士安多在清初宫廷数学传播、地图制作、河道测量中的贡献。

对清代中国与欧洲间器物交流史的细节考述同样成果颇丰。谢贵安、谢盛《吹皱春水:明清笔记对西器东传的关注与书写》(《史学集刊》2019 年第 2 期)探讨了明清笔记所见西洋器物在中国的传播情况及时人对西洋物质文明的心态变迁。刘勃俊《明清之际西洋葡萄酒传入山西述略》(《国际汉学》2019 年第 2 期)以耶稣会士传教为契机,考述了西洋葡萄酒酿造技术向山西的传播。王保宁、朱光涌《从抵制到接受:清代浙江的玉米种植》(《中国历史地理论丛》2019 年第 1 辑)揭示了清代浙江人认为西方传来的玉米易致水土流失,因而仅在经营杉木种植的山区间种。熊帝兵《陈仅〈艺稻集证〉考述——兼论清代甘薯在陕西的引种与推广》(《自然科学史研究》

2019 年第 2 期）探讨了该书的版本、馆藏、内容及对海外舶来甘薯在陕西推广的作用。

关于清代中西方在艺术、思想领域交往互动的研究也取得了一定的进展。刘晞仪《乾隆平定回疆图像系列：法王路易十四战功图壁毯和版画的启发》（《故宫博物院院刊》2019 年第 1 期）考释了法国政治、艺术因素对乾隆帝平定准部回疆战图版画制作的影响。吴礼明《17—19 世纪中西文化的融合与分裂》（《中州学刊》2019 年第 1 期）探讨了在中西主动与被动交往方式的不同抉择下，清代中西方文化交流给双方社会带来的相反影响。肖清和《天儒同异：清初儒家基督徒研究》（上海大学出版社，2019 年）探讨了儒家基督教、基督徒的定义、形态、思想特征。

上述研究成果，在一定程度上补正了学界既往对清代对外关系过于简单化的"闭关锁国"认识，有助于建构更接近实际的清代中国与西方世界间的经济、文化交流史。

3. 对重大理论与现实问题的关注。《中国史研究》2019 年第 2 期特设"唯物史观视野下的清史研究"专栏，刊发了多位学者总结清代前中期大国治理与宏观经济发展经验、教训的文章，为当前理论界对中国新时代大国治理模式的探讨提供了重要参考。倪玉平《清前中期的大国治理能力刍议》论述了清代分级治理的行政管理结构和中央集权的财政管理体制在保障社会经济均衡发展上的积极作用。于沛《世界历史视域下的清前中期大国治理与经济发展的思考》结合中西方资本主义因素的发展轨迹，探讨了清前中期国家治理取得的经济成就及局限。徐毅《大国优势与清前中期经济发展模式的再思考》分析了清代经济发展在资源、人口、市场上相对于欧洲小国的优势及独特模式。

一些成果通过对传世舆图材料的考释，证明了图们江北岸、拉达克地区、西沙群岛是清代中国领土的事实，为相关边境争议问题的处理提供了新的依据。李花子《清代中朝边界史探研——结合实地踏查的研究》（中山大学出版社，2019年）梳理了康熙五十一年穆克登定界及光绪朝中、朝、日之间的划界交涉，厘清了中朝边界史中的诸多难题。陈柱《康熙朝清廷对拉达克地图的绘制》（《中国藏学》2019年第3期）以《皇舆全览图》中的拉达克地理信息申明了该处属清代西藏阿里地区的事实。丁雁南《1808年西沙测绘的中国元素暨对比尔·海顿的回应》（《复旦学报》2019年第2期）通过剖析英国东印度公司孟买海军该次水文测绘中丰富的中国元素，进一步佐证了中国在西沙群岛的历史性权利。

4.政治史依然是本年度清史研究的重中之重，成果最为丰硕。这首先体现在学者们就清代国家制度、社会性质等根本性问题所进行的可贵探索。李怀印《全球视野下清朝国家的形成及性质问题——以地缘战略和财政构造为中心》（《历史研究》2019年第2期）通过剖析清朝地缘战略的被动保守特性及财政构造的低度均衡机制，揭示了其近代转型过程的脆弱性与坚韧性。赵轶峰《明清帝制农商社会说的问题意识与研究取径》（《云南社会科学》2019年第1期）阐述了明清帝制农商社会与同时代西欧在政治、经济特征及社会演进轨道上的差异。林文勋、张锦鹏《"市民社会"抑或"富民社会"——明清"市民社会"说再探讨》（《云南社会科学》2019年第1期）剖析了明清富户、士绅阶层在政治、经济、思想领域的活动与西方"市民社会"间的根本性差异，相应提出了对前近代中国"富民社会"的性质界定。

行政管理体制方面的研究也取得了引人瞩目的成绩。关于职官制度，胡恒《清代政区分等与官僚资源调配的量化分析》（《近代史研究》2019年第3期）揭示了清代依政区治理难度，以选任、晋升的级差规定,均衡调配官僚资源的用人模式;徐雪梅《清朝职官制中的满汉异同研究》(高等教育出版社,2019年)分析了旗员与汉官在比例、职缺、选任、品级方面的异同。关于机构、政区建制,李文益《清代辛者库身份考——以康熙时期内务府辛者库人为中心》(《中国史研究》2019年第1期)考述了"辛者库"的指称对象、来源、地位、民族成分;许富翔《论嘉庆十五年热河军府制度的建立》(《清史研究》2019年第1期)考述了该制度的建立原委及与汉族移垦所带来的政区化趋势间的联系;郗玉松《遵义府划归贵州时间考》(《中国史研究》2019年第2期)通过辨析史志、前人的不同说法,证明遵义府划归贵州当在雍正六年;傅林祥《清代盛京等省的"城守"与"城"》(《史学集刊》2019年第4期)剖析了东三省、新疆驻防八旗的"城"与内地府厅州县对等的政区性质。关于社会治理,袁飞《困境中的挣扎:嘉庆朝政治与漕运治理研究》(中国社会科学出版社,2019年)剖析了漕运治理所体现出的清中期政治改革的制度困境;杨剑利《清代"公出"的变异与治理》(《史林》2019年第3期)探讨了清代官场围绕"公出"而滋生的种种流弊及朝廷整治措施的局限性;杨培娜《从"籍民入所"到"以舟系人":明清华南沿海渔民管理机制的演变》(《历史研究》2019年第3期)剖析了清代的濒海人群和海洋管理策略及沿海社会秩序。汪燕岗《论清代圣谕宣讲在民间之演变及其文化价值》(《社会科学研究》2019年第6期)探讨了嘉道时期民间圣谕宣讲的善书化、曲艺化演变。

军事史方面,陈章《满汉殊途,近御治国——侍卫系统与清代中枢政治关系初探》(《北京社会科学》2019年第4期)分析了清代侍卫系统的结构、统管模式及在中枢政治中的角色。张建《八旗汉军火器营的创立》(《历史教学》2019年第7期)考述了康熙朝八旗汉军火器营的设立原委及建制、装备情况。唐智佳《清代伊犁锡伯营城堡研究》(《中国边疆史地研究》2019年第1期)探讨了该营官兵屯居城堡的修建、分布情况及其军事、政治、社会功能。耿健羽《清嘉庆时期海匪与闽浙水师战船之更替》(《河北学刊》2019年第6期)考述了闽浙水师为应对东南海匪之患而进行的战船革新。

科举方面，于爱华《论清朝科举取士对西南边远省份的政策倾斜——基于会试中额与登科进士人数的统计和分析》(《清史论丛》第2019年1辑)考察了清代科举的分省取士政策对云南、贵州、广西等边远地区的文化扶持作用。邹长清《清代朝考的类别及新进士朝考的性质探讨》(《清史论丛》2019年第1辑)考述了乾隆前后"朝考"在类别上的演变及进士朝考的科举性质。刘谦、陈颖军《清代科举制度与满族文化的互构》(《江汉论坛》2019年第8期)探讨了清代满族对汉族儒学、科举传统的接受及在满语、骑射、名额等方面对科举制的改造。陈文新、江俊伟《科举文化与明清知识体系》(武汉大学出版社，2019年)探讨了明清科举文化的构成要素及其与社会文化、知识体系间的关系。

法律方面，鹿智钧《国家根本与皇帝世仆：清朝旗人的法律地位》(东方出版中心，2019年)剖析了旗人特权与束缚并存的法律地位及其对清朝统治的作用。刘小萌《清代旗人民人法律地位的异同——以命案量刑为中心的考察》(《清史研究》2019年第4期)论证了清代旗、民双方在命案审理上的平等地位。宋玲《清代律学转型举隅——以吴翼先〈新疆条例说略〉为中心》(《中央民族大学学报》2019年第5期)论述了乾嘉通经致用学风下律学向现实性和专门化的转型。

皇室及宫廷研究方面，杜家骥《清代"铁帽子王"的册封原因及相关问题》(《经济社会史评论》2019年第2期)指出铁帽子王本非专设，系因恩封者降袭、因功封者不降袭的规定而形成。胡哲《康熙朝恪靖公主汤沐邑的经营管理》(《历史档案》2019 年第 1 期）探讨了清朝嫁蒙公主汤沐邑的经营模式及其对草原社会的影响。毛立平《金枝玉叶与收支困局——清代中后期公主经济境遇考察》(《历史研究》2019 年第 4 期）剖析了乾隆朝以降京城公主府第的经济困境及其成因。

宗藩外交方面，桂涛《论"胡无百年之运"——17、18 世纪朝鲜士人认识清朝的基本框架及其瓦解》(《史林》2019 年第 1 期）梳理了该观念在清代朝鲜士人中的盛衰历程及思想震动。葛兆光《朝贡圈最后的盛会——从中国史、亚洲史和世界史看 1790 年乾隆皇帝八十寿辰庆典》(《复旦学报》2019 年第 6 期）剖析了乾隆末看似强盛的清朝在国内外的严峻困境及传统朝贡体系的名存实亡。赵轶峰《清前期中朝关系与"东亚"秩序格局》(《古代文明》2019 年第 1 期）以中朝封贡关系的特殊性说明了朝贡体制在 17 至 19 世纪中叶东亚国际秩序解释上的有限性。

5. 区域社会史研究继续保持着强劲的发展势头。有关清代地方社会变迁的研究最受关注。申红星《明清以来的豫北宗族与地方社会》(光明日报出版社，2019 年）通过探讨该处宗族组织的构建、发展历程，揭示了传统中国地方社会与国家政权的复杂关系。侯官响《治理与变迁——明清楚雄地区社会经济研究》(中国经济出版社，2019 年）以对当地改土归流、兴办儒学、赋役征银、财政转型的考察，揭示了其社会经济的运行状态及与中原间的密切联系。李红阳、王慧珍《从木兰秋狝到避暑山庄——康熙年间热河的兴起与区域社会变迁研究》(《北京社会科学》2019 年第 5 期）探讨了皇帝巡狩制度影响下热河地区城市兴起、人口增长、生态类型迁移、地方管理体制升格等区域社会变迁。张力《清代前期山西吕梁山区的荒地问题与社会结构变动——以石楼县为例》(《清史研究》2019 年第

4 期)通过剖析雍正朝以前山西吕梁荒地问题的产生与调整,揭示了清代北方土地贫瘠地区分散的社会结构变动。刘祥学《明清时期地方官绅对南方乡土形象的重塑》(《中国历史地理论丛》2019 年第 2 辑)论述了明清岭南官绅在方志修撰中对当地"早天"乡土形象的重塑。郭广辉《清代成都平原的场镇及其社区——以简州镇子场为例》(《四川师范大学学报》2019 年第 3 期)通过对简州镇子场上会馆、书院、寺观等社会组织的分析,评析了清中叶成都平原场镇社区的发展。

社会群体方面,黄向春《清代福州的"蜑民"与地方社会——以一通嘉庆碑铭为中心的历史"厚描"》(《学术月刊》2019 年第 8 期)解读了有关该群体的制度、习俗、身份、族群性及与福州地方社会变迁的多层次关系。许富翔《清前期热河地区的汉人移民》(《中州学刊》2019 年第 5 期)剖析了清前期热河移民问题的产生及官方的消极应对。黄鸿山《何以为善:清代惜字会功能新探》(《史学月刊》2019 年第 5 期)剖析了该组织以禁毁淫书而维护社会公序良俗的慈善功能。常建华《清代"啯噜"的初兴与语义新考》(《四川大学学报》2019 年第 3 期)分析了乾隆朝四川啯噜匪患的成因及其在称谓方面与贵州"鹃掳子"的关系。

社会生活方面,美国学者韩书瑞(Susan Naquin)《北京:公共空间和城市生活(1400—1900)》(孔祥文译,中国人民大学出版社,2019 年)从公共职能、节日庆典、商业功能等方面论述了明清北京宗教场所与城市生活的相互影响。冯贤亮《河山有誓:明清之际江南士人的生活世界》(复旦大学出版社,2019 年)以不同阶层典型人物的命运为主线,勾勒出了明清江南知识阶层的社会生活。卞利《论明清时期的民间规约与社会秩序》(《史学集刊》2019 年第 1 期)分析了此类文献的内容、类型、形式特征及与国法相辅相成的社会秩序维护功能。吕晓青《雍乾时期刑科题本中的造卖纸牌案初探》（《历史档案》2019年第1期）以该类案件为切入点，探讨了清代在禁赌问题上的法律、制度建构及局限性。常建华《清中叶江西的土地债务与日常生活——以乾嘉时期刑科题本为中心》（《江西社会科学》2019年第2期）剖析了该处因频繁的租佃、典押而导致的土地所有权、债务关系的复杂化及对日常生活的影响。徐茂明《19世纪中叶江南寒士的"三不朽"与民间生活伦理——以〈王韬日记（增订本）〉为中心》（《历史研究》2019年第4期）剖析了晚清江南寒士以权宜务实的生活伦理对儒家理想与现实生活的应对调适。

宗教信仰方面，胡梦飞《明清时期山东运河区域民间信仰研究》（社会科学文献出版社，2019年）考述了当地民间信仰的构成、特点、功能及对区域社会发展脉络、运行规律的影响。祁美琴、安子昂《试论藏传佛教的王朝化与国家认同——以清朝敕建藏传佛寺为中心的考察》（《清史研究》2019年第1期）论述了清代对藏传佛教所进行的王朝化改造及其对国家认同的推进作用。曹新宇《清前期政教关系中的儒教及三教问题——乾隆朝三教堂案研究》（《清史研究》2019年第3期）通过考察乾隆朝对北方各省三教堂的禁毁，揭示了基层社会儒学权威意识形态与民间信仰的复杂关系。彭滢燕、杨园章《庙宇与正统：清初台湾龙王庙的建立与政治认同的塑造》（《青海民族研究》2019年第4期）探讨了龙王庙修建背后所隐含的清廷在台湾对官方权威、正统意识的有意树立。

社会公益方面，郝红暖《宗族、官绅与地方善举：清代桐城对地方科举的资助——以方氏试资田为中心》（《江汉论坛》2019年第11期）探讨了清代桐城设立科举试资的善举及宗族、官绅的作用。王国梁《善在官民之间：清代贵州士绅与地方公益》（《贵州社会科学》2019年第6期）论述了清代贵州士绅在各府州县荒仓及各类救济机构的兴办中所发挥的作用。

6. 经济史研究亦在多个领域取得突破。宏观性的研究，最具代表性的是高寿仙的《嘤其鸣——明清社会经济论评》（人民出版社，2019年），就明清社会经济转型与发展的制度约束等诸多问题进行了深入的阐释。

财政与税收方面，任智勇《1850年前后清政府的财政困局与应对》（《历史研究》2019年第2期）论述了道咸之交财政危机的形成及征商税、铸大钱、行钞等补救措施的失败。何永智《清代盛京户部经费来源研究》（《中国经济史研究》2019年第2期）剖析了清代盛京户部的内外经费来源及对内地财政的过度依赖。何永智《清代盛京户部"赴京领饷"制度及其嬗变——兼论东三省俸饷筹措》（《历史教学》2019年第8期）梳理了东三省旗饷自京师领解之制的兴衰及对当地财政、边防的影响。申斌《清初田赋科则中本色米复归的新解释——兼论明清赋役全书性质的转变》（《中国经济史研究》2019年第1期）梳理了清初赋役全书性质由地方财政管理工具向户部财政集权手段的变迁。

货币制度方面，彭凯翔《货币化与多元化：白银挑动下的明清货币"复调"》（《中国经济史研究》2019年第6期）剖析了明代货币体系的白银化对清代货币多元化的推动作用。陈锋《明清时代的"统计银两化"与"银钱兼权"》（《中国经济史研究》2019年第6期）探讨了作为国家财政、赋税征收统计标准的银两与百姓生活中常见的钱文间的关系。邹建达、邹翀《清代"滇铜京运"源起》（《历史档案》2019年第3期）梳理了京师铜钱铸造自雍乾以降改以云南滇铜取代日本洋铜的原委。赵士第、邱永志《清代"东钱"问题再探》（《中国经济史研究》2019年第6期）探讨了该地域性货币的来源、流通范围、与制钱的关系、多样的表现形式等问题。

商业贸易方面，徐雪强《明清晋蒙交界区商业地理研究》（中国社会科学出版社，2019年）考述了该地区商品生产、商路变迁、市场兴衰等要素的时空变动。张海英《走向大众的"计然之术"——明清时期的商书研究》（中华书局，2019年）以对民间"生意经"流布、内容、背景的考述，阐释了明清商人的职业教育、经营理念、职业道德。郝平、杨波《明清河北境内山西商人会馆的历史变迁》（《中国经济史研究》2019年第5期）探讨了该处晋商会馆管理的组织化、资金筹集的制度化及关帝信仰体系的形成。许檀、张林峰《清代中叶晋商在济南的经营特色——以山陕会馆碑刻资料为中心的考察》（《中国社会经济史研究》2019年第1期）揭示了晋商在当地偏好首饰业、药业的经营特点及原因。刘志扬《清初至民国时期的四川边茶贸易及运输》（《思想战线》2019年第4期）论述了以雅安、打箭炉为集散地的川藏茶叶贸易的兴衰。李斌、吴才茂《"养命之源"：清代清水江流域的当江与争江》（《中国社会经济史研究》2019年第4期）梳理了贵州锦屏、天柱两地的木材贸易之争。

手工业方面，倪玉平《包世臣盐业思想研究》（《盐业史研究》2019年第3期）探讨了嘉道时期包世臣提出的给予盐商一定市场竞争权的盐政改革思想。韩燕仪《清代盐价制定中的地方干预——以康熙年间衡、永、宝三府为中心的考察》（《中国经济史研究》2019年第2期）剖析了清代盐价市场调节、行政干预、官商利益关系综合作用的定价机制。郑幸《清代古籍刻工组织形式的转变与刻字店的兴起》（《中国典籍与文化》2019年第4期）探讨了刻工自营刻字店的出现及代刻模式的流行对出版业分化的推动作用。滕德永《清代中后期苏州与宫廷的飞金供应》（《史林》2019年第4期）考述了苏州金箔制造业的经济实力、技术优势及与宫廷间结成的供应关系。

信贷关系方面，谢开键《"出典回佃"式交易研究——以清中后期贵州锦屏县为例》(《中国社会经济史研究》2019 年第 1 期)阐释了清代出典人向承典人佃种典出土地这一经济现象的双赢性质及在金融信贷方式、土地资源配置方面的进步意义。陈季君《清代土司档案所见借贷案例初析》(《青海民族研究》2019 年第 1 期)分析了土司档案所见各种借贷现象、相关经济纠纷的审理程序、量刑特点,以及所体现出的社会变迁。

7. 在多语种档案文献运用的有力支撑下,边疆、民族问题研究成果喜人。边疆经略方面,美国学者谢健(Jonathan Schlesinger)《帝国之裘——清朝的山珍、禁地以及自然边疆》(关康译,北京大学出版社,2019 年)剖析了清代东北、蒙古地区的进贡体系与环境恶化、奢侈品贸易、全球化市场等因素的互动关系。惠男《俄罗斯逃人与 18 世纪后期的清朝边疆》(《清史研究》2019 年第 3 期)以对新疆、蒙古和黑龙江边境所缉获的俄罗斯逃人的处置,揭示了清前期边疆统治的特点及中俄界约逃人遣返条款的执行情况。董红玲《清代新疆塔尔巴哈台台站交通变迁》(《西域研究》2019 年第 3 期)探讨了该处台站交通系统的变迁过程及边防、贸易功能。马子木《经略西北——巴达克山与乾隆中期的中亚外交》(上海古籍出版社,2019 年)考述了清代在西帕米尔权力与情报网络的建立过程、运作实态及对中原士人边疆观念的影响。刘增合《晚清保疆的军费运筹》(《中国社会科学》2019 年第 3 期)探讨了光绪中叶边疆防费的筹措与国困现实间的矛盾及其对边陲经略的影响。刘正刚、黄学涛《清前期打箭炉地区地震与官府赈灾探析》(《民族研究》2019 年第 3 期)考述了清朝官方在打箭炉地震救灾中发挥的作用及对藏区稳定的积极意义。钱秉毅《明清时期对云南民族认知的演进与边疆治理》(社会科学文献出版社,2019 年)论述了民族认知的发展变迁对西南边疆治理和统一多民族国家建构的意义。

民族政策方面，张永江《礼仪与政治：清朝礼部与理藩院对非汉族群的文化治理》(《清史研究》2019年第1期)探讨了清朝在区分族群、整合多族群文化方面的努力及政治价值。贾建飞《回例与乾隆时期回疆的刑案审判》(《清史研究》2019年第3期)以乾隆朝对回例适用范围的调整，说明了清廷的回疆治策由因俗而治转向制度趋同的原因。王东平《清代天山南路地区刑案审判中的"亲亲相隐"》(《新疆大学学报》2019年第6期)考述了《大清律例》的"亲亲相隐"原则在新疆天山南路的运用及其意义。王希隆、夏昀勇《清代吐鲁番札萨克旗的几个问题》(《西域研究》2019年第2期)梳理了该旗的兴废始末及清廷对额敏和卓家族的控驭策略。段金生《土司政治与王朝治边：清初的云南土司及其治理》(《民族研究》2019年第2期)考述了顺治、康熙两朝对云南土司抚讨并用的治理手段及对雍正朝改土归流的影响。

史事考证方面，齐木德道尔吉《清初茂明安部叛逃事件二则史料辨析》(《中央民族大学学报》2019年第1期)以《满文原档》揭示了天聪九年茂明安部反叛后金事件中不为人知的若干细节。许建英《从两份档案看奥斯曼土耳其对阿古柏的军事支持》(《中国边疆史地研究》2019年第1期)以两份英国、土耳其档案的译介为中心，揭露了奥斯曼土耳其与阿古柏伪政权的勾结。赵心愚《清康雍时期川、滇、藏行政分界的两个问题》(《四川师范大学学报》2019年第6期)考述了康熙五十七年至雍正十年川、滇、藏行政分界的实施过程。

8. 史料的整理刊布、研究介绍扎实推进，为今后各领域研究的稳步发展奠定了基础。本年度刊布的清史研究相关史料，档案文献有叶农等整理点校《清宫藏鸦片战争后粤海关税收报告》(广东人民出版社，2019年)、韩鹏宇等主编《清宫档案绥化史纂》(东北林业大学出版社，2019年)；口述史料有富察建功整理《清宫大内侍卫口述实录》（团结出版社，2019年）；古籍丛书有吴元丰主编《清代满汉合璧国学丛书》（辽宁民族出版社，2019年）、郭院林主编《清代新疆政务丛书（全五册）》（凤凰出版社，2019年）；专题史料汇编有郝平编《清代山西民间契约文书选编（全13册）》（商务印书馆，2019年）、张健编《明清徽州妇女贞节资料选编》（安徽师范大学出版社，2019年）等。

关于《四库全书》的专题研究，美国学者盖博坚（R. Kent Guy）《皇帝的四库：乾隆朝晚期的学者与国家》（郑云艳译，中国人民大学出版社，2019年）探讨了《四库全书》编纂过程中皇帝、官员与士人在政治与学术上的博弈；邱靖嘉《清修〈四库全书〉删改问题刍议——以校办〈三朝北盟会编〉为例》（《清史研究》2019年第2期）探讨了清修《四库全书》改定辽、金、元译名及删削违碍文字的步骤、方法；林存阳、王豪《大兴"二朱"与四库全书馆》（《中国史研究》2019年第2期）通过对朱筠、朱珪在四库馆任职期间交游的考察，揭示了馆臣间复杂、紧密的关系网络；唐宸、黄汉《台湾藏〈文汇阁四库全书目录〉抄本考》（《文献》2019年第4期）考订了该目录的编写时间、作者、传抄过程、文献价值。

关于地方志编纂，闫超《清代东北修志述略》（《南开学报》2019年第6期）总结了清代东三省方志纂修的发展历程、内容特点、推动因素、文化意义。张闶《从满文〈喀木地方一统志〉看清廷对康区的地理认知》（《中国藏学》2019年第3期）探讨了该书的史地研究价值及康区在清廷眼中的战略地位。同类成果还有武玉梅、安大伟《清代盛京私志〈辽载前集〉考述》（《史学史研究》2019年第4期），汪受宽《乾隆〈甘肃通志〉考略》（《社会科学战线》2019年第11期），宫云维、王红伟《〈两浙盐法志〉考略》（《盐业史研究》2019年第2期），康健《〈橙阳散志〉的编修及其史料价值》（《史学史研究》2019年第4期）等。

舆图方面，韩昭庆、李乐乐《康熙〈皇舆全览图〉与〈乾隆十三排图〉中广西地区测绘内容的比较研究》（《复旦学报》2019年第4期）以广西部分坐标系、图面内容的对比分析了两图间的承继关系。吴雪娟《论满文〈黑龙江流域图〉的命名》（《满语研究》2019年第1期）考述了该图与黑龙江将军衙门报送一统志馆的舆地图说间的渊源关系。

9. 其他领域研究的新进展。关于清代儒学流派及其学术思想，学者们进行了广泛而深入的探讨。马子木《十八世纪理学官僚的论学与事功》（《历史研究》2019年第3期）论述了以理学为人生信条的官僚群体在学术、政治上的主张与实践。郭康松、陈莉《清代考据学派的学术特色及学术贡献》（《史学史研究》2019年第2期）评述了该派治学的宗旨、规范、方法及对后世的影响。杨念群《清代考据学的科学解释与现代想象》（《史学史研究》2019年第2期）反思了既往学界对清代考据学评价模式的得失。王祥辰《乾嘉汉学"吴派"观念建构历程及学派分野启示》（《江苏社会科学》2019年第6期）探讨了家学、师承、地域标准对判明清儒汉学流派划分的意义。姜家君《康雍乾时期台湾儒学对朱子学的继承与发展》（《东南学术》2019年第5期）探讨了清前期台湾儒学对朱子学要旨、内容的承续及实学、实用的外向性品格。禹菲、姜广辉《清中后期的礼、理之辨——以凌廷堪礼学为轴心》（《河北学刊》2019年第3期）阐释了礼学与理学的观念分歧及思想性差异。廖国强《清代云南儒学的兴盛与儒家文化圈的拓展》（《思想战线》2019年第2期）考述了在清代官方扶持下云南儒学教育的蓬勃发展及由此形成的云南特色儒家文化圈。

人物研究方面，崔壮《"因性之所近"与章学诚的治学追求》

(《清史论丛》2019年第1辑）探讨了清儒章学诚对天性的体认与践行在其处理求生与治学关系、追求"存我"学术理想过程中的准则作用。黄斌《从宗室博尔都与汉族文士的交游看清初满汉文学交流》(《满族研究》2019年第2期）以康熙朝宗室诗人博尔都与江南文人的诗艺切磋，展现了清初满汉文学的交流互动。

历史地理方面的成果，主要集中在对一些重要地理概念的名称由来、地望变迁的翔实考述。庞乃明《明清中国"大西洋"概念的生成与演变》(《学术研究》2019年第11期）梳理了传教士影响下中国旧有"大西洋"概念的内涵、外延变迁。汪小义《关于清代内外洋划分的几点认识》(《中国历史地理论丛》2019年第3辑）探讨了清代内、外洋称谓的地域变迁、划分标准、命名原则。段伟《清代语讹政区名探析——从灵壁县到灵璧县》(《江汉论坛》2019年第1期）考述了清廷编纂文献使用的"灵壁"县为安徽本省方志"灵璧"一名取代的经过。石硕、邹立波《"打箭炉"：汉藏交融下的地名、传说与信仰》(《思想战线》2019年第3期）探讨了清代汉族移民围绕地名、人名、信仰对打箭炉由来传说的主观建构。此外，葛剑雄、侯文权《历史人口地理个案研究：明清之际重庆地区人口数量下限推测》(《历史地理研究》2019年第2期）以对重庆地区人口康熙三年谷底值的推算，提出了一套历史人口地理的研究方法与原则。

水利史方面，赵珍、崔瑞德《清乾隆朝京南永定河湿地恢复》(《清史研究》2019年第1期）论述了乾隆初年以引水出堤等调节径流之法对京南小平原永定河及淀泊水患的成功治理。王申《清代钱塘江中小亹引河工程始末——兼及防潮方略之变迁》(《清史研究》2019年第4期）梳理了康雍乾三朝对该处河工的态度差异及其所体现出的钱塘江防潮方略变迁。肖启荣《明清时期洪泽湖水排泄与下河地区的基层水利》(《历史地理研究》2019年第2期）评述了不同时期当地水患治理的成效，以及影响基层水利系统形态与运作的核心要素。

本年度召开的清史领域的综合性、专题性学术会议主要有：国家清史编纂委员会、故宫博物院和云南师范大学共同主办的"第十八届国际清史学术研讨会"，南开大学历史学院主办的"纪念郑天挺先生诞辰120周年暨第五届明清史国际学术讨论会"，南开大学中国社会史研究中心与青岛大学历史学院、文学院联合主办的"清代档案与清代社会国际学术研讨会"，新疆大学教育部人文社科重点研究基地"西北少数民族研究中心"主办的"清代西北边疆治理学术研讨会"等。

为学科建制所限，对研究时段在1840年以后的成果，本文一般不作评述。因文章篇幅、个人学识有限，亦未能将本年度清史研究方面的所有重要成果逐一加以介绍，成果归类、内容概括亦有不当之处，敬请学者、读者们谅解。

后 记

呈现在读者面前的《中国史研究历程》，是《中国史研究动态》（以下简称《动态》）第二次策划的已刊文章的结集成果，分九卷推出。第一次是2018年凤凰出版社出版的《与时同辉——改革开放40年来的中国古代史研究》，获得了学界普遍赞誉，内容是2018年第1期推出《纪念改革开放四十周年专刊》，以及当年陆续登出的40年来各个专题的研究综述。

《动态》创刊于1979年，是中国社会科学院古代史研究所（原历史研究所）主办的两个学术期刊之一，主要是介绍中国古代史研究的最新成果、史料、思路、方法和趋向，由此成为史学界罕有的以追踪前沿为己任的学术期刊。

不过，《动态》的风格并非只有辞旧迎新和推陈出新，概括而言应是"三新三旧"：喜新而不厌旧；追新而不忘旧；翻新而不守旧。因为再新的信息，终究会成为明日黄花，学术研究不仅要努力向前看，也要适时地回头望，眺望未来千壑远，回眸一笑百媚生，笑容中生发的镜像映出历史的幽径、学脉的源流。因此，以学术史回顾与评论为主体的研究综述构成了我们刊物的另一个特色，其中各个断代的年度综述又是主打的中心栏目。

学术史把学界的整体研究历程作为一个对象，《动态》就是进行客观探察的一个镜头,忠实地记录下学界前进的脚步。年度综述如同相机捕获的精彩一刻,历年的图景串联起来,自然就辑成了近几十年中国古代史发展繁荣一部生动丰富、活灵活现的动感纪录片。

历任主编也多方呼吁倡导要将刊物的文章分类结集出版,有鉴于此,《动态》编辑部经过慎重考虑,由时任主编杨艳秋研究员向历史研究所提出申请,获得首肯,终于在2019年启动了九卷本《中国史研究历程》的汇辑工作,希望能将《动态》各个断代的年度综述完整地汇为一帙,既方便读者惠存检索,又是对《动态》新老几代编辑的工作致敬。美国著名历史学家卡尔·贝克尔在《人人都是他自己的历史学家》中指出:"历史是说过和做过事情的记忆。"毕竟,其中承载的不仅是客观的学术史,也包含本刊交融于内的发展史,尤其是我们编辑每篇文章经历的辛苦与快慰。

在卜宪群所长的领导下,九卷的具体统稿核校工作由《动态》的专职编辑完成:苏辉负责《先秦卷》,张欣负责《秦汉卷》、《魏晋南北朝卷》、《隋唐五代卷》,李成燕负责《宋代卷》、《辽金西夏卷》、《元代卷》、《明代卷》、《清代卷》。

本套书的出版不是一个结束,而是新的开始,每个编辑终将都会退休,学术期刊却会长久伫立,见证新的历史研究之路。

在学术著作出版不易的今天,商务印书馆慨允出版,并提供诸多便利与帮助,令人感佩,在此致谢。

《中国史研究动态》编辑部
2021年4月